Peter Anton von Arnim

Inhalt

Fünf Worte vorweg

Der jüngste Bruder von Peter Anton, Dr. Wolf Herman von Arnim, wird am 31. August 2012 70 Jahre alt oder jung. Besonders in den letzten Jahren hat Wolf Herman seinen Bruder, dessen Freunde und deren Projekte - wo er nur konnte - tatkräftig unterstützt. Auf dem ehemaligen Gutshof der Eltern Clara und Friedmund von Arnim wird eine größere Feier stattfinden, zu der wir als Freunde der Familie geladen sind.

Kurz zu den Herausgebern und wie wir Peter Anton einmal kennen lernten:
Mouhamadou Moustapha Sow:[1] Es war an einem kalten, sehr kalten Dezembertag im Jahr 1995 in Dakar. Ich war damals Student der Germanistik an der Deutschabteilung der Universität Cheikh Anta Diop von Dakar. Ich und eine Studentin waren in einer heftigen Diskussion über Pakt und Wette im Prolog im Himmel von Goethes „Faust", als ein afrikanisch gekleideter, ziemlich alter Mann uns in deutscher Sprache apostrophiert und danach gefragt hat, ob

---

1 Mouhamadou Moustapha SOW ist am 23. April 1971 in Saint-Louis in Senegal geboren. Nach einer Ausbildung als Germanist an der Universität Cheikh Anta DIOP von Dakar, wo er mehrere Forschungsarbeiten über Achim von Arnim publizierte, besuchte er die Pädagogische Hochschule von Dakar. Danach wurde er in ein Gymnasium versetzt, wo er das Fach Deutsch als Fremdsprache unterrichtete. Im Jahre 2007 besuchte er das Centre Africain d'Etudes Superieures en Gestion et Administration, eine Business Hochschule, die er 2008 mit einem DESS MBA2 in Business Administration absolvierte. Er arbeitete parallel mit staatlichen wie privaten Kleinunternehmen, deren Verwaltung er gefördert hat. Im Jahre 2010 wurde er an das Ministerium für Kultur und Tourismus berufen. Nach drei Monate Arbeit bei der Abteilung für Menschliche Ressourcen wurde er Studienleiter der Ecole Nationale de Formation Hôtelière et Touristique, einer Hochschule, das Hotelpersonal ausbildet. Heute ist er Stipendiat an der Ecole Nationale d'Administration von Straßburg, wo er für ein Jahr Diplomatie und International Relationship' studiert.

wir Germanisten seien. Seine Sprache war so einfach, so verständlich und aus seinem Munde flossen deutsche Wörter so schön und gut. Er begann sich mit uns über die deutsche Literatur auszutauschen und für uns war er ein „Fundmann", dem wir alle erdenklichen Fragen stellen konnten. Nach einer Stunde Diskussion haben wir – ich und Pava – gespürt, dass der liebe Gott dafür entschieden hat, dass es der Anfang einer ewigen Freundschaft und Verwandt-schaft zwischen Pava und mir war. Seit diesem kalten Dezembertag – 28 Grad – haben wir uns täglich miteinander ausgetauscht, und zwar über dies und das, über Literatur, Politik, Sprachwissenschaft, Soziologie, afrikanische Anthropologie und Religion.

Horst Stukenberg: Ich lernte Peter Anton 1983 über das damalige Projekt der UNICEF und des Bundes der Pfadfinderinnen und Pfadfinder „Wasser für den Sudan" in Omdurman ken-nen. In Vorbereitung dieser Fahrt besuchte ich PAvAs Mutter Clara von Arnim im Taunus. Sie erzählte von ihrem Sohn, zeigte Bilder vom Sudan und bat mich, Post für Pava mitzuneh-men. Ich besuchte Peter Anton zunächst in seinem damaligen Studio Kush in Omdurman und in seiner Wohnung. Pava hatte von UNICEF den Auftrag, das Projekt „Wasser für den Su-dan" bildlich zu dokumentieren.[2] Mit ihm und vielen seiner damaligen Freunde (er war stets umringt von vielen sudanesischen Freunden) kamen wir immer wieder zusammen. Auf der Rückreise vom Sudan und später häufiger besuchte ich Mutter Clara und berichtete aktuell von ihrem Sohn im Sudan. Bei einem dieser Besuche bat Clara von Arnim mich und meine Frau Mitglieder zu werden im Freundeskreis Schloss Wiepersdorf. So entstand auch hierüber eine weitere Beziehung zur Familie von Arnim. Peter Anton und ich wurden Freunde und blieben es bis zu seinem zu frühen Tod.

Mit seinem und unserem senegalesischen Freund Mouhamadou Moustapha Sow möchten wir dies zum Anlass nehmen, dem Bruder zu danken. Vor allem aber möchten wir dazu beitragen, Peter Anton noch einmal zu Wort kommen zu lassen, ihn zu ehren und seiner zu gedenken.

Mit seinen Forschungen und seinem mutigen sozialen Engagement hat Peter Anton als Pri-vatgelehrter ein sehr breites Spektrum bearbeitet. Er stand u. a. mit vielen bedeutenden Per-sönlichkeiten aus Wissenschaft, Politik und Forschung aus aller Welt in einem regen bezie-hungsreichen Austausch.

Von dem großen Schaffenswerk Peter Antons steht außer dem Schriftverkehr mit den Her-ausgebern leider nur noch ein Bruchteil zur Verfügung. Den Herausgebern ist es bewusst, dass es schon ein waghalsiges Unterfangen darstellt, aus übriggebliebenen 3.500 Dateien sei-nes schriftlichen Nachlasses und dem sonstigen Material eine Auswahl zu treffen, der er selbst zustimmen könnte und die seiner Persönlichkeit und seinem Schaffen in etwa gerecht werden würde. Von daher sollte es verständlich sein, dass die Herausgeber teilweise auch nur auf Fragmente zurückgreifen konnten. Da verschiedene Berichte von verschiedenen Personen stammen, wird es sich nicht ganz vermeiden lassen, dass sich hin und wieder Überschneidun-gen ergeben.

Dankbar sind wir vor allem, dass aus dem engeren Freundeskreis sich Menschen bereit erklärt haben, aus ihrer Sicht einen weiteren Beitrag zu leisten, um den „unvergesslichen Freund" (Katharina Mommsen) zu gedenken und zu ehren. Aus den Beiträgen dieses Personenkreises kommt vor allem der Mensch Peter Anton von Arnim zur Geltung. Einige Personen aus dem nächsten Umfeld von Peter Anton baten um Verständnis dafür, dass sie sich nicht äußern würden, völlig zurückhalten und keinen Beitrag zusteuern wollten.

---

[2] Wasser für Sudan – Trinkwasserversorgung und Hygiene in der Provinz Süd-Kordofan; Deutsches Komitee für UNICEF; Köln 1982; Fotos: Peter Anton von Arnim, Studio Kush, Khartoum, 31 Seiten.

I.Die Familie von Arnim und Zernikow

„Alle Sechse" - Peter Anton und seine Geschwister,
vorne Bettina und Wolf Herman, dahinter Peter Anton, Achim und Clemens,
stehend Christof-Otto

1.1 Die Arnims in Zernikow – von Peter Anton von Arnim

Historische Daten, familiäre Überlieferungen und persönliche Rückblicke

Wer sind die Arnims? Der Name ist in der ganzen Welt verbreitet und ruft bei verschiedenen Menschen in Deutschland die vielfältigsten, ja gegensätzlichsten Emotionen und Vorstellungen hervor. Dennoch meint jeder zu wissen, von wem die Rede ist. Dagegen sagt der Name Zernikow nur den wenigsten etwas. Dass Zernikow einen literarischen Ort besonderer Prägung darstellt, ja dass dieses von einer idyllischen Landschaft umgebene Dorf gelegentlich sogar vom Windhauch der Weltgeschichte gestreift worden ist, bleibt noch zu zeigen.

Ich selbst bin als ein Arnim in Zernikow geboren, musste aber meinen Geburtsort schon mit siebeneinhalb Jahren verlassen. Wenn man mich als Kind nach den Arnims gefragt hätte, dann wären mir gewiss nicht die Arnims in aller Welt oder etwa der von Arnimsche Familienverband in den Sinn gekommen, dem ich übrigens nicht angehöre. Denn in eine Familie wird man hineingeboren, in einen Verein tritt man ein oder eben auch nicht. Wie heißt es doch in den "Flüchtlingsgesprächen" von Bertolt Brecht so treffend: "Ich lass' mich nicht gern binden, schon gar nicht durch die Bande des Bluts." Vielmehr wären mir zweifellos die Portraits vor Augen gestanden, die in der Kirche von Zernikow über der Orgelempore hängen und deren Originale sich damals im Gutshaus selbst befanden. Vermutlich hätte damals auch ein Dorfbewohner, nach den Arnims in Zernikow befragt, neben dem Gutshaus, in dem die Familie dieses Namens wohnte, ebenfalls an die Kirche mit ihren vier imposanten Bildnissen gedacht, die er ja jeden Sonntag zu sehen bekam, oder auch an das Erbbegräbnis mit den fünf Sarkophagen, an dem jedes Schulkind allmorgendlich vorbeigehen musste, weil die Schule gleich daneben lag.

Welches sind nun aber die Namen der auf den Gemälden in der Zernikower Dorfkirche dargestellten Personen? Sie lauten bekanntlich, von rechts nach links: Michael Gabriel Fredersdorff, Carolina Maria Elisabeth von Labes, geborene Daum, Amalia Carolina von Arnim, Hans Freiherr von Labes. Der Name Arnim taucht also lediglich einmal auf, und dann ist es nur der Name einer Frau! Nur sage ich nicht aus Verachtung für die Frauen, sondern deshalb, weil noch heute für die Adelsverbände, also auch den Arnimschen Familienverband, Bande des Blutes hin oder her, ausschließlich die Männer zählen, anders gesagt, weil nur die Familienmitglieder männlichen Geschlechts als Namensträger und damit als Wahrer des Familienerbes anerkannt werden. Das neue Namensrecht, wonach der Mann bei der Eheschließung den Namen seiner Frau annehmen kann, lassen sie für sich nicht gelten. Der Name des Ehemannes der Amalia Carolina, geborenen Labes, Joachim Erdmann Freiherr von Arnim, ist jedoch auffälligerweise in Zernikow nicht zu finden. Ich werde darauf zurückkommen. Für mich jedenfalls beginnt die Geschichte der Arnims von Zernikow mit dem Namen Fredersdorff.

Dabei ist er sogar kinderlos gestorben, konnte also seine Gene an keine Generation von Nachkommen weitergeben. Wohl aber in gewisser Weise den Geist, der ihn beseelte. Denn er ist es, der das Gesicht Zernikows, so wie wir es heute kennen, am stärksten geprägt hat. Zwar hat Zernikow schon im Mittelalter existiert, wie das die imposante Feldsteinkirche bezeugt. Auch stand früher neben dem heutigen Herrenhaus ein aus Feldsteinen errichtetes Wohngebäude aus der Zeit, als das Gut einer Familie von Zernikow gehörte, das später als Küche und zuletzt als Getreidespeicher genutzt wurde. Willige Vollstrecker der Direktiven Josef Stalins bzw. Walter Ulbrichts, in welchen gefordert wurde, dass man die Spuren der Vergangenheit weitgehend auslöschen solle, haben es abgerissen, wie sie auch im Jahre 1948 die prachtvollen Särge des Fredersdorffschen Erbbegräbnisses zerstört und beraubt haben. Aus den gleichen Gründen hat man ja wie unzählige andere auch das Schlösschen Bärwalde bei Wiepersdorf abreißen lassen, in welchem die Bettina von Arnim in den Sommermonaten oft gewohnt und in welchem sie unter anderem ihre berühmt gewordene Epistel an ihren Schwager Savigny verfasst hatte. Das Gutshaus von Zernikow hat man jedoch glücklicherweise stehen lassen müssen, und zwar, weil darin ab 1945 zahlreiche Flüchtlingsfamilien Wohnung bezogen hatten, die man nicht so leicht schlichtweg auf die Straße hätte setzen können. Allerdings hat es unter dieser Nutzung schwer gelitten und muss jetzt für teures Geld restauriert werden.

Friedrich der Große erwarb 1737, als er noch im nahe gelegenen Schloss Rheinsberg als Kronprinz lebte, das Gut Zernikow von einem Leutnant namens Benjamin Chevenix de Beville. Als er dann 1740 den preußischen Thron bestieg, schenkte er es seinem Kammerdiener und engsten Freund Fredersdorff, den er zu seinem geheimen Kämmerer, d.h. Schatzmeister und obersten Verwalter, ernannte. Fredersdorff ließ in Zernikow eine Ziegelei errichten, um mit den daselbst gebrannten Ziegeln das schöne Herrenhaus bauen zu können, welches bis heute neben der Kirche das markanteste Bauwerk des Ortes darstellt. Wie energisch sich Fredersdorff im Übrigen für die wirtschaftliche Entwicklung des Gutes Zernikow und das Wohlergehen seiner Bewohner eingesetzt hat, ist bei Fontane nachzulesen. Wer die Kargheit des Bodens und die morastige Natur der Umgebung von Zernikow kennt, weiß, mit welchen Schwierigkeiten er und seine Nachfolger zu kämpfen hatten.

Mein Vater Friedmund Freiherr von Arnim, der letzte Besitzer von Gut Zernikow, hat das Andenken Fredersdorffs deshalb stets hoch gehalten. Von dem 1927 erschienenen Briefwechsel Friedrichs II. mit Fredersdorff hat er für alle seine sechs Kinder je ein Exemplar angeschafft. Aber auch im Praktischen stand er wie schon sein Vater Erwin in der Tradition Fredersdorffs. Im Jahr 1750 hatte Fredersdorff in Zernikow erste Meliorationsmaßnahmen durchführen lassen, die sein Nachfolger, der Freiherr von Labes, weiterführte und durch ein ausgeklügeltes Kanalisationssystem ausbauen ließ. Die älteren Bewohner Zernikows erinnern sich noch genau, wie mein Vater dieses System von Kanälen und Wehren aufs Peinlichste überwachte. War der Wasserstand niedrig, blieben die Wehre geschlossen, herrschte Hochwasser, ging er sofort daran, sie zu öffnen. Mein Vater war äußerst kinderlieb, aber Kindern gegenüber, die sich an den Wehren zu schaffen machte, ließ er es an einer eindringlichen Mahnung nicht fehlen. In LPG-Zeiten wurde dann jedoch das Kanalsystem vernachlässigt. Infolgedessen stehen nunmehr in den anliegenden Häusern jedes Mal nach einem stärkeren Reguss die Keller unter Wasser. Unter den Händen eines neuen Besitzers, der inzwischen die Wälder um Zernikow der Treuhand abgekauft hat, und zwar ausgerechnet auch eines Arnim, haben sich die Zustände leider keineswegs verbessert, sondern eher noch verschlimmert. Davon weiter unten.

Im Hinblick auf die späteren naturwissenschaftlichen Interessen des Dichters Achim von Arnim ist im Hinblick auf Fredersdorff vielleicht noch erwähnenswert, dass er ein besessener Alchimist war. Das heißt, trotz ständiger Mahnungen seines königlichen Freundes, um seiner Gesundheit willen doch ja die Finger davon zu lassen, hat er sich unablässig mit Versuchen des Goldmachens beschäftigt, auch in Zernikow. Möglicherweise lassen sich daraus seine ständigen Krankheiten erklären, über die er dem König in seinen Briefen immer wieder klagt, und die schließlich seinen frühen Tod herbeigeführt haben, wie Friedrich das vorausahnte. Denn zu diesen, wie wir heute wissen, sinnlosen Versuchen zum Goldmachen verwandte man damals unter anderem eine hochgiftige Substanz, nämlich das Quecksilber. Mir fehlen klare Zeugnisse, ich kann nur darüber spekulieren, ob der junge Arnim, als er in seiner Kindheit die Sommermonate in Zernikow verbrachte, von den alchimistischen Versuchen Fredersdorffs erfahren hat und dadurch bei ihm ein frühes Interesse speziell für die Chemie erweckt worden ist. In der Zeit, als der junge Arnim als ernsthafter Wissenschaftler seine naturwissenschaftlichen Studien betrieb, das heißt um die Wende vom achtzehnten zum neunzehnten Jahrhundert, begann sich die moderne Chemie ja gerade erst von der mittelalterlichen Alchemie zu emanzipieren.

Und noch ein Punkt ist in Bezug auf Fredersdorff wichtig zu erwähnen. Friedrich der Große hat ihm als Freund das Rittergut Zernikow geschenkt, ohne ihn in den Adelsstand zu erheben. Die Schenkungsurkunde lässt da keinen Zweifel zu. Nun war im damaligen Preußen für einen Bürgerlichen der Besitz eines Rittergutes grundsätzlich untersagt und widerspach nicht nur des Königs sonstiger Praxis, sondern auch seiner Überzeugung.[3] Wenn also Friedrich II. in diesem Punkt für Fredersdorff eine Ausnahme gemacht hat, kennzeichnet das die Besonderheit der Beziehung, in welcher der König zu seinem Kämmerer gestanden hat. Wer dies missachtet und gar Fredersdorff noch nachträglich mit einem "von" versieht, der verfehlt ein wichtiges Moment preußisch-deutscher Geschichte, nämlich die Vorrangstellung, die der Adel bis ins 20. Jahrhundert hinein in Militär und Verwaltung eingenommen hat, wodurch der unglückliche so genannte Sonderweg der deutschen Geschichte begründet wurde. Nicht der Gutsbesitz als solcher war ja das Gefährliche, wie das manche vulgären Simplifizierer einer an sich achtenswerten Geschichtstheorie in DDR-Zeiten offiziell verkündet haben, sondern die Aufrechterhaltung überholter Privilegien. Der Dichter Achim von Arnim hat zwar einst in einem Gedicht gefordert: "Muß der Adel Bürger werden".[4] Aber das deutsche Bürgertum ordnete sich nach der gescheiterten Revolution von 1848 und insbesondere der Bismarckschen Reichsgründung von 1871 dem Adel politisch unter und verzichtete weitgehend auf seine demokratischen und freiheitlichen Rechte. Es war die revolutionäre Arbeiterbewegung, organisiert in der deutschen Sozialdemokratie, die dann den Kampf für Demokratie und Grundrechte aufgenommen hat. Aber auch das ist nunmehr schon ferne Vergangenheit.

Spaßeshalber sei noch erwähnt, dass es in unseren Tagen einen bürgerlichen Herrn Fredersdorff gibt, der sich im deutschen WHO IS WHO hat eintragen lassen und dort am Schluss des

---

[3] Die entsprechende gesetzliche Bestimmung wurde in Preußen erst durch die Hardenbergschen Reformen im Jahre 1812 aufgehoben.

[4]   Still bewahr' es in Gedanken
Dieses tief geheime Wort,
Nur im Herzen ist der Ort,
Wo der Adel tritt in Schranken,
Wenn die Jugend in den Nöthen
Helllaut rufet mit Trommeten.

In den Schranken stehn die Ahnen,
Wenn der Zweifel Kampf beginnt,
Wie aus Fels die Quelle rinnt,
Frischend ihre Geister mahnen,
Geister werden zu Gedanken,
Halten fest wo alle wanken.

Geister sind in jedem Hause.
Wecken aus dem Schlaf den Muth.
Also rinnt das edle Blut,
Geistig wie der Wein beim Schmause,
Dass vereinet, die getrennet,
Eine Lieb' in allen brennet.

Immer mit dem größten Maße
Mißt des Hauses Geist das Kind,
Und das Kind sich dehnt geschwind,
Will sich zeigen von der Rasse,
Was ihm Herrliches bescheeret,
Zeigt sich höher, sicher währet.

Nicht die Geister zu vertreiben,
Steht des Volkes Geist jetzt auf,
Rein, dass jedem freier Lauf,
Jedem Haus ein Geist soll bleiben:
Nein, dass adlig all auf Erden,
Muß der Adel Bürger werden.

Eintrags die Angabe macht: „Berühmter Vorfahr: Michael Gabriel von Fredersdorff". Diesem Wundermann ist es also nicht nur gelungen, den Zernikower Fredersdorff noch nach seinem Tode in den Adelsstand zu erheben, er hat ihm sogar in seiner eigenen Person einen Nachkommen verschafft, obwohl bekannt ist, dass Fredersdorff kinderlos gestorben ist. Nun ja, für die Eintragungen im WHO IS WHO, für die man im Übrigen zahlen muss, ist eben jeder selbst verantwortlich.

Noch ein Wort zu dem Portrait Fredersdorffs in der Zernikower Kirche. Man sagte in meiner Familie, es sei das Werk eines Schülers von Friedrichs II. Lieblingsmaler Antoine Pesne. Schüler deshalb, weil er, im Gegensatz zum Meister, eine Hand, also ein schwierig zu malendes Körperteil, offenbar nicht darzustellen imstande war, und sie infolgedessen diskret im Rock des Portraitierten verschwinden ließ. Aber mir wurde von einem Experten versichert, dass das Portrait im Verzeichnis der Gemälde Pesnes zu finden ist. Es ist sonst auch durchaus schön, nur glaube ich nicht, dass das Portrait sehr ähnlich ist. Es hat frappierende Ähnlichkeit mit einem Portrait Friedrichs II., gemalt von Pesne selbst. Dieses hat aber wiederum nicht viel Ähnlichkeit mit den übrigen Portraits, die wir sonst von Friedrich II. kennen. Pausbäckig, rosig, blühendes Leben ausstrahlend. Mir scheint, die Portraitmalerei war nicht die Stärke von Antoine Pesne. Im Hohenzollernmuseum in Berlin gibt es eine Tabaksdose, die Friedrich II. seinem Freund Fredersdorff geschenkt hat. Diese zeigt ein Miniaturbildnis Fredersdorffs, auf welchem dieser ganz anders, nämlich viel schmaler und zierlicher aussieht als auf dem Portrait in der Zernikower Dorfkirche.

Das Innere derselben hat Fredersdorffs Witwe, die Bankierstochter Caroline Marie Elisabeth geb. Daum und spätere Frau von Labes, im Jahre 1777 im Rokokostil ausgestalten lassen. Im Gedenken an ihre Hochzeit mit Fredersdorff im Jahre 1753 hat sie am Altar seine und ihre Initialen MGF (Michael Gabriel Fredersdorff) und CMED (Caroline Marie Elisabeth Daum) anbringen lassen, ebenso wie über dem Eingang zu dem von ihr zu gleicher Zeit erbauten Erbbegräbnis. Wohlgemerkt: letzteres ist von ihr nicht Arnimsches Erbbegräbnis, – das hätte ihr fern gelegen - sondern Fredersdorffsches Erbbegräbnis benannt worden. Sie schrieb später über ihren ersten Gatten: "Sein Verlust und sein Andenken wird immer unvergeßlich bleiben, da unsere Liebe wohl unstreitig die reinste und treueste gewesen, so je zu finden, welcher dieser würdige Mann von meiner Seite auch gewiss verdienet, da ihm außer der schönsten und angenehmsten Bildung auch die Vorsicht mit dem aufgeklärtesten Verstande, Fähigkeiten und Munterkeit des Geistes begabet hatte, die schwerlich ihres Gleichen finden."

Mit Fredersdorffs Witwe komme ich, wenn man einmal von ihrem Enkel, dem Dichter Achim von Arnim absieht, auf die wohl wichtigste Persönlichkeit unter den Arnims in Zernikow zu sprechen.

Ich habe eingangs betont, dass auch Frau von Labes als Bürgerliche geboren worden war. Im Hinblick auf das oben erwähnte preußische Gesetz, wonach ein Bürgerlicher kein Rittergut besitzen durfte, lässt sich leicht verstehen, in welche Probleme und Befürchtungen sie der frühe Tod ihres geliebten Gatten stürzen musste. Schon ein Jahr später, im Jahre 1759, heiratete sie vermutlich deshalb in zweiter Ehe den Rittmeister Carl Friedrich Leopold von Aschersleben, von dem sie sich jedoch bereits nach drei Monaten wieder scheiden ließ, "wegen schlechter Begegnung", wie sie sich selbst so sprechend ausdrückte. In dritter Ehe heiratete sie im Jahre 1760 den als Müllerssohn im pommerschen Buckow geborenen Geheimen Stiftsrat zu Quedlinburg Hans Labes. Die jüngste Schwester Friedrichs II., Prinzessin Anna Amalia, muss einen Narren an diesem Hans Labes gefressen haben. Sie war ja Äbtissin des Stifts zu Quedlinburg, und so war zweifellos sie es gewesen, die ihn zum Geheimen Stiftsrat hat ernennen lassen. Aus seiner Ehe mit der Witwe Fredersdorffs gingen zwei Kinder hervor:

im Jahre 1761 die Tochter Amalie Caroline, bei deren Taufe besagte Preußenprinzessin Patin stand, und im Jahre 1763 der Sohn Hans. Im gleichen Jahr ließen sich Hans Labes und seine Frau vom österreichischen Kaiser aus den vorgenannten Gründen in den Adels-, d.h. in den Reichsfreiherrnstand, erheben, wobei sie wiederum die Unterstützung von Prinzessin Anna Amalie erhielten. Sie hatten aber die Rechnung ohne Friedrich II. gemacht, der bekanntlich mit dem Hause Habsburg verfeindet war. Jahrzehnte später, in der Nr. 91 des "Preußischen Vaterlandsfreundes" vom 12. November 1811 war über diese Angelegenheit folgende Anekdote zu lesen:

"Ein reicher Bürgerlicher, mit Namen L..., bat mehrmals um die Erhebung in den Adelsstand, und bot alles auf, seinen Wunsch durchzusetzen, aber vergebens; - der König blieb unerbittlich. Der Adelssüchtige wandte sich also nach Wien, und es kostete ihm dort weniger Mühe, seinen Zweck zu erreichen, er wurde von dem Kaiser zum Baron ernannt. Kaum erfuhr dies Friedrich, so verbot er ihm, bei einer fiskalischen Strafe von 100 Dukaten, sich in seinen Staaten Baron zu nennen.
Dreimal musste er diese bestimmte Strafe erlegen, da er sich als Baron unterschrieben hatte...
Eine lange Reihe von Jahren war verstrichen, der neugemachte Baron längst verstorben und nur die Witwe desselben lebte noch, die schon erwachsene Kinder hatte. Ein vornehmer Hofbediener des Königs [nämlich Joachim Erdmann Freiherr von Arnim, Operndirektor Friedrichs II, P.A.] bewarb sich um die Tochter der Witwe, und da er ihr Jawort erhielt, so schrieb er an den König, und bat ihn um den Consens zur Ehe mit der Baronesse von L...
Friedrich erinnerte sich sogleich des Mannes, und dass er den Adel der Familie nie in seinen Staaten anerkannt habe; und er erteilte daher dem Hofbedienten folgenden Bescheid: 'Eine Baronesse von L... kenne ich nicht, aber die Jungfer L... könnt Ihr heiraten."

Aber obwohl Friedrich II. den Adel des Hans Labes nicht anerkannte, ließ er ihn doch in seinem Besitz des Ritterguts Zernikow unbehelligt. Nach dem Tode Friedrichs erwirkte die Witwe Labes für sich und ihren Sohn Hans am 2. Oktober 1786 vom neuen preußischen König Friedrich Wilhelm II. nunmehr auch für die preußischen Lande die Anerkennung ihres 1763 bereits vom Kaiser in Wien ausgestellten Freiherren-Diploms.
Wenn man nun die an der Orgelempore hängenden Portraits in der Zernikower Kirche sieht, käme man nicht gleich auf den Gedanken, dass alle vier der hier abgebildeten Personen im bürgerlichen Stande geboren sind. Ich betone das deshalb, weil über den Dichter Achim von Arnim bisher so häufig das Klischee verbreitet wurde, er sei ein typischer Repräsentant der preußischen Aristokratie gewesen. Die Internationale Arnim-Gesellschaft ist jedoch dabei, dieses Bild gründlich zu korrigieren. Gerade Arnims Zwischenstellung zwischen Bürgertum und Adel macht ja die besondere Faszinationskraft dieses Autors aus, in dessen Schriften ein treffsicherer Realismus mit einer schauererregenden Phantastik die eindrucksvollste Verbindung eingehen.[5]

---

[5] Hier ein weiteres Gedicht Arnims, das seinem Bewusstsein von der historischen Hinfälligkeit des deutschen Adels Ausdruck gibt:

> Nun, so freut euch des Glücks, Ihr Adligen,
> Starrt nicht wie andere,
> Freut euch, weil es noch währt.
> Trauert nicht, wenn es vergeht.
> Nur im trockenen Stamm
> Da bauen die Bienen sich Nester,
> Fresset den Honig jetzt aus,
> Denn der Stammbaum ist dürr.

Unter den Portraits der Zernikower Kirche sticht das der Frau von Labes besonders hervor durch seine außerordentliche Qualität. Der Familientradition zufolge ist es ein Werk der Hofmalerin der französischen Königin Marie Antoinette, Elisabeth Louise Vigée Lebrun, die bei Ausbruch der Französischen Revolution nach Russland ins Exil gegangen war, aber gelegentlich auch in Rheinsberg bei dem Prinzen Heinrich Station machte. Jedenfalls hat dieses Portrait, mit der Strenge seines Blicks, neben den sichtbar verbliebenen Zeichen des Wirkens der Frau von Labes, wie zum Beispiel dem von ihr gestifteten Hospiz und dem Erbbegräbnis, viel zum Nachleben dieser Frau im kollektiven Gedächtnis der Dorfgemeinschaft von Zernikow beigetragen. Ihr Leben und Wirken als eine resolute und verantwortungsbewusste Frau wäre eine eigene Darstellung wert. Ich kann hier nur von den Legenden über sie erzählen, von denen ich in meiner Kindheit gehört habe, und mit denen sie im Bewusstsein der Leute weiterlebte. Natürlich glaubte man, sie spuke im Schloss, und manchmal erzählte man mir von spiritistischen Sitzungen im Dorfkrug bei Wollitz, bei denen man sie zum Erscheinen gebracht habe. Jedenfalls hat ihr herrschaftliches Auftreten zu ihren Lebzeiten einen solchen Eindruck hinterlassen, dass später erzählt wurde, sie sei stets in einem Sechsspänner gefahren, was sonst nur Personen aus königlichem Hause gestattet gewesen sei, und ein Lakai sei ihr vorausgegangen, und habe in den Dörfern vor ihrer Ankunft, so etwa in Großwoltersdorf, gerufen: "Jetzt kommt die Frau von Labes!"

Unter den Portraits in der Zernikower Kirche wirkt dasjenige des Herrn von Labes als das unscheinbarste. Das steht in völligem Gegensatz zu der überbordenden Lebenskraft dieses Mannes, von der uns sein Enkel, der Dichter Achim von Arnim, eindringliche Schilderungen hinterlassen hat. Arnim hat ihn zwar nicht mehr kennen gelernt, da der Großvater lange vor seiner Geburt gestorben war, aber dieser Hans Labes hat gewiss entscheidend zu seiner geistigen Entwicklung beigetragen, und zwar nicht zuletzt durch die Bibliothek, welche er ihm hinterlassen hat. Eine solche Bibliothek war damals ein völlig außergewöhnlicher Luxus in den sonst eher ärmlichen oder spartanisch ausgestatteten preußischen Gutshaushalten. Labes hat diese Bibliothek dadurch zusammengebracht, dass er jedem Freund zur Auflage machte, ein Buch dazu beizusteuern. "Er verdankte sich alles selbst", schreibt Arnim, oder, wie wir heute auf Neudeutsch sagen würden, er fühlte sich als ein Self-made-man. Mit seinem barocken Lebensgefühl gab er auch der Landschaft um Zernikow sein Gepräge. Denn die prachtvollen Alleen, welche die Umgebung des Dorfes zieren, hat zum großen Teil er anlegen lassen, wie auch die übrige Landschaftsgestaltung, die Anlage des Tiergartens, der Teiche und der Wassergräben auf ihn und natürlich auch auf seine Frau zurückzuführen sind, die auf jeden Fall das Geld dazu beigesteuert hat. Wenn nun ausgerechnet ein später Nachkomme jenes Herrn von Labes, und dazu noch ein Arnim, im Jahre 2004 als neuer Besitzer durch eine von ihm beauftragte Firma im Tiergarten, einem einstigen Schmuckstück des Ortes, völlig ohne Rücksicht auf jegliche Tradition eine Wüstenei anrichten lässt, die jeder Beschreibung spottet, dann kann man resignierend nur die banale Lehre daraus ziehen, dass auch ein Name mit hehrem Klang wie der Name von Arnim für nichts garantiert.

Vom barocken Lebensstil des Ehepaars von Labes zeugt auch der Brief des siebenjährigen Louis, der sich später als Dichter Achim von Arnim nannte, aus dem Jahre 1788 an seinen Vater. Darin berichtet er von der Abreise seines Onkels, des Grafen Schlitz, aus Zernikow nach Wien, und von den dazu gemachten Aufwendungen, als hätte es sich da nicht um ein gewöhnliches Geschehen im Familienalltag gehandelt, sondern um ein Staatsereignis: "So setzete sich die Großmutter in meinen Onkel seinen Wagen, und die anderen setzeten sich in den Aust-Wagen, am Ende Zernikows war eine Ehrenpforte und an der Grenze war wieder eine Ehrenpforte..."

Auch als Förderer der Dichterin aus dem Volk, der Anna Louisa Karsch, genannt die Karschin, hat sich Labes verdient gemacht, obwohl er eigentlich nur die lateinische Poesie, vor allem den Dichter Horaz schätzte. Er hat die Karschin offenbar großzügig bewirtet, denn als Dank hat sie, wie Arnim berichtet, anmutige Briefe in Gedichtform an seinen Großvater gerichtet, welche dann vom Dichterenkel im Jahre 1818 veröffentlicht worden sind. Wir können uns leicht vorstellen, wie Arnim, der sich bekanntlich für alles Volkstümliche interessierte, von der Entdeckung beeindruckt gewesen sein muss, dass mit seinem Großvater eine Frau aus dem einfachen Volke in Verbindung gestanden hatte, die auf Hochzeiten und anderen Dorffesten mit Gedichten aus dem Stegreif sich ihr Geld verdiente, bis sie in der Hauptstadt Berlin den galanten Poeten in die Hände geriet, die nach Arnims Ansicht ihren Geschmack verdarben. Ich habe mich schon oft gewundert, warum noch kein Autor oder Autorin darauf gekommen ist, sie als Hauptfigur eines Romans zur Darstellung des Lebens in der friderizianischen Zeit zu wählen. Allerdings wäre das nichts für jemand, der in dieser Zeit nur Preußens Glanz und Gloria verherrlicht sehen möchte. Arnim zitiert augenzwinkernd ein Gedicht von der Karschin, worin sie über die Knauserigkeit Friedrichs des Großen spottet, der bekanntlich in Sachen deutscher Poesie ein Banause war und ihr als Dank für ein Gedicht nur drei Taler hatte zukommen lassen, wovon sie, wie sie meinte, nicht einmal ihren eigenen Sarg hätte bezahlen können:

"Seine Majestät befahlen
Mir, anstatt ein Haus zu bau'n,
Doch drei Taler auszuzahlen.
Der Monarch-Befehl ward traun
Prompt und freundlich ausgerichtet,
Und zum Dank bin ich verpflichtet.
Aber für drei Taler kann
Zu Berlin kein Hobelmann
Mir mein letztes Haus erbauen.
Sonst bestellt ich ohne Grauen
Heute mir ein solches Haus,
Wo einst Würmer Tafel halten,
Und sich ärgern über'n Schmaus
Bei des abgegrämten alten
Magern Weibes Überrest,
Die der König darben läßt."

Arnim berichtet weiter davon, wie sein Großvater Labes im Gutshaus von Zernikow gelegentlich Zechgelage veranstaltet hat, an denen auch die Karschin teilnahm. Bei einem dieser Feste wurde sie mit einem Lorbeerkranz zur Dichterin gekrönt, worauf sie vor lauter Begeisterung dem Wein so stark zugesprochen hat, dass sie unter den Tisch gesunken ist und auf einer schwarzen Bahre aus dem Saal getragen wurde, auf welcher sie am nächsten Morgen erwachte in dem Glauben, sie sei im Totenreich angelangt. Über die edlen Ehegatten, welche ihre Frauen allein zu Hause lassen, wenn sie einen trinken gehen, hat die Karschin folgendes schöne Spottgedicht verfertigt:

"Loben wollt' ich die Begier:
Wein zu trinken halbe Nächte,
Wenn mein Milon nur mit mir
Manchen Abend zechte:
Aber nun trinkt er den Wein
Mit den Männern ganz allein.

Ha, ihr Männer! ha, ihr Zecher!
Amor jag' euch von dem Becher
Durch die Pfeile, die im Köcher
Aufgesammelt sind zur Pein
Aller Herzensbrecher!"

Zu Anfang hatte ich gesagt, dass Zernikow, so unscheinbar es sich dem Besucher auch darbie-
tet, in drei Fällen gleichsam vom Hauch der Weltgeschichte gestreift worden ist. Damit meine
ich jetzt nicht Kriegsereignisse, wie sie unter anderem natürlich auch Zernikow, von Dreißig-
jährigen Krieg angefangen bis hin zum Ende des Zweiten Weltkriegs, erfasst haben. Das würde Zernikow aus Dörfern gleicher Art nicht herausheben. Im ersten Fall, den ich nennen will,
geht es vielmehr um ein Ereignis aus dem Leben des Hans von Labes, die einen tragi-
komischen Ausgang nahm. Über sein barockes Lebensgefühl und sein gesteigertes Selbstbewusstsein habe ich schon gesprochen, und wer die Linden- oder die Kastanienallee in Zernikow entlang wandert und am Rande die großen Wackersteine sieht, die seinerzeit auf Veranlassung von Hans von Labes aus den Feldern hinweggeräumt worden sind, der kann vielleicht
nachempfinden, dass er sich als ein Wohltäter der Menschheit fühlte und, wie Arnim berichtet, sich als einen römischen Imperator, der milde Sitten und Künste eingeführt hat, auf einem
Kupferstich hat darstellen lassen.

Zernikow war nun der Ort, wo er, wie Arnim schreibt, "schon krank, noch durch die Erkau-
fung des polnischen Indigenats (Staatsangehörigkeit) nach der polnischen Königskrone durch
Russlands Vermittelung strebte. Und diese Vermittelung suchte er zu erhalten, indem er auf
(die Zarin) Katharina Medaillen prägen ließ und den reisenden Großfürsten in einem kostbaren Zelte durch seinen Dorfkrüger und Jäger, die er prachtvoll als Stallmeister hatte anziehen
lassen, auf dem Wege nach Rheinsberg bewirtete. Er selbst lag damals schon auf dem Todes-
bette, und von den Kuchen, die er dahin gesendet und die zurückgekommen, weil der Groß-
fürst sich nicht beim Zelte verweilt hatte, wurde noch bei seinem Leichenbegängnisse ge-
schmaust." Man stelle sich das nur einmal lebhaft vor Augen: Zernikow als der Ort, aus dem
um ein Haar ein polnischer König hervorgegangen wäre!

Das reizvolle Portrait der Amalie Caroline von Arnim, geborenen Labes, zeigt eine anmutige
junge Frau in schwarzem Schleier, zum Zeichen, dass das Gemälde erst nach ihrem Tode angefertigt worden ist. Auch eine kleine in Holz geschnitzte Urne, die man am Kopf des Bilder-
rahmens angebracht hat, deutet darauf hin. Über sie weiß ich nicht mehr als das wenige, was
in allen biographischen Skizzen über Arnims Leben (eine umfassende Biographie gibt es ja
noch nicht) zu finden ist. Sie hatte in der Zernikower Dorfkirche am 30.November 1777 als
Sechzehnjährige den um 20 Jahre älteren Joachim Erdmann von Arnim aus Friedenfelde in
der Uckermark geheiratet, der von Friedrich II. im Jahr zuvor zu seinem directeur des
spectacles, also zum Intendanten der königlichen Schauspiele in Berlin ernannt worden war.
Amalie hat 1780, drei Jahre nach ihrer Heirat, mit der finanziellen Unterstützung ihrer Mutter
das Ländchen Bärwalde, zu dem auch Schloss Wiepersdorf gehörte, aus dem Besitz der Familie von Einsiedel erworben, lebte aber mit ihrem Ehemann meistens auf seinem Gut Friedenfelde in der Uckermark.

Ihre beiden Söhne, Carl Otto Ludwig und Carl Joachim Friedrich Ludwig, der als Kind Louis
genannt wurde und sich als Dichter später Achim nannte, wurden 1779 bzw. 1781 in Berlin
geboren. Die Geburt des Dichters hat die junge Mutter mit dem Leben bezahlt, und der Dichter hat darunter Zeit seines Lebens wie unter einer Schuld gelitten. Am Sterbetage seiner Mutter erhielt er die Nottaufe in der Kirche von St.Marien in Berlin.

Ende Januar 1810, kurz vor dem Tode der alten Frau von Labes, schrieb Arnims Freund Clemens Brentano an seinen Schwager Savigny: "Vorgestern war Arnims Geburtstag. Seine noch immer todkranke alte Großmutter hat ihm ein merkwürdig rührendes Geschenk gemacht. Arnims Mutter nämlich fand den Tag vor ihrer Niederkunft mit ihm unter großer Freude in einer selbstgeöffneten Auster einen Seestern... Dann starb sie bei der Niederkunft. Die gute alte Frau hob den Stern auf und schrieb auf einen Zettel ungemein rührende Worte dazu, wie vielleicht ihre geliebte Tochter durch diesen Stern zu den himmlischen Gestirnen sei gerufen worden. Ich fühle, dass unser Herr Bruder (Brentano nannte Arnim stets seinen Herrn Bruder, P.A.) der Stern selbst war und dass die, die ihn verschloss, wie die Muschel durch ihn starb. Diesen Stern hat sie ihm geschenkt und ein Uhrband von den Haaren seiner Mutter."

Eingangs hatte ich schon erwähnt, dass sich von dem ersten wirklichen Arnim in Zernikow, dem Ehemann der in der Kirche portraitierten Amalie Caroline, Joachim Erdmann Freiherr von Arnim, keine Spuren oder Zeugnisse finden lassen, die an seine Anwesenheit an diesem Ort erinnern würden. Seine beiden Söhne sind praktisch ohne einen Vater aufgewachsen, denn Joachim Erdmann hatte das Erziehungsrecht für seine Söhne für 1000 Taler an seine Schwiegermutter, die Frau von Labes, abgetreten und kümmerte sich seitdem nicht weiter um sie. Er pflegte auf Briefe Arnims, die dieser ihm als Kind aus Zernikow schrieb und darin flehentlich um eine Antwort bat, nicht zu reagieren, und in einem Brief vom 16.Oktober 1802 nahm die Großmutter, die ihre beiden Enkel zu einer pünktlichen Beantwortung ihrer Briefe ermahnen wollte, darauf Bezug, indem sie schrieb: "Liebe Kinder, folget doch ja nie diesem Beispiele, werdet bessere Arnimme, bessere Väter." Vermutlich ist es diesem Umstand der Vaterlosigkeit zuzuschreiben, dass die beiden Brüder, Arnim der Dichter und sein älterer Bruder, genannt Pitt-Arnim, sich innig hassten.

Auch mir und meinen Geschwistern, das heißt fünf Brüdern und einer Schwester, ist, wenn auch auf andere Weise, der Vater früh genommen worden, und so verstehe ich sehr gut, weshalb das Wort Familie für den Dichter Arnim ein Reizwort darstellte, über das er in einem Brief an seinen Freund Clemens Brentano vom 22.März 1808 folgendermaßen seinen Unmut kundgibt: "Ich verstehe darunter verschiedene artige Leute, die aus einer wunderlichen Ansicht von Verwandtschaft, sich immer aneinander drängen um sich immerdar zu stossen statt zu küssen. In meiner Familie sollte mir der Name Familie gar nicht ausgesprochen werden, es ist ein verruchtes Wort,... das alle wahren Rechte zwischen Blutsverwandten und alle freie Liebe unter ihnen erstickt und ein Paar conventioneller Geburtstagskuchen für das grobe Brot des ganzen Jahres setzt." Arnim ist später allerdings seinen eigenen sieben Kindern ein treusorgender Vater gewesen.

In seinem späteren Leben hat Zernikow für Arnim praktisch keine Rolle mehr gespielt, sein Tätigkeitsbereich wurde das Ländchen Bärwalde südlich von Berlin und sein Hauptwohnsitz dortselbst Schloss Wiepersdorf. Aber einmal, auf einer Reise zu seinem geliebten Onkel, dem Grafen Schlitz in Mecklenburg, erinnert er sich in einem Brief an seine Frau Bettina mit Wehmut an die Kindheit, die er in Zernikow verbracht hat:

Neustrelitz, den 4.September 1819
Liebe Bettine!

Da bin ich einen Tag in Zernikow gewesen, wo ich glückliche Tage der Kindheit in Vergleich mit den übrigen zubrachte, wo ich mein erst poetisch Werk schrieb und vielerlei in aller Einsamkeit lernte. Das bringt mich zum leichtsinnigen Einfall, auf einen Tag zum Onkel zu reisen. Ich weiß, Du verzeihst mir nichts leichter als so etwas, sonst würd ich es dir verschwie-

gen haben, bis ich zurückgekehrt wäre. Doch wäre es möglich, dass ich darum ein paar Tage länger ausbleibe und du sollst Dich nicht ängstigen liebes Herz, das ich an mein Herz drücke.
Achim Arnim

So ist aber auch umgekehrt der Name des Dichters Achim von Arnim in Zernikow bis vor Kurzem dem Bewusstsein der Menschen fast völlig fremd geblieben; der Ort, an dem er verankert blieb, war und ist Wiepersdorf. Das gilt auch für die Arnims in Zernikow selbst. Für sie war die Verbindung zu Wiepersdorf ja nie abgerissen. Dass man auch in Zernikow etwas für das Andenken des Dichters tun solle, wäre ihnen deshalb nie in den Sinn gekommen. Ich sage, das war so bis vor Kurzem. Nach der Tagung der Internationalen Arnim-Gesellschaft in Zernikow im Jahre 1998 hat sich hieran grundsätzlich etwas geändert. Damals wurde von der AQUA-Zehdenick, d.h. der neuen Besitzerin der Gutsanlge, der Gedanke aufgegriffen, im Gutshaus ein so genanntes Arnim-Zimmer einzurichten, in welchem die Erinnerung an diesen bedeutenden Vertreter der Romantik wach gehalten wird. Auch der Gedanke an die Einrichtung eines "Achim-von-Arnim-Museums zur Naturforschung der Romantik" wurde entwickelt, da der junge Arnim, bevor er unter dem Einfluss seines Freundes Clemens Brentano beschloss, die Dichterlaufbahn einschlagen zu wollen, sich als viel versprechender Naturforscher bereits einen Namen gemacht hatte. So beginnt sich allmählich auch unter den Bewohnern Zernikows das Bewusstsein zu festigen, dass sie mit dem Namen Achim von Arnim die Besucher ihres Heimatortes auf einen großen Dichter hinweisen können, der hier zwar nicht geboren wurde, der aber, was doch für ein Menschenleben viel bedeutsamer ist, hier entscheidende Monate seiner Kindheit verbracht hat.

Ich überspringe nunmehr einige Jahrzehnte, denn nach dem Tod der Frau von Labes blieb Gut Zernikow jahrzehntelang in wechselnder Verpachtung. Einzelheiten sind wiederum bei Fontane sehr schön nachzulesen. Zwar gehörte das Gut zwischenzeitlich den Erben des Sohns der Frau von Labes, des Grafen Schlitz. Aber, wie Zernikower Bürger kürzlich in den Kirchenbüchern entdeckt haben, fühlten sich diese so wenig für Zernikow verantwortlich, dass sie sich sogar weigerten, ihre Patronatspflichten gegenüber der Zernikower Kirche zu erfüllen, weshalb gegen sie ein Prozess geführt werden musste, den sie verloren. Wer also das partriarchalische System der Gutsherrschaft zu einer idealen Gesellschaftsform verklären möchte, dem ist entgegenzuhalten: Wohl und Wehe der Untertanen hing in starkem Maße davon ab, wie der Charakter des jeweiligen Patrons beschaffen, das heißt wieweit er die Verantwortung für sein Gut und dessen Bewohner wahrzunehmen fähig und bereit war. Jedenfalls fiel Zernikow in dieser Zeit der Verwahrlosung anheim, wie es von dem Engländer Alexander Hamilton, der Jahre nach Fontane das Dorf besucht hat, bezeugt wurde. Erwähnenswert wäre hier vielleicht nur, dass in dieser Zeit in die ursprünglich preußische Familie Arnim nunmehr ein Schuss italienisches Blut hineingekommen war, nämlich durch des Dichters Arnim Heirat mit der Bettina Brentano. Statt von den Zernikower Arnims, könnte man von da an deshalb ebenso gut von den brentanoschen Arnims sprechen. Und die Brentanos fielen so sehr aus dem Rahmen dessen, was gemeinhin hierzulande als gut deutsch gilt, dass einige rabiate Nazis wie der Nazibarde Adolf Bartels die als Denunziation gemeinte Behauptung aufstellten, die Brentanos seien jüdischer Abstammung gewesen.

Ein bettinischer Einschlag wird gleich an dem ersten Arnim bemerkbar, der nunmehr wieder in Zernikow ansässig wurde, meinem Großvater Erwin von Arnim. Er hat 1891 die Fredersdorffschen Güter in eigener Regie übernommen und seinen Wohnsitz im Herrenhaus von Zernikow bezogen, das er dann um einen Flügel hat erweitern lassen. Hinsichtlich seiner Gleichgültigkeit in Kleiderfragen, mit der er bis heute bei den Bewohnern von Zernikow in Erinnerung ist, war er allerdings auch seinem Großvater, dem Dichter, nachgeschlagen, von dessen nachlässiger Kleidung bereits die Bettina in "Clemens Brentanos Frühlingskranz" ein humorvolles Bild gezeichnet hat. Wenn Wilhelm von Humboldt der preußischen Regierung seinerzeit davon abriet, Arnim in den preußischen Staatsdienst zu übernehmen, dann hatte das unter anderem mit Arnims saloppem Auftreten zu tun. Aber sein Enkel Erwin von Arnim zeichnete sich auch in seinem gesellschaftlichen Verhalten und seinen politischen Ansichten durch große Eigenwilligkeit aus. Zwar hat auch sein Großvater, wie wir wissen, bemerkenswert unkonventionelle politische Gedanken entwickelt, aber einer, der so entschieden öffentlich seine eigene Meinung vertreten hätte, wie später, nach seinem Tode, die Bettina, war Arnim denn doch nicht gewesen. In seiner politischen Eigenwilligkeit ist Erwin wohl eher der Bettina nachgeschlagen bzw. deren drittem Sohn Friedmund, seinem Vater, welcher unter den sieben Arnimkindern der Mutter politisch am nächsten stand und mit ihr die Revolution von 1848 begeistert begrüßt hat.

Um die Eigenheiten Erwin von Arnims zu verstehen, müssen wir wissen, wie er und seine zwei Brüder, Ottmar und Annois, aufgewachsen sind. Darüber gibt es ein Zeugnis seiner Tante, der ältesten Tochter des Dichterpaars, Maxe von Arnim, die nach einem Besuch bei ihrem Bruder Friedmund in Blankensee schrieb:
"Mein lieber armer Bruder lebt seit dem Tode seiner Frau noch abenteuerlicher als früher, ganz als einsamer, bedürfnisloser Philosoph. Das Haus, das er für sie gebaut hatte, lässt er verfallen, er schläft auf Moos und hat große Kugeln, mit denen er seine Muskeln stärkt. In einem Laboratorium das er sich eingerichtet, experimentiert er tagtäglich mit Teer, von dessen Heilkraft er fest überzeugt ist. Seine Kinder lässt er wild aufwachsen. Es sind prachtvolle, kluge Jungens, echt Arnimsche Naturen, aber Friedmund will gar nicht, dass sie erzogen werden, sondern sie sollen sich ganz in Freiheit à la Rousseau entwickeln, und so streichen sie mit ungeschnittenen Haaren, die ihnen bis über die Nase hängen, herum wie wilde Füllen."
Die Tante Max, wie sie genannt wurde, hat dann dafür gesorgt, dass wenigstens der jüngste der drei Brüder, Annois, eine ordentlich Schuldbildung bekam, sodass er später Forstwirtschaft studieren und dann im Auftrag seines Bruders Erwin, der neben Zernikow auch Wiepersdorf geerbt hatte, die Verwaltung der dortigen Forsten übernehmen konnte.

Übrigens, der Glaube an die Heilkraft des Teers hat sich in unserer Familie vererbt bis hin zu meinem Vater. Ich erinnere mich noch, wie er das Gurgeln mit dem so genannten Arnimschen Leberteer, gedacht als Maßnahme gegen Halsweh, zu einer für uns Kinder eindrucksvollen Vorstellung zu gestalten verstand. Der Apotheker in Gransee musste diesen Leberteer nach dem Rezept des Großvaters Friedmund speziell für die Arnims in Zernikow herstellen. Auch den Gästen des Hauses wurde er als ein Allheilmittel verabreicht, wenn sich irgendein Zeichen von Krankheit bei ihnen ankündigte, sodass über den Leberteer bald der Spruch im Umlauf war: "Führt ab und stoppt ook!"

Mit Erwin von Arnim war nun wieder ein Mitglied der Familie nach Zernikow zurückgekehrt, der sich in Fredersdorffscher Tradition und als Patronatsherr der Kirche für seine Mitbewohner verantwortlich fühlte. So sind auch von seiner Tätigkeit viele Spuren in Zernikow und Umgebung bis heute noch zu finden. Neben der Renovierung und dem Ausbau des während fünfzig Jahren verwahrlost gewesenen Gutshauses geht der Bau der einklassigen Volksschule auf ihn zurück, die in DDR-Zeiten als HO-Laden diente, und mehrerer anderer Gebäude auf dem Gutshof selbst. Magere Böden in Schulzenhof, Zernikow und auf dem Gut seines Bruders Annois, im benachbarten Burow, ließ er aufforsten, in einer morastigen Talsohle hinter Kelkendorf eine so genannte Moorkultur anlegen, und er errichtete ein Sägewerk, ein Forsthaus und weitere Gebäude. Wie sein Urgroßvater Labes hegte auch er eine große Liebe zu Bäumen, er legte jedoch keine neuen Alleen an, sondern ließ sich die Pflänzlinge der exotischsten Bäume nach Zernikow kommen. Aber ich versprach, von seiner politischen Eigenwilligkeit erzählen zu wollen. Darüber hat seine älteste Tochter, die Malerin Bettina Encke von Arnim, einen anschaulichen Bericht geliefert.

Erwin von Arnim war ein entschiedener Pazifist. Als ein preußischer Junker, noch dazu in der Bismarck-Ära, fiel er damit völlig aus dem gesellschaftlichen Rahmen, aber er scheute sich nicht, seine Meinung auch unter seinen Standesgenossen offen zu äußern. Aber in Familiensachen war er ein Autokrat alten Stils, auch die Zernikower Dorfbewohner haben ihn als jemand in Erinnerung, vor dem man sich eher fürchtete. Er achtete streng auf den Zusammenhalt der Familie, weshalb, als seine Tochter Bettina und sein einziger Sohn Friedmund im benachbarten Neu-Strelitz, der Residenzstadt des Großherzogs von Mecklenburg, die höheren Schulen besuchten, er mit der ganzen Familie für diese Zeit aus Zernikow dorthin umzog, statt seine Kinder in ein Internat zu stecken. Für das großherzogliche Hofmarschallsamt schuf er damit ein schwerwiegendes Problem. Denn aus dem für einen preußischen Junker obligatorischen "Einjährigen" war er, wegen seiner Weigerung, ein Offizier zu werden, als einfacher Gefreiter zurückgekehrt. In der Stadt Neu-Strelitz, wo jeder eine seinem gesellschaftlichen Rang entsprechende Uniform trug, war er deshalb als Mann ohne Uniform ein Niemand. Wenn nun seine Frau, meine Großmutter Agnes von Arnim, zu den Festlichkeiten am herzoglichen Hof oder in die Schlosskirche gehen wollte, wussten die Bediensteten nicht, nach welchen Rang man sie einzuordnen habe, da sie die Frau eines Gefreiten, aber doch immerhin von Adel war. Man entschied sich, sie zur Frau eines Hauptmanns zu erklären!

Und hier komme ich zum zweiten Punkt, der mich veranlasst, und diesmal auf ernsthaftere Weise, zu behaupten, dass das Gutshaus von Zernikow gelegentlich vom Hauch der Weltgeschichte erfasst wurde. Denn nach Ausbruch des Ersten Weltkriegs hielt sich Erwin von Arnim, obwohl er mit Sozialismus oder gar Marxismus sonst nicht viel im Sinn hatte, den sozialdemokratischen "Vorwärts", bis er entdeckte, dass Friedrich Eberts kaiserfromme Mehrheitssozialdemokraten keineswegs so entschieden gegen den Krieg auftraten, wie er sich das erhofft hatte. Aber er hat sich dann ein Buch angeschafft, das im zweiten Jahr des Krieges anonym in Lausanne in der Schweiz erschienen war unter dem Titel: "J'accuse. Von einem Deutschen". Wie es ihm gelungen ist, unter dem Belagerungszustand, der damals über das Deutsche Reich verhängt worden war, an ein solches Buch heranzukommen, ist mir ein Rätsel. Denn darin wurde die Kriegspolitik des Kaiserreichs in aller Schärfe einer Kritik unterzogen, wie sie die Sozialdemokraten nach Kriegsausbruch und Verkündung des Burgfriedens längst nicht mehr zu äußern wagten.

An den westdeutschen Universitäten hat erst in den sechziger Jahren der Hamburger Historiker Fritz Fischer mit der von den deutschen Nationalisten jahrzehntelang gepflegten Legende aufgeräumt, dass Deutschland 1914 ganz unschuldig in den Krieg hineingeraten sei. Fischer hat mit seinem Buch "Griff nach der Weltmacht" seinerzeit einen unerhörten Skandal ausgelöst, bis man aufgrund der von ihm präsentierten Dokumente sich schließlich gezwungen sah, die Wahrheit anzuerkennen. Man stelle sich nun vor, was es bedeutete, wenn im Kriegstaumel der ersten Jahre des Ersten Weltkriegs im kleinen Zernikow sich der Gutsherr ein Buch beschafft hat, in welchem zu lesen stand:

"... dass dieser Krieg von Deutschland und Oesterreich längst geplant und vorbereitet worden ist, nicht bloß militärisch, sondern auch politisch,
... dass man seit langem entschlossen war, diesen Angriffskrieg dem deutschen Volk als einen Befreiungskrieg darzustellen, weil man wußte, dass man nur so die nötige Volksbegeisterung erwecken könnte;

... dass das Ziel dieses Krieges die Erlangung der Hegemonie auf dem Festland und im weiteren Verlauf die Eroberung der Weltmachtstellung Englands sein sollte nach dem Grundsatze: Ôte toi de là que je m'y mette! (Hau ab, damit ich da hin kann!)".

Mich hat dieses erstaunliche Buch aus dem Vermächtnis meines Großvaters Erwin seit meiner Jugend fasziniert. Denn mein Großvater mütterlicherseits vertrat genau die entgegengesetzten, nämlich die traditionellen Positionen. Ich habe lange gerätselt, wer der Autor sein könnte, bis mir Professor Fritz Fischer vor ein paar Jahren, kurz vor seinem Tode, den Namen des Autors mitteilte, welchen er selbst erst nach der Veröffentlichung seines eigenen Buches, also erst Jahrzehnte nach dem Zweiten Weltkrieg, erfahren hat: Es war der Berliner Rechtsanwalt Richard Grelling, der am Ende des Kaiserreichs Angeklagte in politischen Prozessen, vor allem Sozialdemokraten in Majestätsbeleidigungsprozessen, verteidigt hat. In der Weimarer Zeit wurde sein Name verschwiegen, seine Bücher waren in den Bibliotheken nicht zu finden. Als er im Jahre 1924, also zu einer Zeit, als in Deutschland die politischen Leidenschaften bis ins Extreme gingen, zu einer Operation ins Krankenhaus eingeliefert werden musste, wurde Richard Grelling von deutschnationalen Ärzten, die in ihm einen Vaterlandsverräter sahen, so schlecht behandelt, dass er an den Folgen der Operation starb.

Erwin von Arnim wäre, wie seine Tochter Bettina Encke schreibt, nach dem Kriege "am liebsten nach Dänemark oder in die Schweiz gezogen, da er meinte, die kleinen Staaten wären friedliebender als die großen Mächte, deren Imperialismus leicht Kriege auslöste. Diesem Streben fortzuziehen, stand aber wieder seine grundkonservative Gesinnung im Wege. Er konnte sich letzten Endes doch nicht von seinem angestammten Besitz trennen, und es blieb alles beim Alten."

Sein Sohn Friedmund, mein Vater, hat sich dann zwar als Schüler von der Kriegsbegeisterung hinreißen lassen, die damals fast die ganze Jugend bei Ausbruch des Ersten Weltkriegs erfasste. Nach einem Notabitur zog er 1915 als Freiwilliger in den Krieg. Im Gegensatz zu anderen Kriegsteilnehmern hat er jedoch später den Krieg niemals verherrlicht, und als seine Braut Clara ihm von Kriegsbüchern vorschwärmte, deren Lektüre damals in einem gutbürgerlichen Hause wie dem, aus welchem sie stammte, zum guten Ton gehörte, beispielsweise Ernst Jüngers "In Stahlgewittern", schenkte er ihr kurzerhand das Buch der Pazifistin Bertha von Suttner "Die Waffen nieder" zur Verlobung, worin der Krieg in all seiner Grausamkeit geschildert wird.

Über meines Vaters Tätigkeit in Zernikow gäbe es so viel zu erzählen, dass dafür ein eigener Artikel nötig wäre. Aber Sie können vieles über sein Leben aus den Büchern meiner Mutter und meiner Schwester, d.h. aus "Der grüne Baum des Lebens" und "Das bunte Band des Lebens" entnehmen, auch aus einem kleinen Büchlein, dass ich speziell über ihn verfasst habe. Ich möchte nur kurz zwei oder drei Begebenheiten aus seinem Leben erwähnen, an denen sich sein Mut im Alltag einer Diktatur und seine stete Bereitschaft, auf unauffällige Weise Menschen in Lebensgefahr zu helfen, in beispielhafter Weise erwiesen hat. Seine Charakterstärke, das möchte ich dazu noch sagen, verdankte er zweifellos dem Umstand, dass er bei seiner Mutter in Zernikow eine glückliche Kindheit verbracht hat, d.h. unter der Obhut einer bewundernswerten Frau, die nichts als Ruhe und Güte ausstrahlte. Meine Großmutter Agnes, geborene von Baumbach, war der ausgleichende Mittelpunkt einer Familie, die gelegentlich doch sehr unter dem jähzornigen Wesen meines Großvaters Erwin zu leiden hatte.

Unten im Gutshaus, links vom Eingang, befand sich zu Ende des Zweiten Weltkriegs ein als Büro eingerichtetes Zimmer, das als Bürgermeisterei diente. Würden Sie für möglich halten, dass in den letzten Kriegsjahren, das heißt in den schlimmsten Jahren des Naziregimes, eine im Sinne der Nazis so genannte Volljüdin darin das Amt eines Bürgermeisters ausübte? Und doch war es so.

Einige Monate vor Ausbruch des Krieges, im Frühjahr 1939, hatte nämlich Friedmund von Arnim die Witwe eines im KZ gestorbenen Kommunisten, Frau Irma Gerhold, als Hauslehrerin für seine Söhne eingestellt, um diese auf das Gymnasium vorbereiten zu lassen. Er tat dies, obwohl sie ihm ein Geheimnis anvertraut hatte, dessen Entdeckung für beide den Tod und große Gefahr für die ganze Familie bedeutet hätte: Sie war Volljüdin nach Maßgabe der Nürnberger Rassegesetze (vom Glauben her war sie Protestantin, stand aber den Anthroposophen nahe). Sie wurde als "Tante Irma" in die Familie aufgenommen und wurde darin ein wichtiges und einflussreiches Mitglied.

Als dann Friedmund von Arnim während des Krieges von den Nazis zum Bürgermeister und Ortsbauern-Führer bestimmt wurde, sagte er schlicht zu Tante Irma:
"Ach, können das mit der Bürgermeisterei nicht Sie übernehmen? Ich weiß nicht, wie ich neben meinen übrigen Aufgaben auch das noch schaffen soll!"
Darauf wurde im Gutshaus für Tante Irma ein Raum als Gemeindebüro eingerichtet, und sie war nun verantwortlich für die Verteilung der Lebensmittelkarten und Bezugscheine, ohne die man in der Kriegszeit nichts mehr kaufen konnte. Da jeder, der Nahrungsmittel anbaute oder Tiere mästete, das amtlich registrieren lassen musste, hatte Tante Irma auch damit zu tun, und sie verwaltete ihr Amt mit Umsicht und Geschick und genoss große Autorität.

Kann man sich einen aberwitzigeren Humor vorstellen, als eine Frau, die im Sinne der Nazis als Volljüdin galt, mitten im Kriege ins Amt eines Bürgermeisters einzusetzen? Zum Lachen war das nicht, gerade auch wenn sie in ihrer neuen Funktion gezwungen war, noch öfter als ein gewöhnlicher deutscher Durchschnittsbürger den Gruß "Heil Hitler!" auszustoßen; und bei Tante Irma, die sich von ihren Ängsten und Sorgen nichts anmerken ließ, machte sich in Gallenkoliken bemerkbar, was sie seelisch erlitt. Aber Friedmund hatte ihr Überleben gesichert, und gewiss empfand sie mit ihm den stillen Triumph des Verfolgten, der seinen Verfolgern ein Schnippchen geschlagen hat.

Mein Vater war politisch konservativ eingestellt, das heißt, er wählte Deutsch-National, zwar nicht die korrupte Partei Alfred Hugenbergs, jedoch eine liberale Abspaltung von derselben, die Partei der so genannten Volkskonservativen des Außenministers Treviranus. Aber außer zu den Nazis, für die er nichts als Verachtung übrig hatte, pflegte er freundschaftliche Verbindungen zu Menschen der verschiedensten politischen Herkunft, bis hin zu Sozialdemokraten und Kommunisten. Dass er sie überhaupt kennen gelernt hat, kam unter anderem daher, dass er ein begeisterter Anhänger des Fußballsports war, eines nicht gerade typisch aristokratischen Sports. Aber er bewahrte ihnen auch über den Rahmen des Fußballsports hinaus seine menschliche Solidarität, wenn sie aus welchen Gründen auch immer Hilfe brauchten. In Zernikow hatte er mit den Männern des Dorfes einen Fußballverein gegründet, deren Kapitän er war bis zum Jahr 1933, wo er den Verein auflösen musste, weil er ihn sonst der Kontrolle der Nazipartei hätte unterstellen müssen.

Besonders wichtig aber war für ihn die Freundschaft mit einem ehemaligen Kriegskameraden aus dem Ersten Weltkrieg, der danach sein Schwager wurde, Walther Encke. Walther Encke bezeichnete sich selbst als entschiedenen Republikaner, und er und seine Frau, die Malerin Bettina Encke von Arnim, die älteste Schwester meines Vaters, führten während der Weimarer Zeit in Berlin einen Salon, in welchem prominente Intellektuelle Berlins aller möglichen politischen Schattierungen, von links bis zur politischen Mitte, zusammenkamen, soweit sie sich in einem einig waren: in dem Bestreben, die drohende Naziherrschaft zu verhindern. Natürlich waren Besucher dieses Salons vor 1933 auch oft in Zernikow zu Gast. Einer dieser Gäste war der kommunistische Reichstagsabgeordnete Dr. Iwan Katz. Er verkörperte in einer Person, was die Nazis am meisten hassten, er war ein Jude und Kommunist zugleich. Diesen Dr. Iwan Katz hat mein Vater während der Nazizeit zeitweilig erst in Zernikow, dann in Wiepersdorf versteckt, später tat das dann auch meines Vaters ältere Schwester, die Malerin Bettina Encke von Arnim in ihrer Wohnung in Berlin. Nach dem Krieg hat ihr Dr. Iwan Katz eine Bescheinigung ausgestellt, worin er erklärte, weshalb sie als aktive Antifaschistin anerkannt zu werden verdiente. In diesem außergewöhnlichen zeitgeschichtlichen Dokument schrieb Dr. Iwan Katz unter anderem:

"Als ich 1938 aus meiner Schutzhaft anderthalb Jahre beurlaubt war und dabei unter Polizeiaufsicht stand, sodass es mir nicht möglich war, irgendwo Arbeit zu bekommen, besorgte mir auf Betreiben Bettinas ihr Mann eine Anstellung als Expedient in derselben Holzfirma, in der er selbst beschäftigt war. (Diese Holzfirma, HONA genannt, war die von meinem Vater gegründete Zaunfabrik. P.A.)

In jener Zeit meines 'Urlaubs' versorgte mich Encke auch mit überaus wertvollem Material über die Kriegsvorbereitungen Hitlers gegen die 'befreundete' Sowjetunion, das er von ihm nahe stehenden Generalstäblern erhalten hatte, und das ich mit anderen Materialien dieser Art über den Vize-Generalkonsul der UdSSR Komoff nach Moskau weiterleitete.
Als ich 1943 aus dem Konzentrationslager nach erneuter Festnahme entflohen war, gewährte mir Bettina Encke ohne jedes Bedenken in ihrer Wohnung Unterkunft..."

Ich glaube, zumindest an dieser Stelle ist kein Zweifel mehr berechtigt an meiner Behauptung, dass es in Zernikow Momente gab, wo hier etwas ablief, das weltgeschichtliche Bedeutung hatte. Denn was Iwan Katz und Walther Encke, mit dem Wissen meines Vaters, da betrieben haben, war ja im traditionellen Sinne offener Landesverrat, also ein todeswürdiges Verbrechen. Aber sämtliche moralischen Traditionen, die mein Vater hochhielt, waren von den Nazis außer Kraft gesetzt worden. Als 1934, nach dem Tod des Reichspräsidenten von Hindenburg, vom Oberbefehlshaber der Wehrmacht, Generalfeldmarschall von Blomberg, angeordnet wurde, dass die deutschen Soldaten nicht mehr, wie bis dahin üblich, auf Volk und Vaterland, sondern auf die Person des Führers und Reichskanzlers Adolf Hitler, vereidigt werden sollten, sah dies mein Vater als Hochverrat an. Diesem Verbrecher gegenüber sah er sich zu nichts verpflichtet, eine Verpflichtung sah er nur noch seinen Mitmenschen gegenüber.

Dass alle Warnungen vor Hitlers Kriegsvorbereitungen bei Stalin nichts fruchteten, der solche natürlich nicht nur über meines Vaters Schwager Walther Encke und dessen Freund Iwan Katz, sondern auch von anderer Seite, beispielsweise dem berühmten Richard Sorge, erhalten hat, ja dass er mit Hitler sogar einen Pakt schloss und ihm dadurch half, den Angriff auf die Sowjetunion besser vorzubereiten, muss für meinen Vater wie für alle, die zum Naziregime in Opposition standen, eine furchtbare Erkenntnis gewesen sein. Damit wurde die totale Isolierung offenkundig, in welcher der deutsche Widerstand gegen Hitler stand.

Mein Vater erkannte gleich zu Beginn des Zweiten Weltkriegs, dass dieser für Deutschland verloren gehen musste. Als er die moralische Korruptheit der neuen, in der Nazizeit zu Rang und Würde gekommenen Offiziere beobachtete, sagte er: "Mit einem solchen Offizierskorps gewinnt man keinen Krieg." Er sah aber zugleich voraus, dass auch er, obwohl unschuldig, eines Tages für die Verbrechen würde mithaften müssen, die von den willigen Vollstreckern des Naziregimes insbesondere an den Juden begangen wurden. Und doch bot sich für ihn am Ende des Krieges, nachdem er seine Familie in den Westen geschickt hatte, um sie vor den Gefahren der letzten Kämpfen zwischen den fanatisch bis zum Letzten kämpfenden Nazis und den einmarschierenden Sowjettruppen zu bewahren, eine Chance des Überlebens in Zernikow. Denn die französischen Kriegsgefangenen haben aus Dankbarkeit für die geradezu freundschaftliche Behandlung, die er ihnen während ihrer Zeit als Gefangen auf Gut Zernikow hatte angedeihen lassen, ihm die Uniform eines französischen Kriegsgefangen geliehen, um ihn so vor den einmarschierenden Sowjettruppen zu tarnen, während sie gemeinsam die Versorgung des Viehs übernahmen.

Zernikower Dorfbewohner, die manche der französischen Gefangenen noch heute bei Namen kennen und Augenzeugen dieser Vorgänge waren, erzählen mit Bewunderung, wie selbst die russischen Kriegsgefangenen, die all das beobachten konnten, darüber Stillschweigen bewahrt haben, obwohl schon aus sprachlichen Gründen mein Vater mit ihnen nicht einen so engen Umgang pflegen konnte wie mit den Franzosen. Eine bedeutsamere Anerkennung für sein menschliches Verhalten gegenüber ausländischen Gefangenen in der Nazizeit, in welcher die Misshandlung von Ausländern gesetzlich verordnet bzw. ihre menschliche Behandlung strafbar war, lässt sich nicht denken.

Wenn jetzt, in Wahlkampfzeiten, von den bei uns herrschenden Parteien eine so genannte "Ausländerpolitik" ins Zentrum der öffentlichen Debatten gerückt und damit erneut eine unterschwellige Ausländerfeindlichkeit geschürt wird, wie sie in der Nazizeit offizielles Regierungsprogramm war, dann kann all denen, die sich diesem Trend der Zeit nicht zu beugen bereit sind, das Beispiel Friedmund von Arnims in Zernikow zur Ermutigung dienen.

Er wurde allerdings dann doch als Junker und Gutsbesitzer denunziert, und zwar von einem Dorfbewohner, welcher sich einst durch eine Anordnung meines Vaters zurückgesetzt gefühlt hatte. Friedmund von Arnim wurde zwei Tage nach dem offiziell verkündeten Datum des Kriegsendes, am 10.Mai 1945 von Sowjetsoldaten verhaftet und in ein Gefangenenlager nach Russland verschleppt, wo er am 13.Januar 1946 an Entkräftung starb. Es muss jedoch festgehalten werden, dass die Familienangehörigen des Denunzianten entsetzt waren über die Tat ihres Vaters und unter dem Verruf leiden, in den sie durch ihn gebracht worden sind, weshalb sie daran zu erinnern heißt, bei ihnen alte Wunden aufzureißen. Mit der Tochter eines der ehemaligen französischen Gefangenen in Zernikow stehe ich übrigens in brieflicher Verbindung, und wenn sie im Urlaub auf einer ihrer vielen Kunstreisen ein Museum oder eine Ausstellung besucht hat, versäumt sie es nicht, mir davon einen Katalog oder gar einen ganzen Kunstband zu schicken.

Ich bin nach Kriegsende in dem Bewusstsein aufgewachsen, dass für mich das Zernikow meiner Kindheit für immer verloren sein würde. Als sich dann doch eines Tages die Grenzen öffneten und ich diesen Ort wieder sehen konnte, wurde mir bewusst, wie vielgleisig die Entwicklung der Wirklichkeit abläuft, in der wir leben. Man selbst trägt in sich den Ort, welchen man als Kind verlassen hat, als festes Bild, und Erinnerung, Erzählung und Phantasie tragen zu seiner Verwandlung bei. Nur die Dimensionen dieses Bilds aus der Welt der Kindheit verändern sich in der Erinnerung nicht, und man vergisst völlig, dass man, indem man erwachsen, zugleich auch größer wird, und die Dinge um einen herum, ja die ganze Welt entsprechend kleiner. Das Gutshaus, in dem ich geboren wurde, war für mich als Kind das größte Gebäude weit und breit und insofern natürlich das, als was es allgemein benannt wurde, ein Schloss. Der Schulweg, ein Weg voller Schmetterlinge, Schnecken, Käfer, Pilze oder anderer Naturwunder, ein Weg, auf dem man mit Schulkameraden sich das im Dorfladen gekaufte Brausepulver teilte und dann vom Handrücken ableckte, oder das neu erworbene Daumenkino bewunderte mit "Vater und Sohn", schien meilenlang.

Nach meiner Rückkehr im Abstand von fünfzig Jahren fand ich den Weg von dem nun kaum mehr den Namen Schloss verdienenden, nämlich völlig verfallenen Gutsgebäude zur Schule zusammengeschnurrt zu einer Strecke von ein paar Schritten. Die langen Jahre, in denen ich nicht mehr hier gewesen war, schienen wie eine Glaswand zu stehen zwischen mir und dem heutigen Zernikow. Manches war mir vertraut, manches äußerst fremd. Das Gutshaus, die Dorfstraße, die Kirche, die Schule, alles starrte mich an, als ob es sagen wollte: Es war einmal. Schließlich suchte ich nach dem Ziehbrunnen des Dorfes gegenüber der Schule, der mich als Kind so beeindruckt hatte, weil dort immer wieder die Leute aus dem Dorf zusammenkamen, um Wasser zu holen. Nach langem Suchen entdeckte ich ihn, einige Meter entfernt von Zeitners neuem Haus auf der anderen Seite der Dorfstraße, versteckt hinter hohem Gras.[6] Da fiel mir ein Gedicht des Spaniers Jorge Guillén ein, das ich zum Schluss hier anführe, weil ich anders nicht besser ausdrücken kann, was ich damals empfand:

LOS JARDINES

Tiempo en profundidad: está en jardines.
Mira cómo se posa. Ya se ahonda.
Ya es tuyo su interior. ¡Qué transparencia
De muchas tardes, para siempre juntas!
Sí, tu niñez, ya fábula de fuentes.

DIE GÄRTEN

Tief, ganz tiefe Zeit: da steht sie in Gärten.
Schau: schon lässt sie sich nieder, versinkt.
Schon ist ihr Inneres dein. Welch Abglanz
Vieler Abende, ineins so verschmolzen für immer!
Ja, deine Kindheit: ein Märchen schon im Brunnen.

1.2 DIE ZEIT Nr. 27, 25.6.2002 - Tratschke fragt: Wer war's? Wie eine Mauer: "Die trübe gepreßte Luft einer zwangvollen Kinderstube" [7]

Der 14-jährige Gymnasiast schrieb in einem Brief: "Ich habe eine Bitte, theuerster Vater, die zwar etwas unbescheiden ist, die Sie mir aber doch nicht übel nehmen werden, wie ich hoffe: Der Weihnachten hat zwar viele meiner Wünsche befriedigt, indeß hege ich doch noch einige, die ich bei einer Bücherauction in kurzer Zeit stillen könnte, wenn genug Geld in meiner Kasse wäre, aber dieses ist nun nicht der Fall! Ich dachte bey mir nach; wer kann wohl, wer wird wohl, mir etwas in meine Kasse zum Ankauf dieser Bücher legen? Dein gütiger Vater, antwortete eine geheime Stimme." Aber der Vater antwortete selten auf seine Briefe. Schon der 8-Jährige hatte diesen Brief geschrieben: "Fast mit jeder umgehenden Post habe ich auf ein gütiges Antworts Schreiben gehofft indem ich schon im August (jetzt war Dezember) an Sie geschrieben habe. Ich kann mir Ihr langes Stillschweigen auf keine andere Art erklären als daß entweder mein Brief verloren gegangen ist, oder Sie vieler Geschaefte wegen nicht haben

---

6 Inzwischen hat ihn die Gemeinde Zernikow zu einer Sehenswürdigkeit des Ortes herrichten lassen.

7 Aus einer Mail von Peter Anton von Arnim an Empfänger: haertl@weimar-klassik, Kopieempfänger: Moustapha Sow, Dakar, Horst Stukenberg, kimble office. 28. Jul 2002 23:01; Betreff: Wer war's?

antworten können... " Nachdem die Mutter an den Folgen seiner Geburt gestorben war, hatte die Großmutter ihn und seinen älteren Bruder zu sich genommen. Sie war eine praktische und intelligente Frau, die mit der Verwaltung ihrer Güter vollauf beschäftigt war. Die Erinnerung an seine Kindheit war nicht glücklich. In einem Brief an Goethe schrieb er später: "Ganz lose bin ich auch nur an Berlin, gebunden, ich wohne noch in einem Wirtshause, um mich nicht einheimisch zu fühlen in einer der hohläugigen Strassen; die Laternen darin sind mir noch die freundlichsten Fenster. Es steht hier noch wie eine Mauer, die trübe gepreßte Luft einer zwangvollen Kinderstube, aus der ich mich in verzweifelnder Langeweile in allerley Gelehrsamkeit stürzte, die nachher in wärmerer Sonne bis auf wenige Neigen rein verdampfte."

Mehr als der Vater kümmerte sich sein Onkel um die beiden Knaben. Er setzte sich gegen den Willen der Großmutter dafür ein, dass sie das Gymnasium besuchen konnten. Ihm schrieb er, er habe sich "mehrere- Bücher gekauft, die mir sehr viel Vergnügen machen. Meine Großmutter hat nach vielen Bitten zugegeben, daß ich die Klassen, in welche ich versetzt bin, besuchen darf (auch deswegen bin ich Ihnen dankbar) und dies macht mir außerordentlich viel Vergnügen; die Geschichte älterer und neuerer Weltreiche ist so interessant, daß jede Stunde mir immer mehr Vergnügen macht und Mathematik, ... die ich mehr als jede andereWissenschaft liebe, daher immer mehr um mich herum erweitere ..." Er zeichnete sich im Gymnasium durch große intellektuelle Neugier aus, und der Direktor bemerkte, er müsse sich "fast hüten, durch Lob seines Fleißes und Durstes nach Kenntnissen ihm nicht einen neuen Antrieb zu geben, der seiner Gesundheit schaden könnte."

Mit 17 begann er ein Studium der Rechtswissenschaften in Halle. Außerdem hörte er philosophische Vorlesungen, Mathematik, Physik und Chemie. Zusammen mit Freunden verfasste er Abhandlungen über die verschiedensten wissenschaftlichen Themata. Ein Jahr später erschienen mehr als ein Dutzend Aufsätze von ihm, die ihm die Aufmerksamkeit führender Wissenschaftler einbrachten. Außer den wissenschaftlichen Interessen befasste er sich mit politischen Problemen und übte Kritik an sozialen Missständen seiner Zeit. Bei Fußwanderungen besuchte er mit seinen Freunden ein Erzbergwerk, den "Curprinz". "Ich habe den Curprinz ungefähr über 500 Ellen tief befahren. Es giebt jetzt wenig und hat nur noch wenige Arbeiter, alle Arbeiter werden schlecht bezahlt mit 1 rth 3 gr wöchentlich..., Naturallieferungen finden nicht statt ... Die Harzer Bergleute scheinen viel lustiger und munterer als die Freyberger, scheinen viel mehr auf ihren Stand und ihre Arbeit zu halten, auch mehr Freiheit und Löhnung zu haben.

Bald setzte er seine Studien in Göttingen fort, wo Freunde in ihm literarischesInteresse weckten. Er begann Romane zu schreiben. Der Erfolg blieb aus. Als seine Großmutter starb, war er 29. Sie hatte dafür gesorgt, dass erst seine Kinder ihn in den Besitz der Erbschaft gelangen lassen würden. Damit fasste er den Entschluss, seine langjähriger Freundin zu bitten, ihn zu heiraten. Als das Trauerjahr um war, wurde die Hochzeit gefeiert. Vier Söhne und drei Töchterschenkte ihm seine Frau. - Um seine große Familie zu ernähren, bewirtschaftete er seinen landwirtschaftlichen Besitz. Er entwarf politische Ideen, in denen er dafür eintrat, dass freie Bürgerwahlen die Abgeordneten bestimmen und dass aller Meinungen und Bedürfnisse ihre Vertreter finden können. Mit 46 Jahren wurde er zum ältesten Kreisdeputierten gewählt. Kurz vor seinem fünfzigsten Geburtstag starb er eines plötzlichen Todes.

Wer war's?Anlagen: TRATSC~1.DOC

(Basierend auf einem vor der Internationalen Arnim-Gesellschaft in Zernikow, den 10.Juli 1998 gehaltenen Vortrag)
Peter Anton von Arnim   Zernikow, den 18. April 2004

1.3 Der junge Achim von Arnim als Naturforscher und seine Beziehungen zu Alexander von Humboldt - Vortag von Peter Anton von Arnim

Der dichterische Geist der Natur

Vortrag gehalten am 25.10.2002, anlässlich des 3. Stechlin-Forums mit dem Rahmenthema: "Biodiversistät – was kennen und verstehen wir von Artenvielfalt?" in der Tagungsstätte am Linowsee.

Sehr geehrte Damen und Herren,

vielleicht haben Sie, als Sie den Titel meines Vortrags zur Kenntnis genommen haben, sich gedacht: Achim von Arnim kennt man als Mitherausgeber von „Des Knaben Wunderhorn" und allenfalls noch als Verfasser phantastischer Erzählungen – und der soll ein Naturforscher gewesen sein? Bisher ist davon so gut wie nichts bekannt geworden, lohnt es sich da überhaupt, davon zu reden? Und Alexander von Humboldt – nun ja, als Naturforscher und vor allem auch als Entdecker genießt er zwar noch heute Weltruhm. Aber hat ein enzyklopädisches Riesenwerk wie Humboldts „Kosmos" für uns, im Zeitalter der in Spezialgebiete aufgesplitterten und zweckgerichteten Wissenschaften noch eine Bedeutung?

Erlauben Sie mir, dass ich, bevor ich auf solche Bedenken näher eingehe, Sie zunächst mit einem Text des jungen Achim von Arnim konfrontiere, der sich für mich mit einer Frage verknüpft, die ich gerne an Sie weiterreichen möchte. Ich tue das in der Hoffnung, dass sich unter Ihnen vielleicht der eine oder andere Mathematiker oder Physiker oder ein an diesen Wissenschaften interessierter Zuhörer befindet, der mir bei der Lösung des Rätsels helfen könnte, das in diesem Text für mich zu stecken scheint. Es handelt sich um eine Eintragung des dreiundzwanzigjährigen Arnim in sein Notizbuch (1803/1804):

(...) „Uns liegt jetzt die Wahrheit im Gegensatz zwischen zweien, ob es wohl noch eine höhere Wahrheit gibt, wo ein solches Verhältnis zwischen dreien sich findet, daß diese Wahrheit dadurch nicht aufgehoben wird ist wohl gewiß. Vielmehr muß sie so darauf erbaut sein wie die Stereometrie auf der Planimetrie. Daß dann auch der Raum mehr als drei Dimensionen haben muß und die Zeit mehr Evolutionen als Vergangenheit Gegenwart und Zukunft und das Denken außer dem Subjekt und Objekt noch das dritte kennen muß, dem wir uns jetzt nur unendlich nähern ist wohl gewiß, also kann dann wohl in demselbem Raume den wir jetzt bewohnen in derselben Zeit noch eine andre Welt sein, so wie unendlich viele Flächen im mathematischen Sinn noch keine Dicke bekommen und also nichts weiter wie eine Anschauung von dem Körper bleiben, von dem wir doch gar nichts wissen würden, wenn wir nicht verständen, was Dicke <ist>. Dieses löst das Problem der Evolution der Welten auf, der sterbende Körper erhält einerseits eine neue Dimension in seinem einen Pole, so versinkt da der andere Pol nach allen bisherigen Dimensionen, er zerstäubt und verduftet.
Er bekommt eine neue Zeitevolution, unsre Perioden des Blutumlaufs, der Schlafzeit, der Reproduktion des Wachsens Blühens und Sinkens haben sich in einer höheren aufgelöst. Durch die Kunst läßt sich dieses ahnden, sie zeigt wie in der Malerei zwei Dimensionen alles geben können, was drei sonst dem Auge darbieten,[8] Musik und Bildhauerkunst geben dem toten

---

[8]vgl. Hegel, Vorlesungen über die Ästhetik, Dritter Teil, Einleitung (Werke Bd. 14, S.260):
Die Malerei zieht deshalb für den Ausdruck des inneren Gemüts die Dreiheit der Raumdimensionen in die Fläche als die nächste Innerlichkeit des Äußeren zusammen und stellt die räumlichen Entfernungen und Gestalten durch das Scheinen der Farbe dar. Denn die Malerei hat es nicht mit dem Sichtbarmachen überhaupt, sondern mit der sich ebensosehr in sich partikularisierenden als auch innerlich gemachter Sichtbarkeit zu tun. In der Skulptur und Baukunst werden die Gestalten durch das äußerliche Licht sichtbar. In der Malerei dagegen hat die

Stoff den Lebensausdruck des Lebenden, jene den flüssigen, diese den festen. [...] Der Tanz endlich vollendet in allen seinen Zweigen das Kunstwerk, in seinem Gegensatze zur Dichtkunst, jener auswärts diese inwärts sammelt eine Welt von Empfindung des Räumlichen wie des Zeitlichen; diese in einem Punkte, jene in einem Augenblick. Wozu nun die übrigen, wenn diese uns alles jenes darstellen können?

So führt uns dieser Gesichtspunkt auf das Entgegengesetzte, wie hier die Kunst von der Grenze des Lebens umschlossen dieses Leben durch eine Zusammenziehung auf einen kleinen Abschnitt zu verbinden weiß, so gibt sie eben dadurch die Gewißheit einer Blüte, die über dieses Leben selbst wiederum hinauswächst.

Sehr merkwürdig in dieser Rücksicht ist der Tod der Künstler und das sind freilich alle Menschen, aber doch die bestimmter, welche sich einer Kunst besonders gewidmet haben wie Klopstock, der nun das höchste was er gedacht gegenwärtig glaubte, so wie viele Menschen in diesen Augenblicken etwas hohes sagen, was sie sonst nie erreichen konnten. Daher der Wert, den wir auf letzte Reden der Verstorbenen legen.[9]

Wenn ich dies alles noch einmal überdenke, so finde ich daß so außerordentlich dies manchem klingen mag, ich nichts als den allgemeinen Glauben an Geister als Schatten der Verstorbenen erklärt habe, etwas was freilich sich als ein Wahn von den Philosophen leicht wegstreiten läßt, aber das der Natur nach ganz notwendig. Diese Schatten sind eine wahre natürliche Malerei der Menschen, eine wahre Kunstäußerung aus dem Verluste, aus der Not etwas Höheres zu bilden, sie haben nur zwei Raumdimensionen und eine eingeschränkte Zeit der Erscheinung, nur eine Gegenwart. Die wahren Schatten der Verstorbenen haben aber mehr Dimensionen und mehr Zeitverhältnisse, wie wir gesehen, und wie sie erscheinen, das läßt sich wohl weder sehen noch abmessen, es sind die Fasern unsrer Seele, die von ihnen beleuchtet werden.

Sehr merkwürdig ist indessen die Art, wie die verschiedenen Völker ihre Schatten sich denken, wie einige sie lieblich gestalten, andre sie verzerren, einige Farbe, andre Sprache ihnen geben, wie noch andre ihre Gestalt verwandeln, sie in Tiere übergehen lassen oder in Wolken, es lassen sich daraus mannigfaltige Schlüsse über den Zustand der lebenden Kunst unter diesen Völkern ziehen. Der Krampf [Muskelgruppenkontraktion] ist der Übergang allen Lebens, er verrichtet die höchste medizinische Kunst, der Schlaf ein allgemeiner Krampf, in ihm werden sich also diese Kunstbildungen genauer darstellen.

Es gibt Kanarienvögel, die sich zwischen den Busen ihrer Herrin ein Lager aus ihren Flügeln decken, welche Träume welche Schatten und Lichter sie da finden, hat keiner erzählt, aber sie liegen stille da und wecken sie beim Morgenlicht mit Gesang, vielleicht sagen sie dann aus was sie geträumt haben, sie versteht es wohl. Gar sinnreich sind die Träume dem Verstand aller Unverständigen aufzufinden; ich habe oft behalten was mir als große Entdeckung vorkam im Traum, im Wachen kam es mir einfältig vor."

Halten Sie das Problem der Mehrdimensionalität, wie Arnim es hier aufwirft, für bloße philosophische Spekulation oder gar für reine romantische Spintisiererei? Oder ist Arnim nicht doch, trotz seiner sich daran anschließenden Ausflüge ins Reich der Phantasie und des Traums, in diesem Punkt bis zu einem gewissen Grade auch im wissenschaftlichen Sinne ernstzunehmen? Anders gefragt: Gab es unter den Mathematikern seiner Zeit oder bereits vor ihm eine Diskussion über die Möglichkeit der Existenz von mehr als drei Dimensionen?

---

in sich selbst dunkle Materie in sich selbst ihr Inneres, Ideelles, das Licht; sie ist in sich selbst durchleuchtet und das Licht ebendeswegen in sich selbst verdunkelt. Die Einheit aber und Ineinsbildung des Lichts und Dunkels ist die Farbe.

9 Im gleichen Taschenbuch hatte Arnim auf Seite 3 notiert: "Klopstock starb im 79. Jahre. In seiner letzten Krankheit erschienen ihm alle Dichtungen seines Lebens, auch sein Kind sah er wieder, das in der Geburt mit der Mutter zugleich gestorben."

Mir als absolutem Laien auf dem Gebiet der Naturwissenschaften fallen zu diesem Problem zwar die Namen von Mathematikern wie David Hilbert oder Bernhard Riemann ein, oder, unter dem Stichwort nicht-euklidische Geometrie, die Namen von Nikolai Iwanowitsch Lobatschewski und Carl Friedrich Gauß. Aber diese haben ja ihre Theorien erst Jahrzehnte nach der vorliegenden Notiz Arnims entwickelt.

Warum sich jedoch beim ersten Lesen dieses Textes bei mir ein gewisses Aha-Erlebnis eingestellt hat und ich es deshalb dennoch gewagt habe, Ihnen meine Frage dazu vorzulegen, möchte ich Ihnen kurz erklären. In meiner Schulzeit war Einsteins Relativitätstheorie noch kein Gegenstand des Unterrichts, ich weiß nicht, ob das heute der Fall ist. Aber ich habe damals mit Begeisterung die vielen populären Darstellungen verschlungen, die es dazu gab. In der allgemeinen Relativitätstheorie spielt nun bekanntlich das vierdimensionale sogenannte Raum-Zeit-Kontinuum, nach ihrem mathematischen Begründer auch Minkowski-Welt genannt, die entscheidende Rolle. Vier Dimensionen oder, wie man auch sich ausdrückt, ein gekrümmter Raum, wie soll man sich das vorstellen? Das kann man eben nicht, aber trotzdem, so argumentierte übrigens auch schon Arnim in verblüffend moderner Sichtweise, kann etwas, das man sich nicht vorstellen kann, durchaus existieren. Um das seinen Lesern klarzumachen, hat einer der Autoren, dessen Popularisierung der Einsteinschen allgemeinen Relativitätstheorie ich einst gelesen habe, seine Leser aufgefordert, sich vorzustellen, wie zweidimensionale Wesen, sagen wir einmal, völlig flache Wanzen, in unserer dreidimensionalen Welt sich zurechtfinden und welche Vorstellungen sie ihrerseits sich davon bilden würden. Und so stellte sich besagtes Aha-Erlebnis bei mir ein, als ich bei Arnim die Sätze las: „Uns liegt jetzt die Wahrheit im Gegensatz zwischen zweien, ob es wohl noch eine höhere Wahrheit gibt, wo ein solches Verhältnis zwischen dreien sich findet, daß diese Wahrheit dadurch nicht aufgehoben wird ist wohl gewiß. Vielmehr muß sie so darauf erbaut sein wie die Stereometrie auf der Planimetrie." An die ’zweidimensionalen Wanzen’ des erwähnten Buches wurde ich insbesondere erinnert, wenn Arnim davon schreibt: „ ... wie unendlich viele Flächen im mathematischen Sinn noch keine Dicke bekommen und also nichts weiter wie eine Anschauung von dem Körper bleiben, von dem wir doch gar nichts wissen würden, wenn wir nicht verständen, was Dicke <ist>."

Nun bin ich allerdings vermutlich nicht zu diesem Vortrag hergebeten worden, um Ihnen Rätselaufgaben zu stellen. Ich habe den obigen Text Arnims Ihnen jedoch auch aus einem anderen, wichtigeren Grunde vorgelegt. In ihm scheint mir nämlich in eindrücklich bildhafter Weise ein Problem dargestellt zu sein, welches die großen Geister jener Zeit beschäftigte: welche Verbindung besteht zwischen den Naturwissenschaften, der Philosophie, dem Leben der Völker und der Kunst, bzw. in welchem Verhältnis stehen sie zueinander? Dies ist ein Problem, welches bei uns unter dem Schlagwort „ganzheitliches Denken" oder „Holismus" in den letzten Jahrzehnten wieder ins Gespräch gekommen ist und in seiner Bedeutung erneut wahrgenommen wird. Allerdings scheinen wir im Zeitalter einer fortgeschrittenen Spezialisierung der Wissenschaften einer Antwort auf dieses Problem weiter entrückt zu sein denn je. Ein Rückblick auf die Zeit, als solche Fragen noch in aller Spontaneität und Frische gestellt wurden, mag da nützlich sein. Als weiteres Merkmal der Arnimschen Denkweise in Fragen der Philosophie und der Forschung weist dieser Text aus, dass es sein Bestreben war, sich offen zu halten für alternative Erkenntnismöglichkeiten jenseits der schulmäßigen Routine, ohne jedoch dabei den Boden der Realität zu verlassen. Zugleich stellt der Text aber auch in symbolischer Form einen Entwurf dar für Arnims poetologisches Programm.

Gibt es darin eine Beziehung zu Alexander von Humboldt? Auch für Humboldt galt in der Tat noch der enge Zusammenhang zwischen Dichtung, Philosophie und Naturwissenschaft, wie ihn beider großes Vorbild, Goethe, mustergültig in sich verkörperte. Oder anders ausgedrückt, sowohl Humboldt wie Arnim sahen eine unauflösbare Verbindung zwischen der Sprachfähigkeit und der Erkenntnisfähigkeit des Menschen. Dabei stand im Mittelpunkt des Forschungsinteresses von beiden die Frage: Was ist Leben?

Allerdings haben sie hinsichtlich des Stellenwerts, den jeweils Dichtung und Naturwissenschaft für sie in ihrem Leben einnehmen sollte, sich in gegenläufiger Richtung entwickelt: Während Humboldt in einer seiner ersten Schriften, einer Erzählung, die er im Jahre 1794 in Schillers "Horen" unter dem Titel "Die Lebenskraft oder der rhodische Genius" veröffentlicht hat, sich noch einer symbolgetragenen poetischen Sprache bediente, um seinen Lesern eine naturwissenschaftliche Hypothese anschaulich zu vermitteln, nämlich die einer von ihm angenommenen „Lebenskraft", die er in allen Lebewesen wirken sah, so hat er sich später in seinen Texten aller allegorischen Verkleidungen enthalten. Niemals ist er jedoch seinem Vorsatz untreu geworden, welchen er in einem seiner bekanntesten Werke, den „Ansichten der Natur" in der Vorrede von 1807 folgendermaßen formuliert hat:

„Überblick der Natur im Großen, Beweis von dem Zusammenwirken der Kräfte, Erneuerung des Genusses, welchen die unmittelbare Ansicht der Tropenländer dem fühlenden Menschen gewährt: sind die Zwecke, nach denen ich strebe."

Zugleich aber macht er auf die Schwierigkeiten aufmerksam, die ein so hoch gestecktes Ziel mit sich bringt:

„Diese ästhetische Behandlung naturhistorischer Gegenstände hat, trotz der herrlichen Kraft und der Biegsamkeit unserer vaterländischen Sprache, große Schwierigkeiten der Composition. Reichtum der Natur veranlasst Anhäufung einzelner Bilder, und Anhäufung stört die Ruhe und den Totaleindruck des Gemäldes. Das Gefühl und die Phantasie ansprechend, artet der Stil leicht in eine dichterische Prosa aus."

Und noch einmal kommt er Jahrzehnte später, in der Vorrede zur zweiten und dritten Auflage zu den „Ansichten der Natur" (Berlin 1849), auf dieses Problem zurück:

„Die Verbindung eines literarischen und eines rein wissenschaftlichen Zweckes, der Wunsch, gleichzeitig die Phantasie zu beschäftigen und durch Vermehrung des Wissens das Leben mit Ideen zu bereichern: machen die Anordnung der einzelnen Teile und das, was als Einheit der Composition gefordert wird, schwer zu erreichen. ..."

Bei Arnim kann man, wie gesagt, die umgekehrte Entwicklung beobachten: Seine zahlreichen Texte zu Problemen der Naturwissenschaften aus seiner Hallenser und Göttinger Studienzeit, die, wenn sie demnächst in der neuen Ausgabe seiner Werke zum ersten Mal gesammelt vorliegen, zwei Bände umfassen werden, nehmen sich eher nüchtern aus. Erst nach seiner Begegnung mit den Dichtern Tieck, Goethe und Clemens Brentano, welch letzteren er zu seinem Freund und „Liederbruder" erkor, erwachte in Arnim sein poetisches Talent. In seinem ersten Roman, „Hollins Liebeleben", den er im Jahre 1801 nach Beendigung seiner Studienzeit auf dem Gut seiner Großmutter, in Zernikow verfasste, stehen Romanhandlung und Naturwissenschaft gewissermaßen noch wie zwei Blöcke nebeneinander. Denn dem fiktiven Teil des Briefromans lässt Arnim hier die reale Lebensbeschreibung des großen Schweizer Naturforschers Horace Benedikt von Saussure unvermittelt folgen, eines Mannes, den auch Goethe und Humboldt bewunderten und schätzten. Später hat Arnim dann auf meisterhafte Weise naturwissenschaftliche Probleme in seine Erzählungen integriert, indem er Phänomene schilderte, die eine auf der Grundlage naturwissenschaftlichen Denkens rationale Erklärung erlauben, aber von den beteiligten Personen in volksmythologischer Weise als Wunder oder übernatürliche Vorgänge gedeutet werden. So ist, um ein Beispiel unter vielen herauszugreifen, in der Erzählung „Der tolle Invalide auf dem Fort Ratonneau" der Held Francoeur in den Augen des Volkes vom Teufel besessen, während der Autor dem Leser freistellt, die Ursache für seine Tollheit in der Verletzung durch eine Gewehrkugel zu sehen, die nach einer Schlacht im Hirn des Helden steckengeblieben war.

Eines allerdings verabscheuten Arnim und Humboldt gleichermaßen: die leichtfertige Vermengung oder vielmehr Verwechslung von poetischer Spekulation mit ernsthafter Forschung. Diese im Zeichen der Romantik auf dem Boden des Schellingschen Transzendentalismus unter vielen ihrer Zeitgenossen ausufernde Tendenz zu mythopoetischer Willkür hat ja auch letztendlich die ganze Richtung der deutschen Naturphilosophie in Verruf gebracht und dem platten Positivismus die Tür geöffnet.

Es ist allerdings in der Tat nicht immer leicht, der Versuchung ganz und gar zu widerstehen, dass man sich zu bestimmten Erscheinungen der Natur, deren Grundlagen man nicht klar erkannt hat, um ihnen eine irgendwie geartete Erklärung geben zu können, gewisse Agentien hinzudenkt oder stillschweigend als gegeben voraussetzt,. Das mag durchaus auch noch heute in der sich völlig vorurteilsfrei dünkenden Naturwissenschaft bei manchen Erklärungsmustern der Fall sein, ohne dass uns das bewusst ist. Aus der Zeit der von Newton begründeten klassischen Physik lässt sich als Beispiel die Vorstellung anführen, dass es für das Licht, dem man eine wellenähnliche Ausbreitung zuschrieb, ein Medium geben müsse, worin sich die Lichtwellen ausbreiten. Dieses Medium nannte man Äther. Die klassische Physik geriet in eine Krise, als man feststellte, dass sich die Existenz eines Äthers experimentell nicht nachweisen ließ oder vielmehr, als durch das Michelson-Morleysche Experiment bewiesen wurde, dass es einen Äther nicht geben kann. Es war dann Albert Einstein, der durch seine Relativitätstheorie die moderne Physik revolutionierte und sie damit aus der Sackgasse jener Vorstellung vom alles durchdringenden und dennoch nicht feststellbaren Äther führte.

Zu Lebzeiten von Humboldt und Arnim hatte sich in der Chemie eine ähnliche Revolution vollzogen, und zwar indem der französische Physiker Lavoisier, ähnlich wie Einstein in der Physik dem Äther, der im 17. Jahrhundert entstandenen Phlogistontheorie den Garaus gemacht hatte. Nach der Phlogiston-Theorie sollten alle brennbaren Stoffe „Phlogiston" enthalten, das beim Verbrennen oder Rosten entweicht und ein sogenanntes „Phlegma", also das, was wir Asche oder Rost nennen, zurückläßt. Als dann bekannt wurde, daß Stoffe bei der Verbrennung oder beim Rosten an Gewicht zunahmen, versuchte man die Hypothese vom Phlogiston künstlich dadurch zu retten, dass man ihm ein negatives Gewicht zuschrieb. Widerlegt wurde die Phlogiston-Theorie durch Antoine Laurent Lavoisier im Jahre 1775, als er die Verbrennung und das Rosten als einen Oxidationsvorgang erkannte. So war diese Zeit eine Zeit des Umbruchs: Die alten Methoden der Alchemie, denen noch der erste Ehemann von Arnims Großmutter, Michale Gabriel Fredersdorff, mit seinen Versuchen zum Goldmachen sich hingegeben hatte, und die Vorstellung vom Phlogiston als Brennstoff galten nicht mehr, aber das Periodensystem der Elemente war noch nicht entdeckt worden. Mit unzähligen Hypothesen einerseits, chemischen und physikalischen Versuchen andererseits, tastete man sich an wissenschaftliches Neuland heran.

Wie bereits erwähnt, stand im Zentrum des Interesses der Forscher in der Zeit Humboldts und Arnims die Physiologie, die Frage nach der gemeinsamen Grundlage aller Lebensprozesse. Hierfür hatte sich nun Humboldt eine Erklärung in der Art der früheren Phlogiston-Theorie oder der späteren Ätherhypothese zurechtgelegt. In dem Bemühen, für die Lebensvorgänge ein gemeinsames Agens zu finden, erfand er den Begriff einer Lebenskraft. Eben um diese Vorstellung von einer alles Lebendige durchwirkenden Lebenskraft einem gebildeten Publikum nahezubrigen, hatte er für Schillers Zeitschrift „Die Horen" jene früher schon erwähnte Erzählung vom „rhodischen Genius" verfasst.

Interessant ist nun, zu sehen, wie Humboldt sich auf experimentelle Weise von besagter Vorstellung einer „Lebenskraft" befreit hat, von der er gefühlt haben mochte, dass sie in Wirklichkeit keine Erklärung, sondern eher eine Denkblockade darstellte und somit weiteren Forschungen einen geistigen Riegel vorschob. Er beschreibt seine ebenso schmerzhaften wie heroischen Experimente, die er damals an sich selbst vollzog, folgendermaßen:

»Ich ließ mir zwei Blasenpflaster auf den Rücken anlegen, jedes von der Größe eines Laubtalers. Ich selbst lag dabei flach auf dem Bauche ausgestreckt. Als die Blasen aufgeschnitten waren, fühlte ich bei der Berührung mit Zink und Silber ein heftiges schmerzhaftes Pochen, ja der Musc. cucular. schwoll mächtig auf, sodaß sich seine Zuckungen bis ans Hinterhauptbein und die Stachelfortsätze des Rückenwirbelbeins fortsetzten. Eine Berührung mit Silber gab mir vier einfache Schläge, die ich deutlich unterschied, Frösche hüpften auf meinem Rücken [!!!], wenn ihr Nerv auch gar nicht den Zink unmittelbar berührte, einen halben Zoll von demselben ablag und nur vom Silber getroffen wurde. Meine Wunde diente zum Leiter, und dann empfand ich nichts dabei. Meine rechte Schulter war bisher am meisten gereizt. Sie schmerzte heftig, und die durch Reiz häufiger herbeigelockte lymphatisch seriöse Feuchtigkeit war rot gefärbt und, wie bei bösartigen Geschwüren, so scharf geworden, daß sie, wohin sie den Rücken herablief, denselben in Striemen entzündete. Der Rücken sah, rein abgewaschen, mehrere Stunden wie der eines Gassenläufers aus.«

Einer der Biographen Humboldts schreibt dazu, in der Rückschau betrachtet hätte dieser gleichsam masochistische Selbstversuch keine besonderen Erkenntnisgewinn gebracht. Das mag schon stimmen, wenn man ihn an dem erfolgreichen Selbstversuch Werner Forßmanns mit dem Herzkatheter misst, der zu einer segensreichen praktischen Anwendung in der Kardiologie geführt hat. Humboldt beurteilte jedoch seinen Selbstversuch ganz anders. 1795 veröffentlichte er als dessen Ergebnis seine Schrift »Versuche über die gereizte Muskel und Nervenfaser, nebst Vermutungen über den chemischen Prozess des Lebens in der Tier- und Pflanzenwelt«.

Und er schreibt später dazu in seinen „Ansichten der Natur":

> „Nachdenken und fortgesetzte Studien in dem Gebiete der Physiologie und Chemie haben meinen früheren Glauben an eigene sogenannte Lebenskräfte tief erschüttert. Im Jahr 1797, am Schluß meiner Versuche über die gereizte Muskel- und Nervenfaser, habe ich bereits erklärt, daß ich das Vorhandensein jener eigenen Lebenskräfte keineswegs für erwiesen halte. Ich nenne seitdem nicht mehr eigene Kräfte, was vielleicht nur durch das Zusammenwirken der einzeln längst bekannten Stoffe und ihrer materiellen Kräfte bewirkt wird. Es läßt sich aber aus dem chemischen Verhalten der Elemente eine sicherere Definition belebter und unbelebter Stoffe deduciren, als die Criterien sind, welche man von der willkührlichen Bewegung, von dem Umlauf flüssiger Theile in festen, von der inneren Aneignung und der faserartigen Aneinanderreihung der Elemente hernimmt. Belebt nenne ich denjenigen Stoff, »dessen willkührlich getrennte Theile nach der Trennung, unter den vorigen äußeren Verhältnissen, ihren Mischungszustand ändern«. Diese Definition ist bloß der Ausspruch einer Thatsache. Das Gleichgewicht der Elemente erhält sich in der belebten Materie dadurch, daß sie Theile eines Ganzen sind. Ein Organ bestimmt das andere, eines giebt dem anderen gleichsam die Temperatur, die Stimmung, in welcher diese und keine andere Affinitäten wirken. So ist im Organismus alles wechselseitig Mittel und Zweck."

In seiner ersten größeren Publikation, dem „Versuch einer Theorie der elektrischen Erscheinungen" von 1799 rühmt Arnim „die Einsicht und Beharrlichkeit des Oberbergrats von Humboldt, der zuerst unter den Neuern ein Beispiel gab, für Wissenschaft selbst körperliche Schmerzen zu ertragen." Diesem Beispiel eines Selbstversuchs ist Arnim dann seinerseits gefolgt, indem er sich schmerzhaften Experimenten an der Voltaischen Säule des berühmten Göttinger Naturforschers und Anatomen Blumenbach aussetzte, welche zeitweise Gehörlosigkeit und Somnambulismus zur Folge hatten.

Humboldts und Arnims Versuche hatten mit einer physikalischen Entdeckung zu tun, die damals alle Gemüter heftig bewegte und zum Gesprächsstoff vieler Diskussionen sowohl unter Wissenschaftlern als auch Laien wurde: die Entdeckung der, wie Arnim sie nennt, elektrischen Erscheinungen, die man damals anfangs auch nach ihrem Entdecker als Galvanismus bezeichnete. Dieses Phänomen nahm die Phantasie der Menschen bis zu einem solchen Grade gefangen, dass die Rede davon gleichsam sprichwörtlichen Charakter annahm, oder dieser Gegenstand, wie Arnim schreibt, „heute zum Spielball aller Kinder geworden zu sein scheint." In besagter Erstlingsschrift tritt der 18jährige Arnim als Naturforscher mit einem beachtlichen Selbstbewusstsein auf, indem er sich nicht scheut, kritisch an Theorien von Newton, Kant, Schelling und Benjamin Franklin heranzugehen. In der Auseinandersetzung mit Kant geht es um dessen Konstruktion eines Begriffs der Materie aus Attraktion und Repulsion. Insbesondere seine Kritik an Franklin ist für uns interessant, da Arnim im Widerspruch zu dessen grob materiellen Vorstellungsart zu beweisen suchte, dass Elektrizität keine Form von Materie sei, weder ein Stoff noch ein Gas noch ein Fluidum, sondern reine Energie in steter Wechselwirkung mit den verschieden gearteten Körpern.
In den zwei auf das Erscheinen jenes „Versuchs" folgenden Jahren verfasste Arnim insgesamt 75 Beiträge für die angesehensten wissenschaftlichen Zeitschriften seiner Zeit, in Gilberts „Annalen der Physik", Scherers „Allgemeinem Journal der Chemie" und Wolffs „Annalen der chemischen Literatur". Die wichtigsten darunter sind die beiden Abhandlungen, in denen er sich mit dem Galvanismus auseinandersetzt: „Ideen zu einer Theorie des Magneten" und „Bemerkungen über Voltas Säule".

Während Arnims Studienzeit in Halle und Göttingen befand sich Alexander von Humboldt gerade auf seiner großen Weltreise nach Südamerika, die beiden standen damals also nicht in persönlichem Kontakt. Aber in etwa einem Drittel seiner Aufsätze nahm Arnim auf Alexander von Humboldts früher erschienenen naturwissenschaftlichen Aufsätze mehrmals Bezug, so beispielsweise in dem Artikel "Übersicht der magnetischen nichtmetallischen Stoffe" (AdP 1800). Die von Humboldt selbst verfasste Beschreibung einer seiner Erfindungen, die er Anthrakometer genannt und in einer autobiographischen Skizze ausdrücklich erwähnt hat, wurde von Arnim auszugsweise in den "Annalen der Physik" im Jahre 1800 veröffentlicht unter dem Titel: "Beschreibung eines Kohlensäuremessers". Gegen Humboldts Beschreibung eines Geräts zur Messung des Sauerstoffgehalts der Luft, eines sogenannten Eudiometers, brachte Arnim Einwände vor in dem Aufsatz "Über einige bisher nicht beachtete Ursachen des Irrthums bei Versuchen mit dem Eudiometer", in dem er nachwies, dass Humboldt dem Boyle'schen Gesetz über das Verhältnis zwischen Druck und Volumen eines Gases bei konstanter Temperatur nicht Rechnung getragen habe. Zur Illustration für die Parallelität der Interessen zwischen Alexander von Humboldt und Arnim sei ein Auszug aus einem in den Annalen der Physik im Jahre 1800 veröffentlichten Artikel Arnims angeführt, der den Titel trägt: Versuche über die chemische Zerlegung des Luftkreises, von Alex. von Humboldt. Darin heißt es:

„Die Versuche des Hrn. v. Humboldt über die Beschaffenheit des Luftkreises der gemässigten Zone, die er mit dem Eudiometer, dem Barometer, Thermometer, Electrometer, Anthracometer, dem Saussürischen und de Luc's Hygrometer während 6 Monate, täglich mehrere Mahle angestellt, können hier nicht in ihrem Umfang, sondern nur in ihren Resultaten mitgetheilt werden. Wer es weiss, wie wenig Genuss solche Versuche gewähren, ehe eine genügsame Menge derselben gesammelt, wie sorgfältig man selbst alle vorschnelle Vermuthungen zurückhalten muss, um nicht bei dieser Beobachtung etwas zuzugeben, bei jener etwas wegzulassen; der wird sicher der unermüdeten Ausdauer des Herrn von Humboldts seine Bewunderung nicht versagen."

Die erwähnten Versuche und die Konstruktion entsprechender Messgeräte waren nicht reiner Selbstzweck. Nach Abschluss seines Studiums an der Bergakademie Freiberg und vor Antritt seiner Forschungsreise nach Südamerika war Alexander von Humboldt mit dem Titel eines Oberbergrats an verantwortlicher Stelle im Bergbau tätig gewesen. Bei der Arbeit im Bergwerk kann aber die Frage nach der Zusammensetzung der Luft für die Bergleute zu einer Frage von Leben und Tod werden. So schrieb Humboldt: „Wenn es ein Genuss ist, durch neue Entdeckungen das Gebiet unseres Wissens zu erweitern, so ist es eine weit menschlichere und größere Freude, etwas zu erfinden, das mit der Erhaltung einer arbeitsamen Menschenklasse, mit der Vervollkommnung eines wichtigen Gewerbes in Verbindung steht. ... Mit der Not und dem Unglück, das böse Wetter verbreiten, in mehreren Gebirgen bekannt geworden, war es mein eifrigstes Bestreben, Mittel zu finden, durch welche der Nachteil der ersteren für das Leben der Menschen und den Betrieb des Grubenbaus vermindert würde." Humboldt konstruierte einen „Lichterhalter", d.h. eine Art Grubenlampe, und eine „Respirationsmaschine", gewissermaßen eine Vorwegnahme der modernen Gasmaske. Einst, bei Experimenten im Bernecker Alaunwerk geriet Humboldt in Atemnot und fiel in Ohnmacht. Als er aus ihr erwachte, brannte sein „Lichterhalter" noch, und er konnte sich aus seiner gefährlichen Lage retten.
Arnim ist seinerseits zwar nicht im Bergbau tätig gewesen, aber ein Bericht von ihm aus der Zeit, als er den zuvor erwähnten Artikel schrieb, über einen Besuch im Freiberger Bergwerk, lässt das wache Interesse erkennen, das auch er nicht nur für dieses Gewerbe, sondern auch für die soziale Lage der Bergleute hatte.

Seine Auffassung von der Bestimmung der Naturwissenschaften war, ganz wie die Alexander von Humboldts, frei von spekulativem Mystizismus, vielmehr geprägt vom Weltbild der Aufklärung, genauer gesagt dem der Enzyklopädisten, durchaus aufs Praktische ausgerichtet, nämlich darauf, die Lebens- und Arbeitsbedingungen der Menschen zu verbessern, um so zu freieren gesellschaftlichen Verhältnissen zu gelangen. Und auch in seinen späteren Jahren, als er auf seinem Gut in Wiepersdorf sich als Landwirt betätigte, ist sein Interesse an diesen Problemen nicht erloschen. So schreibt Roswitha Burwick, die Herausgeberin von Arnims naturwissenschaftlichen Schriften, in ihrem Aufsatz: "Achim von Arnim: Physiker und Poet":

"Seine Beiträge in der Vossischen Zeitung von 1824-1826 über Seidenbau, Pferderassen, Tibetanische Ziegen, den Brabanterpflug, das Nachreifen der Melonen, über Gärtnerschulen, etc. befassen sich mit Fragen der Landwirtschaft, des Getreidebaus und der Viehzucht. Seine Korrespondenz mit Klöden, Görres, oder Ringseis legen Zeugnis ab von seiner Kenntnis von Geologie, Archäologie und Homöopathie. In seinen Briefen an Bettina und Savigny finden sich zahlreiche Stellen, wo er die praktische Anwendung seiner Kenntnisse beschreibt, z.B. in der Landwirtschaft (Kultivation des Bodens, Erfindung von Maschinen, Herstellung von Molkereiprodukten oder Alkohol, Konservierung von Fleisch), oder in der Heilkunde (Behandlung der Kinder oder seiner Bauern). Verallgemeinernd liesse sich eine Entwicklung von der Experimentalphysik und der Theorie zur praktischen Anwendung in der Verbesserung der täglichen Lebensumstände beobachten."

Vor dem Hintergrund dieser Realitätsgebundenheit muten die phantastischen Züge im Werke Arnims, darauf hat schon Heinrich Heine aufmerksam gemacht, umso unheimlicher an, sodass er im Phantastischen, wie Heine meinte, die Erzählungen des E.T.A.Hoffmann und des Novalis übertroffen habe. Und André Breton, das Haupt der surrealistischen Schule in Frankreich, die sich zum Ziel gesetzt hatte, innerhalb der wissenschaftlichen Rationalität der Moderne der Freiheit dichterischer Phantasie ihren Platz zu sichern, sah nicht zuletzt wegen dieser Verbindung von Realitätssinn und Phantastik in Arnim einen Vorläufer des Surrealismus. So zitierte Breton denn auch folgenden Satz aus Arnims "Majoratsherren" quasi als ein Programm: "Und es erschien überall durch den Bau dieser Welt eine höhere, welche den Sinnen nur in der Phantasie erkenntlich wird: in der Phantasie, die zwischen beiden Welten als Vermittlerin steht und immer neu den toten Stoff der Umhüllung zu lebender Gestaltung vergeistigt, indem sie das Höhere verkörpert."

Das abenteuerliche Leben des Naturforschers und Weltreisenden Alexander von Humboldt lieferte Stoff genug, um eine dichterische Phantasie wie die Arnims zu beflügeln. Ja, in gewisser Weise war Humboldt der Entdecker ein für ihn unerreichtes Vorbild, jemand, dem es gelungen war, das in die Tat umzusetzen, was er für sich selbst erträumt hatte, nämlich in solch exotische Gefilde wie den südamerikanischen Kontinent zu reisen und diesen zu erforschen. Wenn das Romantik ist, dann war Arnim darin in der Tat ganz Romantiker, allerdings einer, der nicht dem heimischen Mittelalter, sondern den Ereignissen und Entwicklungen in der großen weiten Welt zugekehrt war.

Dass Arnim in seiner Studentenzeit davon geträumt hatte, selbst eine Südseereise anzutreten, geht aus einer ironischen Bemerkung in einem Brief des Grafen Schlitz, seines Onkels mütterlicherseits hervor. Dieser Onkel hatte für den heranwachsenden Dichter und seinen Bruder die Rolle eines Vaters übernommen, nachdem sich herausgestellt hatte, dass ihr leiblicher Vater, Joachim Erdmann von Arnim, die Verantwortung für seine Söhne zu tragen unfähig war. Graf Schlitz war bei Arnims Großmutter, der Bankierstochter Karoline von Labes, dafür eingetreten, dass die beiden Brüder eine längere Bildungsreise quer durch Europa antreten sollten, und damit sein Neffe Ludwig Achim oder Louis, wie er damals von seiner Verwandtschaft genannt wurde, sich in der dem Onkel dafür angemessen scheinenden Weise darauf vorbereitete, empfahl er ihm in einem Brief vom 31.1.1801:

"...dass Du im nächsten Sommer halben Jahre 1.Mechanik, 2.Gewerbekunde, 3.Landwirtschaft und 4.Civilbaukunst nicht allein hörst, sondern auch außer den Lehrstunden Dich damit beschäftigst... Es bahnt Dir den Weg, so manche gesammelten Kenntnisse nutzbar für Dich und auch anzuwenden, es bereitet Dich endlich zu Deinen einstigen Reisen vor, wo nicht Katheder, Bücher, Professoren und deren Systeme, alleinige, nicht einmal die wesentlichsten Gegenstände Deiner Aufmerksamkeit sein, sondern Menschen aus allen Ständen, Nationen, Sitten, Gewohnheiten, Gesetze, der Mensch wie er ist, nicht wie wir träumen, dass er sein sollte, beschäftigen werden...."
Der Onkel entwirft dann spaßeshalber strenge Verhaltensmassregeln, nach denen die zwei so verschiedenen Brüder sich richten sollten, um in der Enge der für sie vorgesehenen Reisekutsche miteinander auszukommen, und lässt die Bemerkung einfließen:
"Für Dich lieber Louis noch das, wie dieser Reisewagen freilich für die Südseereise nicht brauchbar. Den Plan zu dieser entwarfst Du wohl vor Deiner Krankheit? Von dieser wiederhergestellt, bist Du es hoffentlich auch von diesem Gedanken, und erlaubst dem Mischlinge Mungo [=Mungo Park, Forschungsreisender in Afrika], der sich ein kleines Vermögen erwarb, welches er mit den Seinigen lieber in Schottland verzehren, als glänzende Anerbietungen annehmen will, ein braver Mann zu sein."

Ein Ereignis, das damals die Phantasie der Menschen in ganz Europa, nicht nur die Achim von Arnims beschäftigte, war die Besteigung des Chimborasso durch Alexander von Humboldt im Jahre 1802, die größte Höhe, welche bis dahin ein Mensch je erreicht hatte. Die Königliche Akademie der Künste veranstaltete 1810 in Berlin eine Ausstellung, worin auf einem Gemälde des Hofmalers Friedrich Georg Weitsch eine Darstellung dieses Ereignisses zu sehen war. Die Arnim-Forscherin und Herausgeberin des erzählerischen Werks Achim von Arnims, Renate Moering, schreibt dazu in ihrem Kommentar zur Ausgabe von Arnims "Wintergarten" im Deutschen Klassikerverlag:

"Das Bild erregte das Interesse Arnims als Naturwissenschaftler, so bildet es in der Erzählung die Brücke von dem Gesamtkunstwerk des Wintergartens, der als falsche Kunst untergeht, zum Schlussmotiv des Aufbruchs Ariels und des Invaliden zu einer Weltreise. Arnim führt damit von seinem Buch-Kunstwerk weg zu einer Tätigkeit, die er für mindestens so wichtig erachtete." (S.1181). Also auch hier wieder ein Hinweis auf die Priorität der Wirklichkeit bei Arnim vor der Ästhetik. Die Stelle am Schluss des Wintergartens lautet folgendermaßen:

"In diesem Augenblick öffneten sich die hohen Türen, welche die rechte Wand des Zimmers bisher vorgestellt hatte, Wärme und Blumenduft hauchten uns an, es war eine wunderbare Zauberei, die keiner geahndet hatte. Wir glaubten am Tage ins Freie zu sehen, so herrlich durchsichtig war die Höhe gemalt und weithin zu Gegenden jenseits des Chimborasso versetzt, da lag er vor uns in prächtigem Morgenblau, und hinter ihm stieg die Sonne empor, die uns verlassen. Die Ebene war wunderbar von den fremdartigen riesenhaften Pflanzen unterbrochen, unser Landsmann Humboldt saß im Vordergrunde und zeichnete, ein Condor lag zu seinen Füßen. Dieses wohlgelungene Panorama wurde noch außerordentlich von einem Wintergarten unterstützt, den unsere herrliche Frau ganz heimlich mit grosser Liebhaberei ausgeführt hatte. Auf das helle Panorama führte ein sich erweiternder Weg, wie ein Laubgang, der dunkler gehalten; seine beiden Seiten waren mit einer dichten Reihe eingegrabener Südpflanzen bedeckt, die keine Unterbrechung ihres Lebens, keinen Winter dulden; da standen üppig die eingewurzelten Schlangen, halb belebte Säulen, Palmen, umschlungen von Lianen, baumartige Farrenkräuter, der ganze vegetabilische Unsinn jener Zonen, heimlich versteckt dazwischen der ganze Reichtum unserer duftenden Blumen. Die Breite des Saals war nur von ein Paar Gruppen jener verruchten wollüstigen Pflanzen unterbrochen, die nichts als ein Paar dicke auf einander erwachsene Blätter sind, mit ein Paar Stacheln bewaffnet. Mancherlei Gevögel, besonders Kanarienvögel, durchschwärmten die Luft; einige Papagoyen von buntem Gefieder kletterten auf den Palmen und Aloes sehr feierlich; ein indianischer Rabe trank aus dem Becken eines Springbrunnens, der, unfern dem Panorama, seinen Strahl in ein Marmorbecken fallen liess. Einige Lämmer mit roten Bändern um den Hals sprangen unserer Frau entgegen; die Kanarienvögel flogen auf ihren Kopf; in dieser Welt war der Mensch noch der Tiere Gott. ..."

Von persönlichen Beziehungen Arnims zu Humboldt in seinen letzten Jahren gibt vor allem der Ehebriefwechsel zwischen Achim und Bettina von Arnim Zeugnis. In der Zeit ihrer Ehe mit Arnim lebte Bettina fast ständig in Berlin, während sich Arnim auf seinen Landsitz in Wiepersdorf zurückgezogen hatte, um von dort aus seine Güter des Ländchens Bärwalde zu bewirtschaften. Bettina hätte aber ihren Ehemann lieber bei sich in Berlin gesehen, und so versuchte sie, unter anderem auch Arnims Begeisterung für die Naturforschung als Köder zu benutzen, um diesen in die Hauptstadt zu locken. Dabei spielte das Interesse, das Humboldt für Arnim wiederholt bezeugt hat, eine wichtige Rolle:

Bettina an Arnim, 27.1.1823

... Neues kann ich Dir nicht schreiben, ich erfahre nichts; eine halbe Stunde war ich bei Humboldt, der Alexander fragte gleich nach Dir und sagte, dass es ihm sehr leid sei, dass Du fort wärst, dass Du das interessanteste Gesicht und Wesen habest von allen Menschen, die er hier gesehen. Er hatte eine Rede in der Akademie gehalten zu allgemeinem Beifall...

Bettina an Arnim, 31.1.1823
... übrigens ist auch Berlin seit dem Tauwetter unter Wasser, und so kömmts, dass ich noch niemand besucht habe außer Humboldt zweimal, indem ich von einem dahinfahrenden Wagen profitierte. Du musst Dich dort sehr beliebt gemacht haben, sie redeten mir sehr zu, Dich in die Stadt zu persuadieren, und Alexander sagte mir, es sei ihm leid, dass ihm die Gelegenheit genommen sei, Dir sein lebhaftes Interesse zu bezeigen. Du glaubst mirs nicht, wenn ich Dir so etwas erzähle, indessen ist es meine höchste Lebensfreude, wenn ich fühle, dass andere Menschen Dich ahnden, und wenn ich mir Dich in Berührung und Anregung denke...

Bettina an Arnim, Berlin im Juni 1824
...[Der Chemiker Eilhard] Mitscherlich, der 5 Monat in Paris gewesen, hat mich mit französischer Galanterie auf den Spitzen der Füße mit zögernden Schritten nach Hause geführt; er sagte mir, dass er mit Alexander von Humboldt auch manches über Dich gesprochen, und dass dieser auch der Meinung sei, ich habe Dich damals von der Chemie abgezogen, indem mir meine Begeisterung über Dein Dichtertalent zu teuer gewesen...

Im November 1827 hielt Alexander von Humboldt seine berühmten und vielbesuchten Vorlesungen über Natur und Philosophie, in denen er die Gedanken zu seinem Hauptwerk "Kosmos" skizzierte, und die Berliner Klatschmäuler vermerkten als Besonderheit die Tatsache, dass sich seine Zuhörerschaft größtenteils aus Vertreterinnen des weiblichen Geschlechts rekrutierte.
Auch Bettina konnte diesem Klatsch nicht entsagen und so schrieb sie am 30. November 1827 an Arnim:
... Heute morgen war Schleiermacher hier, als ich noch im Bette lag, er wollte Dir einen Gegenbesuch machen, lässt Dich vielmals grüßen. Ich muss doch sagen, dass wo Du ein wenig freundlich bist, man Dir allemal sehr entgegen kömmt; der Varnhagen scheint Dein Busenfreund zu sein, Holtei verehrt Dich höchlich, und so rennen Dir die <Kanikel?> in den Rachen, ich bin überzeugt, dass Dein Kolleg, wenn Du eines für die Herren und Damen lesen wolltest, ebenso voll sein würde wie das von Humboldt, 800 an der Zahl. Alle Gänse und Gänschen gehen hinein, und so kommt oft eine mit 6 bis 7 Jungen...

Bettina an Arnim, 24.September 1828
Lieber Arnim,
obschon ich, seit Du von Aachen weg bist, keine Nachricht von Dir habe, so denke ich doch nichts Schlimmes davon, sondern bin überzeugt, dass Du vor lauter Wohlsein vergisst zu schreiben; damit Dich jedoch keine Angst überkomme und Dein Wohlsein störe, so mögen Dich diese Zeilen von unserer aller Gesundheit benachrichtigen, auch bei Savigny's geht es gut, sie haben bis zum Empfang des Bürgermeisters alles mit Öl angestrichen und sind nun vollkommen renoviert. Du hast vielleicht in den Zeitungen etwas von der Zusammenkunft der Naturforscher gelesen, wie feierlich Humboldt und der König sie empfangen. Es ist bei ihren Verhandlungen und Mahlzeiten allerlei Interessantes vorgefallen, und ich glaube,

dass es für Dich von ungemeinem Interesse gewesen wäre, hier zu sein, ich habe Dich oft hergewünscht, nun ist die Zeit vorbei, und Du wirst die Nachklänge davon haben, und ich hoffe, dass Du unterdessen auch gute Tage verlebt hast...

Wie intensiv Arnim sich in der Tat auch noch zu jener Zeit, also gegen Ende seines Lebens, mit Fragen der Naturwissenschaft auseinandergesetzt hat, zeigt ein Brief Arnims, mit dem er Alexander von Humboldt Mitteilung von einem fossilen Fund in Kreuzberg macht:

Berlin d 31 De: 1828
Vor wenig Wochen wurde auf dem Kreutzberge beim Senken eines Brunnens in einer Tiefe von etwa 50 Fuß unter einem Thonlager im Sande, Thiere der Vorzeit gefunden,[10] aber von dem Arbeiter, der den Werth eines solchen Funds nicht kannte, durchstochen und nur einzelne Stücke wurden heraus gebracht. Der Besitzer jenes Grundstücks Herr Perione bewohnt das Haus in der Nähe und bewahrt diese Stücke, dort habe ich zufällig diese Entdeckung vernommen, auch diese Stücke kennen gelernt. Das gröste hat eine Länge von etwa 2 Fuß bei einem fast gleichen Durchmesser von etwa 2½ Zoll, ist sowohl nach der Längenbildung der Knochen, wie nach dem innern kreisförmigen Bau aufgesprungen. Nach dem Berichte des H. Besitzers war der Knochen weich, als er heraus kam und alle jene Sprünge sind erst nachher beim Austrocknen entstanden. Die Masse hat nur wenig von Elfenbeinglanz, dagegen mehr ein kalkiges Aussehen. Der Arbeiter versicherte, es lägen an der Seite neben dem Brunnen noch viele Knochen, war auch bereit hinein zu arbeiten, muste aber wegen der Gefahr verschüttet zu werden, davon abstehen.
Ob dies Unentdeckte der Mühe werth sey eine Eingrabung zu machen, wagt wohl niemand vorauszusagen, ob es Fragmente, oder ein vollständiges Skelett u.s.w., die Unkosten würden in keinem Fall bedeutend sein.
Soviel mir bekannt, sind dies die ersten fossilen Knochen in dieser Nähe Berlins. Bisher war Trebbin der nächste Punkt, wo dergleichen gefunden sind. Bey der eigenthümlichen Weiche dieser Knochen wäre chemisch die Einwirkung der Lagerung zu untersuchen.
Die Lagerung der Knochen selbst ist auch interessant wie der ganze Berg, die sich am Abhange nach der Seite des Spreethals finden, wohin sich das Thonlager senkt. E. H. haben in Ihren Vorlesungen so viel Denkwürdiges über fossile Knochen mitgetheilt, daß ich mich dankbarlich verpflichtet hielt Ihnen die erste Kunde dieser Entdeckung zu geben.
Hochachtungsvoll
Lud: Achim von Arnim

Arnim schließt an diesen Brief Bemerkungen an, die hinsichtlich eines wissenschaftlichen Streits, der damals die Gemüter erregte, bedeutsam sind. Über die Entstehung der Landschaften, insbesondere der Gebirge, auf der Erde, gab es zwei widerstreitende Hypothesen: die der sogenannten Neptunisten, benannt nach dem Meeresgott Neptun, die annahmen, die Erdoberfläche einschließlich der Gebirge hätten sich aus Ablagerungen und darauffolgenden Abtragungen des Meeres gebildet. Dagegen vertraten die sogenannten Vulkanisten die These, die Gebirge seien durch vulkanische Bewegungen des Erdinnern entstanden. Goethe, der sich dem evolutionären Gedanken verpflichtet fühlte, war ein entschiedener Anhänger des Neptunismus. Er hat zwar das Genie des um zwanzig Jahre jüngeren Humboldt aufs höchste bewundert, als dieser sich aber zum Vulkanismus bekannte, muss das für Goethe ein bitterer Schlag gewesen sein. Man sagt, die Verse des Mephistopheles aus dem zweiten Teil des Faust seien auf Alexander von Humboldt gemünzt gewesen:

---

[10] Vgl. den Bericht über diesen Fund vom Dezember 1828 bei K. F. Klöden, Die Versteinerungen der Mark Brandenburg, Berlin 1834, S. 68 f. Christian Samuel Weiß (1780 - 1856), Professor der Mineralogie an der Universität Berlin, behandelte den Fund in einem 1829 in der Königlichen Akademie der Wissenschaften gehaltenen Vortrag (ebda. S. 33).

Die Hölle schwoll von Schwefelstank und Säure:
Das gab ein Gas! Das ging ins Ungeheure,
So dass gar bald der Länder flache Kruste,
So dick sie war, zerkrachend bersten musste...

Arnim scheint sich hier auf den Standpunkt zu stellen, dass beide Möglichkeiten einander nicht ausschließen, sondern das eine Mal das eine, das andere Mal das andere Prinzip wirksam geworden war. Und aus einem weiteren Gesichtspunkt sind Arnims Betrachtungen interessant: Er leistete hier Pionierarbeit, denn bis in die späten zwanziger Jahre des neunzehnten Jahrhunderts lag die Erforschung des Flachlandes gegenüber derjenigen der Gebirge bedeutend im Rückstand.

„Die Lagerung ist interessant, das Thonlager senkt sich nach dem Spreethale, die jezigen Flüsse existirten also wahrscheinlich schon vor der grossen Erdrevoluzion, also deuten auch die kleineren Flüsse auf eine tiefere uns jezt verhüllte Erdbildung jener Vorzeit. Diese Erdrevoluzion kann kein Zusammenstürzen in Wasserfluthen gewesen seyn, woher sonst überall die strenge Folge der gesonderten Lagerungen, hier die gleichförmige Sandschicht, dann die gleiche mächtige Thonschicht. Was war sonst. Da tritt die Vermuthung ein wie das auch die tausend Erscheinungen bestätigen, hier erschien eine Art Evoluzion, von der wir nur in den Steinregen, zuweilen auch den Vulkanen eine Ahndung haben, ein Niederschlag aus Luft der aber durch das Wasser häufig umgerüttelt wurde und dessen chemische Folge und Ordnung eben deswegen nur an den characteristischen Punkten erkant werden kann, wozu ich den Brunnenfund rechne.

Kiesel Thon u Kalkniederschläge bedingen einander periodisch, aber das Gesetz ist noch nicht klar.

Waren die Thonlager, <. . . .> im Wasser entstanden, so werden doch Pflanzenabdrücke sich finden. Wie bestimmt unterscheiden sich gewisse Mergelkalklager von Muscheln. Waren die Elephanten im wilden Zustande Wanderthiere Verschiedener Zustand der Steine. Die grossen Blöcke scheinen nicht mehr kantig, die kleineren mehr gerundet.“

Die Entdeckung solcher Fossilien durch Arnim war im Übrigen kein Zufall. Im Zusammenhang mit einem von seinem Freund Joseph Görres geplanten Werk über "Altdeutschland" hatte Arnim diesem zunächst brieflich Beobachtungen und historische Notizen zur Geschichte der östlichen Stämme übermittelt, dann aber auch, als Görres ihm am 3.8.1823 die Aufforderung hatte zukommen lassen: "Mache mir doch einmal eine Schilderung des ganzen äußeren habitus jener Untiefe des alten Meeres, die man jetzt die Mark nennt", in einem als Fragment überlieferten Brief vom 9.11.1823, eine geologisch-geographische Darstellung der Mark geliefert, die sich liest, als hätte Arnim jene Leitsätze, welche Alexander von Humboldt seinen "Ansichten der Natur" im Hinblick auf die Landschaften des fernen Südamerika vorausgeschickt hatte, hier bei der Beschreibung seiner Heimat Mark Brandenburg zur Geltung gebracht: "Ein sorgsames Bestreben, durch lebendige Darstellungen den Naturgenuss zu erhöhen, zugleich aber nach dem dermaligen Stande der Wissenschaft die Einsicht in das harmonische Zusammenwirken der Kräfte zu vermehren."

:

1.3.1 Alexander von Humboldt an Arnim, 6.1.1829.

Charakteristisch für Humboldts Humor ist die Antwort, die er Arnim erteilte. – „Ich freue mich um so mehr Ew. Hochwohlgeboren für die merkwürdige Nachricht der Entdeckung fossiler Elephantenknochen danken zu können, als mir dieser freundliche Brief die Gewissheit gibt, dass Sie der Naturkunde, in der Sie einst so glänzende Fortschritte gemacht, nicht ganz untreu geworden sind. Diese Knochen wären ein schöner Augenschein für das königliche Kabinett; ich besitze selbst ungeheure Backzähne von Mastodonten, aus dem aufgeschwemmten Lande um Potsdam, auch Rhinocerosknochen. Alle Pachydermen <Dickhäuter> wanderten einst unter den Palmengebüschen an unsren Binnenseen, wo jetzt Kiefern ihr kränkliches Leben führen und kleine Pachydermen, vulgär Schweine genannt, mit dem Rüssel im Kothe wühlen und "durch die Nase reden".

Mit dankbarster Verehrung"

1.4 Meine Reise von Zernikow nach Neu-Strelitz - von Ludwig Achim von Arnim

Alles reist, dachte ich, und setzte mich mit meinem Onkel, meinem Bruder und der Kammerjungfer meiner Tante in einen zugemachten Wagen. Wir fuhren im Dorfe durch einige Ehrepforten vom Einzug meines Onkels und meiner Tante; ganz anders sehen sie aber jetzt aus, alt und wankend betrauerten sie die Abreise derer, die sie durch ein fröhliches Ansehen, bey ihrer Ankunft begrüßten. Nicht nur diese Pforten sondern auch die Einwohner schienen traurig, sie übergaben Sträuße zum Zeichen ihrer Liebe. Unsere mutigen Pferde führten uns bald nach Burow, wo die Einwohner ebenfalls zum Abschied nehmen versammelt waren. Von da kamen wir nach Globsow, wo ich die Einwohner in ihren elenden Hütten zufriedener als in Palästen wohnende Reiche fand. Es war Sonntag, sie hatten sich daher etwas mehr der Ruhe überlassen als an den anderen Tagen, zum Sammeln, und der Sechser den ein armer Junge und Hacker empfing machte ihm noch mehr Vergnügen als einem Stutzer ein Goldrock. Wir kamen darauf durch Felder, welche nur aus Sand zu bestehen schienen. Bald fand ich aber einen großen Mangel der Industrie bey diesen Leuten, da viele kleine Moraste, von denen einer höher als der andere war, zwischen diesen Bergen lagen, welche sie daher mit Gräben hatten uhrbar machen können und da besonders ein Mangel an Wiesen bey diesem Ort ist. So schadet sich der Faule selbst. Er benutzt die vielen Gelegenheiten nicht, die ihm ein ruhigeres und weniger mühsames Leben verschaffen können. Bald wurden wir aber durch den angenehmen Schatten eines dichten Waldes erquickt, so daß wir darauf die Beschwerlichkeiten des darauffolgenden sandigsten und bergigsten Weges nicht sehr empfanden. Wir kamen darauf in die nahrhafte kleine Stadt Fürstenberg, wo wohlgenährte Einwohner mit dicken Frisuren uns mit einem Knixe vor ihren schon bemalten Häusern oder in den Fenstern derselben begrüßten. Wir hielten darauf bey dem Kaufmann Wilberg still, wo noch einiges aufgepackt ward. Bald versammelte sich um uns ein Haufen von Juden und Christen, die uns wie seltene Thiere betrachteten. Wir fuhren darauf vor einer Tabagie vorbey, aus welcher die sich darin befindenden Menschen bey unserer Annäherung eilig gingen um uns zu betrachten. So neugierig sind die Menschen und man macht diesen Vorwurf mit Unrecht den Bewohnern kleinerer Städte, die Bewohner größerer Städte können diesem Triebe aber an mehreren Gegenständen ein Genüge leisten als die der kleineren. Diese Stadt war unter der Herrschaft des Herzogs von Mecklenburg Strelitz. Sie treibt einen lebhaften Handel und die Preussen holen besonders sehr viele Contrebande aus derselben. Nun kamen wir wieder in das preußische Dorf Ravensbrück und von da auf einem sehr sandigen Wege nach dem Kungelkrug. Ich las unterdeß im Sebaldus Nothancker rein, fand daß ich so wie er, als er nach der Stadt ging, viel von der Hitze ausstehen mußte. Nachdem ich und die Pferde einige Erfrischungen eingenommen hatten, ging es weiter, aber sehr langsam, wir wußten aber bald ein Mittel ausfindig zu machen um schneller zu fahren. Man sagte nämlich dem zweyten Postillon er möchte dem anderen vorfahren, denn das wäre ein Schimpf für ihn so langsam hinterher zu fahren und als nun der zweyte vorfahren wollte so führ der erstere auf die Ermahnung: Daß es seiner Ehre zuwider sey sich vom anderen vorfahren zu lassen. Wir fuhren darauf durch Christiansburg, einem gewesenen Lustschlosse der Herzoge von Mecklenburg wobey noch einige sehr schöne Alleen waren. Schon vom Ausgange des Waldes an waren wir immer zwischen Wiesen gefahren, die von einem entsetzlichen Umfange sind und auf welchen große Herden von Kühen vom Wohlstande des Landes zeugten. Wir kamen darauf nach Alt-Strelitz, der gewesenen Residenz der Herzoge wo noch der Ort zu sehen ist, wo die Burg der Herzoge gewesen ist. Es ist eine sehr nahrhafte Stadt, in welcher die berühmtesten Pferdemärkte in Deutschland gehalten werden.[11]

1.5 Fredersdorff - die Kirche und das Gut Zernikow – von Peter Anton von Arnim

Für mich beginnt die Geschichte der Arnims von Zernikow mit dem Namen Fredersdorff. Dabei ist er sogar kinderlos gestorben, konnte also seine Gene an keine Generation von Nachkommen weitergeben. Wohl aber in gewisser Weise den Geist, der ihn beseelte. Denn er ist es, der das Gesicht Zernikows, so wie wir es heute kennen, am stärksten geprägt hat. Zwar hat Zernikow schon im Mittelalter existiert, wie das die imposante Feldsteinkirche bezeugt. Auch stand früher neben dem heutigen Herrenhaus ein aus Feldsteinen errichtetes Wohngebäude aus der Zeit, als das Gut einer Familie von Zernikow gehörte, das später als Küche und zuletzt als Getreidespeicher genutzt wurde.

Willige Vollstrecker der Direktiven Josef Stalins bzw. Walter Ulbrichts, in welchen gefordert wurde, daß man die Spuren der Vergangenheit weitgehend auslöschen solle, habe es abgerissen, wie sie auch im Jahre 1948 die prachtvollen Särge des Fredersdorffschen Erbbegräbnisses zerstört und beraubt haben.

Aus den gleichen Gründen hat man ja wie unzählige andere auch das Schlößchen Bärwalde bei Wiepersdorf abreißen lassen, in welchem die Bettina von Arnim in den Sommermonaten oft gewohnt und in welchem sie unter anderem ihre berühmt gewordene Epistel an ihren Schwager Savigny verfaßt hatte. Das Gutshaus von Zernikow hat man allerdings glücklicherweise stehen lassen müssen, und zwar, weil darin ab 1945 zahlreiche Flüchtlingsfamilien Wohnung bezogen hatten, die man nicht so leicht schlichtweg auf die Straße hätte setzen können.

---

[11] Entstehung: vermutlich 1794, im Alter von dreizehn Jahren
Handschrift: Goethe- und Schiller- Archiv der Stiftung Weimarer Klassik, Arnim - Nachlaß Sign. 267 Transkription der Handschrift: Sheila Dickson (Glasgow)
Erstveröffentlichung: Ludwig Achim von Arnim, Werke und Briefwechsel, Historisch - kritische Ausgabe, in Zusammenarbeit mit der Stiftung Weimarer Klassik; hrsg. von Roswitha Burwick, Lothar Ehrlich, Heinz Härtl, Renate Moering, Ulfert Ricklefs und Christof Wingertszahn; Band 1: Schriften der Schüler- und Studentenzeit, hrsg. von Sheila Dickson; Tübingen: Max Niemeyer Verlag (voraussichtlich 2002).

Als Friedrich der Große seinem Kämmerer und engsten Freund Fredersdorff 1740 das Gut Zernikow zum Geschenk gemacht hatte, ließ dieser eine Ziegelei errichten, um mit den daselbst gebrannten Ziegeln das schöne Herrenhaus bauen zu können, welches bis heute neben der Kirche das markanteste Bauwerk Zernikows darstellt. Wie energisch sich Fredersdorff im übrigen für die wirtschaftliche Entwicklung des Gutes Zernikow und das Wohlergehen seiner Bewohner eingesetzt hat, ist bei Fontane nachzulesen. Wer die Kargheit des Bodens und die morastige Natur der Umgebung von Zernikow kennt, weiß, mit welchen Schwierigkeiten er und seine Nachfolger zu kämpfen hatten.

Mein Vater Friedmund von Arnim, der letzte Besitzer von Gut Zernikow, hat das Andenken Fredersdorffs deshalb stets hoch gehalten. Von dem 1927 erschienen Briefwechsel Friedrichs II. mit Fredersdorff hat er für alle seine sechs Kinder je ein Exemplar angeschafft.

Aber auch im Praktischen stand er wie schon sein Vater Erwin in der Tradition Fredersdorffs. Im Jahre 1750 hatte Fredersdorff in Zernikow erste Meliorationsmaßnahmen durchführen lassen, die sein Nachfolger, der Freiherr von Labes, weiterführte und durch ein ausgeklügeltes Kanalisationssystem ausbauen ließ.

Die älteren Bewohner Zernikows erinnern sich noch genau, wie mein Vater dieses System von Kanälen und Wehren aufs peinlichste überwachte. War der Wasserstand niedrig, blieben die Wehren geschlossen, herrschte Hochwasser, ging er sofort daran, sie zu öffnen. Mein Vater war äußerst kinderlieb, aber Kindern, die sich an den Wehren zu schaffen machte, ließ er es an einer eindringlichen Mahnung nicht fehlen.

In LPG-Zeiten wurde dann jedoch das Kanalsystem völlig vernachlässigt. Infolgedessen stehen nunmehr in den Häusern des Dorfes jedesmal nach stärkeren Regenguß die Keller unter Wasser.

Vermutlich ist diese Vernachlässigung auch der Grund, weshalb infolge des gestiegenen Grundwassers die über 200jährigen Stieleichen im Zernikower Tiergarten plötzlich angefangen haben zu kränkeln, sodaß die Treuhandanstalt, obwohl das Gebiet als Naturdenkmal unter Schutz steht, im Jahre 1992 die meisten davon hat fällen lassen, statt darauf zu sehen, daß das Kanalsystem wieder in Ordnung gebracht wird.

Im Hinblick auf die späteren naturwissenschaftlichen Interessen des Dichters Achim von Arnim ist bei Fredersdorff vielleicht noch erwähnenswert, daß er ein besessener Alchimist war, das heißt, trotz ständiger Mahnungen seines königlichen Freundes, die Finger davon zu lassen, hat er sich unablässig in Versuchen des Goldmachens betätigt, auch in Zernikow. Möglicherweise lassen sich daraus seine ständigen Krankheiten erklären, über die er dem König in seinen Briefen immer wieder klagt, und die schließlich seinen frühen Tod herbeigeführt haben, wie Friedrich das vorausahnte. Denn zu diesen, wie wir heute wissen sinnlosen, Versuchen zum Goldmachen verwandte man damals unter anderem eine hochgiftige Substanz, nämlich das Quecksilber. Mir fehlen klare Zeugnisse, ich kann nur darüber spekulieren, ob der junge Arnim, als er in seiner Kindheit die Sommermonate in Zernikow verbrachte, von den alchimistischen Versuchen Fredersdorffs erfahren hat und dadurch bei ihm ein frühes Interesse speziell für die Chemie erweckt worden ist. In der Zeit, als Arnim als ernsthafter Wissenschaftler seine naturwissenschaftlichen Studien betrieb, das heißt um die Jahrhundertwende vom achtzehnten zum neunzehnten Jahrhundert, begann sich die moderne Chemie ja gerade erst von der mittelalterlichen Alchemie zu emanzipieren. Und noch ein Punkt ist in Bezug auf Fredersdorff wichtig zu erwähnen. Friedrich der Große hat ihm als Freund das Rittergut Zernikow geschenkt, ohne ihn in den Adelsstand zu erheben. Die Schenkungsurkunde läßt da keinen Zweifel zu. Nun war im damaligen Preußen für einen Bürgerlichen der Besitz eines Rittergutes grundsätzlich untersagt, und widersprach nicht nur des Königs sonstiger Praxis, sondern auch seiner Überzeugung. Wenn also Friedrich II. in diesem Punkt für Fredersdorff eine Ausnahme gemacht hat, kennzeichnet das die Besonderheit der Beziehung, in welcher der König zu seinem Kämmerer gestanden hat. Wer dies mißachtet und gar Fredersdorff noch nachträglich mit einem „von" versieht, der verfehlt ein wichtiges Moment preußisch-deutscher Geschichte, nämlich die Vorrangstellung, die der Adel bis in unser Jahrhundert hinein in Militär und Verwaltung eingenommen hat, wodurch der unglückliche sogenannte Sonderweg der deutschen Geschichte begründet wurde. Nicht der Gutsbesitz als solcher war ja das Gefährliche, wie das die vulgären Simplifizierer einer an sich achtenswerten Geschichtstheorie in DDR-Zeiten offiziell verkündet haben, sondern die Aufrechterhaltung überholter Privilegien. Der Dichter Achim von Arnim hat zwar einst in einem Gedicht gefordert: „Muß der Adel Bürger werden", stattdessen ordnete sich später aber das deutsche Bürgertum, nach der gescheiterten Revolution von 1848 und insbesondere der Bismarckschen Reichsgründung von 1871 dem Adel politisch unter und verzichtete weitgehend auf seine demokratischen und freiheitlichen Rechte. Es war die revolutionäre Arbeiterbewegung, organisiert in der deutschen Sozialdemokratie, die dann den Kampf für Demokratie und Grundrechte aufgenommen hat. Aber auch das ist nunmehr schon ferne Vergangenheit.

1.5.1 Kostbares Erbe - Die Kirche in Zernikow – von Peter Anton von Arnim

Die aus dem 13.Jahrhundert stammende Kirche in Zernikow ist mit ihrer wechselvollen Geschichte ein kulturhistorisches Zeugnis von überregionaler Bedeutung. (Vergl. "Der grüne Baum des Lebens" von Clara von Arnim, Bern und München 1989; und: "Die Arnims in Zernikow" von Peter-Anton von Arnim, in: Schriften der Internationalen Arnim-Gesellschaft, Band 2, Tübingen 2000).

Dieses Bauwerk war wie so viele Kirchen in der Mark vom Verfall bedroht. Insbesondere musste zunächst gegen den massiven Holzwurmbefall der Innenausstattung und gegen den sich im ganzen Gebäude ausbreitenden Hausschwamm vorgegangen werden. Aufgrund des Engagements der Initiatorin des "Freundeskreises Kirche Zernikow", Frau Dr. Angela Hubrich, die dafür auch die finanziellen Mittel spendete, erfolgte 1998 die Begasung der Kirche. Damit kam langsam der Stein ins Rollen. Es gelang, die Deutsche Stiftung Denkmalschutz, die noch kurz zuvor einen Fördermittelantrag der evangelischen Kirchengemeinde Zernikow abgelehnt hatte, zu überzeugen und dafür zu gewinnen, dass sie sich nach und nach an sämtlichen dringendst notwendigen restauratorischen Maßnahmen finanziell beteiligte. 1999 erfolgte die nach der Begasung unerlässliche Holzfestigung des Kanzelaltars, von dem größere Teile bereits abgefallen und verloren gegangen waren, sowie die Restaurierung eines der maroden Kirchenfenster mit noch originaler Bleiverglasung.
1999 schloss sich der "Freundeskreis Kirche Zernikow" dem Verein "Initiative Zernikow e.V." unter dem Vorsitz von Frau Dr. Ines Rönnefahrt an, woraufhin sich eine fruchtbare Zusammenarbeit zwischen den Mitgliedern beider Vereine entwickelt hat.
Im Jahr 2000 mußte ein drohender Absturz der im Rokokostil reichverzierten Schallkrone über der Altarkanzel schnellstens verhindert werden. Durch erbettelte zweckgebundene Privatspenden, mit Unterstützung der "Deutschen Stiftung Denkmalschutz" und des Förderkreises "Alte Kirchen Berlin und Brandenburg e.V.", der sich ebenfalls weiterhin dankenswerterweise für die Kirche Zernikow einsetzt, konnten die Krone, als charakteristische Besonderheit des Altars, und auch der Altargiebel saniert, restauriert und, soweit erforderlich,

ergänzend rekonstruiert werden. Von ursprünglich sechs an den seitlichen Emporen vorhandenen Wandleuchtern wurden die zwei noch verbliebenen allein mit Privatspen den restauriert, ebenso die Schrifttafeln zu den Portraits an der Orgelempore. Letztere zeigen die Großmutter des Dichters Achim von Arnim, Caroline Marie Elisabeth von Labes, geb. Daum; ihren ersten Ehemann, Michael Gabriel Fredersdorff, der das Gut Zernikow von seinem Freund und Gönner, dem Preußenkönig Friedrich II. zum Geschenk erhalten hatte; Hans Freiherr von Labes, den Großvater des Dichters, und des Dichters Mutter, Amalie Caroline von Arnim, geb. von Labes.

2001 bewilligte das Land Brandenburg die umfassende Sanierung der "äußeren Hülle" der Kirche. Der Dachstuhl wurde saniert, die Traufbalken fast vollständig erneuert, ebenso einige Dachsparren und Deckenbalken. Das Kirchenschiff ist neu, jedoch gemäß einer Auflage der Denkmalbehörde, mit alten Biberschwanz-Ziegeln eingedeckt worden. In diesem Jahr kann der Turm saniert werden. Die Turmspitze erhält eine Schiefereindeckung. Die hölzerne Verkleidung muss erneuert, das Mauerwerk z.T. ausgebessert und der obere Teil verputzt werden. Die Holzdecke des Kirchenschiffes ist bis auf ein noch offenes Areal im hinteren Bereich restauriert. Auch die Restaurierung aller schadhaften Fenster und sogar die Rekonstruktion der zwei großen Fenster auf der Südseite sind bereits abgeschlossen. Die Kosten wurden bis auf zwei größtenteils wiederum privat finanzierte Fenster von der "Stiftung zur Bewahrung kirchlicher Baudenkmäler in Deutschland" (KIBA) übernommen.

Die heikle Aufgabe der Koordination, Mitbeurteilung und Mitentscheidung in Zusammenarbeit mit der Architektin, den Restauratoren und den Denkmalbehörden liegt in den Händen von Pfarrer Reinhard Dalchow. Unterstützt wird er durch den Kirchenältesten Herrn Erwin Häusler. Beider langjährige Erfahrung und Sachkenntnis kommen der Kirche immer wieder zugute.

Zur Zeit werden im Kirchenraum die Bodenfliesen neu verlegt bzw. wo nötig ersetzt. Zu Beginn dieser Arbeiten tat sich rechts vor dem Altar ein Zugang zu der darunter gelegenen Gruft auf, von dem bisher nichts bekannt war. Die Gelegenheit wurde natürlich wahrgenommen, die Gruft in Augenschein zu nehmen.

Nach Absprache mit der Denkmalbehörde und den zuständigen Archäologen konnte die Gruft für kurze Zeit den Zernikower Bürgern und einem renommierten Fotografen zugänglich gemacht werden.

Unter dem Mittelgang führt eine Treppe hinab in den etwa 3x3 m großen Raum. Dieser ist durch eine Vorrichtung aus Feldsteinen in den seitlichen Wänden gut belüftet. Es fanden sich zwei Särge, die unvollständig mit Brettern der ehemaligen Sargdeckel bedeckt waren. In ihnen lagen unversehrt zwei Skelette. Es war bekannt, daß es sich bei einem der Toten um Hans Ehrentreich v. Schöning handeln musste, der von 1701-1729 Besitzer von Zernikow und Patron der Kirche war. Er und seine Gattin, eine geborene v. Guericke, hatten die sechs versilberten Messingleuchter an den seitlichen Emporen der Kirche und die nunmehr einzige Kirchenglocke mit einer Inschrift aus dem Jahre 1709 gestiftet. Der Name des zweiten Toten ist nicht bekannt.

Im September 2001 fand unter dem Motto "Kostbares Erbe" in Wuppertal ein Benefizkonzert zugunsten von drei Kirchen im Land Brandenburg statt. Eine der drei dazu ausgewählten Kirchen war die Kirche in Zernikow. Dass unter den vielen restaurationsbedürftigen Kirchen in Brandenburg gerade auf diese die Wahl traf, wurde von den Veranstaltern damit begründet, dass der Ort Zernikow eine besondere literarische Bedeutung habe, da durch ihn das Leben des Dichters Achim von Arnim entscheidend geprägt wurde, der nämlich hier die Sommermonate seiner Kindheit und Jugend verbracht und hier auch seinen ersten Roman „Hollins Liebeleben" geschrieben hat. Zu diesem öffentlichen Bekanntheitsgrad Zernikows haben einmal der oben erwähnte "Freundeskreis Kirche Zernikow" und der Verein "Initiative Zernikow" mit ihren Aktivitäten beigetragen, in Zusammenarbeit mit diesen aber auch die "Internationale Arnim-Gesellschaft", die hier an Ort und Stelle im Jahre 1998 ein Kolloquium unter dem Titel "Frische Jugend, reich an Hoffen – Der junge Arnim" veranstaltet und im Jahre 2001 ihre Mitgliederversammlung abgehalten hat.

Ausgerichtet wurde die Benefiz-Veranstaltung in Wuppertal, auf der auch Ministerpräsident Manfred Stolpe sprach, von der "Deutschen Stiftung Denkmalschutz", vom "Rheinischen Verein für Denkmalpflege" und von der "Stiftung zur Bewahrung kirchlicher Baudenkmäler in Deutschland" (KIBA).

Für die Restaurierung der Einrichtungen im Kircheninnern wird es keine öffentlichen Fördermittel geben. Die Kirchengemeinde ist somit ganz auf Spenden angewiesen. Einschließlich der Kosten für den Altar sind noch mit Restaurierungskosten von etwa 190 000 Euro zu rechnen. Bis zur Jahresmitte wird die Kirche hoffentlich wieder für alle zugänglich sein. Jedenfalls sind von da an außer den Gottesdiensten bereits Veranstaltungen wie Vorträge und Konzerte geplant. Für die zu erhoffenden zahlreichen Besucher könnte es dann eine gute Gelegenheit sein, mit einer großzügigen Spende dazu beizutragen, das "Kostbare Erbe" Zernikows auch für unsere Nachkommen zu retten.

1.5.2 Mail von Ines Rönnefahrt an Herausgeber, 14. Aug. 2012

Wissen Sie eigentlich, dass bei der Restaurierung der Kirche und hier vor allem des Kirchendaches im sog. Kirchenknopf ein Text von PAvA über Zernikow niedergelegt wurde? Dereinst hatte sich am gleichen Platz der Lebensbericht von Caroline von Labes gefunden, als sie 1777 die Kirche renovieren und umbauen ließ. Dieser Text ist m.W. in dem Heft "Glückliche Tage der Kindheit ZERNIKOW. Geschichte und Geschichten um ein Gut und seine Besitzer 1740-1945" abgedruckt worden (erschienen 2004 in den Familiengeschichtlichen Blättern und Mitteilungen des Vereins zur Förderung der Zentralstelle für Personen- und Familiengeschichte e.V. und der Stiftung Zentralstelle zu Berlin, gegründet 1904, NF Band 5 Nr.13/14). Dabei bin ich mir allerdings nicht 100% sicher, ob die beiden Texte identisch sind. Pfarrer Dalchow aus Burow sollte eine Kopie von PAvAs Text, der sich im Kirchenknopf befindet, aber haben.

1.5.3 Mail - Ines Rönnefahrt an Horst Stukenberg, 20. Aug. 2012

Sehr geehrter Herr Stukenberg,

Anbei der Text von PAvA, der seit 2003 im Kirchenknopf der Zernikower Kirche ruht. Ich habe den Text den Seiten 319-322 des genannten Heftes: „Glückliche Tage der Kindheit ZERNIKOW. Geschichte und Geschichten um ein Gut und seine Besitzer 1740-1945" (erschienen 2004 in den Familiengeschichtlichen Blättern und Mitteilungen des Vereins zur Förderung der Zentralstelle für Personen- und Familiengeschichte e.V. und der Stiftung Zentralstelle zu Berlin, gegründet 1904, NF Band 5 Nr.13/14) entnommen. Ich bin mir aber ziemlich sicher, dass dies der Text ist, der im Kirchenknopf ruht – auch wenn Sie hierzu Herrn Dalchow nicht noch einmal befragen konnten.

Ich finde den Text sehr schön. Hier beschreibt Peter-Anton zum einen „was gerade in Zernikow los ist" (aktuelle Zeitgeschichte), bezieht aber die Historie mit ein – während der rote Faden, der sich durch das Dokument zieht, das Wirken der Initiative Zernikow ist. Ich denke, mit diesem ganz eigenen Text von PAvA über die Initiative, ergänzt durch den Beitrag von Winkelmanns, ist das Thema „Verein" nun auch rundum beleuchtet. ......

Herzliche Grüße

Ines Rönnefahrt

1.5.4 Text von PAvA, der seit 2003 im Kirchenknopf der Zernikower Kirche ruht

LIEBE BESUCHERIN, LIEBE BESUCHER VON ZERNIKOW!

Möglicherweise haben Sie sich durch Fontanes 'Wanderungen' dazu anregen lassen, einen Abstecher nach Zernikow zu machen, um dieses ehemalige Rittergut, das einst Friedrich der Große bei Gelegenheit seiner Thronbesteigung seinem Kämmerer und engsten Vertrauten Michael Gabriel Fredersdorff zum Geschenk gemacht hatte, selbst in Augenschein zu nehmen. Vielleicht hat Sie aber auch das Interesse für den romantischen Dichter Ludwig Achim von Arnim hierher geführt, der in Zernikow in die Sommermonate seiner Kindheit bei seiner Großmutter, der Frau von Labes, verw. Fredersdorff, verbracht und hier seinen ersten Roman verfasst hat. Wahrscheinlich waren es aber die Erinnerungen der Clara von Arnim in 'Der grüne Baum des Lebens', die in Ihnen den Wunsch geweckt haben, den Ort kennen zu lernen, an dem sie an der Seite ihres Ehemanns, des letzten Gutsherrn von Zernikow, Wiepersdorf und Bärwalde, Friedmund Freiherr von Arnim, ein in reger Tätigkeit erfülltes Leben geführt hat. Die zahlreichen Eintragungen im Gästebuch des Gutshauses jedenfalls bezeugen, wie viele Menschen durch dieses Buch bereits zu einem Besuch von Zernikow verlockt worden sind. Die Schicksalsschläge am Ende des schrecklichen Krieges, Flucht, Tod ihres Mannes in russischer Kriegsgefangenschaft und Enteignung der Güter haben Clara von Arnim nicht davon abgehalten, sich für die überlieferten Werte der einst zum Arnimschen Erbe gehörenden Güter einzusetzen: Nach der Wiedervereinigung wandte sie sich der Rettung von Wiepersdorf zu, einst langjähriger Wohnsitz des Dichters Ludwig Achim von Arnim, dann seiner Ehefrau, der Dichterin Bettina von Arnim, geb. Brentano. Sie gründete den 'Freundeskreis Schloss Wiepersdorf' und erreichte mit dessen Hilfe und der Unterstützung des Landes Brandenburg, dass Schloss Wiepersdorf als Stipendiatenheim für Maler, Musiker und Schriftsteller weitergeführt wird und dass dort ein kleines, sehenswertes Museum zur Erinnerung an das Dichterpaar eingerichtet wurde. Es war ihr ältester Sohn Achim Erwin von Arnim (1931-1997), der im gleichen Sinne in seinem Geburtsort Zernikow tätig wurde. Mit der Gründung der 'Initiative Zernikow e.V.' im Jahre 1992 hatte er sich zum Ziel gesetzt, all diejenigen Bewohner vor Ort und in der Umgebung um sich zu sammeln, die bereit waren, mit ihm gemeinsam für Zernikow mit seinen (damaligen) Ortsteilen Burow, Buchholz und Altglobsow als Gemeinde eine Zukunftsperspektive zu erarbeiten. Nach seinem frühen Tode übernahm Frau Dr. Ines Rönnefahrt den Vorsitz des Vereins. 1999 schloss sich diesem der 'Freundeskreis Kirche Zernikow' und 2000 die 'Bürgerinitiative Globsow-See' an; er führt derzeit insgesamt 70 Mitglieder, nicht nur aus dem engeren Umkreis von Zernikow, sondern auch aus Berlin und anderen Teilen Deutschlands.

Was wurde bisher bereits erreicht?

Das von der Großmutter des Dichters, der Frau von Labes, gestiftete 'Fredersdorffsche Erbbegräbnis', das man in DDR-Zeiten zu einem Lagerschuppen umgewidmet hatte, konnte an seiner Außenseite in alter Schönheit wiederhergestellt werden. Die Sarkophage, die Theodor Fontane im Zernikow-Kapitel seiner 'Wanderungen' so reizvoll beschrieben hat, die man damals aber rücksichtslos daraus hat entfernen lassen, sind allerdings seitdem unwiederbringlich verloren. Als an ein Wunder grenzenden Erfolg kann man die Tatsache betrachten, dass es gelungen ist, die Zernikower Dorfkirche, an der Witterung und Holzwürmer schon erhebliche Schäden angerichtet hatten, zu retten und das Interesse der Denkmalschutzbehörden für deren Restaurierung zu gewinnen. Das war aber nur dadurch möglich, dass Mitglieder des 'Freundeskreises Kirche Zernikow' und der 'Initiative' beträchtliche finanzielle Eigenmittel für diese Aufgabe einsetzten, Spenden einwarben und beharrlich bei den zuständigen Ämtern vorstellig wurden, um das Rettungswerk in Gang zu halten. So sind die restauratorischen Arbeiten an der Außenseite der Kirche und am Eingangsportal zum Friedhof nunmehr abgeschlossen. Die kostspieligen Arbeiten im Innenraum der Kirche, am Altar und den anderen 225 Jahre alten hölzernen Einbauten im Stile des Rokoko werden sich jedoch voraussichtlich noch über Jahre hinziehen, da man hierfür ganz auf private Spenden angewiesen ist. Die Nutzung der Kirche für Gottesdienste der evangelischen Kirchengemeinde, sowie für Konzerte und Vorträge, wie sie bereits in der Vergangenheit erfolgreich veranstaltet worden sind, wird glücklicherweise jedoch weiterhin möglich sein.

Das von einem Knobelsdorff-Schüler erbaute Gutshaus sowie die Gutsanlage sind von der Treuhand-Nachfolgerin nunmehr endgültig in den   Besitz der Strukturentwicklungsgesellschaft AQUA Zehdenick übergegangen. Diese ist bereits seit 1995 mit der enorm aufwendigen Restaurierung des Gutshauses und der zahlreichen Wirtschaftsgebäude des Gutes beschäftigt. Die jahrzehntelange Vernachlässigung und Vernutzung des Gutshauses durch die zwischenzeitlichen Bewohner und die Gefährdung durch Feuchtigkeit machten es notwendig, sich zunächst der Rettung der Bausubstanz als vordringlichster Aufgabe zuzuwenden. So traurig also der Anblick auch ist, den die Außenfassade zur Zeit noch bietet, so wird man sich wohl noch etwas gedulden müssen, bis sie erneut im altem Glanz erstrahlen kann. Die 'Initiative Zernikow e.V. ' arbeitet, wenn auch mit viel bescheideneren Mitteln, mit der AQUA Zehdenick Hand in Hand für das gleiche Ziel: die Rettung und Neubelebung von Zernikow als Kleinod der märkischen Landschaft. Viele von beiden in den letzten Jahren gemeinsam veranstalteten Vorträge, Feste, Ausstellungen, Autorenlesungen, unter anderem auch der Clara von Arnim, bezeugen dies. Da Zernikow einst ein Rittergut war, ist die AQUA Zehdenick auf den glücklichen Einfall gekommen, alljährlich im Frühjahr auf der Gutsanlage ein sogenanntes Ritterfest zu veranstalten, das vor Ort selbst und von den Bewohnern der umliegenden Ortschaften lebhaften Zuspruch erfährt. Denn wer möchte nicht gern einmal in die Haut, oder vielmehr in die Rüstung eines Ritters schlüpfen und die vielgepriesene alte Ritterherrlichkeit in sich selbst noch einmal hochleben lassen?

Bei Nah und Fern inzwischen ebenso beliebt geworden ist das Maulbeerbaumfest, das von der 'Initiative' im Jahr 2003 nunmehr schon zum dritten Mal veranstaltet wurde. Ausgangspunkt dafür war der Gedanke, Freunde für die Zernikower Maulbeerbaumallee zu gewinnen, d.h. Menschen, die bereit sind, eine Patenschaft für die Neupflanzung jeweils eines Maulbeerbaums zu übernehmen und damit zur Pflege und Erhalt der Allee beizutragen, wie sich dies die 'Initiative' zu einem ihrer Ziele gesetzt hat. Denn auch hier geht es darum, eine historische Flamme, oder in diesem Fall bescheidener gesagt ein kleines, aber liebenswertes Flämmchen, am Leben zu erhalten. Wie Fontane berichtet, hatte Fredersdorff schon 1747, als getreuer Schüler seines Königs Friedrich II, der in Preußen den Seidenbau vorantreiben wollte, in Zernikow eine Plantage von 8000 Maulbeerbäumen anlegen lassen. Auch wenn die Plantage inzwischen verschwunden ist, zeugt besagte Maulbeerbaumallee am Ausgang von Zernikow in Richtung Burow, die nach der Zernikower Chronik 1751 gepflanzt wurde und noch 68 alte Maulbeerbäume aufweist, vom Seidenbau in Zernikow. Naturgemäß kommt es leider immer wieder vor, dass einer der eindrucksvollen Bäume aus Altersschwäche zusammenbricht. Durch Neupflanzungen - im Jahre 2000 wurden 15 junge Maulbeerbäume nachgepflanzt - versucht die 'Initiative', die entstandenen Verluste auszugleichen und die Allee in ihrer Eigenart zu erhalten. Im Herbst 2002 wurde die Allee auf Betreiben der Unteren Naturschutzbehörde Oranienburg um weitere 29 junge Maulbeerbäume ergänzt, deren Pflege nun ebenfalls der 'Initiative' obliegt.

In Erinnerung an Fredersdorffs einstige Bemühungen um den Aufbau einer Seidenraupenzucht in Zernikow unternahm es die 'Initiative' dann auch, in dem von ihm erbauten Gutshaus eine Ausstellung zum Thema "Vom Maulbeerbaum zur Seide" zu veranstalten. In mühevoller Kleinarbeit wurde dafür eine sehenswerte Dokumentation zusammengestellt, ja den Besuchern wurde sogar die Möglichkeit geboten, die Entwicklung der Seidenraupen selbst am lebenden Objekt zu studieren. Dies wurde zu einem der größten Publikumserfolge der 'Initiative'. Denn nicht nur Erwachsene, sondern vor allem Kinder und Jugendliche, ja ganze Schulklassen aus Nah und Fern kamen zur Besichtigung dieser faszinierenden Ausstellung nach Zernikow. Stichwort Alleen: Das kleine Zernikow hat neben seinen historischen Gebäuden auch eine durch Alleen bestimmte, reizvolle Landschaftsarchitektur aufzuweisen, durch die einst der Großvater des Dichters Achim von Arnim, Hans Freiherr von Labes, seinem barocken Lebensgefühl Ausdruck verliehen hat. Am Ausgang des Dorfes wird der Besucher wie gesagt, durch eine Maulbeerbaumallee, von der Chaussee her zum Ortseingang durch eine Pappelallee geführt. Die prachtvollste der Alleen ist zweifellos die nördlich zur Dorfstraße parallel stehende Lindenallee. Für einen Erholung suchenden Besucher, besonders zur Blütezeit der Bäume, ein lohnender Spaziergang. Kaum weniger eindrucksvoll, und zwar wegen der bizarren Gestalt ihrer Bäume, ist die von der Lindenallee zum Ortskern führende Kastanienallee. Sie ist allerdings in ihrem Bestand teilweise stark gefährdet. Widersinnige EU-Vorschriften haben den Besitzer eines anliegenden Feldes dazu veranlasst, die in seinen Acker hineinragenden Äste der Kastanien so zurückzustutzen, dass die auf dieser Seite stehenden Bäume den Unbilden des Wetters stärker ausgesetzt sind als die übrigen, ganz abgesehen von der Beeinträchtigung ihrer Schönheit. Allgemein will die 'Initiative' sich noch stärker als bisher dafür einsetzen, in der Öffentlichkeit ein Bewusstsein dafür zu schaffen, dass in Zernikow die Bäume der Alleen nicht Gehölze gewöhnlicher Art sind, sondern Teile eines Kunstwerks der Landschaftsarchitektur. Die Grundlage hierfür ist bereits gelegt durch eine Broschüre, die gemeinsam von unseren Mitgliedern, dem Pastor Friedrich-Karl Krause aus Dollgow/Schulzenhof, und dem Dipl.-Ing. der Landespflege Wolfgang Aichele aus Berlin, verfasst wurde, und die wir Interessenten gern zugänglich machen.

Zu Beginn dieses Jahres, im Januar 2003, ist dem Verein eine neue bedeutsame Aufgabe zugewachsen. Nachdem die 'Initiative' bereits hauptverantwortlich oder durch Beteiligung an der Organisierung von Ausstellungen im Gutshaus gezeigt hat, wie eine öffentlichkeitswirksame Nutzung der bereits restaurierten Innenräume aussehen kann - unter anderem ist neben der bereits erwähnten Ausstellung zum Seidenbau eine solche junger Künstler zum Thema 'Romantik' im November 2002 zu nennen - ist uns als 'Initiative' nunmehr die Sorge für die Gestaltung dieser Räume insgesamt übertragen worden. Dabei geht es nun nicht mehr nur um die Betreuung wechselnder Ausstellungen, sondern vor allem um die Ausgestaltung des sogenannten Arnim-Zimmers. Dieses wurde 1999 zur Erinnerung an den Dichter Ludwig Achim von Arnim eingerichtet, nachdem die 'Internationale Arnimgesellschaft' in Zernikow eine wissenschaftliche Tagung abgehalten und der AQUA Zehdenick Ausstellungsstücke und Dokumente zum Leben des Dichters überlassen hatte. In ausstellungstechnischer Hinsicht lässt das 'Arnim-Zimmer' bislang jedoch noch viel zu wünschen übrig, fachmännischer Rat und Hilfe von Außen wären also dringend erforderlich und äußerst erwünscht. Darüber hinaus ist die Einrichtung eines weiteren museumsartigen Zimmers vorgesehen, und zwar zur Erinnerung an Michael Gabriel Fredersdorff, den ersten Ehemann der Großmutter des Dichters. Zwischen den beiden Zimmern ergäbe sich eine über das Biographische hinausgehende sachliche Beziehung: Fredersdorff hat sich mit Goldmacherversuchen beschäftigt, denn er gehörte noch dem Zeitalter der Alchemie an. Der jungen Arnim hat sich in seiner Jugend mit der in seiner Zeit von der Alchemie sich abgrenzenden neuen Wissenschaft der Chemie intensiv auseinandergesetzt. Es ist geplant, beide Räume mit Ausstellungstücken auszustatten, mit denen die Versuche des Goldmachens in der Zeit Friedrichs des Großen und Experimente zur Farbenherstellung und zur Elektrizität in der Zeit der Romantik publikumswirksam vorgeführt werden können. Unabhängig von diesen mittelfristigen Aktivitäten wird die ‚Initiative Zernikow e.V.' ihr langfristiges Ziel, das in den ersten Jahren ihrer Gründung vor allem durch ihren Vorsitzenden Achim von Arnim intensiv verfolgt wurde, nämlich ein wirtschaftlich tragfähiges Nutzungskonzept für das Gut Zernikow insgesamt zu finden, weiter vorantreiben.

Wir haben Ihnen die Aktivitäten der 'Initiative Zernikow e.V.' geschildert, um Ihnen einen Eindruck von den vielfältigen Aufgaben des Vereins zu vermitteln und Sie dadurch zur Überlegung anzuregen, ob Sie nicht selbst auf die eine oder andere Weise sich in deren Aktivitäten einbringen können und möchten. Das ist oft mehr als Geldes wert - auch wenn der Bedarf an finanzieller Unterstützung naturgemäß groß ist. Seien Sie versichert, dass Sie bei einem erneuten Besuch von Zernikow, wenn Sie sich die eine oder andere Sehenswürdigkeit des Ortes noch einmal genauer anschauen wollen, stets ein ortsansässiges Mitglied der 'Initiative Zernikow' - rechtzeitige Voranmeldung vorausgesetzt - zu einer Führung für Sie bereit sein wird, und, wenn Sie Vorschläge oder Anregungen für die Arbeit des Vereins zu bieten haben, diese sich bei einer gemütlichen Tasse Kaffee oder Tee im Hause eines der Mitglieder besprechen lassen.

gez. Peter-Anton von Arnim

1.6 Maulbeeren, Seidenraupen und ein Schloss – ein Nachfahre der Arnims in Zernikow – Maerkische Allgemeine, 7.8.2004

Märkische Allgemeine › Hintergrund › **DIE MÄRKISCHE**

07.08.2004

Zernikow: 4. Maulbeerfest lässt die seidige Geschichte des Gutes auferstehen

Maulbeeren neu entdeckt

"Sie haben noch nie eine Maulbeere probiert?", fragt Dr. Ines Rönnefahrt ganz erstaunt. "Dem können wir abhelfen!" Schon bringt sie ein Tütchen mit getrockneten kleinen Beeren. Sie ähneln Brombeeren und leuchten weißlich oder tiefdunkelrot aus dem Blattgrün. Getrocknet wirken sie recht unscheinbar in ihrem verblichenen Hellbraun. Doch sie schmecken köstlich. Sie erinnern an Feigen. "Da liegen Sie gar nicht so falsch", bemerkt die Vorsitzende des Vereins Initiative Zernikow e.V. "Die Gewächse sind verwandt."

Zuerst waren es drei, die sich mit dem Zernikower Maulbeerbaum, dem Morus Alba, beschäftigten. Jetzt ist es ein ganzer Kreis von Leuten. "Ich wohne seit 1990 in Burow und bin so oft durch diese einzigartige Maulbeerbaumallee gefahren, ohne zu wissen, wie interessant dieser Baum ist, kulturhistorisch und botanisch. Er war schon Griechen und Römern bekannt. Seit dem 16. Jahrhundert wächst er in Europa. Ein Allroundbaum. Gut für die Seiden-raupenzucht, die Medizin, zur Papierherstellung, als Marmelade, Gelee oder Sirup, als Maul-beerwein und zum 'Schönen', d.h. zur Farbintensivierung des Rotweins. Auch das gelbliche, sehr harte Holz ist gefragt. Zum Färben von Wolle und Stoffen, für Möbel und Fußböden. Im Potsdamer Marmorpalais besteht ein Teil des Parketts aus Maulbeerbaumholz. Es gibt nur wenige Teile des Baumes, die nicht genutzt werden. In Zernikow ist er ein Teil Geschichte, die in Vergessenheit geriet." Seit den Maulbeerfesten auf dem Gut wird Historie lebendig.

Dort, wo die Felder von Zernikow beginnen, recken sich die Äste der 69 alten Maulbeer-bäume knorrig in den Himmel. Sie stehen zwischen Robinien, Stieleichen, Eschen und Ahornbäumen am Burower Weg zur alten Mühle, einer der fünf Alleen, die in der sanft hügligen Landschaft zum Gut führen. Darunter mehrere Methusalems, die aus der Zeit Michael Gabriel Fredersdorf stammen. Der geheime Kämmerer und Intimus Friedrich II. hatte das Gut von seinem König geschenkt bekommen. Er ließ 8000 Maulbeerbäume pflanzen. In Preußen standen eine Millionen. Am 6. August 1754 hatte ihre königliche Majestät ein "Mandat wegen Anlegung derer Plantage von Maulbeer-Bäumen" erlassen, um landesweit den kostbaren, bislang teuer exportierten Rohstoff Seide zu produzieren. Die knorrigen Bäume mit ihrem unterschiedlichen Blättern sind nicht die einzigen Zeugen der Zernikower Seidenzeit. Unweit vom Erbbegräbnis der Caroline Maria Elisabeth von Labes, der Ehefrau Fredersdorff's, steht das 1780 erbaute Seidenhaus. Später wurde es ein Altersheim für bejahrte Landarbeiter, genannt Hospital. Seit drei Jahren ist es ein ansprechend restauriertes Wohnhaus.

Der Ursprung der Seidenraupenzucht liegt in China. Die Legende schreibt der Frau des Kaisers Huang Di die Erfindung der Seidengewinnung zu. Seit 5000 Jahren sollen Kokonfäden zur Seidenherstellung verwendet worden sein. In der Mitte des 6. Jahrhunderts wurden heimlich Eier des Seidenspinners nach Konstantinopel gebracht. Im 15. Jahrhundert galten französische Seidenwebereien als die führenden Europas. Heute werden in mehr als 40 Ländern Seidenkokons produziert.

Die Zernikower Maulbeerbaumplantage südlich des Polzower Fließes ist verschwunden. Auf Dauer rentierte sich die Zucht nicht. In wärmen Region sind die Bäume viel schnellwüchsiger. Dennoch recken zwischen den Baumsenioren seit 1990 wieder 15 junge Bäume. Sie wurden vom Verein Initiative Zernikow gespendet. Inzwischen sind sie schon über drei Meter groß. Nicht zu vergessen die 29 Bäume, die im Herbst 2002 im Auftrag des Landkreises Oberhavel/Untere Naturschutzbehörde gepflanzt wurden. Sie alle werden von den Mitgliedern der Initiative Zernikow gepflegt.

Auch mit dem 4. Maulbeerfest soll an die seidige Episode des Gutes zu erinnert werden. In der ersten Etage des Arnimschen Herrenhauses wurde eine Ausstellung aufgebaut. Seide, Seidenprodukte, Seidenraupen, Falterarten, alte Bücher über die Zucht und vieles mehr sind dort zu bewundern.

Um lebendige Seidenraupen beobachten zu können, musste Dr. Ines Rönnefahrt die Eier des Seidenspinners erst zum Leben erwecken. Sie lagerten seit dem letzten Fest im Kühlschrank. In einem warmen Raum wurden sie zum Ausbrüten gebracht. Bestenfalls zwei Millimeter lang sind die Winzlinge nach dem Schlüpfen. Auf reichlich gepflückten Maulbeerbaumblättern fressen sie sich rund und fangen nach etwa sechs Wochen an, sich zu verpuppen. Die begehrten Kokons entstehen. Wenn dann der Bombyx Mori (Maulbeer-Seidenspinner) schlüpft, legt er die Eier für die nächste Generation. Fliegen kann der Seidenspinner nicht mehr, aber schön anzusehen ist er. Genau so wie die seidigen Gewänder.

Zernikow
Programm zum Maulbeerfest

"(Seiden)-Kleider machen Leute." Peter-Anton von Arnim liest um 14 Uhr in Zernikow zum Maulbeerfest "Das Märchen vom Baron von Hüpfenstich" von Clemens Brentano. Ab 15 Uhr läuft die Prämierung des Malwettbewerbs "Zernikower Lindenallee" und für 16 Uhr ist der Lichtbildervortrag: "Ländlicher Seidenbau in Preußen" von Benno Carus, vom Heimatmuseum Berlin-Zehlendorf angesetzt. Für denjenigen, der den Anfang des Nibelungenliedes in der mittelhochdeutschen Originalfassung nicht kennt, erscheint etwas unverständlich die Aussage: "... muget ir nu wunder hoeren saggen ..." Unter diesem Titel werden ab 18 Uhr musikalische Märchen erzählt, wenn die Musikgesellen "Tagelöhner" mit alter Musik, bunten Tänzen und unterhaltsamen Geschichten auftreten. Darüber hinaus begleiten die Musikgesellen das ganze Fest mit ihrer Spielmannsmusik. Des Weiteren gibt es Kulinarisches rund um die Maulbeere, lebendige Seidenraupen, Haspeln von Seide, Vorführung von Naturfilmen, Basteleien für Kinder, zwei Märchenerzählerinnen, Kutschfahrten und Spaziergänge.

1.7 Maulbeerfest auf Gut Zernikow / Wolf-Herman von Arnim nimmt restaurierten Gartensaal in Augenschein - Granseer Zeitung, 06.08.2012

ZERNIKOW -Seit dem Tod von Clara von Arnim (2009) ve

00rsammelt sich die große Familie einmal im Jahr in Zernikow, um die Verbindung zu dem für das Adelsgeschlecht so wichtigen Ort aufrechtzuerhalten. Wolf-Herman von Arnim reiste diesmal einige Tage früher an, um ein persönliches Jubiläum vorzubereiten und hatte so Gelegenheit, das von der Initiative Zernikow organisierte Maulbeerfest zu besuchen, das nie aufgeregt, aber in beschaulicher Betriebsamkeit das Gut belebt. „Schön, dass es eine solche Veranstaltung gibt und schön, dass sich das Publikum dafür interessiert", sagte von Arnim nach einem Rundgang.

Über mangelndes Interesse konnten sich die Mitglieder der Initiative auch beim zwölften Mal nicht beklagen. Seidenbau und Maulbeere haben wieder ein Stammpublikum und wecken auch andernorts zunehmend Interesse. „Das Thema ist gewachsen und wird von vielen inzwischen wieder beachtet. Daran haben wir Anteil", sagte die Vereinsvorsitzende Ines Rönnefahrt selbstbewusst. Die ersten Gäste waren am Sonnabend schon vor der Eröffnung da. Die Deutsche Bahn hatte für Berliner Kunden einen Tagesausflug organisiert, inklusive Essen aus dem Feuertopf, Festbesuch und Führung.

Für das Maulbeersortiment der Initiative werden inzwischen schon telefonisch Bestellungen aufgegeben. Viele wissen, wie schnell die Marmeladen oder Chutneys am Festtag selbst vergriffen sind. Zumal die Ernte mit 24 Kilogramm in diesem Jahr etwas bescheidener ausfiel. „Wohl, weil der Regen viele Früchte schon vom Baum geholt hat", vermutete Ines Rönnefahrt.

Groß war das Interesse an dem Fachvortrag von Volker Janke. Der wissenschaftliche Mitarbeiter des Volkskundemuseums Schwerin entführte das Publikum nach Nepal, in das Land der Schnapsbrenner, Kaffeebauern und Seidenfarmer. Letztere hätte Janke bei seiner Expedition nach Südasien nicht erwartet. Wenn er an Nepal dachte, dann an Schotterpisten und kalte Berge. Bis er mit eigenen Augen sah, wie in Familienbetrieben das exklusive Material produziert wird. Bis zu 40 Tonnen Seide jährlich. Der ländliche Raum und das Klima dort seien wie geschaffen, so Janke.

Seit seinem ersten Besuch in Zernikow ist Raik Arndt fasziniert vom Seidenspinner. Privat beschäftigt sich der Spremberger mit der Lepidopterologie – der Schmetterlingskunde. Aus purer Neugier nahm er beim Maulbeerfest vor zwei Jahren einige Eier mit nach Hause und legte sie in einen luftdicht abgeschlossenen Kasten. Dort hatte er sie dann fast vergessen. Erst im März des Folgejahres schaute er nach, ob aus den winzigen, schwarzen Punkten etwas geworden ist. Arndt musste feststellen, dass bis auf zwei Raupen alle anderen verhungert waren. Um wenigstens die Überlebenden durchzubringen, bestellte er im Internet Futtermittel – die Blätter der weißen Maulbeere. Sein eigener Strauch hatte gerade erst Knospen gebildet, die er aufschnitt und den Raupen als Notproviant zum Fressen hinlegte. „Bis zur dritten Häutung hatten sie recht wenig Hunger, aber nach der vierten haben sie gefressen wie die Scheunendrescher." Selbst hinter der verschlossenen Tür zum Raupenzimmer konnte Raik Arndt das Rascheln in den Blättern hören. Die Raupen sind groß geworden. Zum Beweis zeigte er Ines Rönnefahrt am Sonnabend das Foto einer dicken, weißen Spinnerraupe. Um eine eigene Zucht zu begründen, fehlte es dem Brandenburger aber an männlichen Tieren.

Wolf-Herman von Arnim wandelte am Sonnabend durch das Gutshaus. 1942 wurde er hier geboren, drei Jahre später musste seine Familie flüchten. Erst nach der Wende kam der jüngste Sohn Clara von Arnims zurück nach Hause. Mit Stolz betrat von Arnim jetzt den historischen Gartensaal, der nach mehrmonatiger Restaurierung sein historisches Ambiente zurückerhalten hat. Ein Drittel der Sanierungskosten, erklärte von Arnim, habe er trotz Pensionierung aufbringen können. Bereits nach der Wende hatte er eine Dachrinne für das Gutshaus finanziert. Auf die Frage, wie der Gartensaal gelungen sei, sagt von Arnim: „Es ist kein rausgeschmissenes Geld". (Von Cindy Lüderitz)

1.8 Maecenas-Preis an Clara Freifrau von Arnim – Und der Erhalt von Wiepersdorf - Presseerklärung

Gemeinsame Presse-Erklärung des "Freundeskreises Schloss Wiepersdorf – Erinnerungsstätte Achim und Bettina von Arnim", der "Bettina-von-Arnim-Gesellschaft" und der "Internationalen Arnim-Gesellschaft":

Am 8. November 1999 wurde vom "Arbeitskreis selbstständiger Kulturinstitute" (AsKI) in der Akademie der Künste in Berlin der Maecenas-Preis an Clara Freifrau von Arnim und Wolf-Dietrich Freiherr Speck von Sternburg verliehen. An Clara von Arnim ging diese Ehrung für den Umstand, dass sie auf alle Rückgabeansprüche auf die aus dem Familienerbe stammenden Bilder, Möbel und sonstigen Wertgegenstände in Schloss Wiepersdorf zugunsten des von ihr dort eingerichteten Museums für Achim und Bettina von Arnim und auf den handschriftlichen Nachlass des Dichterpaars und auf die von Achim von Arnim gesammelte wertvolle Bibliothek zugunsten der Stiftung Weimarer Klassik verzichtet hatte.

Bundespräsident Rau stellte sein Grußwort unter den Leitspruch: „Wer stiftet, will anstiften!" und erklärte, er sei gekommen, um denen zu danken, die für ihre Familie Verzicht auf große Kulturgüter geübt hätten.

In seiner Laudatio auf Clara Freifrau von Arnim sagte der damalige Ministerpräsident von Thüringen, Dr. Bernhard Vogel, dass er es als besonders beglückend empfinde, wenn die Maecenas-Ehrung 1999 an zwei Persönlichkeiten vergeben werde, die durch die deutsche Teilung ihren Besitz und ihre Kulturgüter verloren und dennoch den Großmut hätten, auf eine Rückgabe im Rahmen des Restitutionsanspruches zu verzichten. Durch diese Entscheidung der Clara von Arnim könne ein literarischer Nachlass erschlossen werden, dem in Deutschland in der Vergangenheit nicht die gebührende Aufmerksamkeit gewidmet wurde. So sei es umso begrüßenswerter, dass in Weimar der Grundstein für eine erste historisch-kritische Gesamtausgabe der Werke Achim von Arnims gelegt werden konnte. Vielleicht werde Gleiches auch mit den Schriften und Briefen von Bettine von Arnim gelingen, von denen noch heute viele unveröffentlicht seien.

Das beispielhafte Engagement für Erhalt und Aufarbeitung des literarischen Nachlasses des Dichterpaares zeige sich nicht nur in der großzügigen Geste Clara von Arnims gegenüber der Stiftung Weimarer Klassik und damit gegenüber dem gesamten Freistaat Thüringen und allen literarisch Interessierten und Forschenden, sondern auch in der Gründung des „Freundeskreises Schloss Wiepersdorf - Erinnerungsstätte Achim und Bettina von Arnim". Mit Hilfe dieses Freundeskreises, der Unterstützung des Freien Deutschen Hochstifts und der Stiftung Kulturfonds sei von ihr in einem Flügel des Schlosses von Wiepersdorf ein Museum eingerichtet worden, in dem das Leben und die schriftstellerische Tätigkeit des Dichterpaares auf sehr anschauliche und nachdrückliche Art dokumentiert werde. Ministerpräsident Vogel gab zu bedenken, dass Mäzenatentum die staatliche Kulturförderung nie ersetzen könne, aber eine immer wichtiger werdende Ergänzung sei, und betonte: „Mäzenatentum darf dabei keinen Vorwand für den Staat liefern, sich aus der Kulturförderung mehr und mehr zurückzuziehen." Zum Schluss richtete er an die Preisträgerin die Worte: „Auf dem manchmal etwas holprigen Weg zur inneren Einheit leisten Sie mit Ihrem Mäzenatentum einen bedeutsamen Beitrag zur Überwindung von geistigen Gräben und Missverständnissen. Ihr Engagement für die Erhaltung des literarischen Nachlasses von Achim und Bettine von Arnim und Ihr Verzicht auf eine Rückübereignung der Bibliothek und der Archivalien sind gelebte Solidarität. Das ist ein Stück gemeinsamer deutscher Kultur, ein Stück gemeinsamer deutscher Geschichte."

Kaum fünf Jahre später erfährt die deutsche Öffentlichkeit, das Künstlerhaus Schloss Wiepersdorf sei mangels Finanzierung in seinem Bestand bedroht. Von "gelebter Solidarität" der Neuen Länder jedenfalls, so heißt es in der Presse, könne inzwischen keine Rede mehr sein, denn jedes am Kulturfonds beteiligte Land habe egoistischerweise seinen Anteil daraus zurückgezogen, sodass dieser nunmehr bis zu Ende Juni dieses Jahres in Liquidation geht. Und das Land Bayern habe durch seine Weigerung, der Gründung eines nationalen Kulturfonds zuzustimmen, eine alternative Lösung verhindert. Brandenburg könne jedoch mit seinem Anteil von 350 000 EURO die jährlich aufzubringenden Kosten für das ihm zufallende Künstlerhaus Schloss Wiepersdorf nicht bestreiten und sei auch nicht in der Lage, die fehlende Summe von bis zu 850 000 EURO (die Angaben über diese Summe variieren in den verschiedenen Zeitungsberichten) anderweitig aufzubringen. Damit drohe die Schließung und der Verkauf von Schloss Wiepersdorf. In der Presse wiederholt verbreitete Meldungen, es habe sich inzwischen eine Lösung gefunden, haben sich leider immer wieder als illusionäre Luftblasen erwiesen.

Schloss Wiepersdorf ist, aufgrund der Tatsache, dass es einst dem Dichter Ludwig Achim von Arnim und später seiner Ehefrau, der Schriftstellerin Bettina von Arnim, geb. Brentano, als Wohnsitz diente, ein Ort von hoher literarischer und geschichtlicher Bedeutung, und zwar nicht nur in nationaler, sondern besonders in internationaler Hinsicht. Gerade auch im Zuge der europäischen Einigung gilt es, dies zu unterstreichen. In Arnims Werken spiegeln sich seine in den Ländern Westeuropas gesammelten Erfahrungen, Frankreich, England, Schottland, der Schweiz und Italien wider. In Frankreich fand Arnim seine größten Bewunderer, angefangen beim Haupt der Schule der Symbolisten, Théophile Gautier, bis hin zum Begründer der surrealistischen Bewegung, André Breton, der in Arnim einen der Vorläufer des Surrealismus sah. Die Wirkung der Aktivitäten und Schriften Bettina von Arnims im Hinblick auf einige der osteuropäischen Länder und Russland mögen von noch größerer Bedeutung sein. Denn mit ihrer sogenannten "Polenbroschüre", die über ein Jahrhundert von ihren Erben geheimgehalten worden und bis heute fast unbekannt geblieben ist, hat sie einen Grundstein gelegt für die deutsch-polnische Verständigung. Darin stehen die Sätze: "Werden wir's erleben, daß Brüder-Nationen die Sünden einander vergeben, die ihnen eingeimpft waren? - Werden sie Festigkeit gewinnen und Vertrauen zueinander, das nicht wie leichte Spreu im Winde verfliegt?" Mit Ungarn verbindet sie ihre hinreißende Huldigung an den ungarischen Freiheitskämpfer und Dichter Alexander Petöfi, ihre Ode "Petöfi, dem Sonnengott", und auf die neuere Literatur in Russland hat sie eine große Wirkung ausgeübt, insbesondere auf die bedeutendsten russischen Lyrikerinnen, Anna Achmatowa und Marina Zwetajewa. Aber sogar bis in die USA erstreckten sich die Beziehungen der Bettina von Arnim, denn führende Mitglieder der amerikanischen Transzendentalisten, Ralph Waldo Emerson und Margaret Fuller, gehörten zu ihren Bewunderern und korrespondierten mit ihr. Und es gibt keinen Autor des 19.Jahrhunderts, der mit gleicher Entschiedenheit für die bedingungslose Emanzipation der Juden in Deutschland eingetreten wäre als Bettina von Arnim in ihrem letzten Buch, "Gespräche mit Dämonen".

Zweifellos bei weitem nicht von gleichem literarischen Rang wie das der Werke des Dichterpaars, hat aber vielleicht das Erinnerungsbuch der Clara von Arnim "Der grüne Baum des Lebens" eine noch größerer Breitenwirkung erzielt in Hinblick auf Schloss Wiepersdorf. Es hat zahlreiche Leser dazu verlockt, das Gut Zernikow, den Ort der Kindheits- und Jugendjahre des Dichters Ludwig Achim von Arnim, und Wiepersdorf, seinen späteren Wohnsitz und den seiner Ehefrau Bettina, geb. Brentano, aufzusuchen und das dort von Clara von Arnim in Erinnerung an das Dichterpaar eingerichtete Museum in einem Seitenflügel des Schlosses zu besichtigen.

Wir rufen die deutsche Öffentlichkeit, insbesondere die an der deutschen Romantik und speziell an den Werken des Ludwig Achim und der Bettina von Arnim Interessierten, aber nicht zuletzt auch die Leserinnen und Leser von Clara von Arnims "Der grüne Baum des Lebens" dazu auf, mit aller Energie auf die Entscheidungsträger in der Politik einzuwirken, damit sie die vor Jahren in Bezug auf die kulturelle Wiedervereinigung Deutschlands eingegangenen Verpflichtungen einhalten, d.h. eine Liquidation von Schloss Wiepersdorf verhindern und die Mittel für den Erhalt von Schloss Wiepersdorf als internationaler kultureller Begegnungsstätte bereitstellen.

Im Namen der Clara von Arnim, Mitglied der "Bettina-von-Arnim-Gesellschaft" und Ehrenvorsitzende des "Freundeskreises Schloss Wiepersdorf – Erinnerungsstätte Achim und Bettina von Arnim" und der "Internationalen Arnim-Gesellschaft":
Die Söhne Peter-Anton von Arnim und Dr. Wolf-Herman von Arnim
für den "Freundeskreis Schloss Wiepersdorf – Erinnerungsstätte Achim und Bettina von Arnim":
für die Bettina-von-Arnim-Gesellschaft
für die "Internationale Arnim-Gesellschaft"

1.8.1 Aus der Laudatio des Thüringer Ministerpräsidenten Dr. Bernhard Vogel anlässlich der Maecenas-Ehrung für Clara von Arnim

Montag, 8. November 1999, 10.00 Uhr, Akademie der Künste, Berlin

Bettine von Arnim, der Schwester von Clemens Brentano, die ihre frühromantischen Ideen "einer spontanen, phantasievollen, manchmal provokativen Jugendlichkeit in die Zeit der Restauration und des Vormärz hinüber rettete und dabei ohne Bedenken politisch brisante Themen aufgriff und publizistisch wirksam vertrat" (Kindlers Literaturlexikon), verweigerte die Berliner Gesellschaft die Akzeptanz. Sie galt politisch als "enfant terrible", das durch ihr geistreiches Auftreten durchaus zu beeindrucken wusste. Man schmückte sich gerne mit ihrer Anwesenheit in den Literatursalons, aber nahm sie ansonsten nicht allzu ernst, zumal sie sich in der gescheiterten Revolution von 1848/49 auch noch leidenschaftlich für die nationale Sache der Polen eingesetzt hatte. Das war im wilhelminischen Preußen mehr als nur ein Faux-Pas.

Eine Anklageschrift, in der Bettine von Amim von preußischen Truppen an Polen begangene Verbrechen schilderte, konnte nicht mehr unter ihrem eigenen Namen erscheinen. Es dauerte bis 1954, dass der Ostberliner Hentschel-Verlag sich an eine neue Edition wagte, in der Bettine von Amim als die wahre Verfasserin der "Polen-Broschüre" genannt wurde.

1.8.2 Ausschnitt aus einem Brief von Peter Anton von Arnim an den Ministerpräsidenten des Landes Thüringen, Dr. Bernhard Vogel

Es gibt eine Aufgabe, welche nicht nur für das Land Brandenburg, ja nicht nur ausschließlich für die neuen Bundesländer, sondern für die ganze Bundesrepublik von Wichtigkeit ist: die Pflege und der Ausbau gutnachbarlicher Beziehungen zu Polen. Die Aufarbeitung der Geschichte kann dabei behilflich sein, wenn man sich daran erinnert, dass sie nicht nur negative Aspekte hatte. Ich glaube, es war Altbundeskanzler Kohl, der das Stichwort vom "Weimarer Dreieck" Frankreich-Deutschland-Polen geprägt hat. Welche Persönlichkeit der deutschen Geschichte hätte jedoch in ihrem Wirken diesem Stichwort eine größere Symbolkraft verliehen als Bettina von Arnim? Denn für die bedrängten und verfolgten Polen, die im Jahre 1848 für die Einheit und Unabhängigkeit ihres Landes kämpften, setzte sich Bettina von Arnim ein in steter Verbindung zu ihren französischen Freunden, namentlich zu ihrer französischen Übersetzerin Hortense Cornu und zum französischen Botschafter in Berlin, Emmanuel Arago.

Ich möchte hiermit anregen, dass man ein französisch-polnisch-deutsches Kolloquium von prominenten Historikern und eventuell auch Schriftstellern zu den polnischen Aspekten der Revolution von 1848 organisieren möge, welchem man eine größere, nämlich internationale Bedeutung verleihen sollte, indem man dafür die Schirmherrschaft hochgestellter politischer Persönlichkeiten gewinnt, denen an der Fortentwicklung des "Weimarer Dreiecks" besonders gelegen ist. Ich habe während der Mäcenas-Ehrung für meine Mutter auch Bundespräsident Rau (allerdings nur kurz so im Vorübergehen) auf dieses Thema angesprochen, und er zeigte sich sehr interessiert. Aber ohne eine konkrete schriftliche Eingabe kann er einen solchen Vorschlag natürlich nicht weiterverfolgen. Letztendlich mag ja das Auswärtige Amt für die Sache zuständig sein. Wichtig ist mir zunächst nur, den Stein ins Rollen zu bringen, und das ist der Grund, weshalb ich gerade Sie darauf anspreche, der Sie anläßlich der Maecenas-

Ehrung in Ihrer Laudatio für meine Mutter Ihr besonderes Interesse am Werk Bettina von Arnims öffentlich bekundet haben.

Denn bei einem solchen Kolloquium zum Dreiecksverhältnis Frankreich-Deutschland-Polen in der Zeit des Vormärz sollte naturgemäß Bettina von Arnim und ihre dem deutschen Publikum bisher fast völlig unbekannt gebliebene Polenbroschüre im Mittelpunkt der Diskussion stehen. Aber auch die polnischen Beziehungen von Persönlichkeiten wie Alexander von Humboldt oder Georg Herwegh oder anderer deutscher Demokraten verdienten es, eingehend dargestellt zu werden, wobei man allerdings keine geschichtliche Schönfärberei betreiben und nicht unterschlagen sollte, dass all die genannten Personen sich in einer Minderheitenposition befanden und mit heftigem Gegenwind zu rechnen hatten. Deswegen konnte Bettina von Arnim selbst zum Beispiel ihre Polenbroschüre, als sie diese in der Zeit der erstarkten Reaktion, im Jahre 1849, zum Druck befördern wollte, nur anonym bzw. unter dem Pseudonym ihrer französichen Übersetzerin Hortense Cornu erscheinen lassen. Als prominente Vertreter der aufständischen Polen müssten hier an erster Stelle natürlich Mieroslawski und Bettinas Freundin Julia Woykowska genannt werden, bei den Franzosen fallen mir hierzu als deren Sympathisanten die erwähnte Hortense Cornu und Emmanuel Arago ein, aber der Liste der in diesem Zusammenhang zu nennenden Personen ist ja keine Grenze gesetzt. Ich stelle mir vor, - und gebe unter anderem auch deshalb diese Anregung -, daß neben dem Hauptzweck dieses Kolloquiums, die deutsch-polnischen Kulturbeziehungen zu fördern, zugleich erreicht werden könnte, dass man für eine reich kommentierte Neuausgabe der Polenbroschüre öffentliche Unterstützung gewinnt, denn gerade an dieser über ein Jahrhundert fast unbekannt gebliebenen Schrift lässt sich mit besonderer Deutlichkeit zeigen, was im deutsch-polnischen Verhältnis an geschichtlichen Fakten aufgearbeitet werden muss.

Unabdingbar für ein Gelingen eines solchen Kolloquiums halte ich es, dass daran Frau Dr. Ursula Püschel[12] beteiligt wird, die im Jahre 1954, also fast hundert Jahre nach dem Tod der Bettina, die Polenbroschüre zum ersten Mal unter Angabe des wahren Verfassernamens, nämlich eben der Bettina von Arnim, herausgebracht hat. Sie hat dann in jahrzehntelanger Kleinarbeit aus den verschiedensten Archiven den Briefwechsel zwischen Bettina von Arnim und Friedrich Wilhelm IV. zusammengetragen und, versehen mit einem reichen Kommentar, veröffentlicht. In diesem Briefwechsel nehmen die Polenfrage und Bettinas Versuch, die zum Tode verurteilten Polen vor der Hinrichtung zu retten, einen zentralen Platz ein. Auf deutscher Seite haben wir also in Frau Dr. Püschel eine Expertin, die sich wie kein(e) andere(r) in der Materie auskennt.

Vgl. hierzu:

„Die Welt umwälzen – denn darauf läufts hinaus". Der Briefwechsel zwischen Bettina von Arnim und Friedrich Wilhelm IV. Herausgegeben und kommentiert von Ursula Püschel. Bielefeld, Aisthesis Verlag 2001.
Dazu die Besprechung in: „Blühende Landschaften. Romantik in Brandenburg. Ein Lesebuch." Herausgegeben von Petra Kabus, Andreas Keller, Knut Kiesant. Be.Bra Verlag 2002. S. 188 ff. im Aufsatz von Peter-Anton von Arnim: „Erziehung eines Herrschers. Bettina und der König."

Ferner:
Ursula Püschel: „Bettine, politisch – Beispiel Polen. Mit zwei Briefen Luwik Mieroslawskis."

---

[12] Ursula Püschel (* 1. Juni 1930 in Töpchin) ist eine deutsche Literaturwissenschaftlerin, Journalistin und Schriftstellerin. Ein Schwerpunkt ihrer Arbeit ist das Werk der Schriftstellerin Bettina von Arnim, eine Vertreterin der Vormärz-Literatur. Püschel lebt heute bei Berlin.

In: „Die echte Politik muss erfinderisch sein. Beiträge eines Wiepersdorfer Kolloquiums zu Bettina von Arnim." Mit einem Vorwort von Wolfgang Frühwald. Herausgegeben von Hartwig Schultz. St. Albin Verlag, Berlin 1999

1.8.3 Der Nachlaß des Dichterpaares Achim und Bettina von Arnim[13]

Zur Maecenas-Ehrung[14]von Clara von Arnim – von Peter Anton von Arnim

In: Kulturberichte Arbeitskreis selbstständiger Kulturinstitute, e. V. (AsKI) 2/1999

Der Nachlass des Dichterpaars Achim und Bettina von Arnim war in den Händen ihrer Nachkommen einem wechselhaften Schicksal unterworfen, ja man kann sagen, es gab unter ihnen in Bezug darauf zwei völlig gegensätzliche Verhaltensweisen. Um zu verdeutlichen, welcher der beiden Familientraditionen die zu ehrende Clara von Arnim sich verpflichtet weiß, soll hier kurz die Geschichte des Umgangs der Arnimschen Erben mit dem Dichternachlass skizziert werden. Diese Geschichte gibt auch insoweit Stoff zum Nachdenken, als sich in ihr auf eigentümliche Weise gewisse Aspekte der politischen, der Kultur- und Wirtschaftsgeschichte Deutschlands widerspiegeln.

Achim von Arnim (1848-1891)
Bettine von Arnim, Pastell
Museum Schloß Wiepersdorf

Die Geschichte beginnt naturgemäß mit dem Nachlass Achim von Arnims. Neben Heinrich Heine gehörte seine Frau Bettina zu den wenigen unter Arnims Zeitgenossen, die seine Werke in ihrer vollen Bedeutung zu würdigen gewusst haben. So hat sie sich denn auch nach seinem Tode um eine vollständige Edition derselben bemüht. Zusammen mit Wilhelm Grimm hat sie eine erste Gesamtausgabe der Werke Achim von Arnims begonnen. Die Ausgabe blieb jedoch ein Torso, denn nach Bettinas Tod wurde sie von der nächsten Generation nicht mehr fortgeführt. Den Lesern des wilhelminischen Deutschland ebenso wie den Mitgliedern der Arnimschen Familie selbst fehlte das Verständnis für einen solch eigenwilligen Autor. Erst unserer Tage, also über anderthalb Jahrhunderte nach dem Tode Arnims, haben Literaturwissenschaftler nicht nur aus Deutschland, sondern aus aller Welt neue Anstrengungen unternommen, um eine erste historisch-kritische Gesamtausgabe der Werke dieses einst von Heine, dem Autor des Buchs über die Romantische Schule in Deutschland, und später von André Breton, dem Haupt der französischen Surrealisten, so hoch geschätzten Schriftstellers zu unternehmen. Welche

---

13 Aufsatz anläßlich der Maecenas-Ehrung von Clara von Arnim am 8. November 1999 in der Akademie der Künste, Berlin. Veröffentlicht auf der Internet-Seite des Arbeitskreises selbständiger Kultur-Institute e. V. www.maecenas.de/kb299arnim.htm Aus der Tradition privater Initiative und Förderung heraus, die Geschichte und Fortbestehen seiner 31 Mitgliedsinstitute prägt, hat der Arbeitskreis selbständiger Kultur-Institute e.V. - ASKI zur Würdigung und Anerkennung mäzenatischen Handelns in der Gegenwart eine Maecenas-Ehrung begründet, die alle zwei Jahre an Persönlichkeiten vergeben wird, die sich um die Förderung von Kunst und Kultur verdient gemacht haben. Die Auswahl trifft eine unabhängige Jury. Damit will der AsKI der Bedeutung privater Kulturförderung Rechnung tragen, ihr Wirken der Öffentlichkeit vermitteln und neues Mäzenatentum anregen. Die Maecenas-Ehrung ist verbunden mit der Überreichung eines Kunstwerkes oder einer entsprechenden Ehrengabe.

14 Die **Maecenas-Ehrung** ist eine vom Arbeitskreis selbständiger Kultur-Institute e.V. (AsKI) seit 1989 verliehene Auszeichnung. Geehrt werden alle zwei Jahre, ab 2010 im jährlichen Turnus, Persönlichkeiten, die sich durch ihr Handeln in besonderer Weise um Kunst und Kultur in Deutschland verdient gemacht haben. Die Auswahl trifft eine unabhängige Jury. 1999 waren Preisträger Clara Freifrau von Arnim und Wolf-Dietrich Speck von Sternburg.

Rolle hierbei die Preisträgerin Clara von Arnim gespielt hat, wird noch darzustellen sein. Vieles von dem hier Gesagten lässt sich übrigens in ihren Memoiren, die unter dem Titel „Der grüne Baum des Lebens" erschienen sind, im Einzelnen nachlesen.

Schlimmer noch als dem Nachlass Arnims erging es demjenigen der Bettina selbst. In der Erkenntnis, dass ihre schriftstellerische Tätigkeit von der Familie missbilligt wurde, versuchte sie schon zu Lebzeiten so viel als möglich von ihren Schriften für eine spätere Publikation dadurch zu retten, dass sie Teile davon an ihren Freund Karl August Varnhagen von Ense verschenkte. Und so notierte dieser in seinem Tagebuch: „Bettine will mir noch immer Pakete schicken; wenn sie erst tot sei, sagt sie, werden ihre Papiere ganz verwahrlost, zerstört, verschleudert, mißachtet werden. Darin mag sie recht haben." In der Tat hat dann Bettinas zweiter Sohn Siegmund dafür gesorgt, dass bis zu seinem Tode - er starb 1890 - der Forschung jeglicher Einblick in den Wiepersdorf verwahrten Nachlass der Bettine verwehrt wurde, unter anderem auch der Frauenrechtlerin Alice Salomon, die ihre Doktorarbeit über Bettina von Arnim schreiben wollte.

Peter Eduard Ströhling
Öl auf Leinwand
Freies Deutsches Hochstift/
Frankfurter Goethe-Museum

Achim von Arnim,

Aber es kam noch schlimmer. Der Schwiegersohn Bettinas, Hermann Grimm - Sohn eines der Begründer der Germanistik, Wilhelm Grimm, und selbst renommierter Goethe-Forscher - empfahl nämlich der Arnimschen Familie als Sachwalter für den schriftlichen Nachlass des Dichterpaares einen seiner Schüler, Dr. Reinhold Steig[15], der jene Strömung unter den akademischen Kreisen in Deutschland repräsentierte, für welche die Zeit der Weimarer Republik nur eine unangenehme Unterbrechung darstellte beim Übergang vom Wilhelminischen zum Dritten Reich. Allerdings hat Steig Letzteres nicht mehr erlebt, denn er starb schon 1918; er war jedoch ein fanatischer Alldeutscher und rabiater Antisemit. Inwieweit Steig sich als Herausgeber der Schriften Achim von Arnims an denselben versündigt hat, soll hier nicht näher erörtert werden, für die germanistische Fachwelt ist dies bis heute ein ständiges Ärgernis geblieben. Zur Kennzeichnung seiner ideologisch motivierten Unredlichkeit sei hier nur beispielhaft dargestellt, wie er mit einer wichtigen Schrift der Bettina umgegangen ist, weil dies von eminent historischer und damit auch aktueller Bedeutung ist:

Während der Revolution von 1848 hatte sich Bettina von Arnim mit Leidenschaft für die nationale Sache der Polen eingesetzt und sich in ihrer Korrespondenz mit dem Preußenkönig Friedrich Wilhelm IV. darum bemüht, die Freilassung von Mieroslawski[16] und anderen zum Tode verurteilten polnischen Freiheitskämpfern zu erwirken. Zur Verteidigung der aufständischen Polen gegen die in Deutschland über sie in Umlauf gebrachten Verleumdungen und als Anklageschrift gegen die von den preußischen Truppen an den Polen begangenen Verbrechen verfasste Bettina von Arnim ein flammendes Plädoyer, das inzwischen unter dem Namen „Polenbroschüre" bekannt geworden ist. Da zum Zeitpunkt der Drucklegung im Jahre 1849 bereits die Konterrevolution die Oberhand gewonnen hatte, konnte sie es nicht wagen, die Broschüre noch unter ihrem eigenen Namen zu veröffentlichen. So gab sie ihr den Untertitel „Stimmen aus Paris" und versah sie, als Autorenangabe, mit dem Namen Séb. Albin, d.h. dem Pseudonym ihrer französischen Übersetzerin Hortense Cornu, wobei sie, um die Zensur vollends an der Nase herumzuführen, hinzusetzte: „Der Frau Bettina von Arnim gewidmet."

---

[15] Reinhold Albert Steig (* 1. Dezember 1857 in Woldenberg; † 11. März 1918 in Friedenau). Von Herman Grimm wurde er als Sachverwalter des schriftlichen Nachlass von Bettina und Achim von Arnim der Arnimschen Familie vorgeschlagen, verstarb jedoch schon 1918 und konnte diese Aufgabe nicht antreten.
[16] Ludwig Mieroslawski *17.1.1814 †22.11.1878; 1830/31 Teilnahme am Novemberaufstand, Emigration nach Frankreich; 1845 zum Ober-befehlshaber der nationalen Erhebung in Polen ernannt; 1847 im „Polenprozeß" in Berlin zum Tode verurteilt 1848 Freilassung und militärische Führung des polnischen Freikorps 1849 Befehlshaber über badische und pfälzische Revolutionstruppen, erneut in französisches Exil 1863 Führer des Januaraufstandes 1864 Vorsitzender der Polnischen Demokratischen Gesellschaft, 1870 im Amt abgelöst.

Reinhold Steig war die wahre Verfasserschaft dieser Broschüre bekannt. Im Nachlass von Varnhagen befand sich davon ein Exemplar, worin er Bettina von Arnim als Autorin eingetragen hatte, und die Manuskripte dazu von Bettinas eigener Hand lagen ihm vor. Aber Steig dekretierte wider besseres Wissen: „Der Stil der Broschüre ist bettinafremd", und dieses Urteil galt für die Fachwelt bis 1954, d.h. bis zu dem Jahr, als Ursula Püschel im Ostberliner Henschel-Verlag die Polenbroschüre zum ersten Mal unter Nennung Bettina von Arnims als der wahren Verfasserin neu herausgab. Es wäre zu wünschen, dass im Hinblick auf das neugewonnene freundschaftliche Verhältnis Deutschlands zu Polen und im Rahmen des so genannten Weimarer Dreiecks Frankreich-Deutschland-Polen eine reich kommentierte Neuausgabe von Bettina von Arnims Polenbroschüre erscheinen könnte, denn sie ist bis heute einem breiteren Publikum nahezu unbekannt geblieben.

Brief an Johann Wolfgang von Goethe, 1. Seite
Handschrift von Bettina von Arnim, 1807
Stiftung Weimarer Klassik/Goethe- und Schiller-Archiv

An dieser Stelle muss noch ein Vorgang erwähnt werden, durch welchen dem Nachlass Achim und Bettina von Arnims ein weiterer bedeutsamer Schaden zugefügt worden ist. Die Rede ist von der den Literaturwissenschaftlern leidvoll bekannten Henricischen Versteigerung von 1929. Dabei waren diesmal aber nicht politisch-ideologische, sondern wirtschaftliche Gründe ausschlaggebend gewesen.

Einer der Enkel des Dichterpaares hatte sich Ende der zwanziger Jahre, zu Zeiten der Weltwirtschaftskrise, mit seinem Gut so hoch verschuldet, dass ihm ein Bankrott ins Haus stand. Seine Brüder hatten jedoch für ihn gebürgt, weshalb sie gemeinsam versuchen mussten, den Bankrott abzuwenden. Sie verfielen auf den Gedanken, den in Wiepersdorf verwahrten literarischen Nachlass des Dichterpaares zu veräußern. So kam es zu jener berühmt-berüchtigten Versteigerung durch das Berliner Auktionshaus Karl Ernst Henrici im Jahre 1929, die sich übrigens für die Arnimsche Familie als ein finanzieller Fehlschlag erwies, denn im Verlauf derselben ging das Auktionshaus bankrott.

Der Originalbriefwechsel zwischen Bettina Brentano und Goethe befindet sich heute größtenteils im Ausland, nämlich in der Pierpont Morgan Library in New York. Ein Teil der übrigen Manuskripte geriet in Privathand, wobei manches davon durch Kriegseinwirkungen später unrettbar verloren ging. So verbrannten zum Beispiel das Manuskript zu Arnims „Kronenwächtern" und die Originalbriefe zu „Clemens Brentano's Frühlingskranz". Ein anderer, bedeutsamer Teil der Auktionsmasse wurde durch Professor Ernst Beutler[17] für das Freie Deutsche Hochstift in Frankfurt angekauft und wurde über den Krieg hinweg dadurch gerettet, dass Professor Beutler den Mut besaß, die Schätze des Hochstifts in brand- und bombensicheren Tresoren verwahren zu lassen. Damit stand er gleichsam mit einem Bein im Gefängnis, denn ihm drohte die Gefahr, dass ihm dies von den Nazis als Zweifel am Endsieg ausgelegt würde.

---

[17] Ernst Beutler (* 12. April 1885 in Reichenbach; † 8. November 1960 in Frankfurt am Main) war ein deutscher Literaturhistoriker und Goethe-Forscher.

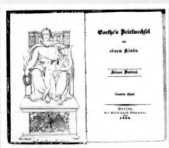

Bettina von Arnim, Goethe's Briefwechsel mit einem Kinde
Zweiter Theil, 1835, Titeldruck
Stiftung Weimarer Klassik /
Herzogin Anna Amalia Bibliothek

Ein nicht unbeträchtlicher Teil der Manuskripte blieb jedoch unverkauft und wanderte zurück nach Wiepersdorf. Dort verblieb vor allem aber auch die wertvolle Bibliothek, die der Dichter Achim von Arnim gesammelt hatte, mit ihren kostbaren Erstdrucken aus dem 16., 17. und 18. Jahrhundert. Sie ist nicht allein in materieller Hinsicht wertvoll aufgrund des Alters der Bücher, sondern sie hat besonders für die Arnim-Forschung einen unschätzbaren ideellen Wert, weil sie für diese eine Fundgrube darstellt für das Quellenmaterial, das Arnim in seinen Romanen und Erzählungen verarbeitet hat.

Die Generation der Urenkel entwickelte glücklicherweise ein neues Verständnis für den literarischen Nachlass ihrer Vorfahren und trug damit dazu bei, diesen, soweit noch in Familienbesitz, weitgehend unversehrt durch die Zeit der Naziherrschaft, des Krieges und der Nachkriegswirren zu retten und in der Öffentlichkeit ein neues Interesse daran zu wecken. Zu nennen ist hier der Erbe der Güter Zernikow und Wiepersdorf, Friedmund von Arnim, der Ehemann Clara von Arnims, und seine Schwester, die Malerin Bettina Encke von Arnim, sowie sein Schwager und Freund, Walther Encke, und sein Vetter Oskar von Arnim.

Oskar von Arnim hatten die Nazis wegen politischer Aktivitäten für vier Jahre im Zuchthaus Brandenburg inhaftiert. Seine Frau Hedy, die mit ihm verurteilt worden war, überlebte ihre Strafe nicht, sie starb kurz vor der Befreiung im KZ Ravensbrück. Nach dem Kriege wurde Oskar von Arnim Mitbegründer und aktives Mitglied der Gesellschaft für Deutsch-Polnische Freundschaft. Er war es auch, der die Schriftstellerin Ingeborg Drewitz dazu veranlasst hat, die erste umfassende, noch heute weit verbreitete Bettina-Biographie zu schreiben, wobei er sie mit umfangreichen Informationen und Material versorgt hat.

Friedmund von Arnim, als Verantwortlicher für eine große Familie und die tief verschuldeten Gutsbetriebe von Zernikow und Wiepersdorf, und seine Frau Clara, als Verantwortliche für einen großen Gutshaushalt und Mutter von sechs Kindern, konnten sich damals nicht unmittelbar um die Pflege des literarischen Nachlasses kümmern. Viel war damals ohnehin nicht zu erreichen, da ja die offizielle Germanistik total von den Nazis beherrscht wurde. Friedmund von Arnim sorgte jedoch dafür, dass sein Schwager Walther Encke, der wegen seines Widerstands gegen den Staatsstreich von Papens in Preußen am 20. Juli 1932 seinen Posten als Polizeimajor in Berlin verloren hatte und nach der Machtergreifung der Nazis wegen seiner antinazistischen Einstellung gefährdet und deshalb arbeitslos geworden war, immerhin eine erste Bestandsaufnahme des Nachlasses vornahm. In Schloss Wiepersdorf, wo Friedmunds Mutter Agnes von Arnim wohnte, fand unter anderem den den Nazis als „entarteter Künstler" verfemte Maler Fritz Kuhr und der als „Halbjude" eingestufte Germanist Werner Milch ein Refugium. Werner Milch konnte dort die Arbeit an seinem Buch „Die junge Bettine" beginnen, das nach seinem Tod von Peter Küpper vollendet worden ist.

Mit einer Handlungsweise, die mit dem literarischen Nachlass nicht unmittelbar etwas zu tun hatte, aber ganz dem Denken ihrer Urgroßmuter Bettina entsprach, trugen Friedmund von Arnim und seine Schwester Bettina Encke, ohne es zu ahnen, dazu bei, dass nach dem Kriege Schloss Wiepersdorf und die darin enthaltenen Schätze vor völliger Zerstörung und Vernichtung bewahrt werden konnten: Sie gewährten bei sich jemandem Unterschlupf, der in den Augen der Nazis in seiner Person die größten aller denkbaren Übel vereinigte, nämlich Kommunist und Jude zugleich zu sein. Es handelte sich um einen Freund Walther Enckes, den ehemaligen Reichstagsabgeordneten der KPD, Dr. Iwan Katz, den Friedmund von Arnim zunächst auf seinen Gütern, dann, während des Krieges, seine Schwester Bettina Encke in ihrer Wohnung in Berlin versteckt hielt.

Iwan Katz hat so die Naziherrschaft überlebt und kam nach Kriegsende an einflussreiche Stelle, er wurde Mitglied des Berliner Magistrats. Als 1945 die Gefahr drohte, dass im Zuge der Bodenreform Siedler in Schloss Wiepersdorf einziehen sollten und dieses, wie das dann mit so manch anderen Schlössern des Ostens geschah, der Verwahrlosung aussetzen und raffgierige Zeitgenossen dasselbe völlig ausplündern würden, gelang es Bettina Encke mit der Unterstützung von Iwan Katz, Mitglieder der damaligen „Abteilung Kunst und Literatur" in der „Deutschen Zentralverwaltung für Volksbildung" in Berlin für den Gedanken zu gewinnen, in dem ehemaligen Arnimschen Familienbesitz ein Dichterheim einzurichten.

Am 16.Juli 1946 wurde eine Dichterstiftung gegründet, die nach §2 ihrer Satzung Schloss Wiepersdorf dazu bestimmte „Dichtern und Schriftstellern, deren künstlerische Leistung eine Förderung verdient, auf vorübergehende Zeit eine Stätte zu ungestörter und sorgenfreier Arbeit zu bieten." Allerdings wurden das Schloss und die Arnimsche Bibliothek erst im Oktober 1948 unter Denkmalschutz gestellt, so dass bis dahin weitere wertvolle Stücke durch Plünderung verloren gingen. 1951 wurden die Bestände der Arnimschen Bibliothek und der handschriftliche Nachlass des Dichterpaares, soweit in Wiepersdorf noch vorhanden, dem „Bettina von Arnim-Archiv" in Berlin eingegliedert, später dann nach Weimar verbracht, wo sie sich nunmehr als Teil der Herzogin Anna Amalia Bibliothek unter der Obhut der Stiftung Weimarer Klassik befinden.

Friedmund von Arnim, der letzte Besitzer von Wiepersdorf, war, ohne an den Kriegshandlungen teilgenommen zu haben, am 10. Mai 1945, also zwei Tage nach der Kapitulation des Deutschen Reiches und das heißt noch nach Ende des Krieges, als Kriegsgefangener nach Russland verschleppt worden, wo er am 13. Januar 1946 an Hunger und Entkräftung starb. Seine Frau, Clara von Arnim, befand sich zu der Zeit, als die Entscheidung über die Zukunft von Wiepersdorf fiel, mit ihren Kindern auf der Flucht in den Westen. Von der Familie waren damals an Ort und Stelle also nur seine Mutter Agnes von Arnim und seine Schwestern, darunter Bettina Encke.

Welchen Gefahren sich Letztere allerdings in jenen Tagen mit ihrem mutigen Einsatz für die Rettung von Schloss Wiepersdorf als Kulturstätte aussetzte, wird daraus ersichtlich, dass sie am 12.7.1946 verhaftet und für ein paar Wochen ins GPU-Gefängnis nach Luckenwalde verbracht wurde, weil Siedler, die gern in Schloss Wiepersdorf eingezogen wären, sie als „Saboteurin der Siedlung" denunziert und sie beschuldigt hatten, „Junkerland" wieder in „Junkerhand" bringen zu wollen. Den gemeinsamen Bemühungen von Dr. Iwan Katz und dem Vater Clara von Arnims, Dr. Walter von Hagens, der damals auch Mitglied des Berliner Magistrats war, gelang es jedoch, sie wieder freizubekommen. Allerdings wurde sie trotz des Zeugnisses von Iwan Katz, eine aktive Antifaschistin gewesen zu sein, im Jahre 1947 mit ihrer Mutter und ihren Schwestern aus Wiepersdorf ausgewiesen.

1951 hat man in Wiepersdorf für Anna Seghers ein ständiges Zimmer eingerichtet, und viele weitere bedeutende Schriftsteller und Künstler der DDR, so Arnold Zweig, Bodo Uhse, Sigrid Damm, Ulrich Plenzdorf, Kurt Masur, Ernst Busch, Frank Beyer, Eva-Maria Hagen, um nur ein paar Namen in willkürlicher Auswahl zu nennen, haben in Wiepersdorf für einige Wochen oder Monate Erholung und Ruhe für ihre Arbeit gefunden. In Wiepersdorf selbst oder aufgrund der dort empfangenen Anregungen sind so bedeutsame Werke entstanden wie der inzwischen berühmt gewordene Wiepersdorf-Gedichtzyklus von Sarah Kirsch (1973), die Romantik-Essays von Christa und Gerhard Wolf (1985) oder der Fernsehfilm „Bettina von Arnim" von Walter Stranka (1972). Aufgrund eines Appells der Gäste des Hauses an den damaligen Minister für Kultur, Johannes R. Becher, wurden 1957 die ersten Renovierungsarbeiten am Schloss begonnen, denen noch weitere folgen sollten. Zusammenfassend kann man also sagen, dass es letztendlich der selbstlosen Initiative der Schwägerin Clara von Arnims, der Malerin Bettina Encke von Arnim zu verdanken ist, dass Schloss und Park in Wiepersdorf in DDR-Zeiten erhalten und gepflegt wurden.

Das Ende der DDR eröffnete für die Zukunft von Schloss Wiepersdorf ebenso viele neue Chancen wie Gefahren. Glücksritter und Spekulanten aus dem Westen traten wie vielerorts in der ehemaligen DDR in Wiepersdorf auf den Plan mit dem Versprechen, dort sprudelnde Geldquellen zu erschließen, wenn man das Schloss in ein Hotel und den Park in einen Golfplatz verwandeln würde. Die wildesten Gerüchte liefen um. Dieses Alarmsignal veranlasste Clara von Arnim, nunmehr in gleicher Weise tätig zu werden, wie das ihre Schwägerin Bettina Encke 1945 getan hatte. Als der „Kulturfonds" der DDR 1990 laut Einigungsvertrag in die „Stiftung Kulturfonds"[18] der neuen Länder überführt und diesem die Trägerschaft von Schloss Wiepersdorf übertragen worden war, gewann sie Ministerpräsident Manfred Stolpe für den Gedanken, sich als Vertreter des Landes Brandenburg für eine Nutzung von Schloss Wiepersdorf als Stipendiatenheim, oder, wie sie selbst es nennt, als eine Art „Villa Massimo im märkischen Sand", einzusetzen. Im September 1991 wurde vom Stiftungsrat der Stiftung Kulturfonds erfreulicherweise ein entsprechender Beschluss gefasst. Nun können Künstler aller Genres über mehrere Monate dort arbeiten und in Lesungen, Werkstattgesprächen und Offenen Tagen die Ergebnisse ihrer Arbeit präsentieren. Das heute als Künstlerhaus bekannte Schloss Wiepersdorf wirkt mit seinen vielfältigen Veranstaltungen als kultureller Anziehungspunkt für die ganze Umgegend bis nach Berlin.

Aber noch ein weiterer Gedanke war es, der Clara von Arnim bewegte. Sie wünschte sich, dass wie zu den Zeiten, als noch ihre Schwiegermutter Agnes von Arnim dort wohnte und sie sich oft selbst dort aufhielt - im Gegensatz zu den DDR-Zeiten, wo der Zugang nur den erwählten Gästen vorbehalten war -, Schloss und Park von Wiepersdorf für literarisch interessierte Besucher wieder frei zugänglich sein sollten. Schließlich war ja Wiepersdorf einst die Wohnstätte zunächst von Achim und dann von Bettina von Arnim gewesen, die sich beide nicht für eine privilegierte Minderheit, sondern für das breite Volk engagierten. Um die Erinnerung an diese beiden Romantiker in der deutschen Öffentlichkeit wachzuhalten, gründete sie zusammen mit Professor Hartwig Schultz vom Freien Deutschen Hochstift in Frankfurt 1991 den „Freundeskreis Schloß Wiepersdorf - Gedenkstätte Achim und Bettina von Arnim". Mit dessen Hilfe und mit der Unterstützung des Freien Deutschen Hochstifts und der Stiftung Kulturfonds konnte sie in einem Flügel des Schlosses ein Museum einrichten, in welchem das Leben und die schriftstellerische Tätigkeit des Dichterpaares auf anschauliche Weise dokumentiert wird. Das Museum hat seit seiner Eröffnung im Jahre 1992 viele Tausende von Literaturliebhabern nach Wiepersdorf gelockt. Naturgemäß wurde es vornehmlich mit Gegenständen eingerichtet, die sich früher im Arnimschen Familienbesitz befunden hatten. Der Gedanke, diese Bilder, Möbel, Schriftstücke per Gesetz zurückzufordern, wäre Clara von Arnim als Absurdität erschienen.

Ähnliche Beweggründe ließen sie auch auf eine Rückforderung der Arnimschen Bibliothek und der Handschriften Achim und Bettina von Arnims verzichten, die sich jetzt in der Obhut der Stiftung Weimarer Klassik befinden. Schon ein Jahrzehnt vor der Wende hatte sie begonnen, mit Literaturwissenschaftlern aus Ost und West (vor allem aus den USA) zusammenzuarbeiten, die

18 Die Stiftung Kulturfonds der neuen Bundesländer wurde nach der deutschen Wiedervereinigung 1990 als Nachfolgerin des ehemaligen Kulturfonds der DDR gegründet und im März 2006 aufgelöst. Es handelte sich um eine von den Ländern des Beitrittsgebiets getragene Stiftung öffentlichen Rechts mit dem Zweck, das kulturelle Leben in den Beitrittsländern sowie Berlin abzusichern. Die Förderarbeit der Stiftung bestand u. a. in Aufenthaltsstipendien für die Künstlerhäuser Lukas in Ahrenshoop und Schloss Wiepersdorf. 1998 kündigte der Freistaat Sachsen einseitig den bei Gründung der Stiftung Kulturfonds geschlossenen Staatsvertrag unter Mitnahme Anteils am Stiftungsvermögen. Zum Ende des Jahres 2004 folgten diesem Beispiel die Länder Sachsen-Anhalt und Thüringen. Infolge des damit verbundenen Kapitalverlustes musste die Stiftung Kulturfonds in die Liquidation gehen.

sich speziell mit den Werken Achim und Bettina von Arnims beschäftigen, indem sie ihnen Anschauungsmaterial aus dem Leben des Dichterpaares vermittelte, das ihr aus den Arnimschen Familientraditionen vertraut war. Mit Freude konnte sie es erleben, dass es diesen Forschern gelungen ist, den Grundstein zu legen für eine erste historisch-kritische Gesamtausgabe der Werke Achim von Arnims, die ihm endlich den Platz in der deutschen Literaturgeschichtsschreibung sichern wird, der ihm gebührt. Die ersten Bände dieser Ausgabe, an deren Zustandekommen die Herausgeber in selbstlosem Einsatz tätig sind, werden demnächst erscheinen. Zu wünschen wäre, dass ein Gleiches mit den Schriften und Briefen Bettina von Arnims geschähe, von denen noch viele unveröffentlicht sind. Auch hier wollte Clara von Arnim es vermeiden, durch etwaige Rückforderungen diese Arbeit zu gefährden, ja die Arnimsche Bibliothek der Gefahr auszusetzen, dass sie möglicherweise später einmal in Einzelstücken verkauft und damit ihres Werts für die Arnim-Forschung beraubt würde.

Clara von Arnim hat mit der Gründung des „Freundeskreises Schloß Wiepersdorf - Gedenkstätte Achim und Bettina von Arnim", der sich zum Ziel gesetzt hat, die Kenntnis über die Werke des Arnimschen Dichterpaares zu fördern und in der Öffentlichkeit zu verbreiten, ganz im Sinne ihres verstorbenen Mannes Friedmund und dessen Schwester Bettina Encke gehandelt, die sich ihrerseits den Traditionen ihrer Urgroßeltern, insbesondere der Bettina von Arnim, verpflichtet fühlten. Diese hatte einst in einem Entwurf zur Polenbroschüre geschrieben:

„Die Bildung, abgesperrt vom Volk, wird auch unmöglich in den höheren Klassen, denn wie das Blut seinen Kreislauf hat im Leibe des Einzelnen, so der Geist in der ganzen Menschheit; sonst fällt er in Exzesse oder Abzehrung, und allen gesunden Anlagen ist der Boden genommen."

Peter-Anton von Arnim ist der vierte Sohn von Clara von Arnim

1.9 Ursula Püschel – Abschied von Clara von Arnim -

„Jahrbuch der Bettina-von-Arnim-Gesellschaft", Band 20/21, 2008/09

Abschied von Clara von Arnim – am 19.Mai ist sie in ihrem hundertsten Jahr gestorben: Tochter einer gutbürgerlichen Familie mit Lebensumfeld Berlin, Ehefrau eines märkischen Gutsherren, Friedmund von Arnim, der ein Urenkel von Bettina und Achim war, außerordentlich tüchtig als Gutsfrau und Mutter von sechs Kindern. Nach Kriegsende verlor sie ihren Mann, der in einem sowjetischen Kriegsgefangenenlager starb. Die Arnimschen Güter – sie hatte in dem in Zernikow gelebt -, wurden als Großgrundbesitz enteignet. Einst im heiratsfähigen Alter hatte sie darauf bestanden, einen Beruf zu lernen, und wurde Krankengymnastin. Das war die Grundlage einer neuen Existenz im Westen, in Württemberg. Aus ihren Lebenserfahrungen zog sie eine seltene Konsequenz, die zu politischem Engagement: nicht etwa beim Bund der Vertriebenen, sondern bei der SPD. Sie wurde Stadtverordnete in Eschborn bei Frankfurt am Main und hat sich für Probleme eingesetzt, mit denen man damals nicht gerade Polit-Karriere machte, wie solchen von Umwelt und Bildung.

Das alles weiß ich aus zweiter Hand. Mein Weg zu ihr war lang: 1952 kamen die nach einer Versteigerung 1929 noch vorhandenen Teile vom Nachlaß des Dichterpaares aus Wiepersdorf in die Akademie der Künste in der DDR und existierten dort als Bettina-von-Arnim-Archiv, bis sie 1954 vom wieder für literarische Erbes verantwortlich arbeitenden Goethe-Schiller-Archiv in Weimar aufgenommen wurden. In der kurzen Berliner Zeit, in der Gertrud Meyer-Hepner und etwas später auch ich die Papiere zu sichten begannen, entstanden zwei für die Beschäftigung mit Bettina von Arnim äußerst wichtige Publikationen, mit denen verfälschender Umgang mit ihrem Werk, mit ihr als Kobold oder als Sibylle der Romantik nicht mehr so fortzufahren war: „Der Magistratsprozeß der Bettina von Arnim" und „Bettina von Arnims

Polenbroschüre". Gertrud Meyer-Hepner legte die Akten und Papiere vor, die diesen Prozeß betrafen; sein Stattfinden war zwar bekannt, aber das ganze groteske Außmaß dieser Schikane gegen die mißliebige Schriftstellerin lag erst dadurch schwarz auf weiß vor. In dem kleinen Buch über die Polenbroschüre wurde 1954 das im Januar 1849 anonym erschienene Werk zum ersten Mal mit dem Namen der Autorin veröffentlicht. Diese Publikation hatte freilich die größere Resonanz, nicht nur, weil Akten zu lesen anstrengender ist als eine Broschüre mit Kommentar, sondern vor allem, weil geleugnet worden war, daß die Verfasserin von „Goethes Briefwechsel mit einem Kinde" dergleichen geschrieben habe. Reinhold Steig, renommierter Literaturwissenschaftler und Vertrauter Arnimscher Erben, der „jedes Blatt" zu kennen angab, hatte in dem germanistischen Nachschlagewerk, dem „Goedeke", über die Polenbroschüre dekretiert: „Gegen Bettinas Autorschaft spricht der Stil".

Es war ein großer Moment, als ich die Papiere mit Bettinas Aufzeichnungen zur Polenbroschüre entdeckte. Das mußte die Öffentlichkeit erfahren! Meine Entschlossenheit wurde dadurch bestärkt, daß der Höhepunkt der Schändlichkeit deutscher Chauvinisten gegenüber unseren Nachbarn, den Polen, der imperialistische Zweite Weltkrieg, in meine bewußte Lebenszeit fiel. Eine gute Nachbarschaft sollte beginnen, so, wie es sich Bettina von Arnim vorgestellt hatte.

Ich wußte natürlich, daß es nicht allein Literaturwissenschaftler waren, sondern auch die Familien Arnim und Brentano, die ein „unanstößiges" Bettina-Bild wollten, mit dem das Werk der Schriftstellerin auch seine Größe einbüßte. Auf dem Grabstein Bettina von Arnims in Wiepersdorf steht außer den Daten: „Gattin Ludwig Achims von Arnim" – nichts weiter. An Kontakten mit ihren Nachfahren war ich nicht interessiert, ich befürchtete, sie würden erstens keine Ahnung haben von den Arbeiten Bettina von Arnims, und zweitens, daß sie die Verfälschungen erhalten wollen. Eines Tages meldete sich ein Oskar von Arnim bei der Autorin. Ein liebenswürdiger Mann, der – wie ich später erfuhr – an Widerstand gegen Hitler beteiligt war; er wollte mir sagen, daß es ihn freue, das verharmlosende Bettina-Bild angegriffen und sie als politische Schriftstellerin präsentiert worde sei.

Jahre später lernte ich Peter Anton von Arnim kennen, ein Sohn Claras, der nicht nur die Arbeiten der Ururgroßmutter kannte, sondern über einen seltenen Bildungsfundus verfügte – so war er mit dem Arabischen aus Vergangenheit und Gegenwart vertraut. Und sein Wissen hatte praktische Konsequenzen, er hat sich für „Linkes", für Menschenrechte engagiert. Von ihm erfuhr ich von Clara von Arnim, seiner Mutter.

In ihrem Buch, „Der grüne Baum des Lebens", das mit seiner Hilfe zustande gekommen ist, steht das Folgende nur in einem Nebensatz, als es um den Verbleib des Stammbuchs von Achim von Arnim ging, nämlich „das die Familie eine Verplichtung habe gegenüber der Literaturwissenschaft und der Öffentlichkeit, ein solches Zeugnis aus dem Leben des Dichters allgemein zugänglich zu machen". Clara von Arnim befand: „Schloß Wiepersdorf ist nun tatsächlich, wie es sich meine Schwägerin und meine Schwiegermutter gewünscht hatten, mit dem Namen ‚Bettina-von-Arnim-Heim' als ‚Arbeits- und Erholungsstätte für Kultur- und andere Geistesschaffende' eingerichtet worden" (das war noch in der DDR). Eine schwere Prüfung ihrer Haltung stand ihr nach 1990 bevor. Im Schloß Wiepersdorf gab es eine Bibliothek von unerhörter Kostbarkeit. Achim von Arnim, wie viele Romantiker an mittelalterlicher Kultur interessiert und Freund anderer großer Sammler der Zeit, hatte zu sammeln angefangen, als es noch verhältnismäßig leicht war, an „Schätze" zu kommen wie Inkunabeln, Wiegendrucke, Flugschriften zu Bauernkrieg und Reformation. Sein besonderes Interesse galt der Barockliteratur. Diese Bibliothek gehörte nicht zum 1946 enteignetem Besitz. Da Clara Erbin war von dem, was es noch zu erben gab, forderten einige Söhne, sie solle die Bibliothek zurückverlangen. Ihr Verkauf hätte wohl ein kleines Vermögen ergeben. Aber Clara von Arnim hielt es für wichtiger, daß diese Bibliothek nicht zertreut werde und Wissenschaftlern zur Verfügung stände. So blieb sie in Weimar. Dafür mußte die Mutter einem unerhörten familiären

Druck standhalten. Weil sie nicht nachgab, wurde sie von manchen ihrer Kinder verstoßen – ein Vorgang, der sonst in umgekehrter Besetzung üblich ist.

Ich hatte sie schon länger nicht als zufälliges Relikt eines Familienclans der Schriftstellerin des neunzehnten Jahrhunderts Bettina von Arnim, der meine wissenschaftliche Arbeit gilt, aufgefaßt - jetzt habe ich sie bewundert.

Es war noch vor dem Erscheinen ihres Buches über „Lebensstationen einer märkischen Gutsfrau in unserem Jahrhundert", als ich sie besuchte – nun schon in ihrer letzten Residenz, dem Altkönigsstift in Kronberg im Taunus. Ich traf eine zierliche charmante weißhaarigen Frau und war etwas verlegen, wie das nun mit uns gehen sollte. Doch Clara von Arnim freute sich, ihre Genugtuung auszudrücken für meine Arbeit als Anteil an einem Bild der Schriftstellerin ohne Retuschen, die ihrem Werk zugefügt worden sind, einem Bild der ganzen Bettina von Arnim - mit ihrer Menschenliebe, ihren sozialen Ansprüchen, ihrem Internationalismus. Und für mich war es gut, daß ich durch Clara von Arnim und durch ihren Sohn Peter Anton von Arnim mein beschränktes Bild von selbstsüchtigen und kenntnislosen Nachfahren großer Dichter korrigieren konnte. Die Sympathie und die Anteilnahme Clara von Arnims für meinesgleichen war ein Ferment meiner Arbeit.

II. Zum Leben und Werden des Peter Anton von Arnim – Erinnerungen, auch solche aus dem persönlichen Umfeld (Madrid - Eschborn - Bockenheim – Zernikow und Wiepersdorf)

2.1 Ungeordnete, stichwortartige Assoziationen zu meinem Lebenslauf – von Peter Anton von Arnim

(1997)

Geboren 1937, zwei Jahre vor Ausbruch des Krieges, das bedeutet, die ersten Jahre meiner Kindheit fielen in die Kriegszeit. Gegensatz zwischen der ländlichen Idylle eines Lebens auf einem Gutshof am Rande eines kleinen Dorfes und den Ereignissen des Krieges, die bis aufs Land vordrangen. Aber zunächst: Die Familienverhältnisse:

Ich habe drei ältere Brüder, Achim (geb.1931, gest. 1997), Clemens (geb.1933), Christof-Otto (geb.1934), das heißt der jüngste von ihnen ist bereits drei Jahre älter als ich. Nach mir kam eine Schwester, Bettina (geb.1940) und der jüngste Bruder, Wolf-Herman (geb.1942). Mein Vater war als Vorsteher des Gutsbetriebs von morgens bis abends auf den Beinen, aber, wenn er sich in der Nähe von uns Kindern befand, dann war er stets für uns ansprechbar, war er für uns da. Meine Mutter dagegen fühlte sich völlig ausgefüllt von der Führung des Gutshaushalts, unsere Erziehung hatte sie delegiert an Kinderfräulein oder dergleichen. Sie hatte das in ihrer Kindheit auch nicht anders, vielleicht noch schlimmer, erlebt, hatte deshalb auch gar keine Vorstellung davon, wie es anders sein könnte. Erst eine der Erzieherinnen, die wir Tante Irma nannten, musste sie darauf aufmerksam machen, dass sie sich als Mutter auch gelegentlich einmal persönlich um jedes ihrer Kinder kümmern müsse.

Tante Irma war Anthroposophin, aber im Sinne der Nürnberger Gesetze Volljüdin. Mein Vater hat sie in vollem Wissen dieser Tatsache eingestellt. Auch meine Mutter wusste und billigte das, aber sie plagte sich noch bis lange nach dem Kriege mit dem Problem, dass sie selbst eine jüdische Großmutter hatte. (Es war damals, d.h. bereits in der Zeit der Weimarer Republik, ja die Rede von der "Sünde wider das Blut"). Mein Vater hat sie zur Zeit der Naziherrschaft dazu ermutigt, diese Großmutter als Vorwand zu benutzen, um sich vor einem Eintritt in die Nazipartei zu drücken, und sie dadurch vor einem Schritt bewahrt, den sie ohne seine Hilfestellung vermutlich getan hätte.

Das Bild von KZ-Häftlingen, die ich auf einer Fahrt von oder nach Berlin in ihrer gestreiften Haftkleidung gesehen habe, ist mir in Erinnerung, auch die Warnschilder in den Zügen: "Pssst, Feind hört mit" und der "Kohlenklau." Also Begeisterung für die Nazis gab es in meiner Umgebung kaum, eher Angst. Es gab französische Kriegsgefangene auf unserem Hof, mit denen mein Vater ein gutes Verhältnis pflegte, dann vorübergehend auch Gefangene aus Russland und anderswoher, die ich mehr aus der Distanz erlebte. Der Krieg zeichnete sich für mich als Kind durch kleine glitzernde Figuren am Himmel ab, Flugzeuge, die Berlin bombardierten; danach kamen die ersten verschreckten Bombenflüchtlinge auf den Hof, Soldaten im Urlaub, schließlich die Trecks mit Flüchtlingen aus den Ostgebieten. Mein Vater wollte, dass wir in den Westen gelangen, deshalb schickte er uns auf die Flucht (die beiden ältesten Brüder hatte er schon im Westen unterkommen lassen). Er selbst fühlte sich nicht nur für die Familie, sondern auch für den Betrieb und seine Leute verantwortlich und blieb. Einige Wochen nach Einmarsch der Russen. zwei Tage nach Abschluss des Waffenstillstands, wurde er gefangen genommen und nach Russland verschleppt. Er starb in Gefangenschaft im Januar 1946 an Hunger und Entkräftung.

Wir (meine Mutter, ihr Vater und wir vier jüngeren Geschwister) erreichten zunächst nicht wie geplant die westliche Grenze und blieben nach dem Einmarsch der Russen auf dem Gutshof eines Onkels in Mecklenburg. Auf der Flucht vor den Russen habe ich vieles gesehen und erlebt, was man Kinderaugen gewöhnlich vorzuenthalten bemüht ist, - Vergewaltigung der Frauen und Tote auf den Straßen - das habe ich alles verdrängt. Aber wenn ich Bilder sehe wie beispielsweise vom Völkermord in Ruanda mit dem millionenfachen Flüchtlingselend oder von der Ermordung von Palästinensern, Zerstörung ihrer Häuser und Terror gegen die Kinder, aber auch von den gegen israelische Zivilisten gerichteten abscheulichen Selbstmordattentaten verrannter Araber, dann kommt mir die Angst von damals wieder hoch.

Ein Jahr später erhielten wir eine Zuzugsgenehmigung nach Berlin-Zehlendorf. Dort lebten meine Großeltern mütterlicherseits. Vor dieser Großmutter hatte ich Angst, obwohl sie weit davon entfernt war, je tätlich zu werden. Sie behandelte Kinder nach dem Grundsatz: "Oberflächlich ist der Hieb, nur des Geistes Kraft allein schneidet in die Seele ein." Mit Berlin und der Zeit danach verbundene Erlebnisse, deren Spuren mich bis heute prägen, finden sich in beiliegendem Brief.

Ich könnte noch viele weitere Wohnorte und Schulstationen in meiner Kindheit und Jugend aufzählen, an die es mich, dann schon im Westen (Baden-Württemberg), mit der Familie hinverschlagen hat: Neumühle, Tommelhardt, Künzelsau, Kupfer, Schwäbisch Hall, Hinterzarten. Der Aufbau von dauerhaften Beziehungen oder Freundschaften war so kaum möglich. Den Wechsel von Ost nach West in meiner Kindheit habe ich als einen Schock des Fremdseins erlebt, so, dass ich mich im Westen nie als in einer "Heimat" gefühlt habe. Aber vielleicht verstärkte auch der Standesdünkel, den meine Mutter, trotz der neuen, eher ärmlichen Verhältnisse, in denen wir nunmehr lebten, in uns wach hielt, dieses Gefühl einer Exilsituation, denn um uns herum lebten nur "einfache Leute". Ihren Standesdünkel hat sie unbewusst von ihren Eltern übernommen, ist damit aber nicht glücklich, und so gibt sie sich gelegentlich gern auch volksverbunden, was bei ihr einer ungestillten Sehnsucht, "dazuzugehören", entspringt.

Meine Mutter musste nun, weitgehend auf sich gestellt, ihre sechs Kinder allein versorgen, und sie tat das, indem sie den Beruf, den sie erlernt, aber als Gutherrin nie hatte auszuüben brauchen, nunmehr praktizierte, nämlich den einer Krankengymnastin. So war der Umstand, dass sie meist völlig erschöpft von der Arbeit abends zu uns heimkam, ein einleuchtender Hinderungsgrund, sich mit der Erziehung ihrer Kinder eingehender zu befassen (wir wurden mehr oder weniger sorgsam betreut von wechselnden Hausdamen oder Haushälterinnen), aber damit war verdeckt, dass sie gar kein Verständnis für die inneren Probleme eines heranwachsenden Menschen haben kann. Mit ihrer preußischen Pflichtmoral ("du kannst, denn du sollst" - Kant) unterdrückt sie alle Gefühle bei sich selbst und baute sich in meiner Vorstellung zu einem Bewunderung erheischenden Standbild auf.

In ihrer erzieherischen Unbeholfenheit delegierte meine Mutter die Rolle eines Stellvertreters für unseren verstorbenen Vater wechselweise jeweils an einen meiner älteren Brüder, sodass ich diese als Tyrannen erlebte, die ihre Launen an mir ausließen. Wenn meine Mutter zu einem Streit mit ihnen hinzukam, war sie unfähig, den älteren Brüdern Einhalt zu gebieten, und so hielt sie mich dazu an, mich mit der Rolle des Unterlegenen abzufinden unter dem Motto: „Der Klügere gibt nach!" Wir lebten zeitweilig auf einer "Nebenerwerbssiedlung", d.h. in einem Fertighaus mit großem Garten, mit Hühnern, einem Schwein und einer Ziege etc. Wenn meine Brüder mich, an sich durchaus zu Recht, zur Beteiligung an der anfallenden Arbeit bringen wollten, versuchte ich aus Trotz, mich weitgehend darum zu drücken, und flüchtete mich in Schulaufgaben, ins Lesen, Radiohören etc. Wenn ich heute eine Arbeit vor mir herschiebe, habe ich noch immer das Gefühl, meine Brüder ständen hinter mir und wollten mich antreiben, und ich müsste mich widersetzen. Was eine heile Familie oder Liebe unter Geschwistern bedeutet, habe ich nur bei Anderen gesehen.

In dieser Zeit, als ich dreizehn oder vierzehn Jahre alt war, hat sich anscheinend ein Bruch in meiner geistigen Entwicklung vollzogen. Bis dahin war ich sehr naturverbunden. Ich kannte fast alle Pilze, sodass man mich, obwohl ich noch ein Kind war, zum Pilzesammeln als Experten mitnahm. Wenn ich nicht alle Pflanzen kannte, was natürlich unmöglich ist, so wusste ich doch mit einem Pflanzenbestimmungsbuch, das mir ein Onkel geschenkt hatte, obwohl es keine Abbildungen, sondern nur biologisch exakte Beschreibungen enthielt, den Namen einer Pflanze, die mir bis dahin unbekannt gewesen war, zu ermitteln. Ich wusste Korbblütler von Lippenblütlern, Schmetterlingsblütlern, Kelchblütlern usw. zu unterscheiden. Irgendwann hatte ich das alles völlig vergessen, die einst geliebte Natur wurde mir unversehens fremd, ja begann, in mir Gefühle der Einsamkeit und Verlassenheit hervorzurufen, sodass ich einsame Spaziergänge nach Möglichkeit vermied. Ich hatte den Eindruck, ich begegnete dabei mir selbst, aber diesem Selbst wollte ich ausweichen, weil ich es verabscheute.

In den Ferienzeiten nahm sich meiner eine Tante an, eine Gynäkologin, die zur Zeit des Dritten Reiches in ihrem Arbeitsfeld auf praktische, wenn auch ganz private Weise, Widerstand gegen die alle Lebensbereiche durchdringende Naziherrschaft geleistet hatte. Sie hatte sich dabei als geistiger Waffe des Gedankenguts von Gandhi bedient. Ich übernahm von ihr dieses Gedankengut, aber leider nur so, wie ich es damals verstand: passiver Widerstand, aber eben nicht mit der Betonung auf Widerstand, sondern, in der aussichtslos scheinenden Auseinandersetzung mit meinen älteren Brüdern als Flucht in die Resignation und die Passivität. Noch heute ertappe ich mich oft dabei, dass ich Situationen, in denen ich gegen meine Brüder zu kämpfen scheine, neu durchlebe, sei es, dass ich einen Gedanken nicht zu äußern wage, aus Furcht, damit anzuecken (erst Stunden später fällt mir dann brennend heiß ein, was ich hätte sagen sollen), sei es umgekehrt, dass ich ganz laut werde, um mich mit meiner Stimme durchzusetzen, wo ich meine, mich rein argumentativ nicht durchsetzen zu können. In meiner Schulzeit gab es noch kein Fernsehen, aber der Sessel neben dem Radio war Symbol der

Macht. Wer ihn eroberte, bestimmte das Programm. Natürlich war ich stets der Verlierer. Aber nunmehr bin ich fernsehsüchtig, versuche, über das Fernsehprogramm zu bestimmen, als ob einer der Brüder immer noch hinter mir stünde und mir das streitig machen wollte; ich vergesse mich bei den sinnlosesten Sendungen bzw. zappe stundenlang hin und her.

Ich habe vergessen, zu erwähnen, dass ich in der Zeit davor, in meinen ersten Jahren auf dem Gymnasium, sehr religiös geworden war und ich den Gedanken eines "passiven Widerstands" im Sinne des Jesus-Worts interpretierte: "Wenn dir einer einen Streich gibt auf deine rechte Backe, so biete ihm auch die linke dar." Damals waren die Kirchen ja sehr mächtig, durch das Versprechen, Erlösung zu gewähren für die Sünden des Nazireiches, die Familie war entsprechend auch entschieden für die CDU eingenommen. Ich besuchte regelmäßig eine christliche Dame, mit der ich religiöse Gespräche führte. Ich las auch: Thomas von Kempen, „Das Buch von der Nachfolge Christi", das mit den Worten beginnt: „Der Herr: Mein Sohn! Du musst alles für alles hingeben, musst nichts mehr für dich sein. Glaube doch meinem Worte: Kein Ding auf Erden schadet dir mehr, als du dir selbst mit deiner Liebe zu dir." Nachfolge Christi bedeutete für mich, alles Leid der Welt auf mich nehmen zu wollen.

Ich war von der Erbsünde überzeugt und identifizierte diese mit den Verbrechen der Nazis, vermittelt durch die Vorstellung von der Kollektivschuld der Deutschen. Aber, so sagte ich mir, wenn es unausweichlich ist, auf diese Weise sündig zu werden, ist es dann nicht schon ein Verbrechen von meiner Mutter gewesen, dass sie mich überhaupt geboren hat, die wahre Schuldige also sie?

Sie hat zwar gelernt, sich bescheiden zu geben, aber sie wird verzehrt von einem unstillbaren Ehrgeiz. Während meiner Schulzeit hatte sie sich darauf versteift, in mir eine Neuverkörperung von Bettina oder Clemens Brentano sehen zu wollen, um so die Mutter eines Genies sein zu können, (was sich schrecklich zu dem von ihr uns eingepflanzten Standesdünkel hinzufügte), sie kommentierte oft in meiner Gegenwart vor Bekannten und Verwandten jede x-beliebige Äußerung so, als sei sie eine Ankündigung des kommenden Genies. Da ich deshalb ständig von mir spontane Genieblitze erwartete und stattdessen die Erfahrung mit meiner eigenen Mittelmäßigkeit machen musste, hatte ich über Jahrzehnte hinweg ein gebrochenes Verhältnis zu mir selbst. Erst nach meiner Auswanderung in den Sudan im Jahre 1980 lernte ich allmählich ein leidliches Verhältnis zu mir selbst zu finden. Wegen der sich in Richtung auf eine Katastrophe ändernden politischen Verhältnisse sah ich mich dann allerdings gezwungen, den Sudan im Jahre 1987 wieder zu verlassen und in die Bundesrepublik zurückzukehren.

Nach dem Abitur 1956 hatte ich in Tübingen das Studium der Germanistik und Romanistik begonnen und war von Universität zu Universität gewechselt, ohne es zu einem Abschluss zu bringen. Ursprünglich hatte ich Chemie studieren wollen, weil ich naturwissenschaftlich sehr interessiert war. Aber die auf mein Bestes bedachte Familie (ich weiß bis heute nicht, was genau dahinter stand) ließ mich von einem Bekannten im kilometerlangen, öden Fabrikgelände der BASF in Mannheim umherfahren, um mir die Arbeitswelt der Chemiker vor Augen zu führen, was mich, der ich aus einer idyllischen Kleinstadt kam und romantisch schwärmte, so erschreckte, dass ich mich für das Literaturstudium entschied.

Allerdings wusste ich nicht, mit welchem Ziel, denn der Gedanke, einst vor einer Schulklasse stehen zu müssen, jagte mir solche Angst ein, dass der Lehrerberuf für mich nicht in Frage kam. Außerdem war ich damals völlig unfähig, ein selbstbestimmtes, geregeltes Leben zu führen. Dazu kam, dass ich gar nicht in der Lage war, Literatur kritisch zu verarbeiten und historisch einzuordnen, was meine eigentliche Aufgabe beim Studium hätte sein müssen, sondern ich konsumierte Literatur, indem ich mich mit ihr identifizierte. So, meinte ich, könnte ich es ja doch einmal vielleicht soweit bringen wie das frühreife Genie Arthur Rimbaud, der in seiner "Lettre du Voyant" als Rezept empfiehlt "le dérèglement de tous les sens", die Verwirrung sämtlicher Sinne, wobei ich übersah, dass Rimbaud diese Botschaft verkündete, als seine Muse schon zu verstummen begonnen hatte und er sich in einen ordinären Händler und kolonialistischen Abenteurer zu verwandeln im Begriff stand. Mit Drogenproblemen habe ich allerdings nie zu tun gehabt. Meine Droge ist das Fernsehen. Ein Problem war auch, dass ich morgens nicht rechtzeitig aus dem Bett fand, ja oft bis in die Puppen schlief, wodurch ich viele Vorlesungen versäumte. Noch heute fällt es mir schwer, morgens zu mir zu finden. Wenn ich einen äußeren Anlass habe, aktiv zu werden, wie den, dass ich zur Arbeit gehen muss, fällt das nicht ins Gewicht. Aber wenn ich mir selbst überlassen bin, weiß ich morgens nichts mit mir anzufangen.

Während meines Studiums brach wie ein Sturm in mein Leben die Bekanntschaft mit einem Menschen[19] ein, der aus seinem Heimatland Südafrika die ganze Energie des Kampfes der Schwarzen gegen das Apartheidregime mit sich brachte. Ich kam durch ihn völlig von meiner christlichen Ideologie des passiven Duldens ab, leider jedoch nur in meinem Kopf, nicht in der Praxis. Ich war damals Mitglied des SDS (Sozialistischen Deutschen Studentenbundes), zu jener Zeit noch ein braves studentisches Anhängsel der SPD, worin das Studium der Schriften von Marx nur eine harmlose, akademische Pflichtübung war. Das Auftreten meines neuen Freundes dort wirkte wie das Aufbrausen eines revolutionären Sturms in einem spießbürgerlichen Wasserglas. Er hatte außer mir noch andere junge Studenten um sich gesammelt, die ihm enthusiastisch ergeben waren. Interessant und anziehend an ihm war für uns unter anderem die Tatsache, dass er eine politische Richtung vertrat, die den Stalinismus gleichermaßen wie die Sozialdemokratie von einem revolutionären Standpunkt aus vehement kritisierte, den Trotzkismus. Sein Studium der Germanistik und Geschichtswissenschaft schloss er summa cum laude ab, obwohl seine Professoren durchaus konservativ und ihnen seine revolutionären Ansichten kein Geheimnis waren. Er war also kein Schaumschläger und Demagoge, und ich halte ihm bis heute persönlich die Treue, auch wenn wir uns nur selten sehen und uns nie schreiben. Im Gegensatz zu ihm halte ich den Trotzkismus nach dem kläglichen Zusammenbruch der Sowjetunion geschichtlich zum Teil für widerlegt (die Doktrin des Bolschewismus, d.h. die Idee einer Avantgardepartei von Berufsrevolutionären, und die Glorifizierung der Oktoberrevolution), aber ich kann auch heute noch mit Gewinn in den Schriften von Marx und zum Teil auch einiges von Trotzki und sogar von Lenin lesen, ohne das unangenehme Gefühl zu haben, hier der Erinnerung an eine Jugendsünde wiederzubegegnen.

Nach seiner Rückkehr nach Südafrika wurde meinem Freund der Prozess gemacht, es drohte ihm die Todesstrafe. Freunde (und vor allem Freundinnen) von ihm leiteten in der BRD eine Kampagne zu seiner Rettung ein, und er wurde "nur" zu zehn Jahren Zuchthaus verurteilt. Es wird gesagt, dass aus dieser Kampagne die Antiapartheidbewegung in der Bundesrepublik hervorging. Ich sagte, Freunde von ihm, denn ich war nicht dabei. Ich war nach seinem Weggang wie gelähmt, fühlte mich aber schuldig wegen meiner Untätigkeit. Als dann noch hinzukam, dass ich mich mit Algeriern anfreundete, die damals im Kampf gegen die französische Kolonialherrschaft standen, und ich mir einbildete, ich hätte durch eine Unvorsichtigkeit einen von ihnen der Polizei ausgeliefert, fühlte ich mich schuldig an all dem Elend dieser Welt und beging einen Selbstmordversuch. Ich wurde nur in letzter Minute gerettet.

---

[19] Neville Alexander war gleichzeitg mit Nelson Mandela 10 Jahre auf der Gefängnisinsell Robbin Island.

Ich war nicht der Einzige, dem es so ging. Ein anderer seiner Bewunderer und Mitstreiter im SDS, der furchtbar darunter litt, dass sein Vater Nazi war, beging ein Jahr danach Selbstmord. Wie gesagt, mein Studium schleppte sich danach nur so dahin, ohne einen Abschluss. Ich stieg schließlich in die Arbeit in einer Buchhandlung ein. Dabei war ich zunächst sogar gezwungen, mich in den Räumen, in denen wir arbeiteten, neu bewegen zu lernen, wie ein Blinder, der plötzlich sehen kann, sich neu im Raum orientieren muss. Aber bis heute ist mein Verhältnis zu meinem Körper mehr oder weniger wie der zu einem Sack, in dem ich stecke. "Pfarrers Kinder und Müllers Vieh..." Mein Vater war in seiner Jugend ein begeisterter Fußballer gewesen, also sehr sportlich, und meine Mutter war, wie erwähnt, Krankengymnastin. Aber ich habe den Sportunterricht in der Schule wie eine Tortur empfunden, weil ich von meinen Kameraden viel gehänselt wurde. Zum Teil mag meine Seelenlage also auch von einem Mangel an körperlicher Betätigung bedingt sein, zu einem großen Teil sogar. Aber ich kann mich nicht dazu zwingen, dann kommt der ganze Hass gegen mich selbst in mir wieder hoch.

Ich habe jetzt einen Adoptivsohn aus dem Senegal, einen Studenten, der mich zu seinem Vater erkoren hat. Er ist für mich ein großes Glück. Das hilft zwar meinem Selbstbewusstsein auf und gibt meinem Leben ein gewisses Ziel, aber ganz von meinen Depressionen hat mich auch das nicht befreit, wie ich in den letzten Wochen feststellen musste. Seine Rückkehr in den Senegal vor zwei Monaten, nach einem einmonatigen Aufenthalt bei mir, hat eine gewisse seelische Leere zurückgelassen, die ich mit viel Mühe zu überkommen versuche. Es ist, als hätte er meine ganzen Gefühle mit sich genommen, sodass er mir ganz fern scheint. Ich bin mir bewusst, dass ich nur dann für ihn da sein kann, wenn ich auch für mich da zu sein fähig bin. Abends gehe ich mit dem Gedanken ins Bett, wie schön es wäre, wenn ich am nächsten Morgen nicht mehr aufwachte, und morgens, nach der enttäuschenden Feststellung, dass ich immer noch lebe, habe ich Probleme damit, aus dem Bett zu kommen und mich in den Tag hineinzufinden, der dadurch dann meist schon mehr oder weniger verloren ist (meine Mutter pflegte uns Kinder ins Bett wegzustecken, wenn wir "störten"). Als mein Sohn jetzt da war, war ich immer der letzte im Bett und der erste, der aufstand, weil ich nicht mehr für mich allein lebte.

Ich beschäftige mich viel mit Philosophie, vor allem mit Hegel, weil ich ihm Recht gebe, wenn er davon ausgeht, dass der Mensch nicht für das Glück, sondern für die Freiheit geboren ist, der Schmerz also zum Leben gehört. Das hilft mir allerdings nur bedingt weiter, denn es bleibt bei mir reine Theorie, in der Praxis weiche ich Unannehmlichkeiten gerne aus. Das gleiche gilt für meine Liebe zu Goethe. Dem "memento mori", der Aufforderung der christlichen Kirchen an ihre Gläubigen, sich stets daran zu erinnern, dass wir Menschen sterblich sind, setzte Goethe entschieden den Leitspruch entgegen: "Gedenke zu leben!" Es nützt mir aber nichts, dass ich da wie in vielem sonst gern Goethes Rat befolgen würde. Meine Grundstimmung ist die einer gewissen Bedrückung und Angst, und dagegen weiß ich mich nicht zu wehren.

Von den Verfassern populärer Anweisungen zu einem gesunden Seelenleben wird einem meist eine "positive Vorsatzbildung" anempfohlen. Nach Coué beispielsweise soll man sich ständig vorsagen: "Mir geht es von Tag zu Tag besser." Bei mir dagegen gibt es eine Art negativer Vorsatzbildung, die sich mir unwillkürlich auf die Lippen drängt, wenn ich an etwas Unangenehmes denke, und zwar so, dass ich sie, wenn ich mich unbeobachtet fühle, wie zwanghaft sogar laut vor mir hersage:
"Warum bin ich am Leben, es sollte mich nicht geben!"

Das Unangenehme, wovon ich hier spreche, und das in mir diese Formel provoziert, sind unerledigte Aufgaben, oft banalster Art, beispielsweise das Zimmer aufzuräumen oder die Steuererklärung auszufüllen, die, wenn ich mich daran erinnere, Schuldgefühle in mir erzeugen und mir dann diesen Spruch auf die Lippen drängen.

2.2 „Werde, der Du im Grunde Deines Wesens bist" – Eine ernste Antwort zu Fragen von Peter Anton

Bad Harzburg, den 11. September 1999

Lieber Pava,

unsere Älteste, Jeannette war mit Baby Aaron und Freund Thomas gekommen und etwas später kam die jüngste Tochter Peggy mit Tochter Tine Pauline, Ehemann, in Begleitung einer Freundin mit deren Sohn Amin (Vater ist Marokkaner). Marlis arbeitete, ich war für Kochen Kinder und Haus zuständig. Das war ein Wirbeln aber abends fand ich einige Minuten Zeit, Deinen Brief in Ruhe anzulesen. Ich war ganz schön betroffen.

Jetzt, einen Tag später, sitze ich in Braunlage (Oberharz) bei Jeannette vor der Tür und hüte mit Marlis ein. Das kleine neun Wochen alte Wesen will versorgt werden.Die jungen Leute gehen zur Hochzeit des Schwagers. Seit Wochen viel Ruhe und Zeit (auch in Wiepersdorf gab es viel Abwechslung mit Programm). Dein Brief erheischt Antwort und zwar eine schnelle. Doch zunächst wieder herzlichen Dank für Deine Offenheit, womit Du mir mehr und mehr ans Herz wächst. Gern möchte ich Deinen Brief noch einmal insgesamt lesen und dann bei einem nächsten Durchgang einfach auf die Zeilen eingehen, wo mir spontan etwas dazu einfällt. Du bist ein Meister im Schreiben, dies ist nicht meine Sache, ich bin eher ein Mann des Prozesses. Also los geht es:

Ja, unsere Gespräche stockten an bestimmten Stellen und meine innere Stimme sagte, der Peter braucht Zeit, Ruhe, Vertrauen und Zuversicht, dann wird er mir sagen, wo es im Denken weitergehen soll. Und Du hast es getan. Dein Brief ist ein Hinweis. Dir ist zu helfen, Du kannst wollen, wenn Du willst, Du kannst Dich bewegen und voran kommen. Und wenn eine Stimme, die bei Dir aus deinem Körper oder aus Deinem Unterbewußtsein kommt, Dir ständig .sagt: "Ich will sterben", dann ist das eben so. Eine andere Stimme in und aus Dir spricht aber von Leben, von Bewegung, vom Verändern. Das bedeutet Mühen, Bemühen, Sinn erfüllen, Selbstsein bzw. Selbstwerden. Stirb und Werde lautet die uralte Formel, die Dürckheim nicht nur mit Inhalt zu füllen, sondern auch praktisch umzusetzen wußte. Wenn Du die "Metamorphosen im Lebenslauf" bei Goethe betrachtest (Rudolf Treichler), dann ist dieses hier verdeutlicht. Er kam an Grenzen, war verzweifelt und wollte er sich nicht in Straßburg nach der Liebschaft vom Münster stürzen? Goethe jedenfalls hat mit seinem Leben einen Meilenstein gesetzt, so sehe ich das, er hat sich immer wieder verändert, das Prinzip des Stirb und Werde gelebt und sich ständig weiterentwickelt.

Nun werde ich nichts mehr von Goethe schreiben, den kennst Du besser als ich und damit könnte ich Dir nur Futter bieten, um wieder auf einem Nebengleis in Geschwindigkeit zu kommen und damit auszuweichen.

Ich begreife all Deine Ängste, Hilflosigkeiten, Konflikte, Probleme, Schwierigkeiten oder was es auch sonst noch sein mag als eine Herausforderung, als eine Chance, und wenn Du es so willst, als eine Gnade. Wenn Du nichts mehr zu lernen hättest, dann könntest Du abtreten. Aber, einmal bist Du in der Lage, den Menschen etwas zu sagen, Wirkung zu erzeugen, segensreich mit Menschen zu sein und andererseits hast Du - möglicherweise im Vergleich zu anderen Menschen oder Deinem Bruder - schon tüchtige Wegstrecken hinter Dich gebracht, hast Flagge gezeigt und Markierungen gesetzt. All das mag für Dich unbequem sein, der leichtere Weg führt für die Menschen stets bergab, der schwerere bergauf. Was Du - so wie ich meine - brauchst, ist ein sicherer und erfahrener Wegbegleiter. Aber auch das ist wieder unbequem: Wenn, dann würdest Du Dich auf dem Weg nach oben befinden, auf dem beschwerlicheren Weg. Peter, ich mag Dich so wie Du bist, und das gibt mir den Mut, so frank und frei zu schreiben..

Kennst Du das Vorwort von Neil in "Summerhill"? Es stammt von Gibran und steht im Propheten, "Deine Kinder sind nicht Deine Kinder ...". Du bist es, der dem Abdoulaye - und nicht nur ihm - den Weg bereitet hast, aber, gehen muß er seinen Weg selbst, obwohl er von Dir noch so viel lernen , könnte , sollte, müßte. Ganz unabhängig davon ist es Dir Aufgabe, Dich selbst weiterzubringen, dann fällt es ihm noch viel leichter, von Dir anzunehmen, was Du fast im Übermaß besitzt, Wissen, Aktivität in bestimmten Lebensdingen. Du hast bereits für Abdoulaye Akzente gesetzt, das materielle Vererben, meinst Du, daß ihm das Nutzen bringen wird. Ein bewußter, freier, selbstsicherer Peter Anton nutz ihm. Ich habe ihn sagen gehört, ach, wenn Peter nur mehr Selbstbewußtsein hätte, er weiß so viel, kann so viel geben. Das braucht er, kannst Du ihm nicht helfen? Er ist jung und je jünger die Menschen sind, desto egoistischer müssen sie sein, sind sie wahrscheinlich. Noch muß er an sich denken. Aber Du bist ihm Vater, Wegweiser und für später noch viel mehr.

Ja, vielleicht bist Du Dein eigener Befangener, Gefangener. Also, laß uns an die Freiheit denken, an Dich und Dein weiteres Werden.

Der Lütte schreit, Marlis sagt, Du wolltest doch mit ihm hier oben am Waldrand spazieren gehen. Nein, erst will ich den Brief an Peter anfangen und dann gehe ich. Und dann gehe ich: erst auf dem geteerten Weg, dann, als er wieder zu plärren beginnt, auf dem Seitenstreifen. O. k. Da rumpelt der Kinderwagen über den Rand, über unebene Strecken. Er wird ruhiger. Beginn eines kurzen erneuten Plärrens als ich wieder auf dem Teerstreifen bin: "Du hast Dein Essen bekommen, wurdest sauber gemacht, hast viel Zuwendung erhalten, was willst Du eigentlich noch"? Ich weiß, so sagte ich, die Jeannette macht manchmal ein wenig viel umher. "Ich denke, Du brauchst nun Schlaf." Der Bengel schläft ein, tief und fest. Ich gehe den Waldrand entlang, gehe eine Stunde spazieren, sitze am Waldrand auf einer Bank und schaue hinunter nach Braunlage, die Sonne schickt ihre letzten Strahlen, Ruhe umgibt mich. Ach, Peter, vieles ist im Leben so einfach. Polarität scheint ein wichtiger Begriff zu sein, Polarität, nicht Dualität.

Die Gedanken quatschen unentwegt, sind oft auch vergiftet und vergiften den Körper. Stell die Gedanken einmal ab, und zwar dann, wenn Du gut in Form bist, wenn es Dir gut geht - geht das? Kannst Du dann die Kraft zu Dir kommen lassen, so, als ob in einer Zisterne sich das Wasser sammelt? Vielleicht ist es uns aufgegeben, ganz zu werden, heil zu werden. Die Polarität, das Einssein, das Tao, das werden wir wohl nicht erreichen. Aber, auf dem Wege dahin gibt es viele Meter. Schreite und tanze, in Rütte wird auch getanzt.

Dürckheim hat viel von Laotse, vom Meister Eckart und von alten Meistern in Japan gelernt. Er hat vieles von dem, was er mit dem Kopf erfahren hat, umzusetzen und weiterzugeben vermocht. Dazu die Marie Hippius, die noch pragmatischer war als er, das war schon ein Team. Sie haben wie Magneten viele Menschen angezogen, die haben gelernt, sind geblieben und geben eben weiter. Und da dort eine solche Vielfalt ist, können Menschen die dort hinkommen, je nach eigenem Gusto mit ihnen zusammen ihren Weg beschreiten. Wenn Du eines Tages so weit bist, ich will Dir mein Guter, so gut ich es vermag, zur Seite stehen. Sag: Du weißt vieles besser, und woran übst Du Dich täglich? Nicht nur unser gemeinsamer Freund aus dem Sudan, der Awad Abu Sin kam auf seinem Weg in Rütte bei Dürckheim ein Stückchen weiter, glaub mir, viele, und viele Menschen, die in Wirtschaft, Politik, Wissenschaft, Kunst, Religion etwas darstellen, und vor allem, auch ganz viele einfache Menschen.

Wenn Du nur an dem Leid der Welt leidest, bist Du dann in der Lage, Anteil zu nehmen, zu wirken, zu geben? Auch früher gab es Leid, doch nur begrenzt hat man davon erfahren, war dann auch betroffen, heute inflationiert nicht nur das Wissen um Leid, sondern auch die Anteilnahmslosigkeit. Aber, das ist ein weiteres Thema. Und wenn jemand erfährt, daß in unmittelbarer Nähe ein Mensch verschüttet ist, dann werden die Hilfskräfte versuchen, ihn zu befreien. Wenn ein Ich verschüttet ist, was liegt da näher, als es zu befreien. Aber auf das Ich kommt es meines Erachtens gar nicht so sehr an, o. k. bei den Kleinsten schon, vielleicht aber gilt es vom Ich zum Selbst zu kommen, und da sind auch die anderen mit einbezogen, wird das kleine, egoistische Ich überschritten, befreit. Aber auch das ist ein anderes Thema.

Von Abdoulaye möchte ich gern noch mehr erfahren. Wie habt Ihr Euch kennengelernt, was waren die ersten Wochen, was der Umstand? Wenn er reift, meinst Du nicht, daß er dann Verantwortung übernehmen kann, für sich zunächst, dann für andere? Aber bereits jetzt denkt er über Dich nach, möchte Dir Gutes tun - denk an das "Hilf dem Peter Anton", aber er muß auch seinen Weg gehen. Er liebt Dich, aber er ist kein reifer Mann, der sich für andere uneingeschränkt einsetzt, kann dazu nicht noch ein kultureller Unterschied hinzutreten. Manchmal gräme ich mich auch über Fuad, über Awad und so manch einen Freund aus diesem Kulturkreis. Und dann bin ich wieder erstaunt, zu welch großen Taten und Leistungen sie fähig sind. Ich kann mir gut vorstellen, wie Du da bei ihm gesessen und gelitten hast. Dann, in solchen Situationen ist man so hilflos und deprimiert, wenn man dann auch könnte, dann will man gar nicht mehr. Aber ich übe mich, auch mit einem Schnösel umgehen zu lernen und ihnen das zu sagen, was angemessen und gerechtfertigt ist. Wieder ein anderes Thema. Dann muß man sich auch einmal seinen Teil nehmen, auch das gehört dazu, sich selbst durchzubringen. Die tun es unentwegt und bemerken bei anderen nur, was ihnen weggenommen werden kann. Gern würde ich einmal mit Dir und Abdoulaye über die von Dir geschilderten Situationen und Betroffenheiten mich austauschen. Kommst Du bald einmal wieder zu uns zu Besuch? Nach dem 5. November zusammen nach Bad Harzburg?

Ganz toll finde ich, daß Du in Deinem Brief immer wieder neue alte Wörter einfließen läßt. Das macht Deine Schreibe so lebendig. Manchmal, wenn ich träume, nachts den Traum aufschreibe und ihn am Morgen lese, dann finde ich Wörter und Begriffe, die mir fremd geworden sind, Wörter der Kindheit und ich bin dankbar, wieder einen Bezug dazu zu bekommen. So danke ich auch Dir, Du hilfst mir auf so manch einen Sprung.

Zum Schluß zu den Kriegsereignissen. Mein Vater war Parteimitglied, ein braver Beamter, der dem Führer nicht nur folgte, sondern auch traute. Er tat gewiß nichts Unrechtes und wenn etwas Unrechtes passierte, "na, wenn das der Führer wüßte...". Du kennst solche Geschichten zur Genüge. Uns ging es nach dem Krieg dreckig, Fünfzimmerwohnung, fünf Familien, ich schlief unter dem Treppenhauslichtkasten auf der Diele und alle paar Minuten ging es klick oder klack. Oder, die einzelnen Familien wandelten nachts an mir vorbei zum Klo. Vor dem Krieg ging ich nicht zur Schule, weil ich es nicht brauchte (Krieg), nach dem Krieg nicht, weil es zunächst keine gab. Die Schule verließ ich, ohne richtig Lesen und Schreiben oder gar Rechnen gelernt zu haben. All das habe ich genossen. Vor Kriegsende haben wir als 10/11 jährige mit Panzerfäusten geschossen, uns geübt, für den Fall, daß der Feind kommt. Haben dann als die Amerikaner da waren, "dem Feind" geschadet, für Führer, Volk und Vaterland. Ich habe dann Tote gesehen, einfach den Hals abgeschnitten oder erschossen, weil ein Gefangener fliehen wollte. Nun, ich habe schon meine Macken weg. Du wirst Schlimmeres erlebt und erfahren haben. Aber es gilt zu überwinden und selbst zu werden. Du bist mir Freund auf meinem Weg. Ich möchte Dir Freund sein dürfen. Schade, daß ich materiell nicht so gut gestellt bin, daß ich ohne Weiteres Deinem Neffen, also einfach einem anderen Menschen, damit helfen kann. Laß' uns darüber reden. Aber meinst Du wirklich, daß der Freundeskreis davon wissen soll. Ich denke nicht.

Du hast mich motiviert zum Schreiben, lange habe ich wohl nicht einen so langen Brief geschrieben. Auch dafür Dank. Nun werde ich in den nächsten Tagen fliegen und danach mich bestrafen lassen, daß ich 14 Tage Urlaub machte. Dann geht es fast pausenlos bis zum 5. November weiter. Aber das will ich wohl so haben.

Nun nehme ich Dich, mein Guter, in den Arm und sage Tschüß bis bald.
Sei lieb gegrüßt von
    Deinem

Horst

PS: Heute Morgen rief Judith aus Israel an, sie ist noch immer sechsbeinig und dementsprechend behindert, allein und auf Außenkontakte angewiesen. Ich erzählte von Dir, von Deinem Brief, der zu ihr auf dem Wege ist. Sie kennt nichts von Bettine, fragte, ob sie eine Brentano sei und sie würde gerade ein Buch in Deutsch lesen von Christina Vulpius und Goethe. Was können wir ihr schicken, um einen ersten und guten Überblick zu geben?

Anzumerken sei: Nachdem Peter Anton sich ein Stückchen geöffnet hatte, kam es sowohl in Wiepersdorf, in Zernikow und in Bad Harzburg zu Gesprächen - z. Teil unter Beteiligung von dem Adoptivsohn Abdoulaye. Ganz konkrete Pläne zur begleiteten Lebensänderung kamen zur Sprache – es wurde zeitweise sehr konkret (Besuch von Prof. Karlfried Graf Dürckheim in Rütte Todtmoos).

2.3 Pava –Momentaufnahmen – von Renate Moering

Peter Anton von Arnim habe ich nur wenige Male gesehen, immer war er erstaunlich und überraschend:

Im ersten Semester meines Germanistikstudiums in Frankfurt ging ich in den kleinen, aber maßgeblichen Buchladen neben den Seminargebäuden, die "Bockenheimer Bücherwarte". Ich war etwas schüchtern - so war das noch 1964. Ich fragte nach einem Buch, das ich für ein Romantik-Seminar lesen sollte, die "Herzensergießungen eines kunstliebenden Klosterbruders", klingt fromm, ist es aber nur scheinbar. Das Werk stellt vielmehr die erste Publikation der Romantik dar, aus dem Herbst 1796, von Wackenroder verfaßt und herausgegeben von seinem Freund Ludwig Tieck. Der Buchhändler, den ich zunächst ansprach, wußte wohl ebenso wenig wie ich damals, worum es sich handelte, und meinte, ich sollte mich da "an den Herrn Pava" wenden. Dieser lächelte mich mit einem freundlichen "Ja" an, lief zum Regal und holte das Büchlein, ohne zu suchen, heraus. Natürlich wandte ich mich in Zukunft gleich "an den Herrn Pava". Erst Jahre später erfuhr ich, wie sein wirklicher Name lautete und daß er von den Germanistikstudenten nicht immerzu auf seine literarischen Vorfahren angesprochen werden wollte.

Ende der 80er Jahre sah ich ihn wieder. Inzwischen arbeitete ich als Redakteurin an der historisch-kritischen Brentano-Ausgabe mit, die das Freie Deutsche Hochstift - Frankfurter Goethe-Museum veranstaltete; 1975 begann diese mit dem Gemeinschaftswerk Brentanos und Arnims, "Des Knaben Wunderhorn". 1981, zum 200. Geburtstag Achim von Arnims, erarbeiteten mein Chef, Prof. Dr. Hartwig Schultz,[20] und ich eine Ausstellung über diesen romantischen Dichter für das Goethe-Museum. Sie wurde maßgeblich unterstützt von Clara von Arnim, die uns die Ausleihe von Ahnenporträts und anderen Objekten - wie einem Scherenschnitt des kleinen "Louis" (so der Rufnahme des Dichters) - aus Familienbesitz vermittelte. Der freundschaftliche Kontakt zu ihr blieb fortan bestehen. So kam es, daß Peter-Anton von Arnim eines Tages in unserem Büro stand; er unterstützte damals seine Mutter bei der Abfassung ihrer Memoiren "Der grüne Baum des Lebens"; besonders über den historischen Hintergrund der Familie wollte er sich bei uns kundig machen, denn Exaktheit war ihm wichtig. Das wäre noch nicht so erstaunlich gewesen, - wohl aber das, wovon er nun erzählte. Er kam aus dem Sudan zurück, wo er einige Jahre gelebt hatte; als Fotograph hatte er glückliches Leben - oft bei Familienfesten wie Hochzeiten - dokumentiert. Diese friedliche islamische Welt, die er dort kennen und schätzen gelernt hatte, war durch einen radikalen Wandel verändert worden. Er sprach von der Scharia und deren entsetzlichen Strafen. Für ihn war damals eine Welt zerstört worden.

In den 90er Jahren sah ich Peter-Anton nun öfter: Mit ebenso gediegenen wie engagierten Vorträgen und Aufsätzen trat er im Kreis des Freundeskreises Schloß Wiepersdorf, der Internationalen Arnim-Gesellschaft und der Initiative Zernikow hervor. Er hätte sich auf das Feld der Familiengeschichtsforschung zurückziehen können, in dem er Anerkennung fand, ebenso wie auf seine wissenschaftlichen Darstellungen zu Bettine von Arnims Progressivität.

Doch er beschritt einen weiteren, ganz anderen Weg: Er unterstützte afrikanische Germanistik-Studenten - nun aus dem Senegal - und machte sie mit der romantischen Literatur bekannt. Es ergab sich, daß diese Literatur mit großem Interesse aufgenommen wurde, weniger historisierend als vielmehr als Beispiel für die Möglichkeit eigenen Dichtens. Peter-Anton von Arnim erhielt also ebensoviel zurück, wie er gab.

---

20 Hartwig Schultz (* 9. Januar 1941) wurde als Brentano-Forscher bekannt. Er promovierte an der Freien Universität Berlin mit „Vom Rhythmus der modernen Lyrik. Parallele Versstrukturen bei Holz, George, Rilke, Brecht und den Expressionisten". Er habilitierte sich mit der Schrift „Form als Inhalt". Bis 2007 leitete er die Brentano-Arbeitsstelle im Freien Deutschen Hochstift Frankfurt. Hartwig Schulz gehört mit zu den Gründungsmitgliedern des „Freundeskreis Schloß Wiepersdorf". Als Vorstand leitete er viele Jahre den Verein und ist nun Ehrenvorsitzender.

Man könnte glauben, in diesen verschiedenen Stationen jeweils ganz anderen Menschen begegnet zu sein. Und doch war es immer dieselbe Persönlichkeit mit ihrer warmherzigen Weite des Denkens.

Renate Moering, Wiesbaden, Juli 2012

2.4 Melanie Lafonteyn – Eine treue Freundin aus frühester Zeit

2.4.1 Rosen im Winter

Mail an Melabnie Lafonteyn 4. Jan 2010, 21.02 h

```
Entschuldige Melanie,
ich bin ein alter Freund von Peter Anton - spreche
kein französisch oder spanisch - meine Marlis und
ich besuchten im Dezember zweimal das Grab - wir
sahen die wunderbaren Rosen von Dir- anbei ein Bild
im tiefen Winter.
Mit   einem   lieben   Gruß   aus   dem   Harzgebirge
herzlich
Horst und Marlis
```

Melanie Lafonteyn; „Maria Oslova"; Deuxieme edition 2004. Das, ist der Titel eines ihrer Bücher, in dem Melanie über Peter Anton als Hauptfigur und über die gemeinsam verbrachte Zeiten in Romanform schreibt. Das Buch kam über Liselotte Hirt zu uns, konnte aber leider bisher nicht übersetzt werden.

Die französischen Kriegsgefangenen, die auf dem Gut Zernikow arbeiten mußten, haben nach dem Krieg Kontakt zu Peter Anton aufgenommen und sich herzlich für die Fürsorge seitens des Vaters bedankt. Auch Melanie hatte zu diesen Menschen in Frankreich Kontakt. Sie kündigte an, daß darüber noch einmal zusammenfassend an die Familie von Arnim geschrieben werden soll. Möglicherweise kann Wolf Herman den Kontakt noch einmal aufgreifen und nachspüren?

Aus einer sehr holperigern Übersetzung

Liebe Marlis und Horst,
Als ich Peter nach so vielen Jahren der Stille wieder traf, er sandte mir seine Biographie und seine Schriften zu. Und ich bin nur die eine, die seine Lebenszeit in Madrid kennt, weil ich Teil davon war. Peter ist immer noch in so vielen Straßen, Gärten, Musiktheatern von dieser Stadt, an die er sich nicht erinnern konnte oder sich nicht erinnern wollte. Ich erklärte Liselotte (Hirt) alles, was geschah.
Trotz so viel Trauer von beiden fand Peter, der so abrupt wegging, eine ewige Stelle in meinem Roman. Ich sende Ihnen wieder die Post zu, die Sie nicht empfangen haben.

Viel Liebe. Mélanie

Datum: Do 4. Feb 2010 09:06:00, 0000

2.4.2 Schreibst Du etwas, liebe Melanie für ein Buch über Peter Anton?

Von Melanie an Moustapha im Senegal, 22. Feb. 2012, 9.49 h

Chère Madame Lafonteyn,
C'est avec beaucoup d'enthiousasme que nous avons reçu votre lettre du 17 février. Merci pour tout, car ce que vous avez écrit, est tout simplement merveilleux et très enrichissant.
Madame, ne pensez-vous pas qu'il serait souhaitable d'intègrer cette lettre-témoignage dans le prochain livre que nous sommes en train d'écrire? ou plus encore, seriez-vous disposée à écrire un texte sur Peter Anton en guise de contribution? Par exemple, un résumé du livre "Maria Oslova", avec des indications sur la date et le lieu de parution. Vous pourriez aussi, si le temps vous le permet, rééditer la nouvelle. Vous avez sûrement écrit des hommages adressés à quelqu'un et des personnes ont signé pour témoigner leur affection. On pourrait alors intégrer ces signatures en guise de témoignage. Peut-être avez-vous aussi deux à trois poèmes écrits par Peter Anton du temps du collège qu'on pourrait intégrer dans le travail ou quelques correspondances échangées avec lui.
Le frère de Peter Anton, Monsieur Wolf von Arnim , a récemment déménagé en France, à Eguissheim. Il a accompagné Peter jusqu'à son dernier souffle. Les images jointes en annexe l'attestent. Aussi, selon Dr Stukenberg, les roses sur la tombe, viennent de vous Mélanie.
Nous aimerions sincèrement que vous participiez à l'élaboration de tout ceci pour que survive la mémoire du philanthrope qu'était Peter Anton.
Merci d'avance pour tout et bonne journée
Moustapha

2.4.3 Eine Antwort von Melanie Lafonteyn

Von: Mélanie Lafonteyn
Datum: 17/02/2012 12:03:01
An: TAFA SOW
Betreff: RE: Weiterl.: Peter Anton von Arnim

Cher   Monsieur,
Peter-Anton von Arnim fut mon compagnon d'études à la Faculté de Lettres de Madrid. Je ne l'ai jamais oublié. Il s'installa en Afrique et la vie nous sépara. Cependant
je pus le retrouver en 2008 et l'accompagner dans la distance jusqu'au dernier jour.
Ecrivaine, j'ai écrit un roman, MARIA OSLOVA, dont le personnage principal es Da-
mian, qui représente Peter-Anton. Egalement une nouvelle: LA ROSE ROUGE DE
PETER   COPPENS.
Actuellement Directrice de la revue féministe CO, j'ai décidé en janvier de rendre un
hommage à la famille von Arnim dans le numéro d'avril 2012. <u>Quelle coïncidence</u>
que vous ayez pris contact avec moi juste au moment où je suis en train de repro-
duire une photographie de Friedmund von Arnim avec l'attestation que signèrent tous
les prisonniers français à Zernikow en 1946 pour permettre sa libération alors qu'il
était prisonnier à Saint-Petersbourg. Peter-Anton était un homme extrêmement cultivé, grand amoureux de la langu e française et de tous les arts. J'ai conservé des
poèmes (de notre époque d'étudiants) qu'il rédigeait en français ou en espagnol.
Meilleures pensées, Mélanie, Madrid, le 17 février 2012. info: google Mélanie Lafonteyn

Gransee – Rosen von Melanie im Zimmer von Peter Anton (Foto Marlis Stukenberg)

2.5 Meine Begegnung mit Peter Anton von Arnim zwischen 2003 und 2009 – von Liselotte Hirt

Als ich 2003 zum ersten Mal nach Zernikow kam, wohnte ich bei Sophie von Fürstenberg[21]. Sie war eine Freundin von Peter-Anton (genannt Pava) und Angela Hubrich (wo er wohnte) und so wurde ich auch bald mit beiden bekannt. Ich erinnere mich an eine Feier zu Pavas Geburtstag am 12. August 2007, die Angela Hubrich ausrichtete.

Heiter und fröhlich ging es zu, ich war überrascht, wie viele Menschen er kannte, wie geistreich er kommunizierte. Einen tiefen Eindruck hinterließ bei mir auch sein Vortrag in der Zernikower Kirche, wo er zu dem Thema 'Bäume und Tiere in der Bibel und im Koran' - zusammen mit Pfarrer Dalchow - einen sehr lebendigen Vortrag hielt. Auf die Frage einer Zuhörerin, ob er den Koran nicht nur lesen, sondern auch sprechen könne, gab er spontan eine flüssige, sehr beeindruckende Kostprobe. Seine Stimme war stets laut und kräftig, selbst später, als er schon krank und schwach war.

Unser Kontakt in meinen ersten Zernikower Jahren beschränkte sich meist auf Geburtstags-oder Silvesterfeiern, oder gemeinsames Bratapfelessen – gerne las er dabei vor,- 'smalltalk' lag ihm nicht...

Als er 2004 nach einem Unfall (mit Gehirnblutung) wieder in Zernikow war, begann meine Zeit mit ihm als Atem- und Körpertherapeutin. Es war schwer, ihn zu motivieren – er hatte wenig Beziehung zu seinem Körper und auch keinerlei Ehrgeiz, sich mit seinem Körper und den nachlassenden Kräften zu befassen. So fand ich ihn zu den vereinbarten Stunden meist unvorbereitet oder noch schlafend oder am PC sitzend vor und nach einigen Versuchen endete unser gemeinsames Bemühen.

Da Frau Hubrich – wo er wohnte - durch ihr Engagement bei 'Zeitzeugen' häufig unterwegs war, war ein Verbleiben in seiner Wohnung nicht mehr möglich. Es folgte eine Zeit weiterer Krankenhausaufenthalte und zwischenzeitliche Kurz-Aufenthalte in verschiedenen Tagespflegen.

Meine Besuche in den div. Tagespflegeeinrichtungen haben mich erschüttert und ließen mich wieder aktiv werden.

Abgeschnitten von den bisherigen Kontakten, ohne Telefon, ohne geistiges Futter, erlahmte jegliche Energie in ihm und es war sehr traurig, ihn dort zu besuchen und auch ohne jegliche Zuversicht wieder zu verlassen.

Wenngleich ich persönlich einen Heimaufenthalt für den letzten aller wünschenswerten Möglichkeiten halte, in Peter-Antons Interesse habe ich mich dafür eingesetzt und ihm auch dazu geraten. So begaben wir uns - zunächst zu dritt - auf die Suche, aber er hatte nicht genug Kraft, so daß Angela Hubrich und ich allein weitersuchten.

---

[21] Sophie von Fürstenberg 25.05.1955 – 12.01.2011 wohnte damals auch in Zernikow.

Natürlich kann man vielerlei Kriterien haben, nach denen man einen Platz aussucht – in diesem Fall war der wichtigste: das Zimmer muß einen PC-Anschluß haben! Damit stießen wir auf Verwunderung in manchem Heim, die Senioren-Wohnstätte in Gransee sicherte uns zu, daß dies machbar sei.

Da auch die anderen Kriterien stimmten, bekam Peter-Anton dort einen Platz und wurde gern dort aufgenommen. Die 'Kommunikation mit der Welt' war wieder hergestellt, er lebte wieder auf.

Und eröffnete nach kurzer Zeit: 'hier bleibe ich nicht – ich gehe zu Mustafa in den Senegal'! Jetzt mußte er sich unterschiedliche Kommentare anhören. Viele rieten ihm ab, andere unterstützten seine neuen Pläne. Aber er blieb dabei und im September erfolgte die Abreise.

Sein 70. Geburtstag im August wurde zu einem großen Abschiedsfest. Die Familie, viele Freunde und Weggefährten waren angereist. Ein Freund Horst Stukenberg und Frau Marlis begleiteten ihn auf dem Flug in seine neue Heimat, auf die er sich so sehr gefreut hat. Der Leiter des Heims verabschiedete sich mit dem Angebot, daß er jederzeit wieder zurückkommen könne.

Leider mußte er nach ca. 6 Wochen dieses Angebot wieder annehmen, denn er war krank geworden – es begann ein Leidensweg für ihn, den er teils resignierend erduldete und teils kraftvoll mitgestaltete. So kämpfte er für Einweisungen ins Krankenhaus, aber auch gegen bestimmte Eingriffe...

Ich glaube, der intensive Kontakt mit der Außenwelt (seine Telefonrechnungen waren hoch) gaben ihm immer wieder Kraft und Mut. Er erlebte, daß er nicht vergessen war, daß er geschätzt und geliebt wurde.

So entstand wieder der Kontakt zu einer französischen Freundin – Melanie - aus seiner Studentenzeit in Madrid. Er war glücklich über die Anrufe, die Päckchen, die wunderbaren Rosen, die sie ihm schickte – aber: er konnte sich gar nicht mehr an sie erinnern! Dennoch war sie ihm eine große Freude und sie hielt treu zu ihm. Es war schön zu erleben, wie er am Telefon fließend Französisch parlierte oder Englisch mit seinem Sohn in Amerika.

In Doris Briese hatte er eine Vertraute und Verbündete, die ihm stets mit klarem Kopf und Verstand zur Seite stand und selbstlos die 'weltlichen' Dinge regelte. Sie war es denn auch, mit der er noch die 'letzten Dinge' vor seinem Tod besprechen konnte.

Die letzten Tage im Heim waren von Enttäuschung geprägt, wegen einer gefährlichen Infektion isoliert, sollte er nicht an der Beerdigung seiner Mutter teilnehmen, die drei Tage nach seinem Geburtstag, am 15. August, beigesetzt werden sollte. Er hatte keine Kraft mehr zu kämpfen, so wurden noch einmal ein paar Freunde aktiv, die sorgten dafür, daß er trotz aller Widerstände an der Beerdigung teilnehmen konnte.

Am 19.8.2009 verstarb Peter-Anton im Krankenhaus Gransee.

Liselotte Hirt, Zernikow, 22.04.12

2.6 Die Initiative Zernikow – Anfrage an Ines Rönnefahrt

Horst Stukenberg   38667 Bad Harzburg, den 28. März 2012

Liebe Frau Rönnefahrt,

Im Februar d. J. sprach ich auch Frau Ursula Püschel betr. eines Beitrages aus ihrer Sicht an. Sie schickte uns einen Artikel über den Abschied von Clara von Arnim. Gern hätte ich noch einen etwas persönlicheren Beitrag von ihr, und etwas über die Polenbroschüre der Bettina von Arnim. Abwarten, aber Frau Püschel machte uns auch auf die „Initiative Zernikow" aufmerksam. Vorgestern schickte sie uns den Jahresrückblick 2011. Da ist ja wieder eine ganze Menge geschehen, alle Achtung.

Wir sprachen am Telefon davon, daß in der Zeitung von Gransee ein kurzer Artikel über Peter Anton stand (Datum ist nicht auszumachen). Besonders das Foto gefiel mir gut und würde doch gut ins Konzept passen: „Trauer um Peter Anton von Arnim – Islamwissenschaftler und Nachfahre des Zernikower Adelsgeschlechts in Gransee gestorben". Vielleicht kann man den Artikel mit Bild als ganze Datei per Mail bekommen? Sie würden einige Redakteure kennen. Vielleicht gibt es ein paar weitere Artikel, die gut mit ins „Bild" passen bzw. aufgenommen werden könnten?

Obwohl auch Sie so ziemlich mit Arbeit eingedeckt sind, habe ich eben noch kein schlechtes Gewissen, Sie betref eines Beitrages gefragt zu haben. Die kurze Geschichte mit den Schnecken hat mir außerordentlich gut gefallen. Hat Pava auch einen Anteil an der Arbeit der Initiative? Mir geht es auch darum, den Menschen Peter Anton noch einmal zu Wort kommen zu lassen, natürlich auch sein Wirken. Gespannt warte ich nun auf Ihre Zeilen, aber auch auf weitere Anregungen.

Nun verbleibe ich vorerst mit einem ganz lieben Gruß
Ihr

2.6.1 Peter Anton und die Initiative Zernikiow[22] – von Lilo & Winfried-Winkelmann

Peter-Anton von Arnim – Zurück in Zernikow (2001 – 2009) (geb. 12.08.1937 in Zernikow, gest. 19.08.2009 in Gransee)

Als Ghostwriter schrieb Peter-Anton von Arnim für seine Mutter das Buch „Der grüne Baum des Lebens – Lebensstationen einer märkischen Gutsfrau in unserem Jahrhundert". Durch dieses Buch wurden wir bereits 1992 in Wiesbaden auf Zernikow aufmerksam. Ein paar Jahre später, dank unseres neu erworbenen Hauses in Stechlin-Dollgow, traten wir der von seinem Bruder Achim von Arnim gegründeten „Initiative Zernikow e. V." bei. Hier lernten wir unter anderem Peter-Anton von Arnim kennen.

Peter-Anton war 2001 nach seiner Pensionierung nach Zernikow gezogen und hatte auf dem Hof von Frau Dr. Angela Hubrich in Zernikow-Kelkendorf eine Wohnung gefunden. Hier verbrachte er in ländlicher Idylle seine letzten Lebensjahre und engagierte sich wie auch Frau Dr. Hubrich in der Initiative Zernikow e.V. Aus unserer Sicht ergab sich zwischen den beiden eine wunderbare Symbiose, bei der Peter-Anton für die sehbehinderte Frau Hubrich als Vorleser fungierte und sie für sein leibliches Wohl sorgte.

Während sein Bruder Achim von Arnim ein umfassendes Nutzungskonzept für das Gut Zernikow entwickelt hatte, aber für dessen Umsetzung leider viel zu zeitig starb, engagierte sich Peter-Anton in erster Linie für die Zernikower Familiengeschichte und plante im Zernikower Gutshaus die Einrichtung eines „Achim-von-Arnim-Museums zu den naturwissenschaftlichen Arbeiten der Romantik". Dieses Museum sollte dem Besucher vor allem auf „spielerische" Weise die Physik nahebringen, insbesondere auf den Gebieten, die sein Vorfahr Achim von Arnim (1781 – 1831) untersucht hatte. Achim von Arnim studierte 1798 u. a. Physik, Chemie, Mathematik und Jurisprudenz in Halle und veröffentlichte kleinere Schriften zu verschiedenen naturwissenschaftlichen Themen. Der zweite Komplex physikalischer Untersuchungen, für die sich Peter-Anton von Arnim interessierte, waren die Untersuchungen Goethes zur Natur des Lichts.

---

[22] Ein Text von Lilo & Winfried Winkelmann, Dollgow, Juli 2012 - Winfried Winkelmann war von 2005 - 2009 Kassenwart und Lilo Winkelmann Protokollführerin der Initiative Zernikow e.V..

Ein reger Austausch fand mit den Professoren Siemsen und Schwedt von den Universitäten Frankfurt/Main und Clausthal-Zellerfeld statt, die mehrmals zu Vorträgen nach Zernikow kamen und mit Ihren Studenten auch Material für verschiedene Ausstellungen in Zernikow erarbeiteten. Neben Goethes naturwissenschaftlichen Forschungen fand auch dessen Haltung zum Islam und besonders sein Werk „West-östlicher Diwan" großes Interesse bei Peter-Anton. Eine spannende Diskussion ergab sich auch, als er aus seinem gemeinsam mit Katharina Mommsen[23] entstandenen Buch „Goethe und der Islam" in unserem Haus in Stechlin-Dollgow vorgelesen hatte. Durch Peter-Antons Engagement tagte auch die Internationale Arnimgesellschaft, die sich dem literarischen Werk Achim von Arnims verschrieben hat, zweimal in Zernikow.

Um die „Initiative Zernikow" und die naturwissenschaftlichen Ambitionen von Peter-Anton von Arnim zu unterstützen, hatte Frau Ingeborg Demant Herrn Heinrich Jacobi aus Menz um seine Mitwirkung gebeten. (Frau Demant war eine Spielfreundin in Peter-Antons Jugend auf dem Zernikower Gutshof. Sie war die Tochter des Oberförsters.) Zwischen beiden kam es zu interessanten Diskussionen zu Goethes naturwissenschaftlichen Forschungen und seinem Streit mit Newton. Das Projekt des Museums zu den Naturwissenschaftlichen Arbeiten der Romantik konnte jedoch nicht in Angriff genommen werden. Stattdessen wurde die von Peter-Anton initiierte und mit Unterstützung der Internationalen Arnim-Gesellschaft realisierte Ausstellung zu Achim von Arnim im Zernikower Gutshaus um einen kleinen naturwissenschaftlichen Bereich ergänzt. Hier fand auch ein Teil des Ausstellungsmaterials von Prof. Schwedt in einer Vitrine Platz. Aus dieser Mitarbeit entwickelte sich eine engere Zusammenarbeit mit Herrn Jacobi, der bald darauf den Vorsitz der Initiative Zernikow e.V. von Friedrich-Karl Krause übernahm.

Peter-Anton konnte man jederzeit anrufen, wenn es um Informationen oder Material zu den genannten Wissensgebieten ging. Sein Engagement, die Umwelt betreffend, war kompromisslos und für das fehlende Umweltbewusstsein von Verwandten kannte er kein Pardon, wie seine Zeitungsartikel zum Holzeinschlag im Zernikower Tiergarten zeigten.

Anlässlich eines Jahrestages des Vereins „Gemeinsam e.V." wurde eine „Kletterpartie" auf den Kossätenberg bei Großwoltersdorf von Herrn Herbert Brauer organisiert. Eine verrückte Idee, auf das Hügelchen mit voller Bergsteigerausrüstung zu gehen! Peter-Anton war wie bei vielen ausgefallenen Ideen natürlich dabei, obwohl sich seine gesundheitlichen Beschwerden bereits abzeichneten.

Trotz seines bescheidenen Lebenswandels war Peter-Anton auch ein Feinschmecker. So suchte er ständig nach einem Partner für ein Weinbergschnecken-Essen. Endlich fand er in Winfried Winkelmann einen entsprechenden Partner. Einmal kam er zu uns mit einem Plastikbeutel vorbei, in dem es verdächtig raschelte – die Schnecken versuchten, dem Gefängnis zu entkommen. Während unseres langen Gesprächs beugte sich Peter-Anton immer wieder zu dem neben seinem Stuhl stehenden Beutel herunter und schüttelte die Schnecken, die inzwischen schon fast den Ausgang erreicht hatten, wieder hinunter. Die Tiere stammten aus dem Zernikower Tiergarten. Irgendeine Kindheitserinnerung, vielleicht auch Erzählungen von den französischen Kriegsgefangenen, die zeitweilig auf dem Gut Zernikow tätig waren, hatten ihn

---

[23] Katharina Mommsen (* 18. September 1925) ist eine deutsch-US-amerikanische Literaturwissenschaftlerin. Sie hat sich zusammen mit ihrem Mann M. besonders der Goethe-Forschung gewidmet. Katharina Mommsen promovierte 1956 an der Universität Tübingen mit der Dissertation „Goethe und 1001 Nacht" und habilitierte sich 1962 an der Freien Universität Berlin. Seit 1978 ist Katharina Mommsen Herausgeberin der Reihe *Germanic Studies in America*, von 1978 bis 1982 war sie Mitherausgeberin von *German Studies Review*. Ab 1974 war Mommsen Professor of German Studies an der Stanford University, Kalifornien, wo sie bis 1992 lehrte.

dazu bewogen, es auch einmal mit der Zubereitung von Weinbergschnecken zu versuchen. Allerdings ist aus dem Schmaus aus irgendwelchen Gründen letztlich doch nichts geworden.

Zu seinem 70. Geburtstag feierten wir alle noch sehr fröhlich in der Zernikower Scheune. Peter-Anton hatte viele Freunde und Bekannte dazu eingeladen. So zählte auch der ehemalige Bundesratspräsident Thierse mit seiner Frau zu seinen Gästen. Wir führten das Ehepaar Thierse durch die Arnim- und Maulbeer-Ausstellungen in der Hoffnung auf mehr öffentliche Aufmerksamkeit und auch auf finanzielle Unterstützung. Leider vergebens. Diese Geburtstagsfeier sollte nach Peter-Antons Wünschen auch den Aufbruch in einen neuen Lebensabschnitt besiegeln. Er wollte in den Senegal übersiedeln.

So sympathisch er uns und allen Freunden immer war, so konnten wir diese Entscheidung nicht nachvollziehen, obwohl uns der Wunsch irgendwohin zu gehören und irgendwo dazu zu gehören verständlich war. Leider ist es bei dem kurzen Versuch, der durch seine Erkrankung beendet wurde, geblieben. Er starb wenige Monate nach dem Tod seiner Mutter im Alter von 72 Jahren im Altersheim von Gransee.

Peter-Anton von Arnim wird uns immer in Erinnerung bleiben. Den Besuchern von Zernikow werden zahlreiche Führungen zur Geschichte Zernikows und der Familie von Arnim, Vorträge und Zeitungsartikel im Gedächtnis bleiben. Sein Bruder, Achim von Arnim, hatte die Initiative Zernikow e.V. mit viel Engagement aufgebaut und vor allem nach einem tragfähigen Nutzungs- und Entwicklungskonzept für die Gutsanlage gesucht. Aber auch Peter-Anton von Arnim hinterlässt bleibende Spuren in Zernikow. Die aus unserer Sicht vielleicht schönste „Spur" ist ein Text über Zernikow und seine Geschichte, der im Rahmen der umfassenden Restaurierung der Kirche im Jahre 2003 im sog. „Kirchenknopf" hinterlegt wurde. So schwebt also hoch über den Dächern Zernikows auf der Spitze des Kirchturms Peter-Antons Text, der wohl erst in ein paar Jahrzehnten bei der nächsten Reparatur des Kirchendaches wiederentdeckt werden wird. Aber auch das literarische Werk Achim von Arnims, das uns durch Peter-Anton nähergebracht wurde, wird dauerhaft einen Platz in Zernikow finden, sei es in Form von Vorträgen und Lesungen oder künftig vielleicht auch in Form einer Dauerausstellung.

2.6.2 Die Initiative Zernikow e.V. - Jahresrückblick 2011 – von Ines Rönnefahrt

15.03.2012

Liebe Mitglieder, Freunde und Förderer der Initiative Zernikow e.V.,

auch das Jahr 2011 war für unseren Verein wieder ein recht aktives Jahr, verbunden mit einer Reihe schöner Veranstaltungen in Zernikow, aber auch mit einem wichtigen Meilenstein auf dem Weg der schrittweisen Restau-

rierung des Gutshauses: Es wurde begonnen, den barocken Gartensaal als repräsentatives „Herzstück" des Gutshauses wiederherzustellen. Dies war der Schwerpunkt unserer Vereinstätigkeit im Bereich **Denkmalschutz,** der natürlich wieder in enger Abstimmung mit der

AQUA Zehdenick GmbH erfolgte. Die Restaurierung und der erforderliche Einbau einer Wandflächenheizung haben etwa 60.000 € gekostet. Jeweils ca. ein Drittel übernahmen die Kurt-Lange-Stiftung, das Amt Gransee und Gemeinden und unser Vereinsmitglied Wolf Herman von Arnim. Wir freuen uns sehr, dass die Kurt-Lange-Stiftung noch einmal ein Projekt in Zernikow gefördert hat, nachdem die Stiftung vor etlichen Jahren bereits einmal die Restaurierung des Fredersdorff'schen Erbbegräbnisses und die Restaurierung des Mittelrisaliths des Gutshauses (Bekämpfung des Hausschwamms) co-finanziert hatte.

Das letzte Jahresdrittel 2011 war durch die Renovierungsarbeiten im Gutshaus geprägt: Eine Gasetagenheizung wurde eingebaut, um den Gartensaal und die links im Erd- und im Obergeschoss des Gutshauses befindlichen Räume beheizen zu können. Auch die erforderliche Elektrik wurde installiert, die Wände verputzt und die Fußböden wurden repariert. Somit werden in Kürze erstmals vier Räume des Gutshauses soweit wiederhergestellt sein, dass sie als Büroräume genutzt werden können. Das Restauratoren-Team um Jochen Hochsieder hatte im Gartensaal enorm viel Arbeit, um die barocke Ausmalung wiederherzustellen, denn von der ursprünglichen farblichen Gestaltung des Raumes waren nur noch vergleichsweise geringe Reste vorhanden. Das Ausmaß der Zerstörung durch frühere Renovierungen wurde nach Freilegung aller Wände offensichtlich. Gemeinsam mit der Denkmalfachbehörde in Potsdam wurde in mehreren Abstimmungsgesprächen ein Konzept für die Wiederherstellung der Farbfassungen erarbeitet. Dabei wurde beschlossen, praktisch nur die Säulen und großen Rahmen, die geschnitzte Holzrahmen darstellen, wiederherzustellen. Die Medaillons und Blumenranken, die sich einst in den gemalten Rahmen befanden, sind nur noch in winzigen Fragmenten erhalten, so dass eine Rekonstruktion völlig

Exemplarisch rekonstruierter Wandbereich

unmöglich ist. Dies ist bedauerlich, aber dennoch wird der Gartensaal auch nach der nur Teil-Wiederherstellung der Bemalung ein wunderbares Gefühl einer barocken Raumgestaltung vermitteln. Der Gartensaal wird am 21.04.2012 feierlich werden und wird ab diesem Zeitpunkt für Veranstaltungen zur Verfügung stehen.

Das Amt Gransee und Gemeinden beauftragte im vergangenen Jahr eine neue Entwicklungskonzeption für das Gut Zernikow. Erste Schritte zur Umsetzung dieser Konzeption wurden bereits unternommen: Der Hof wird nicht mehr von einer öffentlichen Straße durchschnitten. Weiterhin soll die Anlage durch die Erneuerung der Einzäunung und die Klärung der Parkplatzsituation wieder einen geschlossenen Charakter bekommen.

Am 10. April gab es eine vielbesuchte **Lesung aus dem Briefwechsel** zwischen Achim und Bettine von Arnim, die von Frau Dr. Renate Moering von der Internationalen Arnim-Gesellschaft zusammengestellt wurde. Es lasen Frau Moering und der Schauspieler Wolfgang Unterzaucher. Achim von Arnim (1781-1831), romantischer Dichter, verbrachte in seiner Kindheit unbeschwerte Tage bei seiner Großmutter, Caroline von Labes, in Zernikow. Auf seinem Gut Wiepersdorf knüpfte er später an diese Zeit an. Er war mit Bettine Brentano, der Frankfurter Bürgerstochter und späteren sozialkritischen Schriftstellerin, verheiratet. Die facettenreiche Entwicklung ihrer Liebe und Ehe spiegelt sich in den Briefen wieder, so dass die Lesung einen interessanten Einblick in die Beziehungen beider Personen aber auch in die Gegebenheiten dieser Zeit ermöglichte. Aufgrund der zahlreichen Besucher, die in dem Vortragsraum des Inspektorenhauses kaum Platz fanden, wurde die Lesung in einer gestrafften Fassung im August wiederholt. Unser Mitglied Ingrid Krause-Windelschmidt lässt aktuell aus der Lesung und Bettina-Liedern eine Doppel-CD unter Vorfinanzierung produzieren, die zugunsten der Initiative vertrieben werden wird. Diese CD können sie Sie z.B. bei der Mitgliederversammlung zum Preis von 15,- € bestellen.

Das **Maulbeerfest** fand traditionsgemäß am ersten Sonnabend im August statt. Auch dieses Mal war das Fest gut besucht, die „größte Seidenblume der Welt", eine Rose der traditionsreichen Firma ‚Kunstblume Sebnitz', stand wieder vor dem Gutshaus. Als Referenten für einen Vortrag konnten wir Herrn Siegfried Böhm aus Plauen gewinnen, der als gelernter Seidenweber viele Jahre in der Plauener Spinnhütte die Weberei leitete. So erfuhren die Besucher viel über „Die Naturseide und ihre Wirtschaftlichkeit in Deutschland".

Die 2009 begonnene **Nutzung der ehemaligen Brennerei des Gutes für Kunstausstellungen** wurde 2011 mit zwei Fotoausstellungen fortgesetzt: Carola Martin (Rheinsberg) stellte unter dem Titel „Schwarz auf Weiß" und Jürgen Graetz (Neuglobsow) unter dem Titel „Landleben" aus. Beide Ausstellungen wurden viel beachtet und zogen eine Reihe Besucher an, auch wenn sie nur an den Wochenenden und darüber hinaus auf Anfrage geöffnet werden konnten.
Siegfried Böhm referiert auf dem Maulbeerfest.

Ein junger Besucher in der Ausstellung von J. Graetz

Im Bereich **Öffentlichkeitsarbeit** ist gleich zu Beginn des Jahres 2011 die Teilnahme an der Grünen Woche in Berlin zu nennen. Die Initiative Zernikow e.V. hatte die Möglichkeit, sich einen Tag lang in der Brandenburg-Halle an einem Stand und auch auf der Bühne zu präsentieren und Zernikow vorzustellen. Dies nahmen wir zum Anlass, um den immer wieder einmal angedachten Vereins-Flyer, der die Arbeit unseres Vereins beschreibt, zu realisieren.

Ein weiterer Meilenstein war die Erarbeitung von zwei Informationstafeln für das Gut Zernikow, die in Zusammenarbeit mit dem Naturpark Stechlin Ruppiner Land entstanden sind. Die Tafeln informieren sowohl über die Entwicklung und die Gestalt der Gutsanlage als auch über das Leben und Wirken ihrer Bewohner. Eigentlich hatten die Tafeln direkt am Gehweg vor dem Gutshaus aufgestellt werden sollen, so dass Sie die Besucher nicht nur informieren, sondern auch gezielt auf die Gutsanlage aufmerksam machen. Für die Aufstellung von Informationstafeln auf öffentlichem Land – aber in unmittelbarer Nähe eines Denkmals – ist die Zustimmung der Denkmalbehörde erforderlich. Und so entstand der aus unserer Sicht sehr unbefriedigende Aufstellungsort der Tafeln auf der gegenüberliegenden Straßenseite direkt vor einem Neubaublock. Dies ist aus unserer Sicht sehr bedauerlich, da die Tafeln damit ihren eigentlichen Zweck kaum mehr erfüllen können. Gleichzeitig mit dem Aufstellen der Natur-park-Tafeln mussten auch die bisherigen Informationstafeln, die auch die Möglichkeit boten, auf aktuelle Veranstaltungen hinzuweisen, ersatzlos abgebaut werden. Die fehlende Außen-werbung für die Gutsanlage ist ein Problem, das aufgrund der erforderlichen Abstimmungen zwischen der Eigentümerin der Gutsanlage (AQUA Zehdenick GmbH) und der Denkmalbe-hörde wohl vorerst ungelöst bleiben wird.

Am 10./11.September 2011 beteiligten wir uns an dem vom Verkehrsverbund Berlin-Branden-burg initiierten Projekt „48 Stunden Oberhavel". Bei diesem touristischen Angebot hatten Besucher die Gelegenheit, mit Bahn und Bus die Region zwischen Zehdenick, Gransee, Menz und Fürstenberg zu erkunden. Im Stundentakt hielten die Busse an verschiedenen Stati-onen, so auch in Zernikow. Hier präsentierten wir den Gästen das Gut, vor allem aber die Ge-schichte des Seidenbaues und lebende Seidenraupen, die wie so oft ein großer Anziehungs-punkt waren.

Seit dem 01. April 2011 gibt es in Zernikow eine neue Bewirtschaftung der Gastronomie und der Ferienwohnungen auf Gut Zernikow. Frau Gerlind Groß, seit vielen Jahren Wahl-Zernikowerin, betreibt sie unter dem Namen „**Kost + Logis gut.Zernikow**". Dank dem Wirken von Frau Groß gab und gibt es auf Gut Zernikow nun auch eine Reihe weiterer kultureller Veran-staltungen, die Zernikow und das Gut beleben. Aufgrund der freundlichen Un-terstützung durch Frau Groß können unsere Ausstellungen nun auch am Wo-chenende geöffnet werden, während die AQUA Zehdenick GmbH versucht, die Ausstellungen wochentags den Besu-chern zugänglich zu machen.

Die neuen Infotafeln für das Gut Zernikow

In diesem Jahr entstand erstmals in Zusammenarbeit von unserem Verein mit Kost + Logis gut. Zernikow, der evangelischen Kirchengemeinde Zernikow und der AQUA Zehdenick GmbH ein gemeinsames Heftchen mit den Veranstaltungen des Jahres 2012 auf Gut Zerni-kow. Dieses Heft fügen wir diesem Informationsbrief bei. Informationen zu den Veranstal-tungen finden sie aber auch im Internet auf den Seiten initiative-zernikow.de, gut-zernikow.de und kirche-zernikow.de.

Ausblick 2012: In diesem Jahr jährt sich der Geburtstag Friedrich des Großen zum 300. Mal. Aus diesem Anlass gibt es überall in Brandenburg und darüber hinaus zahlreiche Ausstellungen und verschiedene Veranstal-tungen, die sich diesem Thema widmen. In Zernikow werden wir vor allem die enge Freundschaft zwischen dem König und sei-nem Geheimen Kämmerer Michael Gabriel Fredersdorff in Rahmen einer Ausstellung und mehreren Vorträgen/Lesungen beleuch-ten. Der interessante Briefwechsel zwischen

den beiden Männern wird auch Gegenstand einer Kunstausstellung in der ehem. Brennerei des Gutes unter dem Titel „Der Kammerdiener und sein König – alte Briefe neue Kunst" sein.

In diesem Jahr jährt sich die Gründung unseres Vereins zum 20. Mal. Dies möchten wir zum Anlass nehmen für einen kleinen Rückblick auf unsere Vereinstätigkeit und werden dies im Herbst feierlich begehen. Informationen hierzu werden Sie rechtzeitig erhalten bzw. auch auf unserer Internetseite finden.

Auch die Deutsche Stiftung Denkmalschutz engagierte sich 2011 erneut in Zernikow. So konnte der Nordgiebel des Gutshauses durch die Eigentümerin der Gutsanlage restauriert werden.

Das Maulbeerfest wird in diesem Jahr am Sonnabend, den 04. August, stattfinden. Wir bedanken uns bei Ihnen für Ihr Interesse und Ihre Unterstützung
und wünschen Ihnen und Ihren Familien alles Gute
Im Namen des Vorstandes

Dr. Ines Rönnefahrt

2.6.3 Ein Besuch in Zernikow lohnt sich – Werbung der Initiative Z.

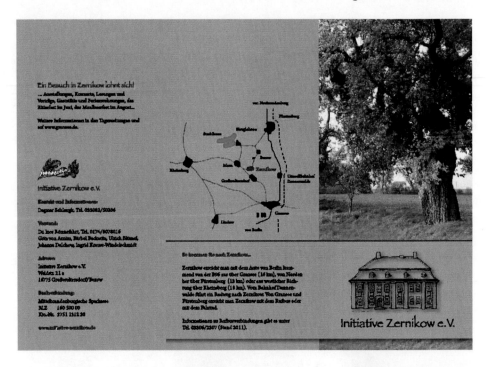

Die Initiative Zernikow e.V.

Die Initiative Zernikow e.V. wurde 1993 von Achim von Arnim (1931–1997) gegründet. Der gemeinnützige Verein ist satzungsgemäß dem Umwelt-, Landschafts- und Denkmalschutz verpflichtet.

Der Satzungszweck wird durch Sorge um Restaurierung und Erhaltung von historisch und kulturell bedeutsamen, denkmalgeschützten Bauten und Anlagen sowie der naturgeschützten Ortsbild- und der kommunalen Infrastruktur verwirklicht.

Die Initiative Zernikow e.V. und die AQUA Zehdenick GmbH arbeiten gemeinsam an der Erhaltung und Entwicklung des Gutes Zernikow.

Das heutige Erscheinungsbild von Zernikow wurde maßgeblich durch den Geheimen Kammer- und Galeriel Fredersdorf (1708–1758) und seine Witwe Caroline von Labes, die Großmutter des Dichters Achim von Arnim (1781–1831), geprägt. Fredersdorf erhielt 1740 das Rittergut Zernikow von dem preußischen König Friedrich II. für seine treuen Dienste geschenkt. Von 1855 bis 1945 befand sich das Gut Zernikow im Eigentum der Familie von Arnim.

Landschaftsschutz

Die Gemarkung Zernikow ist durch verschiedene Alleen geprägt, die etwas bis zu 250-jährigen Baumbestand aufweisen. Dem Schutz und der Pflege dieser Alleen fühlen wir uns verpflichtet.

Denkmalschutz

In den vergangenen Jahren hat der Verein mit Unterstützung von Stiftungen das 1777 errichtete Fredersdorfsche Erbbegräbnis rekonstruiert und sich an der Restaurierung von Kirche und Gutshaus beteiligt.

Ausstellungen

Auf Gut Zernikow erwarten den Besucher gerätbig verschiedene Ausstellungen. Die Ausstellung „Vom Maulbeerbaum zur Seide" informiert umfassend über die Geschichte des Seidenbaus in Brandenburg. Ein besonderer Höhepunkt in den Sommermonaten sind lebende Seidenraupen.

Die Ausstellung „Der junge Arnim", die dem Leben und Wirken dieses bedeutenden Dichters der Romantik gewidmet ist, wurde gemeinsam mit der Internationalen Arnim-Gesellschaft erarbeitet. Achim von Arnim (1781–1831) verbrachte viele unbeschwerte Tage bei seiner Großmutter in Zernikow.

Das Zernikower Maulbeerfest

Die Initiative Zernikow e.V. veranstaltet jährlich am ersten Sonnabend im August ein Fest rund um den Maulbeerbaum, die Seidenraupen und die Seide. Die Besucher erwartet eine abwechslungsreiche Mischung sowohl zu Wissenswertem in Form von Vorträgen, Filmen und Ausstellungen, als auch verschiedene Marktstände und Kulturerlebnisse rund um die Maulbeere. Maulbeer-Ilis bekommen Sie nur in Zernikow!

92

2.7 Abschied von Zernikow - NEUES GRANSEER TAGEBLATT

Märkische Allgemeine, Dienstag, 14. August 2007

KARSTEN LEWERENZ

GRANSEE/ZERNIKOW Das anstrengende Wochenende hat bei Peter-Anton von Arnim Spuren hinterlassen. Ein wenig erschöpft sei er. Mehr nicht. Kein Wunder, empfing er doch anlässlich seines 70. Geburtstags am Sonntag zahlreiche Gäste auf dem Gutshof in Zernikow. Unter ihnen auch der Vize-Präsident des Deutschen Bundestags Wolfgang Thierse und Ehefrau. Von Arnim kennt Familie Thierse seit langem. Unter anderem durch die Arbeit von Thierses Ehefrau Irmtraud, die als Kunsthistorikerin einiges über die Brandenburger Schlösser, damit auch über Wiepersdorf und Zernikow veröffentlicht hat. Sie nutzten die Gelegenheit auch, um sich von Peter-Anton von Arnim persönlich zu verabschieden. Denn bereits in zwei Wochen bricht der 70-Jährige, der in Zernikow unter anderem im Verein „Initiative Zernikow" sehr aktiv war, seine Zelte in Deutschland für immer ab. Er wandert am 2. September nach Senegal aus.

Abschied fällt nicht leicht Die Koffer sind bereits gepackt. Derzeit ist noch eine Menge Schreibkram zu erledigen. Dabei wird der Wahl-Granseer nicht allein gelassen. Hilfe erhält er beispielsweise von seinem Bruder, dem promovierten Mediziner Wolf Herman von Arnim und von Regina Seidler, einer langjährigen Freundin, die sich unter anderem sehr im Freundeskreis Schloss Wiepersdorf engagiert. Beide sahen gestern nochmal kurz in der Seniorenwohnstätte vorbei, halfen beim Ausfüllen diverser Formulare. Der Abschied fällt den beiden nicht leicht. Für den gewagten Schritt jedenfalls wünschen sie ihrem Peter-Anton von Arnim alles erdenklich Gute. Sie sind sich sicher, dass er sich im Senegal wohl fühlen und dort auch mithilfe einiger Freunde gut zurechtkommen wird.

Auch seine neuen Nachbarn in der Seniorenwohnstätte in der Oranienburger Straße Gransee überschütteten den Islamforscher mit Blumen und Glückwünschen. „Und mit selbst gebackenem Kuchen", sagte Peter-Anton von Arnim gestern. Im März war er von Zernikow nach Gransee gezogen. Eine Gehirnblutung hatte ihn zum Wechsel gezwungen. Er sei damals gestürzt, erhole sich langsam, aber sicher, auch dank der guten Pflege in Gransee. „Es ist prima hier, jeder kümmert sich rührig um mich", sagte der Sohn von Clara von Arnim. Überhaupt hätten sich seine Freunde und Verwandten sehr viel Mühe gegeben, in Zernikow ein wunderbares Fest auf die Beine gestellt. Unter anderem bedankt sich der Senior bei Thomas Löwe von der Aqua. Besonders habe er sich aber darüber gefreut, dass das „Theater 89" ein Schattenspiel von Ludwig Achim von Arnim mit dem Titel „Das Loch oder das wiedergefundene Paradies" aufgeführt hat.

Eine andere Überraschung hat sich Peter-Anton von Arnim selbst bereitet. Und zwar den Auftritt einer Band aus dem fernen Senegal. Albert Mallé und seine Freunde hatte der Zernikower beim Sommerfest in Dannenwalde kennen gelernt, als die Musiker in der „Kirche am Weg" aufgetreten und die Gäste mit ihren rhythmischen Klängen begeistert hatten. Nun also spielten die Senegalesen bei der Geburtstagsfeier in Zernikow auf.

Eine weitere Episode will der Jubilar lange in Erinnerung behalten: Jeder Gast hatte einen Luftballon in die Luft steigen lassen, in dem ein Zettel lag, auf dem persönliche Wünsche für von Arnim niedergeschrieben waren. Die Tatsache, dass von Arnim in den Senegal auswandert, kam für viele Freunde nicht überraschend. Schließlich hat er schon vor Jahren mehr als freundschaftliche Bande zu Menschen vom schwarzen Kontinent geknüpft. Unter anderem zu

Mustafa Sow. Obwohl der Senegalese nicht mit ihm verwandt ist, nennt ihn von Arnim „Neffe". Und Mustafa sage zu ihm „Onkel", weil dies in Senegal gegenüber Älteren die gängige Bezeichnung sei. Den heutigen Deutschlehrer habe von Arnim während seines Studiums genauso unterstützt wie zu der Zeit, als Mustafa Sow für sich und seine Familie ein Haus baute. Wirklich rührend sei während der Geburtstagsfeier gewesen, als seine Freundin Regina Seidler die Einladung von Mustafa Sow vortrug. Darin bittet der Senegalese seinen Onkel, den Lebensabend in seinem Haus zu verbringen. Peter-Anton von Arnim packe gern seine Koffer. Zum einen wegen der engen Freundschaft, zum anderen, weil er weiß, dass im Senegal große Aufgaben auf ihn warten. So will er dabei helfen, junge Leute, Studenten, auszubilden.

Liebe zu Afrika ist nicht neu. Bereits in den 70er-Jahren begann die Liebe zu Senegal. Damals arbeitete Peter-Anton von Arnim noch in Frankfurt/Main. Besonders intensiv sei da der Kontakt zu Studenten, vor allem zu Studenten aus dem Senegal gewesen. Weltgewandt war Peter-Anton von Arnim schon immer. Verständigungsprobleme kennt er nicht. Als ausgebildeter Islamwissenschaftler spricht er Arabisch, beherrscht ebenso Englisch, Französisch, Italienisch und Spanisch. Etliche Reisen führten ihn bislang auf den schwarzen Kontinent, etwa in den Sudan. Mehr noch. Im Sudan habe seinerzeit eine „milde" Diktatur geherrscht. Peter-Anton von Arnim, der nicht als Urlauber dort lebte, engagierte sich unter anderem für von Fundamentalisten verfolgte Menschen. 1987 sei er denunziert worden, mit seiner freiwilligen Rückkehr nach Deutschland einer Ausweisung zuvorgekommen.

Dennoch verlor er Afrika nie aus den Augen. Unter anderem durch die Freundschaft mit seinem „Neffen". Auch nicht, als er nach der Wende seinen Geburtsort Zernikow neu entdeckte und lieb gewann. Hier liegen die Wurzeln seiner Familie. An der Seite seiner Mutter Clara von Arnim floh er 1945 vor der Roten Armee. Obwohl er Zernikow und Deutschland den Rücken kehrt, ist von Trübsal nichts zu spüren. So ist er sich sicher, dass der Verein „Initiative Zernikow" auch ohne ihn gute Arbeit leisten werde. Und vielleicht wird eines Tages sein Traum doch noch wahr. Dann könnte der Gutshof Zernikow als kleines Museum beispielsweise künftigen Chemiefachleuten zur Verfügung stehen. Denn Ludwig von Arnim errang nicht nur als Dichter der Romantik Anerkennung, sondern eben auch als Naturwissenschaftler. Vielleicht gelinge es mithilfe der Chemieindustrie, ein Museum einzurichten, auf dem Gutshof Lehrgänge für Naturwissenschaftler anzubieten.

Im Gespräch mit der MAZ erinnerte von Arnim daran, dass schon heute namhafte Chemiker und Physiker wie Georg Schwedt aus Clausthal des Öfteren in Zernikow und in der Region zu Gast sind. Sogar in Schulen, wo sie auf unterhaltsame Art und Weise Interesse für ihre Fächer zu wecken versuchen. Jedenfalls vertraut Peter-Anton von Arnim seinen Mitstreitern vom Verein hundertprozentig.

2.7.1 Von Zernikow zum Himalaya und zurück – Pressenotiz

Von Zernikow zum Himalaya und zurück

Vortrag über Schnapsbrenner und Seidenfarmer der Anziehungspunkt beim zwölften Maulbeerfest auf dem Gutshof

Von Sabine Slatosch

ZERNIKOW • Dass die Maulbeerbäume in Zernikow in diesem Jahr keine oder nur wenige Früchte tragen, hinderte nicht, am Sonnabend zum zwölften Mal ein erfrischendes und zugleich geruhsames Maulbeerfest auf dem Gutshof zu feiern.

Es ist ein Fest der Initiative Zernikow e.V., welches der Verein gemeinsam mit der Gemeinde Großwoltersdorf und der Aqua Zehdenick veranstaltet und dessen Besuch für viele Gäste zu einem festen Bestandteil der Sommermonate geworden ist.

Bereits bevor man das Gut erreichte, lockten zu beiden Seiten der Dorfstraße Blumen, Bilder und Trödel zum Hinschauen. Auf der weiten Fläche des Gutshofes zogen bunte Farbtupfer die Blicke auf sich: Stände mit modischen Wollwaren, Windspielen, Kräutern und anderen Gartenpflanzen, Honig, Apfeln. Dazwischen Berge von Wolle und Frauen hinter Spinnrädern. Daneben ein Webstuhl, auf dem Faden um Faden ein Tuch gewoben wurde. Wem noch nicht heiß genug war, ließ sich bei Gerlind Groß, Betreiberin der Gaststätte im Inspektorenhaus und der Ferienwohnungen, und ihren vielen Helfern mit „Feuertopf" verwöhnen. Kuchen aus zahlreichen Küchen der Gemeinde und Kaffee. Kinder bastelten, machten große Augen beim Anblick der Seidenraupen, der Kokons und beim eigenhändigen Haspeln der Seidenfaden in der alten Stellmacherei, wo Gerhard Groß, Vater von Gerlind, nicht müde wurde, über die Seidenraupen zu berichten. Seidengewänder und -tücher, alles dings aus Indien, gehören zur Tradition des Marktes.

Der kleine Markt war beschaulich. Die Besucher plauderten und wandelten, verweilten unter den Schatten spendenden Kastanien. Mehrfach folgten sie den

Führungen von Dr. Bärbel Backwitz durch die Maulbeerbaumallee. Sie ließen sich tragen vom milden Wind, der die Klänge einer Violine von Britta Hanna Hagels oder eines Saxophons von Antonia Katharina vom Gutshaus heranwehte.

„Ich freue mich, dass Zernikow mehr und mehr lebt", sagte die in Mecklenburg bekannte Wolf Herman von Arnim, der 1942 in Zernikow geboren wurde. Er hat nicht wenig – ein Drittel von 60 000 Euro – dazu beigetragen, dass

Die Besucher wandelten unter den Schatten spendenden Kastanien

der Gartensaal, der historisch wertvolle Saal des Gutshauses, restauriert werden konnte. Dieser Saal war in neuer alter Schönheit diesmal auch für die Besucher des Maulbeerfestes zugänglich. „Es ist kein rausgeschmissenes Geld", sagte Wolf Herman von Arnim zufrieden. Nur um einen passenden Leuch-

ter wolle er sich noch bemühen. Zunächst bereite er aber seinen 70. Geburtstag im August auf Gut Zernikow vor. Dafür habe er die Zeit des Maulbeerfestes gewählt.

Einer der gewichtigsten Anziehungspunkte in diesem Jahr war der Vortrag von Volker Janke vom Mecklenburgischen Volkskundemuseum Schwerin im Saal des Inspektorenhauses. Nepal, Land und Leute. Das Thema füllte den Raum, so dass mancher vom Flur aus versuchte, ein wenig von den Bildern, Filmen und Berichten zu erhaschen. Gute drei Wochen hat Janke zusammen mit seiner Frau Heike das Land am Fuße des Himalaya durchwandert, war bei Schnapsbrennern und Kaffeefarmern und auch bei Seidenfarmern. Es gebe dort seit 1992 eine Seidenraupenorganisation, der

inzwischen 220 Betriebe, kleinere Familienbetriebe, angehören, erzählte er. Die ländliche Gegend und für ihn überraschend auch weitestgehend tropische Regenwälder begünstigten die Seidenraupenzucht.

Wer der Musik folgte, fand sich nicht zuletzt im Gemäuer der Alten Brennerei wieder. Den Briefwechsel zwischen Kronprinz Friedrich und seinem Leib-Kämmerer Fredersdorff hatten fünf Künstlerinnen und Künstler – Elli und Jürgen Graetz, Carola Martin, Ralf Hentrich, Ewa Tratna – zum Thema ihrer Werke gemacht. Radierungen, Siebdrucke, Schwarz-Weiß-Fotografien, Objekte. Installationen sind bis 16. September zu betrachten. Und sogar Kartoffeldrucke, ein witziger Wink bis zu dem großen Mann, der Brandenburg die Kartoffel bescherte. Es ist ein neuer Blick in die Vergangenheit oder Vergänglichkeit, aber auch auf Schatten, Mauern, Strukturen, die geblieben sind.

Vertrautes Zernikow: Mit ihrem sanften Violinspiel trug Britta Hanna Hagels (linkes Bild, in der Alten Brennerei) viel zur besonderen Atmosphäre während des Maulbeerfestes auf dem Gutshof bei. Auf dem Bild rechts versuchen sich zwei Kinder im Haspeln von Seidenfäden. Fotos (3): Slatosch

Wolf Herman von Arnim am Sonnabend auf dem Gut. „Ich freue mich, dass Zernikow mehr und mehr lebt."

Gransee Zeitung 6.8.2003

2.7.2 Frühere Enttäuschungen – Brief von Peter Anton von Arnim an Moustapha Sow

Absender: "Peter-Anton von Arnim" <Pava1@t-online.de>
Empfänger: "Sow, Mustafa" <mustapha@gmx.fr>
Datum: 02. Aug 2003 00:46

Lieber Mustafa,

besten Dank für Deinen Anruf. Du hast Recht zu fragen, warum wir, Angela und ich, Dir so lange nichts mehr richtig Persönliches geschrieben haben, nur allgemeine Nachrichten über Zernikow. Bei Angela weiß ich den Grund nicht. Jedesmal wenn wir uns zu Tisch setzen und vor dem Essen 'Bismillah'sprechen, erinnert sie sich an Dich und daran, dass sie Dir doch schreiben wollte. Ich sage ihr dann: "Das 'Bismillah' spricht man, um sich an Gott zu erinnern und nicht an einen bestimmten Menschen. Aber dennoch solltest du dein Vorhaben wahrmachen und dem Mustafa schreiben." Dann antwortet sie, ja, du hast Recht, und tut es dann doch nicht. Aber, wenn es ein Trost für Dich sein könnte - ich fürchte jedoch, das ist keiner: Du kannst jedenfalls sicher sein, dass wir auf diese Weise täglich ein- bis zweimal am Tag Deiner mit Wohlwollen und Sympathie gedenken.

[Ich habe auch noch nicht auf einen Deiner ersten Briefe geantwortet, worin Du über die Gruppe berichtest, die Du mit Deinen Schülern zur Philosophie gebildet hast. Ich muss das noch tun, denn der Brief hat mich erschreckt.] Ich glaube, Du hast es nicht so richtig ernst genommen, als ich Dir im März beim Abschied sagte, dies wird voraussichtlich mein letzter Besuch im Senegal gewesen sein.

Aber nach meinem letzten Aufenthalt habe ich eine Hoffnung endgültig begraben, die ich über Jahrzehnte lang gehegt hatte: die Hoffnung, dass mir ein längerer Aufenthalt im Senegal eine gewisse geistige Befriedigung würde verschaffen können, das heißt, dass ich mich eines Tages im Senegal irgendwie nützlich machen könnte. Ich habe den Hinterkopf voller Wissen, nicht nur Wissen über deutsche Literatur und Philosophie, sondern auch über senegalesische (und darüber hinaus afrikanische und afro-amerikanische) Geschichte und Kultur, einschließlich des Islam, was ja die Voraussetzung ist für einen wirklichen Dialog, und ich habe mehrmals die Erfahrung gemacht, dass es Leute, vor allem Jugendliche, im Senegal gibt, die mir dieses Wissen mit Freude abnehmen würden. Aber damit es nicht bei sporadischen Begegnungen bleiben würde, sondern es zu einem kontinuierlichen Gedankenaustausch käme, hätte es einer gewissen Institutionalisierung solcher Treffen bedurft. Diese Hoffnung habe ich nun endgültig aufgegeben, ja aufgeben müssen. Das bedeutet einen tiefen Einschnitt in mein Leben. Ich fühlte mich unversehens um zehn Jahre älter.

Meine Beziehungen zum Senegal begannen, wie Du weißt, 1973 mit Badou. Du kennst seine positiven Seiten, und er war über fünfundzwanzig Jahre lang ein treuer Freund. Du kennst auch seine Schattenseiten. Von Anfang an empfand ich es als Mangel, dass ein eigentlicher geistiger Austausch mit ihm nicht möglich war. Aber merkwürdigerweise hatte er ein großes Geschick, sich interessante Leute zu Freunden zu machen, sodass ich in der Zeit, wo ich meine Ferien bei ihm verbrachte, immer anregende Gesprächspartner bei ihm fand. Es gab aber dann Dinge, die mich an ihm erschreckten, besonders seine Brutalität gegenüber Frauen, und ich sah keine Möglichkeit, mit ihm darüber zu diskutieren. Darin bestand die Schwäche unserer Freundschaft. Der von ihm verschuldete klägliche Tod seiner Frau Ummi und die Vertreibung seines Sohnes Youssou stellten mich in meiner Beziehung zu ihm vor ein ausweisloses Problem. Als er dann, nachdem ich Abdoulaye zu meinem Sohn erklärt hatte, auf diesen eifersüchtig wurde und mich zu verleumden begann, war es aus mit der Freundschaft und auch natürlich aus mit der Perspektive, einst in seinem Hause, zu dessen Ausbau ich ja einiges finanziell beigetragen hatte, zu wohnen.

Aber meine senegalesischen Träume waren damit noch lange nicht beendet. Da war beispielsweise das Département d'Allemand. Nachdem ich einst von den Profesoren M. Kassé, Khady Fall und Sémou Pathé Gueye die Gelegenheit geboten bekommen hatte, jeweils mit ihren Studenten ein Seminar abzuhalten, rechnete ich mir die Chance aus, dass sich dies eines Tages institutionalisieren ließe, d.h. dass ich, wenn ich einmal pensioniert sein würde und damit die Möglichkeit hätte, mehr als ein paar Wochen, nämlich mehrere Monate im Senegal zu verbringen, regelmäßige Seminarstunden an der Uni, sei es im Département d'Allemand, sei es in der Philosophischen Abteilung, werde abhalten können. Du weißt, dass mir jetzt im Gegenteil plötzlich alle Türen verschlossen waren, Du weißt, welche Entwicklung das Département d'Allemand, Du weißt, welch widerwärtige Entwicklung die Professoren selbst genommen haben. Nichts hätte frustrierender sein können für mich als die Erfahrung von deren mangelndem Interesse an "Goethe und der Islam", übrigens auch bei Deinem "Freund" an der Ecole Normale Supérieure, ganz im Gegensatz zu dem bei den Studenten vorhandenen Interesse.

Als Abdoulaye noch in Deutschland war, träumte ich von einem Plan, mit ihm zusammen, wenn er sein Studium beendet haben würde, eine Schule in Bargny zu eröffnen. Abdoulaye ist jetzt in den USA, hat noch allermindestens zwei Jahre des Studiums vor sich, wenn nicht noch mehr, d.h wenn es je die Chance der Gründung einer Schule in Bargny geben wird, werde ich für mein Teil ein alter Tattergreis sein und keinen aktiven Teil daran mehr nehmen können, wenn ich dann überhaupt noch lebe. Und das Geld, das wir dafür hätten aufbringen müssen, ist seit langem aufgebraucht.

Was ist mit St. Louis? Wenn ich da über eine eigene Wohnung verfügte, wäre es mir vielleicht gelungen, dort Fuß zu fassen an den Schulen (ohne Bezahlung, versteht sich) mit der Unterstützung von Monty, Alpha Sy und anderen, auch mit Hilfe Deiner Mutter natürlich. Deine Mutter sprach einmal davon, dass sie gern ein zweites Stockwerk auf ihr Haus gesetzt hätte. Dann hätte sie mir dort ein eigenes Zimmer einrichten können. Ja, wenn ich das Geld noch besäße, das ich anderen habe zukommen lassen, dann wäre es mir ein Leichtes gewesen, diesen zweiten Stock zu finanzieren!

Abgesehen von einigen lichten Momenten war jedenfalls mein letzter Aufenthalt im Senegal ein Alptraum für mich. Ich war mehrmals schwer krank, litt auch unter starken Schmerzen, muss jedoch mit Dankbarkeit anerkennen, wie hilfsbereit Du um mein Befinden besorgt warst. Du hast alles in Deiner Kraft stehende getan, mir zu helfen, und das werde ich Dir nie vergessen. Bitte denke also nicht, dass ich undankbar bin! Aber das Schlimmste war die fast völlige Isolation von jeglichem geistigen Leben. Ich habe es ja in der Tat nicht geschafft, in den fast dreißig Jahren meines Kontaktes mit dem Senegal Wolof zu lernen. Also bin ich vom Umgang der Menschen im täglichen Leben mehr oder weniger ausgeschlossen. Ich war in Deinem Hause zwar kein Fremder, die Bezeichnung 'Onkel' war kein leeres Wort, denn ich genoss die Privilegien, wie man sie in Afrika traditionellerweise einem älteren Familienmitglied gewährt. Aber letzendlich fühlte ich mich doch als nichts weiter denn als fünftes Rad am Wagen.

Eine schwere Enttäuschung waren für mich auch einige Mitglieder meiner Familie in Bargny. Dass ich mich nicht mit Abdoulayes Mutter unterhalten kann, weil ich kein Wolof gelernt habe, schmerzt mich sehr. Sie ist, neben Ibrahima Ndoye, diejenige Person in Bargny, die mich aufrichtig in ihr Herz geschlossen hat. Die beiden wissen es zu schätzen, was ich für das Fortkommen der Familie getan habe. Mit dem Vater Ibrahima und dem Bruder Issa stehe ich mich zwar auch gut, aber es ist doch nicht die gleiche Stufe des menschlichen Verständnisses.

Du weißt, in Bargny gibt es eine öffentliche Bibliothek, die sich eines regen Besuchs erfreut. Hätte ich unter den Schwestern von Abdoulaye ein angemessenes Verständnis für meine Interessen gefunden, hätten sie dort mit Leichtigkeit Kontakte für mich anknüpfen können, die sich allmählich zu institutionalisierten Verbindungen hätten ausbauen lassen, d.h. dass ich dort regelmäßig Vorträge hätte halten können. Aber sie zeigten nichts als Gleichgültgkeit bis hin zu Feindseligkeit. Ibrahima Ndoye war es, der mich schließlich verstanden hat, aber das war am Ende meines Aufenthalts, und da war es schon zu spät. Er ist die ganze Zeit über nur selten bei der Famlie aufgetaucht, sonst hätte ich mich vielleicht früher mit ihm verständigenkönnen.

Und wie war es in Dakar selbst? Ein paar Wochen nach meiner Ankunft hattest Du diese erstaunliche Diskussionsveranstaltung in der Privatschule, an der Du tätig bist, über Hegel in die Wege geleitet. Die Diskussion war zwar äußerst kontrovers, aber eben deswegen unglaublich lebhaft, also einen größeren Erfolg hätte ich mir, hätten wir beide uns nicht wünschen können. Das heißt, ich hatte den lebendigen Beweis vor Augen, was ich im Senegal, oder, wenn Du so willst, was wir beide gemeinsam im Senegal unter Jugendlichen bewirken und leisten könnten. Aber was folgte dann daraus? Nichts. Ich war danach wieder allein auf mich zurückgeworfen, beschränkt auf mein stilles Kämmerlein, völlig abgeschnitten von jeglichem geistigen Austausch. Das war wie wenn man einen Gefangenen, der lange dem (geistigen) Hunger ausgesetzt war, für einen Moment lang freilässt, ihm ein wunderbares Festmahl zeigt und ihn dann zurückstößt in die Einsamkeit seiner Gefängniszelle. Denn als ich zu dieser Veranstaltung ging, war das ja nicht, um dort einen einmaligen Erfolg zu erringen, sondern um Beziehungen anzuknüpfen zu jungen Leuten, die an einem kontinuierlichen Gedankenaustausch Interesse haben. Aber bis zum Ende meines Aufenthalts habe ich nichts mehr von einem dieser Schüler oder Schülerinnen gehört.

Kurz vor meiner Abreise gab es dann noch die Einladung an Deine andere Schule, Imamou Laye, und danach das Treffen einiger Deiner Schüler in Deiner Wohnung. Auch hier wieder zeigte sich ein lebhaftes Interesse der Schüler und Schülerinnen, wie man es sich erfreulicher nicht wünschen kann. Du hast mir eindrucksvoll beschrieben, welch tiefen Eindruck dieses Treffen bei einigen der Schüler hinterlassen hat. Ich habe noch das Foto vom ärmsten dieser Schüler, Malick Pam, das er mir zur Erinnerung geschenkt hat, bei mir auf dem Schreibtisch liegt und damit täglich vor Augen. Aber das war eben erst kurz vor meiner Abreise, und der Kontakt ist natürlich seitdem total abgebrochen. Ich habe noch nicht einmal ein Zeichen des Dankes bekommen fürdie Bücher und Dokumente, die ich ihnen, speziell Malick, als Geschenk hinterlassen habe.

Und nun sage mir, was soll ich da noch im Senegal? Ja, Du bist noch da, und Du bist nach wie vor mein Neffe. Wenn ich die Summe von, sagen wir einmal, 850 EURO zur freien Verfügung hätte und sollte entscheiden, ob ich Dir dies Geld für den Hausbau gebe oder ob ich damit ein Flugbillet für Dich bezahle, damit Du zu dem Weimarer Sommerkurs und dann nach Zernikow kommen kannst wie im letzten Jahr, ich würde mich für letzteres entscheiden. Du kennst mich und weißt, dass egoistisches Denken mir gewöhnlich fern liegt. In diesem Falle bekenne ich mich jedoch zu meinem Egoismus. Ja, ich würde Dich gern hier haben, und Dir noch einmal gern die Möglichkeit verschaffen, hier vor Schülern zu stehen und ihnen von Deinem Land und Deiner Religion etwas zu erzählen, es würde mich freuen, wenn Du wieder wie letztes Jahr soviel erleben und lernen und umgekehrt den Leuten nicht nur etwas vermitteln könntest von der Kultur Deiner Heimat, sondern auch von den Kenntnissen, die Du von deutscher Kultur besitzt.

Dieser Brief schneidet mir selbst ins Herz. Denn nachdem sich alle meine Zukunftsaussichten im Senegal für mich zerschlagen haben, weiß ich nicht, wie es weiter gehen soll. Der Gedanke, dass ich Euch möglicherweise alle nicht mehr wiedersehen werde, ist schmerzlich. Aber die Erfahrung, ein freundlich geduldetes Anhängsel der einen oder anderen Familie zu sein, in Dakar, Bargny oder St. Louis, ohne eine Aufgabe erfüllen und mich irgendwie nützlich machen zu können, möchte ich nicht wiederholen. Du siehst, ich habe angefangen, hier in Zernikow Fuß zu fassen und verschiedene Aktivitäten zu entwickeln. Aber dieser Winter wird für mich furchtbar sein.
Herzliche Grüße
Dein
Onkel Peter-Anton

2.8 Meine Odyssee durch die verschiedenen Krankenhäuser in Gransee, Neuruppin und Berlin – Rundbrief von Peter Anton von Arnim an seine Freunde, 17. Juli 2008

Das Angebot meines Neffen Mustafa, meinen Lebensabend bei ihm im Senegal zu verbringen, war an sich sehr verlockend. Alle, die ihn kennen, stimmen darin überein, dass er ein großartiger Mensch ist. Mir hat er jeden Wunsch von den Lippen abgelesen, und er war bereit, alles Erdenkliche für mich zu tun. Die Möglichkeit, mit Studenten und Schülern und interessanten Persönlichkeiten zusammenzukommen, die er mir eröffnete, fand ich sehr viel versprechend. Ich liebe seine Familie und sie lieben mich. Es tat uns beiden sehr leid, dass sich nicht verwirklichen ließ, was wir uns vorgestellt hatten. Aber über meinem Plan schien ein Verhängnis zu liegen.

Eine erste Stufe erreichte mein Unglück mit dem Flug von Berlin nach Dakar (2.9.2007). Da ich im Flugzeug von Madrid nach Dakar die Beine kaum bewegen konnte, konnte eine Thrombose nicht ausbleiben. Das verursachte natürlich Schmerzen. Mein Neffe fuhr mich zuerst zu einem Arzt in Rufisque, dann zum röntgen in Dakar. In den Röntgenbildern wurden Blutklumpen festgestellt und diese wurden durch entsprechende Medikamente aufgelöst. Aber vor allem im rechten Fuß hatte ich weiterhin unerträgliche Schmerzen, ich konnte mich kaum bewegen, geschweige denn spazieren gehen. Ich war völlig untätig, gleichermaßen wie gelähmt, ja, ich lebte wie in einem Gefängnis, denn ich konnte mich kaum über mein Zimmer hinaus bewegen. Ich erkannte auch, wie abhängig von fremder Hilfe ich inzwischen geworden war. Solange Mustafa Schulferien hatte, konnte er mir behilflich sein und mich mit seinem Auto überall hinfahren, aber ich sah die Zeit kommen, da er mehr als genug für sich selbst und seine Familie zu tun haben und ich auf mich allein gestellt sein würde. Das Klima hätte mir eigentlich keine Probleme bereiten dürfen, da ich früher im Sudan in sieben Jahren ununterbrochenen Aufenthalts Ähnliches überstanden hatte und auch den Senegal durch häufige Besuche gut kannte. Aber jetzt merkte ich plötzlich, dass ich inzwischen ein Alter erreicht hatte, wo ich eine große Hitze nicht mehr so einfach wegstecken konnte. Ich erkannte also, dass ich meinen Lebensabend nicht im Senegal verbringen konnte, wie ich mir vorgenommen hatte, und ich nach Deutschland zurückkehren und das Angebot der Seniorenwohnstätte in Gransee, jederzeit dort wieder aufgenommen zu werden, umgehend annehmen musste. Mit der medizinischen Versorgung in Dakar im Gegensatz zu der in Gransee hatte das jedoch nichts zu tun, wie ich noch zeigen werde. Immerhin habe ich das betreffende Angebot, jederzeit in die Seniorenwohnstätte zurückkehren zu dürfen, stets als außergewöhnliches Privileg verstanden. Ich wusste ja, wie lang die Liste derjenigen war, die auf einen Platz in dem allseits beliebten Seniorenheim warteten.

In der Tat handelt es sich um kein gewöhnliches Altersheim. Der Fahrer einer Speditionsfirma sagte zu mir: „Ich komme viel in der Gegend herum. Dabei lerne ich bei Gelegenheit auch den Zustand von Altersheimen kennen. Ein so schönes wie das Ihre habe ich nirgends sonst wo gesehen. Es ist umstanden von Blumen, es ist sauber, die diensthabenden Schwestern sind freundlich, Sie bekommen fast alle Ihre Wünsche erfüllt." Ich musste ihm Recht geben, und so fiel es mir nicht ganz so schwer, wieder nach Deutschland zurückzukehren (15.10.2007).

Mustafa hatte mit der Fluggesellschaft, die mich nach Berlin bringen sollte, ausgemacht, dass mir beim Umsteigen am Flughafen ein Rollstuhl zur Verfügung gestellt würde. Als mir am Flughafen in Brüssel jedoch mitgeteilt wurde, dass der Anschlussflug nach Berlin erst in zweieinhalb Stunden abgehen würde, war mir der Gedanke an das Sitzen im Rollstuhl für so lange Zeit unerträglich. Also legte ich mich nach einer Weile auf den harten Fußboden des Flughafens und nahm den Laptop als Kopfkissen. (Auch wenn ich von jemand begleitet worden wäre, hätte ich das getan.) Dabei muss sich meine linke Schulter entzündet haben.

Bei der Ankunft in Berlin wurde ich durch den Sekretär der Seniorenwohnstätte, Herrn Stefan Römer, freundlicherweise im Auto des Heims nach Gransee abgeholt. Aber ich wurde nicht gleich ins Heim gebracht, wie ich gedacht hatte. sondern ins Krankenhaus von Gransee, um mich, wie es auf Neudeutsch heißt, erst gründlich durch-tschecken zu lassen. Das leuchtete mir als vernünftig ein, zumal ich hoffte, dass man mich dort zugleich von den furchtbaren Schmerzen in den Füßen befreien würde. Zunächst aber wurde mir, wie üblich, der Blutdruck gemessen, allerdings diesmal nicht nur am Arm, sondern auch am Fuß. Dabei wurde festgestellt, dass ich unter mangelnder Blutzufuhr an den Füßen leide und diese deshalb ständig kalt sind. Das hätte man allerdings schon vor sechs Jahren oder mehr feststellen können, wenn man gewollt hätte. Ich hatte nämlich von Zeit zu Zeit Schmerzen in den Füßen wie Menschen, denen die äußeren Gliedmaßen abgefroren sind, und zwar immer dann, wenn sich eine Erkältungskrankheit ankündigte.

Im Krankenhaus von Gransee wusste man nichts weiter mit mir anzufangen (15.-17.10.2007). Denn das Problem der mangelnden Durchblutung meiner Füße und die daraus resultierenden Schmerzen glaubte man, nur operativ behandeln zu können. Da es Gefäßspezialisten aber nur am Krankenhaus von Neuruppin gibt, nicht aber in Gransee, wurde ich dorthin transportiert (17.10.2007). Dieses ist um das Jahr 1895 erbaut worden, also in der Zeit, als man die Medizin noch völlig als eine Naturwissenschaft sah, den menschlichen Körper als mechanischen Apparat und das Krankenhaus als Reparaturwerkstatt. Das Krankenhaus von Neuruppin ist entsprechend groß. Praktisch für jedes menschliche Organ gibt es dort ein eigenes Gebäude. Irgendeine anonyme, für den Patienten unsichtbare Instanz entscheidet dann, welches Organ gerade untersucht werden soll, und, da die einzelnen Gebäude weit auseinander liegen, werden die Patienten, mit einem Aktenhefter auf dem Schoß, von einem Transporter in das jeweilige Gebäude gebracht. Dort müssen sie mindestens anderthalb Stunden warten bis man sie untersucht, und noch einmal mindestens anderthalb Stunden, bis sie vom Transporter wieder abgeholt werden. Das

Resultat der Untersuchung wird in die Akte geschrieben, als Patient erfährt man davon jedoch nichts.

Zuerst einmal wurde ich an der linken Schulter operiert, mit Narkose und Unterbringung in einem besonderen Zimmer, weil der verantwortliche Chirurg meinte, dass man tief schneiden müsste, damit sich kein Eiterherd bilden könnte. Es war so tief, dass die Wunde noch im Januar versorgt werden musste. Als nächstes wurde eine Angiographie der Beine veranstaltet, damit man sich ein genaues Bild von der mangelnden Durchblutung der Füße machen könne. Es war ein kompliziertes Unternehmen. Nach lästigen Vorbereitungen wurde im Untersuchungsraum ein Tuch über mich gebreitet und unter diesem Tuch nahm der behandelnde Arzt seine Untersuchungen vor. Auf den erzielten Röntgenaufnahmen war dann zu sehen, wie der Blutfluss in Richtung der Füße gefährlich stark abnahm. Die für Gefäßchirurgie zuständigen Spezialisten sagten, dass sie das Problem durch chirurgische Mittel angesichts meines Alters nicht mehr lösen könnten, man müsse versuchen, es durch medikamentöse Mittel zu lösen. So wurde ich in die Geriatrie verlegt und über Wochen hinweg an einen Tropf angeschlossen, durch den mir Prostaglandin eingeflößt wurde, durch welches das Problem der mangelnden Durchblutung meiner Füße gelöst werden sollte. Aber das einzige Resultat meines Aufenthalts im Krankenhaus von Neuruppin war, dass ich kränker herauskam als ich hingekommen war, denn die ganze Zeit war ich im Bett gelegen, die Muskeln waren erschlafft, aber die Schmerzen waren nicht geringer geworden, und sonst war nichts verändert. (Eine Woche ist es jetzt her, dass ich dies geschrieben habe. Da flatterte mir ein Katalog von der Versandbuchhandlung Rhenania ins Haus, in dem ein Buch angeboten wurde mit dem Titel: „Todesfalle Krankenhaus" von L. Arnon. Im etwas reißerischen Begleittext heißt es: „Wenn Ärzte pfuschen und vertuschen. Die Autorin hat sich an ein gesellschaftliches Tabu gewagt, von dem jeder betroffen sein kann, denn bis zu 300 000 Patienten verlassen jährlich das Krankenhaus in einem schlechteren Zustand als sie es betreten haben.")

Nach meiner Entlassung (16.11.2007) brachte man mich zunächst in einem Altenheim in Rheinsberg unter, aber es war dort unerträglich. Neben mir lag ein alter Mann im Sterben, ein paar Tage später war er tot. Es erwies sich nunmehr also als unumgänglich, mich auf jeden Fall in der Seniorenwohnstätte von Gransee wieder unterzubringen (19.11.2007). Dazu musste man große Opfer bringen, um mich aufzunehmen. Die Leiterin des Seniorenheims, Frau Brigitte Römer, räumte mir zuliebe vorübergehend ihr Büro, weil kein freies Zimmer zur Verfügung stand. Ich musste, so zynisch es klingt, erst abwarten, bis jemand starb, ehe ich in ein freies Zimmer einziehen konnte. Leider war in dem Büro von Frau Römer kein Internet-Anschluss vorhanden, sodass ich weiterhin keine Emails verschicken konnte, auch telefonieren konnte ich nicht. Aber als ich endlich in ein freies Zimmer kam (6.12.2007), brauchte die Telekom noch eine geraume Zeit, eh sie mir Internet- und Telefonanschluss verschaffte, obwohl sie mir auch in der Zeit meiner Abwesenheit, d.h. in der Zeit meines Aufenthalts im Senegal und dann in den Krankenhäusern, das Geld dafür abgezogen hatte.

Die Schmerzen machten mir schwer zu schaffen. Ich war froh, dass man mir Medikamente dagegen gab, aber sie halfen mir doch nur begrenzt, d.h. die Schmerzen traten immer wieder in aller Schärfe auf und plagten mich, jedenfalls bis vor kurzem. Jetzt tut mir so stark nur noch die linke Wade weh, was ich noch erklären werde. Mein Hausarzt stellte mich vor die Alternative: Entweder mit Schmerzmitteln weitermachen wie bisher, oder aber im Krankenhaus durch eine erneute Infusion versuchen, das Problem der mangelnden Durchblutung der Beine zu lösen. Ich ging also gehorsam noch einmal ins Krankenhaus von Gransee (9.1.2008-16.1.2008). Details über diesen Aufenthalt erspare ich mir, ich sage nur eins: genützt hat es nichts. Mich hat jedoch eines empört: Obwohl ich schon seit meinem Aufenthalt im Senegal am linken Fuß unter starken Schmerzen litt und die Ärzte wieder und immer wieder darauf hinwies, nahmen sie keine Notiz davon, weil sie sich diese ausschließlich mit den Schmerzen erklärten, die durch die mangelnde Durchblutung der Extremitäten verursacht würden. Ich werde nie vergessen, wie der Oberarzt der chirurgischen Abteilung des Krankenhauses, als er bei der morgendlichen Visite mit seinem Anhang durch das Zimmer rauschte und ich ihn bat, sich doch auch einmal meine Füße anzusehen, an denen beiden mich inzwischen wunde Stellen plagten, sich hochnäsig weigerte, dieses zu tun.

Da die Ärzte von Neu-Ruppin mich praktisch aufgegeben hatten – eine Operation schien ihnen angesichts meines Alters nicht mehr möglich, und die von ihnen empfohlene medikamentöse Behandlung mit Prostaglandin bei mir offenbar nicht anschlägt – habe ich mich nach einer Alternative umgesehen. Eine Freundin von mir, Sophie von Fürstenberg, riet mir, mich einmal in Berlin umzusehen, wo es sicher bessere Ärzte gebe als in der Provinz. Da empfahl mir eine Dame meines Alters in Berlin das Martin-Luther-Krankenhaus, sie habe dort gute Erfahrungen gemacht.

Bei alle dem, was ich hier geschrieben habe und was ich noch schreiben werde, ist stets mitzudenken, dass ich Tag und Nacht unter furchtbaren Schmerzen litt, sodass mir jedes Mittel recht schien, sie loszuwerden. Im Seniorenheim, aber auch im Krankenhaus tat man zwar alles, um diese Schmerzen zu lindern, mit entsprechenden Schmerzpflastern, Schmerztropfen etc. Aber diese brachten nur vorübergehende Erleichterung, eines wusste ich: ich konnte so nicht weiterleben. Immerhin ich mit meinen Schmerzen nicht allein: viele Freunde, deren Namen aufzuführen hier zu weit führen würde, besuchten mich in den jeweiligen Krankenhäusern oder telefonierten mit mir, um mich moralisch zu unterstützen, vor allem bekam ich fast täglich (!) Anrufe von meinen französischen Freundinnen aus Nordfrankreich und aus Madrid.

In der Hoffnung, dass man mir da nun helfen könne, fuhr ich also nach Berlin (12.2.2008). Beim Vorstellungsgespräch erwähnte ich als die mir von Freunden und Bekannten genannten Alternativen: Amputation der Unterschenkel insgesamt oder Amputation bloß eines Zehs. Diese Entscheidung wollte ich zwar den Ärzten überlassen, aber natürlich hoffte ich, dass sich eine Methode finden ließe, bei der möglichst wenig von meinen noch gesunden Gliedmaßen geopfert würde. Da der Termin für das Einweisungsgespräch vom Martin-Luther-Krankenhaus selbst festgelegt worden war, war ich so naiv zu glauben, sie hätten zu diesem Termin sich auch alle Unterlagen über mich, d.h. den Befund, vom Krankenhaus in Neu-Ruppin kommen lassen, einschließlich der wichtigsten Unterlage, der Angiographie. Denn es handelte sich bei mir ja gerade um die mangelnde Durchblutung der Füße, die dort zu sehen war. Außerdem dachte ich mir: eine Angiographie in so kurzer Zeit sollte eigentlich genügen, denn sie zu erstellen bedeutete für mich, einen Tag hungern, Einspritzen des Kontrastmittels etc, für das Krankenhaus eine überflüssige Verschwendung von Material. Aber wie gesagt, es war naiv von mir, so zu denken. Der Arzt, der mich operieren wollte (ich war auch so naiv zu glauben, dass er vorhatte, die Amputation vorzunehmen, deretwegen ich gekommen war; dass etwas ganz anderes geplant war, entdeckte ich erst später, mir wurde darüber jedoch zunächst nichts gesagt) rief in meinem Beisein beim Krankenhaus in Neu-Ruppin an, man versprach ihm die Angiographie, aber das Versprechen erwies sich als pure Luft. Schließlich verlor man im Martin-Luther-Krankenhaus die Geduld und nahm die Angiographie selbst vor, in diesem Krankenhaus war sie auch viel einfacher, ohne vorheriges Hungern, ohne verschleierndes Tuch und ohne dass das Einspritzen des Kontrastmittels groß zu spüren war. Durch meine anfängliche Weigerungshaltung verlor ich zwar zwei Tage, das war mir jedoch die Sache wert.

Bevor es aber zur Operation kam, wurde ich in ein Einzelzimmer verlegt, und zwar, weil die Wunde am linken Fuß sich soweit verschlimmert hatte, dass man fürchtete, andere Patienten des Krankenhauses könnten dadurch angesteckt werden. Jeder, der das Zimmer betrat, musste sich zuerst mit einem sterilen Überzug verkleiden, bevor er mit mir sprechen durfte. Das war das erste Mal, dass in einem Krankenhaus von meinen Beschwerden am Fuß überhaupt Notiz genommen wurde. Durch Abstriche an den feuchten Stellen des Körpers stellte man fest, ob sich noch Bazillen entwickelten oder ob ich das Zimmer verlassen konnte. Nach etwas über einer Woche war es soweit.

Als Mittel, um den Blutfluss in den Füssen zu erleichtern bzw. zu ermöglichen, hatte man mir dann vorgeschlagen, an beiden Beinen einen Beipass zu legen, zuerst am linken, dann, drei Monate später, am rechten Bein. Da die Informationen, die ich über die Wirksamkeit dieses Eingriffes einholte, im Großen und Ganzen positiv waren, gab ich mein Einverständnis. In meiner Naivität erwartete ich, dass diese Operation umgehend vorgenommen werde, gleich nachdem sich die Infektionsgefahr durch meine Füße als beendet erwiesen hatte. Aber nein, ich musste anderthalb Wochen tatenlos warten, bevor man sich daran machte. Ich höre und lese soviel davon, dass die Krankenhäuser überfüllt und aus Kostengründen darauf angewiesen seien, die Patienten so kurz wie möglich aufzunehmen. Das Gegenteil schien hier der Fall zu sein. Man hätte mir natürlich die Gründe für diese Verspätung nennen und mich dadurch beruhigen können. Aber der Patient und dessen Informationsbedarf zählt in deutschen Krankenhäusern offenbar nicht. Dieses Urteil habe ich jetzt von verschiedenen Seiten gehört. Überspitzt ausgedrückt: Das Krankenhaus und das Gefängnis haben dies gemein, dass man darin seine Eigenschaft als Mensch verliert und nur noch als Nummer, als Objekt, vorhanden ist. Dies Urteil mag als zu ungerecht erscheinen oder als zu subjektiv. Aber durch eine Fernsehsendung wurde es mir bestätigt. Darin traten zwei Ärzte auf, die den Standpunkt vertraten, dass es von Vorteil sein könne, wenn man den Patienten in den Heilungsprozess mit einbezieht. Aus dem von ihnen gesagten ging hervor: Es handelt sich hier um eine aus der Erfahrung gewonnene Erkenntnis, die bisher in Deutschland unter den Ärzten noch wenig verbreitet ist und deshalb nur eine Minderheitenposition darstellt.

Die Beipass-Operation (18.3.2008) verlief erfolgreich, die ausführenden Ärzte waren mit Recht zufrieden. Auch die Heilung der Operationsnarben war zufrieden stellend. Als die Operationsnarben einigermaßen verheilt waren, entließ man mich (15.4.2008), ohne mir aber zu sagen, was ich nun gegen die mich immer noch plagenden Schmerzen tun könnte.

Ein Freund von mir, der Arzt in Stuttgart ist, besuchte mich auf der Durchfahrt in meiner Wohnung in Gransee. Er schaute sich meinen linken Fuß an und stellte fest, dass er verheerend aussähe. Eine Amputation sei notwendig, notfalls sogar des ganzen Beines. Aber das müsse der behandelnde Arzt entscheiden, ein abschließendes Urteil maße er sich nicht an.

Ich ging am 28.4.2008 also wieder zurück ins Martin-Luther-Krankenhaus in Berlin, um die notwendige Amputation vornehmen zu lassen. Aber dort war dann nicht mehr die Rede davon, meine Hinweise wurden ignoriert. Stattdessen verordnete man mir die Einnahme von Antibiotika-Pillen. Das reduzierte zwar vorübergehend meine Schmerzen, nach kurzer Zeit traten sie jedoch wieder auf. Am 16.5. 2008 wurde ich entlassen. Ein Befund wurde mir nicht mitgegeben, ja auch in der Seniorenwohnstätte wartete man darauf lange Zeit vergeblich. Vor allem aber erfuhr ich nichts darüber, ob überhaupt etwas und dann was an mir nun amputiert werden sollte, obwohl ich ausdrücklich deswegen ins Krankenhaus gegangen war. Denn schließlich war jener Zeh am linken Fuß, der neben dem großen liegt, ganz schwarz, d.h. tot.

Wegen der Gefahr einer Blutvergiftung war aber Eile geboten. Eben deswegen hatte mein Stuttgarter Freund, der Arzt, ja gemeint, das könnte möglicherweise die Amputation des ganzen Beines erfordern. Um nun das Für und Wider zu entscheiden, hatte mir inzwischen eine Freundin das Hubertus-Krankenhaus in Berlin empfohlen, wo man eine „Minimal- Invasive Chirurgie" (MIC) vertritt.

Vom Martin-Luther-Krankenhaus hatte ich jedoch, wie gesagt, keinen Abschlussbericht bekommen, den mein Hausarzt, Dr. Wickmann benötigt hätte, um mir eine Überweisung zu schreiben, er selbst war auch nicht mehr zu erreichen, und die Leiterin der Seniorenwohnstätte hatte schon Feierabend. Ich rief deswegen meinen jüngsten Bruder an, der auch Arzt ist (seit seiner Pensionierung im letzten Jahr verreist er sehr viel, war aber jetzt glücklicherweise in Deutschland), und bat ihn um Hilfe. Er rief beim Hubertus-Krankenhaus an und erreichte dort Dr. Eberhardt, der mich gleich für den nächsten Tag bestellte. Eine Überweisung, sagte er, könne noch nachgereicht werden. Ich wurde also eilends ins Hubertus-Krankenhaus in Berlin gebracht. Dort nahm man die Amputation des abgestorbenen Zehs vor, und in der Tat wurden meine Schmerzen dadurch stark reduziert, d.h., diese meldeten sich noch immer sehr heftig im linken Bein, im übrigen Körper aber war ich so gut wie schmerzfrei. Ich konnte mich auch wieder aus dem Bett bewegen, d.h. mit einem Roulator konnte ich auf die Toilette gehen und mich waschen.

Im Hubertus-Krankenhaus hat man nochmals eine Angiographie meiner Füße vorgenommen, aber das Bild zeigte weiterhin eine mangelnde Durchblutung des Fußes und eine Verklumpung in den Adern, obwohl die Fachärzte des Martin-Luther-Krankenhauses mit der Beipass-Operation sehr zufrieden waren. Die Auskünfte des hier tätigen Fachmanns waren dagegen vieldeutig. Und ich selbst war ja nur ein Laie, der sich kein Urteil erlauben kann. Damit war ich erneut vor ein Dilemma gestellt: war die Beipass-Operation am Ende doch fehlgeschlagen? Ließ sich das Problem der Verklumpung lösen? Waren dadurch die Schmerzen im linken Bein erklärbar, unter denen ich weiterhin litt? Jedenfalls hielt man mich soweit für gesundheitlich wiederhergestellt, dass man glaubte, mich entlassen zu können (27.5.2008). Darüber war ich selbstverständlich froh, auch wenn ich nicht genau wusste, wie es weitergehen sollte.

Soweit ich mir nun ein abschließendes Urteil erlauben darf, möchte ich sagen, dass ich die Mehrzahl der Krankenschwestern als nett oder sogar sehr nett empfunden habe. Auch die Ärzte waren überwiegend nett, aber das gemeinsame Problem, unter dem sowohl die Schwestern als auch die Ärzte litten, war, dass sie unter furchtbaren Zeitdruck standen. Soweit möglich, ließen sie dies aber nicht die Patienten spüren. Was sich aber für mich als Patienten als quälend erwies, war der Mangel an Information. Zum Beispiel erwartete ich nach der Amputation meines Zehs, dass der Chirurg, der diese vorgenommen hatte, am Tag darauf zu mir käme, um mir zu sagen, wie ich mich verhalten sollte, d.h. was jetzt wichtiger wäre: das Stillhalten des Fußes, um den Heilungsprozess der Wunde zu gewährleisten, oder möglichst viel Bewegung, um den Kreislauf wieder in Gang zu setzen. Im Martin-Luther-Krankenhaus wusste ich lange Zeit nicht, welches der für mich zuständige Arzt war, dem ich meine Probleme anvertrauen konnte etc.

Vor etwa zwei Wochen rief mich mein Freund, der Stuttgarter Arzt, an und sagte mir, er habe mit dem Leiter der Hubertus-Klinik, Dr. Fahrig, telefoniert, der meinte, bei mir ließe sich noch viel machen, um mich von meinen Schmerzen vollständig zu befreien. Das war aber ganz und gar nicht die Ansicht meines Hausarztes, Dr. Wickmann, weshalb der sich weigerte, mir eine neue Überweisung für das Hubertus-Krankenhaus auszustellen. Da ich aber für die vollständige Herstellung meiner Gesundheit, vor allem die Beseitigung der restlichen Schmerzen, nichts unversucht lassen wollte, fuhr ich am 11.6.2008 auf eigene Kosten zum besagten Krankenhaus in Berlin. Dort wurde ich von mehreren Ärztinnen und Ärzten untersucht. Sie konnten jedoch nicht feststellen, was man medizinisch noch für mich tun könnte.

Und damit bin ich zwar mit meinem Bericht zu Ende, nicht aber mit meinen Schmerzen. Am linken Bein sind sie manchmal so stark, dass der Gedanke an eine Amputation noch immer nicht von der Hand zu weisen ist.

Ich hoffe, dass mein Bericht nicht zu wehleidig klingt, angesichts des Elends, das in der Welt herrscht. So habe ich beispielsweise erfahren, und das ist nur ein Beispiel unter unzählig vielen, dass es eine Region in Afghanistan gibt, wo Kinder vor der zur Zeit herrschenden Kälte ungeschützt dahinvegetieren, und an ihren äußeren Gliedmaßen furchtbare Schmerzen erleiden, bis sie am Hunger sterben. Was hat nun damit die Einstellung zu der eigenen Verfassung zu tun? In welcher Beziehung steht das Eine zum Anderen? Das ist mir ein Rätsel, das unlösbar erscheint.

2.8.1 Eine treue Seele aus Zernikow – Mail von Frau Doris Briese[24]

25. Februar 2012

Hallo Herr Stukenberg,

habe in Stichpunkten etwas auf geschrieben,

- kenne P.A. seit 2002 als ich bei Frau Hubrich angefangen habe, da ist P.A. immer noch über Winter weggefahren, wo es wärmer war.

- 2004 mußte P.A. das erste mal aus seine Wohnung nach unten ziehen, wegen Krankheit.

- 2005 wieder zurück, da war ich schon 3x mal pro Woche bei ihm.

- 2005 war Mustafa zu Besuch bei P.A., wohnte auch bei P.A.

---

[24] Peter Anton lernte Frau Briese bei seiner Bekannten Frau Angelika Hubricht in Zernikow kennen. Sie hat sich von Anfang an um ihn gesorgt. Als er dann im Altenheim in Gransee war und durch seine Erkrankung (Amputation eines Beines) immer hilfsbedürftiger geworden war, war es Frau Briese, die ihn nicht nur regelmäßig im Altenheim in Gransee besuchte, sondern fast alle Besorgungen machte und sich um ihn auf das Fürsorglichste kümmerte.

21.9.05 kam P.A. wieder ins Krankenhaus, nach und nach musste ich immer mehr für P.A. machen, so bauten wir unser Vertrauen auf.

- ab 2006 mußte P.A. öfter in Krankenhäuser und in Kurzzeitpflege.

- 15.2.2007 ins Pflegeheim nach Gransee

- wir haben ihm sein Zimmer so eingerichtet, dass er sich dort ein wenig wohl fühlen konnte.

Dann haben wir beide die Vorbereitung auf die Reise in den Senegal geplant, er wollte nie im Heim seinen Lebensabend verbringen.

Am 2.9.2007 ging seine Reise los, wir mußten auch sein Zimmer im Heim wieder ausräumen

3.10 07 rief P.A. bei mir an, um einen Platz im Heim zu besorgen.

15.10.2007 war P.A. wieder vom Senegal zurück, er hatte dadurch alles verloren.

Nun ging sein Leben mit seiner Krankheit durch viele Krankenhäuser, Heim in Rheinsberg, bis er dann mit viel Glück wieder nach Gransee zurückkam.

Habe auch in dieser Zeit P.A. nie im Stich gelassen,-habe jeden Tag telefoniert und ihn jede Woche besucht.

Als P.A.von den Senegal zurück kam, war er nicht mehr die Persönlichkeit, die er vorher war, gezeichnet durch die Krankheit.

Kaum einer besuchte ihn, viele ließen ihn links liegen, auch das Personal vom Heim.

Ab da hat P.A. noch mehr meine Hilfe in Anspruch genommen, er war immer glücklich, wenn ich kam, so sehr war die Sehnsucht nach Besuch.

- Am 17.8.2009 kam P.A. ins Krankenhaus

- Am 18.8.2009 fuhr ich abends noch zu P.A. hin, er hatte darauf so gewartet, er wollte meine Hand nicht loslassen.

- An 19.8.2009 ist dann P.A. im Krankenhaus verstorben.

So, nun ist dieses Kapitel für mich zu Ende.

Herzliche Grüße an ihre Frau

Gruß Frau Briese

Mail, vom 25. Februar abends

Ja, P.A. hat sich die Jahre in Zernikow sehr wohlgefühlt, nur Danke sagen, viel ihm sehr schwer. P.A. hatte mit vielen in Zernikow einen guten Kontakt. Bei seinen Spaziergängen pflückte er immer wunderschöne Blumensträuße, für sich, Frau Hubrich und für die Kirche, und wenn er eingeladen wurde. P.A. hatte auch viele heimliche Verehrerinnen, manchmal bekam er Riesenrosensträuße, er war ja ein sehr stattlicher und kluger Mann.

Man ist nur so lange begehrt, wie man gesund ist und nicht wie P.A, nur mit einem Bein und im Rollstuhl sitzend.
Einen schönen Sonntag

Gruß Frau Briese

2.8.2 Mail an alle Freunde und Bekannte – von Wolf Herman von Arnim

Betreff: Peter Anton von Arnim
Von: Wolf Herman von Arnim>
Datum: 21. Aug 2009

Liebe Freunde, liebe Bekannte von Peter-Anton von Arnim,

unser geliebter Peter-Anton ist nach einem in seinen letzten Lebensjahren von Leid und unsäglichen Schmerzen geprägten Leben am 19. August 2009 erlöst worden. Viele kennen aus seinen E-mail-Berichten seine lange Krankengeschichte.

Fünf Tage vorher konnte er noch bei der Beerdigung seiner Mutter in Zernikow dabei sein. Er war sehr glücklich darüber, daß ihm dieser letzte Wunsch erfüllt wurde.

Vor zwei Jahren wollte er noch einmal ein neues Leben bei seinen Freunden im Senegal beginnen. An seine fröhliche Abschiedsfeier auf dem Gutsgelände in Zernikow können sich sicher noch viele erinnern.

Als er dann aus gesundheitlichen Gründen seine "Wahlheimat", den Senegal, wieder verlassen mußte, begann für ihn eine Odyssee durch Krankenhäuser in und um Berlin. Sein linkes Bein mußte amputiert werden, hochdosierte Medikamente halfen nur zeitweilig gegen die unbeschreiblichen Schmerzen, die er geduldig ertrug.

Er war zuletzt in einer verzweifelten, ausweglosen Situation. Seine Hobbys Lesen und per E-mail mit der Welt zu kommunizieren, fielen ihm zunehmend schwerer, da ständige Schmerzen und hochdosierte Schmerzmittel seine Konzentration einschränkten.

Der Tod war eine Erlösung für ihn. Peter-Anton wurde nur 72 Jahre alt.

Die Beisetzung findet am Donnerstag, den 27. August 2009, um 15.00 Uhr, auf dem Friedhof in 16775 Großwoltersdorf-OT Zernikow statt.

Diese E-mail geht an alle, die in seinem Laptop als E-mail-Adressen gelistet sind. Wer im Gedenken an den Verstorbenen spenden will, an den geht die Bitte, das Geld auf das Konto 20021240 bei der KSK Birkenfeld, BLZ 56250030, Kontoinhaber Dr. Von Arnim, unter dem Kennwort "PAVA" zu überweisen.

Diese Spenden sind für die Ausbildung seines geliebten Enkels Issa Anton von Arnim-Diouf bestimmt. Wer Beileidsbekundungen äussern möchte, darf gern an seinen jüngsten Bruder schreiben:

M. von Arnim, Wolf Herman

23 rue du Rempart Nord

F-68420 EGUISHEIM

2.9 Trauer um Peter Anton von Arnim - Weltoffener Islamwissenschaftler verstorben - Pressenotiz

Von Daniel Dzienian

GRANSEE Der bekannte Islamwissenschaftler Peter Anton von Arnim (Foto) ist am frühen Morgen des Dienstags, 18. August, in Gransee verstorben. Von Arnim war am Sonntagabend nach der Beerdigung seiner Mutter Clara von Arnim ins Granseer Krankenhaus eingeliefert worden.

Peter-Anton von Arnim ist am 12. August im Jahr 1937 als viertes Kind des Freiherrn Friedmund von Arnim im Gutshaus Zernikow geboren. Der Dichter Achim von Arnim ist sein Ururgroßvater. Peter Anton von Arnim galt als führende wissenschaftliche Koryphäe für die Schriften Goethes und des Islam. "Goethe und der Islam" ist seine wichtigste Schrift betitelt. Von Arnim lebte selbst jahrelang im Sudan. Er sprach sechs Sprachen, darunter auch Arabisch.

Im Jahr 2004 hatte der Wissenschaftler eine Gehirnblutung erlitten, von der "er sich nie ganz erholt hatte", so sein jüngerer Bruder Wolf-Herman von Arnim. Nach seinem 70. Geburtstag war Peter Anton von Arnim in den Senegal gezogen, um dort seinen Lebensabend zu verbringen. Gesundheitliche Gründe zwangen ihn aber zur Rückkehr. In Gransee lebte er zuletzt in der Seniorenwohnstätte. Die Beisetzung auf dem Zernikower Friedhof findet am Donnerstag, 27. August, statt.

21.08.2009

2.9.1 Über den Tellerrand hinweg geklettert - Peter Anton von Arnim wäre gern in Afrika alt geworden, doch sein Körper spielte nicht mehr mit - von Daniel Dzienian

GRANSEE Peter Anton von Arnim hat mal in einem Interview Goethes Werke "Faust" und "Der west-östliche Diwan" als Dokumente einer Öffnung zur Welt, einer Art "Globalisierung des Denkens" bezeichnet. Er selbst stand dem Dichterfürsten in Sachen Weltoffenheit in nichts nach.

Wer sonst wäre auf die Idee gekommen, im Alter von 70 Jahren, dazu gesundheitlich angeschlagen, noch ins afrikanische Senegal auszuwandern, um dort seinen Lebensabend zu verbringen? Fern ab von Altenheimen und westlicher Medizin. Peter Anton von Arnim hatte den Mut dazu. Leider spielte seine Gesundheit nicht mit.

Am frühen Mittwochmorgen, 19. August (gestern wurde fälschlicherweise der 18. August mitgeteilt), ist von Arnim im Granseer Krankenhaus verstorben. Knapp eine Woche nach der Beerdigung seiner Mutter Clara von Arnim muss Wolf-Herman von Arnim nun wieder um ein Familienmitglied trauern. Dennoch erinnert

Seine zweite Heimat war Afrika: Peter Anton von Arnim wollte seinen Lebensabend bei seinem guten Freund Mustafa Sow (Besuch in Gransee im September 2005) im Senegal verbringen. Er verstarb am Dienstag in Gransee.Archiv-Foto: Stehr

er sich gern an seinen älteren Bruder, der aber insgesamt zu den drei jüngeren der sechs von Arnim'schen Kindern gehörte. "Die drei Jüngeren waren enger miteinander", so der Bruder. "Er hat viel und gern mit den älteren Brüdern über Politik gestritten. Man konnte immer von ihm sagen, dass er politisch eher links stand, so wie ich auch. Ich hörte häufig zu und stellte immer wieder fest: Die Älteren waren oft wortgewandter als er. Aber er hat sich vehement verteidigt. Und er hatte meistens Recht."

Peter Anton von Arnim ist am 12. August 1937 in Zernikow geboren. Nach dem Krieg und der entschädigungsfreien Enteignung von Gut Zernikow und Schloss Wiepersdorf floh die Familie von Arnim in die Nähe von Heilbronn. Peter Anton von Arnim besucht dort ein Gymnasium, später studiert er Literaturwissenschaften in Tübingen. Er bricht das Studium aber ab und betreut für eine Buchhandlung die Institute der Universität in Frankfurt/Main. In der Zeit lernt er neben Englisch, Französisch, Italienisch und Spanisch auch Arabisch und knüpft enge Kontakte zu afrikanischen Studenten. Eine eigene Familie gründet er nie. Trotzdem blickt Peter Anton von Arnim nicht nur über den Tellerrand. Er will auch darüber hinaussteigen.

Irgendwann wird es ihm in Deutschland zu eng. Dann läuft der Buchladen schlecht. 1980 wandert er zum ersten Mal aus - in den Sudan. Zunächst fühlt er sich dort wohl, lernt viele

110

neue Freunde kennen. In dem arabischsprachigen, nordafrikanischen Land arbeitet er als Hochzeits-Fotograf und eröffnet später sogar noch ein eigenes Studio. Doch dann wird in der Diktatur die Scharia eingeführt, das islamistische Recht, nachdem alle öffentlichen und privaten Angelegenheiten geregelt werden. Vielen Sudanesen werden Opfer von Verstümmelungen nach vorgeblichen Verbrechen. Von Arnim will helfen, arbeitet mit Hilfsorganisationen zusammen und gründet sogar ein Hilfsprojekt, das Prothesen für Menschen liefert, denen Hände oder Beine abgehackt worden sind. Fundamentalisten denunzieren ihn daraufhin, von Arnim muss das Land verlassen. 1987 kommt er einer Ausweisung zuvor.

Nach der Wende zieht er wieder nach Zernikow. Eine Bekannte war damals in die Region gezogen, um beim Aufbau des Gutes und der Kirche zu Zernikow zu helfen. Auch von Arnim ließ sich nicht lange bitten und half bei der Sanierung des Gutes. Und er war wortgewandt genug, um eine der Koryphäen in der Analyse von Goethes Werken und des Islam zu werden. Sein im Jahr 2001 herausgegebenes und von Katharina Mommsen verfasstes Werk "Goethe und der Islam" gilt als die wichtigste Schrift in dem Bereich. An Universitäten hat er allerdings nie gelehrt. "Ich würde ihn als Privat-Gelehrten beschreiben", so sein Bruder.

Seine Krankengeschichte führt Peter Anton von Arnim dann wieder hinter verschlossene Türen und zu "einer Odyssee durch die Berliner Krankenhäuser", wie sein Bruder Wolf-Herman von Arnim, selbst jahrelang Chefarzt einer neurologischen Station, es nennt. Von einer Gehirnblutung im Jahr 2004 hat er sich nie ganz erholt. Das Sprechen und Schreiben fällt ihm schwer, was ihn sehr ärgert. Denn sein Geist bleibt wach.

Im Jahr 2007 wird es konkret. Von Arnim will in den Senegal auswandern. Die Idee war ihm schon in den 1980ern gekommen. Das Angebot hatte ihm Mustafa Sow gemacht, ein junger Mann, der ihn seinen "Adoptiv-Onkel" nennt. Vor Jahren haben sich beide an der Universität in Dakar kennen gelernt. Der Name von Arnim war dem Studenten auf dem schwarzen Kontinent ein Begriff.

Nach seinem runden Geburtstag bricht von Arnim auf. "Ein befreundetes Ehepaar hat ihn begleitet", erinnert sich Bruder Wolf-Herman. "Ich habe seine Bücher verschifft. Leider litt Peter Anton zu dem Zeitpunkt schon an einer schweren Durchblutungsstörung in den Beinen. Bewegung tat ihm gut, aber während der langen Reise im Flugzeug bekam er eine Trombose." Der Traum vom Lebensabend auf dem fernen und doch so nahen Kontinent ließ sich nicht leben. Bruder und Arzt Wolf-Herman gibt zu bedenken: "Er hatte bis zu seinem Tod schreckliche Schmerzen. Ich denke, sein Tod kam einer Erlösung gleich."

Am Donnerstag, 27. August, wird auf dem Zernikower Friedhof erneut ein von Arnim beigesetzt. Den Trauergottesdienst, der um um 15 Uhr beginnt, wird wieder der Freund der Familie, Pfarrer Reinhard Dalchow, halten. "Peter Anton hat sich das gewünscht", erinnert sich sein Bruder.

21.08.2009

2.9.2 Moustaphas letzte Worte an Pava

-------Originalmeldung-------
Von: Mouhamadou Moustapha Sow
Datum: 26.08.2009 12:15:19
An: Dr. Horst F. W. Stukenberg
Cc: wolf hermanvon Arnim
Betreff: Re: Peter Anton von Arnim (fwd)

Liebe Freunde,

Während ich diesen Brief schreibe, hat Pava uns verlassen. Ich habe erst gestern Abend erfahren, dass mein lieber Freund und Onkel, mein Mentor und Professor zu dem ewigen Ozean gefahren ist. Seit einer Woche bin ich nicht nach Dakar gefahren. Aus diesem Grund habe ich meine Emails nicht lesen können. Ich habe keinen Internetanschluss zu Hause. Während ich diesen Brief schreibe, habe ich meine Emails noch nicht gelesen. Bei uns gibt es Hochwasser und ich bin der Koordinator von meiner Zone.

Gestern Nacht habe ich nicht geschlafen. Ich habe die ganze Zeit an Pava gedacht. Ich habe ihn kennen gelernt, als ich ein junger Student war ; ein junger wissbegieriger Mann, der das Wissen eines Menschen bewunderte. Zwischen uns ist etwas Unsagbares entstanden. Wir haben uns einander angenommen und seitdem haben wir uns nicht verlassen. Letzten Mittwoch habe ich von ihm geträumt. Ich habe ihn gesehen mitten in einem Ozean. Der war weiß wie Schnee und um ihn gab es nur Scherben. Er hatte die Form von einem Schwan. Das hat mich an den in - der „Marquise von O". - denken lassen.

Der Tod, dürfte W. von Humboldt einst schreiben, ist kein Abschnitt des Daseins, sondern nur ein Zwischenereignis, ein Übergang aus einer Form des endlichen Wesens in eine andere.

Vor drei Wochen habe ich ihm ein Exemplar von – „Dem grünen Baum des Lebens" - geschickt. Er brauchte dringend dieses Buch, um seine Mutter bei ihrer letzten Reise zu begleiten. Dann hat er mir gesagt, dass er an der Beerdigung teilnehmen wollte. Diejenigen, die nicht wollten, dass er nach Zernikow fuhr, um seine Mutter zu begleiten, wussten nicht, dass es der letzte Wunsch einer Sterbenden war; in meinem muslimischen Glauben sollte dieser Wunsch erfüllt werden. Nach diesem Entschluss füllte er sich innerlich rein und besser. Bis zum Ende seines Lebens wurde Pava missverstanden. Ich aber habe ihn immer sehr gut verstanden, auch wenn wir manchmal über dies und das gestritten haben.

Eines Tages habe ich ihm die Gretchenfrage gestellt: - Peter, glaubst Du an Gott? Und was hältst du von Muhammad? Die Antwort hat mich weinen lassen: - Ja, es gibt nur einen Gott und Muhammad ist ein Gottes Prophet. Und dann hat er Goethe zitiert: - es erhebt sich zu Gott, dem Einzigen, Ewigen, Unbegrenzten, dem all diese begrenzten Wesen ihr Dasein zu verdanken haben.

Pava, erinnerst Du Dich an jene Tage, als wir zusammen über einige Verse von Faust 1 polemisierten? Von Dir habe ich gelernt, dass die Wahrscheinlichkeit nicht immer auf der Seite des Wahrheit ist (Kleist) und dass - ein guter Mensch in seinem dunklen Drange des rechten Weges wohl bewusst ist (Goethe, Faust1, Prolog im Himmel). Du hast mich meine Religion mit neuen Augen sehen lassen.

Du hattest nicht viel, aber Du hast das geteilt. Du bist eine von den raren Kreaturen, die den Sinn der Nächstenliebe verstand. Du hast dem Hungrigen geholfen, als er Brot brauchte; dem

Durstigen Wasser gegeben, als er das brauchte. Wir werden Dich vermissen, vor allem die Kinder, denen Du die schönen Märchen erzählt hast; und der Haarschneider, der Flüchtling aus dem Fouladou, fragt jeden Tag nach Dir. Was werde ich diesen Leuten sagen? Meine Mutter, Deine Schwester Amina, wünscht Dir alles Gute im Jenseits. Sie bedauert nur, mit Dir vor Deiner Reise nicht gesprochen zu haben.

Du warst immer da, als wir Dich brauchten, Du hast getrimmt für die Anderen, Du hast die Leiden des Anderen selbst gelitten, Du hast immer mehr gegeben, als was Du selber vermagst. Denke, dass jedes Brot, das Du gegeben hast, jedes liebe Wort, das Du gesagt hast, die schönen Edelsteine deines Hauses im Paradies symbolisiert.

Pava, ich werde Dich nie vergessen. Im Pantheon meines Herzens hast du den edlen Platz genommen. Denke an die vier Grabfragen; Du hast deren Antworten. Du weißt, wovon ich rede. Denke an den Prophet Hiob; nach Leiden kommt Licht. Denke an den Chor der Engel (Ende Faust 2) -Wer immer strebend sich bemüht, den können wir erlösen   .

Durch den Tod nimmt die Widersprüchlichkeit Deines Lebens ein Ende. Du pflegtest zu sagen, - die Kraft des Lebens, die Macht des Geistes besteht eben darin, den Widerspruch in sich zu setzten, zu ertragen und zu überwinden   (Hegel, Phänomenologie des Geistes). Heute ist der Widerspruch überwunden worden. Der Tod ist und bleibt für uns nur der Übergang zu einem anderen existentiellen Zustand   . Du hast zu wenig besessen und so viel zu geben hattest Du. Du wirst mir eines Tages erklären, die Magie dieses Paradoxons.

O Ihr, die ihn kennen gelernt haben, nehmen Sie bitte acht, dass dieser Mensch nie einem absichtlich weh getan hat und dass er zu den Seligen gehört. Ich weiß nicht genau persönlich, unter welchen Umständen er gestorben ist; aber von oben her hat er allen Menschen vergeben. Er hat ein besseres Leben verdient. Wurde Jesus nicht gekreuzigt, obwohl er zu den besten Propheten gehört?

Allen Leuten, die ihn begleitet haben, allen Menschen, die ihn geliebt haben, sage ich einen herzlichen Dank für alles. Gott vergebe auch denen, die ihn missverstanden haben. Er war ein MENSCH.

PS. Je crois que l'occident doit s'interroger sur la finalité de sa morale; car je ne comprendrais jamais comment on peut, pour quelque raison que ce soit, pousser l'indécence intellectuelle et spirituelle jusqu   à interdire à un être humain, fut-ce t-il le plus vil des hommes, d   aller assister aux funérailles de celle qui l'a mis au monde. Les liens secrets et ultra célestes qui lient la mère et l   enfant ne sont-ils pas plus forts et plus importants que la plus miraculeuse des thérapies ? Peut-être ma conscience musulmane se situe en dehors de cette rationalité occidentale. Je reste convaincu qu□il a fait le bon choix d'y aller et que, à jamais, cela a apaisé la conscience d'un homme qui a mis sa vie toute entière au service de son prochain ; celui là a compris que nous avons chacun une responsabilité envers l'autre ; cet autre qui n'est que le miroir de notre propre être. Que Dieu l'accueille dans son céleste paradis. AMEN. (Diesen kleinen Text habe ich für mich selber geschrieben.)

Dein / Ihr Mouhamadou Moustapha SOW

2.9.3 Brief an Moustapha Sow, verlesen nach der Predigt von Pastor Dalchow

Betreff: Re: Re : Peter Anton von Arnim (fwd)
Von: "Dr. Horst F. W. Stukenberg"
An: "Mouhamadou Moustapha Sow"
Datum: 02. Sep 2009 11:10

Lieber Moustapha,
wir sind von Bad Harzburg nach Zernikow gefahren und haben die Nacht vor der Beerdigung bei Liselotte Hirt geschlafen. Da ist es uns am Morgen gelungen, von ihrem PC Deine Mail abzurufen und auszudrucken.
Deine Zeilen haben mich, uns, sehr bewegt. Mit Wolf Herman und dem Pastor Dalchow wurde verabredet, daß ich gleich nach der Predigt aber in der Kirche, wo alle noch beisammen sind, Deinen Brief und die Umstände auszugsweise vortragen sollte. Das tat ich, leider versagte nach einiger Zeit meine Stimme, ich schluchzte und mußte abbrechen.
Von Dir habe ich gegrüßt und Wünsche übermittelt. Viele Menschen, die von Peter Anton Abschied nahmen, waren sehr gerührt und baten darum, daß sie eine Kopie Deines Briefes zugeschickt bekämen. Das habe ich nun getan und hoffe, daß Du nichts dagegen hast.
Die Beerdigung von Pava war sehr würdevoll und inhaltsreich. Sehr sehr viele Menschen haben Anteil und Abschied genommen. Pastor Dalchow hat am Sarg, am Grab und in der Kirche sehr einfühlsam gesprochen. Danach kamen viele Menschen im so genannten Schafsstall zum Kaffe, Kuchen und Austausch zusammen. Viel Beachtung wurde dem Peter Anton geschenkt, mehr als zu Lebzeiten, besonders in seiner schweren Phase der Krankheiten.
Gleich am Morgen nach der Beerdigung hatte ich eine größere Tagung in Bad Lauterberg und komme nun erst dazu, Dir zu schreiben.
Was ist mit dem Hochwasser? Konntest Du inzwischen ein wenig schlafen? Wie geht es Deiner Familie?
Grüße bitte alle lieb von Marlis und mir
Dein Horst

III. Moustapha über Peter Anton

3.1 "Für immer mit anderen Augen" - Der senegalesische Germanist Muhammad Mustafa Sow wandelt zwischen den Kulturen – von Dietmar Stehr

Zernikow. Was ist fremd? Diese Frage stellt sich schnell bei einem Gespräch mit Muhammad Mustafa Sow. Ist es die Sprache, die Hautfarbe, der Stammbaum? Oder einfach nur das bisher Unbekannte? Ist das Fremde gar ein Hirngespinst?

Alles Schubladendenken hat schnell ausgedient, wenn der studierte Germanist aus dem Senegal, dem westlichsten afrikanischen Land, seine Sicht der Dinge darlegt. Am Montag endet sein vierwöchiger Deutschland-Aufenthalt, der ihn nach Weimar und Zernikow führte und dabei vieler Menschen Horizont erweiterte. Ja, Zernikow. Dort lebt der Islamwissenschaftler Peter-Anton von Arnim, den Mustafa "meinen Adoptivonkel" nennt. Vor Jahren lernten sich beide an der Universität von Dakar kennen und schätzen. "Man sagt zu einer älteren Person in Afrika nicht den Namen, sondern Onkel oder Tante", erklärt der Besucher das beinahe verwandtschaftliche Verhältnis. Der Name von Arnim war dem damaligen Studenten schon geläufig, etwa von Ludwig Achim von Arnims Erzählung "Isabella von Ägypten" über Kaiser Karl V. und seine erste Jugendliebe.

Das Thema Fremde beschäftigte Mustafa Sow bei seiner aktuellen Visite tiefgründig. Wie schon bei einem Besuch vor drei Jahren nahm er an einem Seminar in Weimar teil. Ging es damals um die Wahrnehmung des Islam in Europa, redeten diesmal "sieben fremde Menschen aus sieben fremden Ländern in sieben fremden Sprachen in der Fremde über die Fremde". Mustafa muss über seine Formulierung lachen, auch wenn sich dahinter durchaus ernsthafte Erkenntnisse verbergen. So etwa, dass ein Mensch türkischer oder afrikanischer Herkunft in Deutschland schwerlich ein Fremder sein könne, wenn seine Familie hier seit Generationen lebt, er hier geboren ist. "Der Rest sind Äußerlichkeiten." Es sei in Weimar um interkulturelle Kompetenz gegangen, die deutschen Kindern oft mühevoll an der Schule beigebracht werden müsse. "In Afrika ist das angeboren." Das bestätigt Peter-Anton von Arnim. "Ich bin in Afrika von allen willkommen geheißen worden, auch von denen, die mich nicht kannten". Und Mustafa ergänzt, dass es in der Sprache Beul (oder auch Sulani) gar kein Wort für Fremde oder Ausländer gibt.

Schwarze Haut weckt in Deutschland hingegen noch immer Ressentiments. "Geh nach Hause", musste auch Mustafa Sow sich schon anhören und kontert, wie es sich für einen Germanisten gehört, mit Erich Kästner: "Die Dummheiten wechseln, aber die Dummheit bleibt."

Im Senegal arbeitet Mustafa als Deutschlehrer. Ganz klar, dass er sich nun auch in deutschen Schulen umsah, in Neuruppin, Menz und Großwoltersdorf einige Stunden selbst gestaltete und außerdem hospitierte. "Das ist Wahnsinn, die Unterschiede sind sehr groß", fasst er seine dabei gemachten Erfahrungen zusammen. "Es gibt hier wenig Disziplin." Im Senegal habe eine Klasse durchschnittlich 50 Schüler, also etwa das Doppelte dessen, was in hiesigen Gefilden üblich ist. Mustafa berichtet von einer Abschlussklasse mit 40 Schülern, in der nur zwei Bücher haben und einige nicht mal Hefte. "Aber sie sind motiviert, weil sie wissen, dass sie sonst keine Chance auf eine Ausbildung haben." Motiviert und kompetent seien in Deutschland die Lehrer, "aber die Schüler kümmern sich nicht darum".

Das ist für den Westafrikaner unverständlich. So wie auch die Tatsache, dass die Sekundarstufe I in Großwoltersdorf schließen wird, weil die Schüler fehlen. So sehen es die Gesetze vor. "Dann müssen die Regeln wechseln, wenn die Gesetze zu alt sind."

Im Senegal verläuft die Entwicklung genau in die entgegengesetzte Richtung. Dort wächst die rund zehn Millionen Menschen zählende Bevölkerung jährlich um 2,7 Prozent. 58 Prozent der Einwohner sind unter 20 Jahren, und das trotz einer Kindersterblichkeitsrate von 11,7 Prozent. Auf 15 000 Menschen kommt nur ein Arzt. 70 Prozent der aktiven Bevölkerung arbeiten in der Landwirtschaft, erwirtschaften aber während der dreimonatigen Regenzeit auf den raren fruchtbaren Flecken nur 18 Prozent des Bruttoinlandsproduktes. Da tut Bildung Not. Vielerorts entstehen neue Schulen. Die Lehrer sind - im Gegensatz zu unserer Gegend - meist sehr jung und entsprechend voll Tatendrang und frischer Ideen.

"Der Aufenthalt in Deutschland war eine Bereicherung für mich, man bleibt nie der Gleiche", sagt Mustafa. "Ich werde mein eigenes Land für immer mit anderen Augen sehen."

Aber auch einige Deutsche haben nach seinem Besuch ein anderes Bild vom Senegal. Schüler durften dem tausende Kilometer gereisten Gast Löcher in den Bauch fragen. Besonders zum Islam, das sei eine in der Ex-DDR nahezu unbekannte Religion. Rund 90 Prozent der Senegalesen sind Muslime, einige römisch-katholische Christen gibt es außerdem. "Die Frauen tragen bei uns trotzdem keine Kopftücher, um sich damit zu verhüllen", berichtet Mustafa. "Niemandem ist seine Religion anzusehen, man spricht auch nicht darüber." Gleichwohl reiche der Platz in den Moscheen nicht aus, wenn der Muezzin zum Freitagsgebet ruft, dann versammeln sie sich selbst auf den Straßen. Und die nationalen Feiertage sind allen im Land vorkommenden Religionen gewidmet.

Die deutschen Schüler wollten aber noch mehr wissen. Beispielsweise zum Klima und der Situation der Frau. "Ich habe *nur* eine Frau und *nur* drei Kinder", lautet die Antwort nach den eigenen Familienverhältnissen. "Weil, ich könnte bis zu vier Frauen haben." Aber im Koran stehe geschrieben, dass alles Geld, was der Mann nach Hause bringt, für die Familie einzusetzen ist. Was dagegen die Frau verdient, bleibt ihr. Prompt hätten einige Mädchen gelobt, dass das eine tolle Gesellschaft sei. "Vieles ist relativ."

Wissbegierig sind aber auch die Kinder im Senegal. "Frage ich meine Schüler nach ihrem Deutschland-Bild, erzählen sie viel von Rassismus und Antisemitismus - und von Bier. Aber nach einigen Monaten verändert sich das. Ich versuche, das wahre Bild von Deutschland zu zeigen."

Je länger Mustafa erzählt, umso mehr imponieren seine fundierten Deutschkenntnisse. Woher kommt diese Affinität? "In der Schule war ich gut in Deutsch, Englisch und Französisch", erinnert er sich. "Aber eigentlich wollte ich Meteorologie studieren." Nur habe er sich das an der Universität nicht aussuchen können und musste mit Deutsch vorlieb nehmen. So entstand die Idee, später in Deutschland ein Meteorologie-Studium zu beginnen. "Aber dann hat die Schönheit und Dichtung der deutschen Sprache mich verführt..." Kurz darauf zitiert der "Stiefneffe" Peter Anton von Arnims eher unbekannte Passagen aus Schillers Text zu Beethovens 9. Sinfonie. Den Text hatte Mustafa vor Jahren in einer Nacht auswendig gelernt, weil sein Professor derartige Wissenslücken mit Worten wie "Brot-Germanisten" geißelte. Da hat er vielen Deutschen etwas voraus.

Ähnliches gilt für die Lebenseinstellung des afrikanischen Deutschlehrers. Er erzählt von den vielen Bettelkindern in seiner Heimat und von dem Verein, den er mitbegründete und dessen

Name übersetzt soviel bedeutet wie "Zusammen für die Bettler". Er verschweigt auch nicht die allgemeine Armut daheim, die eigentlich nur von Europäern bemerkt werde, oder die große Bedeutung des wenigen Wassers. Trotzdem kommt kein Klagelaut über seine Lippen, nur die Feststellung: "Es geht ja." So verfliegt die Zeit im Gespräch. Ein Gespräch, das für Vorbehalte keinen Platz ließ. Dafür aber für Erkenntnisse. So etwa, dass Deutsche oft gar nicht ahnen, wie gut es ihnen geht. Sind sie sich selbst gar am fremdesten?

10.09.2005

3.2 Die Welt des Geistes und des Menschengeistes - von Moustapha Sow

Unsere Seele entdeckt sich selbst, wenn wir mit einem großen Geist in Berührung kommen. Erst als ich die Unendlichkeit von Goethes Phantasiekraft begriffen hatte, entdeckte ich die Enge meiner eignen.   Muhammad Iqbal: Stray Reflections (1910) 25

Als ich zum ersten Mal diese wunderschönen Worten gelesen hatte, dachte ich, Pava hätte selber sie geschrieben; denn das Begreifen der Unendlichkeit von Goethes Phantasiekraft war fürwahr für ihn der Anfang einer langen Reise durch die Welt des Geistes, des Menschengeistes.
Peter Anton von Arnim war ein Privatgelehrter, dessen Geist fast alle erdenklichen wissenschaftlichen Bereiche der Forschung des zwanzigsten Jahrhunderts berührt hat. Das war sein Glück, denn dafür musste er die Welt praktisch entdecken, um seine theoretischen Überzeugungen mit dem realen Leben zu vergleichen: „Am Anfang war die Tat", sagte Faust, ein Mensch der Handlung. Die meisten Philosophen oder Philosophierenden bleiben in einer geschlossenen Stube, aus der sie ihre Phantasiekraft agieren lassen. Er aber hat die Welt und die darin lebenden Menschen als ein Laboratorium betrachtet. Zwar war ihm bewusst, dass dieses Laboratorium gleichzeitig labyrinthisch verflochten wird und voller Widersprüche ist; es war aber eine Herausforderung für ihn, den Ariadnefaden zu finden und „mehr Licht" darin zu gewinnen.
Dass das Leben voller Widersprüche ist und dass über diese Widersprüche gegangen werden muss, war eine Evidenz für ihn. Er pflegte regelmäßig Hegel zu zitieren und die folgenden von Hegel stammenden Worte flossen ihm aus dem Munde, jedesmal als wir zusammen eine philosophische Debatte anfingen.

„Wer aber verlangt, dass nichts existiere, was einen Widerspruch in sich als Identität Entgegengesetzte trägt, verlangt aber zugleich, dass nichts Lebendiges existiere. Denn die Kraft des Lebens und mehr noch die Macht des Geistes besteht eben darin, den Widerspruch in sich zu setzen, zu ertragen und zu überwinden."

Er (Pava) selber sagte:

„Ich beschäftige mich viel mit Philosophie, vor allem mit Hegel, weil ich ihm Recht gebe, wenn er davon ausgeht, dass der Mensch nicht für das Glück, sondern für die Freiheit geboren ist, der Schmerz also zum Leben gehört."

---

25 (In: Muhammad Iqbal: Persischer Psalter. Übersetzt von Annemarie Schimmel. Köln 1968, S.35)

Das ganze Leben von Pava bestand darin, über diese Widersprüche hinauszukommen. Über dieses sein Leben zu schreiben wäre schon eine ‚Affäre' für den Erzähler, denn das, was wir nehmen, hat nicht unbedingt den Wert dessen, was wir lassen.

Die erste Frage, die gestellt werden muss, lautet: kann man über Peter Anton von Arnim schreiben, ohne Gefahr zu laufen, neben der Quintessenz seines Lebens vorbeizuschreiben? Einen großen Teil seines Lebens hat er in Afrika verbracht und prinzipiell in zwei afrikanischen Ländern: Sudan und Senegal.

3.2.1 Arnims Bedeutung für den Gedankenaustausch mit Afrika –von Moustapha Sow

In: Neue Zeitung für Einsiedler, August 2002, Seite 29-32

Was mag einen Afrikaner, einen jungen Germanisten, der sich mit deutschsprachiger Literatur beschäftigt, dazu bewegen, sich ausgerechnet mit dem Werk Ludwig Achim von Arnims auseinanderzusetzen? In der deutschen bzw. germanistischen Literaturgeschichtsschreibung stößt man immer wieder auf eine ablehnende Kritik, die versucht, ihn aufgrund einer angeblich mangelnden Gestaltungskraft, einer tiefgreifenden Willkür, einer unmotivierten Verschränkung von Phantastik und Realistik zu verurteilen. So könnte die Frage gestellt werden, warum sich ein schwarzer Germanist für einen Autor interessiert, dem immer wieder, von wenigen, allerdings bedeutsamen Ausnahmen abgesehen, im eigenen Geburtsland das wahre Dichtertum abgestritten wurde? Mich hat an ihm die Tatsache angezogen, daß sein hochgespannter Geist ihm die Fähigkeit verlieh, hinter den banalen Tatsachen des erlebten zeitgenössischen Geschehens eine höhere Wirklichkeit zu erkennen. So werde ich in ein paar Worten erzählen, wie ich auf ihn gestoßen bin.

Als ich mein Magisterstudienjahr beendet hatte, wurde ich durch meinen stets hilfsbereiten, von mir gleichsam als Onkel adoptierten Berater und Freund Peter-Anton von Arnim, als er bei uns zu Besuch im Senegal war, auf Achim von Arnims Werk *Isabella von Ägypten* aufmerksam gemacht. Kaum hatte ich mit der Lektüre begonnen, war ich sogleich begeistert, denn ich entdeckte etwas sehr Interessantes: Arnim beschäftigt sich mit dem Problem sozialer Gegensätze, wie sie im Bereich der Kultur Ausdruck finden. In dieser Novelle geht es um die Diskriminierung ethnischer Minderheiten, in vorliegendem Falle um die der Zigeuner. Der Text dokumentiert nicht nur das Magisch-Phantastische und dessen Realitätsbezüge, es ist funktional als weltanschauliches Bekenntnis zu werten. Er formuliert eine Sozialkritik, die des Dichters Objektivität, seinen Gegenwartsbezug und seine ästhetische Unabhängigkeit wahrnehmen läßt.

Bei uns in Afrika wird immer wieder die Frage nach der Funktion der Dichtung gestellt und zwar in einer Zeit, wo wohlbestallte, aber weitgehend entmenschlichte Politiker von fieberhafter Geldgier und schrankenloser Habsucht beherrscht werden. Bei der Lektüre von Isabella von Ägypten habe ich eine Antwort gefunden. Denn aus meinem Blickwinkel scheint es mir, daß die in die Dichtung selber hineinreichende Beziehung zum Übernatürlichen über den Arnimschen Rahmen hinausweist. Eine Verbindung zu den Verhältnissen in meinem Land sehe ich darin, daß die phantastische Dichtung in der afrikanischen dichterischen Ästhetik als Wirklichkeitsbeobachtung zu bestimmen ist und daß dieses Moment des Übernatürlichen als vertrauenswürdiger und tauglicher Wertmaßstab des tatsächlichen sozialen Lebens begriffen werden kann.

Die Tatsache, daß die Funktion der Literatur innerhalb und außerhalb der Dichtung vom Phantastischen bestimmt wird, wie es in Achim von Arnims *Isabella von Ägypten* seine eindringliche Gestaltung findet, sowie die Aufwertung des Bezugs zum Übersinnlichen sind heute Hauptmerkmale der afrikanischen bzw. senegalesischen Literatur.

So phantastisch diese Novelle auch anmuten mag, sie enthält in ihrem Kern eine historische Wahrheit. Dadurch entsteht eine faszinierende Spannung zwischen dem realen Geschehen und den surrealen Elementen der Erzählung, die schon Heinrich Heine und später André Breton an Arnim gerühmt haben. Mir als Germanist und Negro-Afrikaner scheint dieser Aspekt von großer Bedeutung. Die bis heute vorherrschende Verachtung der Literatur des Volkes im Namen einer aristokratischen Kultur erinnert uns an den Konflikt zwischen den Kolonisierten und den Kolonisatoren, der auch zweiundvierzig Jahre nach der angeblichen politischen „Unabhängigkeit" noch die kulturelle Szene beherrscht. Und wie Arnim den kulturellen Traditionen des Volkes neue Beachtung schenkt und sie damit aufwertet, so gibt es in unseren Tagen senegalesische Autoren, die angesichts der Vorherrschaft der französischen Kultur in unserem Lande Ähnliches für unser Volk leisten. Zu zitieren sind muttersprachliche Schriftsteller und Dichter wie Cheikh Aliou Ndao und Musa Kâ, der Filmemacher und Romancier Sembene Ousmane und einige inländische Märchenerzähler. Es geht darum, das Interesse des Volkes an der eigenen Muttersprache und der darin verfaßten Literatur zu wecken und diese, gegen die Überwertung einer fremden Literatur, zurückzugewinnen und dem Volk bewußt zu machen, daß fiktionale Literatur ein wichtiger Bestandteil der engagierten Literatur ist und als solche wichtige Themen der Gegenwart aufwirft. So geht die literarische Kunst über die bloße nüchterne Kontemplation einer abstrakten Wirklichkeit hinaus, sie wird vielmehr zu einem lebendigen Beitrag zu den wirklichen Problemen der Zeit.

Die Ablehnung jeglicher ästhetischer Einschränkung durch die damaligen, zeitgebundenen literarischen Normen, die in auffälliger Weise Arnims Werke kennzeichnet, findet in der afrikanischen Literatur der 60er Jahre eine Entsprechung. Afrikanische Schriftsteller haben ebenfalls eine selbstständige Schreibform entwickelt, und zwar im Gegensatz zu einer entfremdenden französischen Literatur. Insofern haben sie sich, was den Stil und die Themen angeht, von der damals geltenden Schreibnorm weitgehend verabschiedet. Es hat Jahrzehnte gedauert, bevor die Franzosen die neue Art, mit der französischen Sprache umzugehen, als wahre künstlerische Produktion anerkannt haben. Die Kenntnisnahme dieser Tatsache hat schließlich zur Gründung der Frankophonie geführt, die von nun an als Bühne zum Ausdruck der kulturellen Vielfalt zu verstehen ist. So ist z.B. die Bewunderung des Kindheitskönigtums bei dem kürzlich verstorbenen weltbekannten senegalesischen Dichter Leopold Sedar Senghor nicht nur als Idyllisierung eines in der eigenen Kultur herrschenden Gleichgewichts in allen Bereichen zu verstehen. Die implizite Aufwertung der eigenen Kultur in ihren kleinsten Details kennzeichnet zugleich den Willen des Autors, sich gegen jede Form der ästhetischen Unterwerfung zu wehren und ist auch als relevante Stellungnahme auf der Seite der Unterdrückten, sprich der schwarzen Kolonisierten zu werten. Die Märchen von Birago Diop gehen über den Rahmen des Märchenhaften hinaus. Darin sind auch wichtige historische Einschübe zu finden. Die Filme, Romane und Erzählungen von Sembene Ousmane spiegeln die alltäglichen Lebensschwierigkeiten des Volkes wieder und haben viel dazu beigetragen, einer nationalen Bewußtseinsbildung den Weg zu bahnen.

In meiner Magisterarbeit habe ich mir die Aufgabe gestellt, die zwischen den literarischen Motiven jener Autoren bestehenden Parallelen aufzuweisen, insbesondere die Einwirkung des Volksglaubens auf das menschliche Leben. Die in Arnims Aufsatz *Von Volksliedern* im Jahre 1805 entwickelte Idee von der Notwendigkeit, die Volkskunst wiederzubeleben, wird *in Isabella von Ägypten* wieder aufgegriffen, aber mit einer besonderen Wendung: Hier geht es ihm um eine Aufwertung der Sitten und Gebräuche der Zigeuner, das heißt eines in Europa und Deutschland verfolgten und unterdrückten Volkes. Damit bekennt sich Arnim implizit zu einer Minderheit. Daher weist seine Novelle über Deutschland und die deutsche Kultur hinaus. Sie ist ein Beitrag zur Verständigung zwischen den Völkern. Ähnliches gilt für seine Novelle *Der tolle Invalide auf dem Fort Ratonneau*. Darin geht es um die Liebesbeziehung einer jungen Deutschen, Tochter einer Prostituierten, mit deren Fluch sie belastet ist, zu einem Franzosen, d.h. zum Angehörigen eines als Erzfeind geltenden Volkes, dazu noch einem Invaliden, also ebenfalls einem Ausgestoßenen der Gesellschaft.

Ebenso wie Arnim sich für Minderheiten einsetzte, haben afrikanische Schriftsteller für die Anerkennung der eigenen literarischen Unabhängigkeit gekämpft. Sie haben sich darum bemüht, ein wirklichkeitsgetreues Bild des Schwarzen zu geben, und dieses Bild widerspricht manchen der herrschenden Darstellungen des schwarzen Menschen. Arnims Lektüre hat mich dazu angeregt, mir die Frage nach den Funktionen und Aufgaben der modernen Literatur in einer sich radikal verändernden Welt zu stellen. Bei aller Verschiedenheit der Charaktere und der Ansichten der genannten Autoren erkenne ich in dieser Hinsicht Verbindungslinien zwischen deren sozialem und kulturellem Engagement und dem Achim von Arnims. Mit anderen Worten, ich sehe darin Bausteine für einen Dialog zwischen den Kulturen.

Jeder Mensch, der danach strebt, eine Kultur aufzuwerten, trägt viel dazu bei, die Universalkultur aufzuwerten. Ich habe mir nunmehr vorgenommen, meine Arbeit um einen zweiten Teil zu erweitern. Darin werde ich mich mit dem Stellenwert der Kultur im Entwicklungsprozeß von Gesellschaften befassen. Dabei werde ich mich auch mit *Des Knaben Wunderhorn* auseinandersetzen. Es soll also nicht ausschließlich um den künstlerischen Aspekt dieser schönen Sammlung gehen, sondern vor allem um deren literatursoziologische Dimension.

3.3 Pava im Sudan – Briefe von Peter Anton von Arnim

Bevor Pava in den Senegal kam, hat er, wie er das in einem Brief an Hans Christoph Buch vermittelt, sieben Jahre in Sudan verbracht.

„Mit Ihrer Vorlesungsreihe "Die Nähe und die Ferne - Bausteine zu einer Poetik des kolonialen Blicks", die ich am Fernsehschirm verfolgen konnte, haben Sie ein Thema aufgegriffen, das mich persönlich stark berührt. Unter anderem, weil ich sieben Jahre meines Lebens in einem afrikanischen Land, im Sudan, verbracht habe. Seitdem beschäftigt mich das Problem, wie ich das Erlebnis zweier grundverschiedener Kulturen, ja Lebensweisen, in meinem Kopf zusammenbringen bzw. meinen Mitmenschen vermitteln kann." (Brief an Hans Christoph Buch, Eschborn, den 20.6.1990)

In seinem auf Französisch redigierten Curriculum schrieb er:

« *Puis j'ai visité le Soudan. J'ai décidé de commencer une vie nouvelle en Afrique. Mais alors qu'au Sénégal la vie économique me semblait être trop dominée par les Français, je voyais des chances de m'installer au Soudan comme photographe, malgré le fait qu'avant je n'avais jamais exercé la photographie comme métier. Ce qui me fascinait surtout au Soudan, c'était la coexistence pacifique des cultures arabes et négro-africaines et la cohabitation d'ethnies et donc d'hommes de couleurs les plus diverses. Cela me donnait l'impression de vivre dans un pays exempt de préjugés et donc, malgré la dictature de Nimeiri, dans un pays qui sous certains aspects était plus libre que l'Allemagne. Quelle illusion, hélas! Mais j'y serais resté jusqu'à la fin de ma vie, s'il n'y avait pas eu la montée de l'islamisme, c'est à dire la négation totalitariste de l'islam authentique.*

En apprenant la langue arabe, j'ai eu l'opportunité de me familiariser avec le monde de la pensée islamique, et la vie au Soudan m'a guéri d'une partie de mes problèmes psycho-

logiques, j'ai appris à vivre en paix avec moi-même et à m'accepter tel que je suis. À l'aide des recherches de professeur Katharina Mommsen, qui avait écrit un article sur Goethe et l'Islam, j'ai fait la découverte que notre plus grand poète allemand était le meilleur guide pour comprendre le monde de la culture islamique. (Il y a un aspect de l'islam qui dans une certaine mesure m'était familier: celui du déterminisme. Lors de mes études du marxisme j'étais tombé sur une brochure de Plekhanov: "Le rôle de la personnalité dans l'histoire" où il traite ce problème.)

Après la chute du dictateur Nimeiri en 1985, qui dans la dernière période de son régime avait proclamé une soi-disante "justice islamique" pour terroriser le peuple, je me suis occupé du sort des victimes de la charia, des amputées, pour qui avec l'aide d'un avocat courageux j'ai fondé la "Sudanese Association for Amputees". Plus tard j'ai traduit de l'arabe pour la revue "Afrika-Forum" l'article que notre avocat avait écrit sur le martyr Mahmoud Mohammed Taha, un guide spirituel musulman que "Le Monde" avait surnommé "le Gandhi Africain" et qui a été exécuté sous la pression de l'Arabie Saoudite voisine et sur la demande des militants islamistes pour apostasie, parce qu'il prêchait la tolérance. Avec la montée de l'islam politique au Soudan je me rendais compte qu'à la longue je ne pouvais pas rester dans ce pays. Deux ans avant le coup des militaires islamistes je suis retourné en Allemagne. »

Eine zusammengefasste Version von seiner Passage im Sudan findet man in seinem diesmal auf Deutsch dargestellten Lebenslauf. Er schrieb:

„Im Jahre 1980, als ein Wechsel des Managements in der "Bockenheimer Bücherwarte" bevorstand, verließ ich Deutschland erneut und ließ mich im Sudan nieder. Ich arbeitete zunächst als freischaffender Photograph und gründete dann, zusammen mit einem sudanesischen Partner, das Photostudio "Kusch" in Omdurman (am Zusammenfluss von blauem und weißem Nil gelegen). In dieser Zeit vervollkommnete ich meine Kenntnisse in der arabischen Sprache, deren Studium ich in Abendkursen in Frankfurt/Main bereits begonnen hatte. Da ich in einem vorwiegend islamisch geprägten Land lebte, wurde ich dazu herausgefordert, mich näher mit dem Gedankengut des Islam zu beschäftigen. Dabei kam mir ein Aufsatz von Katharina Mommsen über "Goethe und Islam" sehr zu Hilfe (den sie später zu einem umfassenden Buch "Goethe und die arabische Welt" ausgearbeitet hat). Mir ist dadurch klargeworden, dass diejenigen, welche bei uns heute lauthals behaupten, der Islam sei eine uns völlig fremde Weltanschauung und deshalb die unter uns lebenden Muslime nicht in die deutsche Gesellschaft integrierbar, ihren Goethe nicht kennen. Aber das hat natürlich Tradition: die Deutschtümler haben sich noch nie durch genauere Kenntnis der deutschen Literatur ausgezeichnet. Bei der Beschäftigung mit dem Problem von Bettina von Arnims Stellung zu Juden und Judentum habe ich dann entdeckt, dass sie gegen gewisse Denkmuster bei den Deutschen angekämpft hat, welche unserer Tage noch immer eine Rolle spielen, nunmehr allerdings in deren Verhältnis zu den Muslimen in Deutschland."

3.3.1 Pava – Erinnerungen von Mohamed Osman

From: <u>Mosa Alimo</u>
Date: 10.06.2013 05:49:53
To: <u>Wolf</u> Herman von Arnim
Subject: Peter-Anton von Arnim

Dear Dr. von Arnim,
Greetings..

My name is Mohamed Osman Suliman, and I was a friend of our dear the late PAvA since 1979, when I came for the first time to Frankfurt a M.(West) Germany
A couple of years ago, and while I was in China, someone broke the news to me about his pass away.. I was shocked and totally devastated and saddened because I was planning to return his visit to me in USA some 10 years ago.. I lost a great friend without having the chance to meet with him again.
After a lot of Internet search I found the contact info of Dr. Katharina Mommsen, because Peter used to tell me about her, and yesterday I wrote to her.. she was very generous to give me your email address.
I want to visit his grave and remember him.. but I didn't know where to go..
Dr. Mommsen also told me that you are preparing a book on his memorial, and if my input can help then I have so many memories with him, from Frankfurt to Sudan to USA.. I lived with him in Frankfurt for some time, in his Apt. in Beethoven Strasse. near Bockenheimer warte Strasse when he was working in the library of Goethe University.
I hope to see you and I can come to Germany at any time this summer.

best regards,
Mohamed Osman
Jersey City, New Jersey. USA

Pava memories...

Today I remember my dear friend, the late Peter Anton von Arnim.. I don't know from which universe did this great man come, but I know for sure that a man like Pava can not be seen on this planet again. He realized himself and the inner peace, therefore he lived in peace with himself and with all who happened to be arround him. As innocent as a newborn, he never classified people on basis of rich and poor, simple and sophisticated, general and elite.. I know many people who pretend and crusade to look like honorable, truthful, even generous and sacrifice for others, but it is very rare, if possible at all, to see a man who would live these values and they stem from his nature.. I call this absolute freedom. Peter-Anton was a free man. He lived free throughout his life.

The words I am recording today, will reflect my personal experience with Pava, and I will write my thoughts and memories as they come, without planning or organizing them in time-line or any other order. Also given the fact the little time I have at my disposal, because I must submit these pages as son as possible, so I wouldn't be able to access my remote documents and pictures. Instead I will write from memory.

In or around November 1979, I came to Frankfurt am Mein, with the intention to study German and look for chances to study there... Like most foreigners who would stay within their communities for the first few months until they know the ins and outs of their host country, I was spending the day hours at the student's cafeteria of Goethe University, where I met with Sudanese students and chat with them and exchanged information. I was quickly introduced to Pava by one of those Sudanese friends, because Pava was working at the bookshop there, and he spent the lunch time with Sudanese and other Africans in the cafeteria. Pava knew I was a new comer with limited budget and didn't enroll in any program or started working, so he generously invited me to stay with him so I can save some money. His house was not far from the university and he lived in Beethoven Strasse (off Bokenheimer warter Strasse.) I thankfully accepted his invitation and moved to his house to stay there for the next few months.

By all means, those months, for me, were true scholarship that I enormously benefited from and changed the course of my life. I can correctly say I was studying at Pava University.. Picture this: In just these 3 months, I was introduced to classical music, German history, Goethe songs, Betina von Arnim, Beethoven, Mozart, Schuler... and Pava made sure that I memorized and recited by heart every assignment he gave me.. he also invited me to Frankfurt historic theater to attend King Lear play when the band came from England. He was teaching me day and night, and talked to me about many things in German's history and culture... Did I say he talked to me? Not accurate word.. Because if someone is so internally unified and his face truly reflects his heart and inner side. An undividable person. Then it is hard to say whether he was talking to you or to himself, but you can't go away from his magical bond and you find yourself contentiously and carefully following him along the time.

Traveling to Germany was my first travel in Europe, so I have never experienced extreme cold or saw snow before... But the transition was so violent and not easy at all! It happened that the blizzard of the 1979-1980 New Year eve never happened in Europe for decades... Temperature fell well below 40c. In fact it fell 60c, because it was about 20c. During the day of Dec. 31, 1979, and fell to -40 at the night of the same day.

The daytime of December 31, 1979 was clear and nice... About 20c... I decided to visit Pava and watch the fireworks from his balcony... We watched TV and all the nice TV programs they run during these hours... But for some reason I had to go back home... (I forgot to say I rented a small room in FrauenLobStrasse, about 20 minutes (walking) from Pava's house.). That was about 7 to 8 O'clock in the evening of Dec. 31, 1979. But Peter said to me in Arabic: "But it is cold outside"! I told him no problem because my home is not that far. He gave me his umbrella and wished me a good luck. When I went downstairs and opened the building door, I immediately felt sharp needle stabs in my face and hands... The snow was so hard because of the extreme cold and it just felt like sandstorm and not snow storm. At first I hesitated but then I said I can go... After a few minutes the umbrella felt from my hand, not by the wind though... I tried to pick it up but I saw my hands turned completely black and found myself walking slowly like a drunk man. Tried to return to Pava but could not... No one on the street, no police, no cars, no anything... Fortunately a bus came when I was right at the station. I used all the energy left and threw myself on the bus heat radiator, of course I didn't buy a ticket from the machine at the station (I still owe 2 Marks to Frankfurt Stadthouse) . I didn't know were the bus was going either, but the driver was very helpful and took me to the last station... After he knew my destination, he advised me not to go there because no bus goes close to my street, and instead he suggested that I go back to Pava's house because the weather is extremely dangerous. After reaching his final stop, he took me back... I knocked Pava's door... He opened and after seeing me he knew everything at once. He said one word (also in Arabic) "I told you it is cold outside" and he immediately went to the kitchen and prepared a hot vegetable soup for.

One day Pava told me he is going to visit his mother where she lives nearby Frankfurt, and he asked me if I can accompany him. I immediately told him yes, and we went to her house in the heights not far from Frankfurt am Mein. Before we arrived Pava warned me the neighborhood is a small community who usually don't see Africans in the village, so I should just tolerate any excitement in their faces.

Like her son, I found Clara von Arnim very generous and she warmly welcomed me as her son's friend.. and regardless of age she prepared everything for us. Pava took pictures as he always did, but unfortunately I didn't keep any of them. I met with her again when she came to Sudan to visit Pava in 1984 (or 1985)..

In Sudan:

I returned back to Sudan in 1980. And one day in 1985 a common friend told me that Pava is in Sudan and he is looking for me... I immediately went to him, and was so glad to see him after more than 4 years. I learned that he came, but he shipped his personal belongings by sea, so now he needs me to go with him to Port Sudan to clear them from customs and ship them to Omdurman (near capital Khartoum, where he lived and worked). We took a train to Port Sudan. I knew a friend in the Port and he took care of everything until we received the container... He had 100s of music records, (a record at that time meant a large magnetic pie with songs recorded on it.. now we have CDs and even USB flash disks!) beside his books and other belongings.. I think he was planning to stay for a very long time in Sudan.

We came back to Omdurman by land, by a lorry (truck)... Pava and I in the front cabinet and our goods in the back... We arrived in about two days, but unfortunately some of his records bent due to the extreme heat. Pava later partnered with a Sudanese and established a small photography business.. he called his shop *Kush Photo Studio*, after the ancient Sudanese Nubian civilization of Kush (Pava is still rememberd there by 'Peter Kush'). Pava catered for taking photos of marriages, birthdays and so forth... He designed the logo by himself and it represented the head of one of Kush's kings. Pava then rented the shop at Morada road near Omdurman city center. He also heavily involved in Sudanese political life (he lived a free man who believed in no boundaries can divide humans). I introduced him to the late Mahmoud Taha, a famous Sudanese Islamic reformer who was later executed for apostasy, and I attended a few meetings between the two men... They discussed many issues, Pava with his landmark loud laugh and determination... One day Taha told me, in the absence of Pava, that Pava looks simple, but hides a highly sophisticated and honorable personality... And he was absolutely right.

Some of his close friends in Sudan were, the late Professor Ali Al Mak, University of Khartoum, College of African and Asian Studies... The late Mahmoud Taha, president of the Republican Party (mentioned above)... and many others... Pava was fond of some Sudanese Music, especially Singer Abdel Aziz Dawood...

New York:

I left Sudan for USA in July 1989, just a couple of weeks after the current government took power in coup d' tat, and since then I have not returned there. In the early years after the century turn, Pava called me, and told me he was in California to visit a friend there and coming to New York before continuing to Frankfurt. That was great news for me, and I met him in Manhattan, where he stayed in an apartment of a friend of him who was travelling. I lived in

Jersey City, just across the Hudson River from Manhattan. One day he called me and invited me to Broadway (Lincoln Center).. in the ticket window, Pava said to the American cashier that this play was written by his grandfather! of course the cashier gazed at him and I am sure he considered him a little more than a crazy guy.. that what I read in his eyes.. I forgot the name of the play but Peter later told me it was the work of his grandfather.

Onkel Hassan in Pavas Haus in Omdurman

3.3.1.1 Mohamed Osman - Übersetzung ins Deutsche

Von: Mohamed Osman Datum: 10.06.2013

Sehr geehrter Herr Dr. von Arnim

Ich grüße Sie.

Mein Name ist Mohammed Osman Suliman. Ich war seit 1979 ein Freund von unserem lieben PAvA als ich das erste Mal nach Frankfurt am Main in Westdeutschland kan. Vor einigen Jahren, während meines Aufenthaltes in China, erhielt ich die Nachricht von seinem Tod. Ich war geschockt und total verstört und traurig, denn ich plante seinen Besuch bei mir in den USA vor etwa 10 Jahren zu erwiedern.

Ich verlor einen großen Freund ohne die Chance, mich mit ihm wieder zu treffen.

Nach einiger Suche im Internet fand ich den Kontakt mit Dr. Katharina Mommsen, denn Peter erwähnte sie öfters mir gegenüber. Gestern habe ich ihr geschrieben und sie war so freundlich, mir Ihre e-mail Anschrift zu geben. Ich möchte gerne sein Grab besuchen und ihm zu gedenken, aber ich weiß nicht wo.

Dr. Mommsen erzählte mir ebenfalls, dass Sie ein Buch zu seinem Gedächtnis vorbereiten. Wenn mein Beitrag dazu beitragen könnte, ich habe so viele Erinnerungen an ihn, von Frankfurt, zum Sudan, in die USA. Ich lebte einige Zeit mit ihm zusammen in seiner Wohnung in der Beethovenstr., nahe der Bockenheimer Str. in Frankfurt am Main, während er in der Bibliothek der Goethe Universität arbeitete.

Ich hoffe Sie zu sehen und ich kann jederzeit in diesem Sommer nach Deutschland kommen.

Mit freundlichen Grüßen

Mohamed Osman
Jersey City, New Jersey. USA

Erinnerungen an Pava

Heute erinnere ich mich an meinen lieben Freund, den verstorbenen Peter Anton von Arnim. Ich weiß nicht aus welchem Universum dieser große Mann gekommen ist, aber ich bin mir gewiß, dass es einen Mann wie Pava auf diesem Planeten nicht ein zweites Mal geben wird. Er hat sich und seinen inneren Frieden entwickelt. Deshalb lebte er in Frieden mit sich selbst und mit allen, die das Glück hatten, um ihn herum zu sein. So unschuldig wie ein Neugeborenes klassifizierte er niemals Mensch nach reich oder arm, einfach oder gebildet, gewöhnlich oder aus der Elite. Ich kenne viele Menschen, die vortäuschen und dafür ins Feld ziehen, um ehrenhaft, vertrauenswürdig, sogar großzügig und opferbereit gegenüber anderen zu wirken. Aber es ist sehr selten, wenn überhaupt möglich, einen Mann zu sehen, der diese Werte leben könnte so als seien sie Teil seiner Natur. Ich nenne dies die absolute Freiheit. Peter-Anton war ein freier Mann. Er lebte frei sein Leben lang. Die Worte, die ich heute niederschreibe, werden meine persönliche Erfahrung mit Pava reflektieren. Ich werde meine Gedanken und Erinnerungen so niederschreiben, wie sie kommen, ohne dabei zu planen, sie in einer Zeitachse oder in einer anderen Weise zu ordnen. weiterhin ist zu berücksichtigen, dass ich nur wenig Zeit zum Verfassen habe, denn ich muss diese Zeilen so schnell wie möglich übersenden. Deshalb werde ich nicht auf entferntere Dokumente und Fotos zurückgreifen. Stattdessen werde ich aus der Erinnerung heraus schreiben.

Ich kam etwa November 1979 nach Frankfurt am Main, um Deutsch zu studieren und mich nach Studienmöglichkeiten hier umzusehen. Ich verbrachte die Tagestunden in der Cafeteria der Goetheuniversität, wie die meisten Fremden, die innerhalb ihrer Gemeinschaften die ersten Monate verbringen, bis sie das Wo und Was des Gastlandes kennengelernt haben. Dort traf ich mich mit sudanesischen Studenten, unterhielt mich mit ihnen und tauschte Informationen aus. Von einem sudanesischen Freund wurde ich schnell Pava vorgestellt, der im Bookshop arbeitete und die Mittagszeit mit Sudanesen und anderen Afrikanern verbrachte. Pava wusste, dass ich ein Neuling mit begrenzten Mitteln war, der sich nicht eingeschrieben hatte oder arbeitete. Deshalb lud er mich freundlicherweise ein, bei ihm unterzukommen, um etwas Geld zu sparen. Seine Wohnung war in der Beethovenstr., nicht weit von der Bockenheimerstr. Dankbar nahm ich seine Einladung an und zog für die nächsten Monate mit in seine Wohnung.

Diese Monate waren eine wirkliche Studienförderung, von der ich außerordentlich profitierte und die meinen Lebensweg änderten. Ich kann tatsächlich sagen, dass ich an der Pava Universität studierte. Stellen Sie sich das vor: in gerade drei Monaten wurde ich in die klassische Musik eingeführt, in die deutsche Geschichte, in Goethes Lieder, Bettina von Arnim, Beethoven, Mozart, Schiller. Pava sah zu, dass ich jede Aufgabe, die er mir gab, wahrnahm und auswendig lernte. Er lud mich in das historische Theater ein, als King Lear von einer englischen Gruppe gespielt wurde. Er lehrte mich Tag und Nacht und sprach mit mir über viele Dinge der deutschen Geschichte und Kultur. Sagte ich, er sprach mit mir? Das ist nicht richtig ausgedrückt. Denn wenn jemand innerlich so eins ist und sein Gesicht wahrhaftig sein Herz und Inneres wieder gab … Eine nicht geteilte Person. Dann kann kaum gesagt werden, ob er zu mir oder zu ihm selbst sprach – und es ist kaum möglich, sich aus seiner magischen Bindung zu lösen und Sie folgen ihm bewusst und sorgfältig die ganze Zeit.

Die Deutschlandreise war meine erste Reise nach Europa. Deshalb hatte ich nie zuvor die extreme Kälte erlebt oder Schnee gesehen. Der Übergang war jedoch so gewaltsam und überhaupt nicht einfach. Er geschah während des Schneesturms am Übergang von 1979 auf 1980, ein Schneesturm, wie ihn Europa jahrzehntelang nicht erlebte. Die Temperatur fiel weit unter 40 Grad, sie fiel um 60 Grad. Während des 31. Dezembers mit 20 Grad fiel sie auf minus 40 Grad am 1. Januar.

Der Tag des 31. Dezembers war klar und angenehm mit einer Temperatur um 20 Grad. Ich entschied mich Pava zu besuchen und das Feuerwerk von seinem Balkon aus zu beobachten… Wir sahen fern und all die netten Programme, die um diese Zeit zu sehen waren… Aus irgendeinem Grund musste ich jedoch nach Hause gehen … (ich vergaß zu berichten, dass ich ein kleines Zimmer in der Frauenlobstr. gemietet hatte, etwa 20 Minuten Fußweg von Pavas Wohnung). Das war etwa um sieben bis acht Uhr am Silvesterabend. Peter sagte zu mir in Arabisch: „Es ist aber kalt draußen". Ich sagte ihm es wäre kein Problem, da meine Wohnung nicht so weit entfernt wäre. Er gab mir seinen Regenschirm und wünschte mir viel Glück. Als ich nach unten ging und die Haustür öffnete, fühlte ich sofort scharfe Nadelstiche in meinem Gesicht und in meinen Händen. Der Schnee war wegen der extremen Kälte so hart und fühlte sich wie ein Sandsturm an und nicht wie ein Schneesturm. Zuerst zögerte ich, aber danach sagte ich zu mir, ich könnte schon gehen… Nach einigen Minuten fiel mir der Regenschirm aus der Hand, jedoch nicht wegen dem Wind… Ich versuchte ihn aufzuheben und sah, dass meine Hände ganz schwarz geworden waren. Ich merkte, dass ich langsam wie ein betrunkener Mann wankte. Ich versuchte zu Pava zurückzukommen, aber ich konnte nicht… Es war niemand auf den Straßen, keine Polizei, keine Autos, nichts… Glücklicherweise kam ein Bus, als ich gerade an der Haltestelle war. Ich verwandte alle Energie, die mir verblieben war, und warf mich über den Heizungsradiator im Bus. Natürlich habe ich keinen Fahrschein aus dem Automaten an der Haltestelle gezogen (Ich schulde den Verkehrsbetrieben in Frankfurt noch zwei D-Mark). Ich wusste nicht, wohin der Bus fuhr, doch der Fahrer nahm mich freundlicherweise mit zur Endhaltestelle. Nachdem er mein Fahrziel erfuhr, riet er mir, dort nicht hinzugehen, denn kein Bus fährt auch nur in die Nähe meiner Wohnung. Stattdessen riet er mir, zu Pava Wohnung zurückzufahren, denn das Wetter war sehr gefährlich. Nachdem er seine Endhaltestelle erreicht hatte, nahm er mich mit zurück… Ich klopfte an Pavas Tür … Er öffnete und wusste, nachdem er mich gesehen hatte, sofort alles. Er sagte ein Wort (ebenfalls auf Arabisch) „Ich sagte Dir, es ist kalt draußen". Dann ging er in die Küche und kochte mir eine heiße Gemüsesuppe.

Eines Tages erzählte mir Pava, dass er seine Mutter besuchen wollte, die nahe bei Frankfurt wohnte, und fragte mich, ob ich ihn begleiten wollte. Ich sagte sofort zu und wir fuhren zu ihrem Haus in den Hügeln nicht weit von Frankfurt. Bevor wir ankamen, warnte mich Pava, dass die Nachbarschaft in dem kleinen Dorf gewöhnlich keine Afrikaner sahen. Deshalb sollte ich jede Art von Aufregung in ihren Gesichtern tolerieren.

Ich empfand Clara von Arnim, wie ihren Sohn, als sehr freigiebig und sie begrüßte mich warmherzig als einen Freund ihres Sohnes. Ungeachtet ihres Alters bereitete sie alles selber für uns zu. Pava nahm Fotos auf, wie er es immer tat, aber unglücklicherweise behielt ich keine von ihnen. Ich traf sie 1984 (oder 1985) wieder, als sie in den Sudan kam, um Pava zu besuchen.

Im Sudan

Ich kam 1980 in den Sudan zurück. Eines Tages im Jahr 1985 erzählte mir ein gemeinsamer Freund, dass Pava im Sudan weilte und nach mir suchte… Ich ging sofort zu ihm und war so froh, ihn nach mehr als vier Jahren wieder zu sehen. Ich erfuhr, dass er ankam, aber seine persönlichen Habseligkeiten über See verschifft hatte. Daher brauchte er mich, um mit ihm nach Port Sudan zu reisen, um seine Habseligkeiten aus dem Zoll zu holen und sie nach Omdurman zu verschiffen (nahe der Hauptstadt Khartoum, wo er lebte und arbeitete). Wir nahmen einen Zug nach Port Sudan. Ich kannte einen Freund am Hafen und er nahm sich allem an, bis wir den Container erhielten… er hatte Hunderte von Schallplatten (eine Aufnahme bedeutete zu der Zeit einen großen magnetischen Kuchen, auf dem Lieder aufgenommen waren … Jetzt haben wir CDs und sogar USB Flash Discs!) neben seinen Büchern und anderen Habseligkeiten. Ich glaube, er wollte für eine sehr lange Zeit im Sudan bleiben.

Wir kamen über Land mit einem Lastwagen nach Omdurman zurück … Pava und ich in der Fahrerkabine und unsere Sachen hinten auf der Ladefläche… Wir brauchten etwa zwei Tage, aber unglücklicherweise verzogen sich einige seiner Schallplatten infolge der großen Hitze. Pava schloss sich später mit einem Sudanesen zusammen und gründete ein kleines Geschäft für Fotographie. Er nannte sein Geschäft Kush Foto Studio, nach der alten sudanesischen nubischen Zivilisation von Kush (Pava wird immer noch als „Peter Kush" erinnert). Pava spezialisierte sich auf das Aufnehmen von Hochzeiten, Geburtstagen und so weiter.. er entwarf selber ein Logo, dass den Kopf eines Königs der Kush repräsentierte. Dann mietete er den Laden in der Moradastr. nahe dem Zentrum von Omdurman. Er war außerdem stark im politischen Leben des Sudans engagiert (Er lebte das Leben eines freien Mannes, der daran glaubte, dass keine Grenzen Menschen voneinander trennen können). Ich machte ihn mit dem späteren Mahmoud Taha, einem berühmten sudanesischen Islamreformer bekannt, der später wegen Apostasie getötet wurde, und nahm auch an mehreren Treffen mit den beiden Männern teil… Sie diskutierten über viele Themen, Pava mit seiner Eigenheit des lauten Lachens und Entschiedenheit … An einem Tag sagte mir Taha in der Abwesenheit von Pava, dass dieser so unscheinbar aussieht , sich dahinter jedoch eine hoch entwickelte und ehrenhafte Person verbarg … Damit hatte er absolut Recht.

Einige seiner engsten Freunde im Sudan waren der spätere Professor Ali Al Mak von der Universität Khartoum, Seminar für afrikanische und asiatische Kulturen – der spätere Mahmoud Taha, Präsident der republikanischen Partei (schon oben erwähnt) … und viele andere. Pava liebte sudanesische Musik, besonders den Sänger Abdel Aziz Dawood…

New York: Ich verließ den Sudan im Juli 1989 und ging in die USA, gerade einige Wochen nachdem die gegenwärtige Regierung durch einen Staatsstreich zur Macht kam und bin seitdem nicht mehr zurückgekommen. Pava rief mich kurz nach der Jahrhundertwende an, um mir mitzuteilen, dass in Kalifornien weilte, um dort einen Freund zu besuchen und nach New York kommen wolle, bevor er weiter nach Frankfurt flöge. Das war eine große Überraschung für mich und ich traf ihn in Manhattan, wo er in der Wohnung eines Freundes wohnte, der auf Reisen war. Ich lebte in Jersey city, gerade auf der anderen Seite des Hudson Rivers gegenüber von Manhattan. Eines Tages rief er mich an und lud mich zum Broadway (Lincoln

Center) ein … Am Ticketschalter sagte er zum Kassierer, das Stück wäre von seinem Großvater geschrieben! Natürlich schaute ihn der Kassierer an und ich bin sicher, dass er ihn als mehr als nur ein bisschen verrückt einschätzte... Das sah ich in seinen Augen … Ich habe den Namen des Stückes vergessen, doch Peter sagte mir später, dass es das Werk seines Großvaters gewesen sei.

3.3.2 Peter Anton von Arnim – Zum Leben im Sudan – von Moustapha S.

Peter-Anton von Arnim hat sieben Jahre, von 1980 bis 1987 in einem islamischen Land, im Nordsudan, gelebt. Da der Islam sich im Sudan nicht durch Eroberung, sondern durch Heirat arabischer Kaufleute mit Frauen der afrikanischen Urbevölkerung ausgebreitet hat, waren die Sudanesen stets stolz auf ihre Traditionen der Toleranz. Arnim bewunderte den zivilen Umgang miteinander, den er bei den Sudanesen beobachten konnte, und er ist ihnen dankbar für die ihm gebotene Möglichkeit, aus ihrem Verhalten menschlichere Umgangsformen kennenlernen zu können als diejenigen, welche in unseren Breiten im Alltagsleben gepflegt werden. Traditionellerweise verstanden die muslimischen Sudanesen unter Scharia die fünf Grundpfeiler des Islam: das Glaubensbekenntnis, das Beten, das Fasten, das sich Reinigen von allen materiellen Begierden (Zakat, wird bei uns meist mit dem Begriff Almosengeben übersetzt), die Pilgerschaft nach Mekka. Als jedoch der um seinen Machterhalt besorgte sudanesische Diktator Numeiri im religiösen Terror die letzte Rettung für sein wankendes Regime sah und 1983 unter dem Namen Scharia eine angeblich islamische Strafgesetzgebung einführte, kam dies für Arnim wie ein Schock. Da fiel ihm im Goethe-Institut von Khartoum ein Aufsatz von Katharina Mommsen in die Hände zu dem Thema "Goethe und der Islam", ein Thema, das sie später zu einem umfangreichen Buch „Goethe und die arabische Welt" ausarbeitete. Durch diesen Aufsatz und dann durch die Schriften Goethes selbst fand von Arnim den Schlüssel zu einem Verständnis des Islam, welches der offiziellen, von den Islamisten unter Führung von Hassan el Turabi propagierten Version diametral entgegengesetzt war. Schließlich handelt es sich beim Islam ja um eine der drei großen monotheistischen Religionen, welcher immerhin Millionen von friedfertigen Menschen in aller Welt anhängen. Er lernte auch einige der Opfer besagter Strafjustiz kennen, denen man die rechte Hand oder kreuzweise die rechte Hand und den linken Fuß amputiert hatte, und die in der Mehrzahl selbst gläubige Muslime waren (es befanden sich sogar auch Christen unter der Opfern!).

Nach dem Sturz des Diktators Numeiri im April/Mai 1985 durch das sudanesische Volk, das sich gegen den religösen Terror wehrte, gründete Arnim mit Unterstützung einiger sudanesischer Rechtsanwälte eine Selbsthilfegruppe für die zu einem Leben von Aussätzigen verurteilten Scharia-Opfer, die „Sudanese Association for Amputees". Aber der fundamentalistische Militärputsch von 1989, der übrigens mit voller finanzieller und logistischer Unterstützung von Seiten jenes Usama bin Laden, der heute als Weltfeind Nr. 1 gilt, durchgeführt wurde, warf bereits 1986 seine Schatten voraus. Wegen seines Einsatzes für die Amputierten musste Arnim aufgrund einer Hetzkampagne durch fundamentalistische Sensations-Blätter zwei Tage in Polizeigewahrsam verbringen, bis ihn einer der sudanesischen Rechtsanwälte freibekam. Ein Jahr darauf verließ er das Land.

Eingedenk der Tatsache, dass wir Deutschen zwei Diktaturen erlebt haben und wir in der Mehrzahl es dennoch strikt ablehnen würden, mit dem Naziregime oder dem Stalinismus in einen Topf geworfen zu werden, wirbt Arnim dafür, dass man auch die Muslime in aller Welt nicht für die diktatorischen Regime verantwortlich macht, unter denen sie zu leiden haben.

Toleranz gegenüber den Muslimen fordert aber auch Verständnis. Den besten Wegweiser für ein angemessenes Verständnis des Islam für uns Deutsche sieht von Arnim in Goethe, besonders in seinen „Noten und Abhandlungen zum West-östlichen Divan". Ein Jahr nach seiner Rückkehr aus dem Sudan, 1988, erschien Katharina Mommsens bahnbrechende Monographie: "Goethe und die arabische Welt". Arnim setzte sich sofort dafür ein, dass dieses Werk durch eine Taschenbuchausgabe einem breiteren Publikum zugänglich gemacht werde. Als endlich der Insel-Verlag 1999 diesen Vorschlag aufgriff, wurde Arnim von der Autorin mit der Herausgabe und Bearbeitung des Buches betraut, das im Jahre 2001 unter dem Titel "Goethe und der Islam", versehen mit einem Nachwort Arnims, herauskam.

Den besonderen Aspekt des neben dem "Faust" bedeutendsten Alterswerkes Goethes, des "West-östlichen Divan", der darin besteht, dass sich daraus außerordentlich viel über den Islam erfahren lässt, was einem Durchschnittsdeutschen sonst weitgehend unbekannt ist, hat man bisher mehr oder weniger missachtet. So stand denn auch nach dem 11. September 2001, als deutsche Leser plötzlich das Bedürfnis verspürten, sich näher über den Islam zu informieren, keineswegs „Goethe und der Islam" von Katharina Mommsen auf der Bestsellerliste. Ganz im Gegenteil, an deren Spitze stand Huntingtons „Kampf der Kulturen". Aber selbst in den wenigen Rezensionen jenes Buches, welche dazu erschienen sind, ist dieser Aspekt nur in einer einzigen gebührend gewürdigt worden, wogegen etwa der Rezensent in der FAZ die besondere Ausrichtung der Taschenbuchausgabe auf den Islam (statt, wie in der Originalausgabe auf „Goethe und die arabische Welt") aufs schärfste verurteilt hat. Noch enttäuschender ist die Erfahrung, dass weder jene Originalausgabe noch jetzt die Taschenbuchausgabe den fächerübergreifenden Dialog zwischen Orientalisten und Germanisten in Gang gesetzt hat, zu dem die Beschäftigung mit Goethes "West-östlichem Divan" sie eigentlich schon längst hätte herausfordern müssen.

3.4 Pava in Senegal – von Moustapha S.

Die afrikanische Präsenz von Pava wird durch drei Aspekte charakterisiert: seine wissenschaftliche Tätigkeit, seine Liebe zu dem Einfachsten und seine Gier nach Entdeckung des Anderen.

Bevor ich Peter kennengelernt habe, wohnte er bei einem seiner zahlreichen Freunde namens Badou. Die beiden wohnten zusammen im Vorort von Dakar. Im Gegensatz zu den Vornehmsvierteln, wo Pava auch viele Freunde hatte, war das Viertel, die 'Parcelles Assainies' von armen Leuten bewohnt.

Pava hat nie in den Vornehmsvierteln wohnen wollen. Mir pflegte er zu sagen, dass er den Puls des wahren Lebens nur mitten unter den einfachen Leuten fühlte: dem Haarschneider aus Guinea, der Blumenverkäuferin, der Erdnussverkäuferin, dem Automechaniker, dem Straßenmaler, dem Autobeifahrer genannt 'Apprenti-car' etc.

Diese Leute waren die echte Familie von Peter und die Tatsache, dass er 'seine' Familie regelmäßig zu Hause besuchte, ärgerte seinen Mitbewohner. Denn im Gegensatz zu dem Philanthropen Pava war sein Mitbewohner Badou ein sehr ordentlicher Mann, der dieses Hin und Her der 'Familie' gar nicht duldete.

Er war prompt, Menschen einzuladen, beim Essen, beim Trinken, beim Plaudern, beim Austauschen… Er mochte das Beisein des Anderen. Das Haus war immer voll und hektisch.

Im Jahre 1995 studierte ich noch an der Universität Germanistik. Ich war im Lizenzjahr – drittes Studienjahr – und das Studium der deutschen Literatur umfasste das ganze Lizenzprogramm. Wir sollten uns unter anderen mit folgenden Autoren und Büchern auseinandersetzen:
- Goethe: Faust 1
- Goethe: Hermann und Dorothea
- Goethe: Die Leiden des jungen Werther
- Goethe: Iphigenia auf Taurus
- Kleist: Erdbeben in Chile
- Kleist: Michael Kohlhaas

Wir befassten uns mit Epochen der deutschen Literatur von 12. Jh. bis zur gegenwärtigen Literatur. Darin spielten die klassische Epoche, die Romantik und der Sturm und Drang eine große Rolle.

Pava war für mich ein Mentor. Seine Präsenz war für mich ein Glück, denn damit konnte ich die Seminare an der Uni bei ihm zu Hause verlängern und vertiefen.

Seinen ersten Kontakt mit der Intelligentsia der Abteilung für germanische Sprachen und Zivilisationen der Universität von Dakar hat er während eines Flugs nach Deutschland gehabt und zwar mit der Professorin und Schriftstellerin Khady Fall. Frau Fall hat uns erzählt, dass sie einem der größten deutschen Intellektuellen begegnet ist. Es war kein Treffen, das war eine Begegnung. Wir waren damals Studenten des Lizenzjahres und Frau Fall animierte ein Seminar mit dem Titel: Langues et développment (Sprachen und Entwicklung).

Dieses Thema faszinierte Pava und war stets Anlass für lange Diskussionen über Ursprung und Entwicklung von afrikanischen Sprachen. Dafür evozierte er immer den Philosophen, Historiker und Ägyptologen Cheikh Anta DIOP. Das hat ihn so sehr motiviert, dass er dieses Thema als Motto für seinen Aufsatz über Hegel und Cheikh Anta DIOP wählte. Er wollte damit zeigen, dass Hegel in Afrika und von afrikanischen Philosophen und philosophierenden Studenten missverstanden wurde. Statt Hegel zu kritisieren, sollten afrikanische Studierende Bausteine zu einem Dialog mit ihm finden, denn es gibt Parallelitäten mit Cheikh Anta Diop. Peter hat einen kurzen Aufsatz geschrieben, indem er die Meinung vertritt, dass Hegel und Diop eine ähnliche Position entwickelt haben, nämlich dass keine Entwicklung erfolgen kann, ohne dass sich die Völker ihrer eigenen Muttersprachen bedienen, um ihre Realitäten anzuschauen:

„Die Bedeutung des muttersprachlichen Unterrichts nach Hegel und nach Cheikh Anta Diop. Cultivons notre jardin: L'importance de l'enseignement dans les langues nationales chez Hegel et chez Cheikh Anta Diop.
Sans fermer les yeux sur les différences, il me semble tout à fait approprié de comparer les tâches historiques qui s'imposaient, dans la vue de Hegel et de Cheikh Anta Diop, à leurs compatriotes dans leurs époques respectives. Hegel se voyait devant une Allemagne morcelée en mille petits états, gouvernés par des potentats féodaux parasitaires et aliénés à la culture allemande, tenant leurs conversations en langue française et modelant leurs résidences sur le modèle pompeux du chateau de Versailles, alors que leurs sujets crêvaient de faim. Le mot d'ordre "Ab nach Kassel!" indique que jusqu' aujourd'hui la mémoire collective du peuple allemand a conservé le souvenir du fait que pour obtenir l'argent nécessaire à la construction de leurs chateaux, certains de ces potentats sont même allés si loin que de vendre leurs sujets au roi d'Angleterre, qui avait besoin de soldats pour combattre les Etats Unis en pleine guerre d'indépendance. Ce n'était pas l'esclavage pur et simple, mais la servitude dans une

société rigoureusement hiérarchisée. Hegel savait donc de quoi il parlait quand il a écrit le fameux chapitre sur la domination et la servitude dans sa "Phénoménologie de l'Esprit".

Le système éducatif était encore dominé par l'enseignement du grec et du latin, et ce n'est qu'une géneration avant Hegel, avec Wolff et puis surtout Kant, que les philosophes avaient commencé à s'exprimer en allemand. Tandis qu'à une époque aussi précoce que le XVIe siècle un poète français, Joachim du Bellay, a pu écrire ces beaux vers: "France, mère des arts, des armes et des lois, tu m'as nourri longtemps du lait de tes mamelles", par contre les Allemands étaient encore à l'époque de Hegel loin d'avoir ce qu'on peut appeler une conscience nationale, et c'est à peine seulement que les Allemands étaient conscients d'avoir une histoire commune.

Saignée par la guerre de trente ans (1616-1646), dont elle ne s'était pas encore remise, l'Allemagne était sur le plan économique un des pays les plus arriérés de l'Europe occidentale. Les tâches historiques qui se posaient pour son pays étaient donc dans les yeux de Hegel l'unification économique et politique de l'Allemagne, la démocratisation de ses structures juridiques et le développement de l'enseignement en langue allemande.

Les tâches auxquelles l'éminent philosophe Sénégalais voyait confronté sa nation étaient encore plus gigantesques. Il faut se débarasser une fois pour toutes de la conception puérile, qui ne cesse pourtant pas de circuler dans les manuels sur une soi-disante philosophie africaine, que c'est contre un philosophe nommé Hegel mort depuis plus d'un siécle et demi, que Cheikh Anta Diop aurait dû se battre pour atteindre ses buts, parce que l'auteur des "Leçons sur la philosophie de l'histoire universelle" aurait décrété que l'Afrique est un continent sans histoire. C'est ainsi que dans "Présence Africaine" # 91 de 1974 a paru un article du Professseur de philosophie à l'Université de New York, Lamine Keita, sous le titre: "Two Philosophies of African History: Hegel and Diop", dont toute l'argumentation peut se résumer dans le reproche anachronique fait à Hegel de ne pas avoir lu les oeuvres de Cheikh Anta Diop avant de se prononcer sur l'Afrique; raison pour laquelle il serait tombé victime d'un euro-chauvinisme aveugle. Il faut se débarasser, dis-je, de cette personalisation puérile de l'histoire, une fois pour toutes, pour être en mesure de se rendre compte des vraies dimensions de la tâche avec laquelle dans la vue de Cheikh Anta Diop les Africains étaient confrontés à notre époque.

Se trouvant en face d'une Afrique noire ravagée par le colonialisme et dont les habitants en conséquence de ce cauchemar avaient presque totalement oublié leurs origines historiques communes et ont été aliénés de leurs racines culturelles par un système d'éducation qui force les enfants d'acquérir leurs connaissances dans une langue étrangère, en face d'un continent morcelé en des états de formation récente aux frontières artificielles qui n'avaient pas de racines dans le passé africain, mais étaient nés comme produits du partage de l'impérialisme spoliateur du continent et restaient attachés politiquement et surtout économiquement à leur soi-disante métropole Européene respective, Cheikh Anta Diop s'est fait le protagoniste de l'unification culturelle et économique des peuples négro-africains.

Une difficulté supplémentaire s'y ajoutait pour le grand savant Sénégalais. Tandis que Hegel pouvait déjà se servir, pour propager ses idées, de sa langue maternelle parce que, comme j'ai dit avant, la langue allemande venait d'être reconnue, grâce au travail de pionnier de Wolff, comme une langue apte à exprimer des idées philosophiques, Cheikh Anta Diop se trouvait, dans ce domaine, dans une situation comparable plutôt au grand philosophe allemand Leibniz, avec lequel il avait une autre caractéristique en commun: celle d'avoir été un chercheur aux connaissances encyclopédiques. Leibniz a écrit un traité pour la défense de la langue allemande, alors qu'il était contraint de rédiger ses oeuvres philosophiques en français ou en latin, parce qu'il a vécu à une époque où il lui a encore fallu s'exprimer dans ces langues étrangères pour pouvoir communiquer avec ses collègues. Le même vaut plus ou moins pour Cheikh Anta Dìop, qui était contraint de publier ses oeuvres en langue française, *alors qu'il était le protagoniste de l'emploi des langues nationales africaines dans l'enseigne-ment.*

Avant que je passe aux similarités frappantes qui existent entre les positions de Hegel et de Cheikh Anta Diop sur cette question de l'emploi des langues nationales dans l'enseignement, je voudrais parler d'un obstacle majeur en face duquel se trouvait Cheikh Anta Diop par rap-port au problème de l'unification linguistique des peuples négro-africains, un problème qui dans cette forme ne se posait pas pour Hegel. Hegel avait à sa disposition une langue alle-mande développée par les auteurs éminents de l'époque, en premier lieu par Goethe, au plus haut degré de l'expressivité. Cheikh Anta Diop par contre, qui avait découvert les racines communes des langues négro-africaines dans la langue des égyptiens de l'époque des pha-raons, avait là affaire à une langue morte difficile à étudier, si l'on fait abstraction de la pos-sibilité que quelques uns des peuples négro-africains de la vallée du Nil en ont préservé les éléments essentiels dans leur langue parlée. Il s'était posé comme tâche de reconstruire l'uni-cité des langues négro-africaines à partir de ces origines égyptiennes, mais il est clair qu'il s'agissait là d'une tâche qui dépassait de loin les capacités d'un seul individu, et serait-ce d'un chercheur avec la capacité d'accomplir un travail immense comme l'était Cheikh Anta Diop. Plus loin je vais me limiter à parler de ses efforts pour développer la langue Wolof en un vé-hicule linguistique adapté au discours philosophique et scientifique.

Après la publication de "Nations nègres et Cultures" avec les découvertes sensationnelles de Cheikh Anta Diop sur les origines égyptiennes des langues et cultures négro-africaines, il est devenu de mode parmi les pourfendeurs de Hegel, (les Professeurs Simo et Keita dans les articles cités plus haut pouvant servir en exemples), d'accuser celui-ci d'euro-chauvinisme pour avoir, toujours dans ses fameuses "Leçons", amputé l'Afrique de sa partie congrue, l'Egypte.

Mais si le Professeur Cheikh Anta Diop, dans une conférence donnée à Niamey en 1983, a publiquement admis lui-même que c'est seulement par hasard qu'il est tombé sur le sujet de l'Egypte qui devait devenir le thème central de sa vie et de son oeuvre, comment voulez-vous que Hegel ait connu ce que Cheikh Anta Diop lui-même, avant d'avoir fait sa grande décou-verte, ignorait encore? L'erreur se trouve, comme nous l'avons vu tant de fois avant, dans une personnalisation excessive et anachronique de l'histoire.

Car ce n'est pas Hegel qui a amputé l'Afrique noire de sa partie égyptienne, c'était le cours de l'histoire même, et dans ce cas ce n'était pas le colonialisme qui en était responsable, mais des événements bien antérieurs à celui-ci, à savoir la conquête de l'Egypte par les Arabes musulmans. Dès lors, la langue arabe allait se superposer aux langues de la vallée du Nil d'origine négro-égyptienne; et aux Européens de l'époque de Hegel la civilisation égyptienne devait apparaître comme une civilisation d'arabes, sinon de blancs. Est-ce qu'on veut donc reprocher à Hegel de ne pas avoir entrepris des recherches pour prouver par le moyen des rayons ultraviolets que la peau des Pharaons contenait de la mélanine, c'est à dire qu'elle était noire? Cette question si elle est stupide, elle ne l'est pas plus que l'accusation de chauvi-nisme lancée contre Hegel pour son ignorance quant au passé négro-africain de l'ancienne Egypte.

Comme toujours, on cache le vrai problème en se créant un faux ennemi. D'ailleurs, Cheikh Anta Diop a clairement exposé lui-même les vrais problèmes politiques qu'il voyait par rap-port à l'Egypte, en vue de l'unification de l'Afrique. Dans un article de 1952 "Vers une idéolo-gie politique africaine" republié par "Présence Africaine" dans une collection d'articles inti-tulée "Alerte sous les Tropiques", il a dit (pages 61): ".. Nous pouvons dire à l'Egypte: ou elle tient au monde arabe par des liens qui sont surtout raciaux, ou elle se rattache au monde africain par des liens économiques. Dans le premier cas, sa politique ne nous intéresse pas, car nous ne sommes pas des racistes; dans le second cas, elle doit se détacher totalement de la Ligue Arabe pour ne plus lier son destin qu'à l'ensemble du peuple africain." Et une page avant il dit de l'Egypte: "Le danger qui se dessine au nord est d'une autre nature: il s'agit d'ambitions expansionnistes masquées, grotesquement, sous un voile religieux. Tout en faisant partie du monde arabe, l'Egypte veut s'annexer toute l'Afrique musulmane. Il y a un an j'ai eu l'occasion de signaler cette tentative dans une conférence où j'avais traité à la fois des problèmes de l'Afrique du Sud et de l'immixion américaine. Aujourd'hui ce danger prend forme et le Soudan, dit 'anglo-égyptien est sur le point d'être annexé par l'Egypte bien que, ethniquement et économiquement, le Soudan fasse partie de l'Afrique noire."

Tenant compte du fait qu'il y a nécessairement eu quelques variantes dans le développement quant aux détails, la clairvoyance avec laquelle il a prévu les dangers imminents dans leur globalité est frappante. Au lieu de l'Egypte quittant la Ligue Arabe, c'est le Soudan qui a rejoint celle-ci. Et nous assistons de nos jours au spectacle d'un génocide des plus atroces commis par un gouvernement raciste à Khartoum qui se réclame de son "uruba", de son arabité, de même qu'il se moque de Dieu le miséricordeux en se réclamant de l'Islam, au nom duquel il fait massacrer les populations négro-africaines du Soudan, rescuscite la pratique de l'esclavage et répand la terreur dans la région.

Or, si Cheikh Anta Diop a réclamé une histoire pour l'Afrique et s'est engagé lui même dans la lutte pour en restituer la conscience auprès de ses concitoyens Africains, ce qui demande un travail dur et assidu - au lieu de pleurnicher sur un méchant Hegel qui la lui aurait volée - par là même il s'est placé consciemment dans la tradition de la pensée historique hegelienne. Un de ses articles dans le livré cité plus haut est intitulé: "Les intellectuels doivent étudier le passé non pour s'y complaire mais pour y puiser des leçons". Contrairement à Cheikh Anta Diop, bon nombre des intellectuels du monde arabe, face au choc subi par leur pays sous le colonialisme, ont pris une direction inverse. Devant un présent rebutant ils prêchent un retour au passé glorieux des premiers jours de l'Islam, mais renient toute l'histoire antérieure, c'est à dire la période de ce qu'on appelle la jahilia, les temps de l'ignorance. Le mot pharaon est la plus grande insulte immaginable en Egypte aujourd'hui. Au Soudan même les ruines et pyramides de l'ancien royaume de Kouch, c'est à dire les témoignages artistiques des rois nègres, qui ont gouverné l'Egypte à partir de ce qu'aujourd'hui on appelle le Soudan et qui ont été classifiés par les historiographes sous le nom de la 25e dynastie pharaonique, sont méprisés par les gens comme "hujar el kufar", comme des tas de pierres des ignorants.

La possibilité que les peuples de l'Afrique de l'Ouest remontent aux sources liguistiques vivantes de leur langues en établissant le contact culturel avec les peuples négro-africains de la vallée du Nil paraît donc en procès d'être enterrée pour toujours par les chauvinistes panarabes qui massacrent ces peuples et visent à les exterminer par une guerre où ils emploient la famine comme l'arme principale, comme le faisaient autrefois les armées du colonialisme allemand en ce qui aujourd'hui s'appelle Namibia pour exterminer les peuples Héréros et Hottentots.

Etant déjà conscient, comme nous l'avons vu, de ces problèmes qui de nos jours se sont aggravés à l'extrême, Cheikh Anta Diop n'adoptait pas une vue étroite et dogmatique envers le problème des langues africaines. La création d'une langue unifiée africaine à partir de ses racines égyptiennes n'était pas au centre des préoccupations de Cheikh Anta Diop. En face de la diversité des langues africaines, il insistait sur la necessité du "choix d'une langue à l'échelle locale, dans le cadre d'un territoire donné", pour passer `a "l'élévation de la langue choisie au niveau d'une langue moderne de culture et de gouvernement" pour enfin aboutir au "choix d'une langue à l'échelle du continent" (in: Cheikh Anta Diop, "Les fondements économiques et culturels d'un état fédéral d'Afrique Noire", pages 20-23).

Ce qui nous intéresse ici, c'est son insistance sur la nécessité que l'enseignement se fasse en une langue nationale africaine, par opposition à ceux qui, face à la diversité des langues africaines, argumentent en faveur des langues européennes léguées aux peuples africains comme langues officielles par le colonialisme (page 119 d'"'Alerte sous les Tropiques"). Cheikh Anta Diop qui, comme nous l'avons vu, range Hegel dans le courant idéaliste de la philosophie aux origines négro-égyptiennes, qui connaissait donc mieux ses oeuvres et les avait certainement étudié avec plus de soins que ses détracteurs, ne pouvait pourtant pas connaître le texte de Hegel que je vais citer par la suite, parce qu'alors celui-ci n'avait pas encore été traduit en français. Pourtant, si nous faisons abstraction du style élevé dont Hegel s'est servi ici, car il s'agit d'un discours que Hegel a prononcé à l'occasion de la fin de l'année scolaire du lycée de Nürnberg le 29.Septembre 1809 (in: Werke 4, S.312 ff.), c'est comme si c'était Cheikh Anta Diop lui-même qui parlait:

"Ich brauche nur mit wenigen Worten an die bekannte Stellung zu erinnern, welche das Erlernen der lateinischen Sprache ehemals hatte, dass dasselbe nicht sowohl für ein Moment des gelehrten Studiums galt, sondern den wesentlichsten Teil desselben ausmachte und das einzige höhere Bildungsmittel war, welches demjenigen dargeboten wurde, der nicht bei dem allgemeinen, ganz elementarischen Unterrichte stehenbleiben wollte; dass für die Erwerbung anderer Kenntnisse, welche fürs bürgerliche Leben nützlich oder an und für sich von Wert sind, kaum ausdrückliche Anstalten gemacht waren, sondern im ganzen der Gelegenheit der Erlernung jener Sprache überlassen war, ob etwas und wieviel dabei von ihnen anflog...
Die allgemeine Stimme erhob sich gegen jenes unselig gewordene Lateinlernen; es erhob sich das Gefühl vornehmlich, dass ein Volk nicht als gebildet angesehen werden kann, welches nicht alle Schätze der Wissenschaft in seiner eigenen Sprache ausdrücken und sich in ihr mit jedem Inhalt frei bewegen kann. Diese Innigkeit, mit welcher die eigene Sprache uns angehört, fehlt den Kenntnissen, die wir nur in einer fremden besitzen; sie sind durch eine Scheidewand von uns getrennt, welche sie dem Geiste nicht wahrhaft einheimisch sein lässt."
(loc.cit., S.314/315)
"Il ne me faut rappeler qu'en quelques mots la position connue qu'occupait autrefois l'apprentissage de la langue latine, que celui-ci n'était pas seulement un élément entre plusieurs dans les études, mais en constituait la partie essentielle et était le seul moyen d'une éducation supérieure qu'on offrait à celui qui ne voulait pas s'arrêter au stade d'une instruction générale, tout à fait élémentaire; qu'on ne prenait à peine des dispositions spéciales pour l'acquisition d'autres connaissances, qui sont utiles pour la vie quotidienne ou ont une valeur en elles même, tandis qu'on laissait dépendre du hasard si au cours de l'apprentissage de cette langue quelque chose et combien lui parvenait de ces connaissances...
La voix publique s'élevait contre cette étude du latin devenue funeste; on commençait particulièrement à se rendre compte du fait qu'on ne peut pas considérer comme cultivé un peuple, qui n'est pas capable d'exprimer tous les trésors de la science dans sa propre langue et de se mouvoir en elle librement avec tout contenu. C'est l'intimité avec laquelle notre propre langue nous appartient qui fait défaut aux connaissances, dont nous disposons dans une langue étrangère seulement; celles-ci sont séparées de nous par un cloison qui les empêche de véritablement prendre racine dans notre esprit."
C'est comme faisant écho à ces propos de Hegel que Cheik Anta Diop ne pouvait pourtant pas connaître, il dit dans "Nations Nègres et Culture" (Tome II, 2ème partie, 1er chapitre) sur la "Nécessité de développer les langues nationales":

"Cette nécessité apparaît dès qu'on se soucie de faire acquérir à l'Africain moyen une mentalité moderne (seule garantie d'adaptation au monde technique) sans être obligé de passer par une expression étrangère (ce qui serait illusoire).

Il est plus efficace de développer une langue nationale que de cultiver artificiellement une langue étrangère; un enseignement qui serait donné dans une langue maternelle permettrait d'éviter des années de retard dans l'acquisition de la connaissance. Très souvent l'expression étrangère est comme un revêtement étanche qui empêche notre esprit d'accéder au contenu des mots qui est la
réalité. Le développement de la réflexion fait alors place à celui de la mémoire.

Le jour même où le jeune Africain entre à l'école, il a suffisament de sens logique pour saisir le brin de réalité contenu dans l'expression: un point qui se déplace engendre und ligne. Cependant, puisqu'on a choisi de lui enseigner cette réalité dans une langue étrangère, il ui faudra attendre un minimum de 4 à 6 ans, au bout desquels il aura appris assez de vocabulaire et de grammaire, reçu, en un mot, un instrument d'acquisition de la connaissance, pour qu'on puisse lui enseigner cette parcelle de réalité."

Et c'est ce programme-là que Cheikh Anta Diop s'est mis à exécuter point par point. Ainsi il dit ("Alerte", Page 53):

"En créant un vocabulaire scientifique valaf (physique, mathématiques, etc.), en particulier en traduisant en valaf le résumé de la théorie physique la plus moderne (la relativité d'Einstein), le résumé de la doctrine marxiste, et même des rythmes musicaux (tels que la Marseillaise etc.) en créant une poésie valaf moderne, j'ai cru contribuer à éliminer certains préjugés relatifs à une prétendue pauvreté naturelle de nos langues, tout en indiquant le seul chemin non imaginaire qui puisse nous amener à la véritable culture et à l'acclimatation de la science moderne au sol national africain."

Cheikh Anta Diop était parfaitement conscient qu'il s'était engagé dans une entreprise révolutionnaire et libératrice, comme il l'exprime lui-même quand il parle de la traduction de la bible en allemand par Luther, une traduction qui, comme on sait, a créé les bases pour le développement de la langue allemande moderne. Il dit (in: "Civilisation ou barbarie", page 187):

"Ce n'est pas un hasard si la révolution, à la fin du moyen âge et au début des temps modernes, a commencé sur le plan religieux avec la révolution protestante en Allemagne, à la suite de l'invention de l'imprimerie et de la traduction de la bible en 'langues vulgaires', en particulier en allemand, par Luther."

C'est comme si Cheikh Anta Diop faisait écho à Hegel, qui dans ses "Leçons sur la philophie de l'histoire" avait dit:

"...Hier (d.h. in der Religion, PA) bei sich selbst in seinem Eigentum zu sein, in seiner Sprache zu sprechen, zu denken, gehört ebenso zur Form der Befreiung. Dies ist von unendlicher Wichtigkeit. Luther hätte nie seine Reformation vollendet, ohne die Bibel ins Deutsche zu übersetzen; und nicht ohne diese Form, in eigener Sprache zu denken, hätte die subjektive Freiheit bestehen können."

"...D'être ici (c'est à dire dans la religion, PA) chez soi dans sa propriété, de parler, de penser dans sa propre langue, fait aussi parti de la libération. Ceci est d'une importance immense. Luther n'aurait jamais accompli sa réforme, sans traduire la bible en Allemand; et sans cette forme, de penser dans sa propre langue, la liberté subjective n'aurait pas pu survivre."

Es ist ihm gelungen – und das ist eine gute wissenschaftliche Methode – zwei gegensätzliche Meinungen gegenüberzustellen, indem er tausendundeinen Autor gerufen hat. Der junge Student konnte mühelos die Welt der Denker und Philosophen entdecken, indem er diesem ‚Fundmann' zuhörte. Dann war das Anlass für unendliche Debatten über die Rolle der Sprache in der Erziehung des Menschen. Herder, die Brüder Grimm, Luther waren in dieser Hinsicht seine Mentoren:

Herders Zitat über Sinn und Bedeutung der Muttersprache faszinierte ihn:

„Für ein Volk ist seine Sprache etwas Besonderes. In ihr wohnt sein ganzer Gedankenreichtum an Tradition, Geschichte, Religi-on und Grundsätzen des Lebens, sein Herz und seine Seele. Die Sprache, in der ich erzogen bin ist meine Sprache. So wie ein Kind   alle Bilder und neuen Begriffe mit dem vergleicht, was es schon weiß, so paßt unser Geist insgesamt alle Sprachen der Muttersprache an. Sie behält er auf der Zunge, damit er nachher desto tiefer in den Unterschied der Sprachen eindringe. Sie behält er im Auge, daß, wenn er dort Lücken entdeckt, er den Reichtum der seinen, liebgewinne und ihre Armut, wo es sein kann, mit fremden Schätzen bereichere. Sie ist der Leitfaden, ohne den er sich im Labyrinth fremder Sprachen verirrt. Nicht um meine Sprache zu verlernen, lerne ich andere Sprachen, sondern ich gehe bloß durch fremde Gärten, um für meine Sprache Blumen zu holen."

Es ist ein Zeichen, daß wir uns selbst gering achten, solange wir uns gegen uns und gegen andere Nationen unserer Sprache schämen. (...) Die Sprache, in der ich erzogen bin, ist meine Sprache. Nicht um meine Sprache zu verlernen, lerne ich andere Sprachen; nicht um die Sitten meiner Erziehung umzutauschen, reise ich unter fremde Völker; nicht um das Bürgerrecht meines Vaterlandes zu verlieren, werde ich ein naturalisierter Fremder: denn sonst verliere ich mehr, als ich gewinne. Sondern ich gehe bloß durch fremde Gärten, um für meine Sprache, als eine Verlobte meiner Denkart, Blumen zu holen: ich sehe fremde Sitten, um die Meinigen, wie Früchte, die eine fremde Sonne gereift hat, dem Genius meines Vaterlandes zu opfern."

Johann Gottfried Herder (1744 - 1803)

Jakob und Wilhelm Grimm haben **‚Kinder- und Hausmärchen'** gesammelt und Martin Luther hat, mit seinem Wörterbuch, die deutsche Sprache für immer geprägt und den Protestantismus auf eine sprachphilologische Ebene gebracht.

Die Beschäftigung um diese drei Autoren im Vergleich mit senegalesischen Sprachforschern und – Wissenschaftlern war sein Hauptanliegen. Ich erinnere mich, dass er bis drei Uhr nachts daran arbeitete und als ich erwachte und ihn frage, was er noch am Tisch mache, antwortete er, dass er eine Vorlesung über die Einführung der Muttersprachen in der Primärschule schreibe. Am ??. schrieb er an den Professor Saxiir Thiam, einen eminenten senegalesischen Sprachwissenschaftler einen Brief, wo er die Meinung vertritt, dass die senegalesischen Schüler besser und schneller lernen würden, wenn ihre eigenen Muttersprachen als Unterrichtssprache betrachtet würden. Die Tatsache, dass sich die Lernenden einer Fremdsprache bedienen, um sich ihre eigenen Wirklichkeiten anzueignen, war seines Erachtens einer der zahlreichen Gründe, weshalb sie mit doppelten Schwierigkeiten konfrontiert sind, wenn sie die Schulfächer lernen sollen. Auch würden zahlreiche Analphabeten in französischer Sprache ihr Leben besser führen, wenn sie in ihrer Muttersprache lesen und schreiben könnten.

Pava hat beispielsweise dem Professor Saxiir Thiam darum gebeten, seinem Freund Maxtar, einem Schneider, zu helfen, indem er für ihn einen Sprachlehrer findet, der nach seiner Methode alphabetisieren kann. Der Professor hat sich sehr gefreut, als er den Brief bekam, denn Peter schrieb seinen Namen, in dem er die orthografischen Normen der Wolofsprache respektiert hatte. Er schrieb: Saxiir Caam (Wolof-Orthografie) statt Saxir Thiam (französische Orthografie). Nachfolgend der am 30. Oktober 2000 geschriebene Brief an Thiam:

Peter-Anton von Arnim
Neugasse 26
65760 Eschborn / Allemagne
Tel: 0049 - 6196 41250   Fax: 0049 - 6196 42241
E-Mail: *Peter.Arnim-von@gtz.de*

30.10.2000

actuellement (jusqu'au 2.11.2000) c/o Mustapha Sow
Professeur d'Allemand au Cours Sainte Marie de Hann
Tel.: 835 58 75, E-Mail: mustaphasow@usa.net
À Monsieur le professeur Saxiir Caam
Université Bourguiba-Dakar
Dakar

Cher Professeur,
permettez-moi de vous exprimer ici ma profonde gratitude pour la rencontre que vous avez accordée, malgré vos préoccupations multiples, à mon ami Alassane Diagne et moi.
En vous quittant, j'ai dû penser à la question qu'un jour on a posé à Albert Einstein: "Monsieur Einstein, à quelle circonstance relatez-vous le fait que vous êtes devenu un génie?" Einstein, malgré le fait qu'il était une personne modeste, ne pouvait pas nier qu'en effet il était un génie. Il répondit: "C'est que depuis mon enfance je me suis conservé jusqu'aujourd'hui une faculté que la majorité des gens perdent en passant à l'âge des adultes, à savoir la faculté de poser des questions comme les enfants."
C'est pourquoi, permettez-moi de vous le dire, en vous quittant j'étais convaincu d'avoir rencontré un génie. Car non seulement vous êtes capable de poser des questions comme les enfants, vous enseignez même à d'autres la méthode de comment le faire.
Également, pour être capable de composer un dictionnaire en wolof pour les mathématiques, il faut disposer des deux qualités qui constituent l'essentiel d'un génie: l'assiduité et l'imagination créatrice.
J'ai un neveu adoptif du nom de Mustapha Sow qui enseigne l'allemand au Cours Sainte Marie de Hann. (Je sais que du point de vue de la loi officielle, il n'y pas une telle chose comme des oncles et neveux adoptifs, mais Dieu est plus grand que les lois fabriquées pas les humains.) Le professeur de philosophie de son école m'a demandé de donner un cours dans sa classe, et je l'ai fait en me basant sur l'exposé dont je vous ai passé une copie, c'est à dire en parlant de l'importance de l'enseignement primaire dans les langues nationales chez Hegel et chez Cheikh Anta Diop. On m'a posé la question sur la globalisation. J'ai dit qu'il y a malentendu ici: car l'enseignement primaire dans la langue maternelle ne rend pas superflu l'acquisition postérieure de langues étrangères dont on a besoin pour se maintenir au niveau de la globalisation, mais il a l'avantage de rendre cette dernière plus facile et plus sûre. Et de toute façon les ordinateurs permettant l'accès à l'internet, c'est à dire la participation active au processus de globalisation, ne seront pas accessibles aux habitants des villages dans les régions de Tambacounda, Ziguinchor, Matam ou Kolda dans un futur assez proche. S'il n'y pas d'alphabétisation dans tout le pays dans une des langues nationales, les masses vivant à la campagne seront totalement exclues du développement intellectuel du Sénégal au cours de la globalisation. Et je leur ai parlé de votre exemple: Comme vous me l'avez expliqué, ce n'est pas de façon directe et abstraite, mais c'est à partir de votre langue maternelle, le wolof, que vous avez acquis vos connaissances de la langue française. Les yeux des élèves brillaient quand j'ai mentionné votre nom.
L'autre jour un acteur du théâtre Sorano, Souleymane Ndiaye, est venu me voir. Il m'a récité le poème "Femme noire" de Senghor en wolof. C'était votre traduction! Est-ce que vous me pouvez faire parvenir cette traduction avec le texte original? Monsieur Ndiaye sait le poème par coeur, mais il n'est pas encore ferme dans la transcription du wolof.

Maintenant je voudrais vous demander une faveur. J'ai un jeune ami de longue date, un tailleur qui travaille au marché Sandaga, du nom de Mactar Diallo. Dans mes yeux, c'est un jeune homme très intelligent. La preuve de son intelligence pour moi, c'est qu'il me pose des questions très sensées sur la religion. Bien que je ne sois pas musulman, nous disons en riant que je suis son sérigne et qu'il est mon talibé. Il serait trop long d'expliquer ici d'où viennent mes connaissances de l'Islam et si mes réponses sont sincères. Suffise-t-il à dire qu'entre 1980 et 1987 j'ai vécu au Soudan et que j'ai appris l'Arabe.

Il y a deux jours il me dit que ce qu'il regrette, c'est de ne pas avoir reçu une instruction. Je lui dis qu'il ne faut pas déplorer le passé, il faut voir ce qu'il peut faire dans le futur. Mais, me dit-il, je ne sais pas par où commencer, même mon français est défectueux. Je lui dis que c'est par le wolof qu'il doit commencer (même si ce n'est pas sa langue maternelle, c'est la langue de sa vie quotidienne). Je lui ai promis de m'adresser à vous pour vous convaincre de lui accorder, malgré votre temps restreint, une courte rencontre, pour lui indiquer le chemin à suivre et le matériel qu'il doit acheter pour de telles études.

On m'a dit que ce n'est pas la peine de vous déranger exprès pour cela, qu'il y a assez de cadres pour l'alphabétisation en wolof. Mactar n'aurait qu'à s'adresser à l'un d'eux. J'ai dit tant mieux, mais pour être sûr que c'est quelqu'un qui travaille vraiment avec les méthodes du professeur Saxiir Caam, je voudrais qu'il soit un de ses disciples ou du moins quelqu'un recommandé par lui. Car il y aussi des méthodes qui peuvent décourager les gens. L'important c'est que Mactar est s'est décidé à travailler pour lui-même, il n'a besoin que d'être mis sur la bonne voie, après il sera capable de s'instruire lui-même.

Monsieur le Professeur, je vous saurais gré alors, pour satisfaire l'enthiousasme de ce compatriote sénégalais qui est prêt à tout faire pour avoir des connaissances suffisantes en wolof, soit d'accorder un entretient à mon ami Mactar où d'indiquer à monsieur Sow les voies et moyens qui lui permettront d'orienter l'intéressé dans cette option qu'il a prise.

Je ne saurais terminer sans pour autant vous réitérer ma confiance qu'un jour vos efforts pour la valorisation de la langue wolof seront reconnus et serviront à éclairer plus d'un étudiant profondément ancré dans les valeurs d'un développement de son pays par la langue wolof. Je vous encourage ainsi à persévèrer dans cette voie et in cha' Allah un jour vos travaux et votre engagement au service de votre pays, mon pays, porteront des fruits que j'espère utiles à toute la jeunesse et à tous les fils engagés.

Je vous prie, monsieur le Professeur, de recevoir l'expression de mes respects les plus distingués.

Peter Anton von Arnim

3.4.1 Pava und Bargny – Briefe von Peter Anton v. A., kommentiert von Moustapha S.

Bargny ist eine Stadt bei Rufisque, die ungefähr 32 km von Dakar entfernt ist. Es ist eine kleine Stadt am Atlantik, wo hauptsächlich Lebous wohnen. Bargny hat eine besondere Bedeutung für Pava, denn diese Stadt hat seinen Adoptivsohn Abdoulaye hervorgebracht. Dementsprechend bestand zwischen Bargny und ihm ein affektiver Zusammenhang.
Er schreibt am 17.1. 2003:

„Nun zu meiner Familie in Bargny, d.h. zu der Familie meines Sohnes Abdoulaye. Übrigens befinde ich mich gerade, wie ich dieses schreibe (Freitag, den 17.1.2003, in Bargny, und ich werde durch den Umstand hier festgehalten, dass Mustaphas Auto gerade in Reparatur ist, als ob ich gezwungen werden sollte, den Brief zu Ende zu schreiben, bevor ich nach Parcelles zurückkehre. Daher hast Du nun schon eine Weile keine Nachricht von mir, und sicher warten

auch schon viele Nachrichten auf mich im Cybercafe von Parcelles. Hier gibt es zwar auch eines, aber eben nur eines, und das ist dann entsprechend konkurrenzlos teuer.)

Die Mutter von Abdoulaye strahlt den Zauber einer zurückhaltend auftretenden, aber stolzen Afrikanerin aus; ihre Liebenswürdigkeit und bescheidene Art macht sie zur Seele des Hauses. Kein Wunder, dass es Abdoulaye sehr schwer fiel, sich von ihr zu trennen, als er zu mir nach Deutschland kam. Obwohl vielfache Mutter, ist sie trotzdem noch wunderschön, fast schöner noch als ihre zum Teil bereits erwachsenen Töchter. Sie bedauert, dass ihr Vater sie nicht hat in die Schule gehen lassen, und so können wir uns nur durch die paar Brocken Wolof verständigen, die ich beherrsche. Zwei der Töchter durften nach dem Abitur noch eine Fachhochschule besuchen, und ich habe in den letzten Jahren ihres Studiums finanziell zu demselben beigetragen. Mit der einen, die Informatik studiert hat, der Lieblingsschwester von Abdoulaye, verstehe ich mich ganz gut. Das Oberhaupt der Familie, Vater Ibrahima, ist Schneider von Beruf. Als er arbeitslos wurde, bestritt die Mutter mit ihren Einkünften aus kleinen Handelsgeschäften den Unterhalt der Familie, und die befand sich oft am Rande des Abgrunds. Jetzt führt er und ein jüngerer Bruder von Abdoulaye namens Dawda (David) die Geschäfte des Telefonzentrums Ciss / von Arnim, das ich gestiftet habe und das nunmehr die Haupteinnahmequelle der Familie bildet. Er ist einen Tag älter als ich (d.h. geboren am 11.8.1937), wir nennen uns Brüder und sind also für die kleine Adama die beiden Großväter. Davon, dass er über eine ansehnliche Bildung verfügt, kann ich nur aus der Tatsache rückschließen, dass er seine Kinder bei ihren Schularbeiten nach Gebühr unterstützt hat, und das war insbesondere für den Schulerfolg von Abdoulaye, aber auch für den seiner Töchter, ausschlaggebend. Also müssen dementsprechend seine Französischkenntnisse recht gut sein. Leider wurde offensichtlich nicht an allen Schulen im Senegal auf eine klare Aussprache Wert gelegt, jedenfalls ist das Französisch, welches er gelernt hat, für mich zwar ausreichend zu einer allgemeinen Verständigung im Alltagsleben, aber seiner Aussprache wegen nicht soweit verständlich, dass ich mit ihm eine gediegene Unterhaltung führen könnte. Ihm ist das freilich nicht bewusst. Durch einen kleinen, aber für mich bezeichnenden Hinweis darauf, wie er seine Rolle als Vater verstanden hat, ist er mir besonders ans Herz gewachsen. Abdoulaye hat mir nämlich einmal in Eschborn eine Kassette vorgespielt, die Vater Ibrahima von ihm und seinem älteren Bruder Issa aufgenommen hatte, als sie noch klein waren. Er wollte damit die Entwicklung seiner Kinder dokumentieren. Das hat mich sehr gerührt und an die vielen Filme erinnert, die meine Mutter von uns Kindern in Zernikow aufgenommen hat. (Die sind leider auf der Flucht verloren gegangen). Ich denke, Vater Ibrahima hat viel für die geistige (wie die Mutter für die emotionelle) Entwicklung seines Sohnes getan, und dafür bin ich ihm sehr dankbar. Inzwischen ist Abdoulaye seinem leiblichen Vater allerdings weit über den Kopf gewachsen, und daran habe ich einen so beträchtlichen Anteil, dass ich mich zu Recht als seinen Vater betrachten darf, und dieser Gedanke macht mich glücklich. Nur lebt er eben im fernen Amerika; in Momenten der Depression versinkt jedoch die ganze Welt um mich her, und ich weiß in solchen Momenten auch von ihm nichts mehr.

Kehren wir aber für einen Augenblick noch einmal in den Senegal, nach Bargny zurück. Natürlich gehöre ich, als Vater von Abdoulaye, zur Familie, und ich fühle mich auch nicht etwa als Fremder. Allerdings (jetzt kommt wieder da berühmte aber) ist meines Bleibens hier auch nicht, denn eine Funktion erfülle ich nicht in dem ganzen Treiben der Familie, d.h. ich wäre in allem meinem Tun und Wollen von den allein schon rein sprachlich mir unzugänglichen Beschlüssen der Familie abhängig, wenn ich mich hier länger als ein paar Tage aufhalten würde. Und einen wirklichen Gesprächspartner, also in diesem Sinne Freund oder Ansprechpartner wie Mustapha und dessen Mutter habe ich in der Familie nicht. Meine Beziehung zu ihr gründet sich eigentlich ja auch nur darauf, dass ich der Mit-Vater ihres Sohnes bzw. Bruders Abdoulaye bin. Es gibt da einen Vetter von Abdoulaye namens Ibrahima Ndoye, der ist neben Abdoulayes Mutter (mit der ich mich aber, wie gesagt, nicht verständigen kann) der einzige, der wirkliches Interesse an mir zeigt, aber leider wohnt er nicht bei der Familie, und so ist unser Kontakt eher auf zufälliges Zusammentreffen beschränkt. Also wenn überhaupt im Senegal, dann wäre ich schon eher bei der Familie von Mustapha aufgehoben. Aber da ich mich nun allmählich in Zernikow eingelebt habe und inzwischen nicht nur von Dir, sondern von Deiner ganzen Familie akzeptiert bin, habe ich während dieses neuerlichen Aufenthalts im Senegal einzusehen gelernt, dass meine Zukunft nur in Zernikow und nicht im Senegal sein kann. Ich hatte, bevor Du mir den Weg nach Zernikow geöffnet hast, in der Tat einige vielversprechende und durchaus nicht völlig unrealistische Pläne für den Senegal gefasst. Aber ich habe eingesehen, dass sie viel Zeit brauchen, die ich in meinem jetzigen Alter nicht mehr vor mir habe. Auch wird vermutlich der kommende Krieg einschneidende Veränderungen bringen, hier wie dort. Da ist es dann aber doch besser, wenn man in dem Land lebt, in dem man geboren ist, auch wenn dort sich alles zum Schlimmeren kehrt. Soviel vorab, denn eigentlich wollte ich darauf im Einzelnen erst am Schluss des Briefes eingehen.

So möchte ich denn endlich einmal auf meinen Sohn Abdoulaye in den USA zu sprechen kommen. Das ist nicht einfach. Er ist ja mein einziger Sohn. Und ich liebe ihn (und inzwischen auch seine Frau, also meine Schwiegertochter) sehr, und er liebt mich als wirklichen Vater. Denn wie gesagt, er verdankt meiner Existenz eine neue Stufe seines Lebens, und das muss für ihn wie eine zweite geistige Geburt gewesen sein. Dabei spielt zweifellos eine Rolle, dass er aus dem beschränkten Leben seines Dorf-ähnlichen Städtchens in eine völlig neue Welt, und zwar unmittelbar durch mich nach Deutschland und auf diese Weise mittelbar dann auch in die USA gekommen ist und dadurch eine außerordentliche Erweiterung seines Horizonts erfahren hat. Viele Afrikaner, die allein nach Deutschland gekommen sind, ohne wie das Abdoulaye vergönnt war, einen Kontakt wie mich zu haben, sind an der Einsamkeit, der sie in diesem Lande ausgesetzt waren, gescheitert, und manche von ihnen mussten sich daraufhin in psychiatrische Behandlung begeben. Zwar hätte Abdoulaye während seines Aufenthalts in Deutschland aus dem Kontakt mit mir und damit aus meinem Wissensschatz mehr Nutzen ziehen können, als er es getan hat, aber ich weiß, dass das wenige, was ich ihm habe vermitteln können, doch nachhaltige Spuren bei ihm hinterlassen hat.

Die Schwierigkeit, über unser Verhältnis etwas zu sagen, besteht darin, dass ich dadurch gezwungen bin, irgendwie ins Theologische zu geraten. (Das gilt übrigens auch für die Tatsache, dass Du Dich in Zernikow angesiedelt hast, ich Dich daraufhin kennen gelernt habe und nun selbst in Zernikow gelandet bzw. am Ende meines Lebens dorthin zurückgekehrt bin und nun mit Dir im selben Anwesen lebe und dadurch viele geistige Erlebnisse mit Dir teilen kann). Wäre ich ein frommer Mensch, würde ich da von Gottes Fügung sprechen. Was mich daran hindert, will ich Dir an folgendem Ereignis beispielhaft erläutern. Neulich, bei einem Flugzeugabsturz, sind ein paar für den Flug gebuchte Passagiere mit dem Leben davongekommen, weil man sie wegen eines Registrierungsfehlers beim Einbuchen nicht auf das Flugzeug gelassen hatte. Sie waren verständlicherweise zunächst wütend, aber dann natürlich erleichtert, als sie erfuhren, dass sie auf diese Weise mit dem Leben davongekommen waren. Darüber wurde im Fernsehen berichtet, und einer der Passagiere, den man, wie das in solchen Fällen die schreckliche Routine der Reporter zu sein pflegt, über seine Gefühle befragte, konnte nicht nur an sein glückliches Überleben denken, sondern musste sich auch an die freundlichen Menschen erinnern, mit denen er noch vor dem Abflug in der Flughalle zusammengesessen und sich unterhalten hatte. Ich glaube, es gehört da schon eine mächtige Seelenstärke dazu, dies als Gottes Fügung zu akzeptieren, das heißt, als den Willen eines Gottes zu akzeptieren, (was immer man sich auch unter diesem höheren Wesen vorstellen mag, und das ist schon schwer genug), dass man selbst verschont geblieben ist und hinzunehmen, dass die anderen getötet wurden.

Von ähnlichen Bedenken wie ich wurden auf viel schlimmere Weise nach dem Kriege viele Juden geplagt, welche die Judenvernichtung der Nazis überlebt hatten und sich danach in unbestimmter Weise schuldig fühlten, weil sie überlebt hatten. Daneben fällt mir noch ein Beispiel ein, das dagegen banaler erscheint, mir aber einst den Zynismus der Bildzeitung aufs anschaulichste demonstrierte; es ist schon Jahre her. Nach einem Bergwerksunglück waren ich weiß nicht mehr wie viele, sagen wir fünfzehn Bergleute verschüttet worden. Nach angestrengten Rettungsarbeiten wurden dann schließlich drei Bergleute doch noch gerettet. Und daraufhin titelte die Bildzeitung: "Gott hat mitgeholfen!" Ich hielt das für blanken Zynismus, nicht nur wegen der Sensationsmache mit dem Unglück der Menschen, wie das für die Bildzeitung eh typisch ist. Sondern weil es mir als ein Hohn erschien auf das Schicksal derjenigen, die bei dem Unglück umgekommen waren, und Hohn auf das ihrer Angehörigen. Oder ist der Tod nicht das Unglück, als den man ihn sieht? Die Todesstrafe nur deshalb eine Strafe, weil ihr die Angst vor dem Tode und vor der Art des zu Tode-Kommens vorausgeht? Was ist mit den Kindern, die im kommenden Krieg gegen den Irak umkommen werden? Wodurch haben sie den Tod verdient?

Aber nicht nur die Art, wie Abdoulaye und ich uns als Vater und Sohn kennen gelernt bzw. erkannt haben, hat für mich, wenn ich es einmal ohne das schwierige Wort Gott ausdrücken soll, den Charakter einer Bestimmung. Durch seinen Aufenthalt bei mir in Deutschland, und nur dadurch, hat er dann auch seine Frau Erica kennen lernen können, aber dies auf eine scheinbar zufällige Weise, die wiederum für mich etwas Bestimmungshaftes in sich trug. Auch er hatte, wie Mustapha, eine Jugendliebe im Senegal, und von seiner Familie war ihm diese als zukünftige Frau zugedacht. Bei den strengen dörflichen Sitten des Städtchens Bargny war ein Bruch dieser vorgesehenen Regelung ein schwerer Verstoß gegen die althergebrachten Sitten, vor dem die ganze Familie sich fürchtete. Aber diese Jugendliebe mit ihrem doch eher beschränkten Horizont hätte für meinen Sohn keine Zukunft, sondern nur eine Bürde bedeutet. (Sie ist übrigens inzwischen verheiratet, ob glücklich, weiß ich nicht.) Da nun aber die Eltern von Abdoulaye Muslime sind, also an Gottes Fügung glauben, konnte ich ihnen leicht erklären, dass sie sich nicht dem entgegenstellen dürften, was er bestimmt hat, indem sie die Verbindung ihres Sohnes mit der von ihm gefundenen Liebe, Erica, ablehnen. Inzwischen haben sie, insbesondere die Mutter, Erica nicht nur akzeptiert, sondern richtiggehend lieb gewonnen. Erica ist es in der Tat gelungen, durch Kontakte mit den in Atlanta ansässigen Senegalesen soviel Ausdrücke an Wolof sich anzueignen, dass sie mit der Schwiegermutter in Bargny übers Telefon sich einigermaßen verständigen kann. Erica hat natürlich nicht die literarische Vorbildung von Abdoulaye, aber sie ist ebenfalls sehr intelligent und aufgeschlossen. Sie arbeitet als technische Assistentin im Krankenhaus. Sie ist liebenswürdig und gefühlvoll wie Abdoulaye, hat ihm aber eine größere Lebenserfahrung voraus, denn das äußerst harte Leben der Schwarzen in den USA erfordert bekanntlich eine besondere Willenskraft und Umsicht. Meine Mutter hat nicht nur Abdoulaye (und natürlich auch Mustapha), sondern auch Erica gleich beim ersten Kennenlernen in ihr Herz geschlossen. Darüber war ich sehr froh.

Mein Sohn Abdoulaye ist vielseitig künstlerisch und sprachlich begabt. Wer ihn einmal tanzen gesehen, wer ihn einmal trommeln gehört hat, aber auch wer ihn einmal hat Deutsch sprechen hören, weiß das. Er hat einen starken Willen und hat doch, obwohl ein Mann, wie gesagt, gleich Erica, zugleich ein zartes Gemüt, das er vor der Öffentlichkeit nicht verbirgt. Auch das macht ihn mir besonders liebenswert. Da macht sich der starke Einfluss seiner Mutter bemerkbar, d.h. bei ihm gibt es keine Spur von männlichem Überlegenheitsanspruch. (Komisch, in gewisser Weise muss ich da an Oliver Seifert denken. Dessen Mutter kenne ich zwar nicht, aber offensichtlich ist auch sie eine starke, doch keine dominierende Frau. So ist auch er willensstark, und doch, wie ich schon sagte, sehr feinfühlig). Allerdings hat Abdoulaye eine Schwäche, die ihm manchmal schwer zu schaffen macht: sein unbändiger Stolz. Wenn ihm etwas schief geht, oder wenn er nicht den erwarteten Erfolg erringt, dann ist er oft nicht fähig, seine Niederlage einfach wegzustecken und die Chance abzuwarten, es beim nächsten Mal besser zu machen. Sondern er fühlt sich gleichsam in seiner gesamten Existenz in Frage gestellt und ist dann zeitweilig wie gelähmt.

Gegenwärtig führt Abdoulaye ein außerordentlich schwieriges Leben, das ihm kaum Zeit zum Schlafen lässt. Denn einmal muss er für den Lebensunterhalt einem Job als Wachmann nach-

gehen. Daneben ist es ihm aber nunmehr auch gelungen, sich an der Uni von Atlanta einzu-schreiben, um dort sein Studium der Germanistik fortzusetzen, das er in Frankfurt begonnen hatte. Damit ihm aber dieses Studium unentgeltlich gewährt wird, musste er sich verpflichten, seinerseits Studienanfänger zu unterrichten. So ist er dreifach belastet. In seinem Heimatstäd-tchen Bargny war er der ungekrönte Prinz, und wenn auch die Familie, d.h. besonders die Mutter, oft hart ums Überleben kämpfen musste, so schien ihm das Glück doch weitgehend wie von selbst zuzufliegen. Jetzt ist er auf sich gestellt.

Mir fehlt der lebendige Dialog mit ihm, der durch Telefon und E-Mail nicht leicht zu ersetzen ist. Wieweit mag er sich inzwischen durch die neuen Lebensumstände in den USA verändert haben? Als er zu mir kam, war er, obschon über zwanzig, in seinem Verhalten und seinen Bedürfnissen noch recht kindlich wie ein Teenager, hat aber dann, sozusagen als ein Spät-entwickler, einen entscheidenden Reifeprozess durchgemacht. Gerade aber dadurch, dass ihm in seinem vorherigen Leben im kleinen Städtchen Bargny ein behütetes Dasein vergönnt war, hat er sich wohl bis heute die liebenswerten Charaktereigenschaften bewahren können, die ihn auszeichnen."

Die Bargnybewohner sind fast alle Lebous, ein Fischervolk, das an der atlantischen Küste wohnt. Sie sprechen nur Wolof und deswegen konnte Pava keine andere Sprache mit den Leu-ten sprechen. Diese Tatsache führte oft zu einem Mangel an Kommunikation mit der Familie und brachte oft Missverständnisse. Das hat Anlass gebracht, die Wolofsprache zu lernen und mehr noch zu erforschen. Dieses Interesse an der Wolofsprache hatte am Anfang also nur eine persönliche Motivation, aber ein paar Jahre später ging es über das Persönliche hinaus und wurde Objekt einer seriösen Studie.

Peter begann seine Arbeit – wie bei den Grimms – mit dem Literaturstudiums und nicht zu-letzt mit der Übersetzung und dem Transkribieren von vielen Wolofmärchen, darunter: ‚Kumba am Ndey und Kumab amul Ndey'. Es war ja merkwürdig, dass Pava diese Märchen den senegalesischen Kindern in Wolof erzählt hat. Das war echt ein Sonderfall, denn dies erfolgte draußen auf der Straße; die Passanten wunderten sich, dass ein weißer Mann so gut die Wolofsprache sprach und sogar, dass Kinder um ihn herum saßen und dem Märchen reli-giös zuhörten. Die Kinder sangen mit ihm und nahmen an dem Ganzen wohlwollend teil. Hiermit das Märchen, das selber von ihm in die Wolofsprache transkribiert wird. Es folgt eine Übersetzung ins Deutsche:

3.4.2 „Kumba am ndey ag Kumba amul ndey" – Märchen von Pava

„Léebóon
lippóon
amoon na fi
daan na am
bamu amee, yéen a fekke?
ya wax.
nu dégg.

Kon boog,

Dafa amoon / kenn nit / ku amoon ñaari jabar. / Ku nekk ci ñoom / am jenn doom ju jigeen. Yalla def mu am jabar ju dee / bayyi fi doomam. / Ñaari xale yu jigeen / ñi ñoo bokk tur. Ndax ñu mën / leen a xammee / ñu leen di rañentle:

143

Kumba am ndey / ag Kumba amul ndey.

Boroom kër gi / nag dafa ragal jabar ji lool / ba nga xam ne / lu mu def / walla lu mu wax rekk
/ neex na ko.
Daan na sax bayyi jabar ji / muy defloo Kumba amul ndey / liggeyi kër gi yepp.

Am bes, / Kumba amul ndey / di raxas ndab yi / ba fatte as koog.
Wujju yaayam ji / né ko mu dem / raxasi ko geeju Ndaayaan.
Kumba aw ci yoon wi / di jooy, di dem. / Dox na ñaari bëccëg / ag ñaari guddi.
Kumba di dox, di dox / ba fekk genn siddeem guy / bacc boppam.
Mu sukk nuyu ko.
Siddeem laaj ko:
Moo xale bu yaru / bi foo jëm?
Kumba né ko:
Sama wujju yaay / moo ma raxasloji koog bi / geeju Ndaayaan.
Siddeem gi tibb / ci siddeemam may ko, / ba noppi né ko:
Foo jublu / yalla na fa yiwu / yalla jublu.
Kumba gërëm ko, / daldi aw yoonam.
Mu dellu di dox, di dox / ba fekk cin luy togg boppam.
Kumba amul ndey sukk nuyu ko.
Cin li né ko:
Moo xale bu yaru / bi foo jëm?
Kumba tontu ko, né ko:
Sama wujju yaay / moo ma raxaslooji koog bi / geeju Ndaayaan.
Cin li tibb ci / li muy togg, / jox ko, / ba noppi né ko:
Foo jublu, doom, / yalla na fa yiwu / yalla jublu.
Kumba lekk ba suur, / gërëm ko, / daldi aw yoonam.
Kumba amul ndey / di doxaat, di doxaat / ba fekk jenn jigeen ju / maggata maggat.
Soxna si daal, / benn tank la am, benn loxo, benn bët, benn nopp, benn baaram.
Kumba sukk nuyu ko.
Soxna si laaj ko:
Moo sama sët fo jëm?
Kumba amul ndey né ko:
Maam ndey, / sama wujju yaay / moo ma raxaslooji koog bi / geeju Ndaayaan.
Soxna si daldi koy jox ay yax / yu weex tall.
Kumba waxul dara; / mu daldi leen a jël, / def ci biir cin li, / cin li fees dell ag yapp.
Soxna si dellu joxaat ko / benn peppu dugub.
Kumba def ko ci biir gënn, / dëbb, / gënn gi fees dell.
Kumba jël ko / def ci biir cin li.
Nees tuuti, mu yakk, / ñoom ñaar ñu lekk.
Bi ñu noppee, / soxna si né ko:
Kumba, kaay nag raxasi ndab yi / ag sa koog / boobule bala moo guddi.
Bi Kumba dellusee, / soxna si jox ko / benn pusó ag genn rabbu, né ko:
Demal nga dugg ci ronu lal bi. / Ndax sama doom yepp / rabi all lañu.
Pusó bi, nga koy jam / rab yu ndaw yi; / rabbu gi, nga di ko jam / rab yu mag yi /
ndax ñu teela dem. / Damaa bañ ñu rey la!
Bi doom soxna si ñowee, / bukki mi nga xam né moo / ci gëna sob daldi né:
Yaay, daal nit a ngi xeeñ / ci neeg bi.
Soxna si né ko:
Xale bi, demal nelawi, / man rekk maa fiy nit, / xanaa danga ma bëgg / lekk leegi?

Bi rab yi tëddee, / Kumba di leen di jam pusó bi, / mu mel ni ay matt / ñoo nekk ci lal bi.
Xale yi jeema jeem, / mënuñoo nelaw, / ñu daldi genn / dem seen yoon.
Kumba amul ndey daldi genn.
Soxna si né ko: / mu ñow waaj ñibbi.
Mu jox ñetti nen, / ba noppi né ko:
Bii, soo demee ba ci biir all bi, / nga toj ko. / Bii, soo demee ba seen sa dëkk, / nga toj ko.
Bii, soo demee ba ci buntu dëkk bi, / nga toj ko. / Na nga leen xool bu baax, / bu leen jaawale.
Demal doom, foo jublu / yalla na fa yiwu / yalla jublu.
Kumba amul ndey sukk nuyul ko, / gërëm ko, daldi aw yoonam wi /
di dox, di dox ba ci biir all bi.
Mu toj benn nen. / Ay gawar yu yore ay fetal / genn ci daldi ko yiir.
Kumba dellu di dox, di dox / daldi tojaat beneen nen. / Ay gaynde ak ay segg / genn ci.
Gawar yi daldi leen rey.
Kumba di dox, di dox / nag bay bëgga dugg seen dëkk, / mu toj ben bi ci des:
ay dag yu bari yu yoreey / ndënd di tëgg genn, / ag ñeneen ñu yenu ay saaku xaalis,
saakuy ngalam, ag ay nag yu bari.
Kumba daal, / bi muy dugg ci biir dëkk / bi mu ngi niroog buur.
Nit ñepp genn di ko seetaan.
Yaayu Kumba am ndey, / rusa rus / ba mënu koo muñ.
Mu né doom ji:
Xoolal Kumba amul ndey li mu am! / Yow nga toog fii, cim! / Demal wuti ko yaw itam.
Kumba am ndey daldi dem / moom itam, / di dox, di dox ba ñaari bëccëg / ag ñaari guddi /
ca all bi.
Muy dox ba gis ag deem guy / bacc boppam, / mu daldi né:
Laaylaa! Man de masuma gis lii, / deem guy bacc boppam, / lii de su ma ko waxee /
kenn du ma gëm. / Moo deem gi, / doo ma may ci deem jeem?
Siddeem gi bañ, né ko: Foo jublu yalla bu fa yiwu / yalla jublu!
Kumba itam di dem, di dem / ba gis cin luy togg boppam, / mu daldi né:
Ndax man daray waaru, / cin luy togg boppam, / lii dey kenn masu koo gis!
Cin li né ko:
Xale bu reew bi, demal sa yoon, / te foo jublu yalla bu fa yiwu / yalla jublu!
Kumba di doxaat, di doxaat, / ba fekk jenn jigeen ju maggat, / mu toog.
Jigeen ji maggat ba weex tall, / te it, benn tank la am, / benn loxo, benn bët, benn nopp.
Kumba itam nekk xale bu reew / bu kenn yarut, mu né:
Soxna si, xanaa yow do nit? / Benn tank, benn loxo, benn bët, benn nopp!
Man dey waaru naa!
Soxna si né ko: / Moo xale bi, / yow reew nga di. / Waaw, lu doon say tank sax?
Kumba daldi koy tontu: Man, geeju Ndaayaan laa jëm. / Lan la woon?
Soxna si jox ko / yax bu weex tall / ndax mu raxas leen / def ci cin li.
Kumba né ko: / Waay, lii kenn da koy lekk! / Mënuma ko de.
Soxna si dellu jox ko / peppu dugub ndax mu sebet ko def / ci cin li.
Kumba né ko: / Xanaa yow amulo dara? / Kuy sebet benn peppu dugub?
Lii duma ko def, / ndax masumo ko gis!
Soxna si defal boppam lepp.
Ñu lekk, ba noppi Kumba dem / raxasi ndab yi.
Soxna si jox ko benn pusó / ag genn rabbu, / ndax mu ciy jam doomam yi.
Kumba itam di lenn / jam ba ñoom nepp di nacc.
Doomi soxna si sax bi ñuy genn / dañu doon daw.
Soxna si jox ko ñetti nen, / tektal ko ni mu leen wara toje, / ba noppi né ko:
Demal, foo jublu yalla / bu fa yiwu yalla jublu!
Kumba itam aw yoon wi.

145

Ba mu waare toj nen yi, / mu jaawale leen.
Mu toj ñettelu nen bi, / ay nag yu bare genn / rekk dow wuttali ko, /
dal ci kowam, / daldi koy rey.
Tan yi doon naaw daldi ko seen, / to ci kowam, / di ko lekk ba mu des xol ba rekk.
Tan yitam daldi koy jël, / naawag moom ba ca seen dëkk, / te naan:
Xale ba demoon geeju Ndaayaan, / xol baa ngi nii.

Fii la leeb doxe tabbi ajjana, / bakkan bu ko jëkk / foon tabbi safara."

Jetzt die Übersetzung ins Deutsche:

3.4.3 Übersetzung: Ein Wolofmärchen aus dem Senegal - Kumba Mutter-kind und Kumba Mutterlos

Es wurde erzählt. Es wurde gehört. Es war einmal. Es war immer so. Wart ihr dabei, als es geschah? Du sprichst. Wir hören.
Also dann,
Es war einmal ein Mann, der hatte zwei Frauen. Jede von ihnen hatte eine Tochter. Gott machte, dass eine der Frauen starb und ihr Kind mutterlos hinterließ. Die zwei Mädchen aber hatten den gleichen Namen. Damit man sie unterscheiden konnte, nannte man die eine Kumba Mutterkind und die andere Kumba Mutterlos.
Der Herr des Hauses aber fürchtete sich vor seiner Frau so sehr, dass alles, was sie tat oder was sie sagte, ihm recht war. Seine Frau ließ Kumba Mutterlos die Arbeit des ganzen Hauses verrichten.
Eines Tages hatte Kumba Mutterlos beim Waschen des Geschirrs den Holzlöffel vergessen. Die Stiefmutter sagte zu ihr, sie solle ihn im Meer von Ndaayaan waschen gehen. Kumba machte sich auf den Weg, sie ging und weinte. Sie wanderte zwei Tage und zwei Nächte. Kumba wanderte und wanderte, bis sie zu einem Beerenstrauch kam, der sich von alleine ern-tete. Sie kniete nieder, um ihn zu grüßen. Der Beerenstrauch fragte sie: Du wohlerzogenes Kind, wohin gehst du? Kumba sagte zu ihm: Meine Stiefmutter schickt mich aus, damit ich den Holzlöffel im Meer von Ndaayaan waschen gehe. Der Beerenstrauch gab ihr seine Bee-ren, darauf sagte er ihr: Wohin Du auch gehst, so möge Gott Deine Schritte lenken. Kumba dankte ihm und machte sich wieder auf den Weg. Sie wanderte weiter, wanderte und wander-te, bis sie einen Topf fand, der alles von alleine kochte. Kumba Mutterlos kniete nieder und grüßte ihn. Der Topf sagte zu ihr: Du wohlerzogenes Kind, wohin gehst du? Kumba Mutterlos antwortete: Meine Stiefmutter schickt mich aus, weil ich den Holzlöffel im Meer von Ndaayaan waschen soll. Der Topf nahm von dem, was er kochte, gab ihr das und sagte er zu ihr: Wohin Du auch gehst, Kind, so möge Gott Deine Schritte lenken.
Kumba aß, bis sie satt war, dankte ihm und machte sich wieder auf den Weg. Kumba Mutter-los wanderte und wanderte, bis sie eine Frau sitzen sah, die war alt, steinalt. Die Frau hatte, ach, nur ein Bein, nur einen Arm, nur ein Auge, nur ein Ohr, nur einen Finger. Kumba kniete nieder und grüßte sie. Die Frau fragte sie: Du mein Mädchen, wohin gehst du? Kumba Mut-terlos sagte zu ihr: Ach Großmütterchen, meine Stiefmutter hat mich weggeschickt, damit ich den Holzlöffel im Meer von Ndaayaan waschen gehe.
Da gab die Frau ihr einen weißen, abgenagten Knochen. Kumba sagte nichts; sie nahm ihn, warf ihn mitten hinein in einen Topf, und der Topf füllte sich mit Fleisch. Darauf gab ihr die Frau ein Hirsekorn. Kumba tat es in einen Mörser, zerstampfte es, und der Mörser füllte sich mit Grieß. Kumba schüttete ihn in den Topf, kochte ihn und beide aßen. Dann sagte die Frau zu ihr: Kumba, komm das Geschirr waschen, bevor es Nacht wird, und vergiss nicht den

Holzlöffel. Als Kumba damit fertig war, gab ihr die Frau eine Nähnadel und eine Haarnadel und sagte zu ihr: Geh schlafen unter dem Bett. Denn meine Kinder sind alles wilde Tiere des Waldes. Mit der Nähnadel stichst du die kleinen Tiere, und mit der Haarnadel stichst du die großen Tiere, damit sie bald wieder weggehen. Ich will nicht, dass sie dich töten!

Als Kinder der Frau nach Hause kamen, sagte Buki der Hyänenwolf, der störrischste von allen: Mutter, in diesem Zimmer riecht's nach Menschenfleisch. Die Frau sagte zu ihm: Kind, geh schlafen, der einzige Mensch hier bin ich, willst du mich denn jetzt etwa fressen? Als sich die Tiere zum Schlafen gelegt hatten, stach sie Kumba sofort mit den Nadeln, aber so sanft, als wären es Flohstiche. Die Kinder konnten nicht schlafen, verließen das Haus und gingen ihrer Wege.

Als Kumba Mutterlos am nächsten Morgen aufstand, sagte die Frau zu ihr, sie solle sich bereit machen zur Heimkehr. Sie gab ihr drei Eier und sagte: Dies eine zerbrich, wenn du mitten im Wald bist. Dies andre zerbrich, wenn du in Sichtweite deines Dorfes bist. Dies dritte zerbrich, wenn du vor dem Tor deines Dorfes stehst. Sieh sie dir gut an, damit du sie nicht verwechselst. Geh Kind, sei Gott befohlen, Gott möge deine Schritte lenken. Kumba Mutterlos kniete nieder, um sie zum Abschied zu grüßen, dankte ihr und ging darauf ihres Wegs. Sie wanderte und wanderte, bis sie tief in den Wald gekommen war. Sie zerbrach ein Ei. Da kamen bewaffnete Ritter heraus. Kumba wanderte weiter und weiter, darauf zerbrach sie das zweite Ei. Da kamen Löwen und Panter heraus. Darauf wurden diese von den Rittern getötet. Kumba wanderte und wanderte, und als sie zu ihrem Dorf kam, zerbrach sie das letzte Ei: Da kamen viele Sklaven heraus, die schlugen die Trommel, und andere trugen Säcke mit Geld, Säcke mit Gold, und führten viele Ochsen. Kumba zog ins Dorf ein wie ein König. Alle kamen heraus auf die Straße, um sie zu bestaunen.

Die Mutter von Kumba Mutterkind schämte sich gewaltig, als sie das sah, und als sie es nicht mehr ertrug, sagte sie zu ihrer Tochter: Schau was Kumba Mutterlos alles hat! Du sitzt hier bloß herum, pfui! Geh und suche dir so etwas auch. Darauf ging Kumba Mutterkind ebenfalls los und wanderte und wanderte zwei Tage und zwei Nächte durch den Wald.

Sie wanderte bis sie zu einem Beerenstrauch kam, der sich von alleine erntete. Darauf sagte sie: Bei Gott! So etwas habe ich noch nie gesehen, ein Beerenstrauch der sich von alleine erntet, wenn ich das jemand erzähle, dann wird mir keiner glauben. Beerenstrauch, gib mir doch von deinen Beeren!

Der Beerenstrauch weigerte sich und sagte ihr: Möge Gott deine Schritte nicht lenken! Kumba ging weiter ihres Wegs, und ging bis sie einen Topf sah, der ganz von alleine kochte. Darauf sagte sie: Also, da bin ich doch überrascht, einen Topf der ganz von alleine kocht, das hat noch keiner gesehen! Der Topf sagte zu ihr: Kind ohne Anstand, geh deines Wegs, möge Gott deine Schritte nicht lenken!

Kumba wanderte und wanderte, bis sie eine alte Frau sitzen sah. Die Frau war so alt, dass ihr Haar schon weiß war. Und sie hatte auch nur ein Bein, nur einen Arm, nur ein Auge, nur ein Ohr. Kumba als Kind ohne Anstand und Sitte sagte zu ihr: Frau, bist du überhaupt ein Mensch? Ein Bein, ein Arm, ein Auge, ein Ohr. Wahrlich, ich bin erstaunt! Die Frau sagte ihr: Du mein Kind, du bist ungezogen. Ja, was führt dich denn hierher? Kumba antwortete ihr darauf: Ich bin auf dem Weg zum Meer von Ndaayaan. Was geht das dich an? Die Frau gab ihr einen weißen abgenagten Knochen, damit sie ihn wäscht und in den Topf tut. Kumba sagte zu ihr: Ei, so etwas isst doch keiner! Ich kann das nicht. Die Frau gab ihr dazu ein Hirsekorn, damit sie es im Mörser zerstößt und dann in den Topf tut. Kumba sagte ihr: Hast du denn überhaupt nichts? Wer mahlt denn schon ein einzelnes Hirsekorn? Das mache ich nicht, denn so etwas habe ich noch nicht gesehen! Die Frau tat es selbst.

Sie aßen, darauf ging Kumba das Geschirr waschen. Die Frau gab ihr eine Nähnadel und eine Haarnadel, damit sie damit die Kinder sticht. Kumba stach sie gleich bis aufs Blut. Die Kinder der Frau rannten schreiend hinaus.

Die Frau gab ihr drei Eier und erklärte ihr, in welcher Folge sie diese zerbrechen sollte und sagte darauf: Geh, möge Gott deine Schritte nicht lenken! Kumba machte sich sogleich auf den Weg. Als sie soweit gekommen war, dass sie eins der Eier zerbrechen sollte, verwechselte sie diese. Sie zerbrach das dritte Ei und Ochsen kamen heraus. Aber sie hatte keine Zeit mehr, sich darüber zu verwundern, denn die Ochsen rannten auf sie los und töteten sie. Als die Geier sie da liegen sahen, stürzten sie sich auf sie und fraßen alles bis auf ihr Herz. Das packten sie und flogen damit über das Dorf von Kumba und riefen:
Dies Mädchen hat sich auf den Weg zum Meer von Ndaayaan aufgemacht, und das ist sein Herz.
Hier geht die Geschichte ins Paradies, die Nase, die daran riecht, geht in die Hölle.

3.5 Peter bei Moustapha - Briefwechsel

Nach dem Scheitern seines Vorhabens, bei seinem Freund Badou zu leben, entschloss sich Pava, mich zu fragen, ob er bei mir – uns – wohnen kann. Das was nochmals der Ausdruck des Überbleibsels seines kartesianischen Erziehungsmodells, was ich ihm bis zu Ende seines Lebens vorgeworfen habe. Ich habe später verstanden, dass er jemand war, der nicht einmal den Eindruck haben wollte, dass er störe. Außerdem hatte er einen großen Respekt für unsere Kultur und unsere Traditionen und die Erfahrung mit Badou fungierte als schlechtes Beispiel eines gastfeindlichen Senegals. In einem Brief produzierte ich folgende Antwort auf seine Frage: kann (darf) ich zu Dir kommen, Moustapha?

Osmane – die Mutter Seinabou – Cheik

„Lieber Onkel,

Du kannst vielleicht erstaunlich finden, dass ich mit Dir nicht so oft korrespondiere, wie ich das hätte machen sollen. Das liegt an der Tatsache, dass ich regelmäßig mit Dir telefoniere, um das Wesentliche zu sagen. Ich hoffe daran, dass es Dir im Moment besser geht als wie zuvor. Ich bin der Meinung, dass Dein Streben nach einem besseren Leben kein Faustches Streben ist; es geht eher um etwas Realistisches. Ich denke hier an den Faust von Goethe, dessen Ziel gleich am Anfang (Faust 1) einen idealistischen Geschmack hatte. Am Ende hat er vielleicht sein Ziel nicht erreicht, das heißt, „die Menschen zu bessern". Der Herr hat ihm trotzdem am Ende von Faust2 in dem Chor der Engel vergeben: „Wer immer strebend sich bemüht, den können wir erlösen." Faust war ein Mensch der Tat, deswegen wurde ihm vergeben.

Im Moment bin ich dabei zu überlegen, wie Du am bequemsten hier wohnen kannst. Für mich geht es um Kleinigkeiten, aber was dich betrifft, ist das von hohem Wert.

Heute ist der 9. Tag des „Bourde" bei den Tijaan. Am Samstag, dem 31. feiern wir in der Nacht gleichzeitig die Geburt und den Tod des Propheten Muhammad. Du weißt schon, was in dieser Nacht gemacht wird. Ich will nur daran erinnern, dass überall bei den Muslimen aller Länder dieses „einmalige" Ereignis gefeiert wird. Es wird gegessen, gesungen bei der „Khadriya", gelernt, Vorträge über das Leben des Propheten (Sounna) werden gehalten. Ich selber denke daran, nach Tivaouane zu fahren, um dort den „Maouloud" (Geburt) zu verbringen.

Die Bourde ist eine von Bouseiri geschriebene Ode an den Propheten Muhammad. Bouseiri war schwer krank und nicht mehr zu helfen. Er hat sich entscheidet, diese Ode an Muhammad zu schreiben als Kurlied gegen seine Krankheit. In diesem Lied gibt es 10 Kapitel mit Einführung und Schlussfolgerung. Jede Nacht (12 Tage vor dem Maouloud) singen wir zusammen ein Kapitel dieses Liedes, dieser Ode an Muhammad. Es ist so fantastisch und die Melodie so verzaubernd. Zwei Tage vor dem Fest machen wir Schluss mit dem nächtlichen Zusammensingen, um das Fest vorzubereiten.

Du hast viel Glück im Leben, denn Du hast wirklich gute Freunde, auf die Du rechnen kannst: ich denke an Wolf und Horst. Ich habe Horst gesagt, dass Du nicht brauchst, ein schriftliches Engagement von mir zu bekommen; Ihm habe ich gesagt, dass es eine Beleidigung an meine Kultur wäre. Denn Du bist ein Mitglied der Familie, für meine Kinder bist Du ein Opa, eine Person, die respektiert werden muss, nicht weil sie da ist, sondern weil sie die Kinder genau an ihren all zu früh verstorbenen Großvater erinnert. Wähntest Du etwa (Prometheus), ich könnte meinen Vater Geld ausgeben lassen, wenn er bei mir wohnte? Das wäre eine pure Beleidigung. Deine Präsenz in der Familie kann nicht unseren Alltag ändern. Du wirst da sein und wir werden damit rechnen, dass Du eine positive Person bist. Du brauchst kein Pfennig bei mir auszugeben; du musst nur werden, der du bist.

Ich grüße die ganze Familie rechtherzlich und bitte sage Großmutter Clara, dass ich an sie denke.

Bis dann.

Dein Moustapha"

3.5.1 Peter und seine Schwester Yaye Amina

Die beiden waren mit einander stark befreundet, nicht allein, weil ich der Sohn von Yaye Amina war, aber auch wegen der Tatsache, dass die beiden Zwillinge waren – beide sind im gleichen Jahr 1937 geboren. Peter wollte unbedingt, dass meine Mutter – Yaye Amina – ihm einen einheimischen Namen findet und dafür hatte er eine Liste vorgezeigt. Er fand seine deutschen Vornamen zwar gut, aber viele Senegalesen konnten die Vornamen nicht richtig aussprechen, und das ärgerte ihn. In einem Brief an ‚Schwester Amina' schrieb er folgendes aus:

„Peter-Anton von Arnim
Neugasse 26
65760 Eschborn   *20.5.1995*

Chère amie Yaye Amina,
ou, puisque tu me dis que vous me considérez un membre de votre famille, ce qui me rend fier
et heureux, je peux aussi bien t'adresser par
Chère soeur,
Permets-moi de commencer par un aveu:
À cause des circonstances créées par la guerre nazie, je n'ai jamais connu une vraie vie de
famille. J'avais sept ans quand j'ai perdu mon père, et ma mère a dû se débrouiller toute seule
avec ses six enfants. Une telle situation n'est pas tellement propice à créer des liens de solida-
rité entre les enfants d'une famille, et depuis j'ai parcouru le monde pour m'en chercher une
et pour me chercher une patrie. Car n'est pas la patrie celui des pays où l'on a le plus grand
nombre d'amis?
Je crois maintenant l'avoir trouvée au Sénégal, et j'en suis très content. D'abord je dois
t'informer du fait que maintenant j'y ai un fils qui fait tout mon bonheur. C'est l'étudiant Ab-
doulaye Diouf de Bargny que tu connais, parce qu'il était avec moi lors de notre visite chez
vous à Saint Louis. Son père, qui est mon aîné d'un seul jour, m'a écrit: "En tant que père qui
ne se soucie que des problèmes de ses enfants, si je vois quelqu'un qui aime mes enfants
comme moi, cela ne peut me combler de bonheur et me rassurer. C'est pourquoi je suis très
content que tu me dises qu'Abdoulaye a maintenant deux pères. Et je comprends bien pour-
quoi tu disais que tu aimerais être un père à lui à condition que je l'accepte. Ainsi rassure-toi,
mon cher frère, j'en suis très content." Étant père d'un fils de Bargny, je me considère désor-
mais bargnois. J'espère que tu me comprennes et que tu ne m'en veuilles pas pour le fait que
je ne me dis pas Saint Louisien!
Car en effet, à côté de mon fils à Bargny j'ai des liens familiaux qui m'attachent très fortement
à Saint Louis! Ne m'as-tu pas écrit: "Tapha travaille ses devoirs et exposés avec les livres, les
cassettes et autres documents que tu lui as envoyés comme à un petit frère ou à un neveu"? Eh
bien, c'est vrai et c'est pourquoi j'ai posé à mon fils Abdoulaye la question: Es-tu d'accord
d'avoir Moustapha comme cousin? Car je voudrais bien que ce dernier soit mon neveu et que
de cette façon je devienne aussi un membre de cette famille magnifique à Saint Louis que
j'aime tant. Vraiment, depuis que j'ai connu mon cher fils Abdoulaye et on m'a accordé la
faveur d'être son père et depuis que je t'aie connue, ma chère soeur, avec ta famille aimable,
ma vie me semble avoir changée de base. J'éprouve un sentiment de bonheur comme je ne l'ai
pas éprouvé depuis longtemps, et mes rêves ne cessent de tourner autour du Sénégal. Et alors
mes pensées tournent autour du problème suivant:
Ici en Allemagne j'ai mon emploi et je peux y vivre modestement, mais je ne m'y sens pas chez
moi. La situation économique va en se détériorant, et il y a des gens qui en souffrent, mais
l'indifférence est générale envers ceux qui souffrent. Au Sénégal les problèmes économiques
et par la suite les problèmes sociaux et politiques (intégrisme?) s'accumulent à une plus
grande vitesse qu'en Allemagne, mais là-bas il y a mes amis. Moi qui n'ai aucune idée ni du
commerce ni ne possède aucune qualification de technicien ou d'agriculteur, comment pour-
rai-je me rendre utile dans ce pays-là?
Mais avant de rentrer dans les détails de cette question, je voudrais répondre à un problème
que tu m'as posé, à savoir de te trouver un bon traducteur pour ton roman: "Mademoiselle".
Et bien, je crains que le problème soit mal posé. C'est qu'il n'y a aucune difficulté de te trou-

ver un traducteur, car je connais un des meilleurs pour cela en Allemagne: c'est moi-même. Et je te le traduirais volontiers. Le problème, c'est de trouver une maison d'édition pour le publier. Depuis la disparition de l'Union Soviétique, c'est à dire depuis que les marchés de l'Est se sont ouverts pour elle, l'Allemagne officielle a perdu tout intérêt pour l'Afrique. Cela se fait noter aussi sur le plan culturel, et je crois que ton fils Moreau, le professeur d'allemand, pourra t'en chanter une chanson, une chanson assez triste. C'est d'ailleurs une des raisons pourquoi je ne me sens plus à l'aise dans ce pays: il est dominé par le commerce et l'égoisme, la culture n'y compte plus pour beaucoup. Et quand j'entends les nouvelles quotidiennes sur la discrimination des étrangers en Allemagne, j'en souffre sans savoir comment y réagir.

Ce que je voudrais donc discuter avec mes amis au Sénégal, c'est ceci:

J'ai à la banque un petit capital qui en Allemagne, où la vie est très chère, ne vaut presque rien. Cela ne me suffirait même pas à me construire le quart d'une maison ici, à ne pas parler de la possibilité de me créer un emploi. Au Sénégal, la même somme, 40 000 DM, me ferait un millionaire, car comme le Mark se change à 300 Francs CFA, cela équivaut donc à la somme de 12 000 000 Francs CFA! J'ai plusieurs idées en quoi on pourrait l'investir, mais comme je le dis, n'étant ni économe ou commerçant ni agriculteur, je ne sais pas comment exécuter ces idées.

1) Je joins à cette lettre un article (en allemand. Mor ou Tapha peuvent le traduire) sur la plante jojoba. Je ne sais pas s'il y déjà au Sénégal des plantations de jojoba, mais je sais que le climat y est très propice. Le problème, c'est qu'il faut attendre cinq ans avant que cette plante porte ses premiers fruits.

2) Je sais qu'au Sénégal la cultivation de la courge est répandue. Or de ses graines on peut produire une huile qui est très précieuse tant pour ses qualités alimentaires (il n'y a pas d'huile d'un meilleur goût que l'huile de courge) que pour ses qualités médicales (prévention du cancer de la prostate). Un litre de l'huile de courge vaut en Allemagne au marché 52 DM, c'est à dire 15 600 Francs CFA.

3) J'ai vu en Gambie des plantations de chanvre à très petite échelle (des jardins). En effet, le chanvre est connu pour ses qualités médicales, mais en même temps il souffre d'une mauvaise réputation à cause de ses qualités hallucinogènes. Or en Europe on en a maintenant créé une espèce qui ne contient qu'une quantité minime de la matière hallucinogène et donc ne peut pas servir pour en produire des drogues, mais qu'on cultive pour produire la matière première pour la fabrication du papier par exemple, mais on peut même l'utiliser pour la fabrication des carrosseries de voitures! Les déchets des voitures traditionnelles, celles faites de métal, encombrent l'environnement à perpétuité, ce qui pose des grands problèmes, alors que ceux des carrosseries produites à la base de chanvre se décomposent peu à peu! Le problème est de savoir si on peut cultiver ce chanvre-là au Sénégal à grande échelle, car autrement ça ne vaudrait pas la peine. D'ailleurs, si on peut en produire des carrosseries de voitures, il me semble qu'on pourra aussi l'utiliser pour en fabriquer des toits pour les maisons des bidonvilles qui ne seront pas aussi chaudes que les toits faites de tôles métalliques.

4) Aux Indes il y a un arbre qui s'appelle "nim" (ou, dans l'orthographe anglais, "neem"). À l'époque du colonialisme on l'a introduit en Afrique, mais je ne me rappelle pas si je l'ai déjà vu au Sénégal ou non, peut-être à Thiès? Au Soudan il y en a beaucoup. Aux Indes on emploie ses graines pour la production de savon à cause des qualités dermatologiques de cette plante. Mais elle possède aussi des qualités d'insecticide et pour cela pourrait remplacer les produits chimiques qui sont tellement dangereux pour la santé. J'ai là-dessus une petite brochure en français que je vais vous envoyer à la prochaine occasion.

Avec tout cela il faut aussi penser au problème du traitement des plantes récoltées pour obtenir le produit fini, c'est à dire on n'a pas seulement besoin du terrain et des gens pour la culture, mais aussi d'un atelier et des gens pour la production. En d'autres termes, on pourrait penser à former une coopérative à laquelle je peux contribuer avec mon petit capital.

Peut-être vous avez la chance de discuter de tout cela avec le cousin de mon ami le plus ancien au Sénégal, Badou Diakhaté, car c'est un spécialiste en agriculture. Il s'appelle El Hadj Abdoulaye Diack et il habite à la Cité des Cadres de Richard Toll à St.Louis. Est-ce qu'il y a moyen de le retrouver?

Je t'ai dit que comme je ne comprends rien de l'exécution en pratique de ces idées, il faut peut-être que je laisse tout cela à quelqu'un d'autre. Cela ne veut pas dire que j'ai l'intention de rester les bras croisés comme un fainéant, pour laisser le travail à des esclaves. Mais c'est une question de savoir comment disposer du capital de façon profitable, l'autre de comment disposer des talents que j'ai. Bien sûr, je pourrais travailler en compagnon dans une société qu'on allait former et participer dans le travail administratif. Mais tu sais que mes connaissances portent plutôt sur la littérature et les langues, ce qui peut paraître beau et bien, mais malheureusement ne sert pas à gagner assez d'argent pour subvenir à mes besoins et à ceux d'un fils qui est étudiant et de sa famille.

L'ambition la plus folle dont je rêve c'est d'apprendre le Wolof et puis d'enseigner à le lire et à l'écrire à des gens illettrés, c'est à dire de participer à une campagne d'alphabétisation en Wolof. Mais si je voudrais le faire gratuitement, et je ne vois pas d'autre voie pour atteindre ceux qui en ont besoin, il me faut une base économique (voir plus haut). Il y a donc beaucoup de choses à réfléchir et à discuter.

Vraiment, ma chère soeur, jamais de ma vie il m'est arrivé avant comme il m'est arrivé maintenant après mes visites au Sénégal que des gens m'écrivent des lettres me disant: "Tu nous manques!" Ici j'ai le sentiment que je ne manque à personne, sauf un peu peut-être à ma mère (qui a 85 ans), mais pas trop non plus. Pourtant, comment je peux me rendre utile à ceux qui m'aiment? C'est ça pour moi la question à résoudre.

Est-ce que tu peux me chercher un nom en Wolof? Mon nom est Peter-Anton, mais pour les Sénégalais c'est trop long et compliqué, raison pour laquelle ils m'appellent Peter tout simplement en le prononçant à la française "Pétairre", ce qui ne me plaît pas trop. "Toubab Diakhaté" est peut-être drôle, mais ne me semble pas tellement approprié pour moi non plus. À part le nom de Peter-Anton je porte encore un troisième nom qui était aussi celui de mon père, mais qui en Allemand sonne plutôt étrange: "Friedmund", ce qui veut dire "bouche de paix". Est-ce qu'en Wolof un tel nom sonnerait aussi étrange: "Gemminujamm"?

Tu m'as annoncé une lettre de Djibril, mais il paraît qu'elle s'est perdue, car je ne l'ai jamais reçue. Dis-lui que je l'aime bien. La musique est un langage qui va de coeur à coeur.

Donne mon bonjour à tout le monde. Je me prépare à vous revisiter au mois de décembre.

Je t'embrasse chaleureusement et te salue en toute amitié

celui qui a la nostalgie de vous tous »

Bei uns zu Hause führten wir ein einfaches Leben. Ich ging regelmäßig in die Schule und abends kam ich zurück. Ich fand Pava immer am Computer sitzend und er schrieb tausende Briefe an seine Freunde aus aller Welt. Nach dem Zohrgebet – gegen 17 Uhr – gingen wir zusammen ans Meer. Er mochte die Spaziergänge, denn da konnte er mit den Menschen frei sprechen, frische Luft atmen und die Weite ansehen.

Wenn er mich nicht in die Schule begleitete und dort einen interaktiven Unterricht hielt, ging Pava ab und zu mit Seinabu auf den Markt, um einzukaufen. Das machte er gern, und er mochte mit den Fischverkäuferinnen verhandeln. Das alles brachte ihm viel Spaß und er zeigte, dass er sich bei uns in Senegal froh fühlte.

3.5.2 Senegal - 13.12.2002 – Aus einem Brief an Angela Hubrich

„Freitag, der 13.12.02, zurück in Parcelles.
Heute Morgen waren Mustapha, Seinabu und ich auf dem Fischmarkt am Meer, weil Seinabu den Vorrat an Fisch für einen ganzen Monat einkaufen wollte (sie hat ein Gefrierfach). Obwohl ich das Leben hier schon seit Jahrzehnten kenne, konnte ich mich der Versuchung nicht erwehren, den Anblick dieses Marktes als äußerst exotisch zu empfinden und zu genießen (eine Empfindung der Faszination, die einem auch über den sinnenbetäubenden Gestank hinweghilft, der notgedrungen in einer solchen Umgebung entsteht, wo sich irgendwelche leichtverderblichen Eiweißstoffe, sprich Fischreste, über die Zeiten hin an Ort und Stelle ansammeln, auch wenn nach Möglichkeit für deren regelmäßige Beseitigung gesorgt wird). Strahlende Sonne, ein blaues Meer, die vom Fischzug heimkehrenden, buntbemalten Fischerboote, die sogleich von vielen, buntgekleideten Menschen umringt werden, darunter junge Männer mit einer Wanne in der Hand und einer wulstartigen Kopfbedeckung, auf der sie ihre Wanne, wenn sie diese am soeben eingetroffenen Boot mit den frisch gefangenen Fischen gefüllt haben, eilends zu einem der in der Nähe bereitstehenden Kühltransporter tragen, welche die Fische in die Provinz, bis tief ins Innere des Landes bringen. Ihnen jagen kleine Jungen nach, die sich die Fische schnappen, welche den Trägern hier und da beim Transport ihrer Wannen auf den Boden fallen.
An den mit Wellblech überdachten Ständen dem Ufer entlang sitzen die Frauen – auch sie natürlich buntgekleidet und mit den kunstvoll zu schmetterlingsartigen Gebilden geschlungenen Tüchern auf dem Kopf (dieselben vulgär als Kopftücher zu bezeichnen wäre eine Entweihung) – und verkaufen die Fische vom ersten Fang am Morgen. Übrigens gibt es da unter den Ständen zwei Abteilungen, vom Zugangsweg zum Strand her gesehen eine links und eine rechts. In beiden Abteilungen werden die gleichen Fische verkauft, aber wenn man nur über einen schmalen Geldbeutel verfügt, muss man auf die rechte Seite gehen, denn wenn man auf der linken Seite einkaufen will, braucht man viel Geld. Dort werden die Fische nur en gros verkauft. Dorthin gehen dann die vermögenderen Damen, die sich einen teuren Einkauf leisten können.
Man findet hier an fast jeder Straßenecke einen Tante Emma-Laden, dorthin werden selbst Kinder oft zum Einkaufen geschickt, weil es dort Festpreise gibt, bis hin zu umgerechnet einem Pfennig für ein Bonbon, oder, wenn Du willst, zu einem halben Cent (solche Einzelverkäufe gibt es wirklich!). Kein Ladenbesitzer könnte es sich übrigens leisten, ein Kind zu betrügen, er würde sich damit in der ganzen Nachbarschaft unmöglich machen. Für frische Lebensmittel wie Gemüse, Fische oder Fleisch hingegen gibt es besondere Märkte. Die Händler dort sind fast ausschließlich Frauen, und auch die Einkäufe werden fast ausschließlich von Frauen getätigt. Man muss dort nämlich um die Preise feilschen, und die Frauen machen das untereinander in aller Gelassenheit und Ruhe ab. Mustapha sagte mir, ihm als Mann würde man (frau) so etwa das Doppelte an Geld abnehmen, da er sich auf das Feilschen nicht versteht, mir als Tubab würde vermutlich die dreifache Summe abverlangt. (Allerdings geschieht mir das nicht auf dem Markt von Parcelles, weil es da Marktfrauen gibt, bei denen ich Stammkunde bin.) Mit deutschen Preisen verglichen handelt es sich zwar um äußerst kleine Beträge, aber da hier auch die Einkommen minimal sind, müssen die Frauen um jeden Pfennig kämpfen.
[Ich fragte Mustapha, welche Vorstellungen sich für ihn mit dem Begriff ‚exotisch' verbinden. Er sagte: das Fremde, und zwar das reizvolle Fremde, die Kälte, die Wälder, die Hautfarbe der Menschen, nämlich der Weißen; bei ihm also fast das genaue Spiegelbild dessen, was wir als exotisch empfinden, in Umkehrung. Das hat mich beruhigt. Es gibt nämlich von einem Palästinenser namens Edward Said, der an einer Universität in den USA lehrt, ein berühmt gewordenes Buch mit dem Titel ‚Orientalismus', worin das Phänomen des ‚Exotischen' als

eine für die Europäer typische Sichtweise erklärt wird, welche sie im Zuge des Kolonialismus und Imperialismus im Hinblick auf andere Völker entwickelt haben. Mag sein. Ist aber eo ipso schon Ausdruck einer kolonialistischen Mentalität, wenn ich den Anblick des bunten Treibens auf dem Fischmarkt von Dakar als exotisch empfinde und genieße? Oder bei Dir, wenn Du beispielsweise eine Ferienreise nach Istanbul unternommen hast und dort durch einen türkischen Basar gehst und Dich an dessen Anblick erfreust? Wenn Mustapha als Angehöriger eines vor noch nicht allzu langer Zeit vom europäischen Kolonialismus unterjochten Volkes seinerseits einige Aspekte des Lebens in Deutschland, also einer ehemals kolonialistischen Macht, umgekehrt ebenfalls als exotisch empfinden kann, dann kann das Phänomen des ‚Exotischen' doch wohl keine Angelegenheit einer rein kolonialistischen Mentalität sein. Zwar kommt das Phänomen, wenn nicht schon der Begriff des Exotischen (schlag mir das doch bitte einmal in Deinem Bockhaus nach), im 18. Jahrhundert auf, also zur Zeit des Höhepunkts der kolonialistischen Expansion einiger europäischer Länder. Aber mit den bisher weitgehend unbekannten Völkerschaften, die man ‚entdeckt' zu haben vorgab und zu unterwerfen oder auszurotten sich anschickte, verbanden nicht alle Europäer die Vorstellung von ‚barbarischen' Wesen, es entwickelte sich bei manchen auch die Vorstellung vom ‚edlen Wilden', eine idealisierende Vorstellung, gewiss, die aber oft mit einer radikalen Kritik an den sozialen Zuständen in Europa verbunden war. Es ist das Zeitalter Rousseaus mit seinem Schlachtruf: „Zurück zur Natur!" Im Reiz des Exotischen schwingt dann mit die Vorstellung vom verlorenen Paradies, von der verlorenen Unschuld eines Naturzustands, in welchem das Menschliche noch nicht von den Zwängen und Unterdrückungsmechanismen einer hierarchisch gegliederten Standes- oder Klassengesellschaft verdrängt worden ist. Dieser Gedanke eines glücklichen Naturzustands war im 18. Jahrhundert übrigens nicht nur auf die Vorstellung vom ‚edlen Wilden' beschränkt, man findet ihn auch wieder in den damaligen Schilderungen der ländlichen Idylle als Gegenbild zur sittenverderbenden Stadt. Erinnerst Du Dich an den Schulaufsatz des zwölfjährigen Arnim über Zernikow? Der Großstadtbewohner verlässt das staubige Berlin und was findet er in vor in dem kleinen, bescheidenen Zernikow: Lauter zufriedene, arbeitsame Leute, die ihn freundlich grüßen und herzlich willkommen heißen. Oder erinnere Dich an Haydns Oratorium ‚Die vier Jahreszeiten': „Schon eilet froh der Ackersmann zur Arbeit auf das Feld – In langen Furchen schreitet er der Arbeit flötend nach – flötend, flötend – flötend nach."

Heute Morgen, als ich aufgestanden war, ertönte ein Flötenkonzert von Vivaldi aus dem Wohnzimmer. Denn nicht nur Mustapha, auch Seinabu hat inzwischen die klassische Musik für sich entdeckt. Sie haben darüber hinaus auch festgestellt, dass diese Musik auf ihr Kind viel wohltuender wirkt als Popmusik. Ich habe ja einmal, als ich an dem Regal für Kinderspielzeug im Philips-Großmarkt von Gransee vorbeikam, ganz zufällig eine Spieluhr erklingen gehört mit der Melodie von ‚Guten Abend, gute Nacht'. Glücklicherweise habe ich sie gleich gekauft, denn bei unserem nächsten Einkauf waren die Spieluhren schon verschwunden. Nun ist sie zu einem wichtigen Requisit geworden im Leben der kleinen Amina. Wenn man Amina beruhigen will, braucht man nur die Spieluhr in Gang zu setzen, und sie selbst hat schon weitgehend verstanden, dass sie an deren Strippe ziehen muss, wenn sie ihre Lieblingsmelodie hören will.

Wie soll ich Dir Amina beschreiben? Wir haben Dir ja mit dem letzten Brief schon ein Foto geschickt, das Mustapha von uns beiden aufgenommen hat. Hoffentlich hast Du es in Deinem Computer öffnen können. In ihrer Feiertagskleidung mit dem bunten Mützchen sieht sie ganz allerliebst aus. (Das andere Bild zeigt Leute, die in der Straße unmittelbar vor unserer Wohnung ihr Gebet verrichten. Gleich um die Ecke bei uns befindet sich nämlich eine Moschee, die zwar groß, aber nicht groß genug ist, um all die Gläubigen aufzunehmen, welche am Fest des Fastenbrechens zum Gemeinschaftsgebet zusammengekommen waren.) Wie gesagt, bei einem Baby sind die Gesichtszüge noch nicht sehr ausgeprägt, sodass man darüber noch nicht viel sagen kann, außer über die Augen. Das Kind versucht ja, mit allen Sinnen die Welt zu entdecken, in die es da ohne sein eigenes Zutun hineingeraten ist, es bemüht sich aber auch, den eigenen Körper kennen zu lernen und zu erproben. So bewegt es über lange Zeit unermüdlich Arme und Beine zu sich hin und von sich weg, - es ist nicht einfach ein unkontrolliertes Strampeln -, betastet dies oder jenes, steckt den einen oder anderen Gegenstand gelegentlich auch einmal in den Mund, und vor allem: sie schaut mit erstaunten Augen in die ihr neue Welt. Wenn ich ihr länger in die Augen blicke, fängt sie an, liebliche Töne von sich zu geben wie ein kleines Vögelchen. Denn in diesen Augen ist viel Leben.

Wie Du weißt, tragen viele afrikanische Frauen, jedenfalls die senegalesischen Mütter, häufig ihr Kind auf dem Rücken, wenn sie in der Küche beschäftigt sind, zum Einkaufen gehen oder es sonst aus irgendeinem Grund nicht allein lassen wollen. Gestern Abend hatte Seinabu sich gerade ihr Töchterchen Amina auf den Rücken gebunden, als die Zeit für das Abendgebet gekommen war. Du kennst die islamische Gebetsübung mit ihren vielen Verbeugungen, dem Auf und Ab, vom Stehen, Knien, bis hinab zur Berührung der Erde mit der Stirn. Hinter Seinabus Rücken sah man also ein kleines Gesichtchen hervorlugen, das all die Bewegungen, welche der Ritus vorschreibt, mit erstaunten Augen mitvollzog. Ja, könnte man da sagen, so lernen die Kinder hierzulande schon von klein auf das Beten.

Zum Schluss nur noch ein paar Worte über die Eltern. Ich habe Seinabu ja in den letzten Monaten ihrer Schwangerschaft kennen gelernt. Damals hatte sie nicht nur die Hauptlast der Haushaltsführung zu tragen, sie machte auch noch eine strenge Ausbildung mit als „Hairstylistin". Die Gelassenheit, mit der sie das alles bewältigte, war bewundernswert. Nun ist sie die perfekte Mutter, und natürlich viel entspannter. Aber Mustapha ist auch ein perfekter Vater. Das Töchterchen bringt bei ihm seine besten Eigenschaften zum Tragen. Man hat ihm für das neue Schuljahr viel mehr Unterrichtsstunden aufgeladen als bisher. Aber er lässt sich dadurch nicht aus der Fassung bringen. Seit gestern haben sie ein Dienstmädchen namens Mamy engagiert, damit Seinabu Zeit hat, auf Arbeitssuche zu gehen. Aber heute ist Samstag, da bereiten alle drei, Mamy und Seinabu mit Amina auf dem Rücken, das Mittagessen vor. Mustapha ist noch unterwegs. Ich lasse für Mutter und Töchterchen das Bachsche Weihnachtsoratorium abspielen. Nach dem Essen will ich dann ins Cybercafé gehen, um diesen Brief abzuschicken."

3.5.3 Mutter Yaye Amina und Bruder Papa Samba Sow

Mein lieber Horst,
Meine Mutter, Yaye Amina, Schriftstellerin und mein Bruder Papa Samba Sow auch Schriftsteller und Präsident der COMPAGNIE ZOUMBA, haben mir gestern Texte über PAvA geschickt. Ich transferiere sie.
Bis dann
Dein / Euer Moustapha

3.5.3.1 TEMOIGNAGE

Notre regretté Peter Von Armin, mon jumeau, était considéré et se considérait comme un membre à part entière de ma famille. Mes petits enfants à qui il racontait de belles histoires, l'appelaient Mame Peter (Grand-père Peter) et étaient toujours dans sa chambre.
Faire un témoignage sur lui pourrait friser la rédaction d'un livre, d'un gros livre, d'un beau livre. Je me contenterai donc d'évoquer quelques unes de ses qualités morales et intellec-

tuelles. Peter était un homme ouvert généreux, attachant, cultivé. Il m'a fait aimer Goethe et a chanté la berceuse de Brahms avec moi. A Saint-Louis les professeurs de Français, de philosophie et d'Allemand envahissaient ma maison pour le rencontrer. Il a donné des conférences et des causeries à l'UGB, au lycée de jeunes filles Ameth Fall et dans des CEM de notre vieille ville.

Peter nous était tellement attaché que mon fils Moustapha (qu'il considérait comme son propre neveu) lui fit bâtir une chambre avec salle de bain à lui tout seul.

Peter aimait tous nos mets et raffolait surtout de cervelle de mouton qu'il préférait à la viande et rissolait lui-même dans la cuisine.

Tout en Peter respirait sa noblesse de naissance. Son père fut officier dans l'armée d'Hitler et descendait de la célèbre Bettina Von Arnim.

En virtuose accompli, il composait des chansons et les solfiait lui-même : nous les chantions tous ensemble, ce qui égayait toute la maisonnée. Il écrivait spontanément de beaux poèmes et assimilait plusieurs langues et dialectes (il avait beaucoup voyagé).

Notre homme n'était certes pas musulman mais, à l'issue de ses recherches approfondies, il m'apprit beaucoup sur l'Islam.

On retiendra enfin que l'Allemagne, l'Afrique et en particulier le Sénégal (Dakar, Rufisque, Bargny, Saint-Louis) ont perdu en Peter un homme de sagesse, un homme de valeur plurielle. Adieu Peter Von Arnim.

Amina Sow Mbaye
Ecrivain Sénégal

Compagnie Zoumba
Théâtre – Musique – Danse – Art et Patrimoine
www.zoumba.e-monsite.com

St-Louis, Sénégal, Août 2012

Peter Von Arnim fut un homme exceptionnel à tous égards. Il alliait une intelligence remarquable à une vaste culture, des vertus morales particulières à une générosité à revendre.

Pour ma part, j'ai pendant des années, côtoyé un pur génie des Lettres, personnage tout de pertinence, référent culturel de premier ordre, qui me voyant travailler mes pièces de théâtre, leur apportait régulièrement un plus, et souvent par une ou deux belles et simples remarques.

Mais comment ne pas chanter les mérites des auteurs du livre. Messieurs Horst Stukenberg et Mouhamadou Moustapha SOW auront fait œuvre utile en maintenant Peter Von Arnim dans la cour des grands, pour la postérité. Le monde de la culture leur en est grandement reconnaissant.

Pape Samba A. Sow
Président de la « Compagnie Zoumba »

3.6 PAvAs Buchvermögen im Senegal und andere Erinnerungen

Bis zum Ende seines Lebens hat Pava den Senegal gemocht. Kurz vor seinem Tod verschenkte er sein ganzes Büchervermögen an senegalesische Bibliotheken. An der Bibliothek von Bargny gibt es extra eine lange Reihe Regal mit verschenkten Büchern von Pava.

Die Deutschabteilung der Universität Cheikh Anta DIOP feierte vor ein paar Monaten die ‚jounées portes ouvertes sur Peter Anton von Arnim' (offene Tage über Pava).

Viele Haarschneidershops tragen den Namen ‚Peter – Coiffure'. Der Schneider Maxtar, der heute nach Spanien emigriert ist, hat einem Kaftan den Namen ‚Pava-Kaftan' gegeben.

Bei uns zu Hause nennen die Kinder ein Zimmer ‚néegu maam Peter', das Zimmer von Opa Peter. Ein Gericht, das er speziell gerne zubereitete, trägt auch seinen Namen.

Mouhamadou Moustapha Sow – Rufisque / Sénégal im Juli 2012

3.7 Abdoulaye und Peter Anton – Anfrage und Antworten

From: Dr. Horst F. W. Stukenberg **To:** Abdoulaye Arnim Diouf **Sent:** Saturday, June 2, 2012 3:18 PM

```
Lieber Abdoulaye mit Y,

lange haben wir nichts voneinander gehört - Wolf Herman hat am 1. September
Geburtstag, Pava zu Ehren möchten wir, Moustapha und ich, ein Buch herausge-
ben und ihm schenken - kannst Du einen Beitrag über Pava schreiben - ein-
fach so, wie Dir der Schnabel gewachsen ist oder vielleicht so: - wann und
wie hast Du ihn kennen gelernt? - was hat er für Dich und Deine Familie be-
deutet? - was hat Peter Anton im Senegal gemacht, bewirkt, auch in Deinem
Ort, wo die Eltern wohnen? - wenn Du an ihn denkst, welche Gedanken kommen
da? Wenn Du das nicht möchtest, schreibe mir. Wenn Du mitmachen willst,
schreibe auch.
Mit einem lieben Gruß
Dein
Horst
```

Abdoulaye A. Diouf, M.A. Email: adiouf2002

Lieber Horst,
Du kannst Dir nicht vorstellen, wie glücklich ich bin, von Dir zu hoeren. Selbstverstaendlich moechte ich mit ganzem Herzen an Deinem Buch teilnehmen. Ich habe sehr viel ueber Pava zu erzaehlen. Ich habe Dir vor ein Paar Monaten eine Email zugeschickt, in der ich dich darueber zu informieren versuchte, dass ich nach Deutschland kommen wollte, um meines Vaters Grab zu besuchen, und das ist mir sehr wichtig.
Ich werde mich an die Arbeit machen, das heisst, ich werde mit dem Schreiben anfangen. Wieviel Zeit habe ich? Bis wann brauchst du meinen Beitrag?
Ich vermisse meinen Vater sehr, aber ich bin froh, dass du da bist.
Sag mal hallo zu deiner lieben Frau.
Schreib bald!

Von:	abdoulaye Diouf
An:	"Dr. Horst F. W. Stukenberg"
An:	"abdoulaye diouf
Betreff:	Mein Beitrag
Datum:	12. Aug 2012 04:07

Mein lieber Horst,

Hier ist mein Beitrag zu dem Buch, welches Du dem Pava widmen moechtest. Wenn du mal mein Schreiben korrigierst, moechte ich, dass du mir eine Kopie zukommen laesst.
Heute ist der Geburtsatag meines leiblichen Vaters Ibrahima, und Morgen wird mein Adoptivvaters Geburtstag gefeiert.
Was Moustapha anbelangt, konnte ich leider nichts über sein Befinden erfahren. Ich werde versuchen, ihn heraus finden.
Ich habe meine Pruefungen bestanden. Mein Sohn Issa Anton ist gerade nach Atlanta zurückgeflogen. Issa Anton hat den ganzen Sommer bei mir in Michigan verbracht.
Wir sind im Ramadan.
Gott behuete Dich und Deine liebe Frau.
Ich umarme Euch and habe euch lieb.
Schreib bald zurueck!

Abdoulaye A. Diouf, M.A. Email: adiouf2002, Phone: (248)766-9468

"There are two ways of exerting one's strength: One is pushing down, the other is pulling up." - Booker T. Washington

3.8 Wie ist mein Verhaeltnis zu Pava entstanden? – von Abdoulaye A. D.

Abdoulaye A. Dio, USA

(Grammatik, Orthographie, Zeichensetzung dieser Beiträge von Abdoulaye wurden weitestgehend im Original belassen; die Herausgeber)

Manchmal frage ich mich, ob es reiner Zufall war, wie ich Pava begegnete. Aber je mehr ich mich über unsere Begegnung nachdenke, desto mehr bin ich davon fest überzeugt, dass es kein Zufall gewesen war.
Im Jahre 1994 durfte ich an die Cheikh Anta Diop Universitaet gehen, um Anglistik und Germanistik zu studieren. Diese Universität befindet sich in der senegalesischen Hauptstadt, Dakar. Nach einer großen, bitteren Enttäuschung über meine Nichtzulassung an einer französischen Universität, blieb mir nichts anderes übrig, als die C. A. Diop Universiaet zu besuchen. Damit war ich überhaupt nicht zufrieden. Ich wollte, wie jeder senegalesische Student in Frankreich studieren. Genau das war mein Traum gewesen. Außerdem hatte ich sehr fleißig an jener Verwirklichung meines Traumes gearbeitet. Ich war immer ein fleißiger Student mit guten Noten gewesen. Meine Mutter wusste wie sehr enttäuscht ich war, und es gelang ihr, mich zu über reden an die C.A. – Diop - Universiaet zu gehen und Frankreich zu vergessen. Ich wollte nur eine bessere Akademische Ausbildung für mich, und ich war mir dessen bewusst, dass C. A. Diop Universitaet nicht die Lösung war, sondern das ewige Problem aller senegalesischen Studenten.
Im Dezember 1994, besuchte ich nach einer langen Abwesenheit einen deutschen Kurs in der Deutschen Abteilung. Meine Abwesenheit an der Deutschen Abteilung lag daran, dass ich nicht zufrieden war, wie mein Deutschlehrer uns Deutsch beizubringen versuchte. Grammatik, wieder Grammatik jeden Tag! So was kann ich selber machen. Deshalb blieb ich zuhause und brachte mir selber die deutsche Grammatik bei. Eines Tages beschloss ich denselben

Deutschkurs zu besuchen, um zu sehen, ob es etwas Neues zu erfahren war. An jenem Tag lernte ich Peter Anton kennen. Alles fing folgendermaßen an. Als ich an der deutschen Abteilung ankam, sah ich vor mich hin eine Gruppe von Studenten, die einen grossen, weissen Mann umgaben. Wir befanden uns im dritten Stock neben unserer Deutschklasse. Ich fing an, mir alle moeglichen Fragen zu stellen. Warum umgaben diese senegalesischen Studenten diesen weißen Mann? Wer ist dieser weiße Mann? Mich störte sehr die Tatsache, dass diese Studenten sich niedrig dem Peter gegenüber vorstellten. Es sah aus, als ob jeder von diesen Studenten aus versteckten, persönlichen Gründen mit Peter befreundet sein wollte. Dann kam ein Student und sagte zu mir, der "Weiße" wollte mich kennenlernen. Ich sagte: alles klar. Ich machte einige Schritte, und begegnete dem Pava. Ich stellte mich vor und sagte zu dem Pava auf Deutsch, dass ich Abdoulaye Diouf hieße, und dass ich Lebou war und aus Bargny am See herkam. Dann trat ich zurück und stand allein, wartend den Kurs zu beginnen. Bargny ist eine Stunde weit weg von Dakar, in der sich meine Universität befand. Zuerst dachte ich mir, dass Pava vielleicht unser neuer Deutschlehrer war. Aber bald fing der Deutschkurs an, und der Lehrer war derselbe mit der langweiligen Sprachlehrmethode. Als wir uns alle in der Klasse befanden, konnte ich Peters Stimme horen, welche nach meinem Befinden fragte. Kurz danach stand Peter auf und kam zu mir. Er fragte mich, ob er neben mir sitzen dürfte. Ich sagte "Kein Problem". Sobald Peter sich hinsetzte, schrieb er meinen Namen auf Arabisch nieder. Peters arabische Schrift war so wunderschön, dass ich sprachlos war. Ich schrieb meinen Namen auf Arabisch auch nieder, damit ich Pava zeigen könnte, dass ich auch auf Arabisch einiges schreiben konnte. Peter sah meine guten Noten und fragte mich, was für Materialien ich beim Studieren benutzte. Ich zeigte ihm mein Taschenwörterbuch. Er fragte: "Was kannst du mit diesem Taschenwörterbuch machen? Ist das alles?" Nein, beantwortete ich, "Ich habe auch ein Grammatikbuch" fügte ich hinzu. Da lud mich Pava zu sich ein. Zuerst fühlte ich mich nicht wohl, ihn zu besuchen, weil ich ihn eben gerade kennenlernte. Dann überzeugte ich mich selbst davon, dass nichts Schlimmeres geschehen würde. Und tatsächlich nichts Unerwünschtes passierte an jenem Tag. Peter gab mir viele Bücher, darunter waren dicke Wörterbücher auf Deutsch, Englisch und eine Menge Kassetten zum Hörverständnis. Dann las Peter mir einige senegalesischen Sagen vor, welche in der Wolofsprache geschrieben wurden. Ich war sehr überrascht, weil ich damals selber weder Wolof lesen noch schreiben konnte. Jedoch war ich sehr überglücklich, Peter kennenzulernen. Er sagte zu mir, dass dies sein neunter Besuch im Senegal war. Die beste Nachricht war, dass Peter eine Menge Sprachen spricht, darunter English, Französisch, Arabisch, Italienisch, Spanisch, Wolof, und seine Muttersprache, Deutsch. Dies war ein riesiges Erlebnis für mich gewesen. Seit einigen Jahren verrichtete ich mein Gebet täglich, und jedes Mal schloss ich darin ein, dass der lieber Gott mir einen Gelehrten zuschickte, einen Mann mit unendlichem Wissen, der meinen Wissensdurst stillen konnte. Soviel war ich bereit zu lernen. Diese Begegnung war einfach schön und außergewöhnlich. Gott hat mein Gebet erfüllt, sagte ich mir. Bevor ich mich von Peter verabschiedete, sagte Peter zu mir folgendes: "Ich weiß nicht wer dein Freund ist, aber ich möchte gern dein Freund sein".

Peter lernte meine Eltern kennen

Eines Tages hatte Peter vor, eine Reise innerhalb des Senegals zu unternehmen. Dazu brauchte Peter meine Hilfe. Er erzählte mir, dass sein Geld geklaut wurde, als er nach Gambia verreiste. Deshalb brauchte er mich, damit ich sein Geld sicher bewahren könnte. Ich sagte zu Peter, dass ich kein Problem damit hatte. Jedoch musste ich Peter empfehlen, darüber mit meinen Eltern zu reden. Laut unserer Kultur konnte ich ohne meiner Eltern Zustimmung nirgendwo mit Peter hinreisen. Infolgedessen fuhren Peter und ich nach der kleinen traditionellen Stadt Bargny, in welcher meine lieben Eltern und Verwandten lebten. Als wir nach Hause ankamen, freuten sich alle Familienmitglieder darüber, Peters Bekanntschaft zu machen. Da geschah aber etwas Seltsames. Nachdem ich Peter meinen leiblichen Vater vorgestellt hatte, glaubte Peter, dass er älter als mein Vater war. Aber mein Vater behauptete das Gegenteil und sagte zu Peter, dass er älter war als er. Da fragte ihn Peter: "Welches Jahr wurdest du geboren"?

"Ich wurde im Jahre 1937 geboren", beantwortete mein leiblicher Vater.

Peter lächelte und sagte, dass er auch im Jahre 1937 geboren wurde. Dann fuhr Peter mit seiner nächsten Frage fort: «Im welchen Monat wurdest du geboren?»

«Ich wurde im August geboren», erwiderte mein Vater.

August! Das gibt es nicht! Du bist im August geboren! Das ist unglaublich, schrie Peter.

Wieso findest du es unglaublich? Fragte mein Vater?

"Weil ich auch im August geboren wurde, deshalb!" erzählte Peter.

Da die beiden im gleichen Jahre und im selben Monat geboren wurden, musste man wissen, an welchen Tagen sie (Peter und mein Vater) in die Welt kamen. Dann konnten wir klar behaupten, wer zwischen den beiden der Ältere sei.

Ohne Zeit vergeuden zu lassen, stellte Peter meinem Vater folgende Frage: «Am welchen Tag wurdest Du geboren? »

«Am Elften», beantworte mein Vater.

Peter kniete sich hin vor meinem Vater, und sagte: "Ach Du liebe Zeit, dann bist du um einen Tag älter als ich, weil ich am zwölften August 1937 begoren wurde". Ich war wieder sprachlos und wusste überhaupt nicht, wie ich auf die neue Begebenheit reagieren sollte. War dies reiner Zufall? Seit dem Tag betrachteten sich Peter und mein Vater als Zwillinge. Das war ein wunderbarer Tag und Peters Aufenthalt in Bargny war sehr angenehm und vielfältig. Peter bekam das grüne Licht, dass ich ihn begleiten durfte, wenn er die größten Städte Senegals besichtigen wollte.

Zusammen besuchten wir mehrere interessante Städte meines Heimatlandes, nämlich Saint-Louis, die erste Hauptstadt Senegals, Xombol und die Goree Insel und sofort. Es war so ein unvergessliches Erlebnis, so viele neue Sachen sehen zu dürfen. Dies bot mir eine einmalige Gelegenheit, mein Heimatland besser zu kennen, dank dem Peter.

Meine Reise nach Deutschland
"Abdoulaye, die Welt ist größer als Senegal und ich möchte, dass du deinen Horizont erweiterst, und deshalb möchte ich Dich nach Deutschland einladen", sagte Peter. Das wäre schön und nett von dir, sagte ich zu Peter. Jedoch würde ich dir raten, mit meinen Eltern darüber zu reden. Wenn sie dir ihren Segen geben, dann würde ich gern nach Deutschland kommen. Ich war nicht nur nach Deutschland eingeladen worden im September 1995, Peter hatte mir aber auch es ermöglicht, in Deutschland studieren zu können, da die Konditionen, unter denen man an der C. A. Diop Unversitaet studierte, sich verschlechtert hatten.

Ich habe einen wunderbaren Aufenthalt in Eschborn bei Peter gehabt. Peter hat mir eine Menge beigebracht. Eines Tages fragte ich den Peter: "Was sollte ich tun, um dich stolz zu machen, da du sehr viel für mich getan hast." Wenn du dich in der deutschen Sprache sehr gut auskennst, und sie so benutzen wirst, als ob sie deine Muttersprache wäre, dann würde ich sehr stolz auf dich sein.

Peter war voller Liebe und Wissen. Als ich im Senegal lebte, betrachtete ich Peter als meinen geistigen Vater. Nun in Deutschland hat sich unsere Beziehung sehr vertieft, so dass er mein Adoptivvater wurde. Heute habe ich meinen Magister in Germanistik und einen Bachelor in Anglistik. Ich bin Deutschlehrer in den USA. Lebend war mein Vater sehr stolz auf mich.

Peter hatte mich in allen Bereichen unterstützt. Ich war und bin immer sehr dankbar für alles, was Peter Anton von Arnim für mich getan hat.

Ich bin Moslem und wir feiern gerade Ramadan. Peter kannte sich sehr gut im Koran aus. Ramadan gibt mir die Gelegenheit, an Peter zu denken, weil wir mehrere Ramadans in Deutschland zusammen gefeiert hatten. Deshalb möchte ich diesen heiligen Monat ausnutzen, um Gott zu bitten, dass er meinen Adoptivvater in seinem Paradies herzlich aufnimmt, denn sein Herz war rein, seine Gedanken waren friedlich und seine Liebe für die Menschheit war warm und unendlich. Ich habe sehr viel zu deinem Enkelkind, meinem Sohn Issa Anton von Arnim Diouf zu erzählen. Die schöne Geschichte geht weiter.

Herzlichen Glückwunsch zum Geburtstag meinem lieben Vater. Bestimmt sehen wir uns wieder.

Ich liebe dich Peter Anton Freiherr von Arnim.

Dein Sohn,

Abdoulaye Ama Ndop Freiherr von Arnim Diouf

3.9 Vorschlag zur Doktorarbeit eines senegalesischen Studenten – von Peter Anton v. A.

Peter-Anton von Arnim
Kelkendorferstraße 5
16775 Zernikow

Aus einem Brief an einen senegalesischen Studenten

Lieber ...,

Du suchst nach einem Thema für die Doktorarbeit. Ich wüßte eines, aber das könntest Du nur in Deutschland bearbeiten, weil sich alle Literatur dazu nur in Deutschland finden läßt. Du schreibst, Du möchtest gern über ein Thema arbeiten, über das Deine Mutter gern etwas lesen möchte. Ich dachte mir, das müßte etwas sein, was mit dem Islam zu tun hat. Ich habe das Thema noch nicht exakt formuliert, das kannst Du dann tun, wenn Dich die Sache selbst überhaupt interessiert und Du Dich in den Stoff schon etwas eingearbeitet hast. Ich kann Dir nur beschreiben, worum es geht.

Grob gesagt, geht es um die Beziehungen zwischen Bettina von Arnim (1785-1859) und Georg Friedrich Daumer (1800-1875).

Warum diese beiden, das heißt, was hatten die mit dem Islam zu tun?

Ich kann nicht genau sagen, ob die Bettina sich besonders intensiv mit dem Islam auseinandergesetzt hat (jedenfalls mehr mit dem Judentum, darüber schreibe ich gerade ein Buch). Aber immerhin hat sie ihr letztes Buch "Gespräche mit Dämonen" (1852) dem "Geist des Islam" gewidmet, das ist erstaunlich genug, und sie läßt am Ende des Buches auch den "Geist des Islam" auftreten und zu dem schlafenden König (von Preußen) sprechen. Der Grund dafür war: Nach dem Scheitern der Revolution von 1848 hat der Sultan des osmanischen Reiches den verfolgten ungarischen Revolutionären in der Türkei Asyl gewährt. Die Widmung war also Ausdruck der Dankbarkeit für diese menschenfreundliche Asylpolitik.

Ob sie eine Übersetzung des Koran gekannt hat, bliebe nachzuprüfen. Jedenfalls gab es zu ihrer Zeit viele Übersetzungen orientalischer Dichtungen. Ein Buch, das sie nachweislich für ihre "Gespräche mit Dämonen" als Vorlage benutzt hat, war die Übersetzung der Makamen des Hariri von Friedrich Rückert.

Sie hat sich ja auch musikalisch betätigt, und so hat sie ein Gedicht von Georg Friedrich Daumer mit dem Titel "Hafis" vertont. Georg Friedrich Daumer hat sich in seiner ersten Le-

161

benshälfte, wie Du aus seiner Biographie sehen kannst und aus den beigelegten Kopien, sehr intensiv mit dem Islam beschäftigt. Wie weit er damit Einfluß auf die Bettina ausgeübt hat, wäre eines der Probleme, das noch zu erforschen ist.

Aber wie Du aus den beigelegten Kopien aus dem Buch von Albert Béguin sehen kannst, gab es noch eine andere Beziehung Daumers zu Bettina von Arnim, über die außer Béguin meines Wissens bisher noch niemand etwas geschrieben hat. Es geht dabei um die poetische Natur ihrer Prosa. Daumer hat bei ihr eine Art "écriture automatique" entdeckt, das heißt, er meinte, ihr Unterbewußtsein habe ihr eine Poesie diktiert, die sich in ihrer Prosa verberge. Er hat dann in seinem Buch "Bettinas Nacht- und Traumleben", von dem ich Dir nur das Vorwort in Kopie schicke, versucht, aus ihrem ersten Buch, "Goethes Briefwechsel mit einem Kinde", die Poesie wieder herauszuholen, die er darin versteckt glaubte.

Er war darin nicht der Erste. Schon Goethe hat einen Brief der Bettina an ihn zur Vorlage für vier Gedichte (Sonette) benutzt und ihr dann geschrieben: "Schreiben Sie bald, daß ich wieder was zu übersetzen habe." (das heißt von Prosa in Poesie).

Aber wichtiger wäre natürlich das Thema Islam. Die Bedeutung der Islambegeisterung der Deutschen in der Zeit der Aufklärung, in der Goethezeit und in der Zeit des Vormärz (das heißt der Zeit vor der Revolution von 1848) ist von der deutschen Literaturwissenschaft bisher noch nicht mit dem gebührenden Ernst behandelt worden. Das Buch von Katharina Mommsen über Goethe ist die erste Untersuchung dieser Art, die das Thema ernst nimmt. Man hatte das bis dahin mehr oder weniger als eine literarische Modeerscheinung behandelt, als Neigung zum Exotismus. Man hat nicht gesehen, daß das Interesse am Islam zu tun hatte mit den geistigen Auseinandersetzungen der Zeit, insbesondere mit der Befreiung von den Dogmen der christlichen Kirchen, deren Leibfeindlichkeit man kritisierte. Der sinnenfreudige und weltzugewandte Islam erschien so als ein Gegenbild.

Das Islambild der französischen Aufklärung war noch zwiespältig, bei Voltaire sogar eindeutig negativ. In seiner Mahomet-Tragödie wird der Prophet als Musterbeispiel für Fanatismus und politische Heuchelei dargestellt. In der deutschen Aufklärung, angefangen bei Lessing und Herder, verwandelt sich das Islambild dagegen in ein positives Gegenbild zum Fanatismus der christlichen Kirchen. Bei Hegel ist die Begeisterung für und die Hochachtung vor dem Islam ganz eindeutig, allerdings meint er, dass dieser bzw. die Völker, die ihn getragen haben, nunmehr von der welthistorischen Bühne verschwunden seien.

Die Bettina gehörte zwar der Generation der Romantiker an, aber sie ist literarisch zum ersten Mal erst 1835 an die Öffentlichkeit getreten, als sie schon 50 Jahre alt war, und sie ist von den jungen Literaten des Vormärz als eine Bundesgenossin begeistert begrüßt worden. In dieser Zeit des Vormärz wurden, wie in Frankreich vor der Großen Revolution von 1789, heftige Auseinandersetzungen über Fragen der Religion geführt, bis hin zu atheistischen Positionen. So gab es unter den jungen Literaten des Vormärz solche, die in der Bettina eine Religionsstifterin sehen wollten (in der Tat hatte sie in ihrem Buch "Die Günderode" von der Begründung einer neuen, einer "Schwebereligion" gesprochen), andere, welche in ihr eine Dichterin sahen, die mit aller positiven Religion Schluß macht.

Georg Friedrich Daumer ist kein typischer Vertreter des Vormärz, weder im literarischen noch im philosophischen Sinne, eher eine Randfigur. Aber ich denke, er ist zu Unrecht fast völlig in Vergessenheit geraten. Im Gegensatz zu den Junghegelianern (das heißt den philosophischen Vertretern des Vormärz), die mit ihrer Religionskritik eine radikale Verneinung aller Religionen insgesamt zugunsten einer neuen, freiheitlichen Gesellschaftsordnung anstrebten, wollte Georg Friedrich Daumer ausdrücklich eine neue Religion begründen, wie Du aus beigelegten Kopien ersehen kannst. Den Islam betrachtete er als Vorstufe zu dieser neu zu begründenden Religion. Die Bettina hatte sein Buch "Mahomed und sein Werk" in ihrer Bibliothek.

Die Revolution von 1848 ist gescheitert, und damit sind auch die freiheitlichen Hoffnungen der Vertreter des Vormärz gestorben, das heißt, es trat bei ihnen eine Art geistiger Katzenjammer ein. So ist es beispielsweise kein Wunder, wenn Georg Friedrich Daumer sich von seinen zuvor vertretenen Positionen verabschiedet hat und 1858 zum Katholizismus konvertiert ist. Die Bettina bildet da eine der ganz raren Ausnahmen in Deutschland, das heißt, sie hat nach 1848 nicht resigniert, sondern ist den Idealen ihrer Jugend treu geblieben. So ist auch die Widmung ihres letzten Buches an den Geist des Islam als Kampfansage an die Identifikation von Deutschtum und Christentum und überhaupt als Kampfansage an die Deutschtümelei zu verstehen, die nach 1848 immer mehr zur staatstragenden Ideologie wurde.

Das ist alles noch sehr vage, oder vielmehr ein weites Feld. Da, wie Goethe sagt, in der Beschränkung sich erst der Meister zeigt, mußt Du das Thema noch genauer eingrenzen, bevor Du Dich an seine Ausarbeitung begibst. Es ist ja auch nur ein Vorschlag von mir, vielleicht fällt Dir ein ganz anderes Thema ein.

IV. Peter Anton von Arnim, Katharina Mommsen, Goethe und der Islam

4.1 INTERNATIONALES KOLLOQUIUM IN TUNIS (1.– 3. November 2007)

Bericht über die Vorbereitung eines internationalen Kolloquiums in Tunis über „Goethes *Faust* und das Faustische" zu dem Peter Anton eine Einladung bekommen und sich vorbereitet hat.

Aus Anlass des 200. Jahres der Veröffentlichung von *Faust. Erster Teil der Tragödie* (1808) hat die Leiterin der deutschen Abteilung an der Universität von Tunis, Frau Dr. Amina Arfaoui,[26] die Initiative ergriffen für die Veranstaltung eines internationalens Kolloquiums, dessen Thema „Goethes *Faust* und das Faustische" lautet. Als Hauptverantwortliche für die Tagung hat sie zunächst deren ganze Organisation übernommen, was ihr seit Oktober 2006 sehr viel Zeit und Energie abverlangt, zumal weder sie noch die anderen Kollegen eine Erfahrung auf diesem Gebiet haben und es das erste Mal ist, dass eine solche Veranstaltung in der Sektion für Deutsch organisiert wird. Hier sei ein Einblick in das noch zu ergänzende Programm gegeben. Es wurde vor allem mit der Teilnahme von Kollegen aus den anderen Maghreb-Ländern und aus Deutschland gerechnet, die sich konkretisiert hat. Dem Rat der Kollegen des Organisationskomitees und eines algerischen Kollegen folgend, ist auch das Germanisten der Maghreb-Länder ansprechende Thema 'Goethe und der Islam' akzeptiert worden. Durch den von Frau Professor Katharina Mommsen vorgeschlagenen Beitragstitel „Arabische Elemente in Goethes Faust" sind beide Themen 'Faust' und 'Goethe und der Is-

---

26 Frau Arfaoui ist Professorin an der Universit ät de la Manouba - Faculté des Lettres - Section d' Allemand - 2010 La Manouba - Tunis - Tunesien

lam' vereinigt worden. Obwohl die Arbeitsgruppen noch nicht feststehen, ist sicher, dass sie hauptsächlich aus Germanisten und aus Faust- bzw. Goethespezialisten bestehen werden. Umso erfreulicher ist daher die Teilnahme einer tunesischen Schauspielerin, Frau Raja Ben Ammar, die 1999 *Faust* hier in Tunis inszeniert hat – eine Information, die den Mitgliedern des Organisationskomitees bei der Tagungsankündigung nicht bekannt war - und einen Vortrag über ihre Faust-Aufführung halten wird. Sie hat auch den Organisatoren der Faust-Konferenz eine CD mit der Verfilmung und Bildern der Aufführung zur Verfügung gestellt, die sich die Tagungsteilnehmer ansehen werden.

Es sei noch hinzugefügt, dass eine Gruppe von Studenten dabei ist, einen Teil des *Urfaust,* und zwar die Gretchentragödie, aufzuführen. Anfangs hatte die Verfasserin nicht daran geglaubt, dass die Studenten ihre Proben fortsetzen werden, aber sie muss mit Bewunderung feststellen, dass diese schon seit Oktober 2006 hartnäckig daran arbeiten, obwohl sie für die Prüfungen viel zu tun haben.[27] Dadurch wird das Kolloquium ein tunesisches Gepräge aufweisen.

Abschließend sei noch gesagt, dass die Vorbereitung des Kolloquiums eine wunderbare Erfahrung ist, die der Verfasserin eine große menschliche und wissenschaftliche Bereicherung bringt, welche die Konferenzteilnehmer hoffentlich auch erleben werden.

4.1.1 Die Einwirkungen der Erzählungen von 1001 Nacht auf die drei ersten Akte von *Faust II – von Peter Anton von Arnim*

Vorbemerkung:

Den Umständen entsprechend werde ich Ihnen hier keine eigenen Forschungsergebnisse vorlegen können. Nun hat man zwar die zahlreichen Motive aus der griechischen Antike, die in Goethes Faust II zu finden sind, nach und nach akribisch bis ins Kleinste nachgewiesen. Es gab aber solche, die man bei bestem Willen nicht der griechischen Mythologie hat zuordnen können. In diesem Vortrag geht es mir eben darum, auf die bahnbrechenden Entdeckungen Katharina Mommsens über den Einfluss von „Tausend und Eine Nacht" auf Goethes Werke, besonders auf dessen Faust II hinzuweisen. Denn seit dem ersten Erscheinen ihres Buches „Goethe und 1001 Nacht" sind fast fünfzig Jahre vergangen, und trotzdem haben sich diese in den Ausgaben des Faust für Laien, etwa in der Goethe-Ausgabe bei Insel oder in der so genannten Hamburger Ausgabe, erstaunlicherweise nicht niedergeschlagen.

Mehr als ein Hinweis kann es in der Tat nicht sein, denn Katharina Mommsen hat ihre Forschungsergebnisse in zwei gewichtigen Büchern und mehreren Aufsätzen dargelegt. Der Reichtum und die Differenzierung der Gedanken lässt sich in einem Vortrag von 30 Minuten nicht wiedergeben. Da geht es ohne Vergröberungen und vor allem Einseitigkeit, nämlich die Betonung der orientalischen Einflüsse auf Goethe, nicht ab. Auch für die Formulierungen bin ich allein verantwortlich. Ich hoffe nur, dass aus meinem Vortrag der eine oder andere erkennt, wie fruchtbar es ist, sich mit der Wirkung von „Tausend und Eine Nacht" auf Goethe auseinanderzusetzen.[28]

---

[27] Wie wichtig eine solche Erfahrung für den Fremdsprachenerwerb sein kann, ist den DAF-Lehrern bekannt. Vgl. dazu z.B. den Artikel von Boris Blahak: „Zur Rolle eines internationalen deutschsprachigen Theaterfestivals bei der Fremdsprachenvermittlung. Eine vorläufige Bilanz", der Literatur zu diesem Thema und manche anregende Bemerkungen enthält. In: *Informationen Deutsch als Fremdsprache* 33, 6, 2006, S. 557/558

[28] Katharina Mommsen, Goethe und 1001 Nacht. Berlin: Akademie-Verlag. 1960, 2. Aufl. Frankfurt a. M.: suhrkamp taschenbuch 674. 1981; 3. Aufl. Bonn 2006, Bernstein Verlag Gebrüder Remmel. Mit einem Vorwort von Franz-Josef Kuschel).

Goethes bekannter Vierzeiler:

Wer sich selbst und andere kennt
Wird auch hier erkennen
Orient und Okzident
Sind nicht mehr zu trennen.

wurde, zusammen mit der um die gleiche Zeit, auf den 27. März 1826 datierten zweiten Strophe:
Sinnig zwischen beiden Welten
Sich zu wiegen laß ich gelten,
Also zwischen Ost und Westen
Sich bewegen, sey's zum besten!

erst nach des Dichters Tod im Jahre 1833 veröffentlicht. Mit diesen Versen stellte er sich schon dem damals herrschenden Zeitgeist entgegen. Erst recht bilden sie heute, wo ein angeblicher Konflikt der Kulturen den Ost-West-Gegensatz ersetzt hat, einen Stein des Anstoßes. Aber was hat das ganze mit seinem „Faust II" zu tun? Spielt dieser nicht in einem fiktiven Griechenland; sind nicht fast alle darin vorkommenden Namen griechischen Ursprungs? (Auf eine wichtige Ausnahme werde ich noch zu sprechen kommen). Was hat Goethe mit den genannten Versen sagen wollen, die immerhin zu gleicher Zeit entstanden sind wie wichtige Szenen des zweiten Aktes von „Faust II"?
Ein Jahrzehnt zuvor hat Goethe mit seinem „Divan" eine echte „West-östliche" Dichtung geschaffen. Mit Vorlesungen daraus und aus dem Koran hatte er das Interesse für den Islam in der Weimarer Gesellschaft wecken wollen. Offensichtlich war er damit aber gescheitert. In „Faust II" lässt der Autor die Bezüge zum Orient in der Tat nicht mehr offen zutage treten, nur jemand, der den Text mit wachsamen Augen liest, ist fähig, sie zu entdecken. Man mag das allerdings auch damit erklären, dass Goethe aus stilistischen Gründen in seinem letzten Werk mit orientalischen Namen nicht zusätzliche Verwirrung stiften wollte, nachdem er das Stück, dessen Held Faust aus der Zeit des Umbruchs vom deutschen Mittelalter in die Neuzeit stammt, im antiken Griechenland ansiedelte und aus diesem die Namen schöpfte. Auch in seinen privaten Äußerungen gegenüber Freunden und Bekannten (etwa in seinen Gesprächen mit Eckermann, der ihn zur Fertigstellung von Faust II motivierte,) erlegte er sich nunmehr eine auffallende Zurückhaltung auf, was seine Beziehung zum islamischen Orient betraf, und nur an seinen Tagebucheintragungen ist zu sehen, wie sehr ihn eine gerade zu dieser Zeit entstandene Neuübersetzung von 1001 Nacht beschäftigte.

Beginnen wir mit dem in diesem Zusammenhang scheinbar Unbekannten, mit „Tausend und Einer Nacht". Die Sammlung (oder besser Sammlungen, denn es gibt davon verschiedene Versionen, die jeweils zum Teil verschiedene Erzählungen enthalten) ist entstanden, als die arabisch-islamische Kultur auf ihrem Höhepunkt stand. Die Freizügigkeit, die damals herrschte, (z.B. werden Geschlechteile ganz unbekümmert mit ihren Bezeichnungen genannt; Frauen genießen eine große Freizügigkeit und spielen in den Erzählungen eine wichtige Rolle, etc.) ist vielen heutigen Gelehrten in den arabischen Ländern ein Dorn im Auge, und so ist ein Nachdruck derselben ein mit Zensurstrafen bewehrtes Unterfangen. Deshalb ist 1001 Nacht in den Ländern seiner Ursprünge heute ein fast unbekanntes, ja beinahe ein verachtetes Produkt. In den Kreuzzügen begegnete eine barbarische Kultur der Europäer, die um des Gewinnes willen auch unter Glaubensbrüdern grausame Gemetzel veranstalteten, der hoch entwickelten

Katharina Mommsen, Natur- und Fabelreich in Faust II. Berlin: Walter de Gruyter. 1968 arabisch-islamischen Kultur. Von dieser nahmen ein Teil der Kreuzritter immerhin einige Errungenschaften auf und brachten sie in ihr Heimatland mit. Darunter waren auch die Erzählungen von 1001 Nacht, deren Einfluss sich in mancher mittelalterlichen Dichtung nachweisen lässt. (Etwa im Spielmannepos vom Herzog Ernst, aber auch in formaler Hinsicht wie z.B. in der ‚Chantefable' von „Aucassin et Nicolette", in der wie in 1001 Nacht Prosa und gereimte Gedichte einander abwechseln).

Einen Siegeszug durch Europa, von Frankreich bis Russland, traten sie jedoch erst im 18. Jahrhundert an, als der französische Orientalist Antoine Galland aus dem ihm vorliegenden arabischen Original seine Version herstellte. Sie löste eine Welle der Begeisterung aus, und viele Autoren der Zeit, so etwa Voltaire, Montesquieu oder Diderot, um nur einige Namen der französischen Aufklärung zu nennen, schrieben Erzählungen in ihrem Stil. Überhaupt wurde der islamische Orient nunmehr von der aufgeklärten Intelligenzija nicht mehr, wie vorher von den christlichen Kirchen, als Ursprungsland alles Bösen, sondern gleich der griechischen und römischen Antike als gleichberechtigter Zeuge einer höheren Kultur gewertet. Auch in Deutschland hielt die Begeisterung für 1001 Nacht bis zum Anfang des 19. Jahrhunderts an. Wie sehr man sie als Dokument der Weltliteratur schätzte, geht etwa daraus hervor, dass Johann Heinrich Voß, der vor allem durch seine Übersetzung der Ilias und der Odyssee von Homer bekannt ist, sich nicht zu schade fand, auch Gallands „Mille et une Nuit" ins Deutsche zu übertragen. Es war wohl Wieland, der in Deutschland am meisten für die Wertschätzung von 1001 Nacht getan hat.[29] Warum aber hatten die Aufklärer einen solchen Gefallen an 1001 Nacht, wo es sich doch hauptsächlich um Märchen handelte? Goethe hat das 1799 in seinem Tagebuch in Bezug auf eine der Erzählungen folgendermaßen erklärt:

„Abends zu Hause Tausend und Eine Nacht. Geschichte des Abuhassan. Betrachtung über die Verbindung der unbedingtesten Zauberey und des beschränktesten Realen in diesem Mährchen."

An seinen Freund Friedrich Schiller schreibt er am 8. Dez. 1798, den Realitätsbezug dieser Sammlung unterstreichend:

„… Und so geht ein närrisch mühsames Leben immer fort, wie das Märchen der Tausend und Eine Nacht, wo sich immer eine Fabel in die andere einschachtelt." Als Märchen hat er in der Tat sein eigenes Leben betrachtet, und so lässt sich auch in „Dichtung und Wahrheit" der Einfluss von 1001 Nacht nachweisen.

Aber nicht erst als Erwachsener, etwa durch Wieland, lernte Goethe die Erzählungen von 1001 Nacht kennen, sondern schon als Kind, und zwar durch seine Mutter. Wer kennt nicht den Anfang des Gedichts, mit dem Goethe sich selbst charakterisiert hat:

Vom Vater hab ich die Statur,
Des Lebens ernstes Führen,
Von Mütterchen die Frohnatur
Und Lust zu fabulieren.

Die Lust zu fabulieren, die Goethe sich bis ins hohe Alter bewahrt hat (in dem auch dieses Gedicht entstanden ist), war in der Tat eines seiner wichtigsten Kennzeichen. Wie hat aber seine Mutter, die Frau Rath, es angestellt, in ihm dieses Talent zu wecken? In „Goethes Briefwechsel mit einem Kinde" der Bettina von Arnim ist das anschaulich dargestellt: Die

---

29 Goethe im Gespräch mit Johann Daniel Falk über Wieland nach dessen Begräbnis, 25. Januar 1813
Ich erinnere mich noch der Vorlesung eines der ersten Märchen aus 'Tausend und eine Nacht' ['das Wintermärchen'], das er in Versen bearbeitete, und worin das 'Fische! Fische! thut ihr eure Pflicht' vorkommt. In diesem ersten Entwurfe war alles so curios, so allerliebst toll, närrisch, phantastisch, daß ich auch nicht die Änderung der kleinsten Zeile davon mir würde gestattet haben.

Mutter erzählte dem kleinen Wolfgang ein Märchen, aber nur bis zu einem Höhepunkt, dann brach sie ab. Er berichtete dann der Großmutter, deren Liebling er war, wie er sich die Fortsetzung der Geschichte dachte, und siehe da, zur Befriedigung des Knaben, der von einer geheimen Abmachung zwischen Großmutter und Mutter nichts ahnte, erzählte diese am nächsten Abend die Geschichte so, wie er es sich gewünscht hatte. Doch woher bezog die Frau Rath die Motive für ihre Märchen? Natürlich in der Hauptsache aus 1001 Nacht.

Die Gewohnheit seiner Mutter, auf einem Höhepunkt der Geschichte die Erzählung abzubrechen, um dann beim nächsten Mal die geweckte Neugier des Hörers erneut gefangen zu nehmen, hielt Goethe bis an sein Lebensende bei. So schreibt er 1816 an seinen Freund Carl Friedrich Zelter:

„… Das Heftlein vom Rhein und Mayn, Kunst und Alterthum wird nun auch bald zu euch gelangen. Ich habe bey'm dreyzehnten Bogen abgebrochen, wie Scheherazade."

Goethe an Cotta, 10. Januar 1816, bei der Übersendung des Märchens von der Neuen Melusine:

„Ferner liegt etwas bey für den Damen-Calender; Ew. Wohlgeb. werden jedoch verzeihen, wenn ich fortfahre, die Erzählerin der Tausend und Einen Nacht nachzuahmen und die Neugierde auf's neue zu erregen statt zu befriedigen."

An den Altphilologen Carl Wilhelm Göttling in Jena schreibt er:

Ew. Wohlgeboren verzeihen, wenn ich, nach Art der Sultanin Scheherazade, meine Mährchen stückweise zu überliefern anfange; da es jedoch zu Ende geht, so wünsche nichts mehr, als daß Ew. Wohlgeboren Geduld nicht ermüden und die bisher so treulich bewiesene Theilnahme nicht ermatten möge.

Mit den treusten Wünschen mich bestens empfehlend. ergebenst

Weimar den 27. Januar 1829. J. W. v. Goethe.

Hier wie an anderen Stellen ist von Goethe diejenige Person genannt, mit der er sich gern selbst identifiziert hat, mit Scheherazade. Obwohl sie eine Gestalt aus dem Orient ist, (ihr Name deutet auf die Herkunft aus dem Persischen hin), wird sie von ihm in Faust II beschworen. Goethe identifiziert sich mit einer Frau, deren Gewalt des Erzählens ihren Gatten, einen Tyrannen, davon abbringt, an ihr den aus blinder Eifersucht geplanten Mord zu vollziehen, und die stattdessen mit der Zeit, d.h. mit ihren Erzählungen, seine Liebe gewinnt. Auch in formaler Hinsicht sind die Zitate für den Autor Goethe aufschlussreich:

Im Gegensatz zu der geschlossenen Form, die als die klassische gilt, machte Goethe, gerade auch unter dem Einfluss von 1001 Nacht, ebenso von der offenen Form des Erzählens Gebrauch.[30]

Die Forschung unterscheidet dabei drei verschiedene Arten: Das Ineinanderschachteln, das Aneinanderreihen und das Unterbrechen. Wie wir sahen, liebte sie Goethe alle drei. Zwar hatte ihn sein Freund Schiller unterstützt, als er den Roman „Wilhelm Meisters Lehrjahre"

---

[30] Mir ist es unverständlich, wie man über Goethe schreiben kann, ohne seine zahllosen Erwähnungen von 1001 Nacht in seinen Briefen und Tagebüchern zu erwähnen. So heißt es etwa in: „Deutsche Philologie im Aufriß. Bd. III., 2.Aufl. Hrsg. von Wolfgang Stammler. Berlin 1962, Franz Babinger: Orient und deutsche Literatur. Sp. 581-587: „Verwunderlich ist, daß er [Goethe] Ant. Gallands bis zur Gegenwart geschätzte und oft verlegte Übersetzung von 1001 Nacht, die bald auch ins Deutsche übertragen wurde, niemals vornahm." (Sp. 581)
Dagegen schreibt Goethe im Jahre 1807 ausdrücklich in sein Tagebuch: Tausend und Eine Nacht, in der Ausgabe von Galland. Und wie oft hat er deren Erzählungen in seinem Tagebuch noch erwähnt, ja wie oft hat er sie gelesen, ohne das jeweils zu notieren? Man muss nur, wie Katharina Mommsen das getan hat, die Liste der Entleihungen Goethes aus den Bibliotheken durchgehen. Bis 1824, also bis zur deutschen Neuausgabe von 1001 Nacht von einem Übersetzerkollektiv in Breslau, von der er so begeistert war, dass er sie er unzählige Male in seinem Tagebuch erwähnt, mag er außer Ausgabe von Galland auch noch den Text des Engländers Jonathan Scott gelesen haben, der ihm den Stoff zu einer von ihm geplanten, aber nicht ausgeführten Oper lieferte.

abfasste, da er seinem Geschmack einer geschlossenen Form entsprach. Für die 1794 von Schiller herausgebrachte Zeitschrift „Die Horen" versprach Goethe nun aber: „Ins zweyte Stück hoffe ich die Erzählung zu bringen, überhaupt gedencke ich aber wie die Erzählerinn in der Tausend und Einen Nacht zu verfahren." Gemeint ist ein Beitrag aus den von ihm geplanten „Unterhaltungen deutscher Ausgewanderter". Interessant ist zu sehen, wie Goethe in seinem Tagebuch die Arbeit an den „Unterhaltungen" im Zusammenhang mit der Lektüre von 1001 Nacht vermerkt. Es handelt sich in der Tat um lose aneinander gereihte Erzählungen, die in eine Rahmenhandlung eingebettet sind. Nach der Anstrengung seiner Arbeit am „Wilhelm Meister", wo jedes Detail aufs Ganze bezogen ist, wollte der Autor nun in seine Lieblingsrolle als Scheherazade schlüpfen, um nach Herzenslust zu „fabulieren". Aber das Publikum war mit dieser Form nicht einverstanden, ja selbst sein Freund Schiller nicht. Goethe war allmählich der Mäkelei an seiner Erzählform überdrüssig, und Argumente seiner Kritiker legte er der in den „Unterhaltungen" auftretenden Baronin in den Mund, aber einen Teil der geplanten Erzählungen führte er aufgrund seiner Verärgerung gar nicht mehr aus. Ja es kam sogar zu einer Meinungsverschiedenheit mit seinem Freund Schiller. Am Ende der „Unterhaltungen" sollte „Das Märchen" stehen. Der Erzähltechnik seiner Mutter und derjenigen der Scheherazade eingedenk, wollte es Goethe in der nächsten Nummer der „Horen" abbrechen lassen, um seinen Schluss erst in der darauf folgenden Nummer bringen zu lassen. Schiller setzte sich über seinen Willen hinweg und brachte „Das Märchen" als Ganzes. In seiner diskreten Art überging Goethe diesen Vorgang mit Stillschweigen. Erst in „Wilhelm Meisters Wanderjahren" wagte er sich wieder an ein größeres Projekt dieser Art, wiederum mit nachweislich vielen Motiven aus 1001 Nacht, blieb aber auch da vom damaligen Publikum unverstanden.

Was aber unterschied den Gebrauch, den Goethe von den Erzählungen von 1001 Nacht machte, von dem Voltaires und dem Wielands? Dazu lassen sich drei Punkte anführen, von denen zunächst zwei genannt seien:

1) Während Voltaire und Wieland den Geschichten, die sie aus 1001 Nacht entnahmen, eine Moral anhängten, begnügte sich Goethe, seinem Vorbild Scheherazade entsprechend, in seinem „Fabulieren" darauf, aus der Geschichte selbst die Moral hervortreten zu lassen.

2) Er erzählte nie eine ganze Geschichte nach, sondern entnahm aus den jeweiligen Geschichten von 1001 Nacht nur die ihm passend erscheinenden einzelnen Motive, die er dann in seine Werke integrierte. Ja, gerade das schätzte er daran besonders, dass die Erzählungen nicht als in sich geschlossene Kunstwerke auftraten, sondern den Stoff hergaben für immer neue Kombinationen.

Und damit kommen wir zu dem formalen Aspekt von Faust II, der so vielen ein wahres Kopfzerbrechen bereitet hat.

In seinen Gesprächen mit Goethe notiert Johann Peter Eckermann unter dem 13. Februar 1831 über den Faust II:

»… Dieser Act [der 4.] bekommt wieder einen ganz eigenen Charakter, sodaß er, wie eine für sich bestehende kleine Welt, das Übrige nicht berührt und nur durch einen leisen Bezug zu dem Vorhergehenden und Folgenden sich dem Ganzen anschließt.«

»Er wird also,« sagte ich, »völlig im Charakter des Übrigen sein; denn im Grunde sind doch der Auerbach'sche Keller, die Hexenküche, der Blocksberg, der Reichstag, die Maskerade, das Papiergeld, das Laboratorium, die Classische Walpurgisnacht, die Helena lauter für sich bestehende kleine Weltenkreise, die, in sich abgeschlossen, wohl aufeinander wirken, aber doch einander wenig angehen. Dem Dichter liegt daran, eine mannigfaltige Welt auszusprechen, und er benutzt die Fabel eines berühmten Helden bloß als eine Art von durchgehender Schnur, um darauf aneinanderzureihen was er Lust hat. Es ist mit der 'Odyssee' und dem 'Gil-Blas' auch nicht anders.«

»Sie haben vollkommen recht,« sagte Goethe; »auch kommt es bei einer solchen Composition bloß darauf an, daß die einzelnen Massen bedeutend und klar seien, während es als ein Ganzes immer incommensurabel bleibt, aber eben deswegen gleich einem unaufgelösten Problem die Menschen zu wiederholter Betrachtung immer wieder anlockt.«

Besser kann man die eigentümliche Form des Faust II wohl nicht charakterisieren, bis auf eines: Eckermanns Vergleich dieses Stücks mit der „Odyssee" und dem „Gil Blas" hinkt doch gewaltig. Denn die „Odyssee" ist zwar gleich Goethes Faust ein Stück Weltliteratur, ist aber in ihrer Struktur eher der geschlossenen Form zuzurechnen und unterscheidet sich darin grundsätzlich von genanntem Drama, während der „Gil Blas" schon vom Niveau her nicht mit Faust II ineins gesetzt werden kann. Eckermann wird es gewöhnlich als Verdienst angerechnet, dass er Goethe zur Vollendung von Faust II angetrieben habe. Das wird wohl in formalem Sinne durchaus richtig sein. Aber dass das erwähnte Stück mit 1001 Nacht etwas zu tun haben könnte, kommt ihm nicht in den Sinn. Eckermann hat in seinen „Gesprächen" immer wieder notiert, wenn Goethe ihm etwas zur Lektüre empfohlen hat; 1001 Nacht war bemerkenswerter Weise nicht darunter. Dabei hat doch Goethe deren Lektüre in der Breslauer Ausgabe in der Zeit seiner Zusammenarbeit mit Eckermann unzählige Male in seinem Tagebuch vermerkt. Er wusste also offenbar, was er seinem Sekretär zumuten konnte und was nicht.

Damit kommen wir zum dritten Punkt des Unterschieds der Herangehensweise Goethes und Voltaires an die Erzählungen von 1001 Nacht. Dass Goethe eine „Moral der Geschichte" nicht ausdrücklich aussprach, heißt nicht, dass er, wie ihm gelegentlich unterschoben wird, ein Amoralist war. Voltaire war jeglicher Religion feind, und er hatte ein Drama geschrieben, das angeblich die Katholische Kirche angreifen sollte, aber den Propheten Mohammed als Folie benutzte bzw. missbrauchte, und den Titel trug: „Le fanatisme ou Mahomet le Prophète". Goethe dagegen verehrte den Propheten Mohammed von Jugend auf und kannte den Koran wie die Bibel und ließ sich von ihm wiederholt inspirieren, auch wenn er ihn nicht in seiner Originalsprache Arabisch las und konsultierte, das er nicht beherrschte, sondern in den ihm verfügbaren Übersetzungen in europäischen Sprachen, in Englisch, Deutsch, Französisch und Lateinisch. Dabei hatte er im Islam eine seinen Auffassungen gemäße Religion entdeckt, sodass er einmal von sich bekennen konnte, er lehne den Verdacht nicht ab, dass er selbst ein Muselman sei,[31] auch wenn er im Bewusstsein behielt, dass er als protestantischer Christ aufgewachsen war.

In den Noten und Abhandlungen zu besserem Verständnis des West-östlichen Divan erläutert Goethe die Rubriken, nach welchen man die im Buch der Parabeln in dichterische Form gefassten ethischen Grundsätze des Orients einteilen könne. Als vierte Rubrik benennt er den "eigentlichen Islam, die unbedingte Ergebung in den Willen Gottes, die Überzeugung, daß niemand seinem einmal bestimmten Lose ausweichen könne", und er spricht von einer fünften, "...welche man die mystische nennen müßte: sie treibt den Menschen aus dem vorhergehenden Zustand, der noch immer ängstlich und drückend bleibt, zur Vereinigung mit Gott schon in diesem Leben und zur vorläufigen Entsagung derjenigen Güter, deren allenfalsiger Verlust uns schmerzen könnte."

Diese Moral ist es, an der Goethe selbst sein Leben lang festhielt und die er in den Erzählungen von 1001 Nacht wieder fand. Die Überzeugung, dass niemand seinem einmal bestimmten Lose ausweichen könne, teilte er sowohl mit seinem Lieblingsphilosophen Spinoza als auch mit dem Islam. Was bedeutete aber für Goethe der ihm so wichtige Begriff der Entsagung?

---

31 [Selbstanzeige von] 'West-östlicher Divan / oder / Versammlung deutscher Gedichte in stetem Bezug auf den Orient' im: Morgenblatt für gebildete Stände vom 24. Februar 1816: »... Der Dichter betrachtet sich als einen Reisenden. Schon ist er im Orient angelangt. Er freut sich an Sitten, Gebräuchen, an Gegenständen, religiösen Gesinnungen und Meinungen, ja er lehnt den Verdacht nicht ab, daß er selbst ein Muselmann sei. In solchen allgemeinen Verhältnissen ist sein eigenes Poetisches verwebt... «

Vgl. auch: Katharina Mommsen: Goethe und der Islam. Hrsg., bearb. und mit einem Nachwort versehen von Peter-Anton von Arnim. Frankfurt/Main + Leipzig 2001, Insel-Taschenbuch 2650, S. 210

Die bewusste Beschränkung auf das Erreichbare, die durch eigene Bemühung zu bewältigende Aufgabe, und die Ausrichtung auf die Pflicht genau geplanter Tätigkeit innerhalb einer Lebensordnung, deren Gesetze er in der göttlichen Natur vorgezeichnet sah. Die Goethesche Entsagung bedeutet also nicht Askese, Resignation oder gar Verzweiflung, - für ihn hatte das Genießenkönnen einen ebenso großen Wert - sondern die Beherrschung des Selbst, die Anerkennung des Allahu akbar, das heißt der Tatsache, dass Gott größer ist als jeglicher menschliche Wille und Verstand. Das schließt auch die Anerkennung der von Gott gesetzten Grenzen ein.

Deshalb sein Missfallen an dem Stück des dänischen Romantikers Adam Oehlenschläger „Aladdin oder die Wunderlampe", einer dramatischen Ausgestaltung der bekannten Erzählung aus 1001 Nacht, die Goethe im Herbst 1808 zu lesen bekam. Gerade das zentrale Motiv dieser Erzählung, Aladdins Zurückhaltung angesichts seiner Möglichkeit, mit der Wunderlampe unermessliche Reichtümer zu schaffen, wird in dem Drama ausgelassen und damit das Ganze unglaubwürdig.

Wie aus seinen eigenen Aufzeichnungen und auch aus den Vermerken seiner Entleihungen aus Bibliotheken zu entnehmen ist, hat sich Goethe immer wieder mit 1001 Nacht beschäftigt, bis 1824 zum Teil auch dann, wenn er sich nur zerstreuen wollte, etwa um gegen ein Unwohlsein anzukämpfen. Aber plötzlich trat eine neue Situation ein. Am 30. Juli 1824 schreibt er seinem Freund Carl Ludwig von Knebel:

„ … In Breslau geben sie Tausend und Eine Nacht in neuerem beliebtem Taschenformat heraus; wie sie sagen, zum erstenmal aus einer tunesischen Handschrift ergänzt und vollständig übersetzt. Wie dem auch sey, so ist der Vortrag dieser ewig anziehenden Märchen sehr natürlich und erfreulich, wie es einer deutschen Prosa der neusten Zeit gar wohl zukommt."

Und Kanzler Friedrich von Müller berichtet vom 17. Dezember 1824:

„Ich traf Goethe bei der Lectüre der neuen Übersetzung von 'Tausend und Einer Nacht' von Habicht, v. Hagen und Schall, die er sehr lobte und, da sie aus dem Urtext, der französischen vorzieht.

»Diese Märchen,« sagte er, »müssen mir über die trüben Tage weghelfen; ist es doch, als ob das Bewußtsein, in wenig Tagen der Sonne wieder näher zu kommen, uns schon jetzt erwärmte.«"

Dies Bewusstsein hat Goethe im Faust zum Ausdruck gebracht in den Worten des Kaisers, der dem Mephistopheles dankt, von dem ihm die Mummenschanz geboten wurde, und der dabei dann auch die Person mit Namen nennt, die Goethe zum Symbol der poetischen Fruchtbarkeit wurde, den ganz ungriechischen Namen der Märchenerzählerin Scheherazade:

KAISER.
Welch gut Geschick hat dich hieher gebracht,
Unmittelbar aus Tausend Einer Nacht?
Gleichst du an Fruchtbarkeit Scheherazaden,
Versichr' ich dich der höchsten aller Gnaden.
Sei stets bereit, wenn eure Tageswelt,
Wie's oft geschieht, mir widerlichst mißfällt.

Der Breslauer Buchhändler Josef Max, in dessen Verlag Original und Übersetzung herauskamen, sandte dem Dichter während der Jahre 1824/25 die Bände nach und nach zu, sobald sie erschienen waren, und Goethe las sie von Anfang bis Ende, zunächst die ihm aus der Gallandschen schon bekannten, dann auch die unbekannten Erzählungen, wobei er besonders goutierte, dass die neue Ausgabe die im Original eingestreuten Gedichte enthielt, die den Erzählfluss unterbrechen.

Soweit klingt diese Feststellung noch etwas nüchtern. Aber wie ernsthaft sich der Dichter damit auseinandersetzte, geht aus seinen diesbezüglichen zahlreichen Tagebucheintragungen hervor. Ja man kann sagen, dass diese neue Übersetzung beim alten Goethe eine neue Schaffenskraft hervorrief und ihm zur Vollendung des zweiten Teils seiner Faust-Tragödie neue Impulse gab. Zehn Jahre zuvor hatte die Zusendung der von Josef von Hammer übersetzten Gedichte des Hafis durch Goethes Verleger Cotta ihn dazu veranlasst, mit seinem ‚Zwillingsbruder', wie er ihn nannte, obwohl dieser vierhundert Jahre vor ihm gelebt hatte, im „Westöstlichen Divan" zu wetteifern. So bildete für ihn jetzt Scheherazade mit ihren Erzählungen eine neue Inspirationsquelle. Er wusste natürlich, dass die Sammlung von 1001 Nacht nicht von einem einzigen Autor stammte, sondern sich aus sehr verschiedenen orientalischen Quellen speiste, indischen, persischen und arabischen. Trotzdem setzte er sie in seiner Wertschätzung den höchsten Produkten der Weltliteratur gleich, ja das scheinbar halbfertige daran erlaubte ihm, daraus seine Motive zu schöpfen, ohne deren Herkunft preiszugeben.

Damit komme ich zu dem kritischsten Teil meines Vortrags. Denn es geht mir darin ja an sich darum, Ihnen vor Augen zu führen, wie Katharina Mommsen den Einfluss von 1001 Nacht auf Faust II nachgewiesen hat. Sie hat sich dabei nicht damit begnügt, dem recht einfachen und gerade deswegen so genialen Einfall folgend, nachzuprüfen, was Goethe bei der Entstehung einiger schwieriger Partien von Faust II gelesen hat, deren Motive sich bei bestem Willem nicht aus der griechischen Mythologie herleiten ließen, so sehr sich die Experten darum bemühten. Vielmehr hat sie in mühevoller, detektivischer Kleinarbeit aufgedeckt, welche Motive Goethe, zum Teil bis in die Wortwahl hinein, aus 1001 Nacht in den Faust II integriert hat. Dies nachzuprüfen ist bei dem alten Goethe nicht so schwer, da er nicht nur genauestens Tagebuch geführt hat, sondern auch die Entwürfe zu seinen späten Werken, den so genannten Paralipomena, erhalten geblieben sind. Goethe hat dabei, wie sie zeigt, sich auch nicht nehmen lassen, griechisch-antike Motive mit orientalischen Motiven zu kombinieren, so etwa in der Helena-Tragödie (Akt III) das Arkadien seines Lieblings Longus in „Daphnis und Chloe" mit der Geschichte der Fee Pari-Banu aus 1001 Nacht.

Um ihre Argumentation hieb- und stichfest zu machen, hat Katharina Mommsen manche der von Goethe verwendeten Erzählungen kurz nacherzählt, manche sogar wörtlich angeführt und damit gezeigt, wie genau Goethe zum Teil seiner Vorlage gefolgt ist. Und trotzdem hat er mit seiner Phantasie daraus im Faust II etwas völlig eigenes geschaffen. Das hat er natürlich auch mit den Motiven gemacht, die er dafür aus der antiken Mythologie, aus der Bibel oder dem europäischen Mittelalter geschöpft hat, etwa in der berühmten Geschichte von Philemon und Baucis. Da haben dann die Goethe-Forscher die vom Autor benutzten Quellen bis aufs Kleinste nachgewiesen, ohne darin eine Beeinträchtigung der Genialität des Autors zu sehen. Bloß die Hinweise auf 1001 Nacht, deren es doch in Goethes Werk, besonders aber in Faust II, so viele gibt, haben sie entweder als eigene Neuschöpfungen des Dichters behandelt oder ganz mit Stillschweigen übergangen.
Katharina Mommsens diesbezügliche Entdeckungen kann ich in einem Vortrag natürlich nicht entfernt wiedergeben. Ich begnüge mich hier damit, eine willkürliche Auswahl aus den zahlreichen Motiven zu treffen, die Goethe aus 1001 Nacht allein schon für den 1. Akt von Faust II übernommen hat, auch wenn er, wie bereits gesagt, aus den genannten Gründen durchgehend griechisch-antike Namen verwendete. Das Gleiche gilt natürlich ebenso für den Rest des Stückes, vor allem für Akt II (Klassische Walpurgisnacht) und Akt III (Die Helena-Tragödie). Dabei spielen drei Hauptmomente eine Rolle: das Fabulieren, der Traum und die Zauberei (als Teil der Poesie) und die Ethik des sich Beschränken-Könnens, die Entsagung. Hier also einige Beispiele dem 1. Akt von Faust II:

Kaiserliche Pfalz, Saal des Thrones:

Schatzhebung durch den Kaiser. Das Motiv der Schatzhebung, das er in vielfältiger Form in 1001 Nacht vorfand, verbindet Goethe, wie Hans Christoph Binswanger in seinem Buch „Geld und Magie" gezeigt hat, hier mit seiner Kenntnis der neuesten Entwicklungen in der Ökonomie (Stichwort: John Law; die Assignaten), d.h. mit der Schöpfung von Papiergeld.
Ungeduld des Jünglings (jungen Kaisers), den ihm winkenden Schatz zu erlangen. Verkettung von Verdienst und Glück bei der Schatzgewinnung (Stein der Weisen). An dieser Stelle spricht der Astrologe, dem Mephistopheles einbläst, bzw. dann Mephistopheles selbst wichtige Ansichten Goethes aus, ja er wird im weiteren Verlauf des Dramas zum Zauberer, Fabulierer und Poeten. Dies zeigt, dass er in diesem Weltenstück weit anderes ist als der traditionelle Teufel, nämlich eine durchaus mehrdeutige Gestalt. Denn Goethe weiß auch, dass das Papiergeld, wenn sich herausstellt, dass es durch nichts mehr gedeckt ist, zur Gewalt führt. Am Schluss von Faust II tritt Mephistopheles auf als Vertreter der Gewalt. Man darf also nicht den Autor identifizieren mit einer seiner Figuren, auch wenn diese an manchen Stellen dessen Auffassungen vertritt.

Weitläufiger Saal mit Nebengemächern: Die Mummenschanz

Sie ist so reich an Zaubereien, die aus 1001 Nacht entlehnt sind, dass ich nur ein paar Beispiele herausgreife.
Die Verwandlungen des Zoilo-Thersites: Verwandlungskampf
Feuerspeiender Drache als Schatzhüter
Brunnen mit fallendem und steigendem Wasser
Der Illusionszauber. Die Kiste des Knaben Lenker, voll von Schätzen. Werden von Mephistopheles (Geiz) verwandelt in knetbaren Ton.
Illusionen von Feuer, Wasser etc.
Brand, der alles, sogar den Kaiser zu verschlingen scheint.
Des Kaisers expliziter Hinweis auf Scheherazade und 1001 Nacht

Finstere Galerie:

Gefährlicher Gang Fausts zu den Müttern, um Helena zu gewinnen.
Zauberschlüssel
Faust stampft und versinkt.

Rittersaal:

Durch den Zauberschlüssel verschafft Faust einem gaffenden Publikum auf Wunsch des Kaisers den Anblick jenes Paares, das die antike Schönheit symbolisiert, von Paris und Helena. Er selbst aber verliebt sich unsterblich in Helena, will sie halten und versinkt in Ohnmacht. Damit schließt der I. Akt.

Zahlreiche Motive aus 1001 Nacht hat Goethe dann auch im II. Akt, in der Vision des Homunculus von Fausts Traum im Laboratorium und dann in der Klassischen Walpurgisnacht und schließlich im III. Akt, der Helena-Tragödie, verwendet. Aber zuerst gilt die Frage: Was ist mit der Figur der Helena selbst? Denn sie nimmt als Zentralgestalt einen ganzen Akt, den III., ein, steht also im Mittelpunkt von Faust II. Die Aufzeichnung eines Besuchers von Goethe vom 31. August 1828, namens Constantin Kraukling gibt darüber Auskunft, wenn auch nur in verschlüsselter Form:
„Unter seinen letzten Arbeiten nannte er die 'Helena', über die er äußerte: »Sie ist eine fünfzigjährige Conception. Einzelnes rührt aus den ersten Zeiten her, in denen ich an den 'Faust' ging, andres entstand zu den verschiedensten Zeiten meines Lebens. Als ich daranging, alles

in Einen Guß zu bringen, wußte ich lange nicht, was ich damit machen sollte. Endlich fiel mir's wie Schuppen von den Augen; ich wußte, nur so kann es sein und nicht anders.«"

Die Gestalt der Helena gehört an sich zu dem alten Faust-Stoff. Aber warum hatte Goethe solche Schwierigkeiten, diese in seine Tragödie einzubauen? Und was war es, das ihn nach fünfzig Jahren, man denke, fünfzig Jahren vergeblichen Bemühens sagen ließ: »Endlich fiel mir's wie Schuppen von den Augen; ich wußte, nur so kann es sein und nicht anders.«? Warum fiel dieser Ausspruch in die Zeit, als er sich intensiv erneut mit 1001 Nacht beschäftigte?

Helena war als Ideal griechischer Schönheit ein Symbol der Sehnsucht der Epoche nach der Antike. In der Zeit um 1800 beschwor man diese allerorts in der Architektur, der Plastik und der Malerei, es war die Zeit des Klassizismus und des Empire. Goethe teilte zwar diese Sehnsucht, aber er wusste: Nur heroische Zeiten können die Ideale heroischer Schönheit hervorbringen. Unsere Zeit, eine Zeit der Dürftigkeit, ist dazu nicht fähig.
Nun hätte er es sich leicht machen können und diesen Stoff, wie manche Romantiker, seine Zeitgenossen, als Lesedrama entwerfen können (als solches haben es manche Goethe-Experten allerdings auch behandelt und dabei wichtige Aspekte des Stückes übersehen). Dann hätte er bloß seine Ansichten, die er in Artikeln kundgetan hatte, einer der Personen des Dramas in den Mund zu legen brauchen. Aber Goethe als Mann des Theaters hielt nichts von dieser Art von „Drama". Er war sich natürlich bewusst, dass sein Faust II wegen seiner Überlänge niemals an einem Abend aufgeführt werden könne. Und doch hatte er bei jeder Szene ihre Wirksamkeit auf einem Theater im Auge. Katharina Mommsen weist darauf hin, dass er es sogar vermied, Zaubereien, deren es im Faust II ja so viele gibt, auf rein technische Bühnenanweisungen zu beschränken; er suchte dafür immer auch eine sprachliche Form. So erscheint Faust II als nicht zu übertreffendes Wunderwerk der deutschen Sprache, vom trockenen Kanzleistil, der in dem im Deutschen holprig klingenden Alexandriner verfasst ist, bis hin zum Hymnus und zum lyrischen Gedicht. Der sprachverliebte Regisseur Peter Stein hat nach zehnjährigem Vorbereitungskampf in seinen Aufführungen von Faust I und II vom ersten bis zum letzten Vers zuerst bei der Weltausstellung in Hannover, dann in Berlin und Wien bewiesen, dass die Unspielbarkeit dieses Dramas ein leerer Mythos ist. Allerdings hielt er sein Publikum eben nicht nur für einen oder zwei Abende, sondern für eine ganze Woche in Goethes Bann. Bis auf zwei Ausnahmen war die Kritik niederschmetternd, weil die Kritiker darin nichts weiter als ihre unsägliche Dummheit zur Schau stellten. Aber das Publikum war begeistert.

Im Gegensatz zum Gretchen des I. Teils war Helena, als Idealbild klassischer Schönheit, ein Idol, keine Figur aus dem Leben. Nur die Kunst, und das heißt auch das Fabulieren, das Märchenerzählen und die Zauberei, konnte diesen Traum als Traum wach halten. Für Goethe handelte es sich aber nicht um den subjektiven Traum eines Individuums wie wir ihn bei manchen Romantikern finden, sondern um einen Menschheitstraum. Um diesen auf der Bühne darzustellen, brauchte er ein Vorbild, dessen er sich bedienen konnte, ohne ihm sklavisch zu folgen. Dieses Vorbild fand er in 1001 Nacht. Zahlreich sind die Motive, die er für seinen Faust aus diesen Erzählungen dazu entlehnt hat, wobei er sie ohne Bedenken mit Motiven aus der Antike vermengte oder etikettierte, so etwa das Ikarus-Motiv aus der griechischen Mythologie mit dem Fluggewand, das Helena ihrem mit Faust gezeugten, waghalsigen Sohn Euphorion schenkte, und das, wie wir wissen, aus den Märchen von 1001 Nacht stammt.
Die Eroberung und Verführung von Gretchen als Wesen von Fleisch und Blut durch Faust im I. Teil der Tragödie war relativ leicht auf die Bühne zu bringen. Aber was tun mit der Figur der Helena, die als Symbolgestalt irdischer Schönheit dem Orkus angehörte, dem antiken Schattenreich der Toten? Wir haben gesehen, dass Goethe dafür bei seiner Lieblingserzählerin, der Scheherazade, die Lösung fand: im Märchen, in der Zauberei, im Traum. Schon im I. Akt, als Faust sich unsterblich in das Bild der Helena verliebt – auch dies eine Anleihe bei

den Erzählungen von 1001 Nacht – fällt das Stichwort „Doppelreich", das Faust zu gründen sich vornimmt, ein Reich aus Geistern und Menschen. Das verweist unmittelbar auf die „Geschichte des Prinzen Habib und der Prinzessin Dorrat-al-Gawas" der Breslauer Ausgabe. Als sie den Herrscherthron besteigt, herrscht Dorrat-al-Gawas sowohl über Menschen als auch über Geister. Die Forscher haben sich den Kopf zerbrochen über den Goetheschen Ausdruck vom „Doppelreich". Einem Leser von 1001 Nacht ist allerdings die Rede von den Geistern vertraut. Erst recht aber einem frommen Muslim, der nicht nur an die Existenz von Engeln, sondern auch an die von Geistern, den Djinn, glaubt. Denn im Koran heißt es in der Sure 55 („Der Allerbarmende"), im 15. Vers: "Und erschaffen hat Er die Djinn aus rauchlosem Feuer." Besagte Sure zeichnet sich überhaupt dadurch aus, dass sie sich nicht nur an die Menschen, sondern gleichzeitig auch an die Geister (Djinn) richtet.[32]

Die Klassische Walpurgisnacht im Akt II zeigt Faust auf dem schwierigen Weg zu seinem Traumbild, der Helena, in dem er, dem Vorbild aus 1001 Nacht folgend, größere Prüfungen zu bestehen hat, und er wird dabei viermal von einem Weisen zu einem anderen verwiesen, der jeder wegen der bevorstehenden Schwierigkeiten ihn zunächst von seinem Vorhaben abzubringen versucht, ihn dann aber zum nächsten Weisen schickt, damit er vielleicht mit dessen Hilfe zu seinem Ziel gelange.
Zu dem Weg Fausts zu Helena hat Goethe in der Klassischen Walpurgisnacht ein Gegenbild geschaffen in der Figur des Homunculus, einem Geschöpf, das Fausts Schüler Wagner im Laboratorium erzeugt hat, das ihm aber dann entflieht, um das zu finden, was ihm fehlt, nicht der Traum, sondern das tätige Leben. Am Ende seines Weges, der ähnlich wie der Fausts von Hindernissen beschwert ist, zerschellt die Phiole, in der er gefangen ist, am Muschelwagen der Galatea. Das bedeutet hier aber nicht den Tod (von diesem ist hier gar nicht die Rede), sondern die Entstehung des Lebens aus dem Wasser. Nicht zufällig hat sich Homunculus als letzten Gefährten den Philosophen Thales gewählt, der den Ursprung von allem im Wasser sah. Der Akt endet mit einem Hymnus an den allerzeugenden Eros.[33]
In der Helena-Tragödie, dem III. Akt von Faust II, sind die Anlehnungen an Motive aus 1001 Nacht wiederum so zahlreich, dass es schwer fällt, daraus eine Auswahl zu treffen. Es reicht vielleicht aus, zu zeigen, welche Schwierigkeiten Goethe mit der Hilfe von manchen von ihnen überwinden konnte. Ich begnüge mich wieder mit allgemeinen Hinweisen. Die Belege dafür, welche Erzählungen Goethe im Einzelnen sich angeeignet hat, sind bei Katharina Mommsen zu finden.
Das Ende der Tragödie, also Fausts Vermählung mit Helena, das Zeugen eines Sohnes, Euphorion, dessen Heranwachsen, Übermut, früher Tod und sein Verschwinden mitsamt seiner Mutter Helena für immer, stellten den Autor vor das Problem der Verkürzung menschlicher Abläufe in der Zeit. Goethe nannte die Helena-Tragödie in einem ersten Entwurf eine „klassisch-romantische Phantasmagorie". Es handelt sich also um ein Werk der Illusion, hervorgerufen durch das Fabulieren Mephistos, der die Maske einer der hässlichsten Gestalten der griechischen Antike als Phorkyas angenommen hat und als Wesen mit einem Auge und einem Zahn die Amme der Helena spielt, aber dies alles nach seinem Gutdünken fabuliert. Denn nur in der Erzählung ließen sich diese Ereignisse, die in Wirklichkeit ein Menschenleben umfassen, in solcher Kürze, sozusagen im Zeitraffer, darstellen. Das Vorbild dazu, das Goethe such-

---

[32] Vgl.: Ebda, S. 153

[33] Goethe war der Koran in den verschiedensten Übersetzungen so gut vertraut wie die Bibel. Ob er allerdings den berühmten Vers 30 aus Sure 21 kannte: „wa ja'alna min al ma' kull shayy hayy", „Wir haben aus dem Wasser alles Lebendige erschaffen", ist nicht belegt. Aber er entsprach seiner Auffassung. Er hätte aber gelacht oder sich entsetzt über die neuerdings auftretenden Kreationisten, die den Biologieunterricht mit der wörtlichen Auslegung der Bibel bestreiten wollen. Denn obwohl er noch vor Darwin lebte, wusste er doch schon, dass das Leben zu seiner Entstehung lange Perioden brauchte, wie sie die Theologen nicht für möglich hielten.

te, fand er jedoch nicht bei den antiken Autoren, ja nicht einmal bei dem von ihm bewunderten Shakespeare, sondern eben in 1001 Nacht.

Die Hinweise, die Goethe aber dabei auf die Rahmenhandlung dieser Märchensammlung gibt, sind so deutlich, dass man eigentlich die Augen verschließen muss, um sie zu übersehen. (Es sei denn, man hätte diese nie gelesen. Nun mag ein Goethe-Forscher es unter seiner Würde ansehen, auch nur einen Blick hineinzuwerfen. Aber allein um Goethes willen, der die Lektüre von 1001 Nacht so oft in seinem Tagebuch vermerkt, ja, diese Sammlung den großen Werken der Weltliteratur gleichgestellt hat, sollte man sich doch dafür nicht zu schade sein.) Mit leichter Ironie übernimmt hier Phorkyas (Mephistopheles) die Rolle der Scheherazade. Im Original lässt sie sich von ihrer Schwester Dinarzad zum Erzählen auffordern, während der Sultan Schahrepur stumm dabeisitzt, da er sich aus Protokollgründen als Herrscher nicht erlauben darf, selbst zur Fortsetzung der Geschichte aufzufordern, ihr aber mit ebenso großem Interesse lauscht. Mephistopheles (Phorkyas) berichtet von Fausts Verbindung mit Helena dem begierig lauschenden Chor:

CHOR.
Rede nur, erzähl', erzähle, was sich Wunderlichs begeben!
Hören möchten wir am liebsten, was wir gar nicht glauben können;
Denn wir haben Langeweile, diese Felsen anzusehn.
PHORKYAS.
Kaum die Augen ausgerieben, Kinder, langeweilt ihr schon?
...
CHOR.
Tust du doch, als ob da drinnen ganze Weltenräume wären,
Wald und Wiese, Bäche, Seen; welche Märchen spinnst du ab!
PHORKYAS.
Allerdings, ihr Unerfahrnen! das sind unerforschte Tiefen:
Saal an Sälen, Hof an Höfen, diese spürt' ich sinnend aus.

Goethe lässt dieses alles sich vollziehen in einer Landschaft, die er zwar Arkadien nennt, die aber sehr wenig zu tun hat mit dem Arkadien, das er in dem Hirtenroman „Daphnis und Chloe" von Longus als Land der Liebenden kannte und schätzte.

Das wird auch von einem Kommentator so gesehen:

„ … Das Arkadien der letzten Szene ist also gar nicht das wirkliche und antike Arkadien, sondern ein modernes, Idee und Seelenlandschaft gewordenes Arkadien. Das dürfte der Sinn der zum Innenraum gewandelten Natur sein, in der sich Gebäude mit Innenräumen und in diesen wieder Wälder, Wiesen, Bäche und Seen befinden. Ein potenziertes Innensein also, und daher Symbol der Idealität, vermöge deren die Moderne die Antike allein noch zu ergreifen vermag." Dies alles mag so sein. Aber Goethe hat die unterirdische Architektur und Landschaft eben nicht frei erfunden, wie der Kommentator suggeriert, sondern, wie von Katharina Mommsen nachgewiesen, entlehnt aus seiner Lieblingslektüre, den Erzählungen aus 1001 Nacht. Innen und Außen? Gewiss, das ineinander Verschränktsein beider gehörte zu Goethes Weltanschauung, wie das von ihm „Epirrhema" betitelte Gedicht beweist:

Müsset im Naturbetrachten
Immer eins wie alles achten;
Nichts ist drinnen, nichts ist draußen:
Denn was innen, das ist außen.
So ergreifet ohne Säumnis
Heilig öffentlich Geheimnis.

Wenn dieses Ineinander von Innen und Außen aber zur Moderne gehört, so frage ich, wann fängt diese an? Erst zur Zeit Goethes und Kants, oder schon zu der Zeit der Entstehung von 1001 Nacht, die Goethe so schätzte? Diese Frage zu entscheiden überlasse ich den Forschern.

Zum Schluss erwähne ich noch folgende Schwierigkeit, die Goethe in der Helena-Tragödie zu berücksichtigen hatte:
Helena war Königin von Sparta, also Griechin, und zwar aus einer längst vergangen Zeit. Faust war ein Deutscher aus der Zeit der anbrechenden Neuzeit. Wie und wo sollte er sie zusammenführen, ohne das Ganze zu gewalttätig erscheinen zu lassen? Menschen aus völlig verschiedenen Kulturkreisen?
Es gab eine Sage, wonach die die Kreuzritter, bei ihrem Versuch, die Grabstätte Christi in Jerusalem zu erobern, unter anderem auch eine Befestigung in der Peloponnes, also nicht fern von der Heimat der Helena, erbaut haben sollen. Dorthin lässt Goethe also das ungleiche Paar durch die Zauberkünste des Mephistopheles versetzen, in die Zeit etwa um zwölfhundert, und zwar in eine Burg mit romanischer Architektur. Aber wie sollte ein mittelalterlicher Ritter, als der Faust gekennzeichnet wird, seiner Geliebten Helena, der er und seine Kultur fremd war, begegnen? Was er aus der europäischen Literatur kannte, sei sie aus der Antike, sei sie neueren Datums, konnte Goethe da nicht weiterhelfen. Aber ein paar Jahre zuvor hatte er seine Erfahrung gemacht mit einer anderen Dichtung, der orientalischen, und hatte selbst eine Gedichtsammlung in deren Stil geschaffen, den „West-östlichen Divan". Von daher kannte er die orientalische Liebespanegyrik, von der er jetzt Gebrauch machte, erst durch die lieblichen Verse von Fausts Diener Lynkeus, dann von Faust selbst. Er verwendet orientalische Metaphern, so den Vergleich von Blicken mit Pfeilen, das Erscheinen der Schönheit mit dem Aufgang der Sonne etc. Helena hört erstaunt zu, dann stimmt sie selbst mit ein und besiegelt so den Liebesbund mit Faust.
Der Angelpunkt ist dabei der Reim. Die Germanen kannten nur den Stabreim, d.h. dass sie in ihren Gedichten Wörter zusammenstellten, die sich in ihren Anfangsbuchstaben glichen. Die antiken Griechen und Römer entwickelten eine sehr hoch stehende Lyrik, die auf dem melodischen Akzent ihrer Sprache beruhte, aber den Reim kannten sie nicht. Auch Helena war dieser also unbekannt. Klopstock hatte als erster deutscher Dichter den melodischen Akzent der antiken Dichter durch den dynamischen Akzent der deutschen Sprache ersetzt und so eine Möglichkeit geschaffen, deren Lyrik nachzuahmen. Diese Versform verwendet Goethe dann auch in Faust II, wenn er etwa Vorgänge im alten Griechenland kennzeichnen will. Aber er wusste: Erst die Kreuzritter brachten nach Europa eine Liedform, die der arabischen Liebeslyrik nachgebildet war und den Reim enthielt. Nicht umsonst leitet sich das provenzalische Wort Troubadour vom arabischen „tarab", virtuos singen oder spielen, her. Die Kreuzzüge werden meist dargestellt als barbarisches Gemetzel blutrünstiger Christen an Mitgliedern einer höheren Kultur, der islamischen. Das waren sie sicher auch, und Goethe war das bekannt. Aber er, sein Freund Herder und der ihn verehrende Philosoph Hegel wussten auch, dass die Kreuzritter, wenn sie in ihr Heimatland zurückkehrten, manche Errungenschaften der fremden Kultur mit sich brachten. Darunter war eben auch der Reim.
Die Legende von dessen Erfindung hat Goethe im „West-östlichen Divan" in einem Gedicht wiedergegeben:

Behramgur, sagt man, hat den Reim erfunden,
Er sprach entzückt aus reiner Seele Drang;
Dilaram schnell, die Freundin seiner Stunden,
Erwiderte mit gleichem Wort und Klang.

Und so, Geliebte, warst du mir beschieden,
Des Reims zu finden holden Lustgebrauch,

Daß auch Behramgur ich, den Sassaniden,
Nicht mehr beneiden darf: mir ward es auch.

In Faust II griff er darauf zurück, damit die zwei Vierzeiler bestätigend, die wir am Anfang zitierten:

HELENA.
Vielfache Wunder seh' ich, hör' ich an,
Erstaunen trifft mich, fragen möcht' ich viel.
Doch wünscht' ich Unterricht, warum die Rede
Des Manns mir seltsam klang, seltsam und freundlich.
Ein Ton scheint sich dem andern zu bequemen,
Und hat ein Wort zum Ohre sich gesellt,
Ein andres kommt, dem ersten liebzukosen.
FAUST.
Gefällt dir schon die Sprechart unsrer Völker,
O so gewiß entzückt auch der Gesang,
Befriedigt Ohr und Sinn im tiefsten Grunde.
Doch ist am sichersten, wir üben's gleich;
Die Wechselrede lockt es, ruft's hervor.
HELENA.
So sage denn, wie sprech' ich auch so schön?
                    FAUST.
          Das ist gar leicht, es muß von Herzen gehn.
          Und wenn die Brust von Sehnsucht überfließt,
                Man sieht sich um und fragt -
              HELENA. wer mitgenießt.
                    FAUST.
          Nun schaut der Geist nicht vorwärts, nicht zurück,
                Die Gegenwart allein -
              HELENA. ist unser Glück.
                    FAUST.
          Schatz ist sie, Hochgewinn, Besitz und Pfand;
                Bestätigung, wer gibt sie?
              HELENA. Meine Hand.

4.1.2 ZU AKT I, II UND III DES ZWEITEN TEILS DER FAUST-TRAGÖDIE - Über Inspirationen, die Goethe aus einer tunesischen 1001-Nacht-Handschrift zog - von Katharina Mommsen

„Nur durch Aneignung fremder Schätze entsteht ein Großes"
(Goethe zum Kanzler Friedrich von Müller, 17. 12.1824)

Im Jahr 1824 wurde zum ersten Mal eine arabische Ausgabe von *1001 Nacht* in Europa ediert. Diese von den Orientalisten Maximilian Habicht und Karl Schall in Breslau auf Grund einer tunesischen Handschrift herausgegebene Edition blieb für lange Zeit die einzige in Europa. Gleichzeitig veranstalteten sie unter Mitwirkung des Germanisten Friedrich Heinrich von der Hagen eine neue deutsche Übersetzung des Werkes in 15 Bänden. Der Breslauer Buchhändler Josef Max, in dessen Verlag Original und Übersetzung herauskamen, sandte Goethe während der Jahre 1824/25 die Übersetzungsbände in der Reihenfolge ihres Erscheinens nach und nach zu. Im erstem Schreiben, das auch die Übersendung des 1. Bogens der arabischen Ausgabe begleitete und vom Juli 1824 datiert war, sprach der Verleger die Hoffnung aus, daß bei dem Interesse, welches Goethe der arabischen Literatur widme, beide Unternehmungen *„angenehme Erscheinungen"* für ihn sein möchten.

Goethes Tagebuch meldet erstmals am 26. Juli 1824 die: *„Neue Tausend und eine Nacht"*. Danach wird immer wieder *1001 Nacht*-Lektüre im Tagebuch erwähnt und seinem Freund Knebel berichtete der Dichter: *„In Breslau geben sie Tausend und Eine Nacht in neuerem beliebigem Taschenformat heraus; wie sie sagen, zum erstenmal aus einer tunesischen Handschrift ergänzt und vollständig übersetzt. Wie dem auch sey, so ist der Vortrag dieser ewig anziehenden Märchen sehr natürlich und erfreulich."* Als der Verleger ihm die weiteren Fortsetzungsbände und auch den 1. Band der arabischen Urschrift zuschickte, die sich noch heute in Goethes Bibliothek befinden, dankte der Dichter ihm mit der Versicherung, die *reichen Bändchen der Tausend und Einen Nacht* hätten ihm *die angenehmsten Abendunterhaltungen* bereitet. Tatsächlich las der fast 75-jährige Goethe alle 15 Bde der neuen *1001 Nacht*-Ausgabe in den nächsten Wochen mit großer Intensität durch. Wie diese 'Zufallslektüre' seiner *Faust-II*-Dichtung auf phänomenale Weise zugute kam, davon soll hier die Rede sein.

Schon seit Jahrzehnten kannte Goethe das Meisterwerk arabischer Erzählkunst, zu dem mündliche Überlieferungen aus indischem, persischem, türkischem, ägyptischem Bereich, ja aus dem gesamten Nahen Osten und dem Mittelmeerraum beigetragen hatten. Seit früher Jugend liebte er die erste europäische Übersetzung des Franzosen Antoine Galland, die in den Jahren 1704 — 1717 in 12 Bänden unter dem Titel: *Les mille et une nuit. Contes arabes, traduits en François par Galland* erschienen war. In dieser Form wurden die Märchen der Scheherazade vielfach neu aufgelegt und in andere Sprachen übertragen. Seit Beginn des 18. Jahrhunderts traten die *1001 Nacht*-Erzählungen einen wahren Siegeszug durch Europa und die ganze Welt an. Ihr Einfluß auf Europa und die gesamte westliche Welt war ungeheuer. Nächst der Bibel gab es kein Buch, das verbreiteter gewesen wäre. Man zählte es in Europa zu den Standardwerken der Weltliteratur und zögerte nicht, es - obwohl sehr verschieden seinem Gehalt nach -- mit Homer zu vergleichen.

Für Goethe gehörten die Erzählungen der Scheherazade zeitlebens zu seinen Lieblingsbüchern, von denen er sich in vielen Epochen seines Lebens nicht nur unterhalten, sondern auch dichterisch inspirieren ließ. Ungezählte Male schöpfte er stoffliche Anregungen aus dieser schier unversiegbaren Quelle, wobei er die Motive selbständig weiterspann. Auch in formaler Hinsicht schloß er sich bei einer beträchtlichen Reihe von Werken an die fortsetzungsweise Erzähltechnik der Scheherazade an.

Darüber habe ich schon vor einem halben Jahrhundert in meinem Buch *Goethe und 1001 Nacht* ausführlich berichtet und viele philologische Beweise für Goethes Dankesschuld gegenüber diesem Meisterwerk arabischer Erzählkunst erbracht. Anschliessend führte ich noch den speziellen Beweis von Einwirkungen der *1001 Nacht* auf *Faust II* in einem Buch von 1968, das *Natur- und Fabelreich in Faust II* betitelt ist. Über diese Entdeckungen des Einflusses von *Tausend und Eine Nacht* auf Goethes *Faust II* möchte ich hier referieren, wobei ich beide Bücher zugrunde lege, aus denen klar hervorgeht, daß Goethe für sein dichterisches Hauptwerk eine erstaunlich große Fülle wichtiger Anregungen aus der auf einer tunesischen Handschrift beruhenden *1001 Nacht*-Übersetzung empfing.

So weit ich sehe, wurden diese Ergebnisse bisher nur in den englischen *Faust II*-Editionen von John R. Williams (London 1987) und David Luke (Oxford University Press 1994) berücksichtigt und für die Kommentierung genutzt, während die deutschen Editoren der Hamburger-, Berliner-, Münchner- und Frankfurter Goethe-Ausgaben -- keine Notiz davon genommen haben. Nur das neue *Goethe-Handbuch* referiert in seinem der *Faust II*-Artikel von 1997 aus beiden Büchern, vor allem im Zusammenhang mit der *Klassischen Walpurgisnacht*. (Aus welchen Gründen die deutschen Germanisten von Goethes Bereicherung durch *1001 Nacht* bei seinem dichterischen Hauptwerk nichts wissen wollen, darüber können wir vielleicht anschliessend noch diskutieren.)

Da in meinem *Goethe und 1001 Nacht* über 120 Seiten von den Einflüssen des arabischen Erzählwerks auf die ersten drei Akte von *Faust II* handeln und das Buch *Natur- und Fabelreich in Faust II* nicht weniger als 250 Seiten umfasst, können in der uns zur Verfügung stehenden Zeit natürlich nur Kostproben gegeben werden. Doch möchte ich Sie auf die unlängst erschienene Neuauflage von *Goethe und 1001 Nacht* hinweisen, während *Natur- und Fabelreich in Faust II* leider längst vergriffen ist.

Nirgends innerhalb seines Schaffens hat Goethe einen vergleichbar ausgiebigen Gebrauch von frei spielender Phantasie gemacht wie im zweiten Teil des *Faust*. Zauberei, Magie, Illusion sind die Hebel des gesamten Geschehens, wobei sie weitaus größeren Raum in dem Alterswerk einnehmen als selbst in der Tragödie erstem Teil. Das Übernatürliche beherrscht Handlung und Situation derart, daß auf theatralische Aufführbarkeit, auf die Goethe sonst beim dramatischen Schaffen ein Hauptaugenmerk legte, keine Rücksicht mehr genommen ist. So ist die Frage berechtigt, ob der Dichter zu der Form eines ganz fessellosen Traumspieles durchgestoßen wäre, hätte er nicht gerade zur Zeit des Beginns der Arbeit am zweiten Teil des *Faust* (Februar 1825) sich die gesamten Märchen von *1001 Nacht* in der Breslauer Ausgabe vor Augen geführt.

Es scheint, als ob die Begegnung mit dieser neuen erweiterten *1001 Nacht*-Übersetzung als einer der vielen Glücksfälle betrachtet werden sollte, denen das Zustandekommen der Vollendung des *Faust* zu verdanken ist. Sieht man doch nun den *Faust*-Dichter im hohen Alter mit der Scheherzade wetteifern wie nie zuvor in seinem langen Leben. Im Inhaltlichen frei seiner Phantasie folgend, behandelte Goethe auch das Formale mit souveräner Großzügigkeit. Der erste Teil des *Faust* war bei aller Buntheit der Teile doch immer noch ein verhältnismäßig klar und einheitlich aufgebautes Stück. Im zweiten Teil dagegen treten selbständige in sich geschlossene Einzelpartien aneinander, die erst im höheren Sinne eine Einheit bilden.

Das aber sind typische Kennzeichen für ein dichterisch lockeres Gefüge, wie Goethe es an *1001 Nacht* liebte und woran er sich in seinen eigenen Hervorbringungen oft angelehnt hatte, wenn er, der Phantasie freien Lauf lassend, die Einbildungskraft von ihren eigenen Flügeln tragen und führen ließ, die im hin und her schwingen die wunderlichsten Bahnen bezeichnen (WA I 18, 224). Zu den Praktiken der Scheherazade, die Goethe mit Vorliebe von *1001 Nacht* übernahm, gehörte auch das plötzliche Abbrechen der Handlung in einem spannenden Moment, das überraschende Auf- und Abreten von Personen, das Ineinanderschachteln von erzählten Geschichten, wobei die Neugierde erregt und ein Interesse durch das andere verdrängt wird, wobei die Übersehbarkeit des Ganzen oft verloren geht.

In solchen Fällen verzichtete Goethe mit Absicht auf Einheit, Übersichtlichkeit und Tektonik, ja er verhütete mit allen Mitteln den Eindruck eines geschlossenen Ganzen, damit ja deutlich werde, daß es ihm hierum nicht zu tun war. Daß Goethe sich in zeitlichen Abständen zu dieser formlosen Form hingezogen fühlte, lag tief in der Natur seines Künstlertums begründet. Neben der „Systole" der klassisch runden Form mit ihren Anforderungen auf konzentrierte Arbeit am Tektonischen, war ihm die „Diastole" unentbehrlich, die er im orientalisch lockeren, leichter zu behandelnden Gefüge fand. Damit lenkte sich sein Blick von selbst immer wieder auf das von der Scheherazade gegebene Muster, so auch beim dramatischen Gefüge des zweiten Teils von *Faust*.

Die beiden im zweiten Teil der *Faust*-Tragödie konfrontierten Welten und Schauplätze sind das ausgehende europäische Mittelalter und die griechische Antike.

Hier war für Orientalisches an sich kein Platz. Ein direktes Hineinmengen dieser dritten Bildungswelt lag außerhalb von Goethes Plan, es hätte verwirrend gewirkt. Obgleich es an gelegentlichen offenen Anspielungen auf den Orient nicht gänzlich fehlt, sorgte Goethe dafür, bei den Stellen , die eine Anlehnung an *1001 Nacht* darstellen, zu berücksichtigen, daß ihr orientalisierender Charakter unter Umgestaltungen erscheint, wie sie der *Faust*-Welt angemessen waren.

Die Idee, Faust auf dem Weg durch das Geisterreich der *Klassischen Walpurgisnacht* Helena aufsuchen zu lassen, wurde (wie ich in *Goethe und 1001 Nacht* nachweisen konnte) dem *Faust*-Dichter eingegeben durch mehrere Erzählungen in der der hier erwähnten, auf einer tunesischen Hs. beruhenden, *1001 Nacht*-Übersetzung von 1824/25. Deren Lektüre brachte Goethe entscheidenden Sukkurs. Nach vieljähriger Pause war es ihm plötzlich im Februar 1825 möglich, die Arbeit am zweiten Teil des *Faust* erneut anzugreifen. Den entscheidenden Anstoß gab ihm die erneute Wiederbegegnung mit der orientalischen Märchenwelt. Dadurch fand er den Weg, zu jener Form eines ganz fessellosen Traumspiels vorzustoßen, die er benötigte. Nachdem die Konzeption des Auftretens der Helena im *Faust* fünfzig Jahre alt war, ohne dass dem Dichter klar war, wie es zu realisieren sein sollte, fiel es ihm, seinem eigenen Bericht zufolge, plötzlich „*wie Schuppen von den Augen; ich wußte: nur so kann es sein und nicht anders!*" (Gespräch mit C. Kraukling vom 1. Sept. 1828 GG)

Im Frühjahr 1825 galt Goethes Bemühen zunächst dem 3. Akt, d.h. der Fortsetzung der Helena-Dichtung von 1800. Im April 1825 stockte jedoch Arbeit kurz vor dem Auftritt Fausts – Goethe fand die Lösung nicht, wie die Begegnung Faust mit Helena darzustellen wäre. Diese zu schreiben zögerte er vor allem auch deshalb, weil die wichtigste Voraussetzung noch nicht gegeben war: die Erfindung derjenigen Partien, die den Weg Fausts zu Helena darstellen sollten. Hier half ihm die fernere Lektüre von *1001 Nacht* im Mai 1825. Durch sie wurde es Goethe zunächst ermöglicht, im Frühjahr 1826 den 3. Akt zu vollenden: die Begegnung Fausts mit Helena, Werbung, Hochzeit, sämtlich in einer Atmosphäre des „Wunderlichen, Wunderbaren, Märchenhaften" spielend – all das wurde Goethe nun leicht zu schreiben durch vielfache Verwendung von Motiven aus den orientalischen Märchen.

Fausts Werbung um Helena, die weltberühmte königliche Schönheit, stellte der Dichter nun mit den Bildern und Metaphern orientalischer Liebespanegyrik dar. Die Hochzeit im unterirdischen Palast wird zum *1001-Nacht*-Märchen, das Mephistopheles scheherazadenhaft „abspinnt".

Danach gelang es Goethe — gleichfalls durch die *1001-Nacht*-Lektüre inspiriert —
die Idee der Großszene zu Papier zu bringen, die das Aufsuchen Helenas, den Weg zu ihr, darstellt: im Dezember 1826 verfaßte er den ausführlichen Entwurf zur *Klassischen Walpurgisnacht*, betitelt: *Helena. Zwischenspiel zu Faust. Ankündigung* (Paralip. 123 der WA).

1001 Nacht führte ihn dazu, der *Walpurgisnacht* von *Faust I* im Zweiten Teil der Tragödie ein Gegenstück an die Seite zu stellen. Anders als in *Faust I* sollte der Held jedoch durch diese Walpurgisnacht nicht von seiner Liebe abgelenkt, sondern gerade zu ihr hingeführt werden. Faust legt die entscheidende Strecke seines Weges zu Helena zurück, indem er eine unheimliche Zauber- und Geisterwelt durchschreitet. *Wie einem Märchenhelden begegnen ihm, während er zu der Geliebten vordringt, die ungewöhnlichsten Hindernisse* (Staiger).

Jene Erzählungen aus *1001 Nacht*, die der Dichter zum Muster nahm, verwenden das Erzählschema vom langen Weg zu einem kostbaren, jedoch schwer zu erreichenden Ziel. Dieses Ziel ist eine „Geisterprinzessin", die über Raum und Zeit unendlich weit entfernt ist (eine der Erzählungen nennt als Zeitdauer: 150 Jahre). Der Held, der die Prinzessin zunächst in einer Badeszene als „Nymphe" unter „Nymphen" erblickt und kennengelernt hat, wird „liebeskrank", ist „seiner Sinne nicht mehr mächtig", nachdem die Geliebte plötzlich in unerreichbare Ferne entschwunden ist. Er will nicht weiter leben, wenn er nicht mir ihr wieder vereinigt werden kann. Sein Streben nach dieser Vereinigung wird für „unsinnig" erklärt, weil sie für einen Sterblichen zu schwierigf ist, weil sie etwas „Unausführbares" darstellt.

All das sind Züge, die wir in Faust wiederfinden. Schließlich wird der Held doch durch Hilfe freundlicher Geister in die Lage versetzt, das Unmögliche zu erreichen. Der lange Weg führt durch ein „Land der Geister", der „Ungeheuer" und „Gespenster". Dem orientalischen Helden werden Zaubermittel gegeben, die ihm helfen, besonders ein Ballon, der ihm eine lange Luftreise und damit die Überwindung unendlicher Entfernung ermöglicht.

Der lange Weg durch die Gefahren des „Geisterlandes" gelingt vor allem dadurch, daß der Held von einem ratenden und helfenden Geist zum andern gewiesen wird. Man reicht ihn gleichsam weiter, von Station zu Station. Dieser Zug war es, durch den Goethe der *Klassischen Walpurgisnacht* ihr formales Gepräge geben konnte. Und zwar ist es in den *1001 Nacht*-Erzählungen besonders eine Reihe von ehrwürdigen alten Weisen, von „Geisterpädagogen", oder auch „Geisteroheimen", wie sie genannt werden, die den Helden auf solche Art ratend weiterweisen, der eine an den andern. Einer dieser geisterhaften Greise verhilft ihm auch durch seine Zauberkraft dazu, über ein sonst unüberquerbares Wasser zu kommen. Gelegentlich wird der Held von einem Geist auf den Schultern getragen, dann wieder sind es „Meerfrauen", die ihm den Weg zeigen. Kurz vor dem Ziel wird der Held noch von einem besonders „ehrwürdigen" Weisen zu einer alten Frau geschickt, die ihrerseits dazu hilft, eine juristische Auseinandersetzung mit der „Geisterkönigin" zu bestehen, in deren Macht sich die geliebte „Geisterprinzessin" befindet. Die alte Frau spielt hier die Rolle der „Verteidigerin". Nach all den Zügen, die wir aus den Entwürfen des *Faust*-Dichters aus dieser Zeit kennen, gibt es also auch für den Abschluß von Fausts Weg zu Helena eine Entsprechung. Manto, die uralte Sibylle, bringt ja Faust zu der Königin des Schattenreichs Proserpina. Sie soll ihm dort – wie die Entwürfe von 1826 und später es vorsahen – in einer Gerichtsszene als „Verteidigerin" beistehen.

Als Goethe im Jahr 1825 jene Erzählungen aus *1001 Nacht* las, wurden ihm plötzlich die gestalterischen Mittel klar, wie das schwierigste Problem seiner Faust-Dichtung zu lösen, wie der Weg Fausts zu Helena darzustellen sei. Auch Helena war ja eine Art Geisterfürstin, als solche unendlich fern – dies mochte Grund genug sein, aufzumerken, wie orientalische Erzählkunst bei gleichliegenden Fällen verfuhr. Die Reise durchs Geisterland als wesentlichster Abschnitt des langen, schwierigen Wegs gab dem Dichter den Gedanken ein, nochmals auch für den Zweiten Teil des *Faust* eine „Walpurgisnacht" zu konzipieren und hierin Faust die entscheidende Strecke seines Weges zu Helena zurücklegen ´zu lassen.

Es entstand der große Prosaentwurf zur *Klassischen Walpurgisnacht* vom Dezember 1826, der in der Grundstruktur wie in zahllosen Einzelheiten seine Herkunft aus der Tradition der orientalischen Erzählungen verrät. Nur daß die einzelnen Geister- und Ungeheuer-Gestalten sogleich eine Umformung ins Antike erfuhren. Goethe setzte dafür entsprechende Figuren aus der griechischen Mythologie ein.

Die Nachwirkung der orientalischen Märchenquelle prägt in der *Klassischen Walpurgisnacht* auch noch sehr stark das Atmosphärische, jene sonst kaum erklärbare, eigentümlich magisch phantasievolle Bewegtheit; es ist Zauberluft aus *1001 Nacht*, die das Ganze belebt.

Beibehalten wurde neben vielem Detail das Erzählschema vom langen Weg, der von Station zu Station führt, verbunden mit dem Motiv des Raterteilens, des Weiterweisens von Station zu Station. In der Tat erfährt das aus *1001 Nacht* stammende Erzählschema vom langen Weg von Station zu Station in der *Klassischen Walpurgisnacht* eine dreifache Ausgestaltung . Nicht nur Faust geht ihn, sondern ebenfalls Homunculus und auch Mephistopheles. Wie Faust am Ende seines Stationenweges zu der Geisterfürstin Persephoneia gelangt, die ihm Helena freigeben wird, so führt den Homunculus sein Weg — von Station zu Station — endlich zu der Geisterfürstin Galatea, bei der er das von ihm erstrebte Ziel finden wird: echtes körperliches Entstehen.

Merkwürdig ist dabei, daß jener Stationenweg, von einem ratenden Geist zum andern, im Bereich der Homunculus-Handlung noch enger zusammenstimmt mit den Folien aus *1001 Nacht* als die auf Faust bezüglichen Partien. In den orientalischen Erzählungen sind es vor allem ehrwürdige alte Weise, die dem Helden ratend weiterhelfen. Im Falle Fausts erscheinen an dem weisen Chiron die Züge des Pädagogen wie in den *1001-Nacht*-Vorlagen sehr deutlich, denn Chiron wird ausdrücklich als „großer Mann" und als „edler Pädagog" bezeichnet. Im Falle des Homunculus sind es gleich drei ehrwürdige Greise von höchstem Rang und Ansehn Thales — Nereus — Proteus., die ihn beraten. Einzig von solchen berühmten Weisen wird Homunculus der Weg gezeigt, der zu Galatea führt. Auffällig ist dabei die Ähnlichkeit der Gestalten von Nereus und Proteus; beide wurden schon in der Antike öfter miteinander verwechselt. Goethes Fabulieren scheint hier ganz bewußt eine Verdoppelung herbeiführen zu wollen. Offenkundig gab den Ausschlag sein Wunsch, der erzählerischen Tradition zu folgen, wo es mehrere weise Alte waren, die den Helden auf seinem Weg zur Geisterkönigin beraten sollten. So steht Homunculus während seines schwierigen Weges zur echten Menschwerdung unter der Leitung besonders großer Ratgeber. Dabei fällt auf, dass Goethe außer den genannten Motiven auch das eigentümliche Ethos der orientalischen Erzähler übernimmt. Für dieses Ethos ist es vor allem charakteristisch, daß der Held sich in jedem — auch im moralischen — Sinne richtig verhält, daß er Fehlverhalten meidet; hierzu gehören besonders das Verzichten und Entsagenkönnen. Dies sind Züge, durch die sich bei den orientalischen Helden Glück und Verdienst verketten.

Faust geht seinen Weg in der *Klassischen Walpurgisnacht* nicht ohne ein solches Ethos, das der Haltung jener Helden in den orientalischen Vorlagen entspricht. Er läßt sich weder durch die Lockungen der Sirenen noch der Nymphen zum „Verweilen" einladen und dadurch vom Ziel abbringen. Vielmehr hört er auf die Mahnung der Sphinxe: „Laß unsern guten Rat dich binden". Was Homunculus angeht, so tritt an ihm eine solche Haltung des weisen Entsagens in noch stärkerem Maße zutage. So verzichtet er — dem Rate eines jener Weisen folgend, die dauernd seinen Weg begleiten — auf eine Königskrone. Dieser Verzicht bewahrt ihn vor dem Untergang. Erst durch ihn wird zugleich das Erreichen des Ziels .— seiner Entstehung im Meer — ermöglicht. Ausgedrückt ist das in den Versen des Thales: „Daß du nicht König warst, ist gut. Nun fort zum heitern Meeresfeste". Im Gespräch mit Nereus wird deutlich, daß Homunculus dadurch, daß er nicht egoistischem Trieb folgt, sondern zu entsagen weiß, sich in positivem Sinne von andern unterscheidet, — so von Paris und Odysseus, die sich keineswegs beraten ließen, sondern ihrem „Gelüst"folgten. Sie waren verführbar, Homunculus nicht. Die Fähigkeit zum Entsagen, zur Selbstaufgabe, wird entscheidend bedeutungsvoll, als Homunculus am Ziel seines Weges anlangt und am Thron Galateas seine unzulängliche Existenz drangibt, aufopfert. Der Akt des freiwilligen Zerschellens am Thron Galteas ist ja ein extremer Akt des Entsagens, des Sich-Entselbstens.

Goethes Homunculus-Fabel steht einer *1001 Nacht*-Erzählung (dem Märchen von den neidischen Schwestern) ganz besonders nahe. Dort gelangt die Heldin des Märchens dadurch erfolgreich zum Ziel, dass sie den gefährlichen und lockenden Stimmen kein Gehör leiht und sich nicht erschrecken lässt. Dies ist die Voraussetzung, um in den Besitz *des goldenen Wassers, des sprechenden Vogel und des singenden Baums* zu gelangen. Der *sprechende Vogel* hat insofern eine merkwürdige Ähnlichkeit mit Homunculus, als auch er sich immer in einem Käfig befindet, den er nie verläßt. Man fragt sich, wie er überhaupt leben kann. Er erinnert sehr stark an die Philolenexistenz des Homunculus auch dadurch, dass diesem sprechenden Vogel als ein Hauptzug *Allwissenheit* eignet. Dadurch wird er zum Ratgeber bei den schwierigsten Problemen. All das erinnert an Homunculus , dem auch eine Art Allwissenheit aus Antizipation eignet. Nur er hat Einblick in Faust Träume. Er allein diagnostiziert Fausts lebensgefährlichen Zustand als Liebeswahnsinn, und einzig er vermag den richtigen Rat zu geben, wie Faust seine Träume verwirklichen und dadurch „genesen" kann – nämlich durch Aufbruch nach Südosten, zur *Klassischen Walpurgisnacht*. Wiederum nur er weiß, daß die *Klassische Walpurgisnacht* unmittelbar bevorsteht, und auch ihm wiederum kommt zuerst der Gedanke an die thessalischen Hexen. Noch zu Beginn der *Klassischen Walpurgisnacht* selbst gibt Homunculus die ersten Direktiven. Es scheint, daß Goethes Phantasie durch das Märchen von dem allwissenden sprechenden Vogel an des Paraculsus Homunculus erinnert wurde, wo ähnliches sich vereint.

Auch der *Singende Baum* im selben *1001 Nacht*-Märchen hat als Gleichnis für das Musische, Dichterisch in der Klassischen Walpurgisnacht viele Entsprechungen, so die singenden Baumnymphen, die Dryaden, den Peneios, der aus Schilf, Rohr, Weiden und Pappeln spricht, aber auch die Sirenen, die nach Goethes ausdrücklicher Anweisung von „oben" nämlich von den „Ästen des Pappelstromes" singen. Das Gelispel, Säuseln, Geflüster aus Pappeln, Weiden, Schilf und Rohr klingend, veranlaßt Faust zu den Worten:*Hör' ich recht, so muß ich glauben:/ Hinter den verschränkten Lauben / 'Dieser Zweige, dieser Stauden / Tönt ein men-*
schenähnlichs Lauten.

Drittens findet sich im gleichen Märchen eine Entsprechung, die vielleicht die wichtigste ist. *Das Goldene Wasser* hat die Kraft, Totes , speziell auch Versteinertes, zu beleben. Auf Geheiß des allwissenden Vogels wird das versteinerte Menschenvolk mit diesem Wasser besprengt und erwacht dadurch zum Leben. So liegt die Vermutung nahe, daß hier der Keim zu Goethes Idee lag, den (nach seinem Ausdruck) „kristallisierten" Homunculus sein Leben , den Beginn seiner echten Existenz im Wasser zu finden.

In der Forschung hat man gelegentlich die *Klassische Walpurgnisnacht* als einen „Weg zum Wasser" bezeichnet. Dabei muß allerdings beachtet werden, daß von den drei Hauptpersonen einzig Homunculus den Weg zum belebenden Wasser geht, nicht Faust und nicht Mephistopheles. Während Faust bereits nach Ablauf des ersten Drittels der *Klassischen Walpurgisnacht* vom Schauplatz verschwindet (Mephistopheles am Ende des zweiten Drittels), erstreckt sich die Homunculus-Handlung über den gesamten Akt und hält diesen als einigendes Band zusammen. Er geht einem echten Entstehen, einer wahren Neugeburt im Wasser entgegen.

Man hat sich oft darüber gewundert, warum Goethe fünfzig Jahre brauchte, um zu zeigen, wie Faust die schöne Helena *ins Leben zieht*. Als er 1825 endlich die Helena-Partie auszuarbeiten begann, knüpfte er ja an ein Fragment aus dem Jahr 1800 an, dessen frühste Konzeption wiederum, Goethes eigener Auskunft zufolge, noch weitere 25 Jahre zurücklag. Erst 1826 gelang ihm der Abschluß des Helena -Akts, dem er die Niederschrift der *Klassischen Walpurgisnacht* sogleich folgen ließ. Nun hatte er die größten Schwierigkeiten überwunden, nachdem er viele Jahre lang vergeblich nach der rechten Lösung für diese beiden Akte gesucht hatte. Davon geben zahlreiche Entwürfe Kunde, von denen er bei der Ausführung der Szenen dann gar keinen Gebrauch mehr machte. Warum er sie ganz anders gestaltete, als zunächst intendiert, das hing mit seiner Lektüre der Neuausgabe von 1001 Nacht zusammen, die ihm den rechten Weg zur Gestaltung´des 1., 2. und 3. Aktes von Faust II finden ließ, die er in umgekehrter Reihenfolge schuf.

Von der ausserordentlichen Intensität seiner Lektüre dieses Meisterwerks orientalischer Erzählkunst zeugen die zahlreichen Erwähnungen in Goethes Tagebüchern und Briefen. Als ihm der Abschluß des 3. Aktes, also des *Helena-Akts*, und gleich darauf folgend die endgültige Konzeption und Niederschrift des 2. Aktes, also der *Klassischen Walpurgisnacht* gelungen war, machte er sich an den Abschluß der *Lustgarten*-Szene, die auf die grosse *Mummenschanz* mit all ihren phantasievollen Zaubereien folgt. Hier liess Goethe den Kaiser, nachdem Mephistopheles ihn und den ganzen Hof mit magischen Fabulierkünsten ausgiebig zerstreut und ergötzt hat, voller Anerkennung und Dankbarkeit sagen:

Welch gut Geschick hat dich hieher gebracht?
Unmittelbar aus Tausend Einer Nacht?
Gleichst du an Fruchtbarkeit Scheherazaden,
Versichr' ich dich der höchsten aller Gnaden.
Sei stets bereit, wenn eure Tageswelt
Wie's oft geschieht, mir widerlichst mißfällt.

Dieser huldigungsartige Hinweis auf *1001 Nacht* verbunden mit der Nennung des Namens der Scheherazade im 1. Akt von Faust II war eine ebenso auffällige wie bedeutungsvolle Kühnheit. Schließlich ist es ein Kaiser des Spätmittelalters, der die Erzählerin aus *1001 Nacht* bei Namen nennt, sie, die erst seit dem 18. Jahrhundert durch die französische Übersetzung von Antoine Galland in Mitteleuropa bekannt und populär geworden war.

Der Kaiser rühmt die willkommene Nachtwelt der Zauberei im Gegensatz zur mißfälligen *Tageswelt* mit ihren bedrückenden finanziellen Problemen und politischen Wirren. Ganz in Entsprechung dazu sagte er „Ich wünsche mir dergleichen Scherze viel." Die Fruchtbarkeit, für die der Kaiser dem Mephistopheles dankt, ist demnach sowohl die des Erzählers, wie die des Zauberers. Beides verschmilzt seltsam in eins. Dem fabulierenden Mephistopheles, der „*Unmittelbar aus Tausend Einer Nacht*" kommt, dankt der Kaiser so, als hätte er bereits wieder gezaubert, und sein Zaubern lobt er, als ob es ein Fabulieren gewesen sei.

Vergegenwärtigt man sich die Rolle, die Mephistopheles im dramatischen Ablauf des zweiten Teils von *Faust* spielt, so zeigt sie sich durch das Scheherazaden-Gleichnis weitgehend programmatisch charakterisiert. Als Zauberer bestimmt er die Handlung. Das tat er auch bereits im ersten Teil, aber in der Tragödie zweitem Teil nimmt sein Zaubern doch ungleich größere Ausmaße an, die wahrhaft an *1001 Nacht* erinnern. Hinzu tritt etwas Neues. In vielen wichtigen Partien, wo das Zauber-Geschehen so übernatürlich wird, daß es auf keine Weise mehr dramatisch zur Darstellaung gebracht werden kann, nimmt es allein durch das Fabulieren des Mephistopheles seinen Fortgang. Mephistopheles erzählt, berichtet, was als Vorgang sich nicht darstellen läßt. Da er stets auch der das Geschehen durch Zauberei Hervorrufende ist, gleicht sein Fabulieren seinem Zaubern, es verschmilzt mit ihm zu unlöslicher Einheit. So schildert er den Gang zu den Müttern, der nicht darstellbar ist, und bewirkt ihn zugleich; das zauberhafte Hervortreten von Helena und Paris wird anschaulich durch den Bericht des Astrologen, dem Mephistophles soffliert; die Mehrzahl der Reden des Mephistopheles in der *Klassischen Walpurgisnacht* trägt referierenden Charakter. Die Handlung des Helena-Aktes ist in wesentlichen Partien auf die Erzählungen von Phorkyas-Mephistopheles gestellt oder auf deren Fabulieren in Arkadien, das zugleich ein Zaubern ist. Das gleiche berichtende Zaubern begegnet im 4. Akt, wie auch im 5. Akt in der Szene *Tiefe Nacht*. Grablegung.

Die Anhäufung des Wunderbaren in *Faust II* war z. T. nur möglich durch Zuhilfenahme eines erzählerischen Elements, von dem der Dichter ausgiebigen Gebrauch machte. Meist ist der Erzählende Mephistopheles, und hierauf zielt der Vergleich mit der Scheherazade: sie stellt gleichsam die Expositionsformel für einen wichtigen Teil seiner Rolle dar, gerade weil bei ihm so oft Fabulieren und Zaubern auf eins herauslaufen.

Aber die Nennung von 1001 Nacht und der Scheherazade im 1. Akt von Faust II hat noch einen anderen Sinn, eine Bedeutung, die im allerspeziellsten Zusammenhang steht mit der *Faust*-Partie, die Goethe, als er diese Verse zu Anfang des Jahres 1828 schrieb, zum Abschluß brachte. Es war die *Mummenschanz-Szene*, in der er ausgiebigen Gebrauch gemacht hatte vor Motiven, die er *1001 Nacht* verdankte Dort hatte er das magische Fabulieren zum Gestaltungsmittel eines hinreißenden Traum-Finales gemacht. Das *1001-Nacht*-Motiv der multipeln Visionen, Blendwerke, Illusionen wurde hier von der größten Bedeutung. Mit ihm verfügte Goethe nicht nur über den erzählerischen Modus zur fabulierenden Gestaltung stärkster Zauberei, er besaß damit zugleich ein wichtiges Symbol. Ein Symbol, das es ihm ermöglichte, alles was an der *Mummenschanz*, besonders an ihrem Ende, Zauber war, gleichnishaft auf das Wesen der Poesie umdeuten zu können.

Auf die besondere Figur eines „Dichters", die ursprünglich vorgesehen war, konnte er nun verzichten. Dennoch kam es auch jetzt zu einer besonderen Huldigung vor einer Dichter-Gestalt. Die Verkörperung jenes märchenhaft zaubernden Fabulierens, wie es die *Mummenschanz*-Szene beispielhaft zeigt, wird durch Nennung ihres Namens geehrt: Scheherazade. Aus vielen Gründen wird es begreiflich, warum Goethe das Bedürfnis fühlte, am Ende dieser Szenenfolge Scheherazade als „Meisterin" eine ausdrückliche und namentliche Huldigung darzubringen, unbekümmert sogar darum, ob das einen Anachronismus darstellte. Kein Zufall ist es, wenn ihm der sie ehrende Vers 6033 zunächst in der Form aus der Felder floß: *Als Meisterin erkennst du Scherazaden!* In dieser Bezeichnung liegt indirekt das Bekenntnis einer Dankesschuld ihr gegenüber. In der *Mummenschanz-Szene* treten nicht weniger als im *Helena-Akt* mannigfache west-östliche Elemente in Erscheinung. Die ganze Reihe der zauberhaften Ereignisse in der *Mummenschanz*-Szene beruht, wie K. M. zeigen konnte, motivisch auf *1001 Nacht*, z.B. der tolle Verwandlungsspuk der Zoilo-Thersites-Szene auf der Schilderung des Geisterverwandlungskampfs indischer Provenienz in der *Geschichte der drei Kalender* aus *1001 Nacht*. Auch die Episoden von der Wunderquelle, von den feuerspeienden Drachen-Schatzhütern, von den Illusionen des Großbrands, der Meeresherrschaft des Kaisers usw. all dies, aber auch z.B. die Behandlung des Schatzheber-Motivs in der Szene „Saal des Thrones" wurden Goethe durch *1001 Nacht* eingegeben. In den Illusionen von Brand und Meeresherrschaft kommt auch das traumgleiche Auswechseln der Raum- und Zeitsphären paradigmatisch zur Anschauung, das dann für den Helena-Akt so charakteristisch sein wird. All diese in die Traum- und Zaubersphäre hinüberlenkenden Elemente haben orientalische Fabulierkunst zur Grundlage. Des Mephistopheles magisches Erzählen läßt den Kaiser als letztes die Hochzeit von Thetis und Peleus miterleben, die hier eigenwillig ihren Schauplatz in unterirdischen Meerespalästen aus *1001 Nacht* hat, statt auf dem Olymp im Beisein aller Götter. Da auch dieser berühmte Mythos von der Verbindung einer göttlichen Frau mit einem Sterblichen handelt, ist eine Parallele zur Hochzeit von Helena und Faust gegeben. Darum ist es kein Zufall, daß das Zaubergeschehen in der *Mummenschanz* gerade mit diesem Mythos endet. Für dieses magische Fabulieren dankt der Kaiser nun an dieser Stelle durch Hinweis auf *1001 Nacht* und den Vergleich mit Scheherazade.

Das Scheherazade-Gleichnis schloß das *Faust*-Fragment, das Goethe 1828 veröffentlichte. Es bringt die geheime Formel für die illusionsschaffende Fabulierkunst des Mephistopheles. Von dieser Kunst ist der Helena-Akt, darüber hinaus der gesamte Zweite Teil des Faust bestimmt. (Hierin liegt einer der wesentlichsten Unterschiede zwischen dem Zweiten und Ersten Teil.

Lassen Sie mich zum Abschluß noch auf einige Goethesche Verse hinweisen, die Goethe in seiner Zeitschrift *Über Kunst und Alterthum* unmittelbar dem Text der Ankündigung von „Helena" im Jahre 1828 vorausgehen ließ, ein Gedicht, das den harmonischen Zusammenklang der Poesie verschiedenster Zeiten und Länder als ebenso „erfreuend" wie wünschenswert darstellt. Es sind die Verse:

Wie David königlich zur Harfe sang,
Der Winzerin Lied am Throne lieblich klang,
Des Persers Bulbul Rosenbusch umbangt,
Und Schlangenhaut als Wildengürtel prangt,
Von Pol zu Pol Gesänge sich erneun,
Ein Sphärentanz harmonisch im Getümmel;
Laßt alle Völker unter gleichem Himmel

Sich gleicher Gabe wohlgemuth erfreun.-

Zusammen genannt werden hier: <u>Psalmen</u>, <u>Hohes Lied</u>, <u>persische</u> und <u>südamerikanische</u> Dichtung. Das Orientalische dominiert und erinnert zugleich an das Thema der Liebeswerbung eines Herrschers. Die Stellung des Gedichts unmittelbar vor der „Helena"-Ankündigung, in der Faust um Helena auf orientalisierende Weise wirbt, ist nicht zufällig. Goethe war sich bewusst, in seiner *Helena*-Dichtung aus verschiedensten Welten: <u>Antike</u>, <u>Orient</u> und <u>Mittelalter</u> dichterische Elemente herausgelesen und aufs Wirkungsvollste verbunden zu haben.

Inhaltlich gehören diese Verse zusammen mit einem Gedicht, das auf derselben Handschrift überliefert ist, die die letzten von Helena gesprochenen Verse enthält:

So der Westen wie der Osten
Geben Reines dir zu kosten.
Laß die Grillen, laß die Schale,
Setze dich zum großen Mahle:
Mögst auch im Vorübergehn
Diese Schüssel nicht verschmähn.

Diese etwa im Juni 1826 entstandenen Verse spiegeln Goethes Stimmung wieder, nachdem er dem ursprünglich aus dem Geiste des Klassizismus geborenen Helena-Akt ein west-östliches Gepräge gegeben hatte. Darin ähnelt es dem zuvor zitierten Gedicht, das Goethe der Ankündigung der Helena vorausstellte.

Die nämliche Gesinnung spricht noch aus einem weiteren von Ende März 1826 stammenden Gedicht, das genau zu dem Zeitpunkt entstand, als Goethe auch das besonders intensiv orientalisierende zweite Lynceus-Lied im *Faust* dichtete, mit dem Helena nach Weise von *1001 Nacht* mit panegyrischem Lobpreis umworben wird. Üblicherweise wird es auf den *West-östlichen Divan* bezogen, aber schon aufgrund seiner Entstehungszeit sollte man es auf die damals zum Abschluß gelangenden *Faust*-Partien beziehen. Es lautet:

Wer sich selbst und andere kennt
Wird auch hier erkennen
Orient und Okzident
Sind nicht mehr zu trennen.

Sinnig zwischen beiden Welten
Sich zu wiegen laß ich gelten,
Also zwischen Ost und Westen
Sich bewegen, sey's zum besten!

Aus all diesen Versen läßt sich erkennen, daß Goethe speziell im Jahre 1826 das Bedürfnis verspürte, dem Orient für seine dichterische Anregung zu danken.

4.1.3 Die Tunisabsage - Briefwechsel

Betreff:	Re: Tunisabsage
Absender:	"mouhamadou moustapha"
Empfänger:	"arfaoui amina"
Kopie-Empfänger:	"Horst Stukenberg"
Datum:	04. Oct 2007 20:40

Liebe Amina,
Es geht ihm etwas besser aber die Thrombose lässt sich noch spüren. er fährt bald zurück nach Deutschland. Er ist ein grosser Pflegefall geworden und seine Hilfsbedürftigkeit wäre schon ein grosses Problem für Euch in Tunis. Seitdem er da ist, hat er keine einzige Email geschickt. er behauptet, dass er seine Kondition überschätzt hätte und die Hitze im Lande an dem jetztigen kranken Zustand viel teilgenommen habe. In Deutschland vielleicht wird er sich besser fühlen und auf jeden Fall bekommt er dort eine bessere Krankenpflege. Schade für die Pläne. Viel Spass beim Kolloquium
Dein Moustapha

Lieber Onkel,
Du kannst vielleicht erstaunlich finden, dass ich mit Dir nicht so oft korrespondiere, wie ich das hätte machen sollen. Das liegt an der Tatsache, dass ich regelmäßig mit Dir telefoniere, um das Wesentliche zu sagen. Ich hoffe, dass es Dir im Moment besser geht als wie zuvor. Ich bin der Meinung, dass Dein Streben nach einem besseren Leben kein Faustsches Streben ist; es geht eher um etwas Realistisches. Ich denke hier an den Faust von Goethe, dessen Ziel gleich am Anfang (Faust 1) einen idealistischen Geschmack hatte. Am Ende hat er vielleicht sein Ziel nicht erreicht, das heißt, „die Menschen zu bessern". Der Herr hat ihm trotzdem am Ende von Faust2 in dem Chor der Engel vergeben: „Wer immer strebend sich bemüht, den können wir erlösen." Faust war ein Mensch der Tat, deswegen wurde ihm vergeben.
Im Moment bin ich dabei zu überlegen, wie Du am bequemsten hier wohnen kannst. Für mich geht es um Kleinigkeiten, aber was dich betrifft, ist das von hohem Wert.
Heute ist der 9. Tag des „Bourde" bei den Tijaan. Am Samstag, dem 31. feiern wir in der Nacht gleichzeitig die Geburt und den Tod des Propheten Muhammad. Du weißt schon, was in dieser Nacht gemacht wird. Ich will nur daran erinnern, dass überall bei den Muslimen aller Länder dieses „einmalige" Ereignis gefeiert wird. Es wird gegessen, gesungen bei der „Khadriya", gelernt, Vorträge über das Leben des Propheten (Sounna) werden gehalten. Ich selber denke daran, nach Tivaouane zu fahren, um dort den „Maouloud" (Geburt) zu verbringen.
Die Bourde ist eine von Bouseiri geschriebene Ode an den Propheten Muhammad. Bouseiri war schwer krank und nicht mehr zu helfen. Er hat sich entschieden diese Ode an Muhammad zu schreiben als Kurlied gegen seine Krankheit. In diesem Lied gibt es 10 Kapitel mit Einführung und Schlussfolgerung. Jede Nacht (12 Tage vor dem Maouloud) singen wir zusammen ein Kapitel dieses Liedes, dieser Ode an Muhammad. Es ist so fantastisch und die Melodie so verzaubernd. Zwei Tage vor dem Fest machen wir Schluss mit dem nächtlichen Zusammensingen, um das Fest vorzubereiten.
Du hast viel Glück im Leben, denn Du hast wirklich gute Freunde, auf die Du rechnen kannst: ich denke an Wolf und Horst. Ich habe Horst gesagt, dass Du keine schriftliche Einladung von mir benötigst. Ich habe ihm gesagt, dass es eine Beleidigung an meine Kultur wäre, denn Du bist ein Mitglied der Familie, für meine Kinder bist Du ein Opa, eine Person, die respektiert werden muss, nicht weil sie da ist, sondern weil sie die Kinder genau an ihren all zu früh verstorbenen Großvater erinnert. Wähntest Du etwa (Prometheus), ich könnte meinen Vater Geld ausgeben lassen, wenn er bei mir wohnte? Das wäre eine pure Beleidigung. Deine Präsenz in

der Familie kann nicht unseren Alltag ändern. Du wirst da sein und wir werden damit rechnen, dass Du eine positive Person bist. Du brauchst keinen Pfennig bei mir auszugeben; du musst nur werden, der du bist.

Ich grüße die ganze Familie recht herzlich und bitte sage Großmutter Clara, dass ich an sie denke. Bis dann.

Dein Moustapha

4.2 Peter Anton von Arnim, dem unvergeßlichen Freund, zum Gedenken - von Katharina Mommsen

Unsere Freundschaft wurde dadurch veranlaßt, dass es PAvA nach Afrika gezogen hatte. Von 1980 bis 1987 lebte er im Norden des Sudan, einem islamischen Land, wo er sich als Privatmann und als Fotograf in einem Fotostudio betätigte, das er und ein Sudanese gemeinsam betrieben. Doch schon bald zwangen ihn politische Umstände, sich mit dem Islam auseinanderzusetzen, nachdem der sudanesische Diktator Numeiri, der seine soziale Machtbasis schwinden sah, um sein wankendes Regime zu retten, Zuflucht zum religiösen Terror nahm. 1983 führte er im Sudan eine angeblich islamische Strafjustiz unter der Bezeichnung ›Scharia‹ ein, die bei PAvA Schocks auslöste, als er zum Augenzeugen eines seine Greueltaten religiös rechtfertigenden Terrorregimes wurde. Um geringfügiger Vergehen willen wurden Menschen zu Opfern einer Schnelljustiz, die ihnen die rechte Hand oder kreuzweise die rechte Hand und den linken Fuß amputierte. Was für eine Religion war das, in deren Namen so grauenhafte Menschenrechtsverletzungen ausgeübt wurden?!

Unvermutet stieß PAvA im Goethe-Institut von Khartoum auf einen Essay von mir unter dem provozierenden Motto »Im Islam leben und sterben wir alle«. Die Alexander-von-Humboldt-Stiftung hatte diesen Aufsatz, der Goethes Verhältnis zum Islam darstellte, aus Anlass von Goethes 200. Todesjahr veröffentlicht. Dass PAvA ausgerechnet zu diesem Zeitpunkt dort einem ganz anderen Islam begegnete, erklärte er selber für einen „Glücksfall", der ganz stark „bestimmend" auf sein weiteres Leben einwirkte. Das Erlebnis sei „mit dem arabischen *qisma* oder dem türkischen *Kismet* zu bezeichnen." Aufgrund dieser Lektüre begriff PAvA damals sofort den Unterschied zwischen dem von machtbesessenen Politikern und deren fanatisierten Anhängern praktizierten Islam des Staatsterrors und einem andern, von Millionen gläubiger Muslims in aller Welt gelebten Islam religiöser Toleranz und Friedfertigkeit. Dazu äußerte PAvA in einem späteren Brief: „Ich habe nach dieser Lektüre herausgefunden, dass Goethe für mich als Deutscher ein wunderbarer Führer in die uns angeblich so fremde Welt des Islam darstellte."

Die intensive Beschäftigung mit Goethes Koran-Studien und sein eigenes Studium des Korans erschlossen PAvA das Verständnis für einen Islam, welcher dem offiziellen der sudanesischen Regierung diametral entgegengesetzt war. Damals lernte PAvA auch mehrere Opfer der sudanesischen Strafjustiz kennen, die in der Mehrzahl gläubige Muslime waren, doch befanden sich auch Christen darunter. PAvA erfuhr, dass die gegen alle Menschenrechte verstoßenden Praktiken des Numeiri-Regimes von gläubigen Muslims im Sudan als Verhöhnung des Islam gebrandmarkt wurden. 1985 kam es zu einem Volksaufstand und zum Sturz des Diktators Numeiri durch das sudanesische Volk, das sich gegen den religiösen Terror wehrte.

Mit Unterstützung einiger sudanesischer Rechtsanwälte gelang es PAvA die »Sudanese Association for Amputees« zu gründen, eine Selbsthilfegruppe für die Opfer dieser Schnellgerichte, d.h. der Amputierten, die dringend Hilfe brauchten. Aber die kommende neue Diktatur warf bereits ihre Schatten voraus. Wegen seines Einsatzes für die Amputierten mußte PAvA aufgrund einer von der fundamentalistischen Presse veranstalteten Hetzkampagne zwei Tage in Polizeigewahrsam verbringen, bis ihn einer der sudanesischen Rechtsanwälte freibekam. 1987 verließ PAvA das Land, zwei Jahre vor dem – notabene mit finanzieller und logistischer Unterstützung Osama bin Ladens durchgeführten – fundamentalistischen Militärputsch von 1989, dessen schlimme Folgen nach wie vor andauern.

Man könnte vermuten, dass PAvA nach seinen bitteren Erfahrungen im Sudan sich ein für allemal vom Islam, d.h. von jeglicher Auseinandersetzung mit der islamischen Religion und jeglichem Kontakt mit Muslimen abgewandt hätte. Doch das Gegenteil war der Fall: eingedenk der Tatsache, dass wir Deutsche als Überlebende zweier Diktaturen es doch in der Mehrzahl strikt ablehnen würden, mit dem Naziregime oder dem Stalinismus in einen Topf geworfen zu werden, setzte sich PAvA aufs Engagierteste dafür ein, die Muslime in aller Welt nicht mit den diktatorischen Praktiken der Regime, unter denen sie zu leiden haben, zu identifizieren und sie dafür verantwortlich zu machen. Wo immer er auf anti-islamische Hetzpropaganda stieß, empfand er die in einem solchen Verhalten liegende Verletzung der Humanität so vehement, dass er sich dadurch selber in seiner Menschlichkeit verletzt fühlte. Es drängte ihn, aufklärend zu wirken gegen die im Westen herrschende Tendenz, alle Muslime simplifizierend mit den Politislamisten zu verwechseln, insbesondere auch die, welche unter deren Terrorregime zu leiden hatten.

Über solche Themen hatten wir schon einige Briefe gewechselt, ehe wir einander am 18. Oktober 1988 zum erstenmal in Frankfurt am Main persönlich begegneten. Das war anschließend an einen im Senckenberg-Museum gehaltenen Vortrag von mir, als wir die legendäre Gastfreundschaft der Familie Volhard genossen, die vielen bei ihnen versammelten Goethefreunden Gelegenheit gab, bei Speis und Trank miteinander ins Gespräch zu kommen. Doch an jenem Abend, so erinnere ich mich, nahm PAvA mich ganz in Beschlag, nachdem er lange auf eine Gelegenheit gewartet hatte, sich über ihn zutiefst bewegende Vorkommnisse mit der in Kalifornien lebenden Briefpartnerin auszutauschen.

1988 war auch gerade meine ausführlichere Darstellung von Goethes Verhältnis zum Islam in dem Buch *Goethe und die arabische Welt* erschienen. PAvA und ich stimmten im gemeinsamen Bestreben überein, Goethes liberale Gesinnungen zu verbreiten und den herrschenden Vorurteilen entgegenzuwirken. Schon damals hatte er, wenn meine Erinnerung mich nicht täuscht, die Idee, aus *Goethe und die arabische Welt* die speziell auf den Islam bezüglichen Partien herauszuziehen und in ein kleineres *Goethe und der Islam* betiteltes Buch umzuwandeln, gerade weil die bisherige Goetheforschung die muslimische Komponente aus herkömmlicher Geringschätzung weitgehend vernachlässigt hatte. Uns erschien es wichtig, in der Nachfolge Goethes den interkulturellen und interreligiösen Dialog zum Wohl der Menschheit zu befördern.

Dass Fairness gegenüber den Muslimen sich nur im Einklang mit Wissen und Einsicht entwickeln kann, versteht sich eigentlich von selbst und auch, dass diese beim Durchschnittsbürger der westlichen Welt nicht ohne weiteres vorausgesetzt werden können, dass es daher in Deutschland und anderwärts der von unseren Schulen bislang versäumten Aufklärung bedarf. PAvAs eigener Blick hatte sich in diesen Jahren immer mehr geöffnet für das Phänomen des Islam als letzter der drei monotheistischen Religionen und zweitgrößte Weltreligion mit anderthalb Milliarden Anhängern, deren Majorität aus gottesfürchtigen und friedfertigen Menschen besteht, die sich über alle Länder der Erde verteilen.

Nach wie vor betrachtete PAvA Goethe als besten Wegweiser für eine faire Einstellung gegenüber den Muslimen, zumal für uns Deutsche, weil er wie keiner den Dialog mit dem Islam eröffnet hatte. Ganz besonders hilfreich zur Einführung in Geschichte und Kultur des Nahen Orients erschienen ihm dabei Goethes *Noten und Abhandlungen zu besserem Verständnis des West-östlichen Divans.*

Als es PAvA erneut nach Afrika zog, diesmal nach dem Senegal, gab ihm der dortige Aufenthalt an der Universität von Dakar erwünschte Gelegenheit, mit der studentischen Jugend in Kontakt zu kommen. Er lernte Muslime kennen und schätzen, die durch ihr Wesen und ihre Haltung seinen Respekt vor dem Islam vertieften. Dort zu vermitteln, was Goethe über den Islam dachte und Goethes Gedanken zur Diskussion zu stellen, war ihm ein ernsthaftes Anliegen. Dabei stellte er fest, dass es etwas völlig Neues und geradezu Schockierendes für die Muslime war, über ihre Religion zu diskutieren. Dennoch gelang es ihm durch seine Persönlichkeit, ihnen nicht allein Goethes bejahende Äußerungen der Zustimmung und liebevollen Anerkennung vieler Aspekte ihrer Religion nahezubringen, sondern auch des Dichters einschränkende Verlautbarungen begreiflich zu machen. Aus der Perspektive eines großen europäischen Dichters und Denkers die eigene Religion neu und aus einem gewissen Abstand wahrzunehmen, mußte zu Erschütterungen und zu einem geistigen Durchbruch führen, dessen positive Folgen und fruchtbaren Auswirkungen gar nicht absehbar sind. Bedarf es doch der Kontemplation und Klarheit über die eigene Religion als Voraussetzung für nötige Reformen des Islam, um die Gläubigen vor fanatischen Fundamentalisten zu schützen, die im Verein mit ruchlosen Diktatoren und Militärregierungen einen vermeintlichen Islam als Machtinstrument mißbrauchen, der mit den eigentlichen Lehren des Propheten nichts mehr gemein hat. Doch auch im Hinblick auf ein friedliches Miteinander der Völker verschiedenen Glaubens in unserer globalisierten Welt des 21. Jahrhunderts ist das Nachdenken über die eigene Religion und die der anderen unbedingt erforderlich. PAvA und ich waren uns darin einig, dass sich der Visionär Goethe noch heute durch seine vor 200 Jahren gewonnenen Einsichten und Verlautbarungen als außerordentlich hilfreich erweisen kann.

Wiederholt brachte PAvA gegenüber dem Verleger Unseld seinen Wunsch nach einem *Goethe und der Islam*-Taschenbuch zur Sprache, bis dieser sich tatsächlich angesichts des ständig zunehmenden politischen Interesses am Islam zu einem solchen Insel-Taschenbuch entschloss. Da ich selber mit anderen Projekten befaßt war und lieber neue als schon früher behandelte Themen bearbeitete, tat Peter Anton mir einen großen Gefallen mit Erfüllung meiner ihn zunächst überraschenden Bitte, seinerseits die Herausgeberschaft von *Goethe und der Islam* zu übernehmen. In denkbar freundschaftlicher Kooperation tauschten wir telefonisch und per Fax oft unsere Gedanken über die Gestaltung des Buches miteinander aus. PAvA sorgte dafür, dass den von ihm sehr bewunderten Spinoza-Studien meines Mannes mehr Platz eingeräumt wurde als früher. Doch steuerte er sowohl neue eigene Ideen als auch neues Material bei und freute sich jedesmal meines Einverständnisses. Dabei war es ihm gar nicht wichtig, sein eigenes Ideengut als solches besonders zu markieren. Dass das Büchlein durch ihn stärker ›ins Politische geriet‹ als das frühere, vornehmlich unter philologischen Gesichtspunkten konzipierte Buch, geschah durchaus mit meinem Einverständnis. Denn inzwischen war mir selber, nicht zuletzt durch PAvA, die Aufgabe bewußt geworden, Goethes Heilsamkeit als Brückenbauer zwischen Orient und Okzident für unsere Gegenwart zu nutzen. Insofern waren die Vorwürfe, die ein Kritiker in der FAZ gegen PAvA nach Erscheinen von *Goethe und der Islam* erhob, völlig ungerechtfertigt, als habe er dem Buch einen mir fremden politischen Anstrich gegeben. De facto enthielt es gar nichts, was nicht in unser beider Einvernehmen gewesen wäre, auch wenn einiges in PAvAs Nachwort mich zunächst überrascht hatte, vor allem der von ihm gewählte Titel: *Goethe als Leitfigur eines deutschen Islam?* Doch ich mußte ihm recht geben, denn er kannte sich mit den Problemen der etwa drei Millionen in Deutschland lebenden Muslime besser aus als ich im fernen Kalifornien. Nach wie vor bin ich ihm dankbar dafür, daß es überhaupt zu diesem Buch gekommen ist und dass er es so gestaltet hat, wie ich es selber gar nicht hätte gestalten können. Inzwischen hat es, besonders unter Muslimen in Deutschland, nicht an beträchtlichen positiven Auswirkungen gefehlt. Weimar ist für viele von ihnen zu einer Art Wallfahrtsort‹ geworden, weil dort Deutschlands größter Dichter gewirkt hat, der dem Islam Sympathie und Hochachtung entgegengebracht hat und den sie darum als einen der ihren betrachten. Auch gibt es unter den deutschen Muslimen gewiß gar nicht wenige, die Goethes Werke besser kennen als manche Mitbürger, deren Vorfahren schon zu seinen Lebzeiten im Lande waren. PAvA hat noch die Freude erlebt, dass *Goethe und der Islam* in bosnischer Sprache 2008 in Serajewo erscheinen konnte. Wie hätte es ihn gefreut, zu erfahren, dass dieses ihm so am Herzen liegende Buch jetzt auch ins Türkische, Russische und Chinesische übersetzt wird.

Von vorneherein war mir PAvAs phänomenale Sprachbegabung aufgefallen, obwohl er selber davon gar kein Aufhebens machte. Es erschien mir bewundernswert, wie schnell er in Abendkursen Arabisch gelernt hatte. Auch sein Englisch, Französisch und Italienisch waren verblüffend gut. Als er eine Weile als Gast nach Palo Alto kam, beglückte er meine lateinamerikanische Haushälterin Ana Gloria durch seine auf Spanisch ebenso lebhaft wie freundlich geführten Gespräche; und auf ihre verwunderte Frage, woher er so gut Spanisch könne, meinte er, wenn man erstmal außer der Muttersprache eine zweite Sprache richtig gelernt hätte, dann seien die 3., 4., 5. & 6. gar nicht mehr schwierig.

Während seines hiesigen Aufenthalts wollten wir eigentlich gemeinsam ein Expose zu einem *Goethe-und-der-Islam*-Dokumentarfilm ausarbeiten, was uns leider nicht gelang, wohl weil uns beiden die zu einem solchen Projekt erforderliche Technik und Erfahrung fehlte. Aber bei der Gelegenheit brachte ich ein anderes Anliegen zur Sprache: die Übersetzung von Goethes *Noten und Abhandlungen zu besserem Verständnis des West-östlichen Divans* ins Englische. Dieses besonders ›aktuelle‹ Werk Goethes war unbegreiflicherweise noch nie ins Englische übersetzt worden. Ich berichtete PAvA von meinen jahrelangen vergeblichen Bemühungen, einen englischen oder amerikanischen Übersetzer dafür zu finden. An Versuchen hatte es nicht gefehlt, aber die Proben waren sehr enttäuschend ausgefallen. Niemandem schien es zu gelingen, Goethes Sprache adäquat im Englischen wiederzugeben, da seine Worte oft noch ganz andere Bedeutungsnuancen enthalten als selbst begabte amerikanische Übersetzer bemerkt hatten. Zögernd weil er sich des Unterschieds zwischen fließendem Sprechen und druckreifem Schreiben völlig bewußt war, entschloß sich Peter Anton, den Versuch zu wagen. Tatsächlich gelang ihm, was keinem seiner Vorgänger geglückt war, den Sinn jedes Satzes exakt wiederzugeben. Allerdings war der Übersetzung eben doch anzumerken, dass sie von keinem ›native speaker‹ stammte und des entscheidenden Schliffs durch einen Schriftsteller aus dem englischen Sprachbereich bedurfte. Außerdem bildeten die zahlreichen Verse, die Goethe in die Prosa der *Noten und Abhandlungen* eingestreut hatte, und die PAvA nicht versmäßig zu übersetzen gewagt hatte, ein Problem, das nur von einem Dichter gelöst werden konnte, der sie in adäquate englische Poesie zu verwandeln vermochte. Niemand war darum froher als PAvA, als der amerikanische Dichter Martin Bidney, der ohnehin dabei war, alle Gedichte des *West-östlichen Divans* ins Englische zu übertragen, sich überreden ließ, sein sprachliches Genie den *Noten und Abhandlungen* auf der Grundlage von PavAs Übersetzung zuzuwenden. Das Resultat dieses Gemeinschaftswerks gelang tatsächlich aufs Beste.

In den letzten Telefongesprächen mit PAvA konnte ich ihm noch vom glücklichen Abschluß dieser Arbeit berichten und auch davon, daß es endlich nach unsern eigenen vergeblichen Bemühungen, in England, Kanada, Amerika oder Australien einen interessierten Verleger zu finden, Martin Bidney gelungen war, an seiner State University of New York einen Verlag aufzutun, der dieses Werk zu veröffentlichen bereit war. Das zu erfahren, gab PAvA ein Gefühl der Genugtuung im Bewußtsein, auch dieses Liebewerk für Goethe nicht vergebens geleistet zu haben. Es war eine seiner letzten Freuden.

Den tiefen Respekt, die Sympathie-, Freundschafts- und Dankgefühle, die Martin Bidney, auch in meinem Namen, unserm schmerzlich vermissten Peter Anton bezeugte, zeigen seine Verse am Anfang des Buches, das die gemeinsame englische Übersetzung von Goethes *Noten und Abhandlungen* enthält:

12. März 2012, Palo Alto CA 94301-2223

4.3 In memoriam: Peter Anton von Arnim – von Martin Bdney

We never met, and yet a spirit-brother you
Have been to me as we together worked to frame
Goethean essays in translation. Blessed name
Is yours! And when I read what wise Mouhamadou

Mustapha, mourning, wrote of all you'd done for him,
Your nephew, and for more to whom you came to aid,
I wept again, as when I first had learned you'd made
The final journey. Time will all our forms dislimn,

And yet the life of loving kindness you had led,

Wedding the West and East, will make your image live
As of a helper, seeker, healer. What you give

To all who knew and loved you never can be said
In words. Receive my grieving tribute: you will be
Remembered, treasured by your friends eternally.

Dieses Sonett steht in: West-East Divan, The Poems, with „Notes and Essays", Goethe's Intercultural Dialogues, by Johann Wolfgang von Goethe.- Divan translated, with Introduction and Commentary Poems by Martin Bidney
"Notes and Essays" translated
By

Martin Bidney and **Peter Anton von Arnim**.
Volume II in the Series: East-West Bridge Builders
State University of New York Press
2010

4.4 Katharina Mommsen – an die Herausgeber

Liebe Stukenbergs,

es freut mich, daß Sie den gesamten Text, der ja tatsächlich – leider! – noch immer nichts an Aktualität verloren hat, in das PAvA‑Gedenkbuch integrieren können.

Hier kommen noch als Kostprobe die ersten Kapitel der englischen Übersetzung von *Goethes Noten & Abhandlungen zu besserem Verständnis des Westöstlichen Divan*, die PAvA zunächst auf meinen Wunsch hin angefertigt hatte und die dann dankenswerterweise Prof. Martin Bidney als Poet & native speaker noch verfeinert und durch seine Gedicht-Übersetzungen wesentlich bereichert hat, so dass nun wirklich eine adäquate englische Übersetzung dieses sehr wesentlichen Goetheschen Werkes (besonders für unsere heutige Zeit) vorliegt.

Durch diese Kostprobe wird hoffentlich auch die Aufmerksamkeit von mehr Menschen auf dieses wertvolle Gemeinschaftswerk von Martin Bidney & PAvA gelenkt werden.

Mit allerbesten Wünschen und herzlichen Grüßen, Ihre Katharina Mommsen.

12. April 2012, 20.30 h

4.5 NOTES AND ESSAYS FOR A BETTER UNDERSTANDING OF THE .WEST-EAST DIVAN – Übersetzung ins Englische

by

Johann Wolfgang von Goethe –

Translated by **Martin Bidney and Peter Anton von Arnim**

Poetry if you would know,
To its country you must go;
If the poet you would know,
To the poet's country go.

(1) INTRODUCTION

"To everything there is a season!" According to this dictum, whose meaning we learn to appreciate more and more the longer we live, there is a time to keep silent and a time to speak. I am opting for the latter now. If doing and acting are proper to younger years, it is contemplation and communication that suit the later ones.

I sent the writings of my early years into the world without a preface, without even indicating what they were intended for. I did that because I trusted that the nation would sooner or later make use of what I had offered. Thus, many of my works succeeded in having an immediate impact, while others, not equally accessible or striking, needed several years to attain recognition. But now that this time has gone by, a second and third generation are repaying me double and triple for the wrongs done me by earlier contemporaries.

But this time I would like to see to it that nothing should stop my little book from making a good immediate impression. So I decided to clarify, explain, and illustrate, in every way I could think of, what would help readers attain immediate comprehension, even if they had little familiarity with the Orient. People will not need my supplement, of course, if they are already versed in the history and literature of this remarkable part of the world. Instead, they will quickly picture the springs and brooks whose enlivening water I have diverted onto my flower-beds.

What I would like best, though, is to be regarded as a traveler who will be worth hearing if he eagerly assimilates the ways of life of a strange country, tries to appropriate its forms of speech, and learns how to share views and comprehend customs. He will be forgiven if he succeeds only in part, if he still continues to be identifiable as a foreigner because of a distinctive accent or a resistant inflexibility in his national character. It is in this sense that readers may pardon my little book. Judicious people will be forgiving because they understand. Amateurs, less distracted by my shortcomings, may accept without bias what is offered.

Also, to let his countrymen enjoy more readily whatever he brings back, the traveler takes on the role of a merchant who displays his goods appealingly and tries in many ways to make them pleasing. Readers will not object to a variety of verbal presentations: stating, describing, or praising.

To begin with, I would like to make it clear that in regard to morality and aesthetics I have made it my duty to keep this work within everyone's grasp. So I use the plainest language, dIe easiest, most understandable cadences of my vernacular, and only distantly allude to phrasings by which the Oriental tries to please through artificiality and mannerisms.

But understanding may be hindered by many unavoidable foreign words that are obscure because they refer to specific objects, matters of faith, opinions, traditions, fables, and

194

customs. I have made it my next obligation to explain these by taking into account needs that were made apparent by questions and objections raised by German listeners and readers. An index will
note both the page where an obscure passage occurs and the place where I explain it [Goethe's brief index is not included here. - MB]. Each explanation is made within a specific context, so rather than scattered notes the reader will find an integrated text. Though lightly and loosely handled, it can still provide a clarifying overview.

I hope my efforts in accomplishing the project will please the reader. I am entitled to that hope, for now that so many things from the Orient are being truly integrated into our language, it may well be worthwhile to draw attention to that area from which so much of greatness, beauty, and excellence has reached our country over the centuries, and from which we may hope for more each day.

(2) HEBREWS

In every country, native poetry is the first of its kind. It underlies all the succeeding varieties. The more freshly and naturally it comes to the fore, the more happily will later epochs evolve.

As we are speaking about Oriental poetry, it becomes imperative to mention the Bible as the most ancient collection. A large part of the Old Testament is written in a lofty spirit, with enthusiasm, and belongs to the realm of poetry.

If I now vividly recollect the time when [Johann Gottfried] Herder [1744-1803] and [Johann Gottfried] Eichhorn [1752-1827] enlightened me on this topic personally, I recall a sublime delight, comparable to a pure Oriental sunrise. What these men bequeathed to me can only be hinted at, and I will be forgiven for my haste in passing by such treasures.

As an example we may think of the Book of Ruth. ·While pursuing its lofty goal of providing a king of Israel with reputable, interesting forebears, it can be regarded at the same time as the most lovely small, well-unified work handed down to us in an epic and idyllic form.

Next, I will dwell for a moment on the Song of Songs, the most tender, inimitable expression of passionate, graceful love that has been transmitted to us. Certainly we deplore the fact that poems thrown together as fragments and piled one on top of the other afford us no full, pure enjoyment. But we still take pleasure in transporting ourselves into the circumstances of the
poets' life. A mild breeze of the loveliest region of Canaan wafts through the work - intimate rustic settings, wine production, garden plants and spices, something of urban constriction, but then a royal court with splendors in the background. The main theme, though, is still the ardent affection of youthful hearts that seek, find, repel, and attract each other, in a variety of very simple circumstances.

Several times I thought of singling out a few things from this lovely confusion and arranging them. But it is precisely the enigmatic, inscrutable nature of these few pages that lends them grace and distinction. How often have well-thinking, orderly minds been enticed to formulate or impose some kind of plausible organizing plan, while the next reader is still confronted with the same task.

In a similar way the Book of Ruth has already exerted irresistible charm upon many a well-disposed man who has succumbed to the illusion that events depicted with invaluable concision could gain something from a more detailed, roundabout treatment.

And thus, in book after book, the Book of all Books may demonstrate that it has been given to us in order that we, as in a second world, may test ourselves by it and get lost in it, be enlightened through it and educate ourselves with it.

(3) ARABS

With a people farther east, the Arabs, we find splendid treasures in the [eighth-century compilation] *mu'allaqat*. These are songs of praise that were crowned with victory in poetic competitions - poems arising before the time of Muhammad [570-632], written in golden letters, and hung on the gates of the temple in Mecca. They point to a nomadic, cattle-raising, war like

nation, made insecure by the mutual conflict of several tribes. Featured here are a firm attachment to one's fellow clansmen, ambition, bravery, and an insatiable thirst for revenge, mitigated by love-pangs, good will, and self sacrifice – all without limit. These poems give us an adequate idea of the high culture of the tribesmen of Qoraish. Muhammad himself emerged among them. But he threw over them a somber religious veil that was to shroud any prospect of purer developments.

The value of these exquisite poems, seven in number, is yet heightened by the fact that the greatest diversity prevails throughout the sequence. We cannot give a briefer and more accurate account of this variety than by inserting an evocation of their character by the insightful [Sir William] *Jones* [1746-1794]. "The poem of *Amralkais* is soft, joyful, lustrous, delicate, varied and graceful. The one of *Tarafa* – bold, excited, bouncing, and yet interwoven with some gaiety. The poem of *Zoheir* – sharp, serious, chaste, full of moral commandments and serious maxims. *Lebid's* poetry is light, amorous, refined, delicate. It recalls Virgil's second eclogue, for he complains about the pride and arrogance of the beloved and takes the occasion to enumerate his virtues and praise his tribe to the skies. The song of *Antara* shows itself proud, ominous, striking, magnificent, but not without beauty in the descriptions and images. *Amru* is impetuous, sublime, vain-glorious; *Harez.* full of wisdom, discernment, and dignity. The latter two appear

also as poetic-political polemics, delivered before an audience of Arabs in order to appease the destructive hatred of two clans" [*Poes. Asiat. Comment. 72*].

As I have surely aroused the reader now to read or reread these poems, I will add here another one, from Muhammad's time, and fully in the same vein. One could describe its character as gloomy or even sinister, glowing, vindictive, and replete with vengeance.

[Ascribed to Ta'abbata Sharran]

1
In the ravine, on the path,
Someone lies slain
Upon whose blood
No dew is dripping.

2
A heavy burden he left me –
And departed;
Truly this burden
I will bear.

3
"Heir of my vengeance:
The sister's son,
The warlike,
The irreconcilable:

4
Mute, exuding venom,
Silent like the viper,
A serpent spitting poison.
Against it no charm avails."

5
Violent word spread among us
Of a great, mighty disaster;
Even the most powerful
Would have been overwhelmed.

6
Fortune has plundered me,
Harming the friendly one,
None of whose guests
Were ever hurt.

7
He was the sun's heat
On a cold day;
And when Sirius burned,
A shade, a cooling.

8
He was lean-limbed,
Not a complainer,
Moist of palm,
Audacious and vehement.

9
With a steadfast mind
He pursued his goal –
Until he rested;
Then rested, too, the steadiness.

10
He was the rain of a cloud,
Distributing gifts;
But, when attacking,
An angry lion.

11
Stately before his people –
With black hair, long garment;
When raiding the enemy,
A haggard wolf.

12
He dispensed two flavors,
Honey and wormwood.

A dish of these flavors
Everyone tasted.

13
Terrible, he rode alone,
Accompanied by none,
Only a sword of Yemen,
Adorned with notches.

14
At noon we young warriors
Began our expedition,
Traveled through the night –
Floating clouds without rest.

15
Everyone was a sword,
By swords girded round –
Ripped from the sheath,
A lightning flash.

16
They sipped the spirit of sleep,
But when they nodded
We struck them,
And they were gone.

17
We took complete revenge;
From the two tribes
But few escaped,
Few indeed.

18
And the Hudhaylis, to destroy him,
Would break his lance,
Because he, with his lance,
Had shattered Hudhayl.

19
On a rough place of rest
They laid him,
By a jagged rock, where even camels
Shattered their hooves.

20
When morning hailed him there,
At the gloomy site, murdered,
He had been robbed,
The booty stolen.

21
But now they've been killed by me -
The Hudhaylis, with deep wounds.
Bad luck doesn't wear me down,
It wears itself down.

22
The thirst of the spear was quenched
With a first draught;
It was not forbidden
To drink again, again.

23
Now the wine denied
Is once again allowed;
With much hard work
Did I win permission.

24
To sword and spear
And horse I extended
The privilege
Now common to all.

25
Hand me the drinking-cup then,
o Sawad ben Amre!
My body, for my uncle's sake,
Is an open wound.

26
And to Hudhayl have we handed
The chalice of death,
\X1hose effect is wretchedness,
Blindness, humiliation.

27
The hyenas were laughing
Over the Hudhaylis' death;
You could see wolves,
Their faces shining.

28
The noblest vultures came flying,
They walked from corpse to corpse,
And from the meal in surfeit
They were unable to soar.

Little is needed for us to reach an understanding of this poem. The grandeur of character, the earnestness, the righteous cruelty of the action are the marrow of the poetry. The first

two stanzas give a clear exposition. In the third and the fourth the dead man speaks and imposes upon his relatives the burden of revenge. The fifth and the sixth are linked by their meaning to the first stanzas; they appear lyrically transposed. The movement from the seventh to the thirteenth elevates the slain one, so we may feel the greatness of his loss. From the fourteenth through the sixteenth stanza the expedition against the enemies is portrayed; the eighteenth leads back again;

the nineteenth and twentieth could come right after the first two stanzas. The twenty-first and twenty-second could be placed after the seventeenth; then follows the flush of victory and enjoyment of the banquet. The conclusion, though, is the horrible delight of seeing vanquished enemies lying before us and left as food for hyenas and vultures.

Most remarkable is the fact that in this poem the pure prose of the action becomes poetic through the transposition of events. By that means, and because the poem lacks nearly all outward embellishment, its gravity is heightened. Anyone making his way deeply into it will see the events that have occurred, from beginning to end, building up before him in imagination.

(4) TRANSITION

If we now turn to a peaceful, civilized people, the Persians - since it was their poetry that initially prompted me to write this work - we must go back to the earliest times so we can understand the more recent period. It will always remain remarkable to the historian that no matter how often a land has been conquered by enemies - subjugated, even destroyed – a certain core quality of the nation always survives in its character, and all of a sudden a well-known popular feature reappears.

From this standpoint it may be enjoyable to hear about the ancient Persians, and so to stride on to the present day with a more assured and freer step.

(5) ANCIENT PERSIANS

The ancient Parsis' worship of God was grounded in the contemplation of nature. Adoring the Creator, they turned to the rising sun as the most striking of all magnificent phenomena. Here they believed they had caught sight of the throne of God, surrounded by the radiance of angels.

Everyone, even the lowliest, could make the glory of tills uplifting service come alive for himself each day. The poor man issued from his hut, the warrior from his tent, and the most religious of all duties was fulfilled. The newborn child was given the baptism of fire in solar rays. All day long, throughout his life, the Parsi would see himself accompanied by that primary star in all his actions. The moon and stars illumined the night, likewise unattainable, belonging to infinity. But then the fire stood ever by one's side, lightening, warming, as best it could. To pray in the presence of that emissary, to bow down before what was felt to be infinite, became a pleasant, pious duty. There is nothing purer than a cheerful sunrise. Fires had to be kindled and tended with the same neat cleanliness if they were to be, and to remain, holy reminders of the sun.

Zoroaster [or Zarathustra, tenth to eleventh century BC] was apparently the first to transform the noble, pure natural religion into an elaborate cult. Mental prayer, which includes and excludes all religions and pervades the moral conduct of only a few people who have been blessed by God, evolves with the majority merely as a transiently ardent, blissful moment of feeling. "When it fades away, the individual, returned to himself, unsatisfied and idle, immediately falls back into the most tedious boredom.

To fill this void meticulously ,with ceremonials, consecrations, and expiations, with comings and goings, with inclinations and bows, is the duty and privilege of the priestly guild, who in the course of centuries have fragmented their occupation into countless trivialities. Drawing a quick summarizing line between the first childlike, happy adoration of the rising sun and the insane rites of the Guebers [a now obsolete term for Zoroastrians], as practiced by them yet today in India, we may perceive in the one case a youthful nation rising from sleep to meet the sunrise, and in the other a dreary people who try to kill ordinary boredom with pious boredom.

But we should not forget that ancient Parsis did not venerate only fire. Their religion is based throughout on the dignity of all elemental proclaimers of God's presence and might. Hence the pious fear of sullying water, air, or soil. Such a reverence for everything natural that surrounds the human being leads to every civil virtue: attentiveness, neatness, diligence are encouraged and fostered. Here was the basis of the national culture. Just as they would not pollute a river, so they dug their canals with care to save water and keep it clean. From controlled water circulation sprang the fertility of the country, so that during that era of empire ten times more land was plowed. They carried out with utmost diligence whatever work the sun would smile upon. But above all else they cultivated the vine, the sun's true child.

Their strange way of burying the dead derives from the same exaggerated endeavor not to pollute pure elements. The police of the cities worked according to these tenets. Keeping the streets clean was a religious concern. Even today, when the Guebers are a banished, repudiated, despised people and find their lodgings, at best, in suburban quarters of ill repute, a dying member of that faith will bequeath a sum of money so that one street or another of the capital may be thoroughly cleansed at once. Such a lively practical worship of God made possible that incredible population to which history bears witness.

A religion as tender as this, based on God's omnipresence in his works of the sensory world, is bound to have a distinct influence on moral conduct. Consider their main commands and interdicts: thou shalt not lie, not incur debts, not be ungrateful! Every ethicist and ascetic can readily elaborate on the fruitfulness of these teachings. The first prohibition really contains the other two and all the rest, which in fact originate in nothing other than the need to combat falsehood and infidelity. Thus the devil may be designated in the Orient as none other than the eternal liar.

Since this religion leads, however, to contemplation, it could easily bring on a softness, just as the long, wide cloaks seem to indicate something feminine. Yet in the Zoroastrians' morals and constitution the opposite tendency was equally strong. They carried weapons, even in peacetime and in social life, and practiced their use in every possible way. The most deft, fierce horse-riding was common. So their games, notably polo on long racetracks, kept them spry, strong, agile. A relentless conscription would make them all heroes at the first hint from the king.

Let us look back at their way of conceiving God. Initially, public worship was limited to a few fires and so was all the more reverent. But then an exalted priesthood gradually multiplied and so augmented the number of sacred fires. The tendency of this close-knit priestly power to revolt occasionally against the secular authority lies in the nature of their always incompatible relationship. Not to mention that the false Smerdis [d. 522 BC], who usurped the kingdom, had been a magus, elevated and supported for some time by his fellows – so we encounter now and then magi who become alarming to the rulers.

Scattered by Alexander's invasion, out of favor with his Parthian successors, then given prominence again and brought together by the Sassanids, the magi proved always firm in their principles and resisted any ruler who hindered them. Thus they obstructed in all possible ways the union of Khusrau [reigned 592-628] with the beautiful Shirin, a Christian.

They were displaced forever by the Arabs and driven away to India, with whoever remained of them or of their spiritual kindred in Persia despised and reviled until this very day – now tolerated, now persecuted, according to the whims of the rulers. Yet their religion still maintains itself here and there in its primary purity, even in miserable corners, as I have tried to

convey in my poem "Legacy of Ancient Persian Faith" [see in *Parsi Nameh, MA 11.1.2,*111ff.].

It is beyond question that over a long time we have come to owe much to this religion, and that in it lay the possibility of a higher culture which has spread over the western parts of the eastern world. It is no doubt extremely difficult to give an adequate idea of how and whence that culture spread. Many cities, centers of life, lay scattered in various regions; but for me the most admirable fact is that the fatal proximity of the Indian idolatry was unable to affect them. Since the cities of Balkh and Bamian lay so near each other, it remains astonishing to see in the latter the maddest idols of gigantic size being crafted and worshiped, while in the former the temples to pure fire survived, huge monasteries of this faith arose, and the mubads [priests] assembled in great numbers. How splendid the founding of such institutions must have been may be evidenced by the extraordinary men who emerged. Among their posterity were the family of the Barmecides [descendants of Barmak, eighth century], who excelled for so long as influential statesmen, until at last, as would happen to a somewhat kindred dynasty in our time, they were rooted out and driven away.

4.6 Katharina Mommsen über einen Brief Peter Antons vom 22. Juni 2000 zu Nasredin Hodschas Humor

Stanfort, 14. März 2012

Liebes Ehepaar Stukenberg,

bei der Beschäftigung mit Peter Anton von Arnims Briefen fiel mir einer vom 22. Juni 2000 in die Hände, den ich besonders charmant fand, weil er schöne Lesefrüchte enthielt, von denen er wußte, daß sie mich freuen würden. Es ging dabei um die Rolle, die der **Witz** bei den Sufis spielt. Er schrieb mir darüber:

Absurdes und Paradoxes sollen den Suchenden von den Fesseln der puren Logik befreien und ihn zu einem anderen Verhältnis zu den Dingen führen.

Auch ist der **Humor** in den Sufi-Orden, welche keine geschlossenen Orden sind, ein wichtiger Bestandteil des Zusammenlebens.

Denn durch den Humor begegnert man den Schwächen des anderen und den eigenen mit Milde und Zuneigung.

Als einer der berühmtesten Vertreter eines solchen Humors gilt **Nasredin Hodscha**.

Die Geschichten von ihm sind von Indien bis Europa bekannt.

Durch das Absurde sollen diese Anekdoten gewohnte Denkbahnen durchbrechen und zum Nachdenken anregen.

Nasredin setzte [als Fährmann] einen Pedanten über ein stürmisches Wasser.

Als er etwas sagte, das grammatikalisch nicht ganz richtig war, fragte ihn der Gelehrte:

„Haben Sie denn nie Grammatik studiert?"

„Nein".

„Dann war ja die Hälfte Ihres Lebens verschwendet!"

Wenige Minuten später drehte sich Nasredin zu seinem Passagier um: „Haben Sie jemals schwimmen gelernt?"

„Nein. Warum?"

„Dann war Ihr ganzes Leben verschwendet – wir sinken nämlich!" (Idrios Shah: Die Sufis. München 1994, S. 69.(

Eines Tages saß Nasredin Hodscha unter einem Kirschbaum und döste.

Gegenüber befand sich ein Feld mit Wassermelonen.

Vertieft in die Betrachtung der Melonen, begann Nasredin sich zu wundern.

Er sagte zu sich: „Seltsam ist, das solch große Früchte wie die Wassermelonen an solch zarten Sträuchern wachsen, und solch kleine Früchte wie die Kirschen über mir an einem so großen Baum.

Das kann nicht mit rechten Dingen zugehen.

Ist dem Schöpfer nicht etwa doch ein Fehler unterlaufen?"

In diesem Moment fiel eine Kirsche vom Baum direkt auf Nasredins Kopf, so daß er rief:

„Gepriesen sei Gott der Allmächtige, der Allweise."! (Gehört von Abdullah Dornbach, Maulana-Scherich und Leiter des Sufi-Archiv Deutschland e.V. in Trebbus.)

Liebe Stukenbergs, vielleicht finden Sie auch, dass diese sehr charakteristische Probe aus seinen Briefen sich sehr gut für ein Gedenkbuch zu Ehren unseres Freundes Peter Anton von Arnim eignet.

Wenn ja, so machen Sie doch bitte Gebrauch davon.

Herzlich grüssend,

Katharina Mommsen

Palo Alto CA 94301-2223

4.7 Katharina Mommsen - Goethe und der Islam, herausgegeben von Peter Anton von Arnim

Insel-Taschenbuch (it 2650)
527 Seiten. DM 29,90 (ab 01.01.2002 E 15,00)
ISBN 3-458-34350-4

Goethes Verhältnis zum Islam gehört zu den erstaunlichsten Phänomenen in seinem Leben. Für die Religion der Muslime entwickelte er früh eine besondere Anteilnahme. Von seiner Verehrung für den Islam zeugt vor allem jenes Werk, das uns heute, neben dem *Faust*, als eines seiner wesentlichsten dichterischen Vermächtnisse gilt, der *West-östliche Divan*.

Seit Jahrzehnten hat sich Katharina Mommsen mit dem Einfluss des Islam auf Goethes Leben und Werk auseinandergesetzt und ist dabei oft zu überraschenden Ergebnissen gelangt, die dem Leser neue Perspektiven eröffnen. Ihre 1988 erschienene Gesamtdarstellung »Goethe und die arabische Welt« ist inzwischen zu einem Standardwerk der Goethe-Forschung geworden. Um speziell den islamischen Aspekt von Goethes Werken in den Vordergrund zu rücken, sind daraus für die vorliegende Taschenbuchausgabe bewusst diejenigen Kapitel ausgewählt worden, in welchen Katharina Mommsen zeigt, wie es Goethe unter der geistigen Führerschaft seines philosophischen Lehrmeisters Spinoza gelungen ist, sich in die Welt der islamischen Religion, Philosophie und Poesie hineinzufinden und dort geistverwandte Denker und Poeten für sich zu entdecken.

Diese Kapitel sind vom Herausgeber für die Taschenbuchausgabe unter Berücksichtigung der seit 1988 erschienenen deutschen und arabischen Literatur zum Thema Islam überarbeitet und erweitert worden. Dabei wird deutlich, dass Goethe auf seiner Entdeckungsreise durch den islamischen Orient mit treffsicherem Instinkt seine Aufmerksamkeit gerade auf diejenigen Themen gerichtet hat, welche noch heute die geistigen Auseinandersetzungen in der arabisch-islamischen Welt bestimmen: Kampf zwischen Tradition und Moderne, zwischen Orthodoxie und Ketzertum, zwischen einem erstarrten System von Glaubensartikeln und Rechtsnormen einerseits und dem Kampf um Geistesfreiheit andererseits, zwischen Fanatismus und Toleranz. So kann Goethe Nichtmuslimen und Muslimen zugleich bei ihren eigenen Entdeckungsreisen in die Welt des Islam behilflich sein.

Als ein Deutscher, der seiner Verbundenheit mit dem Islam mehrmals in den Worten Ausdruck verliehen hat: »Im Islam leben und sterben wir alle«, kann Goethe uns als seinen Landsleuten die universalen Aspekte dieser Religion aufzeigen und das weitverbreitete Vorurteil widerlegen, daß es sich hierbei um eine uns Deutschen völlig fremde Geisteswelt handle. Als ein Denker, der sich eingehend mit den Zeugnissen orientalischer Autoren aus der Blütezeit der islamischen Kultur auseinandergesetzt hat, kann Goethe den Muslimen unter uns einen neuen Zugang zu den Reichtümern ihres eigenen geistigen Erbes öffnen, das aus einer Zeit stammt, als die größten Geister des Orients unbefangen über Glaubensfragen nachdachten und sich frei darüber äußerten, ohne sich von staatlich bestallten Schriftauslegern und Gesetzeshütern in ihrem Denken und Tun einschüchtern zu lassen

4.7.1 Nachwort: Goethe als Leitfigur eines deutschen Islam? Von Peter Anton von Arnim

> Unsere Seele entdeckt sich selbst, wenn wir mit einem großen Geist in Berührung kommen. Erst als ich die Unendlichkeit von Goethes Phantasiekraft begriffen hatte, entdeckte ich die Enge meiner eignen.
> Muhammad Iqbal: Stray Reflections (1910)[34]

Goethes eingehende Auseinandersetzung mit der Gedankenwelt des Islam führt uns in zwei Problembereiche hinein, die heute von größerer Aktualität sind denn je. Der eine betrifft das Verhältnis der Deutschen zu jenen über drei Millionen von Mitbürgern, welche sie, aufgrund ihrer von deutschen Traditionen abweichenden Religion, als "Ausländer" oder "Fremde" wahrnehmen und behandeln, und, in hintergründiger Weise, ihr Verhältnis zu Goethe selbst. Der zweite betrifft das Verhältnis der Muslime in aller Welt zu ihrer eigenen Religion und zu den Herrschern und geistlichen Würdenträgern, die im Namen des Islam politische Macht ausüben oder eine solche für sich beanspruchen.

Wer sich vor Augen hält, daß Goethe während der Arbeit an einem seiner bedeutendsten Werke, dem *West-Östlichen Divan*, sich eingehend mit dem Islam befaßt, ja sich rundheraus zu ihm bekannt hat, wer sich dann vielleicht noch an den Hymnus aus des Dichters Jugendzeit mit dem Titel *Mahomets Gesang* erinnert, ein Preislied auf jenen Propheten, als dessen Verdienst Goethe erkannte, Millionen von Menschen zum Glauben an den *einen* Gott bekehrt zu haben, der wird sicher gern Näheres erfahren wollen über die Gründe für Goethes bemerkenswertes Interesse an dieser uns angeblich so fremden Religion. Wer dann aber auf den Einfall käme, in der einschlägigen Goethe-Literatur nach dem Stichwort Islam zu suchen oder gar nach dem Stichwort *Koran*, dem erginge es wie einem, der ausgezogen ist, im Trockenen zu fischen. In den meisten Goethe-Biographien werden die beiden Begriffe *Islam* und *Koran* so sorgfältig umgangen, als handle es sich um die Erwähnung des Gottseibeiuns. Gewiß, es gab einige redliche Forscher - beispielhaft seien genannt Konrad Burdach mit seiner Arbeit über *Faust und Moses* (1912), oder Ernst Beutler mit seiner kommentierten Ausgabe des Goetheschen *Divan* (1943) - die den deutlichen Spuren, welche jüdischer und islamischer Montheismus in Goethes Werk hinterlassen haben, gewissenhaft nachgegangen sind. Die herrschende Tendenz in der deutschen Literaturwissenschaft, besonders seit Bismarcks Reichsgründung, war jedoch darauf ausgerichtet, Goethe zu einem deutschen Nationaldichter zurechtzustutzen und ihn zum Künder eines 'deutschen Wesens' oder des 'Faustischen', was immer das heißen mag, zu verklären. Der 'semitische' Orient blieb ausgespart; wenn es hochkam, fanden die 'arischen' Perser mit dem Dichter Hafis Erwähnung; Goethes höchste Bewunderung und Achtung für die Juden als das Volk, welches die Bibel, und für die Araber als das Volk, welches den Koran hervorgebracht haben, blieben weitgehend unerwähnt. Nicht anders war denn auch die Aufnahme, welche Goethes *Divan* beim allgemeinen deutschen Publikum gefunden hat. Aufschlußreich ist dafür folgender Vergleich: Die *Lieder des Mirza Schaffy* von Friedrich von Bodenstedt (1819-1892), Scheinblüten einer im wilhelminischen Deutschland aufgekommenen Orientalismusmode, erlebten bis zum Tode des Autors immerhin 143 Auflagen, während von Goethes *Divan* beim Verlag Cotta noch zu Beginn des 20. Jahrhunderts Exemplare der Erstausgabe lagerten.

Nun wäre zu erwarten gewesen, daß Katharina Mommsens 1988 erschienenen umfangreichen Untersuchungen über *Goethe und die arabische Welt* dieser germanozentrischen Blindheit der

---

[34] (In: Muhammad Iqbal: Persischer Psalter. Übersetzt von Annemarie Schimmel. Köln 1968, S.35)

Forscher für Goethes 'morgenländisches Auge' hätten ein Ende bereiten müssen. Weit gefehlt! Zwar werden jetzt immerhin in wissenschaftlichen Ausgaben von Goethes Gedichten und speziell des *Divan* seine orientalistischen Studien berücksichtigt. Aber ein Griff in das Bücherregal einer mit Literatur zum Thema 'Goethe' gut bestückten Buchhandlung erweist, daß sich in den allgemeinen Darstellungen zu Goethes Leben und Werk, seien sie wissenschaftlicher, seien sie populärer Natur, auch heute noch nicht viel geändert hat.

Curt Hohoff (*Goethe - Dichtung und Leben*) scheut sich nicht, in Bezug auf den *Divan* das alte Klischee von Goethe im 'islamischen Kostüm' aufzuwärmen, gegen welches bereits Ernst Beutler Einspruch erhoben hat. Weder bei Peter Matussek (*Goethe zur Einführung*) noch bei Irmgard Wagner (*Goethe - Zugang zum Werk*) wird der Islam oder gar der *Koran* erwähnt, bei Karlheinz Schulz (*Goethe, eine Biographie in 16 Kapiteln*) fallen zum *Divan* lediglich die Stichworte: 'persisch', 'exotisch', 'Orientalismuswelle', wogegen die *Noten und Abhandlungen*, in denen Goethe sich so inständig bemüht hat, seinen lieben Deutschen die Gedankenwelt des Orients nahezubringen, als 'gelehrte Anmerkungen' abgetan werden. Karl Otto Conrady läßt im ersten Band seiner zweibändigen Goethe-Biographie die intensive Beschäftigung des Dichters mit dem *Koran* unberücksichtigt und erwähnt den Hymnus *Mahomets Gesang* nur als Titel. Im zweiten Band weist er dann zwar 'Goethes Interesse an der jüdischen und mohammedanischen <sic!> Religion' hin, meint aber betonen zu müssen: "Es ist weder christliche noch islamische Religion, die den *Divan* einseitig bestimmt, sondern ein west-östlicher Gottesglaube aus der Freiheit des Schauens und Wählens." Nun, ja.

In Bezug auf Goethes frühe Freundschaft mit Herder wird meist das Straßburger Münster und Ossian erwähnt, also die Begeisterung für altdeutsche (gotische) Kunst und nordische Literatur. Ihre gemeinsamen Bibel- und Koranstudien bleiben unerwähnt. Als markantestes Beispiel für diese Schieflage sei die Goethe-Biographie mit der zur Zeit vermutlich weitesten Verbreitung, die Rowohlts-Monographie von Peter Boerner, angeführt. Zum *West-östlichen Divan* wird dort schamhaft erklärt, eines der darin behandelten Themen sei 'westliche und östliche Religion'. Als ob es eine Schande wäre, vom Islam zu sprechen! Nun gut, 'östliche Religion'. Aber was soll man daneben unter einer 'westlichen Religion' verstehen? Weder von der germanischen Götterwelt der Walhalla, von der Goethe sowieso nicht viel hielt, noch von der griechischen des Olymp ist im *Divan* auch nur andeutungsweise die Rede. Sollte mit 'westlicher Religion' jedoch das Christentum gemeint sein, so möge man sich daran erinnern, daß Christus ein Jude war, der aus dem östlichen Lande Palästina stammte. Goethe selbst hat jedenfalls diese Tatsache nie aus den Augen verloren und hat in seinem *Divan* und den zugehörigen *Noten und Abhandlungen* klar zum Ausdruck gebracht, dass er die beiden in der Bibel offenbarten Religionen, Judentum und Christentum, in gleicher Weise wie den im *Koran* offenbarten Islam, selbstverständlich der Welt des Orients zurechnete; die Rede vom 'christlichen Abendland' lag ihm noch fern. Nein, die Vorstellung einer 'westlichen Religion', die im *Divan* einer 'östlichen Religion' entspräche, ist abwegig, auch wenn Goethe seine Gedichtsammlung *West-östlicher Divan* genannt hat. Die genaue Bedeutung dieses Titels geht aus dessen arabischer Version hervor, die der Dichter seinem Werk hat beifügen lassen: »ad-Diwân asch-scharqî lil Mu'allif al-gharbî« bedeutet wörtlich: »Der östliche Diwan des westlichen Verfassers«. Jener östliche Verfasser eines *Diwan,* durch welchen Goethe sich dazu herausgefordert fühlte, ihm in einer eigenen Sammlung von Gedichten zu antworten, nämlich Hafis, wird jedoch von Boerner nur in einem Nebensatz erwähnt. Dagegen führt er in aller Länge und Breite einen unverbürgten Kommentar Goethes zu einem Altarbild Rogier van der Weydens an, mit dem der Eindruck erweckt werden soll, Goethe hätte damals 'eine neue, ewige Jugend' aus der seinerzeit gerade bei den Romantikern hoch im Kurs stehenden altdeutschen Malerei, und nicht etwa aus 'Chisers Quell' geschöpft, obwohl doch das Eröffnungsgedicht des *Divan* mit dem Titel *Hegire* das Gegenteil bekundet.

Nun bräuchte man dieser merkwürdigen Tabuisierung des Islam-Themas in der deutschsprachigen Literatur zu Goethe nicht so viel Aufmerksamkeit zu schenken und könnte es den Goethe-Kennern und -Liebhabern überlassen, sich damit auseinanderzusetzen, würde sich dahinter nicht ein Problem weit größerer Tragweite verbergen: das oben schon angedeutete Problem der ängstlichen Distanz, welche die Durchschnittsdeutschen zu denjenigen ihrer Mitbürger wahren, die einer ihnen unbekannten Religion zugehören. Und zwar nicht etwa deswegen, weil sie selbst so überzeugte Christen wären. Offenbar aber hat die Spaltung zwischen Katholiken und Protestanten im Zuge der Reformation und haben die darauffolgenden Religionskriege bei den Deutschen ein solch tiefes Trauma hinterlassen, daß sie den Angehörigen von ihnen fremd erscheinenden Religionen mit stärkstem Mißtrauen begegnen. Zur Zeit der Romantik, und das war die Zeit des sich herausbildenden deutschen Nationalbewußtseins, begann man, Deutschtum und Christentum zu identifizieren, ja manche Romantiker sehnten sich nach einem Mittelalter zurück, wo noch die katholische Kirche das Volk in einem alleinseligmachenden Glauben einte. Dies war eine Tendenz, welche Goethe aus tiefer Seele verhaßt war. Viele deutsche Juden wie etwa Rahel Varnhagen oder Michael Bernays, um nur zwei von ihnen zu nennen, sahen deshalb in Goethe, trotz seiner gelegentlich harschen und zugegebenermaßen etwas borierten Kritik an den jüdischen Emanzipationsbestrebungen seiner Zeit, einen Befreier. Denn mit seinen Schriften, gerade auch dem *Divan*, ist er gegen den Monopolanspruch der christlichen Kirchen auf Erlösung vom Übel der Welt mit Entschiedenheit entgegengetreten und hat von seinen Landsleuten eine Offenheit des Denkens eingefordert, welche, wäre man ihm gefolgt, der freien Entfaltung bzw. Selbstbehauptung anderer Religionen auf deutschem Boden neben dem Christentum erst den nötigen Freiraum geschaffen hätte.

Gershom Scholem hat in einem Vortrag mit dem Titel 'Juden und Deutsche' von 1966 über die Situation der Juden in Deutschland im neunzehnten Jahrhundert gesagt: "Nur sehr wenige Deutsche [...] haben die Unbefangenheit wirklicher Humanität gehabt [... und] am Juden das gesehen, was er zu geben, und nicht, was er aufzugeben hatte." Heute, im einundzwanzigsten Jahrhundert, leben in Deutschland mehr als drei Millionen Muslime, in der Mehrzahl Türken. Wie viele unter den heutigen Deutschen sind bereit, an ihren türkischen Nachbarn das zu sehen, was sie zu geben, nicht das, was sie aufzugeben haben? Als gängigste Losung hört man allenthalben: "Die sollen sich doch anpassen!" Denn wie gesagt, es herrscht eine unterschwellige Angst in diesem Land vor allem, was mit Islam zu tun hat. Dazu trägt natürlich das weltweit von den Medien geschürte "Feindbild Islam" bei, ist aber gewiß nicht die ausschließliche Ursache. Man bedenke, wie weit wir doch von Goethe entfernt sind: Als sich ihm die Gelegenheit bot, in Weimar eine Gruppe baschkirischer Muslime beim Gemeinschaftsgebet zu beobachten, hat er dies als ein Geschenk des Himmels betrachtet. Heute bedienen sich deutsche Fernsehreporter des Bilds betender Muslime hingegen als bedrohlicher optischer Untermalung, wenn sie ihr Publikum vor den Gefahren einer wachsenden Macht des Islam warnen wollen. Wie ein kollektives Unterbewußtsein sich auch gegen den aufgeklärtesten individuellen Verstand durchsetzen kann, das heißt, welch geradezu hysterische Angst vor dem Islam gerade auch unter sich aufgeklärt gebenden deutschen Intellektuellen herrscht, zeigte sich bei Gelegenheit der Verleihung des Friedenspreises des deutschen Buchhandels an Annemarie Schimmel. Schon Monate vor der Preisverleihung brach dagegen ein Sturm von Protesten los, der in Form von Zeitungsartikeln und Leserbriefen sich von Tag zu Tag steigerte, als ginge es darum, den Untergang des christlichen Abendlandes zu verhindern. Dabei waren die bei der Aktion federführenden Akteure keineswegs Anhänger der Partei bibeltreuer Christen. Es waren in erster Linie Liberale bis Linke, die sich einer Traditionslinie der Toleranz durchaus verpflichtet fühlen, wie sie in den Namen von Wolfram von Eschenbach, Lessing, Herder, Rückert, Bettina von Arnim repräsentiert wird, also in den Namen deutscher

Autoren, welche sich vor und nach Goethe in besonderer Weise für eine verständnisvolle Haltung gegenüber dem Islam eingesetzt haben. Warum wählten sie sich dann ausgerechnet Annemarie Schimmel zum Objekt ihres Zorns? Gewiß, sie hatte eine mißverständliche Äußerung zu Salman Rushdies Roman *Die satanischen Verse* getan, eine Äußerung, die jeder nachvollziehen kann, der einmal unter Muslimen gelebt hat. Eine Zustimmung zum verabscheuungswürdigen Todesurteil gegen Salman Rushdie war damit aber keineswegs intendiert, wie ihre selbstgerechten Kritiker behaupteten. Wäre es den Protestierenden um die Verteidigung von Menschenrechten gegangen, wie sie vorgaben, so war damals in einer weit dringlicheren Angelegenheit ihr Einsatz gefordert. Denn es waren eben die Monate, in denen sieben Flüchtlinge aus dem Sudan, und zwar Muslims, die vor dem islamistischen Terrorregime in ihrem Heimatland geflohen waren, im Frankfurter Flughafen festgehalten wurden, weil sie in Deutschland Asyl beantragt hatten. Keine Stimme erhob sich jedoch von jener Seite, um diese Flüchtlinge vor der Abschiebung zu bewahren. Hier ging es wohlgemerkt nicht um eine bloße mißverständliche Äußerung, hier ging es darum, daß man der eigenen Regierung erlaubte, in einer Nacht-und-Nebel-Aktion das grundgesetzlich garantierte Recht auf Asyl de facto auszuhebeln und politisch Verfolgte ihren Peinigern auszuliefern. Man führt einen Gesinnungsprozeß gegen eine verdienstvolle Forscherin und bleibt untätig bei einem eklatanten Menschenrechtsverstoß im eigenen Land - welch eine Verkehrung der Maßstäbe!

In der Tat, wenn man die Verdienste Annemarie Schimmels als Autorin in Betracht zieht, wird klar, daß die gegen sie gerichteten Angriffe sich rational nicht erklären lassen. Denn im deutschen Sprachraum hat in unserer Zeit niemand so viel für die Vermittlung zwischen den Kulturen des Orients und Okzidents getan wie sie. Das ist nicht nur ihrer umfangreichen Kenntnis orientalischer Sprachen zu verdanken, sondern auch einer Sprachkraft, die bei ihren Übersetzungen aus dem Arabischen, Persischen, Türkischen oder Urdu an die Leistungen ihres Vorbilds Friedrich Rückert erinnert[35]. Unter anderem verdanken wir ihr die Kenntnis eines der bedeutendsten muslimischen Dichter-Philosophen des 20.Jahrhunderts, Muhammad Iqbal, der sich intensiv mit Goethe, Hegel, Marx und Nietzsche auseinandergesetzt hat. Annemarie Schimmel ist aber, und das ist der springende Punkt, einem anderen, tieferen Verständnis des Begriffs von der Universalität der Menschenrechte verpflichtet als ihre lautstarken Kritiker. Denn ganz im Sinne Goethes fordert sie "echtes Verstehen [...] aus der Kenntnis historischer Tatsachen und Entwicklungen", das keinem kritiklosen Verzeihen von Menschenrechtsverletzungen gleichgesetzt werden darf. Es wird aus dem Iran berichtet, daß dort Oppositionelle gerade auch aus ihren Schriften geistige Nahrung schöpfen für ihren Widerstand gegen den Mißbrauch der Religion zu machtpolitischen Zwecken. Man darf ihren Kritikern natürlich nicht unterstellen, sie hätten aus christlich-deutschem Chauvinismus gehandelt. Schon die Herkunft mancher der Beteiligten spricht dagegen. Aber es gibt auch einen Chauvinismus der Aufgeklärtheit. Er läßt sich am Besten illustrieren am Unterschied zwischen Voltaire und Diderot. Voltaire war sich der Überlegenheit seiner Positionen als aufgeklärter Franzose so sicher, daß er diese als Maßstab nahm für die Beurteilung der Menschheit im Ganzen. So scheute er sich nicht, in seinem *Mahomet*-Drama die religiösen Gefühle von Millionen von Muslims in aller Welt zu verletzen, als es ihm darum ging, den Fanatismus der katholischen Kirche anzugreifen, indem er glaubte, diesen Angriff unbekümmert ins Gewand des Islam kleiden zu dürfen. Diderot hingegen führte seinen Angriff gegen die Mißstände und herrschenden Vorurteile in der französischen Gesellschaft seiner Zeit auf dialektische Weise. In seinem *Nachtrag zu Bougainvilles Reise* erteilte er den Tahitianern das Wort, um über die bigotten Moralvorschriften der Kirche ihr Urteil zu fällen, das heißt, den Bewohnern jener Insel, auf die der Forschungsreisende Bougainville im Auftrag des Königs von Frankreich bereits einen kolonialistischen Blick geworfen hatte. Diderot wählte also den Standpunkt ei-

---

[35] von dem sie übrigens im Insel-Verlag eine wunderschöne Auswahlausgabe herausgebracht hat. (it 1022)

nes fremden Volkes, um mit seiner Kritik nicht nur einzelne Vorurteile der Europäer, sondern zugleich den Eurozentrismus als solchen zu treffen, und nicht etwa, weil er dem Klischee vom 'edlen Wilden' Vorschub zu leisten wollte, wie ihm oft unterstellt wird. Diese Sichtweise ermöglichte ihm vielmehr, in fast hellseherischer Weise vor den Gefahren der zerstörerischen Gewalt des Kolonialismus zu warnen, mit der die Europäer kurz darauf diese Weltgegend heimsuchen sollten. Allerdings hatte er noch keine detaillierte Kenntnis von der Kultur der Südseeinseln, und so blieb seine Darstellung der Tahitianer selbst mehr oder weniger fiktional. Die Überlegenheit seiner Vorgehensweise über diejenige Voltaires bestand jedoch darin, daß er auf das Verhältnis zwischen den Völkern eine Maxime anwendete, die Goethe später, in Bezug auf zwischenmenschliche Beziehungen, so formuliert hat: "Am allerfördersamsten <für die Selbsterkenntnis> aber sind unsere Nebenmenschen, welche den Vorteil haben, uns mit der Welt aus ihrem Standpunkt zu vergleichen und daher nähere Kenntnis von uns zu erlangen, als wir selbst gewinnen mögen." Das setzt Respekt vor dem Nebenmenschen und seiner möglicherweise andersgearteten Kultur voraus. Goethe konnte sich bereits die Forschungsergebnisse der in seiner Zeit aufblühenden Orientalistik zunutze machen, als er darum bemüht war, sich die Weltsicht des Orients anzueignen, um mit einem 'morgenländischen Auge' ohne Zorn den Blick zurück auf die leidigen Zustände in Deutschland richten und durch die so gewonnene Distanz sich aus einem Zustand der Verzweiflung befreien zu können. Sein Blick auf den Orient aber, und das ist das Entscheidende, war frei von kolonialistischer Begehrlichkeit. Nur deshalb konnte zu Anfang des 20.Jahrhunderts ein Muslim aus dem indischen Subkontinent, der unter der kolonialistischen Unterdrückung seiner Heimat durch die Europäer litt, der Dichter-Philosoph Muhammad Iqbal, mit dem Dichter des *West-östlichen Divan* in seiner *Botschaft des Ostens* den eindringlichsten und fruchtbarsten Dialog führen, den man sich unter Vertretern zweier unterschiedlicher Kulturen vorstellen kann, ungeachtet der Tatsache, daß Goethe ein Europäer war!

Wenn der seiner Tradition folgenden Annemarie Schimmel jedoch unterstellt wird, vom 'edlen Muslim' ein verklärtes Bild zu schaffen, mag sie sich damit trösten - soweit das ein Trost ist - daß Goethe nach über anderthalb Jahrhunderten dem gleichen Mißverständis ausgesetzt bleibt. Hat auch der Dichter des *Divan* im Schlußgedicht mit dem Titel *Gute Nacht* die flehentliche Bitte ausgesprochen: 'Nun so legt euch, liebe Lieder / An den Busen meinem Volke', so wurde er in seinen Bemühungen, seinen Landsleuten ein objektives Verständnis der islamischen Geisteswelt zu vermitteln, von diesen doch so gründlich verkannt, daß man noch heute, im Jahre 2000, in einem Bericht der NZZ vom 22.September über ein deutsch-arabisches Dichtertreffen im Jemen lesen kann, es sei dort die Frage diskutiert worden, "inwieweit Goethes subjektiver, von romantischen Ideen geprägter Umgang mit dem Orient als Vorbild für einen Ost-West-Dialog überhaupt tauge." Wäre nicht die erste Voraussetzung für einen jeglichen Dialog, daß man kennt, worüber man urteilt? Romantischer Subjektivismus? Nichts verabscheute Goethe stärker als das! Gerade an der souveränen Art, wie er in dem frühen Fragment einer *Mahomet*-Tragödie und später im *Divan* islamisches Gedankengut verarbeitet hat, läßt sich das bestens nachweisen.

Wenn nicht Kenntnis der Kultur des Anderen, so doch wenigstens Neugier für dieselbe wäre die Voraussetzung auch für einen Ost-West-Dialog in Deutschland selbst, welcher durch die Anwesenheit in unserer Mitte von über drei Millionen Muslims, dringend geboten wäre. In den Debatten über das deutsche Ausländerrecht, die doppelte Staatsbürgerschaft in Deutschland, die Möglichkeiten eines islamischen Religionsunterrichts an deutschen Schulen und überhaupt die Frage der Integration von Ausländern in die deutsche Gesellschaft, taucht jedoch immer wieder das Argument auf, gerade die Türken ließen sich nicht integrieren, schon allein ihrer fremdartigen Religion wegen. Ähnlich wurde bereits im 19.Jahrhundert von den Deutschtümlern gegen die deutschen Juden argumentiert. Scheinheilig fordert man von den

Türken Integration, und meint in Wirklichkeit Assimilation, das heißt die Selbstaufgabe ihrer kulturellen Identität.

Die türkischstämmigen, in Deutschland geborenen Menschen sind in der Tat in einer schwierigen Lage: Sie wissen, daß sie in ihrem Heimatland oft nicht als vollwertige Türken akzeptiert werden, aber in Deutschland gelten sie wiederum nicht als vollwertige Deutsche. So leiden besonders die jungen Türken und Türkinnen unter einer gespaltenen Identität. Sie sehen sich von den übrigen Deutschen allerdings nicht so sehr als Türken unterschieden, sondern vor allem als Muslime. Könnten sie jedoch in der deutschen Geistesgeschichte Spuren des Islam entdecken, das heißt Vertreter deutscher Kultur, mit denen sie als Muslime geistige Zwiesprache halten könnten, so wäre ihnen damit die Möglichkeit geboten, islamische und deutsche Identität in sich zu versöhnen.

Nun bietet die deutsche Geistesgeschichte tatsächlich Gestalten von dieser Art: Im Hochmittelalter den Stauferkaiser Friedrich II, der mit muslimischen Fürsten auf Arabisch korrespondierte und mit dazu beigetragen hat, die wissenschaftlichen Kenntnisse der arabischen Welt und den Geist arabischer Poesie in Italien, Frankreich und Deutschland zu verbreiten. Als Dichter ragt in dieser Zeit Wolfram von Eschenbach hervor, der in seinen Werken Parzival und Willehalm - auf für die damalige Zeit unerhörte Weise - die Gleichrangigkeit des Islam mit dem Christentum dargestellt hat.

Für die Aufklärungs- und Goethezeit wären mehrere Namen zu nennen:
Mozart, der in seinem Singspiel "Die Entführung aus dem Serail" einen türkischen Sultan als Vorbild der Toleranz auftreten läßt, obwohl er mit diesem Bühnenwerk eine Auftragsarbeit ausführte, worin die hundertjährige Wiederkehr des Siegs der Österreicher über den Erzfeind, die Türken, gefeiert werden sollte.

Lessing, in dessen gegen religiösen Dogmatismus gerichteten Lehrstück nicht nur der Jude Nathan, sondern auch der Sultan Saladdin (Salah ed-Din al Ayubi) das Prinzip der Toleranz verkörpert.

Lessings Freund Johann Jakob Reiske, der als erster Orientalist in Deutschland seine Wissenschaft aus reiner Begeisterung für die islamische Kultur betrieb und nicht, wie bis dahin üblich, aus theologisch-christlicher Absicht, das heißt mit dem Hintergedanken, den Koran mit christlichen Argumenten zu widerlegen.

Johann Gottfried Herder, der im Koran ein der Bibel ebenbürtiges Buch der Offenbarung erkannte.

Friedrich Rückert, der ansatzweise die schönste Koranübersetzung geschaffen hat, die es in deutscher Sprache gibt. Leider hat er sie nicht ganz vollendet.
Bettina von Arnim, die ihr letztes Werk, "Gespräche mit Dämonen" dem "Geist des Islam" und dem "Kaiser der Osmanen" widmete, in Anerkennung der Tatsache, daß der Sultan Abdul-Medschid-Khan nach der Niederlage des ungarischen Volksaufstandes von 1848 den flüchtigen ungarischen Revolutionären in der Türkei politisches Asyl gewährt hat.

Vor allem aber und an erster Stelle ist hier eben Goethe zu nennen. Man möchte sich wünschen, daß bei den vielen Debatten über die Integration von Ausländern in Deutschland, Debatten, bei denen im Hintergrund immer heimlich die Frage mitschwingt, ob die Türken als Muslime wirklich je Deutsche werden können, einmal ein türkischer Deutscher aufstehen und den deutschen Spießbürgern mit ihrer Deutschtümelei entgegenhalten würde: Ihr kennt eure eigenen Klassiker nicht! Der größte deutsche Dichter hat sich mehrmals zum Islam bekannt! Ein Vertreter derjenigen Muslime in Deutschland, die sich für einen islamischen Religionsunterricht an deutschen Schulen einsetzen, sprach kürzlich in einer öffentlichen Diskussionsrunde von einem "deutschen Islam". Dieser Ausdruck mag zunächst überraschend, wenn nicht gar schockierend klingen für jemand, der damit die Vorstellung verbindet, kolonialistisch gesonnene Deutsche könnten da ein neues Feld entdeckt haben, das es für das "deutsche Wesen" zu erobern gilt. Der Ausdruck kam jedoch eben nicht aus dem Munde eines Deutschtümlers, sondern aus dem eines Arabers deutscher Nationalität, und ist insofern durchaus bedenkenswert. Zum einen räumt er mit der weit verbreiteten Vorstellung auf, daß es so etwas wie einen monolithischen Islam überhaupt gibt. Denn in der Tat unterscheiden sich die in der Türkei praktizierten Formen des Islam von denen im Iran, diese wiederum von denen in den arabischen Ländern oder in Indonesien oder im Senegal praktizierten in vielfacher Weise. Warum sollte es da nicht auch einen Islam deutscher Prägung geben?

Ein deutscher Islam kann aber nichts anderes sein als ein Islam im Verständnis Goethes, das heißt ein Islam, in welchem die Werte der Toleranz, wie Goethe sie einst in den Lehren des Propheten Mohammed erkannt hat, wieder an oberster Stelle stehen. Dazu ist es keineswegs notwendig, aus Goethe einen Muslim machen zu wollen, wie es auf einem Flugblatt das Islamische Zentrum in München und eine Gemeinschaft von Muslimen in Weimar in einem im Internet verbreiteten Fetwa getan hat. Wer Goethe voll und ganz für den Islam reklamieren will, darf sich nicht allein auf seine Kritik am real existierenden Christentum berufen, er muß sagen, ob er sich mit allen Positionen Goethes zum Islam und seinem Propheten, auch den unorthodoxen, einverstanden erklärt oder es zumindest für legitim hält, daß ein Muslim solche Positionen vertritt. In Bezug auf Toleranz ist jedoch die Maxime Goethes zu beherzigen, daß nur eine solche von Wert ist, die einen bloß vorübergehenden Zustand darstellt, welcher zur Anerkennung führt. Mit Anerkennung ist natürlich nicht ein Religionswechsel hin zum Islam gemeint, was Goethe eher mißbilligt hätte. In unserem Fall geht es schlicht um die bedingungslose Anerkennung des Rechts der Muslime in Deutschland, ihre Religion auf deutschem Boden frei ausüben zu können, einschließlich durch einen islamischen Religionsunterricht an deutschen Schulen. Es darf ja nicht vergessen werden, welch ein großes Zugeständnis die Muslime, welche dies fordern, in dogmatischer Hinsicht an die Rahmenbedingungen deutscher Schulen machen. Denn ein Dogma des Islam, welches ausgeht von der Tatsache, daß das letzte Buch göttlicher Offenbarung, der *Koran*, in arabischer Sprache niedergesandt worden ist, besagt, daß dessen Glaubensinhalte auch nur vermittelst des arabischen Urtexts gelehrt werden können. Selbst in der säkularistisch verfaßten Türkei werden deshalb den Schülern die Lehren des Islam nur auf dem Weg über das Auswendiglernen des *Koran* in der ihnen fremden arabischen Sprache beigebracht. Wenn also die in Deutschland lebenden Muslime zugestehen, daß der Islam stattdessen auf deutsch, also in der Sprache Luthers und Goethes gelehrt werden darf, so bedeutet das eine gewaltige Konzession an eine Auffassung, die nicht auf einem dogmatischen, sondern auf einem demokratischen Verständnis der Rolle des Unterrichts beruht. Der Name Luthers sei in diesem Zusammenhang ausdrücklich deshalb genannt, weil Goethe in Briefen mehrmals betont hat: "Es ist wahr, was Gott im Koran sagt: wir haben keinem Volk einen Propheten geschickt als in seiner Sprache." Nun ist aber allgemein von einem deutschen Propheten nichts bekannt. Goethe aber, sich auf Luther beziehend, hält daran fest, denn er fährt fort: "So ist jeder Übersetzer ein Prophet in seinem Volke." So hat offenbar Luther in den Augen Goethes aus der deutschen Sprache durch seine Bibelübersetzung ein Gefäß geschaffen, durch welches es möglich ist, eine göttliche Botschaft zu übermitteln. Würde nun aber ein islamischer Religionsunterricht in deutscher Sprache stattfinden, so wäre damit auch garantiert, daß jederzeit überprüft werden kann, ob die gelehrten Inhalte den in unserem Lande geltenden demokratischen Grundsätzen entsprechen. Aber das Mißtrauen der

Durchschnittsdeutschen gegen den Islam sitzt offenbar allzu tief. So wurde vor einiger Zeit in Hessen noch unter der rot-grünen Regierung eine Podiumsdiskussion veranstaltet, in der über die Einführung eines islamischen Religionsunterrichts nicht unter der Federführung des Kultusministers, sondern des Innenministers und seines Gegenspielers von der Opposition debattiert, als handle es sich um eine Frage der Inneren Sicherheit und nicht um eine Frage der Kultur. Die muslimischen Antragsteller selbst durften nicht mit auf dem Podium Platz nehmen, sondern mußten sich brav aus dem allgemeinen Publikum heraus zu Wort melden, angeblich, weil sie mit einer antidemokratischen Organisation in Verbindung ständen. Wer käme hingegen auf die Idee, den katholischen Religionsunterricht an deutschen Schulen in Frage zu stellen, weil sich im Rahmen der Kirche auch Organisationen bewegen, deren demokratischer Charakter zu Zweifeln Anlaß gibt?

Ein islamischer Religionsunterricht in deutscher Sprache würde nicht nur zur Identitätsbildung der in Deutschland aufwachsenden jungen Türkinnen und Türken beitragen, sondern auch zu ihrer demokratischen Erziehung. Von einer solchen Grundlage aus, das heißt ausgehend von einem Islam im Toleranz-Verständnis Goethes, könnten deutsche Muslime den zeitgenössischen ideologischen Scharfmachern wie Samuel Huntington auf anti-islamischer Seite einerseits, wie Hassan el Turabi auf islamistischer Seite andererseits, entgegentreten und zum Frieden in der Welt und zur Aussöhnung der Völker einen wichtigen Beitrag leisten.

Es läßt sich allerdings nicht bestreiten, daß sich unserer Tage der Islam in den sogenannten islamischen Ländern im Zustand einer gefährlichen Erstarrung befindet. Zu dieser Erstarrung trägt die Tatsache bei, daß besagte Länder unter diktatorischen oder diktaturähnlichen Herrschaftssystemen zu leiden haben. Ein tieferliegendes Problem aber ist, daß die islamischen Glaubensinhalte dort heutzutage nicht mehr, wie einst zur Blütezeit der islamischen Kultur, zur Diskussion gestellt werden dürfen, sondern als feste Dogmen überliefert werden. Wer dagegen verstößt, läuft Gefahr, daß man ihn als Ketzer brandmarkt. In manchen Ländern bedeutet das, sein Leben zu riskieren, wie der Mord an Turan Dursun und Ugur Mumcu in der Türkei, Farag Foda in Ägypten, die Hinrichtung Mahmud Mohammed Tahas im Sudan, die Verfolgung Taslima Nasrins in Bangladesch und Nawal Saadawis in Ägypten, um nur einige Fälle zu nennen, der Welt vor Augen geführt hat.

Gewissermaßen im Gegenzug zur Erstarrung des traditionellen Islam hat sich am Rande der etablierten Institutionen als ein politisches Phänomen der Islamismus oder politische Islam entwickelt, der zwar vorgibt, im Sinne unumstößlicher religiöser Grundsätze zu handeln, weshalb er auch unter der Bezeichnung Fundamentalismus läuft, aber zugunsten seiner politischen Zielsetzungen äußerst willkürlich mit den überlieferten Glaubensvorstellungen umspringt. Es handelt sich hier zunächst um ein Randphänomen, dem aber der traditionelle Islam in seiner erstarrten Form ungewollt den Nährboden bietet, mit der Folge daß er, wenn die Islamisten auf gewaltsamem Wege die Macht erobern, den Usurpatoren keine Kräfte der Abwehr entgegenzustellen weiß. Dies ist die Gefahr für den Islam unserer Zeit.

Der im Pariser Exil lebende syrische Lyriker Adonis (Ali Ahmed Said) erkennt das Dilemma, in der die arabischen Intellektuellen der Gegenwart stecken, darin, daß sie in einer doppelten Abhängigkeit gefangen sind: Einer geistigen Abhängigkeit von der Vergangenheit, in der das Wiederholen und Wiederaufbereiten des bereits Vorhandenen an die Stelle des lebendigen Schöpfertums tritt, und einer technischen Abhängigkeit vom europäisch-amerikanischen Westen, in der die Erfindungs- und Innovationskraft ersetzt wird durch technische Anleihen und Anpassung. In beiden Fällen handle es sich um eine geborgte Kultur, um ein geborgtes Leben. Auch er selbst, gesteht er, habe sich zunächst gefangennehmen lassen von der Faszinationskraft westlicher Zivilisation. Dann aber sei es ihm gelungen, einen neuen Zugang zu finden zum eigenen kulturellen Erbe, allerdings nicht im Rahmen des herrschenden arabischen Kultursystems. Es war die Lektüre Baudelaires, die ihm die Augen öffnete für die Modernität des Dichters Abu Nuwâs (757-814); die Lektüre Mallarmés enthüllte ihm die Geheimnisse der poetischen Sprache Abu Tammâms (788-845), und die Lektüre von Rimbaud, Nerval und André Breton führte ihn ein in Zauber und Glanz des dichterischen Werks der Mystiker. Adonis weist aber zugleich darauf hin, daß das Problem der arabischen Intellektuellen eigentlich noch tiefer liegt als auf der Ebene der poetischen Sprache, nämlich auf dem Gebiet der Erkenntnistheorie. Und diese ist auf geheimnisvolle Weise verknüpft mit der Frage der Interpretation des *Korans*:

"Die traditionelle Kultur ist verkörpert in einer kontinuierlichen erkenntnistheoretischen Praxis, die auf der Ansicht beruht, daß sich die Wahrheit im Text <= dem *Koran*> findet und nicht in der Erfahrung und der Wirklichkeit; sie ist ein für allemal gegeben und eine andere Wahrheit gibt es nicht. Die Aufgabe des Denkens ist zu erklären und zu lehren, ausgehend von dem Glauben an diese Wahrheit, nicht etwa zu suchen und zu fragen, um zu neuen, widersprechenden Wahrheiten zu gelangen."

Wie für Adonis auf dem Gebiet der poetischen Sprache die französischen Symbolisten und Surrealisten, so könnte hier nun auf erkenntnistheoretischem Gebiet den betroffenen Intellektuellen gegebenenfalls Goethe weiterhelfen. Nicht nur, weil er, unvoreingenommen und neugierig wie jemand, der Neuland betritt, auf erstaunlich eindringliche Weise sich mit den verschiedensten historischen Glaubensrichtungen des Islam auseinandergesetzt hat, gerade auch solchen, die heute für die strengen Hüter islamischer Orthodoxie Anathema sind. Eine kritische Beschäftigung mit Goethes Islam-Studien könnte deshalb gerade auch für heutige Muslims der Anstoß sein, sich der historischen Vielfalt und dem Reichtum des eigenen Erbes zu stellen. Vor allem aber fand Goethe, obwohl der arabischen Sprache nicht mächtig, über die Brücke mangelhafter Übersetzungen hinweg ganz intuitiv einen viel unmittelbareren und lebendigeren Zugang zum *Koran* als die hundert- und aberhunderttausend von muslimischen Schriftgelehrten heute und die von ihrer Autorität abhängigen Millionen von Gläubigen. Denn was Annemarie Schimmel zur Erläuterung eines gegen die Schriftgelehrten gerichteten Spottverses Muhammad Iqbals schreibt, trifft genau auf Goethe zu, denn noch weitgehender als Iqbal war er als Deutscher unbelastet von "den zahllosen Kommentaren, Superkommentaren und Scholien, die sich im Laufe der Jahrhunderte um den Text des *Koran* gelegt hatten, <sodaß> der eigentliche dynamische Geist des Gotteswortes erstickt, versteinert <wurde und> der Gläubige keinen Zugang mehr zu ihm hatten." Goethe nennt eine solche Zeit der Vorherrschaft von bis ins Detail schriftlich festgelegte Glaubensregeln eine Zeit des Unglaubens. Der entscheidende Punkt in erkenntnistheoretischer Hinsicht aber ist der folgende: Goethe fordert nicht, daß Gottes Schöpfung, die menschliche Gesellschaft und unser Verständnis von der Welt sich einem angeblich von Ewigkeit zu Ewigkeit bestehenden Text anzupassen habe, der dann von seinen Sachwaltern gehandhabt wird wie ein geistliches Prokrustesbett. Für ihn ist die Welt als Schöpfung Gottes einem steten Wandlungsprozeß unterworfen und der Text nur ein Wegweiser, um sich in dieser Welt zurechtzufinden: "Wenn ich handle, wenn ich dichte / Gib du meinem Weg die Richte." Das Wort "Richte", das inzwischen im Deutschen weitgehend außer Gebrauch gekommen ist, gibt erstaunlich genau die Bedeutung wieder, die dem Wort *Scharia* im *Koran* ursprünglich zukommt, nämlich göttliche Wegweisung, während es heute durch seinen Mißbrauch als Instrument der Despotie zu einem Schreckenswort verkommen ist. Wenn von *Scharia* landläufig bei uns die Rede ist und davon, daß angeblich der *Koran* unter diesem Stichwort das islamische Gesetz enthalte, wird zumeist völlig außer Acht gelassen, daß dieses Wort im *Koran* nur einmal erwähnt wird, in semantischen Ableitungen noch viermal, und zwar genau im Sinne des von Goethe gewählten Ausdrucks "Richte". Dagegen ist *Scharia* im Lauf der Jahrhunderte nach dem Tode des Propheten zur Bezeichnung für ein ausgeklügeltes Rechtssystem geworden, für das dessen Hüter, obwohl es ein Werk von Menschenhand ist, gleich wie für den *Koran* selbst, göttliche Autorität beanspruchen. Im Sprachgebrauch der Islamisten hat das Wort dann noch eine weitere Abwertung erfahren, denn wenn sie die Einführung der *Scharia* fordern, dann meinen sie in erster Linie die Einführung eines Strafrechts, welches solch barbarische Körperstrafen enthält wie öffentliche Auspeitschung, Amputation der rechten Hand oder gar kreuzweise Amputation, Steinigung und Kreuzigung.

Goethe hätte gewiß nicht bestritten, daß bei einer Gemeinschaft von Gläubigen, die sich eine Gesetzgebung schaffen, ihr Glaube auch in den Gesetzen und ihrer Auslegung zum Ausdruck kommen muß, allerdings ohne daß die offiziellen Gesetzeshüter und Schriftgelehrten dabei göttliche Autorität für sich beanspruchen dürften. Der *Koran* mit seinen etwa 6000 Versen enthält nur etwas über 60 Verse, die juristische Vorschriften im eigentlichen Sinne darstellen, und die teilweise zudem noch deutlich zeitgebunden sind. Wahrlich keine Grundlage, um ein funktionierendes Gemeinwesen darauf zu errichten, schon gar nicht fast anderthalb Jahrtausende nach ihrer Niederschrift, wie die Islamisten behaupten. Die ersten Generationen nach dem Tod des Propheten haben sich in ihrer juristischen Praxis in der Tat mehr nach dem Geist des *Korans* zu richten bemüht als nach seinem Buchstaben, wie insbesondere das Beispiel des Kalifen Omar zeigt, der ganz frei nach eigenem Wissen und Gewissen mit einzelnen Bestimmungen des *Korans* umging und trotzdem als ein Muster an Gerechtigkeit gilt. Die Katastrophe für die Entwicklung des Islam trat ein, als um die erste Jahrtausendwende das Tor des Idjtihâd, d.h. des redlichen Bemühens um die angemessene Auslegung des heiligen Textes, von den Rechtsgelehrten für geschlossen erklärt wurde, sodaß von da an sie über das Monopol für die wahre Rechtsauslegung verfügten, welche sie zumeist in Sinne der herrschenden Gewalt betrieben.

Der sudanesische Rechtsanwalt und Vorkämpfer für Menschenrechte, Taha Ibrahim, erklärt in einem gegen die traditionelle Auffassung von der Scharia als Rechts-, gar als Strafrechtssystem gerichteten Buch, daß man, um den *Koran* richtig zu verstehen, nicht von einzelnen isolierten Lehrsätzen ausgehen dürfe, sondern in Betracht ziehen müsse, was sich wie ein roter Faden durch das ganze Buch zieht, nämlich das, was er die 'koranische Methode' nennt, die Ausrichtung auf eine Welt im Wandel. Er weist darauf hin, daß im *Koran* das Wort Aya(h) an die vierhundert Mal vorkommt, und zwar in vielfältigen Bedeutungen: Wunder, Beispiel, Zeichen, Beweis, Maxime, Indiz, sodann auch als Bezeichnung für die einzelnen *Koran*verse. Aber die Vielfalt dieser Bedeutungen steht doch in einem klaren Bezugsrahmen: jedesmal drückt sich darin eine Erkenntnis aus, nämlich die Erkenntnis der Bewegungsgesetze der Schöpfung, der Natur, der Gesellschaft und der menschlichen Seele. Der gleichen Ansicht war auch Muhammad Iqbal, der in einer seiner "Sechs Vorlesungen über die Wiederherstellung des religiösen Denkens im Islam" erklärte, daß es drei Quellen menschlichen Wissens gebe: innere Erfahrung, Natur und Geschichte, und dann fortfuhr: "Der Koran sieht Zeichen der letzten Wirklichkeit in der Sonne, dem Mond, dem Sich-Ausdehnen der Schatten, dem Wechsel von Tag und Nacht, der Vielfalt menschlicher Hautfarben und Zungen, dem Wechsel der Tage des Erfolges und Mißerfolges unter den Völkern - tatsächlich in der ganzen Natur, wie sie der Sinneswahrnehmung des Menschen offenbar ist." Und an anderer Stelle der Vorlesungen drückt er seine Vorstellung vom Islam in geradezu goethisch-pantheistischer Weise aus, um dann ein Gedicht von Goethe selbst zu zitieren:

Gottes Leben ist Selbstoffenbarung, nicht die Verfolgung eines Ideals, das noch erreicht werden soll. Das Noch-Nicht des Menschen bedeutet Streben und kann einen Fehlschlag bedeuten; das Noch-Nicht Gottes bedeutet die unfehlbare Verwirklichung der unendlichen schöpferischen Möglichkeiten Seines Seins, das seine Ganzheit in dem gesamten Prozeß beibehält.

Wenn im Unendlichen dasselbe
Sich wiederholend ewig fließt,
Das tausendfältige Gewölbe
Sich kräftig ineinander schließt,
Strömt Lebenslust aus allen Dingen,
Dem kleinsten wie dem größten Stern,
Und alles Drängen, alles Ringen
Ist ewige Ruh in Gott dem Herrn.

Eschborn, den 3. Oktober 2000   Peter-Anton von Arnim

4.7.2 War Goethe ein Muslim? – Eine literarische Spurensuche von Peter Anton von Arnim

Peter-Anton von Arnim
Neugasse 26
65760 Eschborn   24.4.-3.5.1996

Verehrte, liebe Frau Professor Mommsen!

- also mein Faxgerät ist endlich mit Papier versorgt und funktioniert nun wieder. Verzeihen Sie die bisherigen Unannehmlichkeiten!

Unser west-östlicher Gedankenaustausch ist inzwischen so lebhaft geworden, dass ich mich an das Gedicht "Antepirrhema" des auf uns herabschmunzelnden Urvaters erinnert fühle:

...Wie ein Tritt tausend Fäden regt,
Die Schifflein hinüber herüber schießen,
Die Fäden sich begegnend fließen,
Ein Schlag tausend Verbindungen schlägt...

Heute Morgen, gerade als ich aus dem Haus gehen wollte, wurde mir wieder einmal ein geheimnisvolles Päckchen gebracht mit einem neuen Talisman, diesmal einem von der Bettina. Kurz zuvor war mir ein Zettel von meiner Mutter in die Hand gefallen mit der Frage: "Wo steht das bei der Bettina?", und mit folgendem Zitat (sie hatte es offenbar in einer Anthologie ohne Quellenangabe gefunden):

Ich glaub' es gibt vielleicht Augenblicke im Leben, wo ein reines Verhältnis zwischen Gottheit und Menschlichkeit ist, sodass die Menschennatur sich dazu eignet, das zu übernehmen, was die Menschen 'Botschaft Gottes' nennen, also das Amt der 'Engel' verrichten.

Ich dachte mir, man kann wohl ohne Übertreibung sagen, dass auch die Bettina etwas vom Islam verstanden hat! (Sie hat ja auch nicht zufällig ihr letztes Buch "dem Geist des Islam" gewidmet.) Allerdings war ihr Verständnis davon ebenso wenig wie das Islamverständnis Goethes eines von der Art, dass es die Pharisäer und Schriftgelehrten gebilligt hätten!

215

Gestern erzählte mir meine Mutter, dass die neue "Schlossherrin" von Wiepersdorf, ich meine die Leiterin des dort befindlichen Stipendiatenheims, den Wunsch geäußert hat, man möge das Bettina und Achim von Arnim-Museum, welches meine Mutter mit Professor Schultz eingerichtet hat und das sich in einem Flügel des Schlosses befindet, um einige Stücke erweitern, um dadurch eine richtiggehende Ausstellung zuwege zu bringen. Als ich nun Ihren kostbaren Band in Händen hielt, dachte ich, wenn man die Seite mit der Zeichnung aufgeschlagen hält, kann man ihn wunderbar in einer der Vitrinen ausstellen. Vielen herzlichen Dank!

Vielen Dank besonders aber für den schönen Aufsatz! Wie Sie uns durch die bis ins Detail der Zeichensetzung gehende Genauigkeit der Analyse zu den tiefsten oder besser höchsten Erkenntnissen Goethes führen, ist bewundernswert! Aber wiederum machen Sie klar, dass Goethe im Sinne der heutigen Schriftgelehrten einer der gefährlichsten muslimischer Ketzer war. Sich dem Koran gegenüber produktiv zu verhalten, ihn gar noch übertreffen zu wollen! Letzteres würde man vielleicht noch hinnehmen, obwohl es verwegener klingt und gegen ein klares Dogma verstößt, nämlich das von der Unübertrefflichkeit des Korans. Aber man hat einen solchen Verstoß dem blinden Dichter des Mittelalters Abu l'Ala' al-Ma'arri nachgesehen, der von seiner satirischen "Risalat al Ghufrân" ("Botschaft der Verzeihung") behauptet hatte, wenn man die Menschen dazu anhalten würde, diese von Kindesbeinen an auswendig zu lernen, dann würde sie später in ihren Ohren ebenso schön, wenn nicht gar schöner klingen als der Koran. Sie nennen in Ihrem Buch zahlreiche ähnliche Beispiele. Insbesondere könnte man hier auch den größten arabischen Dichter anführen, der allein schon mit seinem Namen ungestraft an diese Ketzerei erinnert: El Motanabbi (Sie zitieren Herbelot: "... celuy qui fait, ou, qui contrefait le Prophete").

Wenn sich jemand jedoch dem Koran gegenüber *produktiv* verhält, dann verzeihen ihm das die Schriftgelehrten niemals. Denn das bedeutet, dass man ihnen das alleinige Recht an der Koranauslegung streitig macht, und das ist in etwa der Ketzerei von Jan Hus vergleichbar, der darauf bestand, dass in der Messe der Wein nicht ausschließlich den Priestern vorbehalten bleiben, sondern auch den sogenannten Laien zuteil werden solle. Mahmud Mohammed Taha, der "Ghandi Afrikas", wie ihn "Le Monde" genannt hat (den versprochenen Aufsatz über ihn habe ich gestern für Sie in die Post gegeben), hat dafür im Januar 1985 mit dem Leben bezahlt.

Mahmud Mohammed Tahas Verbrechen war die Befolgung des koranischen Gebots der Toleranz, zu dem für ihn die Verkündung der Schariagesetzgebung durch den Diktator Nimeiri im Widerspruch stand. Übrigens hat er vielleicht nicht in so sinnenhafter Weise, wie Sie das bei Goethe aufzeigen, aber inhaltlich ganz ähnlich, dem Halbmond das Kreuz beigesellt, damit durchaus der Lehre des Koran entsprechend, wonach die Torâ des Moses, die Psalmen Davids und das Evangelium Jesu gleich dem Koran die Botschaft Gottes enthalten, weshalb die Juden und die Christen gleich den Muslimen zu den Besitzern des Buches, d.h. der Offenbarung, gerechnet werden sollen. Zwar nicht das Gleichnis, aber die Botschaft von Lessings Ringparabel ist in einem Koranvers enthalten (Sure 5, "Der Tisch", Vers 48 Schluss bzw., nach anderer Zählung, Vers 52): "Euch allen haben wir eine Wegweisung und einen Plan gegeben. Und wenn Gott gewollt hätte, wahrlich er hätte euch zu einer einzigen Gemeinde geschaffen. Er wollte euch jedoch prüfen in dem, was er euch gegeben. Wetteifert darum im Guten. Zu Gott kehret ihr alle zurück, dann wird er euch aufklären über das, worin ihr uneins seid." (Herrlich! Herrlich!, sagt dazu der Sultan Salah Ed-Din El-Ayubi <Saladin> zu Nathan dem Weisen, dabei steht das doch in seinem eigenen Koran! Eine köstliche Ironie Lessings!)

Aber den modernen Schriftgelehrten ist das ein Gräuel. Man darf ja auch nicht vergessen, dass Goethe, bei aller Begeisterung für den Islam, einmal geäußert hat, dass er sich den "Hypsitariern" zugehörig fühle, worin er natürlich keinen Widerspruch sah zu seinem Islam. Von den Hypsitariern weiß ich zwar nichts, aber ich stelle mir darunter so etwas ähnliches vor wie in unserer Zeit die Religionsgemeinschaft der Baha'i. Und wie grausam diese im Iran vom Regime der Ayatu'Allahs (=Zeichen Gottes) verfolgt werden, ist bekannt.

Unbefangen produktiv gegenüber dem heiligen Text verhalten haben sich indes die frühen Muslime. (Vergangenen Samstag habe ich das in einem Vortrag erwähnt, den ich in London über das Thema "Scharia im Sudan als neues System der Apartheid auf afrikanischem Boden" gehalten habe. Ich habe den Vortrag dem Artikel über Mahmud Mohammed Taha beigeheftet und mit in die Post gegeben). Der zweite Kalif, Kalif Omar zum Beispiel hat, als in seinem Reich eine Hungersnot ausgebrochen war, die Amputationsstrafe für Diebstahl suspendiert. Für ihn war nicht der Buchstabe des Korans, sondern der Geist der Gerechtigkeit, der für ihn im Zentrum der koranischen Botschaft stand, ausschlaggebend.

Man nannte das Ringen der Gläubigen um ein tieferes Verständnis des Koran ein heiliges Bemühen (Ijtihad, das Wort hat die gleiche Wurzel wie Jihad). Im neunten Jahrhundert n.Ch., dem dritten Jahrhundert der Hidjra, erklärten jedoch die damaligen Machthaber und die in ihren Diensten stehenden Rechtsgelehrten, das Tor zum Ijtihad sei nunmehr geschlossen. Schon vorher hatte man begonnen, jede Neuerung in der Koranauslegung zur Bid'a (=Neuerung), gleichsam zur Ketzerei zu erklären. Die Islamisten (damit meine ich die heutigen Vertreter des Polit-Islam, im Gegensatz zu den Hütern der Orthodoxie) haben zwar unserer Tage stattdessen das Konzept des Tajdid, der Erneuerung eingeführt, aber damit meinen sie nicht ein produktives Verhältnis zum heiligen Text, an dessen buchstäblicher Auslegung sie vielmehr mit eiserner Starre festhalten, sondern die reine despotische Willkür in der Anwendung der daraus folgenden Rechtsbestimmungen.

Ich glaube also, dass das trojanische Pferd mit dem west-östlichen Gedankengut Goethes dieser Tage zunächst nicht anders in die islamischen Länder hat eingeschleust werden können, als in der Form, wie es nun einmal durch Herrn Adnan Abbas geschehen ist. Also bin ich mit Ihnen froh, dass es überhaupt zu dieser Übersetzung gekommen ist. (In den Kapiteln über "Gott in der Natur" und über die "Hundert Namen Gottes" ist beispielsweise noch genügend Spinozismus und Mystik erhalten geblieben, um dem arabischsprachigen Publikum, das Goethe im Original nicht lesen kann, wichtige Aspekte zu vermitteln.) Überhaupt braucht man sich ja mit dem jetzigen Stand der Dinge nicht abzufinden. Wie gesagt, ist jetzt erst einmal ein Ansatzpunkt geschaffen worden für eine Diskussion, die viel weitere Kreise ziehen kann als vom Übersetzer vorhergesehen. Es darf in der Tat auch nicht sein, dass die Islamisten sich mit Goethes Namen und mit Ihren Federn schmücken (so wiederholt geschehen auf einem Stand der Frankfurter Buchmesse, auf dem die Islamisten ein Flugblatt verteilt haben mit der Frage: "War Goethe ein Muslim?", worin sie sich mehrfach auf Sie beziehen), dabei aber unterschlagen, dass Goethe, würde er heute leben, von ihnen noch schlimmer behandelt würde als Salman Rushdie. Ich will sehen, was sich tun läßt, um die Diskussion systematisch in Gang zu bringen (natürlich so, dass Sie nicht unmittelbar mit hineingezogen werden).

Verblüffend finde ich immerhin, mit welcher Unbefangenheit Herr Dr. Abdelghafar el Mekkawi, der Ihre früheren Aufsätze über das Thema so fleißig übersetzt und dann unter seinem Namen veröffentlicht hat, sich jetzt zum Mitverantwortlichen für eine Übersetzung aufschwingt und sie mit kritischen Anmerkungen versieht, die teilweise den gleichen Text enthält wie das Büchlein, als dessen Autor er sich ausgegeben hat.

Aber ich fürchte, Sie überschätzen bei weitem meine Arabischkenntnisse und damit auch meine Kenntnisse der Materie. Eigentlich ist all das, was ich sage, schon bei Ihnen zu finden, also ursprünglich bei Goethe selbst. Deshalb sind auch meine arabischen Freunde von Ihrem Buch so begeistert, und wundern sich und staunen, wie tief Goethe in die islamische Geisteswelt eingedrungen ist. Die theologischen Probleme, die er mit einer Souveränität behandelt hat, als sei er ganz damit großgeworden, sind noch heute aktuell. Sie haben mich sozusagen auf die Spur gesetzt (haben mir den rechten Pfad gewiesen, um mich koranisch auszudrücken), und dieser Spur folgend entdecke ich Dinge, von denen Ihnen manche neu vorkommen mögen, mir aber von Ihnen und von Goethe her vertraut erscheinen, wie ganz von selbst. Ich will Ihnen dazu weiter unten ein paar Beispiele geben.

Wenn also meine Kenntnisse sehr beschränkt sind, so unterscheiden sie sich vielleicht doch von denen so verdienstvoller Forscher wie Tilman Nagel oder Johann Christoph Bürgel insoweit, als ich wie Goethe "im Islam gelebt" habe, ich also nicht auf bestimmte Fragen der Forschung, sondern auf Fragen des Lebens die Antwort zu finden gezwungen war. Ein Gräuel dagegen sind mir die groben Simplifikatoren, die im Fernsehen als Experten gehandelt werden, wie Gerhard Konzelmann und Peter Scholl-Latour, aber auch Pedanten wie Rudi Paret, dessen lederne Koranübersetzung mein Gefühl sowohl für die arabische als vor allem auch die deutsche Sprache verletzt und mir als Kapitulation vor der Aufgabe eines Übersetzers erscheint.

Ein Beispiel dafür, wie Goethe "im Islam gelebt" hat, haben Sie in Ihrem Buch unter anderem mit Ihrer Darstellung seiner Nähe zur Literatur der Sufis gegeben, und da der Islam im Sudan vornehmlich in seiner sufischen Form Wurzel gefaßt hat, sahen meine sudanesischen Freunde in "Wanderers Nachtlied" und "Ein Gleiches" Gedichte, die der sudanesischen Tradition entstammen könnten. Aus dem Sufismus hat sich in fast allen islamischen Ländern, besonders aber in Afrika, im Gegensatz zum rigiden und elitären Gesetzesislam der sogenannte "Volksislam" entwickelt mit seiner Heiligenverehrung, den Orthodoxen ein Dorn im Auge, obwohl sie selbst entgegen koranischer Lehre den Propheten zu einen Hort der Heiligkeit verklären, um von dessen absoluter Autorität ihre eigene Unfehlbarkeit herleiten zu können. (Hier, und nicht im Inhalt seines Romans, liegt auch der Grund für deren abgrundtiefen Haß auf Salman Rushdie, der durch den Titel desselben an die von den frühen Muslimen ehrlich berichtete Tatsache erinnert hat, dass der Prophet ein Mensch war, schwach genug, sich auch einmal den Einflüsterungen des Satans hinzugeben).

Die "Scharia" beruht bekanntlich in der Hauptsache auf der "Sunna", d.h. einem von den Schriftgelehrten des zweiten Jahrhunderts der Hidjra aus angeblich überlieferten Aussprüchen und Handlungen des Propheten zurechtkonstruiertem System. Wie Sie berichten, hat Goethe mit sicherem Instinkt des Rebellen diese Überlieferungen abgelehnt (worin er sich übrigens in vollem Einklang befand mit dem zweiten Kalifen, der den sunnitischen Muslimen als Muster eines gerechten Herrschers gilt, dem Kalif Omar. Er hasste geradezu diejenigen seiner Zeitgenossen, die sich damit brüsteten, den Propheten dieses oder jenes sagen gehört zu haben. Nachzulesen bei der marokkanischen Soziologin Fatima Mernissi: "Le harem politique. Le prophète et les femmes"). In der Heiligenverehrung des Volksislam dagegen konnte sich der unkatholisch-katholische Goethe, der Bewunderer Philippo Neris und des Heiligen Rochus, wiederfinden.

Ein anderer Hinweis, der sich bei Ihnen findet, ist Goethes Nähe zur Muatasila: Goethe gibt sich in seinem Gedicht zum Lob des Weins zwar scherzhaft neutral in dem Streit, ob der Koran erschaffen oder mit Gott gleich ewig sei. Aber wie Sie gezeigt haben, scheint er mit der Position der Muatasila, der theologischen Richtung, die den Koran für eine Schöpfung Gottes hielt, also eine unter seinen vielen Schöpfungen, ganz entschieden sympathisiert zu haben, ja er ist in seiner Ketzerei über diese noch entschieden hinaus gegangen, indem er den Koran als ein Werk des Propheten betrachtete. Die Muatasila kann man als die islamische Frühaufklärung bezeichnen, die gegen die Willkürherrschaft der Omayaden-Dynastie gerichtet war. Der Todesstoß wurde ihr später paradoxerweise durch einen scheinbaren Sieg versetzt, nämlich als Abbasidenkalif Al Ma'mun sie zur allgemein verbindlichen Staatslehre und zugleich alle entgegengesetzten Auffassungen zur Ketzerei erklärte. Zur Bekämpfung der letzteren schuf er eigens die Institution der Inquisition, wodurch das Prinzip der Einmischung des Staates in Angelegenheiten des Glaubens endgültig im islamischen Herrschaftsbereich verankert wurde. Dass dann später einer von Ma'muns Nachfolgern, Al Mutawakil, die Muatasila verbot und stattdessen die Asch'ariya zur verbindlichen Lehre des Staates erhob, eine auf entschiedenem Irrationalismus gegründete Lehre, die bis heute die Oberhand hat, stellte dann sozusagen nur noch das Staatsbegräbnis dar. Allerdings hat die Muatasila offenbar gleichsam unterirdisch weitergewirkt und so bis hin zur deutschen Aufklärung (Lessing, Goethe) Einfluss ausüben können. Die deutsche Orientalistik, die, angefangen mit Lessings Freund Reiske, sich von der Vormundschaft der christlichen Theologie befreit hatte, trat ja gerade damals in ihre fruchtbarste Phase.

Worum geht es nun bei dieser Streitfrage um die Erschaffenheit oder Ewigkeit des Koran? Zwei Punkte scheinen mir wichtig:
1) Wenn er von Ewigkeit an da ist, ist es **der** Text, und keiner kann neben ihm Bestand haben. Das widerspricht zwar dem oben zitierten Koranvers über die Vielfalt der Offenbarungen (einen Widerspruch, den man durch die Lehre von einer Urschrift des Buches, von der die verschiedenen Offenbarungen nur Teilabschriften seien, der Koran aber die letztgültige, zu lösen versucht hat), widerspricht vor allem aber der Tatsache, dass der Koran sich mehrfach auf Ereignisse im Leben des Propheten bezieht, sich also sozusagen aus dessen Leben heraus entwickelt hat, mithin einen durch und durch geschichtlichen Charakter trägt. Die Lehre von der Unerschaffenheit des Koran stützt jedoch das monolithische Denken der Fundamentalisten und Islamisten. (Die Muataseliten haben übrigens ihren Gegnern vorgeworfen, mit ihrer Lehre widersprächen sie dem Gedanken von der Einsheit Gottes, denn indem sie Gott den Koran von Ewigkeit her beigesellten, seien sie keine wahren Monotheisten, sondern Dualisten).
2) Die entscheidende Frage ist aber die: Was hat den Vorrang, Gottes Schöpfung oder die heilige Schrift? Womit wir wieder bei Goethes Naturfrömmigkeit angelangt wären, die den Pharisäern und Schriftgelehrten ein solcher Dorn im Auge ist, eben weil es eine Naturfrömmigkeit war und keine Schriftfrömmigkeit.

Wie ich meine, findet sich diese Frage bei Goethe aber auch noch in anderer Form, und dabei scheint sich mir ein überraschender Zusammenhang aufzutun. Die Frage lautet: Was war im Anfang? "Im Anfang war die Tat " ist dann die eine, "Im Anfang war das Wort" die andere Antwort. Wenn man vor groben Verkürzungen nicht zurückschreckt, könnte man die These aufstellen, Aufstieg und Niedergang der islamischen Reiche ließe sich entsprechend den gegensätzlichen Antworten erklären, die die Gemeinschaft der Muslime im Verlauf der Geschichte auf diese Frage gegeben haben.

Unter den Lehrsätzen der Muatasila will ich in diesem Zusammenhang nur die zwei wichtigsten nennen, weil ich meine, ihre Spuren bei Goethe wiederfinden zu können:

Die Lehre von der Einsheit Gottes. Diese ist natürlich Gemeingut aller Muslime, aber sie hat die verschiedensten Auslegungen gefunden, ja sogar solche, die einander geradezu ausschließen. Der Polit-Islam, wie er im Sudan praktiziert wird, übersetzt sich das Gebot "Sprich: Gott ist einer!" schlicht und grob in die Prinzipien eines monolithischen Einparteiensystems: "Ein Volk, ein Glaube, eine Führung!"

Demgegenüber steht die koranische Lehre von der Vielfalt der Schöpfung, in der man Gottes, des Einzigen, Wirken erkennen soll: "Oh ihr Menschen, Wir haben euch als Mann und Weib erschaffen und zu Stämmen und Völkern gemacht, damit ihr einander erkennet!" "Siehe, als Zeichen hat Er euch gesetzt die Schöpfung der Himmel und der Erde und den Unterschied eurer Sprachen und eurer Hautfarben. Fürwahr, darin sind Zeichen für die Verständigen."

Wie Sie eingehend gezeigt haben, entspricht die Auffassung Goethes ganz der koranischen. Dabei geht Goethe natürlich nicht von dem Buch aus und der Frage, wie dieses auszulegen sei, denn es wäre ihm nie in den Sinn gekommen, dass ein Buch, und sei es noch so göttlich, die ganze Weite der großen, sich ständig wandelnden Natur zu umfassen vermöge. Die Einsheit Gottes ist also für Goethe nicht ein ein-für-allemal vorgegebener fixer Gedanke, von dem sich scholastisch dieses oder jenes Dogma deduzieren läßt, sondern ein ständig neu zu befolgendes Gebot: "Hebe liebendes Herz dem Erschaffenden dich!"

Ich erkühne mich, Sie in diesem Zusammenhang darauf aufmerksam zu machen, dass Sie sich auf S.271 Ihres Buches meiner Ansicht nach von Herrn von Grunebaum, der zweifellos einer der größten Autoritäten auf dem Gebiet der Islamkunde war und bleibt, haben in die Irre führen lassen, wenn Sie schreiben: "Im Koran kann 'irren' oder in die Irre gehen, nur bedeuten: abweichen vom kanonischen Gesetz, das den Gläubigen genau vorschreibt, was sie tun und lassen müssen, und so ihr Leben 'allstündlich' beeinflußt."

Da begeht, wenn er das so geschrieben hat, Herr von Grunebaum einen offensichtlichen Anachronismus. Der Gesetzesislam, der den Namen Scharia trägt und dem Muslim jede alltägliche Handlung genau vorschreibt, ist erst Jahrhunderte nach dem Tode des Propheten entstanden. Ursprünglich hieß "Scharia" jedoch Weg zur Wasserstelle, im Koran bedeutet es im übertragenen Sinn Weg des Glaubens oder gute Leitung. Wie man aus oben zitiertem Koranvers, der der Ringparabel zugrundeliegt, ersehen kann, hat Gott der Menschheit verschiedene Wege gewiesen, die zum Ziel, zum Paradies führen können <"und wenn Gott gewollt hätte, wahrlich er hätte euch zu einer einzigen Gemeinde geschaffen. Aber er wollte euch prüfen...">. Erst in späteren Jahrhunderten wurde der Begriff Scharia so eingeengt, dass er nunmehr nur noch einen kanonischen Verhaltenskodex bezeichnet.

Ich fürchte, es ist ein Fehler mancher unserer Islamgelehrten, so groß ihre Verdienste auch sein mögen, dass sie den Islam als ein zwar nicht aus dem Haupte des Zeus, aber eben aus dem Koran fertig entsprungenes Lehrgebäude behandeln, ganz so, wie es die Imame und Mullahs in der Tat verlangen, die aber ein Lehrgebäude meinen, das sie selbst im Lauf der Jahrhunderte erst eigentlich errichtet haben. Dass unsere Islamforscher für diese Vertreter eines regierungsamtlichen Islam mit der unkritischen Wiedergabe der von ihnen aufgestellten Dogmen einseitig Partei ergreifen und den vielen heterothodoxen Unterströmungen des Islam Unrecht tun und vor allem denen, die heute ein humanes, von Scholastik und Kasuistik befreites Koranverständnis fordern, scheint ihnen nicht bewusst zu werden.

Ich meine jedenfalls, Goethe war dem koranischen Sinn von "scharia", "munhidj", "sirât", "tarîq", "mawrid", "sabîl", "ruschd", - alles Ausdrücke für den rechten Pfad des Glaubens - viel näher als die heutigen Schriftgelehrten, und Sie bestätigen das, wenn Sie schreiben (loc.cit.): "'Irren' kann im Goetheschen Spruch bedeuten: zielloses, planloses Umherschweifen, aber auch Befangensein im Irrtum." Nicht anders im Koran.

Das wird bei Goethe nicht nur aus dem zitierten Spruch klar, sondern auch aus dem Hymnus "Teilen kann ich euch nicht...", der sich ganz unmittelbar auf den Koran, auf einige Verse aus der Sure das Vieh (den Dialog Abrahams mit seinem Herrn) stützt, und worin es am Schluß heißt: "Laß mich nicht irren mit irrendem Volk", wobei, laut Koran, der Irrtum, in dem Abraham seinen Vater Azar und sein Volk sieht, nicht in irgendwelchen Missetaten oder genau bestimmten Abweichungen von einem göttlichen Gesetz besteht, sondern ganz schlicht in der Anbetung von Götzen. Und in der Eröffnungssuche des Koran heißt es: "... Leite uns den rechten Pfad * den Pfad derjenigen, derer Du Dich erbarmt hast * nicht derer, denen Du zürnst * und nicht der Irrenden." Also nicht: "Leite uns den rechten Pfad, den Pfad derjenigen, die Dein Gesetz erfüllen", sondern: "Derjenigen, derer Du Dich erbarmt hast."

Schließlich noch der Vers des Toleranzgebots (2.Sure, "Die Kuh", Vers 256): "Es sei kein Zwang im Glauben. Klar ist nunmehr geschieden der wahre von dem Irrweg. Wer also das Götzentum abweist und an Gott glaubt ..." Also keine Rede von einem kanonischen Gesetz. Wie gesagt, dieses ist erst eine Erfindung späterer Jahrhunderte.

Oh je, ich spiele mich hier geradezu vor Ihnen als Koranausleger auf. Verzeihung! Wie sagt man da doch so schön im Schwäbischen: da sind mir die Gäule durchgegangen!

Zurück zur Einsheit Gottes bei den Muataseliten. Ganz rationalistisch bedeutete diese für sie unter anderem, dass man Gott keine positiven Eigenschaften zuweisen kann, ja, dass man Gott überhaupt nicht personalisieren darf. Wenn also im Koran davon die Rede ist, Gott sitze auf einem Thron, so sei das nicht wörtlich zu nehmen, sondern rein metaphorisch. (In Ihrem Aufsatz machen Sie auf den dementsprechenden Unterschied aufmerksam zwischen: "Ruht im Frieden seiner Hände" und "Ruht in seinen Händen"). Kommen wir da dem Verfasser des "Theologisch-politischen Traktats" und der "Ethik" nicht schon ganz nahe? Katharina Mommsen schreibt dazu in ihrem Buch auf S.440: "Schon die Vorstellung dieser als subtile Philosophen charakterisierten Freidenker, dass es keine Attribute außerhalb des Göttlichen gäbe, traf mit Goethes spinozistischen Gottesvorstellungen überein, desgleichen die Überzeugung, dass Glaube und gute Werke zusammengehen müssen." Also wirklich, verdanke ich nicht all meine Einsichten Ihnen? Was ich einzig hinzufügen könnte, wäre die Vermutung, dass der Name dieses jüdischen Philosophen bei den heutigen Orthodoxen die Angst auslöst, man könne durch die Erinnerung an ihn wieder in die Nähe der Gedankengänge geraten, die in den Anfängen des Islam lebendig waren, inzwischen aber zur Ketzerei erklärt worden sind.

Aus der Einsheit Gottes folgerte aber die Muatasila ein weiteres Grundprinzip, nämlich das seiner Gerechtigkeit, da Gott der Schöpfer für seine Geschöpfe das Gute will. Der Vorsehungsglaube, den sie mit allen Muslimen teilten, und in dem sich auch Goethe wiederfand, durfte für sie nicht mit der dem Menschen von Gott verliehenen Gabe der Vernunft und damit der Freiheit und der Verantwortung des Menschen für seine Taten in Widerspruch geraten. Dieser Glaube durfte also nicht soweit gehen, das Unrecht als vorherbestimmt und von Gott gewollt zu rechtfertigen, das von despotischen Herrschern, wie ihrer Zeit von den Kalifen der Omayadendynastie, ausgeübt wurde.

Auf ein ähnliches Problem scheint Goethe bei der Lektüre von Djelâl-eddîn Rûmîs "Mesnewi" gestoßen zu sein, wie Sie auf S.307 nachweisen: "Hier waren ihm Märchen begegnet, in denen Mörder und andere Verbrecher zu 'Stellvertretern Gottes' erklärt und ihre Untaten gerechtfertigt wurden, da sie den Willen der Vorsehung vollziehen. Darin lag für Goethe etwas 'Abscheuliches'." Genau so etwas Abscheuliches taten die Islamisten des Sudan, als sie dem Diktator Nimeiri mit der Hand auf dem Koran den Treueeid schwuren. Die Tatsache, dass er die Einführung der Scharia (in der Hauptsache die angeblich "islamischen" Strafen) verkündet hatte, genügte, um ihn zum Imam der Gläubigen und zum Mahdi des 20.Jahrhunderts zu erklären und ihm alle sonstigen Verbrechen zu verzeihen. Nicht anders ist es jetzt mit dem Verbrecher-Regime von Omar el Beshir. In diesem Zusammenhang ist der im "Mesnewi" verwendete Ausdruck "Stellvertreter <arabisch: Khalifa> Gottes" besonders interessant. Abu Bakr, der erste der vier rechtgeleiteten Kalifen, verstand sich lediglich als Nachfolger oder Stellvertreter des Propheten, erst mit Beginn der Omayadenherrschaft ließen sich die Kalifen als "Stellvertreter Gottes" huldigen.

Wenn dagegen die Muatasila Gottes Gerechtigkeit zum Grundpfeiler ihrer Theologie gemacht hat, berührt es einen doch merkwürdig, wenn auch Goethe von den hundert Namen Gottes sich ausgerechnet den des Gerechten für einen seiner Talismane auswählt (in Ihrem Buch Seite 305):

> Er ist der einzige Gerechte
> Will für jedermann das Rechte.
> Sei, von seinen hundert Namen,
> Dieser hochgepriesen! Amen!

Wie gesagt, zu Goethes Zeit galt die Muatasila nun schon seit Jahrhunderten als Ketzerei. Aber offenbar sind deren Lehren nie ganz untergegangen, und sei es auch nur, dass Goethes Gewährsleute in Sachen Orientalistik sie in islamischen Büchern ihrer Zeit wiederfanden, deren Ziel es war, sie zu widerlegen. Das gilt auch noch heute. So liegt mir ein 1987 in Birmingham gedrucktes Buch (sic! - von der dortigen islamischen Gemeinde ging der Feldzug gegen Salman Rushdie aus, bevor er von Khomeini zentral aus dem Iran weltweit gesteuert wurde!) in arabischer Sprache über die Muatasila vor, das offensichtlich von Fundamentalisten verfasst worden ist und vor den Gefahren eines Wiederauflebens von deren Gedankengut warnt. Dem Argument, dass es sich dabei doch um eine längst untergegangene Denkrichtung des frühen Mittelalters handele, begegnen die Autoren im Vorwort mit dem interessanten Hinweis, menschliche Gedanken könnten wie Krankheitsbazillen wirken, die sich auf geheimnisvolle Weise immer wieder neu reproduzieren.

Vielleicht haben Sie von der Affäre um Professor Nasr Hamid Abu Zeid gehört, dem zunächst die Lehrerlaubnis an der Azhar-Universität von Kairo verwehrt worden war, und dem die Islamisten, als man sie ihm dann doch erteilt hatte, auf noch verteufeltere Weise beizukommen versuchten, indem sie beantragten, er müsse von seiner Frau zwangsgeschieden werden, was sie vor Gericht tatsächlich durchsetzen konnten. In Ägypten gibt es kein Gesetz, das den Abfall vom Glauben zum Straftatbestand macht, aber ein Ungläubiger darf laut Gesetz keine Muslimin zur Frau haben. Das Scheidungsurteil bedeutete, dass das Gericht Professor Abu Zeid zum Ungläubigen und damit für vogelfrei erklärt hat. Professor Abu Zeid und seine Frau leben jetzt in Holland, in der Hoffnung, dass dieses schandbare Urteil irgendwann aufgehoben wird und sie eines Tages unbehelligt in ihre Heimat zurückkehren können.

Eines seiner Verbrechen war, dass er ein Buch über die Muatasila geschrieben hat. Ich glaube, es war nicht so sehr der Inhalt des Buches, als vielmehr die Tatsache, dass er überhaupt diese aufklärerische Richtung des Islam wieder in die Diskussion gebracht hat, wodurch er den Zorn der Fundamentalisten und Islamisten erregt hat. Professor Abu Zeid betont ausdrücklich, dass es sich für ihn nicht um ein Zurückgehen zur Muatasila handeln kann, überhaupt um kein Zurück in irgendeinem Sinn, sondern um eine historisch-kritische Überprüfung der äußerst vielfältigen islamischen Traditionen, einschließlich der Überprüfung der verschiedenen Koraninterpretationen. Also auch er verhält sich, natürlich auf seine Weise, wie Goethe produktiv zum Koran.

Zum Schluß möchte ich Ihnen noch Aufschluß geben über das Wie und Warum der Koranverse, die ich Ihnen nach Erhalt Ihres Aufsatzes per Fax übermittelt habe. Vermutlich haben Sie selbst schon den Zusammenhang erkannt, nämlich dass ich an der Stelle Ihres Aufsatzes Anstoß genommen habe, wo davon die Rede ist, dass Hand auf hebräisch yad heißt. Hoffentlich sind Sie mir über diesen Wink mit dem Zaunpfahl nicht böse. Ich muss jedenfalls um Verzeihung bitten, dass ich da einer menschlichen Schwäche nachgegeben habe, die einen dazu verleitet, sich bei einem literarischen Produkt zunächst vorschnell zu etwas zu äußern, an dem man sich stört, bevor man Werk als solches insgesamt überhaupt erst einmal gewürdigt hat. Worauf ich hinweisen wollte, war, dass Hand auch im Arabischen yad heißt und im Koran etwa den gleichen Bedeutungsumfang hat wie den von Ihnen genannten im Hebräischen ("Macht"). Mir schien also der Sprung ins Hebräische an dieser Stelle zu abrupt und unmotiviert, da doch das, was hier nähergelegen hätte, der Koran, das gleiche hergibt. Nicht dass ich an einem Sprung ins Hebräische überhaupt Anstoß genommen hätte! Ganz im Gegenteil!

Kennen Sie den Vortrag von Adolf Muschg "Mehr Licht für ein Ärgernis", den er vor ein paar Jahren zur Feier von Goethes ich weiß nicht wievieltem Geburtstag im Frankfurter Goethehaus gehalten hat? Falls nicht, werde ich mich um eine Kopie bemühen und sie Ihnen schicken (Die Rede wurde von der FAZ abgedruckt). Muschg hatte zuvor "Wilhelm Meisters Wanderjahre" als Insel-Taschenbuchausgabe ediert und dabei einige antijüdische Stellen darin entdeckt. Der Festvortrag ging also in der Hauptsache um Goethes Verhältnis zum Judentum. Natürlich konnte Muschg überwiegend positive Seiten in diesem Verhältnis nachweisen, und in dem Zusammenhang zitierte Muschg unter anderem aus dem West-Östlichen Divan. Wenn Goethe "Patriarchenluft" gekostet habe, so, nach Muschg, der Ihr Buch offenbar nicht gelesen hatte, selbstverständlich zunächst einmal bei den Frankfurter Juden, und so völlig unrecht hat er mit dieser Behauptung ja wohl auch wiederum nicht.

Mir ging damals Folgendes durch den Kopf: Das Werk eines umfassenden Geistes wie Goethe versuchen einige der Epigonen gewöhnlich zunächst auf ihr eigenes Mittelmaß und ihre Vorurteile sich zurechtzustutzen. In folgenden Generationen kommen dann hingegen wiederum Forscher, die unvoreingenommen und mit neu erwachtem Interesse an das Werk herangehen und den Blick des Lesers auf bisher unbeachtet gebliebene Aspekte desselben freimachen, wodurch sie uns nach und nach die wahren Dimensionen des Werks erschließen. Darin sehe ich Ihre epochale Leistung mit "Goethe und Tausend und eine Nacht" und vor allem "Goethe und die arabische Welt". Um sich aber gegen die vorherrschende Engstirnigkeit und Beschränktheit der traditionellen Interpretationen durchsetzen zu können, muss diese Forschung notgedrungen sich auf einen bestimmten bisher vernachlässigten Aspekt konzentrieren, wobei sie möglicherweise einige Aspekte, die sich mit diesem berühren, zunächst bewusst außer Acht lassen muss ("in der Beschränkung zeigt sich der Meister").

Sie konnten nicht gleichzeitig das Thema "Goethe und die arabische Welt" bewältigen und zugleich das Thema "Goethe und die Welt der Juden" abhandeln. Aber natürlich waren diese Welten im Kopf Goethes nicht streng voneinander getrennt (man denke an die Josefsgeschichte im Alten Testament und im Koran!), sodass man, wenn es eine gründliche Untersuchung von Goethes Verhältnis zum Judentum gleich der Ihren über sein Verhältnis zur arabischen Welt gäbe, man von der Einzelanalyse zur Synthese übergehen könnte, sozusagen zum Stammvater Abraham. Leider gibt es eine der Ihren gleichwertige Studie über dieses Thema meines Wissens noch nicht. Das war also der Wunsch, den ich zum Himmel schickte, als ich den Vortrag von Adolf Muschg gehört hatte.

Denken Sie sich, als Sie mir von John Whaley schrieben, sagte ich mir, der Name kommt mir doch so bekannt vor! Und richtig, unter der Rubrik "Goethe" fand ich in meinem Bücherschrank eine zweisprachige Ausgabe des "Divan" bei Langewiesche-Brandt mit der Übersetzung von John Whaley! Ich hatte sie wohl damals zur Förderung des Dialogs mit meinen sudanesischen Freunden gekauft. Können Sie vielleicht einmal bei Gelegenheit John Whaley meine Übersetzung des Prometheus-Gedichts zeigen und fragen, was er davon hält?

Ja, und Herrn Engelhard würde ich natürlich gern einmal kennenlernen. Er Kamerun - ich Senegal, also berühren wir uns in unseren Beziehungen zum französisch geprägten Afrika. Sicher hat er ebensoviel Interesse daran, dass Ihr Buch auf Französisch erscheint, wie ich. Ob ich ihn einmal in Mailand besuchen kann? Ich hoffe, dass mein senegalesischer Adoptivsohn demnächst nach Deutschland kommt, um hier sein Studium der Germanistik und Anglistik fortzusetzen. Wir haben große Pläne für den Senegal, nämlich den Aufbau einer Sprachschule in seinem Heimatort, aber zur Zeit ist das noch ein reines Wolkenkuckucksheim.

Nun wird es aber höchste Zeit, dass ich mit diesem Brief zum Schluß komme, denn ich muss mich dringendst Alexander von Humboldt und seinem Verhältnis zu Achim und Bettina von Arnim zuwenden. Am 20.5. soll ich nämlich zusammen mit Professor Schultz im Tegel-Schößchen in Berlin über dieses Thema etwas zum Besten geben!

Der Vollmond, der für das große Opferfest des Islam (Isaaks bzw. Ismaels Opferung) das Zeichen gesetzt hat, leuchtet hinter den Häusern hervor und verspricht mir, Sie freundlich von mir grüßen zu wollen, wenn Sie jenseits des Ozeans zu ihm aufschauen

herzlichst Ihr

Peter Anton von Arnim

4.8 „Wär nicht das Auge sonnenhaft ... Ist Goethes Farbenlehre kaum mehr als ein schlechter Witz? - Blicke durch das Prisma" – Vortrag von Peter Anton von Arnim

**Annährungen an Goethes Farbenlehre
Dorfkirche in Zernikow, Sonntag, den 5.9.2004
Initiative Zernikow e. V.**

Aus einer Rezension zu Albrecht Schönes Buch: „Goethes Farbentheologie" von Martin Lüdke in der Frankfurter Rundschau. vom 25. Juni 1987 unter dem Titel: „Fanatiker Goethe":

Die Entscheidung war längst gefallen. Es gab nichts mehr zu gewinnen.
Und trotzdem ist er zum Kampf angetreten, Goethe, unser großer Dichterfürst, von allen guten Geistern verlassen. Er, der den Begriff der Weltliteratur geradezu erfunden hat, zu Recht als universeller Geist gilt, verhielt sich wie ein störrisches Kind. Eintausendvierhundert Seiten und sein halbes Leben hat er [an die Farbenlehre] gehängt, und das Ergebnis: kaum mehr als ein schlechter Witz.
Das wohlwollende Publikum hat kopfschüttelnd darüber gelächelt, seine Gegner haben so lauthals wie höhnisch gelacht, und die Fachleute haben den spleenigen Alten aus Weimar, der starrsinnig und verzweifelt seine unhaltbare Lehre zu verteidigen suchte, schlicht ignoriert, notwendigerweise. Und trotzdem hat Goethe gekämpft, sein halbes Leben lang, mit fanatischer Intoleranz, die so gar nicht zu ihm passen will, einen aussichtslosen und hoffnungslosen Kampf geführt, der ihn viel Kraft, Energie und Zeit gekostet hat und nichts einbrachte, nicht einbringen konnte. [...]
Mein Gott, Goethe. Die Farbenlehre ist Theologie, nur welche Einsicht lässt sich heute, aus diesem ungeheuerlichen Irrtum gewinnen? [...]

Goethe im Gespräch mit Eckermann, 21. Dezember 1831

»[Meine Farbenlehre] ist sehr schwer zu überliefern,« sagte er; »denn sie will, wie Sie wissen, nicht bloß gelesen und studiert, sondern sie will getan sein, und das hat seine Schwierigkeit. «

Goethe im Gespräch mit Eckermann 1829:

"Auf alles, was ich als Poet geleistet habe, bilde ich mir gar nichts ein. Es haben treffliche Dichter mit mir gelebt, es lebten noch trefflichere vor mir, und es werden ihrer nach mir sein. Dass ich aber in meinem Jahrhundert in der schwierigen Wissenschaft der Farbenlehre der einzige bin, der das Rechte weiß, darauf tue ich mir etwas zugute, und ich habe daher ein Bewusstsein der Superiorität über viele."

Goethe, 11. Mai 1810:

"Es reut mich nicht, den Studien zur Farbenlehre so viel Zeit aufgeopfert zu haben. Ich bin dadurch zu einer Kultur gelangt, die ich mir von einer anderen Seite her schwerlich verschafft hätte."

Aus Goethe: Zur Farbenlehre (über seine Entdeckung der farbigen Schatten)

§ 75. Auf einer Harzreise im Winter stieg ich gegen Abend vom Brocken herunter, die weiten Flächen auf- und abwärts waren beschneit, die Heide von Schnee bedeckt, alle zerstreut stehenden Bäume und vorragenden Klippen, auch alle Baum- und Felsenmassen völlig bereift, die Sonne senkte sich eben gegen die Oderteiche hinunter.

Waren den Tag über, bei dem gelblichen Ton des Schnees, schon leise violette Schatten bemerklich gewesen, so musste man sie nun für hochblau ansprechen, als ein gesteigertes Gelb von den beleuchteten Teilen widerschien.

Als aber die Sonne sich endlich ihrem Niedergang näherte und ihr durch die stärkeren Dünste höchst gemäßigter Strahl die ganze mich umgebende Welt mit der schönsten Purpurfarbe überzog, da verwandelte sich die Schattenfarbe in ein Grün, das nach seiner Klarheit einem Meergrün, nach seiner Schönheit einem Smaragdgrün verglichen werden konnte. Die Erscheinung ward immer lebhafter, man glaubte sich in einer Feenwelt zu befinden, denn alles hatte sich in die zwei lebhaften und so schön übereinstimmenden Farben gekleidet, bis endlich mit dem Sonnenuntergang die Prachterscheinung sich in eine graue Dämmerung, und nach und nach in eine mond- und sternhelle Nacht verlor.

§ 76. Einer der schönsten Fälle farbiger Schatten kann bei dem Vollmonde beobachtet werden. Der Kerzen- und Mondenschein lassen sich völlig ins Gleichgewicht bringen. Beide Schatten können gleich stark und deutlich dargestellt werden, so dass beide Farben sich vollkommen balancieren. Man setzt die Tafel dem Scheine des Vollmondes entgegen, das Kerzenlicht ein wenig an die Seite, in gehöriger Entfernung, vor die Tafel hält man einen undurchsichtigen Körper; alsdann entsteht ein doppelter Schatten, und zwar wird derjenige, den der Mond wirft und das Kerzenlicht bescheint, gewaltig rotgelb, und umgekehrt der, den das Licht wirft und der Mond bescheint, vom schönsten Blau gesehen werden. Wo beide Schatten zusammentreffen und sich zu einem vereinigen, ist er schwarz. Der gelbe Schatten lässt sich vielleicht auf keine Weise auffallender darstellen. Die unmittelbare Nähe des blauen, der dazwischentretende schwarze Schatten machen die Erscheinung desto angenehmer. Ja, wenn der Blick lange auf der Tafel verweilt, so wird das geforderte Blau das fordernde Gelb wieder gegenseitig fordernd steigern und ins Gelbrote treiben, welches denn wieder seinen Gegensatz, eine Art von Meergrün, hervorbringt.

M.J. Petry Schreibt in seinem Buch „Hegel und die Naturwissenschaften" (frommann-holzboog 1987):

"Wir müssen daher zugeben, dass Hegel bei seiner Auslegung der empirischen Physik der Farbenlehre durch Goethe auf den Holzweg geführt wurde." (S.338)
und kurz davor:
"Dort [in Hegels Systemteil der Physik] machte er [Hegel] den perversen und hoffnungslosen Versuch, naturphilosophisch zu beweisen, dass die Physik Goethes in Hinblick auf ihren empirischen Inhalt der newtonschen überlegen sei."

Frage: Was ist an dem Versuch, Goethes Farbenlehre beweisen zu wollen, pervers?

Hegel: Wissenschaft der Logik, Werke Bd. 5, S. 96 ff.:

„In der Tat aber […] kann man leicht gewahr werden, dass man in der absoluten Klarheit soviel und sowenig sieht als in der absoluten Finsternis, dass das eine Sehen so gut als das andere, reines Sehen, Sehen von Nichts ist. Reines Licht und reine Finsternis sind zwei Leeren, welche dasselbe sind. Erst in dem bestimmten Lichte - und das Licht wird durch die Finsternis bestimmt -, also im getrübten Lichte, ebenso erst in der bestimmten Finsternis - und die Finsternis wird durch das Licht bestimmt -, in der erhellten Finsternis kann etwas unterschieden werden […]."

Zernikow ist für Fußgänger zu erreichen mit der Bahn bis Gransee und von dort mit dem Bus der Linie 836 bzw. samstags und sonntags mit dem Anruftaxi der Linie 836 bis Zernikow (Tel: 03301-699699 oder 03306-2307) oder für Fahrradfahrer mit der Bahn bis Umweltbahnhof Dannenwalde und von dort auf dem Fahrradweg über Seilershof nach Zernikow.
Mit dem Auto erreicht man Zernikow von Berlin aus (ca. 80 km) über die Autobahn bis hinter Oranienburg und weiter nach Gransee, dahinter abbiegen in Richtung Menz. Kurz nach Großwoltersdorf geht es dann rechts ab nach Zernikow.
Übernachtungsmöglichkeit gibt es in der ganzen Umgebung, von Seilershof bis hin nach Neuglobsow am Stechlinsee, Endstation der Buslinie 836. (Im Ort selbst, bei rechtzeitiger Anmeldung, unter anderem in den Ferienwohnungen der AQUA-Zehdenick auf dem Gutshof von Zernikow. Tel.: 033082-51288)

4.8.1 Zu Goethes Farbenlehre, Brief von Peter Anton an Katharina Mommsen

Aus einem Brief vom 20.5.1991 an Katharina Mommsen über Goethes Farbenlehre

2) Mein zweites Problem hat auch mit dem Häretiker Goethe, dem Goethe der Farbenlehre zu tun. Was diese anbetrifft, gilt er damit nicht nur nichts in seinem eignen Vaterland: wer in den Verdacht gerät, Goethe darin auch nur im leisesten wissenschaftlich ernst nehmen zu wollen, setzt sich dem Gespött seiner ach so gebildeten Landsleute aus.
Das vorerst letzte Urteil über die Farbenlehre ist von der offiziellen Schulgermanistik durch Albrecht Schöne gesprochen worden, in "Goethes Farbentheologie", einem durchaus anziehend geschriebenen, kenntnisreichen Buch. Herr Schöne ist zweifellos ein Verehrer Goethes, und diese Verehrung kommt natürlich auch in diesem Buch zum Ausdruck, aber eben nur insoweit der Verehrte "Schöne Literatur" produziert hat. In Bezug auf das Kernstück der Lehre kommt als Botschaft Schönes an den deutschen Banausen nur das über, was letzterer so-

wieso schon immer gesagt hat: "Wäre der Goethe doch nur bei seinem Leisten geblieben!" So war für den smarten Fernsehmoderator Professor Martin Lüdke, der Schönes Buch für die Frankfurter Rundschau besprochen hat (Artikel anbei), "Goethe, unser großer Dichterfürst, von allen guten Geistern verlassen", als er an seiner Farbenlehre arbeitete, und diese: "kaum mehr als ein schlechter Witz". Woher der Herr Lüdke das so genau weiß?

Ganz einfach. Albrecht Schöne verwendet einen alten Trick, der seit Anbruch des Wissenschaftlichen Zeitalters seine Wirkung beim glaubensdurstigen Publikum fast nie verfehlt hat, wenn es darum ging, einen unorthodoxen Standpunkt als "unwissenschaftlich" zu diskreditieren: er wird gebrandmarkt als "Theologie", "Metaphysik", "Scholastik", "Mittelalter" oder was dergleichen Schimpfwörter mehr sind, und schon wissen Leute wie Herr Lüdke Bescheid.

Für die These von Arthur Koestler, daß die Wissenschaftsgläubigkeit der Moderne die Kirchengläubigkeit früherer Zeiten abgelöst habe, scheint mir der Streit um Goethes Farbenlehre ein gutes Beispiel zu liefern. Zwar räume ich gern ein, daß Goethe auf dem Gebiet der Naturwissenschaften ein Ketzer war, ja daß er sich selbst als einen solchen verstand und das auch ehrlich zugab (und sich gelegentlich sogar, ganz gegen seine sonstige Natur, ausgesprochen dogmatisch, wie ein Sektierer eben, verhalten konnte, wenn es um die Farbenlehre ging, so in dem Gespräch mit Eckermann über farbige Schatten, wo er in diesem einen Abtrünnigen witterte, nur weil der ihm widersprach, obwohl Eckermann von Goethes eigenen Voraussetzungen aus durchaus Recht hatte.) Verblüffend nur, wie Schöne als Richter in diesem Ketzerprozeß von vornherein für ausgemacht hält, daß ein Ketzer Unrecht haben muß und die offizielle Kirche (also hier: die Newton-Schule) Recht. Und schier unglaublich zu sehen, wie er trotz umfassender Kenntnis der Materie fast nur solche Zeugen zu Goethes Verteidigung aufruft, die diesem schaden (Scharnowell!), aber den wichtigsten Entlastungszeugen, Edwin Land von Polaroid, übergeht. Noch erstaunlicher ist allerdings, wie Schöne sich gegen Goethe ohne jeglichen Vorbehalt auf jenen Erzbanausen aus der Gründerzeit, Herrn Emil du Bois Reymond, als Kronzeugen beruft, demzufolge Goethe ein "autodidaktischer Dilettant" war. Was sind denn die von Schöne monierten Schimpfworte Goethes gegen Newton im Vergleich zu den hanebüchenen Plattheiten, die besagter Repräsentant des Wilhelminischen Zeitalters über Goethe verzapft hat?

Im Schlußkapitel, "Apokalyptisches" überschrieben, räumt Schöne allerdings ein, daß es sich möglicherweise bei Goethes Farbenlehre doch um mehr handeln könnte als um einen bloßen "Irrtum" oder gar eine "schlechten Witz". Ich zitiere: "Die Therapie, mit der Goethe dem Unheil (gemeint ist: Naturzerstörung bis hin zur Selbstvernichtung der Menschheit, PA) zu wehren suchte, schlug nicht mehr an, und nach Lage der Dinge erscheint es inzwischen vollends sinnlos, von ihr noch Hilfe zu erwarten. Aber daß auch seine Prognose nichts als ein befremdlicher Irrtum war, ist damit noch keineswegs ausgemacht. Wer weiß denn schon, ob die epochale Erkrankung, die er am Symptom der Newtonschen 'diversen Refrangibilität' des Lichts meinte diagnostizieren zu können und bekämpfen zu müssen, nicht wirklich die Krankheit der Menschheit zum Tode ist?" Als hätte er sich damit zu weit ins ihm als Germanisten verbotene Gebiet der Naturwissenschaften vorgewagt und damit riskiert, als unseriös belächelt zu werden, nimmt Schöne das hier Gesagte aber alsbald wieder zurück, indem er Goethe erneut als Theologen vorführt, und: "die Theologen... drohten schon in biblischen Zeiten mit Gottes Zorn, wenn man ihrer Lehre nicht folgen wollte; prophezeiten den Weltuntergang und das Jüngste Gericht und 'einen neuen himmel und eine neue erde'. Weshalb sollte man das sonderlich ernst nehmen?"

Ja, warum eigentlich? Wo wir doch alle nicht mehr ernsthaft an Gott glauben, was kann uns da schon noch passieren? Ich sah neulich eine Fernsehdiskussion zu der Frage, ob sich eine Katastrophe wie die von Tschernobyl auch in der Bundesrepublik, z.B. im Kernkraftwerk Biblis, ereignen könnte. Der "christliche" Bundesumweltminister Töpfer meinte das ausschließen zu können, der "grüne" Umweltminister von Hessen, Fischer, hielt es für möglich.

Beide beriefen sich auf Gutachten von Wissenschaftlern und Technikern, und wenn der eine den anderen aus dem Feld schlagen wollte, warf er ihm vor, er argumentiere "theologisch". Gespenstisch. Das Für und Wider der Kernenergie, d.h. die Frage, was für eine Erde hinterlassen wir den kommenden Generationen, nichts weiter als eine Glaubenssache?

Nun hat ja die Moderne ein gegenüber dem Mittelalter neues Kriterium dafür eingeführt, was als glaubwürdig gelten kann und was nicht: das Experiment. Im Gegensatz zu der weit verbreiteten Meinung, Goethe sei dem Mittelalter verhaftet gewesen (so C.F.v.Weizsäcker), hat dieser vom Experiment durchaus etwas gehalten und ist gerade auf diesem Feld Newton mit exakten Gegenbeweisen entgegengetreten. Aber fast keiner der gelehrten Herren, die, wie Schöne, über Goethes Farbenlehre sich verbreiten, hat sich wohl die Mühe gemacht, diese einmal nachzuvollziehen. Nun ist aber die Farbenlehre:

"... schwer zu überliefern, denn sie will, wie Sie wissen, nicht bloß gelesen und studiert, sondern sie will getan sein, und das hat seine Schwierigkeit." (Goethe zu Eckermann am 21.12.1831.) Also auch hier wieder das so gar nicht mittelalterliche Theorie Praxis Problem!

Indem nun Schöne Goethes Farbenlehre verwandelt in eine bloße Farbentheologie, die nur noch von unverbesserlichen Schwärmern geglaubt werden kann, da sie von den Fachleuten als Dilettantismus längst abgetan worden ist, bleibt es hübsch bei der gewohnten Trennung zwischen Natur- und Geisteswissenschaft, wo einer dem anderen nichts hereinzureden hat.

Und doch kenne ich jemand, sogar einen Germanisten (er ist allerdings kein Deutscher), einen, den Sie auch kennen, der Goethes Farbenlehre getan hat, und zwar mit Erfolg: Fred Burwick. Ja, er hat sich darüberhinaus auch noch mit den Experimenten von Leuten befaßt, die in Goethes Fußstapfen getreten sind, so eines der Wegbereiter der modernen Malerei, William Turner, wodurch er zeigen konnte, daß Goethes Ansatz durchaus entwicklungsfähig war und nicht die bloße Schrulle eines vereinsamten Sektierers. Haben Sie sich schon einmal von ihm die Versuche zeigen lassen?

Aber warum schreibe ich Ihnen das alles und mute Ihnen einen Brief zu, der kein Ende nehmen will? Weil die Lektüre Ihres Vertrags in Tokyo bei mir eine kleine Hoffnung erweckt hat. Nicht die, daß es noch nachträglich gelingen könnte, Goethes sanfte Art des Umgehens mit der Natur gegenüber der Newtonschen Methode, die Natur auf die Folter zu spannen, zum Durchbruch zu verhelfen und damit die Naturzerstörung und Selbstzerstörung der Menschheit aufzuhalten. Den apokalyptischen Pessimismus, den Schöne in dieser Hinsicht äußert, mache ich ihm nicht zum Vorwurf, denn ich teile ihn selbst. Was ich ihm zum Vorwurf mache, ist seine zynische Art, sich auf die Seite des Siegers zu schlagen und Goethe den Farben-Poeten fürs traute Heim Glück allein verfügbar zu machen, während er Goethe den Ketzer und Kämpfer dem Gespött der deutschen Spießer überläßt.

Und dennoch meint Schöne: "Die Nachgeborenen aber ... werden dieses tief befremdliche und anstößige Werk mit neuen Augen lesen müssen..." Wie das nun? Ihr Vortrag in Tokyo erinnerte mich daran, daß es vorzugsweise die Ausländer sind, die dazu die nötige Unvoreingenommenheit besitzen und insofern vermutlich auch bereit sind, die Farbenlehre nicht nur zu lesen, sondern zu tun, wie beispielsweise Burwick. Meine Hoffnung also: Ob es gelingen könnte, einen internationalen Goethe-Kongreß gleich dem in Tokyo zu organisieren, der sich mit Goethe dem Naturwissenschaftler befassen würde, insofern allerdings nicht auf die Germanisten beschränkt sein dürfte? Ich denke da u.a. an den österreichischen Meeresbiologen und Evolutionsforscher Rupert Riedl, der wie kein anderer ein Verständnis für Goethes Morphologie entwickelt hat und sich ohne Vorbehalt auf das Werk dieses angeblichen Dilettanten beruft (Sicher kein Zufall, daß es gerade ein Biologe ist, der Goethe am besten verstanden hat. Allein schon der Versuch, Rupert Riedl eine geschlossene Studie über Goethes Morphologie zu entlocken - bisher sind seine Gedanken zu Goethe nur in seinen verschiedenen Büchern verstreut zu finden - wäre der Mühe wert. Oder den Philosophen der "Antiquiertheit des Menschen", Günter Anders. Oder den Nobelpreisträger Ilya Prigogine, der mit seiner "Physik des Werdens" zum ersten Mal einen Gedanken in die offizielle Physik eingeführt hat, den Goethe vergeblich den Newtonianern entgegenhielt, den des Werdens. Oder den Philosophen Alfred Schmidt, dessen Buch über "Goethes leuchtende Natur" wohl das beste darstellt, was über Goethes Philosophie in deutscher Sprache bisher erschienen ist. Der Evolutionsforscher Hoimar von Ditfurth ist leider vor kurzem gestorben, sonst hätte auch er dazu gehört. Aber vielleicht könnte man seinen Mitarbeiter Volker Arzt dafür gewinnen. Und Dennis L.Sepper, etc. etc. (Eine solche Bemühung um das naturwissenschaftliche Werk Goethes wäre übrigens ganz im Sinne von Nico Rost, siehe Eintrag vom 20.Januar, "nach dem Appell"). Wie gesagt, entscheidend scheinen mir die Ausländer zu sein. Was könnte das Ganze bringen? Schöne (ich berufe mich immer wieder auf ihn, weil er bei aller Voreingenommenheit in meinen Augen doch wohl die relativ umfassendste Darstellung des Problems gibt) führt eine Stelle aus einem Aufsatz Heisenbergs an, die er als Schlichtungsversuch zwischen Goethe und Newton interpretiert: "Goethe hatte geglaubt, daß seine Farbenlehre in unüberbrückbarem Gegensatz zu der Newtons stünde... Aber die beiden Theorien handeln eben im Grunde von verschiedenen Dingen." Ich stimme Schöne zu, wenn er das für eine Verharmlosung des Problems ansieht, weil nämlich Goethe für sein Konzept einen ausschließlichen Geltungsanspruch erhebe. Nur übersieht er wiederum, daß ein solcher Anspruch auch von Seiten der Newtonschule erhoben wird, und zwar, weil er selbst letzteren stillschweigend als berechtigt anerkennt. Nun könnte zwar nur ein Don Quichotte glauben, es ließe sich das mechanistische Weltbild der Newtonnachfolge samt seinen Auswirkungen ungeschehen machen. Aber wenn auch dasjenige Goethes diesem unversöhnlich entgegengesetzt und im Kampf der Meinungen bisher unterlegen ist, kann es doch nicht allein deswegen schon für sachlich abgetan erklärt werden. Erst wenn Goethes Leistung rehabilitiert und ernst genommen wird, lassen sich beide "Theologien" in fruchtbarer Weise vergleichen und neu überdenken. Nun, da der Brief eh schon so elend lang geworden ist, macht es vielleicht nichts mehr aus, wenn ich Ihnen auch noch erzähle, wie ich selbst dazu gekommen bin, mich für die Farbenlehre zu interessieren, denn meine Begeisterung mag Ihnen vielleicht etwas unverständlich sein. Mit Rudolf Steiner und seiner Schule hatte das jedenfalls nichts zu tun, obwohl man unweigerlich auf sie stößt, wenn man sich mit der Farbenlehre beschäftigt, und ihre Verdienste will ich nicht leugnen. Wo würde man z.B. Goethes Polemik gegen Newton finden können, wenn sie nicht von den Anthroposophen gedruckt würde? Was mich aber an Steiner ärgert (und da bin ich mit Fred Burwick einer Meinung, aber auch Schöne weist das klar nach), ist, daß er Goethe seine eigenen Auffassungen unterschiebt, Auffassungen, die dieser weit von sich gewiesen hätte, die aber seit jeher zur Mißdeutung von Goethes naturwissenschaftlichen Entdeckungen geführt haben (dies belegt Rupert Riedl). ....

Schöne spricht sehr treffend von einer "Erweckung" Goethes, die am Anfang seiner Farbenlehre gestanden habe. Damit will er uns, die wir an eine interessenfreie, objektivistische Forschung zu glauben gewohnt sind, wohl bedeuten, daß Goethe sich selbst als unwissenschaftlichen Subjektivist bloßgestellt hat. Aber ich muß gestehen, auch ich hatte das Erlebnis einer solchen Erweckung, als mir der Sinn von Goethes Farbenlehre, nicht durch intensive Lektüre, bei der ich zunächst selbst die simpelsten Dinge nicht begriff, sondern durch die lebendige Anschauung, plötzlich aufging. Und ich vermute, daß es den meisten ähnlich gehen und sie die Faszination dieser sinnlichen Erfahrung ihr Leben lang nicht wieder loslassen wird, wenn sie sich auf die Experimente wirklich einlassen.

Sie kennen die Frage nach den drei Büchern, die man sich auf eine einsame Insel mitnehmen würde. Nun, vor elf Jahren bin ich zwar nicht auf eine einsame Insel gegangen, sondern in die Hauptstadt des Sudan, und ich habe mir auch nicht nur drei Bücher mitgenommen, sondern meine ganze Bibliothek, darunter den von mir bis dahin nicht sonderlich viel gelesenen Goethe. Durch zweierlei wurde ich auf ihn geradezu gestoßen: einmal durch die islamische Umgebung. Ich habe Ihnen schon erzählt, wie ich da in Ihrem Aufsatz aus den "Mitteilungen", "Goethe und Islam" einen Schlüssel fand wie zu einem Schatzschloß aus "Tausend und einer Nacht".

Das zweite war die Farbenlehre, und das kam so: Kurz vor meinem Aufbruch in den Sudan lernte ich Professor Burwick kennen, der damals gerade an seinem Aufsatz über dieses Thema arbeitete. Ich selbst hatte aber zu gleicher Zeit auch praktisch damit zu tun, denn ich rechnete damit, mir für mein geplantes Fotostudio im Sudan ein eigenes Farblabor einrichten zu müssen und hatte deshalb an der Volkshochschule einen Kurs über Farblabortechnik belegt. Dabei war mir vieles als unstimmig erschienen, was dort als Newtonsche Farbentheorie gelehrt wurde, als so ein rechtes theoretisches Flickwerk, zu dem einzigen Zweck zusammengeschustert, um für das Warum und Wie der Farblaborpraxis ein paar Erklärungen bereitzuhalten.

Ich könnte Ihnen ein paar Beispiele anführen, aber was mir da an Unstimmigkeiten aufgefallen ist, war natürlich grundsätzlich nichts Neues, es ist schon einiges darüber publiziert worden (darunter auch sehr Gutes von verschiedenen Anthroposophen). Nun kann man mit Schöne fragen, welche Bedeutung diese Spezialprobleme für die Menschheit haben sollen, daß Goethe ihnen sein halbes Leben zu widmen für nötig hielt? Bzw. sich seiner Meinung anschließen, daß Goethe deren Bedeutung maßlos überschätzt habe. Für mich liegt die Antwort auf der Hand, und ich verstehe nicht, wie Schöne sie bei seiner profunden Goethe-Kenntnis nicht auch gekannt haben soll, sodaß ich mich frage: war er ideologisch verblendet oder hat er sie einfach unterschlagen?

Was gibt es denn Wichtigeres oder weniger Entbehrliches im täglichen Leben der Menschen als ihre Sinne? Und ist für das Verhältnis der Menschen zu ihrer Umwelt nicht entscheidend, ob sie ihren Sinnen trauen dürfen oder nicht? Ob die Sinne sie mit der Außenwelt verbinden oder sie davon abschneiden, wodurch jeder Einzelne auf sich selbst zurückgeworfen wäre? Goethe (Ihr Stichwort "Weltfrömmigkeit"): "Die Sinne trügen nicht, das Urteil trügt." Und: "Den Sinnen hast du dann zu trauen, Kein Falsches lassen sie dich schauen, Wenn dein Verstand dich wach erhält." Aufgrund dieser Überzeugung ist Goethe namentlich Albrecht von Haller polemisch scharf entgegengetreten; ob er implizit auch auf Kant gezielt hat und dessen Trennung des "Dings an sich" von der Sinneserfahrung und damit des Subjekts vom Objekt, weiß ich nicht. Jedenfalls mußte ich schon in der Schule lernen: Zwar sehen wir Farben wie Rot, Grün, Blau, aber **eigentlich** handelt es sich hier um elektromagnetische Schwingungen von einer bestimmten Wellenlänge. Derart durch unsere trügerischen Sinne von der Außenwelt getrennt, die nur aus abstrakten Gedankendingen bestehen soll ("Materie ist das, was den Naturgesetzen genügt", C.F.v.Weizsäcker), werden wir zurückgeworfen und eingesperrt in die Welt unseres Ichs, unserer Subjektivität, wie in einen Käfig:

"Selbst sich nur wissend und dichtend, / Schafft er die Welt, die er selbst ist..." (Brentano)

Habe ich mich jetzt im Labyrinth philosophischer Spekulation verrannt? Dann schleunigst zurück zu Goethe! Hinter dessen breitem Rücken kann man sich ja so leicht verstecken! Und zwar möchte ich aus seiner meistgeschmähten und unbekanntesten Schrift zitieren, diesem Zitat aber eines aus neuerer Zeit vorausschicken, aus Peter Mittelstaedts "Philosophische Probleme der modernen Physik" (Mannheim 1981, S.32):

"...Die Mittel, mit denen die Natur erkannt wird, sind nichts anderes als Teile eben dieser Natur. Die physikalischen Gesetze sind zugleich die Gesetze der Meßgeräte und damit die physikalischen Bedingungen, unter denen überhaupt experimentelle Ergebnisse gewonnen werden können. Der Einfluß, den diese Gesetze von vornherein auf die Struktur der Meßergebnisse haben, muß in den Gesetzen, da sie zugleich für die Meßergebnisse selbst gelten, bereits enthalten sein."

Und was sagt Goethe ("Enthüllung der Theorie Newtons", §§ 18+20)?

§ 18: "Damit aber diese Lichter zum Vorschein kommen, setzt er dem weißen Licht gar mancherlei Bedingungen entgegen... Dabei behauptet er nun, daß alle diese Bedingungen keinen anderen Einfluß haben, als die Eigenschaften, die Fertigkeiten - fits - des Lichtes rege zu machen, sodaß dadurch sein Inneres aufgeschlossen werde und, was in ihm liege, an den Tag komme."

§ 20: "Die Lehre dagegen, von der wir überzeugt sind und von der wir diesmal nur insofern sprechen, als sie der Newtonischen entgegensteht, beschäftigt sich auch mit dem weißen Lichte. Sie bedient sich auch äußerer Bedingungen, um farbige Erscheinungen hervorzubringen.

Sie gesteht aber diesen Bedingungen Wert und Würde zu; sie bildet sich nicht ein, Farben aus dem Licht zu entwickeln; sie sucht uns vielmehr zu überzeugen, daß die Farbe zugleich von dem Lichte und von dem, was sich ihm entgegenstellt, hervorgebracht werde."

"Gesteht aber diesen Bedingungen Wert und Würde zu": Ich könnte dem Goethe um den Hals fallen, so sympathisch ehrlich finde ich ihn. Gibt es einen Naturforscher, der ehrlicher bemüht war, von jedem Schritt, den er in seinen Forschungen und Versuchen tat, sich genauestens Rechenschaft zu geben? Ich glaube, es ist diese Ehrlichkeit, die Leute vom Schlage Emil du Bois Reymonds so in Rage bringt. Sie, die sich als Hohepriester einer unfehlbaren Wissenschaft aufspielen und angeblich rein objektive, zeitlose Wahrheiten zu verkünden haben, muß es maßlos ärgern, wenn ein Dichter daherkommt und nachweist, daß bei einer jeden sich auch noch so objektivistisch gebärdenden Naturerkenntnis das erkennende Subjekt in die Wertung des Resultats einbezogen werden muß, weil bei unseren Untersuchungen immer unsere Vorurteile als unabdingbarer Bestandteil in diese mit einfließen. Goethe ein Farbentheologe? Meinetwegen. Mindert das etwas am Wert seiner Erkenntnisse? Einstein (der übrigens durch seine Überlegungen zu dem laut Schöne von Goethe in seiner Bedeutung maßlos überschätzten Naturgegenstand, dem Licht, seine große Umwälzung in der Physik der Moderne herbeigeführt hat), war ein Theologe in gleichem Sinne, und mit Goethe verbindet ihn seine Bewunderung für Spinoza und dessen intellektuelle Redlichkeit. In "Mein Weltbild" schrieb er:
2) Wissenschaftliche Forschung kann durch Förderung des kausalen Denkens und Überschauens den Aberglauben vermindern. Es ist gewiß, daß eine mit religiösem Gefühl verwandte Überzeugung von der Vernunft bzw. Begreiflichkeit der Welt aller feineren wissenschaftlichen Arbeit zugrunde liegt.
3) Jene mit tiefem Gefühl verbundene Überzeugung von einer überlegenen Vernunft, die sich in der erfahrbaren Welt offenbart, bildet meinen Gottesbegriff; man kann ihn also in der üblichen Ausdrucksweise als "pantheistisch" (Spinoza) bezeichnen.

4.8.2 Aus einem weiteren Brief (1.3.1999) an Katharina Mommsen über Goethes Farbenlehre

Ich habe Ihnen die Kopie eines leider seit langem vergriffenen Buches geschickt, welches ich für die beste Einführung in Goethes Farbenlehre halte, die es gibt. Leider ist es unvollendet geblieben. Der Autor, André Bjerke, der den Faust ins Norwegische übersetzt hat, wurde nach Abschluß des ersten Teils des Buches von einem Schlaganfall getroffen und blieb bis zu seinem Tode gelähmt. Zwar halte ich im Allgemeinen, wie Sie wissen, nichts von Rudolf Steiner und seinen Anhängern, aber André Bjerke war offenbar kein Sektierer, sondern er hat Goethes Experimente zur Farbenlehre, einschließlich derer Newtons, mit akademischen Physikern, die Goethe keineswegs wohlgesonnen waren nachvollzogen, und diese damit überzeugt.

Und er hat auch, und das hat mich besonders stark beeindruckt, die gegensätzlichen Prinzipien der Goethischen und der Newtonschen Naturwissenschaft klar dargelegt, angefangen bei der Unterscheidung zwischen primären und sekundären Qualitäten der Dinge, die Goethe - und auch Hegel - nicht anerkannte, zwar gelegentlich unter Berufung auf Rudolf Steiner. ... Man findet ja oft den Gegensatz zwischen der Newtonschen und der Goetheschen Methode der Naturwissenschaft dargestellt als einen Gegensatz zwischen einer Methode, die von der Quantität, und einer, die von der Qualität ausgeht. Ich finde, das Kriterium der Akzeptanz bzw. Ablehnung der Lehre von den primären und sekundären Qualitäten trifft die Sache genauer, einer Lehre, die recht willkürlich ist und einer logischen Überprüfung nicht standhält, aber durch die Resultate, die man auf ihrer Grundlage erzielt, sich erfolgreich durchgesetzt hat.

Wie ich darauf komme, Ihnen das zu schicken? Ich habe die Sendung im Nachtstudio des ZDF über Goethe gesehen, zu der Sie auch gebeten waren, aber eben nicht kommen konnten, eine Woche später eine Sendung über Lichtenberg. Und, wie üblich, wurde einmal wieder über Goethes Farbenlehre hergezogen, in der Sendung über Lichtenberg sagte ein Germanist sogar mit dem Ausdruck höchster Selbstgefälligkeit und Genugtuung, es sei ein Glück, daß sie längst widerlegt worden sei.

Die Goethe-Diskussion brachte zwar im Großen und Ganzen viel Bedenkenswertes für den Zuschauer, sie hat meinem Sohn und mir durchaus gefallen. Aber in puncto Farbenlehre führte sie ihm auf anschauliche Weise vor, wie bestallte Akademiker es sich gelegentlich leisten, aus der Luft gegriffene Behauptungen zu kolportieren, die den Fakten widersprechen. So kam in der Sendung wieder einmal die Legende zur Sprache, Goethe habe den Gebrauch von Geräten für Experimente, darüberhinaus aber auch die Mathematik pauschal abgelehnt. Zufälligerweise hatten wir uns kurz zuvor zusammen in einer Ausgabe der Farbenlehre die vielen Instrumente betrachtet, die Goethe für seine Untersuchungen benutzt hat, ja sich sogar eigens hat anfertigen lassen, und hatten dann die Passage aus der Farbenlehre gelesen, worin Goethe erklärt: "Wer bekennt nicht, daß die Mathematik, als eins der herrlichsten menschlichen Organe, der Physik von einer Seite sehr viel genutzt; daß sie aber durch falsche Anwendung ihrer Behandlungsweise dieser Wissenschaft gar manches geschadet, läßt sich auch nicht wohl leugnen, und man findet's, hier und da, notdürftig eingestanden."

Einer der Teilnehmer an der Gesprächsrunde nun, der das wohl eingestehen würde, da er grundsätzlich Goethes Methode, an die Natur heranzugehen, gegen die quantifizierende Methode der herrschenden Naturwissenschaften, die im Zeichen Newtons stehen, zu verteidigen versucht hat, war Professor Ekkehart Krippendorff. (Er ist ja auch mit einem Aufsatz an dem Goethe-Almanach beteiligt, den Sie mir geschickt haben.) Zur Farbenlehre hat er in der Diskussion allerdings diskret geschwiegen, obwohl diese doch bekanntlich das Kernstück Goethescher Naturbetrachtung darstellt.

An anderer Stelle hat er sich sogar selbst verächtlich darüber ausgelassen, gerade so, wie es üblich ist, wenn man im akademischen Milieu in Deutschland etwas gelten will, wobei er, wie leider auch schon Albrecht Schöne, sich als Geisteswissenschaftler aus der Physik fein säuberlich herauszuhalten bedacht ist und die naturwissenschaftlichen Probleme, um die es geht, nicht zu diskutieren wagt, aus Angst, die Physiker könnten ihm dies als eine Einmischung in ihre inneren Angelegenheiten auslegen und dagegen Einspruch erheben. Im Nachwort zu "Goethes Anschauen der Welt. Schriften zur wissenschaftlichen Methode" (Ffm 1994, Insel-Verlag) schreibt er:

"Der Versuch, einer solchen Beschäftigung mit einem zentralen Teil des Goetheschen Werks den Weg zu bereiten, wäre allerdings der Mühe nicht wert, wenn es sich dabei um das kaschierte Betreiben des sektenhaften Geschäftes jener kleinen Gemeinde von Gläubigen handelt (es gibt sie!), die noch immer nicht begriffen hat oder nicht zugeben will, daß in der Herkunft der Farben Newton recht und Goethe unrecht hat."

Hat der Mann je ein Prisma in der Hand gehabt, damit einen schwarzen Streifen auf weißem Grund betrachtet und versucht, die dabei in der Mitte entstehende Farbe aus dem Newton-Spektrum abzuleiten? Hat er noch nichts gelesen von den Versuchen von Edwin Land, dem Gründer der Firma Polaroid, der seine Entdeckungen im Scientific American publiziert und dabei Newtons Theorie endgültig das Fundament entzogen hat? Ein Jahr vor Krippendorffs Nachwort erschien in New York das Buch des amerikanischen Physikers Artur Zajonc: "Catching the Light: The Entwined History of Light and Mind", worin auf Goethe und Edwin Land verwiesen wird (allerdings auch auf Rudolf Steiner, womit Goethe in Amerika natürlich in die Nähe der New Age Mode gerückt wird).

Was ich gegen Rudolf Steiner einzuwenden habe? Ich glaube, ich habe Ihnen schon einmal darüber geschrieben. Goethe war bekanntlich froh über jeden Gesprächspartner, der sich für seine Farbenlehre interessierte. So kam es auch zu einem regen Gedankenaustausch zwischen ihm und dem jungen Arthur Schopenhauer, als dieser sein Interesse an der Farbenlehre bekundet hatte. Schließlich aber gab Goethe seine Versuche auf, Schopenhauer als einen Schüler gewinnen zu wollen, und zwar bezeichnenderweise nicht, weil sie sich in der Sache nicht einig werden konnten - das war für Goethe da nur zweitrangig - sondern weil er sah, daß vom philosophischen Ausgangspunkt her eine unüberwindliche Verständnisschranke bestand: "Wer selbst geneigt ist, die Welt aus dem Subject zu erbauen, wird die Betrachtung nicht ablehnen, daß das Subject, in der Erscheinung, immer nur Individuum ist, und daher eines gewissen Antheils von Wahrheit und Irrthum bedarf, um seine Eigentümlichkeit zu erhalten. Nichts aber trennt die Menschen mehr als daß die Portionen dieser beyden Ingredienzien nach verschiedenen Proportionen gemischt sind."

Wie feinfühlig und undogmatisch ist das ausgedrückt, und doch wie exakt! Schopenhauer besaß Selbstbewußtsein genug, um den enscheidenden Unterschied zwischen sich und Goethe, den zwischen subjektivem Idealismus und Realismus, anzuerkennen:

Aufzeichnungen Schopenhauers über seine Gespräche mit Goethe in Berka 1814

"Dieser Goethe war so ganz Realist, daß es ihm durchaus nicht zu Sinn wollte, daß die Objekte als solche nur da seien, insofern sie von dem erkennenden Subjekte vorgestellt werden. Was! sagte er mir einst, mit seinen Jupiteraugen mich anblickend, das Licht sollte nur da sein, insofern Sie es sehen? Nein! Sie wären nicht da, wenn das Licht Sie nicht sähe."
"Ich sagte einmal zu Goethen, indem ich über die Täuschungen und Nichtigkeiten des Lebens klagte: Der gegenwärtige Freund ist ja der abwesende nicht mehr. Darauf er antwortete: Ja, weil der Abwesende Sie selbst sind und er nur in ihrem Kopfe geschaffen ist, wogegen der Gegenwärtige seine eigene Individualität hat und sich nach seinen eigenen Gesetzen bewegt, die mit dem, was Sie sich eben denken, nicht allemal übereinstimmen können."

Steiner hingegen vertrat zwar, als Verehrer Eduard von Hartmanns, den Subjektivismus in der Nachfolge Schopenhauers, verlangt aber vom Leser von Goethes Farbenlehre, sich seine Weltanschauung zu eigen zu machen, als sei das die unabdingbare Voraussetzung, um Goethes Farbenlehre richtig zu verstehen. Das nenne ich unredlich.

Ich habe vor, Professor Krippendorff deswegen anzuschreiben. Denn entweder erkennt er, wie Goethe selbst, die Farbenlehre als Kernstück Goethescher Forschung an, oder er hat von vornherein sein Ziel verfehlt, Goethes alternative Methode der Naturwissenschaft propagieren zu wollen. Denn es ist **eine** Methode in allen seinen Schriften. Außerdem ist, was die Resultate betrifft, von Newtons Hypothesen kein Stein auf dem anderen geblieben, nur sein Name schwebt noch über dem ganzen Theoriegebäude wie ein Gespenst (spectrum), und zwar gewissermaßen zu Recht, weil man immer noch an seiner Methode, die Farbphänomene auf meßbare Quantitäten zu reduzieren, festhält, statt sie als eine Wechselbeziehung zwischen Subjekt und Objekt zu erkennen, die selbst von objektiver Natur ist.[36]

Wenn ich einen Vortrag über die Farbenlehre zu halten hätte, so würde ich nicht gleich medias in res gehen, sondern mit einem Aperçu aus der Musiktheorie anfangen. Denn gerade hieran ist leicht zu zeigen, wieviel genauer Goethe in der Theoriebildung vorging als diejenigen, die ihm eine Feindschaft gegen die Mathematik unterstellen. (Es wird dann immer die "exakte" Naturwissenschaft derjenigen Goethes engegengestellt, als ob die seine eine rein poetische, also nicht ernst zu nehmende gewesen sei).

In der Musiktheorie war es ja üblich, die harmonischen Akkorde mathematisch aus der Unterteilung einer Saite abzuleiten. Listig schreibt also Goethe an seinen Freund Zelter, er möge ihm doch bitte erklären, wie der Akkord der kleinen Terz, also ein Grundakkord der Molltonart, auf schulmäßige Weise erklärt wird. Zelter erwidert ihm prompt mit dem, was er (und selbstverständlich Goethe selbst auch) in der Schule gelernt hatte, d.h. mit einer Antwort, die keine war, und Goethe nimmt seine Argumentation auf die geistreichste Weise auseinander, indem er das ganze Flickwerk der angeblich mathematischen, d.h. der quantifizierenden Naturerklärung bloßstellt. Zelter, der das natürlich einsieht, erinnert sich plötzlich daran, daß schon der große Rameau Gedanken entwickelt hatte, die mit denen Goethes übereinstimmen. Das Ganze ist lustig und lehrreich zugleich.

---

[36] 1)Von sieben Farben des Spektrums spricht heute beispielsweise kein Mensch mehr. Obwohl unter dem Gesichtspunkt der reinen Quantitäten das Spektrum ein bloßes Band darstellt, in welchem die einzelnen Farben wie nebeneinanderliegende Fäden erscheinen, geht man in der Farbphotographie von einem geschlossenen (!) Farbkreis aus, und zwar von zweimal drei Farben. Allerdings ist es eine Unsitte, wenn man diesen Farbkreis der sogenannten additiven und substraktiven Farben mit dem Farbkreis Goethes durcheinanderbringt, obwohl auch dieser aus sechs Farben besteht.

2)Der Streit zwischen Huyghens und Newton über die Wellen- bzw. die Korpuskelnatur des Lichts ist bereits zu Goethes Zeiten zugunsten von Huyghens entschieden worden, wenn auch Einstein mit seiner Anwendung des Planckschen Wirkungsquantums auf das Licht Newtons Korpuskeltheorie bis zu einem gewissen Grade wieder rehabilitiert hat. Goethe stand beiden ablehnend gegenüber, weil auch die Wellentheorie rein quantifizierend verfährt. So spricht z.B. Heisenberg in seinem Buch *Physik und Philosophie* "von der Farbe oder, genauer gesagt, von der Frequenz oder der Wellenlänge des Lichts."

3) Die Wiederentdeckung der von Goethe entdeckten farbigen Schatten durch Edwin Land hätte der Newtonschen Farbenlehre eigentlich den Todesstoß versetzen müssen, und das war an sich auch der Schluß, den Edwin Land, der von Goethe nichts wußte, aus seiner Entdeckung gezogen hat. Aber die Schulphysik hat sich auch dazu eine Erklärung zusammengezaubert, und seitdem ist es um Edwin Lands Entdeckung wieder still geworden.

4) Schon Goethe hat darauf hingewiesen, daß Dollond mit seiner Erfindung eines achromatischen Fernrohrs Newton, welcher die chromatische Aberration im Fernrohr für gesetzmäßig aus seiner Theorie folgend und deshalb für unvermeidlich erklärt hatte, widerlegt habe. Aber, wie Goethe bissig bemerkte, hat das die Physiker in ihrem Glauben an Newton nicht im Geringsten erschüttert, sie haben sich eine ad-hoc-Erklärung zurechtgeschustert und damit zufrieden gegeben. Und so verfahren sie in der Farbenlehre bis heute bei jedem neu auftauchenden Problem, das mit Newtons ursprünglicher Theorie in Widerspruch steht. Aber, wie gesagt, von der Methode her gesehen wird sie zu Recht weiterhin unter seinem Namen geführt.

4.9 Fragmente aus Faxsendungen an Katharina Mommsen – 2000

Betreff: Dank für Ihre Abschrift
Von: "Katharina Mommsen"
An: "'Margrit Serwe'"
Kopie: "Dr. Horst F. W. Stukenberg"
Datum: 24. Apr 2012 02:14

Sehr geehrte, liebe Frau Serwe,

herzlichen Dank für Ihre sorgfältige Abschrift der schon sehr verblichenen und schwer lesbaren Faxe unseres Freundes Peter Anton von Arnim. Sie haben damit seinem Gedächtnis und uns als noch verbliebenen Freunden einen großen Dienst erwiesen.

Mir scheint, dass sich Peter Antons einmalige Persönlichkeit, die so viel Leidensfähigkeit, Menschenliebe, Mitleid, Aufrichtigkeit, Freundschaftsbegabung, Geist und echte Religiosität in sich vereinte, in diesen wenigen Dokumenten sehr genau spiegelt.

Die wenigen Entzifferungsfehler hab ich meinerseits durch rot markierte Wörter ersetzt, auch hier und da winzig redigiert, ohne den Text inhaltlich zu verfälschen.

Die Herausgeber der Gedenkschrift mögen nun entscheiden, was sie davon aufnehmen wollen. Mir waren alle diese Faxe interessant -- eben als ein Spiegel von Peter Antons stark ausgeprägter Persönlichkeit. Wenn es mehr Menschen wie unsern PAvA gäbe, stünde es besser um die Welt.

Mit wiederholtem Dank Ihre herzlich grüssende Katharina Mommsen

Prof. Dr. Katharina Mommsen

4.9.1 Fax Nr. 1 - 29.09.00 15.01 h: Liste von Buchtiteln aus der edition suhrkamp etc.

Peter Anton von Arnim, Neugasse 26, 65760 Eschborn

Im Kursbuch: herausgegeben von Hans Magnus Enzensberger und Kurt Markus Michel:

In Kursbuch 2: **Carlos Fuentes: Rede an die Bürger der USA.** 1965 (aus dem Spanischen)

In Kursbuch 11: **Interview mit Douglas Bravo.** 1968 (aus dem Spanischen)

In Kursbuch 15: **Lu Hsün: Verschiedenheit von Dichtung und Politik.** 1968 (aus einer italienischen Übersetzung des chinesischen Originals)

In Edition Suhrkamp. Band 226. „Folgen einer Theorie, Essay über „Das Kapital" von Karl Marx" der Aufsatz von

Henri Lefebvre: „Soziologie der Erkenntnis und Ideologie“, 1972. Aus dem Französischen (wieder abgedruckt als ein Kapitel des Buches von Henri Lefebvre: „Soziologie nach Marx“. Edition Suhrkamp Band 568, Frankfurt/Main 1972)

Franz Fanon: Aspekte der Algerischen Revolution. (Aus dem Französischen) Edition Suhrkamp Band 337, Frankfurt Main 1969

Taha Ibraham: Mahmud Mohammed Taha, Märtyrer des Versuchs einer Erneuerung des Islamischen Denkens im Sudan. (Aus dem Arabischen) In: Internationales Arfrikaforum 4/1994:

Einzelne Artikel und Aufsätze bzw. Vorträge:

Apartheidsstaat Sudan und die Rolle der Scharia. In: Pogrom. Zeitschrift für bedrohte Völker. August/September 1994

Sharia-legislation in the Sudan. A new System of Apartheid on African Soil (in Englisch abgefaßt:) In: Alturig. Zeitschrift des Verbandes der demokratischen Sudanesen in Deutschland, Marburg. September 1997

Bettina und der Berliner Magistrat In: Die Erfahrung anderer Länder. Beitrag eines Wiepersdorfer Kolloquium zu Achim und Bettina von Arnim. Hrsg. Von Heinz Hartl und Hartwig Schultz. Berlin (de Gruyter) 1994

Die Bedeutung Alexander von Humboldts in Leben und Werk von Achim und Bettina von Arnim“ Vortrag gehalten am 22.5.1996 im Humboldt-Schlößchen in Berlin-Tegel. (Unveröffentlicht).

4.9.2 Fax Nr. 1a: Liste weiterer Veröffentlichungen

In Vorbereitung ein Buch über die **Hegelsche Dialektik als Instrument der Befreiung im Werk von Cheikh Antn Diop, Aime Cesaire, Cyril Lionel Robert James und Frantz Fanon** (in Französisch), basierend auf zwei im Deutschen und im Philosophischen Seminar der Universität Dakar, Senegal, im Jahre 1996 gehaltenen Vorträgen.

Mitarbeit an dem Buch:

Clara von Arnim: **„Der Grüne Baum des Lebens.** Lebensstationen einer märkische Gutsfrau in unserem Jahrhundert“. Bern/München (Scherz) 1989.

Privatdruck. **Spurensuche. Kindheitserinnerungen an Friedmund Ernst Freiherr von Arnim,** basierend auf einem am 23. Mai 1994 in Wiepersdorf gehaltenen Vortrag.

Vortrag: **Was ist Antisemitismus und zu welchem Ende betreiben wir Antisemitismusforschung**? Anmerkungen zu einigen neueren Publikationen über Bettina von Arnim. Welche aus dieser eine Antisemitin machen wollen. Gehalten am 17.2.1998 im Rahmen eines Seminars von Frau Dr. Renate Heuer: „Antisemitismus in der deutschen Romantik“ an der Universität Frankfurt/Main.

Vortrag: **Bettina von Arnims jüdische Sendung.**
Gehalten am 28.2.1998 im Institut Bibliographia Judaica in Frankfurt/Main.

Der koloniale Blick eines Touristen. Afrika und die Karibik in der Sichtweise eines deutschen Schriftstellers der Gegenwart, Hans Christoph Buch.
Vortrag. Gehalten am 5. Mai 1998 anläßlich der Afrika-Woche an der Universität Dortmund.

„Der eigentliche Held in dieser Zeit, die einzige wahrhaft freie und starke Stimme". Die jüdischen Aspekte in Leben und Werk Bettina von Arnims als Herausforderung.
In: „Die echte Politik muß Erfinderin sein". Beiträge eines Wiepersdorfer Kolloquiums zu Bettina von Arnim. Hrsg. Von Hartwig Schultz, mit einem Vorwort von Wolfgang Frühwald.
Berlin (Saint Albin Verlag) 1999

4.9.3 Fax Nr. 2 - 22.06.2000 13.00 h: „Weigerung" (aus Eschborn)

Liebe Katharina.

hoffentlich habe ich Sie nicht gekränkt mit einer Weigerung, Ihre gedankenreichen Ergänzungen zum Schlußkapitel in Betracht zu ziehen, eine höfliche Weigerung zwar, aber eben doch eine Weigerung.

Ich selbst war halt mit meinen Gedanken gerade auf einer ganz anderen Bahn und sehr bedrückt. Allmählich aber hat mein Unterbewußtsein zu arbeiten begonnen, und dabei stellt sich heraus, daß einiges von Ihren Gedanken in dasselbe eingedrungen ist.

Im Hinblick auf Ihre Überlegungen zu den Himmelsrichtungen ist mir beispielsweise etwas aus dem Leben des Propheten, d.h. aus der Frühgeschichte des Islam eingefallen: „und wohin ihr euch wendet, ist Gottes Angesicht da" hat ja etwas zu tun mit der Qibla, der Gebetsrichtung. Wie Sie wissen, war der Ausrichtungspunkt zunächst Jerusalem (El Quda, die Heilige, wie diese Stadt auf Arabisch heißt), später Mekka. Dies, um den Gläubigen eine einheitliche „Richte" zu geben. Aber entscheidend ist eben nicht die Gesetzes- und Buchstabengläubigkeit, sondern „wohin ihr euch wendet, ist Gottes Angesicht da." (Ich habe mir gestern bei den Jackson-Singers eine Video-Cassette gekauft und lasse sie jetzt spielen, soeben singen sie: „He's got the whole world in his hands!")

Sehr töricht war von mir beispielsweise, Ihre Anmerkungen zum Begriff „Divan" zu überlesen, wie gesagt, ich war gerade auf einer anderen Bahn. Aber viele Leute wissen nichts mit diesem Begriff anzufangen. Vielleicht bringe ich den Hinweis in einem früheren Kapitel unter, wo der Titel bereits eine Rolle spielt, wir wollen ja das letzte auch nicht überfrachten.

Gestern schrieb ich, daß ich viele der merkwürdigen Fügungen, die mir in den letzten Jahren begegnet sind, wieder vergessen habe. Soeben bin ich beim Schreiben dieses Briefes durch einen Besuch unterbrochen worden, der mich an eine dieser Fügungen wieder erinnert.

Vor Jahren bin ich einmal in der U-Bahn einem jungen Algerier begegnet, wir kamen (auf arabisch) ins Gespräch und tauschten Adressen aus. Wochen später, ich hatte die Sache schon längst vergessen, komme ich zufällig im Eschborner Bahnhof vorbei und sehe zwei junge Ausländer, die in einsamer Landschaft sich suchend umblicken. Ich gehe auf sie zu, und sie weisen mir einen Zettel hin mit einer Adresse, um mich zu fragen, ob ich diese Adresse kenne: Es war meine!

Es handelte sich um zwei junge Algerier, die ein Studium in Deutschland beginnen wollten und meine Adresse von dem anderen Unbekannten erhalten hatten. Ich habe sie dann ein paar Wochen bei mir beherbergt. Der eine ist inzwischen ein gefragter Computer-Spezialist bei Mercedes in Stuttgart geworden, der andere studiert noch, jobt aber nebenher als Taxifahrer. So kam es, daß sie mich soeben gemeinsam besucht haben, als ich gerade diesen Brief zu schreiben angefangen hatte.

Jetzt muß ich aber wirklich wieder ans Buch gehen, es ist heiß, aber nicht völlig unerträglich. Ich habe ein gutes Gefühl, nachdem ich mich durch eine Entschuldigung bei Ihnen erleichtert habe. Herzlichst, Ihr PAvA

4.9.4 Fax Nr. 3 - 21. Juni 2000, 02.56 h:"Ein denkwürdiger Tag - Sommeranfang" (aus Eschborn)

Liebe Katharina.

Heute war ein äußerst denkwürdiger Tag für mich!

Vor Jahren (siehe meinen beiliegenden Brief an die damalige Gouverneurin von Texas, Ann Richardson von 1993) habe ich mich beteiligt an einer Kampagne zur Freilassung von Gary Graham. Danach habe ich nichts mehr von dem Fall gehört bis gestern Abend, als ich durchs Fernsehen erfuhr, daß die Hinrichtung kurz bevorsteht. Heute fand ich diese Nachricht dann in der Zeitung. Keine Möglichkeit mehr, etwas zu unternehmen. Ich machte mir aber einen Ausdruck aus dem Internet. Mir war nach Sterben zu Mute.

Auf dem Weg nach Hause wollte ich einen Freund besuchen, traf ihn aber nicht an. So kam ich an der Kirche von Eschborn vorbei, die ich in meinem Leben bisher noch nicht betreten habe, von deren Kanzel aber etwa im Jahre 1965 der Pfarrer verkündet hat, daß ich aus der Kirche ausgetreten sei. Vor der Kirche standen ein paar amerikanische Schwarze, darunter Bob Jackson, ein Freund, den ich schon seit vierzig Jahren kenne, den ich aber schon lange nicht mehr gesehen hatte. Er hat einen Gospel-Singer-Gruppe gegründet, the Jackson Singers. Diese warteten gerade auf ihren Auftritt in der Kirche. Bob freute sich sehr, mich wiederzusehen, und bat mich in die Kirche als Ehrengast. Ich nahm als letzter Platz in der hintersten Reihe. Ich versuchte, Bob meinen Ausdruck aus dem Internet über Gary Graham in die Hand zu drücken, aber er nahm ihn nicht, sondern setzte sich umgehend vorn ans Piano. Die Sänger waren begeisterungsvolle Virtuosen, und ich versuchte mich von ihrem Schwung in eine andere Welt mitreißen zu lassen. Aber schließlich geriet ich in Resignation.

Ich sagte mir, wenn du jetzt nichts tust, wird er hingerichtet. Die Sänger betonten immer wieder, daß sie die Musik als Gottesdienst verstanden. Also mußte ich sie dazu bringen, für Gary Graham ein Lied zu singen. Das bedeutete einen Kampf gegen meine Verzagtheit. Schließlich faßte ich mir ein Herz, ging vor und drückte meinen Internet-Ausdruck einem der Sänger in die Hand, der eine wunderschöne tiefe, fast so volle Stimme hatte wie Paul Robeson. Ich hatte darauf geschrieben: Please do a song for Gary Graham, because if there is no miracle going to happen, he will be executed tomorrow.

Die Sänger schauten sich das Blatt an und schüttelten den Kopf, und ich zog mich verzweifelt zurück und konnte an den folgenden Liedern kaum noch Freude empfinden. Aber dann gab man das Blatt meinem Freund Bob in die Hand, der ebenfalls von dem Fall nichts wußte, aber urplötzlich entschied, seine Gruppe ein Lied singen zu lassen für alle, denen aus Krankheitsgründen oder als Verurteilte der Tod kurz bevorsteht. Und, als wäre er von Goethe oder Spinoza inspiriert, sage er: „People might be bad, but still the world is wonderful!" Ich muß immer noch an Gary Graham denken, aber ich habe nunmehr die Gewißheit daß er, wenn er sterben muß, dem Tod in diesem Sinn mit Mut entgegengetreten wird. Ich mußte denken an das Buch von Ernest J. Games: A lesson before dying.

Liebe Katharina, neulich habe ich auf einem Fax geschrieben auf Konzeptpapier, etwas vom Innersten meines Herzens gleichsam so nebenbei und wie aus Versehen mir entschlüpfen lassen, indem ich darauf hinwies, welch bedeutende Rolle Sie und Ihr Mann in meinem Leben zu spielen begonnen haben. Sie haben jedoch sofort darauf reagiert – als Freunde! Das hat mich sehr glücklich gemacht.

Die letzten Jahrzehnte meines Lebens haben mir in der Tat immer wieder derart viele Fingerzeige dafür gegeben, daß es so etwas wie eine führende Hand oder eine Gesellschaft vom Turm gibt, daß ich dies allmählich nicht mehr ignorieren kann. Leider habe ich bisher noch nichts davon aufgeschrieben, und ich vergesse wieder alles so schnell. Und ich habe noch Schwierigkeiten , das richtig zu begreifen und in mein Alltagsleben zu integrieren. Ich habe in der Kindheit, kurz nach Kriegsende, ein Phase von Religiosität durchgemacht (mit einem persönlichen Gott), vor der es mir jetzt noch graut und in die ich nicht gern zurückfallen möchte. Sie sehen, da ich nun schon wie beim letzten Mal Sie einen Spalt weit in mein Herz habe hineinsehen lassen, so bin ich nun dabei, Ihnen die Schleusen desselben ganz zu öffnen. Ich hoffe, Sie fühlen sich davon nicht peinlich berührt. Immerhin werden Sie jetzt dadurch möglicherweise verstehen, wieso die Arbeiten an „unserem“ Buch (so darf ich vielleicht jetzt doch schon sagen) für mich keine bloße Sache der Routine ist, sondern mein Innerstes in Bewegung bringt

Ich versuche von Goethe zu lernen. Zunächst hat er, durch Ihre Vermittlung, als ich im Sudan lebte, mich gelehrt, den Islam besser zu verstehen. Jetzt versuche ich, wie schon gesagt, ganz konkret von ihm etwas für meine Lebensführung zu lernen. Um das zu erklären, muß ich ganz kurz noch einmal auf meine Kindheit und Jugend zu sprechen kommen. Ich war siebeneinhalb Jahre alt, als ich kurz vor Kriegsende von meinem Vater getrennt wurde. Er wurde zwei Tage nach Kriegsende nach Rußland verschleppt und starb dort 1946 an Hunger und Entkräftung. Ich war der vierte von sechs Geschwistern, mit drei älteren Brüdern über mir. Unsere Erziehung war bis dahin weitgehend von Kindermädchen besorgt worden, wie auch schon bei meiner Mutter. Das heißt, sie hat sich zwar als Witwe tapfer mit uns durchgeschlagen, aber in ihrer Hilflosigkeit in Erziehungsfragen setzte sie die älteren Brüder wechselweise als Ersatzvater für uns drei Jüngeren ein, obwohl diese selbst noch einer führenden Hand bedurft hätten und sich naturgemäß uns gegenüber wie Tyrannen aufführten. Ich verfiel also, wie gesagt, in eine abwegige Religiosität, ein Gemisch aus pietistischem Christentum („wenn einer dir gibt einen Streich auf deine linke Wange, so reiche ihm auch die rechte dar." oder als Leitspruch von den Erwachsenen, die sich aus Bequemlichkeit auf die Seite meiner älteren Brüder schlugen: „Der Klügere gibt nach!") und falsch verstandenen passiven Widerstand in der Nachfolge Gandhis, d.h. in eine Haltung, die mehr Passivität bedeutete als Widerstand. (Deshalb scheint es mir wichtig, zu betonen, daß Goethes Entsagung mit Passivität nicht das Geringste zu tun hat, ganz im Gegenteil).

Nun vermischte sich bei mir diese aus persönlichen Umständen bedingte Haltung mit den äußeren geschichtlichen Umständen, und zwar so, daß ich, was meine geistige Entwicklung betrifft, nicht genau zu unterscheiden vermag, wiewert die subjektive Verarbeitung persönlicher Lebensbedingungen und wiewert die Einwirkung der objektiven geschichtlichen Ereignisse dazu beigetragen haben bzw. jeweils daran beteiligt waren. Über mich als Kind brachen nämlich die Nachrichten von der Vernichtung der Juden mit solcher Macht über mich hinein, daß ich dies Verbrechen mit der Erbsünde identifizierte und meine Mutter verfluchte, daß sie mich überhaupt geboren hat. Wenn ich jetzt Goethe lese: „Gedenke zu leben", so erinnert mich das daran, daß in meinem Leben mich bis heute der Gedanke begleitet hat: „Gedenke zu sterben!" Ich war geradezu beglückt, als ich kürzlich entdeckte, daß Bettina von Arnim den Gedanken der Erbsünde gebrandmarkt hat, weil sie darin einen der Hauptgründe erkannte, weshalb die christlichen Deutschen geradezu dazu getrieben wurden, die Juden zu unterdrücken. Sie war sich im Übrigen bewußt, daß sie die Befreiung vom Gedanken der Erbsünde Goethe verdankte, im Gegensatz zu ihrem Bruder Clemens, der zeitlebens darin befangen blieb. Sie hat Goethe diesen Dank wiederholt, gerade auch in ihrem letzten Buch noch einmal abgestattet.

Angesichts der „Endlösung der Judenfrage", euphemistisch Holocaust genannt, aber auch angesichts des täglich geschehenden Unrechts ist es natürlich unendlich schwer, mit dem Gedanken von der Gerechtigkeit Gottes etwas anzufangen, oder aber auch mit dem Gedanken, daß man sein Glück einer höheren Macht verdankt. Wieso, stellte sich mir die Frage, soll ausgerechnet ich vom Glück gezeichnet werden, wenn fast ein ganzes Volk auf industrielle Weise ausgerottet wird oder unzählige Menschen wie Gary Graham im Namen der Gerechtigkeit umgebracht werden? Mag Hiob am Ende von Gott wieder in seinen vollen Reichtum eingesetzt worden sein, aber wie war das mit seiner Frau und seinen Kindern, die zugunsten des Experiments, das Gott und der Teufel mit ihm veranstalteten, geopfert wurden? Allerdings habe ich eines bei dieser Art von Grübeln festgestellt: einem Gary Graham wird durch solche Überlegungen nicht geholfen, weil sie auf das Handeln lähmend wirken. Goethe lernte aus dem Handeln und lehrt zu handeln. Wogegen eine Philosophie wie die Schopenhausers nur zu einem philisterhaften Eigenbrötlertum führt.

Wie gesagt, nach einer Phase abstruser Religiosität stürzte ich mich in den sechziger Jahren, in denen ich auch aus der Kirche austrat, in eine neue Art von Radikalität, nunmehr eher antireligiöser Natur. Ich hielt das für Marxismus. Allerdings ist mir heute klar, daß Marx selbst Goethe (und Spinoza) weit näher stand als ich damals dem Marx. Denn ich versuchte damals immer wieder, alle Brücken hinter mir abzubrechen und vor mir selbst zu fliehen. Der Aufenthalt in einem islamischen Land (Nordsudan) ermöglichte es mir dann, mich mit mir selbst weitgehend auszusöhnen. Allerdings, das „Gedenke zu sterben" habe ich dennoch bis heute noch nicht überwunden, es steckt zu tief in mir drin. Deshalb komme ich mit der Arbeit des Schreibens auch immer nur stückweise voran, denn in Phasen der Depression bin ich der Welt abhanden gekommen, wie Rückert das so treffend ausgedrückt hat. Ich müßte bestimmte Übungen (Exerzitien) treiben, damit mir das „Gedenke zu leben" bis ins Unterbewußtsein dringt und zur Alltagshaltung wird. Goethe ist das ja auch nicht auf Anhieb gelungen, er mußte erst den Werther hinter sich bringen, nicht nur einmal, sondern zu wiederholten Malen, um zu der Heiterkeit des Alters zu gelangen.

Aber für heute davon nun genug. Nur muß ich Ihnen eines noch beichten: Ich bewundere, auf welchen geistigen Höhen es Ihnen und Michael Engelhard, die Sie beide in Goethes Welt leben und sich diese ganz zu eigen gemacht haben, sich zu bewegen gelingt. Ich kann zwar versuchen, Ihnen privat darin zu folgen. Ins Buch all das einzuarbeiten, wird mir jedoch so schnell nicht möglich sein. (Natürlich werde ich das mit dem „Nördlich" zurechtrücken. Das Grimmsche Wörterbuch ist halt doch ein unbezahlbarer Schatz!) Mir schien aber das Schlußkapitel soweit, wie es dasteht, schon durchaus befriedigend. Ich habe mir in der Tat bei meiner Arbeit ein niedrigeres, wenn auch nicht unnützes, Ziel gesteckt: den deutschen Nichtmuslimen, zumal denen, die sich für Goethe interessieren, über den Islam so viel an Kenntnissen zu vermitteln wie möglich, und umgekehrt, den Muslimen soviel Kenntnisse über Goethe wie möglich, aber eben Kenntnisse von eher handfester Art. (Dabei habe ich also vor allem die türkischen Muslime in Deutschland im Sinn, aber auch Muslime, welche Übersetzungen des Buches lesen werden, falls solche zustande kommen.)

Ich will Ihnen ein Beispiel geben, worauf ich hinaus will: Um das Mysterium der hundert Namen Allahs zu verstehen, ist es nützlich, etwas über den Derwischtanz zu wissen. Sie haben auf denselben hingewiesen. Aber leider kann man das Wissen um den Sinn desselben bei den meisten Deutschen nicht voraussetzen, es empfiehlt sich also ein kleiner Hinweis. Wie wenig an Kenntnissen sich voraussetzen läßt, kann ich an folgendem Fall demonstrieren:

Alfred Brehm war, bevor er sein berühmtes „Tierleben" schrieb, von einem naturwissenschaftlich interessierten deutschen Aristokraten für sechs Jahre in den Sudan geschickt worden, um dort für denselben entsprechende Forschungsarbeiten zu betreiben. Über seinen Aufenthalt im Sudan um die Jahrhundertmitte des 19. Jhrdts. hat Brehm ein Tagebuch geschrieben und veröffentlicht. Dieses ist vor einiger Zeit als Taschenbuch neu herausgebracht worden. Nun hat Brehm auch den Derwischtanz in Khartoum beobachten können und schreibt darüber: Sie haben eine religiöse Zeremonie, die sie sikr (Rausch) nennen, weil sie dabei in einen rauschartigen Zustand (nämlich Trance) fallen. Nun gibt es zwar, wie Sie wissen, genug Gedichte von Muslimen zum Lob des Weines. Daraus eine religiöse Zeremonie zu entwickeln, ist aber noch keinem eingefallen, das heißt, ferner von islamischem Denken als Brehm kann man sich nicht bewegen. Denn jede religiöse Zeremonie im Islam muß im Koran begründet sein, wie aber im verbotenen Rausch? Des Rätsels Lösung ist: Brehm konnte nicht besser Arabisch als Karl May, welch letzterer wenigstens nicht den Anspruch erhob, ein Wissenschaftler zu sein. Er verwechselte also das stimmhafte th (phonetisch dh geschrieben) mit dem stimmlosen s oder ?. Sikr oder ßikr heißt in der Tat Rausch, aber die gemeinte Zeremonie, der Derwischtanz heißt Dhikr, Erinnerung, und geht zurück auf einen Koranvers, worin es heißt: „Erinnere dich der Namen Gottes!" Nun mag man ja noch Alfred Brehm seine Unkenntnis verzeihen. Aber diejenigen, die sein Tagebuch neu herausgebracht haben, sparten keine Mühe, um von jeder einzelnen Person, die im Tagebuch vorkommt, die Lebensdaten zu eruieren. Den Irrtum mit dem Dhikr haben sie nicht kommentiert! Die Unkenntnis entspringt der Gleichgültigkeit.

Morgen ist Fronleichnam, also Feiertag. Ich hoffe, es wird nicht allzu heiß. Denn ich lebe in einer Dachwohnung, auf welche die pralle Nachmittagssonne scheint, so daß die Wände ihre Hitze bis tief in die Nacht auf mein Bett abstrahlen, weshalb ich nachts oft nicht schlafen kann und ich wie in einem Backofen liege. Das war schon in den letzten Wochen meiner Arbeit nicht gerade förderlich. Gerade jetzt (drei Uhr nachts) ist der Platz vor dem Computer noch etwas erträglicher als im Bett. Ich hätte natürlich noch an dem Buch etwas zu arbeiten gehabt, aber die Erlebnisse dieses Tages wollte ich diesmal nicht einfach dem Vergessen anheimgeben.

Herzliche Grüße, Ihr PAvA

4.9.5. Fax Nr. 4 - 18.10.2000, 10.33 h (aus Dakar): „Die Herausgabe Ihres Buches"

Liebe Katharina.

Vermutlich werden Sie in letzter Zeit mehrmals den Tag verflucht haben, an dem Sie einwilligten, mir die Herausgabe Ihres Buches anzuvertrauen. Nachdem angesichts dessen, was ich angerichtet, welche unnötige Arbeit ich Ihnen verursacht , vor allem aber angesichts der Kränkungen, die ich Ihnen zugefügt habe, in den letzten Wochen das schlechte Gewissen mich in einen Zustand der Lähmung versetzt hat, ich mich jetzt aber ein wenig aus dem Loch des Jammers herausgewühlt habe und etwas zu Verstand gekommen bin, sehe ich es nunmehr an der Zeit, Sie in aller Form um Verzeihung zu bitten.

Es ist mir bewußt, daß unsere Beziehungen durch das, was ich Ihnen letzthin an Ärger verursacht habe, einer schweren Belastungsprobe ausgesetzt worden sind. Ich hoffe jedoch, daß ich damit nicht deren endgültiges Ende herbeigeführt habe. Denn Sie wissen, welch einschneidende Bedeutung die Begegnung zunächst mit Ihren Schriften, dann mit Ihnen selbst, für mein Leben gehabt hat, von dem Augenblick an, wo ich am Goethe-Institut von Khartoum Ihren Aufsatz über *Goethe und Islam* entdeckte. So werde ich Ihnen für immer die Dankbarkeit und Achtung bewahren, die ich Ihnen seitdem in wachsendem Maße schuldig geworden bin. Als umso schandbarer empfinde ich in der Tat im Rückblick meine Nachlässigkeit, vor allem aber meine Eigenmächtigkeit bei meinem Eingreifen in das, was für einen Autor das Persönlichste ist, in seinen Stil.

Sie werden fragen, wie – er gibt es also zu, bewußt gehandelt, er gibt also zu, mich bewußt gekränkt zu haben? Was soll ich darauf antworten? Ich kann nur sagen: Mich hat der Teufel geritten! Bitte sehen Sie also in folgenden Erklärungsversuchen nicht die verzweifelte Bemühung, mich auf irgendwelche Entschuldigungsgründe herausreden zu wollen. Wenn man aus seinen Fehlern lernen will, ist es jedoch zweifellos empfehlenswert, mit seinen Freunden darüber zu diskutieren, vielleicht können sie einen dann ja eines Besseren belehren.

Sie werden sich vielleicht daran erinnern, daß, als Sie mir am Telefon den Vorschlag machten, mich einen Privatgelehrten zu nennen, ich darüber zunächst sehr erschrocken war. Ich fühlte mich durch diese Kennzeichnung wie im Innersten meiner Existenz ertappt. Spitzweg! Zwar nicht geradezu arm und auch kein Poet; also soweit, daß ich über meinem Bett einen Regenschirm aufspannen mußte, ist es mit mir noch nicht ganz gekommen. Aber eben eingesponnen in diese Eschborner Dachwohnung, privat, gelehrt, und einsam: „selbst sich nur wissend und denkend (letzteres in Abweichung von Originalzitat) / schafft er die Welt, die er selbst ist,/ und es sündigt der Mensch drauf,/ und es war nicht sein Wille...“
Oder, um es etwas schlichter, auf altväterliche Art in einem Sprichwort auszudrücken: Hochmut kommt vor dem Fall. Also stellen Sie sich das einmal lebhaft vor: Zuvor ein Niemand, und dann plötzlich Herr aller Welten, abgehoben vom irdischen Leben mit seinen Verpflichtungen den Mitmenschen gegenüber – im trauten Zwiegespräch mit Goethe höchstpersönlich auf seinem Olymp, wenn nicht gar mit Gott selbst – wie klein werden aus dem Blick aus solcher Höhe die Menschen auf Erden selbst eine Katharina Mommsen! Nun ja, Sie wissen, wie letztendlich die Geschichte vom fliegenden Robert im Struwelpeter ausgegangen ist.

Insgesamt ist festzustellen, daß dieses Auf und Ab meiner Gemütsbewegungen die Arbeit am Buch um entscheidende Monate verzögert, d.h. eine termingerechte Abgabe verhindert hat. Ich gestehe jedoch, daß ich diesem Umstand mit Gelassenheit, d.h. ohne Selbstvorwürfe hinnehme, ja hinnehmen muß, weil ich sonst am Wert meiner Existenz als solcher zu verzweifeln gezwungen wäre. Ich habe mir vor ein paar Jahren das linke Schienbein gebrochen. Seitdem kann ich nicht mehr so schnell darauf los laufen, wie ich das früher gewohnt war. Bei einer solchen körperlichen Behinderung ist es selbstverständlich, daß man sie mit Gelassenheit hinnimmt. Es gibt aber auch seelische Beschädigungen, die man zu akzeptieren lernen muß, bis man den passenden Therapeuten gefunden hat. Das ist aber Glücksache wie beim Angeln, nur teurer, nach vielen Fehlschlägen bin ich noch immer auf der Suche nach einem solchen. Allerdings weiß ich, daß man nicht alles von einer Hilfe von außen erwarten, sondern nach Möglichkeit zu seiner Selbstheilung beizutragen versuchen soll. Deshalb hatte ich mich 1980 für die Auswanderung (Hegire) in den Sudan entschlossen, und ich kann sagen, daß mich dies um Einiges weiter gebracht hat, zumindest dahin, mit mir selbst geduldiger zu sein. Der Zwang zur Rückkehr nach Deutschland bedeutete dann zwar einen Rückschlag, aber doch nicht ganz bis hin zum Punkt Null. Wenn es ganz schlimm wird, brauche ich einen Aufenthalt in Afrika, wo ich wieder unter Menschen komme. Allerdings lindert das nur die Symptome, die Heilung bringt es nicht.

Der letzte Tag vor meiner Abfahrt war besonders gespenstisch. Ich führte einen absurden Kampf mit mir selbst: soll ich fliegen oder nicht? Ein Gegen-Ich wollte mich dazu bringen, das teure Flugticket verfallen zu lassen und meinen Urlaub unterm Dach der Wohnung zu verdösen. Es gelang mir nicht, auf vernünftige Weise meinen Koffer zu packen, etwas in mir sträubte sich dagegen. So habe ich wichtige Sachen vergessen: ein Paar Halbschuhe, die ich jemand als Geschenk mitbringen sollte, für achtzig Mark Filme für die zwei Kameras, die ich nun völlig sinnloserweise mitgenommen habe, sonstige Dokumente und Geschenke, obwohl ich sie mir schon bereit gelegt hatte, sogar ein Fläschchen Seifenwasser für Seifenblasen, mit denen ich sonst hier die Kinder zu erfreuen pflegte (und die mich auch prompt danach gefragt haben). Glücklicherweise hatte ich zwei Tage zuvor das Nachwort zu Ende gebracht und von Ihnen die Bestätigung erhalten, daß ich keinen völligen Unsinn verzapft hatte (ein Gefühl, welches sich gewöhnlich einstellt, wenn ich aufgehört habe, in den Wolken zu schweben). In welch ein Loch wäre ich sonst gefallen!

Wie ich das schreibe, etwa 10 Uhr abends, in stockfinsterer Nacht, werde ich gerade zu einer öffentlichen Telefonzentrale gerufen, neben dem Tante-Emma-Laden an der Ecke, weil es im Haus kein Telefon gibt. Mein Sohn wollte mir aus Deutschland seine Rückkehr aus den USA melden. Um Sie einen kleinen Blick auf das Alltagsleben hier werfen zu lassen. Ohne Zögern folge ich der Aufforderung, eilends zum Telefon zu kommen, und werde mir erst auf der Straße des Umstands bewußt, daß ich nur mit einem Pyjama bekleidet bin. Aber abgesehen davon, daß man mich in diesem Viertel allgemein kennt, würde auch sonst kein Mensch hier daran Anstoß nehmen, die Leute sind eh so leicht und vor allem bunt gekleidet, daß, anders als bei den uniformen Tagesanzügen der Europäer und deren davon streng zu unterscheidenden Schlafanzügen, die Tages- und Nachtbekleidungen bei den werktätigen Stadtbewohnern im Senegal sich oft zum Verwechseln gleichen!

Und wie steht es nun bei mir mit Goethe? Mit seinem: Lerne zu leben!? Ich gebe zu, daß meine Lebensweise, im Gegensatz zu Ihnen, weit davon entfernt ist, seinen Empfehlungen zu entsprechen. Es ist schwer, Ratschläge, auch wenn sie noch so einleuchtend sind, unmittelbar in die Praxis umzusetzen, wenn man zuvor für schon lange Zeit eine falsche Bahn eingeschlagen hat. Ich kann nur hoffen, daß sich allmählich einiges davon tröpfchenweise in meinem Unterbewußtsein festsetzt und dort weiterwirkt. Über zwei erfreuliche Erlebnisse mit Goethe nach meiner Ankunft hier im Senegal kann ich Ihnen aber immerhin berichten.

Ich hatte meinem Neffen Mustaha Sow eine Audio-Aufnahme von Goethes *Iphigenie* mitgebracht aus der Inzenierung von Leopold Lindtberg und mit Maria Becker und Ewald Balser in den Hauptrollen. Ich befürchtete das Schlimmste hinsichtlich der Qualität der Inszenierung. Der Name des Regisseurs war mir nicht geläufig, ich dachte jedoch daran, wie bei einer Aufnahme von Lessings Nathan, die ich besitze – immerhin mit Ernst Deutsch in der Hauptrolle – der Text in einer Weise gekürzt ist, daß die Verse nicht mehr als Verse erkenntlich werden. Der Verantwortliche für diese Barbarei heißt allerdings nicht Leopold Lindtberg, sondern Oscar Fritz Schuh. Ich mag sie mir gar nicht mehr anhören. Die Inszenierung der *Iphigenie* hingegen erwies sich als ein Glücksfall. Ich kenne kaum ein Tondokument, bei dem sich der Klang der Goethischen Verse so rein genießen läßt, wie bei dieser Aufnahme. Ich hatte Mustapha zunächst nur gebeten, mich in den Anfang der Diskette hineinhören zu lassen, um deren

Qualität zu überprüfen. Dann aber waren wir beide so gefangen vom Zauber der Sprache, daß wir uns das ganze Werk von Anfang bis Ende andächtig anhörten. Sie wissen, die Andacht verdoppelt sich, wenn man bei Genuß eines Kunstwerks zu zweit ist. Deshalb gehe ich auch nicht gern allein ins Theater. Mustapha kannte die *Iphigenie* genau, denn sie gehört seit langem zur Pflichtlektüre der Studenten am Départment d'Allemand an der Universität Cheikh Anta Diop von Dakar. Die heilende Wirkung dieser Verse setzte sofort ein und hielt auch weiterhin an.

Das zweite Erlebnis begegnete mir bei einem Spaziergang am Meer mit Mactor, jenem jungen Schneider, der mich immer über religiöse Probleme des Islam zu befragen pflegt. Wir gingen am Strand entlang und sahen eine nach afrikanischer Art reich gekleidete Dame, die vor den auf uns zurollenden Wellen ihren Gebetsteppich ausgebreitet hatte und im Angesicht der untergehenden Sonne ihr Gebet verrichtete. Dieser Anblick war auch für mich überraschend und neu. Mactar fragte mich sogleich: Ist das zulässig? Gestattet der Islam ein solches Verhalten? Dahinter versteckte sich natürlich die Frage, ob es sich hier nicht etwa um Götzenkult handle, um Anbetung eines irdischen Gegenstands, der Sonne. Nach dem, was ich aus meiner Arbeit an Ihrem Buch gelernt hatte, konnte ich sofort mit Goethe antworten: „Gott auf seinem Throne zu erkennen,/ ihn den Herrn Lebensquells zu nennen, / Jenes hohen Anblicks wert zu handeln / Und in seinem Lichte fortzuwandeln". - Und: „Fragt man mich, ob es in meiner Natur sei, *die Sonne zu verehren,* so sage ich abermals durchaus! Denn sie ist gleichfalls eine *Offenbarung des Höchsten,* und zwar die mächtigste die uns Erdenkindern wahrzunehmen vergönnt ist. Ich anbete in ihr das Licht und die zeugende Kraft Gottes, wodurch allein wir leben, weben und sind und alle Pflanzen und Tiere mit uns."

Und noch ein Zeichen wurde mir von Oben gegeben, daß ich Sie wegen meiner Verfehlungen sehr wohl um Verzeihung bitten, aber mich nicht allzu lange damit aufhalten soll, mich über diesen zu grämen. Vorgestern, am 16.10. fand ich in einer der Tageszeitungen hier ein Interview mit Soulemymane Dachir Diagne, Professor der Philosophie an der Universität Cheikh Anta Diop von Dakar und an der Universität von Chicago. Er stellt gerade ein Buch über Muhammad Iqbal fertig, das im Januar erscheinen soll. Nun wissen Sie ja, daß die Lektüre von Werken der Annemarie Schimmel mir dabei geholfen hat, den Aspekt des Ost-westlichen Dialogs, der zwischen den beiden Dichterphilosophen Iqbal und Goethe stattgefunden hat, ins Buch einzuarbeiten. Ich glaube, das wird, wenn das Buch erst einmal ins Englische und Französische übersetzt ist, eine Fortsetzung dieses Dialogs durch andere Schriftsteller geradezu herausfordern. Übrigens hat mein Neffe Mustapha vor, die Rede von Präsident Chatami in Weimar für eine der Tageszeitungen hier ins Französische zu übersetzen.

Sie können sich vorstellen, daß ich Ihnen noch vieles von meinen neuen Erlebnissen im Senegal zu erzählen hätte, aber ich setze hier lieber einen Schlußpunkt, damit der Versand des längst überfälligen Briefes nicht noch weiter verzögert wird. Ich hatte eine verbesserte Version meines Nachworts an Sie und an Frau Landes per E-Mail schicken lassen. Ich weiß nicht, ob Sie diese erhalten haben. Diesmal benutze ich den Weg übers Fax, weil ich das für sicherer halte.

Herzlich Grüße
Ihr
Peter - Anton

4.9.6 Fax Nr.5, 16.12.00 11.47 h (aus Eschborn): „Korrekturfahnen und Flurschaden"

Liebe Katharina,

Nachdem ich nun einmal diesen Flurschaden angerichtet habe hinsichtlich der Korrekturen des ersten Durchlaufs, hält sich Frau Landes bedeckt in ihren Auskünften zur Frage, wann wir mit den Korrekturfahnen des zweiten Durchlaufs zu rechnen haben. Vermutlich erst im Januar.

Aber ich denke, den Laptop brauche ich für diesen Zweck dann nicht mehr. Deshalb die Frage: Was hatten Sie für den weiteren Umgang damit vorgesehen? Soll ich ihn an einen der Mitarbeiter Ihres Goethe-Projektes weitergeben? Oder soll ich vom Erlös des Buches (hoffentlich kommt dafür soviel herein) den Gegenwert an die Stiftung zahlen?

Mir ist gerade ein Buch zufällig in die Hände geraten, das mich an die Bemühungen Ihres Freundes Dr. Engelhard   erinnert hat, dem deutschen Publikum den Dichter Puschkin nahezubringen. Es ist im Puschkin-Jahr 1999 bei „Présence Africaine" in Paris erschienen mit dem Titel „Pouchkine et le Monde Noir." Darin findet sich u.a. ein Aufsatz eines Schriftstellers aus Bénim: „Pouchkine et le Conte Africain."

Er erzählt darin, wie sein Vater, der auf eine literarische Zeitschrift aus Paris abonniert war, einst bei der Lektüre eines neu eingetroffenen Heftes in ein lautes Lachen ausgebrochen sei. (Er selbst war damals 12 Jahre alt.) Neugierig geworden, habe er die Abwesenheit seines Vaters abgepaßt, um – zurückgezogen auf einem Baum – sich selbst an die Lektüre zu machen. Das Heft enthielt Erzählungen von Puschkin.

Sofort war er hingerissen, denn in Struktur und Inhalt erinnerten sie ihn an Erzählungen seiner Großmutter. Später, als er zum Studium nach Frankreich reiste, wurde auf dem Schiff ein Ehepaar – er Franzose, sie Russin – auf ihn aufmerksam. Weil die beiden bemerkt hatten, wie intensiv der junge Mann sich der Lektüre seiner von ihm mitgeführten Bücher – Baudelaire, Dumas, Dostojewski – widmete. Als er ihnen dann noch seine Begeisterung für Puschkin offenbarte, war er fortan Mitreisender 1. Klasse.

Der Ehemann.
-Vous avez atteint des fibres trés sensibles chez ma femme....
Sie:

- Fort possible, vous m'avez surtout....comment vous dire? transportée dans mon pays, dans ma famille tout le monde lisait Alexander Sergeyevitch Pouchkine: nom Russe mon Dieu,on dit maintenant Soviétique, ça signifie quoi? - tout Russe qui n'aime pas notre très grand et sublime poète est un dégéneré!

Am 2. Weihnachtstag bin ich bei Oswalts eingeladen, es soll gemeinsam die *Iphigenie* gelesen werden. Für den 17./18. Februar 2001 haben wir uns Karten für die *Faust* – Aufführung in

Berlin besorgt. Ich habe Irene Ihren Aufsatz „Faust II als politisches Vermächtnis des Staatsmannes Goethe" zu lesen gegeben, denn sie wollte wissen, woher es kommt, daß der Faust des 2. Teils weitgehend so unsympathische Züge trägt und dennoch erlöst wird.

Ich wünsche Ihrem Mann und Ihnen ein gesegnetes Weihnachtsfest.
Freundliche Grüße
Ihr
Peter Anton

PS. Hoffentlich haben Sie keine Einwände gegen den Artikel in der GTZ-internen Betriebszeitung.

4.9.7 Fax Annemarie Schimmel und Antwort Peter Antons - 03.05.2001 12.39 h (aus Eschborn): „Fax funktioniert wieder"

Von Annemarie Schimmel

Sehr geehrter Herr von Arnim,

haben Sie herzlichen Dank für Ihren Brief und das Nachwort zu Katharina Mommsens „Islam-Goethe-Buch"!

Ich war sehr bewegt, daß Sie die leidige Friedenspreis-Debatte nochmals aufgegriffen haben – zwar sträuben sich mir immer noch die Federn, wenn ich daran denke, aber es scheint auch, daß jetzt immer mehr für mich positive Reaktionen kommen. Nun, es war eine Lektion... Und ich stimme vollkommen mit Ihnen überein, daß es eigentlich nur ein Vorwand war – die Herren, die mich angreifen, kannten mich weder persönlich noch hatten sie meine Bücher gelesen, und diejenigen, die etwas gelesen hatten, zitierten historische Fakten, als seien es meine eigenen Meinungen – wenn ich von „Singsklavinnen" schrieb, hieß es, ich sei für die Sklaverei, etc. pp. Nun der Borniertheit ist kein Ende. Aber es freut einen doch immer wieder, positive Bemerkunge n zu hören.

Mit herzlichem Dank und allen guten Wünschen grüßt Sie
gez. Annemarie Schimmel

Liebe Katharina,
mein Fax-Gerät ist erneuert worden und funktioniert jetzt wieder. Vielen herzlichen Dank für Ihre großen Lobesworte! Aber es ist schon wahr: es steckt etwas von unseren beiden Lebenserfahrungen in dem Buch. Ihr Aufsatz über „Goethe und Islam" (1985) war Teil einer Lebenswende für mich.

Nochmals in herzlicher Dankbarkeit
Ihr Peter Anton

4.10 Goethe Yearbook und Peter Anton – von Erlis Wickersham

Publications of the Goethe Society of North America Edited by Daniel Purdy With Catriona MacLeod, Book Review Editor
Volume XIX (2012)
GD CAMDEN HOUSE
280 Book Reviews

Johann Wolfgang Goethe, West-East Divan: The Poems with "Notes and Essays":Goethe's Intercultural Dialogues. Martin Bidney, trans. "Notes and Essays" translation assisted by Peter Anton von Amlin. Binghamton, NY: Global Academic Publishing, 2010. 474 pp.

This is an unusual scholarly book, a delightful combination of solid research and poetic inspiration, as befits a project whose major purpose is to offer a contemporary translation of Goethe's *West-Ostlicher Divan.* **Before the book was published, Peter Anton von Arnim** unexpectedly died. He had assisted the author in translating the prose essays entitled "Notes and Essays," which Goethe had written to accompany his poems. Martin Bidney's tribute to Arnim is a lovely sonnet that appears in the prefatory pages of the book. He also proffered a sonnet to his mentor, Katharina Mommsen, and acknowledged his indebtedness to her in other parts of the text as well. What is unusual about this translation is that *all* of the author's notes to accompany Goethe's *Divan* poems are also in poetry, creating an interesting dialectic between author and interpreter, expressed in different and mutually complementary kinds of poetry. Goethe's are firmly rooted in his times and imitative of their Eastern counterparts while Bidney's are contemporary, of course, but also delicately respectful of their antecedent. One of the most surprising facts about the project is that Goethe's own "Notes and Essays" have never appeared in English before. Some readers may not know how advisable it could be to read both together or assign both to advanced students. Students without an excellent reading knowledge of German will be particularly grateful for this translation. Certainly, contemporary students can be expected to have a more vivid interest in Goethe's west-eastern understandings and intentions than readers from earlier times. Scholars, too, will welcome these competent translations of poetry and notes together. Goethe himself well understood that he might have to wait for an appreciative audience for this undertaking; yet his admirable foresight and lively interest in the subject remain one of many hallmarks of his genius. Bidney explains that Goethe wrote these extensive notes and essays in order to facilitate access to his main poetic work. Goethe's commentary begins with short chapters about ancient peoples like the Hebrews and Persians. He discusses history, offers remarks about Muhammad (190-92), Persian poets, and technical aspects of their poetic tradition. Goethe includes some of his own poems as well as original Persian texts. He writes a brief segment entitled "Exchanging Flowers and Symbols," rather more extensive notes about a future *Divan,* and some brief comments about other scholars or travelers interested in this area. He concludes by saying: "Experts and friends will benevolently judge to what degree I have succeeded in linking the age-old departed Orient to the newest and liveliest one' (281). Goethe also explicitly states that he was trying to write simple, direct.. *Goethe Yearbook* 281 accessible poems. Thus, their translation will also have the same qualities, and it certainly does. It is excellent and eminently readable. Readers should know that this is not a bilingual text. Only in a few cases does the editor provide the German originals and then primarily in small sections. Bidney, who is a Professor Emeritus of English and Comparative Literature at Binghamton University, describes his task as follows: "One has to be a poet to translate poetry" (xxvi). And he certainly is. He goes on to say: "the need for a poet is twofold in Goethe's intercultural dialogues in verse and prose,for even in the 'Notes and Essays' one effective enhancer of reader appeal is Goethe's generosity in sprinkling the prose text with many original poems and German translations of Arabian and Persian verse. I have sought to make each English rendering formfaithful, keeping the rhythm and rhyme schemes of the Goethean poems. These singable lyrics need to be made musical works of art in a new language" (xxvi). The felicitous formulation "musical works of art in a new language" is an apt description of the translator'S art in general and we are indebted to Bidney for expressing it in such an appealing way. Another positive feature of this new translation is the introduction (pp. xxivliii). Indeed, the introduction alone is a cogent reason to acquire the book. Not only does the author make a case for the timeliness of his undertaking, but he also reveals information about the poems, the poet's circumstances, the collection's structure, and its enduring influence that is convenient to have in one place. It goes without saying that he also informs the reader about the present status of scholarship concerning the poetry. A hopeful aspect of the project is that it may inspire other scholars to view the poetry in its contemporary context and, of course, that new English-speaking readers may become acquainted with its enduring appeal. The poetry is ultimately less about the relationship between Hatem and Suleika and more about the many fertile thoughts behind the poems with philosophical content. That the author hopes, as did the poet, that such poetry will contribute to intercultural understanding is perhaps the most optimistic of the book's many claims to our attention. Finally, we can confidently assert that this book is a large and successful undertaking, challenging and intriguingly original.

Rosemont College
Erlis Wickersham

V. Peter Anton und seine Islamforschung

5.1 Arabische Anfänge – GTZ und Zernikow

12.12.2000 Ausschnitte eines Briefes an Katharina Mommsen

Jetzt muß ich Ihnen noch eine Geschichte erzählen über mein arabisch-islamisches 'Kismet'. Mein erstes Interesse für arabische Kultur begann während des Algerienkrieges, als ich sowohl Franzosen zu Freunden hatte, die Gegner dieses Krieges waren, als auch dann Algerier selbst. Später hatte ich Kontakt zu marokkanischen 'Gastarbeitern' in Deutschland. Vor dreißig Jahren fuhr ich also im Urlaub zum erstenmal nach Afrika, nämlich nach Marokko, zur Familie eines meiner Bekannten, weit draußen auf dem Land.

An der Tür meines Büros in der GTZ habe ich einen Koranspruch hängen gegen Fremdenfeindlichkeit. (In der Bibel ist die Verschiedenheit der menschlichen Sprachen eine Strafe Gottes für den Turmbau von Babel, im Koran ist diese Verschiedenheit, wie auch die der Hautfarben, ein Zeichen Gottes für die Verständigen.) Während meines Urlaubs im Senegal hatte die Firma, welche abends die Büros der GTZ reinigen läßt, das Personal der Putzkolonne ausgewechselt. In meinem Flur war es ein Araber, der fürs Putzen eingesetzt worden war, und weil er einen Koranspruch an der Türe sah, nahm er wie selbstverständlich an, daß auch ich ein Araber sei. Als er nach meiner Rückkehr mich eines Abends im Büro vorfand, begrüßte er mich also sogleich auf Arabisch, und wir kamen so ins Gespräch.

Ich fand dabei heraus, daß er Marokkaner war, und fragte ihn, aus welcher Stadt er denn käme? Er sagte aus Casablanca. Ich erzälte ihm, daß ich vor dreißig Jahren auch schon einmal in Marokko gewesen sei, auf einem Dorf in der Nähe eines weit im Inland gelegenen Städtchens namens El Gara. Er fragte mich nach der Familie, bei der ich war, und ich nannte ihm den Namen des Oberhaupts derselben: Salah Benhaschemi. Worauf er mir erklärte: "Auch ich heiße Benhaschemi und das ist mein Großvater!" Damals, zur Zeit meines Besuchs, war er noch ein kleines Kind. Er konnte mir dann auch die Namen der Personen nennen, die auf den Fotos zu sehen waren, die ich ihm später mitbrachte. So holt mich meine 'arabische Vergangenheit' immer wieder ein.

Da das Bundesfinanzministium bei allen anderen Ministerien Einsparungen verfügt hat, und die GTZ als vom Entwicklungsministerium abhängige Institution infogedessen 200 Mitarbeiter an Personal einzusparen hat und der psychologische Druck auf die Einzelnen dementsprechend wächst, habe ich beschlossen, im Juni nächsten Jahres in den Vorruhestand zu gehen. Die BfA hat mir ausgerechnet, daß ich dann monatlich eine Rente von kümmerlichen 1100 DM zu erwarten habe. Aber ich werde umziehen. Eine Freundin in meinem Geburtsort Zernikow ist dabei, mir in einer Scheune eine hübsche Wohnung ausbauen zu lassen, und im Senegal kaufe ich mir ein kleines Häuschen. So habe ich vor, den Frühling und Sommer in Zernikow, den Herbst und Winter im Senegal zu verbringen. (Mein Sohn wird derweil zu seiner Frau nach Atlanta ziehen und versuchen, dort weiterzustudieren). Im Senegal möchte ich wieder wie im Sudan mit Photographie Geld verdienen, vielleicht aber auch an der Uni Dakar tätig sein, in Zernikow werde ich mich mit Schriftstellerei beschäftigen.

hr Aufsatz "Goethe und Islam" aus den "Mitteilungen der Alexander von Humboldt-Stiftung", den ich mit meinem Sohn ins Französische übersetzt habe, macht jetzt übrigens die Runde in Dakar, da ich ihn per E-Mail an den Vorsitzenden der senegalesischen Versicherungsgesellschaften geschickt habe, einen sehr gebildeten Mann, der entsprechend davon begeistert ist.

Ich werde Ihnen die Goethe-Sondernummer von 1999 einer in Dakar herausgegebenen Zeitschrift: "Études Germano-Africaines" zukommen lassen. Ich glaube, das wird Sie interessieren. Darin wird u.a. auch die Borniertheit der deutschen Politiker in Sachen Kultur bloßgestellt, denn für sie ist Kultur kein Faktor der Entwicklungspolitik. Wie anders da die Franzosen, welche sogar ein eigenes "Ministère de la Francophonie" eingerichtet haben!

Ich wünsche Ihrem Mann und Ihnen ein gesegnetes Weihnachtsfest
Freundliche Grüße
Ihr
PA

5.2 Gespräch mit dem Islamwissenschaftler Peter Anton von Arnim[37]

Peter Anton von Arnim hat über die 'Wahrnehmung des Orients in der Weimarer Klassik' referiert und in einem Workshop das Thema vertieft. In unserem anschließenden Gespräch ging es um die Frage, ob die Auseinandersetzung vor allem Goethes mit dem Islam heute fruchtbar gemacht werden könne.

*Frage: Sie haben bei einem abendlichen Gang durch Weimar das neue
Hafis-Goethe- Denkmal am Beethovenplatz besichtigt. Ihre Eindrücke?*

von Arnim: Ich hatte es vorher noch nicht gesehen, wusste nur von Fernsehberichten darüber... Wir kamen dahin. Da stehen zwei große Stühle, mit einer hohen Lehne, in

---

37 Aus den Unterlagen von Peter Anton von Arnim ist der Gesprächspartner nicht auszumachen. Lediglich das Datum 1.11.2008 als Änderungsdatu,m ist verzeichnet.

einem gewissen Abstand, aber doch so, dass man von diesen beiden Stühlen aus einen Dialog führen kann. Und in der Tat, da saßen auch zwei Einwohner von Weimar auf diesen Stühlen und unterhielten sich wunderbar. Und wir haben dann dieses Gedicht von Hafis entdeckt und hinter den Stühlen jeweils einen Vierzeiler aus dem Divan.

Frage: Die Beschäftigung Goethes mit Hafis und darüber hinaus mit der islamischen Kultur sehen Sie als einen bewusstseinserweiternden Prozess?

v.A.: Eine Bewusstseinserweiterung geht immer aus von dem Bekannten, von den Dingen, mit denen man vertraut ist. Und das entscheidende Buch für Goethe, wie noch für den Kommunisten Brecht, war ja die Bibel, also die Lutherbibel. Und damit ist auch gesagt: Das war das Land seiner Kindheit. Aber zugleich war Goethe sich dessen bewusst, dass das Phantasieland seiner Kindheit der Orient ist. Nicht wie später in der Romantik, wo Christentum mit Germanentum identifiziert wurde. Dass das Christentum eine orientalische Religion ist, das war Goethe völlig bewusst, und natürlich erschloss sich dann durch die Begegnung mit dem Koran zugleich die ihm vertraute Welt, aber auf eine völlig neue Weise. Insofern war das eine Erweiterung des Horizontes, und das hat sich später im Divan niedergeschlagen: Gottes ist der Orient, Gottes ist der Okzident... Das ist ja die Zeit, in der er nicht nur den Begriff der Weltliteratur, sondern auch den der Weltfrömmigkeit geprägt hat.

Frage: Was ist mit diesem Konzept gemeint?

v.A.: Dass sich unser Erfahrungshorizont durch den internationalen Verkehr, die Entdeckung Amerikas z.B. so erweitert hat, dass eine Hausfrömmigkeit eben nicht mehr genügt und wir uns erweitern, öffnen müssen hin auf die Welt.

Frage: Eine Art von Globalisierung im Denken?

v.A.: Ja, absolut, das ist sowohl im Faust angelegt, als auch im west-östlichen Divan, dieser Blickwinkel.

Frage: Sie wollen diese Beeinflussung Goethes durch den Islam fruchtbar machen für das heutige Zusammenleben von muslimischen Einwanderern und Einheimischen in Deutschland. Dieses Engagement hat für Sie einen biographischen Hintergrund.

v.A.: Dazu muss ich sagen, dass ich sieben Jahre in einem islamischen Land, im Nordsudan, gelebt und die Katastrophe miterlebt habe, als sich in diesem Land dann ein fundamentalistisches Regime etabliert hat. Das hat dieses Volk, das ich sehr liebe, die Sudanesen, bisher Millionen von Menschenleben gekostet... Aus dieser Erfahrung heraus hat sich das Gefühl der Solidarität mit den Muslimen in aller Welt entwickelt, die von diktatorischen Regimen – oft im Namen der Religion - unterdrückt werden. Und denen man Unrecht tut, indem man ihren Glauben identifiziert mit Terrorismus, mit Unterdrückung und dergleichen. Dieses Gefühl der Solidarität hat sich dann natürlich übertragen auf die drei Millionen Muslime in Deutschland.

Frage: Nach dem 11. September ist das Verhältnis noch schwieriger geworden.

v.A.: Genau das ist eben, was mich am meisten beschäftigt. Ich habe mir gesagt, diese drei Millionen Muslime verdienen es nicht, alle in den Topf des Terrorismus geworfen zu werden. Ich höre dann immer wieder die Argumente, dass insbesondere die Türken, die ja die Mehrheit unter den Muslimen in Deutschland ausmachen, nicht wirklich Deutsche werden können. Heutzutage wird da nicht mehr rassistisch argumentiert, sondern man sagt, sie hängen dem Islam an, das ist eine uns so fremde Religion, dass sie einfach nicht in unsere Kultur integrierbar ist. Das gleiche Argument wird auch gegen die Aufnahme der Türkei in die EU benutzt. Ich wünschte mir, dass dann in dieser Diskussion einmal ein in Deutschland aufgewachsener und mit der deutschen Kultur vertrauter junger Türke aufsteht und sagt: Euer größter Dichter hat sich zum Islam bekannt. Er hat geschrieben, in seiner Ankündigung des West-Östlichen Divan, er lehne den Verdacht nicht ab, selbst ein Muselman zu sein. In Anbetracht der vorsichtigen Ausdrucksweise bei Goethe ist das ein starkes Wort.

Frage: Die Beschäftigung mit Goethe wäre andererseits auch für die hier lebenden Muslime lehrreich?

v.A.: Ich denke, Goethe gibt auch Muslimen in Deutschland die Möglichkeit, ein Islambild zu entwickeln und zu verteidigen, das ihnen vielleicht gar nicht so bekannt ist. Und zwar weil im Laufe der Jahrhunderte der Islamunterricht, die Weitergabe des Islam durch die Schriftgelehrten, immer mehr erstarrt ist und die heutigen Muslime gar nicht mehr den Zugang haben zu dem Reichtum ihres Erbes. Und Goethe hatte eben den unmittelbaren Zugang zu den vielfältigen Tendenzen innerhalb des Islam, weil in seiner Zeit die europäische Orientalistik in der Blüte stand. Und wie der iranische Staatspräsident Khatami in seiner Rede in Weimar auch betont hat: Damals war die europäische Orientalistik noch nicht geprägt von Machtansprüchen, sondern sie hatte ein rein wissenschaftliches, objektives Interesse, und dadurch hatte Goethe auch einen objektiven Zugang zum Islam.

5.3 Portrait des Khaled Abou El Fadl: "Gott hat keine Partner" – von Monika Jung-Mounib

Khaled Abou El Fadl ist sowohl Jurist für islamisches Recht wie auch amerikanischer Rechtsanwalt. Er fordert eine intellektuelle Revolution des Islam und kritisiert scharf die saudisch-wahhabitische Auslegung des Korans.

Ohne eine intellektuelle Revolution, die sich an die historische Erbschaft des Islam erinnert, haben weder die Demokratie im Nahen Osten noch die Integration von muslimischen Minderheiten in westlichen Gesellschaften eine Chance.

Diese Erbschaft, so Khaled Abou El Fadl, ein prominenter islamischer Jurist und amerikanischer Rechtsanwalt, bestehe vor allem darin, den Reichtum der Interpretationsmöglichkeiten des Islam anzuerkennen und sie zu praktizieren.

In seinen modernen Auslegungen des Korans zeigt Abou El Fadl, was diese Flexibilität zur Interpretation genau bedeutet: Für ihn schließt die göttliche Souveränität – im Islam ist Gott der einzige Souverän und die höchste Quelle legitimen Rechts – eine menschliche Vermittlung nicht aus. Der Koran schreibe zwar keine genaue Regierungsform vor, aber er definiere einige grundlegende soziale und politische Werte: Gerechtigkeit, Barmherzigkeit und Toleranz sowie nicht-autokratische, beratende Regierungsmethoden.

In seinen Augen bietet eine konstitutionelle Demokratie, die individuelle Rechte schützt, daher das größte Potential, um diese Werte zu fördern. Indem in einer Demokratie allen Menschen gleiche politische Rechte zuerkannt würden, drücke sie den besonderen Status der Menschen in Gottes Schöpfung aus und befähige diese, ihrer Verantwortung nachzukommen.

Für die Unterordnung unter eine menschliche Autorität, wie autoritäre Regime das verlangten, gäbe es keinen Raum, so der Intellektuelle.

Staatliche Gesetze sind nicht Gottes Wille

Strittig ist Abou El Fadls Kernpunkt, dass die Scharia, das göttliche Gesetz, kein moralischer Code sei. In seinen Augen sei die Scharia ein göttlicher Ratgeber, der Prinzipien und Methoden enthalte, die das göttliche Ideal zu verwirklichen suchten.
"Wir können Gottes Willen debattieren, so viel wir wollen. Ich ermutige Muslime, das zu tun und Gottes Willen zu entdecken", sagt Abou El Fadl.
"Wenn wir aber ein Gesetz annehmen und der Staat es verwirklicht, können wir nicht davon ausgehen, dass es Gottes Willen repräsentiert. Wenn wir jedoch dem Staat die Macht geben, Gott zu vertreten, dann ist das keine Demokratie, sondern eine Form von Ideologie. Das widerspricht der islamischen Theologie, denn Gott hat keine gleichwertigen Partner."
Das göttliche Gesetz solle deshalb nur Fragen des Glaubens umfassen und nicht dem Staat unterliegen. Es sei nicht dessen Aufgabe, die Beziehungen zwischen Gott und den Gläubigen zu regeln.

"Ehemänner werden zu Halbgöttern"

Abou El Fadl gilt auch als einer der führenden muslimischen 'Feministen', der alle puritanischen Forderungen, wie die Verschleierung von Frauen, ablehnt: "Die Behauptungen der Wahhabiten über Frauen spiegeln ihre Präferenzen wider und basieren nicht auf klassischen Quellen. Es gibt keine Textquellen, laut denen die Regierung Frauen zwingen kann, den Kopfschleier zu tragen."
Beispielsweise forderten die Wahhabiten, dass Frauen ihren Ehemännern blind gehorchten.
"Für mich ist das Götzenverehrung, Ehemänner werden zu Halbgöttern", sagt Abou El Fadl.
Vor diesem Hintergrund erstaunt es kaum, dass die Wahhabiten-Theologen ebenfalls nicht mit Abou El Fadls Kritik am Selbstmord und am Terrorismus, der auf Zivilisten zielt, einverstanden   sind.
"Es widerspricht eindeutig dem islamischen Gesetz, auf Zivilisten zu zielen, auch wenn es um die Befreiung des eigenen Landes geht. Das ist ein Imperativ der islamischen Moralität, und das umso mehr, wenn diese Moralität unter Druck gerät", erklärt Abou El Fadl.

Interpretationsmonopol der Wahhabiten

Der Grund, warum Abou El Fadls Auslegungen islamischen Klerikern und besonders den in Saudi-Arabien praktizierenden puritanischen Wahhabiten-Theologen ein Dorn im Auge sind, liegt auf der Hand: Die Wahhabiten begründen ihre Alleinherrschaft mit ihrem Interpretationsmonopol auf die Scharia und sehen darum ihre Vision des Islam durch Abou El Fadls Ansichten bedroht.
Anstatt die Fähigkeit des Islam zur Interpretation anzuerkennen, lehnen sie jeden Ansatz von Demokratie ab. Darüber hinaus macht sich Abou El Fadls Kritik an den Wahhbis im Kern an

der Tatsache fest, dass diese ohne ein Festhalten an einer Methodologie und ohne ein Verständnis islamischen Rechts das Interpretationsmonopol auf die Scharia beanspruchen.

Die Wahhabiten hingegen scheinen sich gerade deshalb umso mehr durch Abou El Fadl herausgefordert zu fühlen, weil dieser seine Interpretationen mit klassischen islamischen Quellen belegen und auf alte Traditionen verweisen kann.

"Das, was in Saudi-Arabien geschieht, wo zum Beispiel die Meinungen von drei Juristen als Gottes Gesetz gelten, widerspricht der islamischen Tradition. Für die Wahhabiten ist es häretisch, an die Demokratie zu glauben oder sie zu fordern. Darum betrachten sie mich als einen Häretiker", sagt Abou El Fadl.

"So hart wie die Wüste"

Nicht nur sind alle seine Werke in Saudi-Arabien verboten, seit Jahren erhält der Professor für islamisches Recht auch Todesdrohungen von Wahhabiten-Aktivisten. Was ihn jedoch nicht davon abhält, den Wahhabismus weiter anzuprangern:

"Wahhabismus ist Despotismus. Er spricht nie von Liebe. Musik, Kunst, alles Menschliche, Schöne und Zarte ist verbannt. Der Wahhabismus ist eine harsche Theologie, so hart und so feindlich wie die Wüste selbst".

Die starke Verbreitung des Wahhabismus macht Abou El Fadl unter anderem auch für die Integrationsprobleme muslimischer Minderheiten in westlichen, säkularen Gesellschaften verantwortlich. Der Wahhabismus habe die USA und Europa sowie auch ägyptische Kleriker stark infiltriert.

Er sei zwar weder in Ägypten noch in Syrien die dominierende Theologie geworden, aber seit den siebziger Jahren hätten die Saudis damit begonnen, ihre Art von Islam mit Hilfe der Petrodollars zu verbreiten.

Möglich gewesen sei das, weil die islamischen Institutionen nach dem Ende des Kolonialismus kollabierten und die Puritaner das entstandene Autoritätsvakuum mittels ihrer Gelder hätten füllen können. Seit dem 11. September sei diese Fähigkeit jedoch eingeschränkt.

Wahhabismus verhindert Integration

Zudem habe ein großer Teil der ersten Generation von Migranten der Integration widerstanden, weil sie der Wahhabiten-Theologie gefolgt sei. Diese lehre, dass Muslime nicht zu einer nicht-muslimischen Gemeinschaft gehören könnten. "Das islamische Wissen der ersten Generation ist oft armselig", so Abou El Fadl.

Hinzu komme, dass die erste Generation sich in der Regel stark mit den Bräuchen und der Sprache des Herkunftslandes verbunden fühle: "Sie gründen islamische Zentren, die vielmehr kulturelle Zentren sind. Probleme entstehen meist dann, wenn die erste Generation die zweite oder dritte Generation als zu französisch, zu britisch oder als zu deutsch wahrnimmt."

Es seien daher vor allem kulturelle Gründe, die die Probleme bei der Integration schafften. Da zwischen Kultur und Religion nicht klar getrennt werde, entständen Generationskonflikte, die oft zu Loyalitätskonflikten innerhalb von Familien führten, fährt Abou El Fadl fort.

Nur ein Minimum der Scharia wird verlangt

Theologische Gründe für eine problematische Integration sieht der islamische Intellektuelle nicht. Die Theologie und die Jurisprudenz des Islam hätten eine enorme Flexibilität gezeigt, wenn es darum ging, in der Minderheit lebenden Muslimen entgegenzukommen: Es sei nur ein Minimum der Scharia wie Beten, Fasten und Almosengeben verlangt worden.

Wenn Muslime diese reichen Möglichkeiten des Islam zur Interpretation begreifen würden, dann wäre erreicht, dass der Islam ihnen die Flexibilität zugesteht, innerhalb derer sie sich wie authentische Muslime und zugleich wie Franzosen, Deutsche oder Briten fühlen könnten.

Darüber hinaus ermutige der Reichtum an Interpretation sie dazu, sich in ihren neuen Gesellschaften zu engagieren statt sich zurückzuziehen. Das hieße zum Beispiel, dass ein deutscher Muslim die Pflicht habe, in Deutschland und nicht in seinem Herkunftsland Bedürftigen zu helfen.

"Europäischer Islam ist überflüssig"

Forderungen nach einem europäischen Islam hält Abou El Fadl für überflüssig. "Die islamische Theologie und das islamische Recht bieten alles, damit Muslime in einer säkularen, pluralistischen und demokratischen Gesellschaft leben können: Toleranz, Akzeptanz des Pluralismus, Ablehnung von Zwang, Teilnahme am öffentlichen Leben, solange dieses von moralischen Prinzipien geleitet wird, und Barmherzigkeit und Liebe", sagt er.

Dagegen läge es an den Europäern, Verallgemeinerungen über den Islam zu vermeiden und sich stattdessen geistig mit Muslimen und dem humanistischen Islam auseinanderzusetzen.

Verallgemeinerungen würden in der heimischen Gesellschaft Angst vor Muslimen erzeugen, wodurch diese sich abgelehnt fühlten. Europas "Judenfrage", so Abou El Fadl, habe schliesslich auch mit Verallgemeinerungen über die Juden angefangen.

Monika Jung-Mounib

© Qantara.de 2005
Khaled Abou El Fadl ist Professor an der School of Law an der University of California und ein prominenter islamischer Jurist und Intellektueller, der seit Dezember 2003 der U.S. Commission on International Religious Freedom angehört. Außerdem ist der Vorstandsmitglied von Human Rights Watch. Das Besondere an ihm ist, dass er sowohl ein islamischer Jurist als auch ein amerikanischer Anwalt ist. In Ägypten und Kuwait wurde er in islamischer Jurisprudenz ausgebildet und ist ein hochrangiger Scheich. Seitdem er den Wahhabismus öffentlich angreift, erhält er regelmässig Todesdrohungen (und steht unter dem Schutz des FBI). Alle seine Bücher sind in Saudi-Arabien verboten. (moj)

5.4 Peter Anton von Arnim (7.5.2007) – Islam in Deutschland (Arbeitstitel)

Rassismus ist ein gesellschaftliches Gift, das sich am unteren Ende der Gesellschaft, bei den sogenannten Unterschichten, in Gewalt äußert gegen diejenigen, die man als „andersartig" abgestempelt hat, bis hin zur Tötung. Das dazugehörige ideologische Gift wird jedoch in scheinbar komplizierteren Formen bereitet von Teilen der Oberschicht bzw. denen, die sich dazu rechnen. Die Linke hat die Wahl, vor diesen Tendenzen zu kapitulieren und damit aufzuhören, eine Linke zu sein, oder dagegen zu kämpfen. Im letzteren Fall muss sie aber auch erkennen, wen sie alles zum Gegner hat und wo er steht. Für mich jedoch hat derjenige das Recht verwirkt, sich als Linker zu betrachten, der nicht fähig ist zu unterscheiden zwischen Unterdrücker und Unterdrücktem, was immer die Form sein mag, in der sich die Unterdrückung manifestiert. Zu dem Mechanismus der Unterdrückung gehört etwa auch die Religion, sei es als Christentum, Islam, Judentum, Buddhismus oder andere. Wer die Priester und Wortführer dieser Religionen, die darauf den Anspruch alleiniger Verfügungsgewalt über deren Auslegung erheben, gleichsetzt mit den gewöhnlichen Gläubigen, ist für mich kein Linker.

Rassismus hat verschiedene Formen. Es gibt zum einen die Fremdenfeindlichkeit oder den Ausländerhass. Ein Asylbewerber hat das Verhalten der Regierenden dazu auf die Formel gebracht: „Die Nazis rufen ‚Ausländer raus', und die Behörden sorgen dafür, dass es dann auch geschieht." Das Asylrecht, einst im Grundgesetz verankert in Erinnerung an das Asyl, das vielen Flüchtlingen vor dem in Deutschland herrschenden Naziregime gewährt wurde von fremden Ländern, darunter übrigens auch der Türkei, wurde praktisch abgeschafft, und zwar gerade von denen, die die Vortrefflichkeit des Grundgesetzes ständig im Munde führen.

Es gibt den Antisemitismus. Immer wieder erlebt man hierzulande Schmierereien und Schändungen jüdischer Einrichtungen, ja auch Übergriffe auf Juden selbst. Die dafür Verantwortlichen sind meistens Jugendliche, die von Älteren dazu angestachelt werden und das Reich Hitlers herbeisehnen, in dem ein unausdenkbares Verbrechen, die industriemäßige Vernichtung von Millionen von Juden, von den Nazis „Endlösung der Judenfrage" genannt, regierungsamtlich vollzogen wurde. Offiziell wird der Antisemitismus zwar von den Herrschenden geächtet. Aber Zustände wie im Nazireich werden von ihnen doch zum Teil noch immer befürwortet, wobei die damit verbundene Judenvernichtung schlicht „vergessen" wird. Der Ministerpräsident eines Bundeslandes, Öttinger, hat in einer Trauerrede für einen seiner Vorgänger, Filbinger, diesem bescheinigt, dass er ein Gegner des Nationalsozialismus gewesen sei. Dieser hat noch nach Kriegsende, d.h. nach dem Ende des Nazireichs, ein Todesurteil bestätigt und dazu erklärt: „Was Recht war, muss Recht bleiben."

Schließlich gibt es noch den Antiislamismus oder Islamophobie. Der Antisemitismus wird von Regierenden einiger islamisch geprägter Staaten geschürt, so dem Präsidenten von Malaysia, Mahatir, oder dem Präsidenten des Iran, Ahmadinejad. Der Antiislamismus aber wird im Namen des Kampfes gegen den Terrorismus von dem Regierenden einer ehemaligen Weltmacht, von Vladimir Putin, und dem Oberhaupt der jetzigen Weltmacht, von George Bush jr. betrieben. In Deutschland sind es vor allem die Herren Beckstein, Koch und Schäuble, die den Antiislamismus zu politischen Zwecken nutzen. Was in Deutschland lebende Muslime, also mehr als 3 Millionen Menschen, besonders seit dem 11.9.2001, dessen Hintergründe bis heute nicht geklärt sind, an täglichen Maßnahmen der Unterdrückung erdulden müssen, ist kaum zu beschreiben.

Gewiss, das hässliche Gesicht dessen, was gemeinhin als Frucht des Islam gesehen wird, ist nicht zu leugnen. Die meisten so genannten islamischen Staaten leiden unter Diktaturen, die sich wie selbstverständlich auf den Islam berufen, ohne damit viel zu tun zu haben. Willfährige Geistliche nutzen das aus, um ihre Macht zu befestigen. Sie verkünden die islamische Scharia als Gottes geheiligtes Wort und fällen Schandurteile in deren Namen, ohne dem gemeinen Volk zu verraten, dass die Scharia, wie man sie heute kennt, erst 200 Jahre nach dem Tode des Propheten von Rechtsgelehrten geschaffen worden ist und dass im heiligen Koran das Wort Scharia nur einmal, in vier Ableitungen dann noch viermal vorkommt und dort keineswegs „gesetzliche Regelung" bedeutet, sondern „Wegweisung", oder, wie es bei Goethe heißt, „die Richte".

Man kann die christlichen Kirchen nicht pauschal verantwortlich machen für den eliminatorischen Antisemitismus der Nazis. Aber ihre traditionelle Judenfeindschaft, die gelegentlich ebenfalls zu Folter und Morden führte, ließ die Nazis mit deren passiver Duldung für ihre Massenverbrechen an den Juden rechnen. So kann man auch vielen der islamischen Schriftgelehrten Passivität vorwerfen bei den Verbrechen, die ungezügelte Diktatoren im Namen der islamischen Scharia begehen. Aber man muss auch feststellen, dass es bei uns inzwischen mehr islamische Proteste gibt gegen die im Namen des Islam verübten Verbrechen als damals von den christlichen Kirchen gegen die Nazis. Und in der Tat. Die so genannten Selbstmordattentate finden keine Stütze im Koran. Der Koran verbietet Selbstmord kategorisch. Der Islam ist keine Religion des Todes, sondern des Lebens. Die im Namen des Islam verübten Selbstmordattentate zeigen allerdings, wie weit sich das, was manchen als Islam gilt, entfernt hat von seinem Ursprungstext, dem Koran.

Aber es hilft nichts: Als Antwort auf den weit verbreiteten Antiislamismus genügt es nicht, etwa darauf hinzuweisen, dass es Terrorismus verschiedenster Richtungen gegeben hat, bevor man jetzt den Islam für einen solchen verantwortlich macht, es genügt nicht, auf die Verbrechen hinzuweisen, die im Namen des Christentums begangen worden sind oder gar auf die Verbrechen der Nazis, die diese im deutschen Namen begangen haben, es genügt auch nicht, zu sagen, dass die Verbrecher den Islam falsch verstanden haben oder gar willentlich missdeuten. Man muss über den Islam selbst etwas wissen und die ihm anhängenden Muslime verstehen. Dabei muss man sich hüten, den Islam als ein monolithisches Gebilde anzusehen wie es der Stalinismus war, und als welches die islamischen Fundamentalisten (nebenbei bemerkt: es gibt ja auch solche christlicher Denomination!) ihn erscheinen lassen wollen. Einem Phänomen, das einem fremd vorkommt, nähert man sich jedoch am Besten, wenn man von dem ausgeht, was einem daran schon bekannt ist. Wer könnte uns da besser zum Führer dienen als der, den man als größten Deutschen zu betrachten berechtigt ist, als Johann Wolfgang von Goethe? Bevor ich aber auf Goethe eingehe, möchte ich noch zwei andere deutsche Autoren nennen, die mit dem Islam in Zusammenhang stehen: Heinrich Heine und Bettina von Arnim.

Die Heine-Gesellschaft hat im Jahre 2003 ein Preisausschreiben ausgelobt für einen Artikel mit dem Titel: „Heines schöner Islam". Schon der Titel selbst ist verräterisch. Der Preisträger, ein Journalist bei den „Kieler Nachrichten" namens Hajo Kabel, hat denn auch den Erwartungen entsprochen und hat den Islam Heines, den dieser als Romantiker sich erträumt habe, dem Islam unserer Tage, der den Terrorismus produziere, wortreich gegenübergestellt. Er scheute nicht einmal davor zurück, die Hasspredigerin Oriana Fallaci zu zitieren. Wieviel genau Heine über den Islam im Allgemeinen gewusst hat, ist mir nicht bekannt. Aber eines weiß ich: Er war Jude und musste seiner Zugehörigkeit zu dieser Minderheit wegen in Deutschland viel erleiden. Denn die Mehrheitsdeutschen verteidigten den Monopolanspruch der christlichen Kirchen auf die Erlösung vom irdischen Jammertal durch den Ausschluss der Juden von allen offiziellen Ämtern und durch ihre gesellschaftliche Diskriminierung. Was genau Jesus gemeint hat mit dem Ausspruch „Niemand kommt zum Vater denn durch mich!" bleibe dahingestellt. Aber zum christlichen Dogma erhoben heißt das eben: „Wer nicht an den durch die christliche Kirche vermittelten Christus glaubt, wird keine Erlösung finden." In der Praxis bedeutet das aber dann: Ausschluss aus der Gesellschaft. (Bettina von Arnim hat ihrem Schwager, dem preußischen Justizminister von Savigny, in ihrem Frankfurter Dialekt geantwortet, als dieser dem ihr befreundeten Juden Oppenheim verweigerte, dessen Habilitierung an der Berliner Universität zu unterstützen: „Was! Nicht einmal Privatdozente solle die Jude werde, nicht einmal verhungern därfe se!")

Heine hat aber nicht nur dies an sich selbst schmerzhaft erlebt. In dem kollektiven Gedächtnis der Juden war noch die Verfolgung lebendig, die sie, gemeinsam mit den Muslimen, von der sich als christlich verstehenden Kirche in Spanien durchlitten hatten. So machte Heine das Schicksal der spanischen Muslime zum Thema seines Dramas „Almansor". Darin kommen die berühmten Verse vor:

„Das war ein Vorspiel nur, dort wo man Bücher / Verbrennt, verbrennt man auch am Ende Menschen."

Man hat zu Recht diese Verse als Prophezeiung gedeutet, als dichterische Vorwegnahme der Bücherverbrennung, welche die Nazis nach Hitlers Machtergreifung 1933 organisierten, und der sie ab 1942, Datum der Wannsee-Konferenz, die millionenfache Vernichtung von Juden folgen ließen. Diese Verse findet man jetzt am Boden eingemeißelt an dem Ort in Berlin, an dem die Bücherverbrennung stattgefunden hat.

Aber um welches Buch handelt es sich in Heines Drama, in dem diese Verse stehen? Man kann den oder jenen gebildeten Deutschen danach fragen, man wird stets die Antwort bekommen: „Ich weiß es nicht." Deshalb habe ich hier den Kontext hergesetzt:

Almansor:
Wir hörten dass der furchtbare Ximenes,
Inmitten auf dem Markte, zu Granada –

Mir starrt die Zung im Munde - **den Koran**
In eines Scheiterhaufens Flamme warf!

Hassan: Das war ein Vorspiel nur, **dort wo man Bücher Verbrennt, verbrennt man auch am Ende Menschen.**

Nicht also die Bibel, nicht der Talmud, nein, es war der Koran. Den also kannte Heine, allerdings glücklicherweise nicht in der furchtbaren, aber leider renommierten Übersetzung von Rudi Paret, die erst etwa hundert Jahre später erschienen ist, sondern wohl in einer sprachlich besseren Übersetzung eines seiner Zeitgenossen.

Nach dem Scheitern der Revolution von 1848 wandelten sich viele ehemalige Revolutionäre wie Bruno Bauer, Richard Wagner oder Wilhelm Marr, zu rabiaten Antisemiten. Bettina von Arnim hingegen forderte im ersten Kapitel ihres letzten Buchs, das 1852 erschien, „Gespräche mit Dämonen. Des Königsbuches zweiter Teil", vehement die vollständige Emanzipation der in Deutschland lebenden Juden. Darin erwies sie sich hellsichtiger als Karl Marx, der in seiner frühen Schrift „Zur Judenfrage" diese Emanzipation in Abhängigkeit sah von dem Sieg des Sozialismus. Arrivierte Juden wie Ludwig Philippson sahen hingegen in Bettinas Plädoyer die Widerspiegelung einer vergangenen Zeit. Dabei war der politische Antisemitismus, den Bettina voraussah, erst noch dabei, virulent zu werden! Gewidmet hat sie ihr letztes Buch jedoch „Dem Geist des Islam, vertreten durch den großmütigen Abdul Medschid Khan, Kaiser der Osmanen". Am Ende des Buches lässt sie den Geist des Islam sogar selbst auftreten.

Was Bettina an Kenntnissen über den Islam besaß, hatte sie, so merkwürdig das scheint, offensichtlich nicht von dem bis an ihr Lebensende bewunderten Goethe, sondern vermutlich von Georg Friedrich Daumer bezogen. Dieser, ein Schulkamerad und zeitweiliger Freund von Ludwig Feuerbach, hatte ein Buch über sie veröffentlicht, und dann eine Sammlung von Gedichten unter dem Titel: „Mohamed und sein Werk". Er wollte auf dem Islam eine neue Religion begründen. Für ihre Widmung speziell an den türkischen Sultan hatte Bettina von Arnim aber eine politische Motivation: Er hatte den ungarischen Revolutionären, die für die Unabhängigkeit ihres Landes gekämpft hatten, soweit sie dem Gemetzel durch die siegreichen österreichischen Truppen entkommen waren, in der Türkei politisches Asyl gewährt.

Vor ein paar Jahren nun hat ein Mitglied der jetzigen Regierungspartei CDU, Herr Friedrich Merz, den Begriff einer deutschen Leitkultur ins politische Spiel gebracht. Dieser Herr mag sich inzwischen aus seiner Partei, oder gar aus der Politik, zurückgezogen haben. Der von ihm lancierte Begriff einer deutschen Leitkultur wird aber von seinen Parteifreunden als Forderung an die hier lebenden Ausländer bzw. deren Nachkommen, die sich darum bemühen, als Deutsche anerkannt zu werden, weiterhin gebraucht. Nun gut: Wenn man anerkennt, dass derjenige, der die deutsche Kultur am nachhaltigsten geprägt hat, Johann Wolfgang von Goethe heißt, dann ist gegen den Begriff einer deutschen Leitkultur in der Tat nichts einzuwenden. Denn hat nicht Goethe in einer Ankündigung des „West-östlichen Divan" öffentlich bekannt, der Verfasser desselben lehne den Verdacht nicht ab, selbst ein Muselman zu sein? Aber vielleicht war ja dann Goethe ein verkappter Terrorist, wie man auch Murat Kurnaz für einen solchen gehalten und ihn aus Sicherheitsgründen fünf Jahre im KZ Guantanamo hat schmoren lassen? Dem Bildungsstand der meisten unserer Politiker nach zu urteilen, ist ihnen Goethe möglicherweise nur als Namensgeber eines Instituts bekannt, dem man besser heute als morgen die Gelder streicht.

Als Bürge für eine deutsche Leitkultur ist Goethe jedoch dann ungeeignet, wenn man von einem gemeinsamen christlich-jüdischen Erbe ausgeht, von dem deutsche Politiker, zuletzt Bundeskanzlerin Merkel, zu schwadronieren pflegen. Sie nehmen offenbar nicht zur Kenntnis, was nach dem Ende der Naziherrschaft in Deutschland mit ihrer „Endlösung der Judenfrage" Gershom Scholem erklärt und Salomon Korn jetzt erneut festgestellt hat, nämlich, dass von einer „deutsch-jüdischen Symbiose" keineswegs die Rede sein kann. In der Tat: Von deutschen Politikern werden Juden nur als Opfer wahrgenommen, weshalb sie bereit sind, für das sinnlose Stelenfeld in Berlin Millionen auszugeben. Dem bescheidenen „Archiv Bibliographia Judaica" in Frankfurt am Main hingegen werden aus angeblichem Mangel an Finanzen die Gelder gestrichen. Dieses Archiv bemüht sich darum, den Beitrag deutscher Jüdinnen und Juden zur deutschen Kultur, sei es als Schriftsteller, Maler, Musiker, Filmemacher etc. festzuhalten, um damit darzustellen, dass es lebendige, unter uns lebende Menschen waren, die von den Nazis unter den Augen ihrer Mitbürger abtransportiert und dann ermordet worden sind. Woher soll ein junger Mensch, der das Stelenfeld betrachtet, erfahren, wer da ermordet worden ist und welchen nie wieder gut zu machenden Verlust die deutsche Kultur durch die Herrschaft des rassistischen Naziregimes erlitten hat? Mit ihrer Verbeugung vor dem Judentum wollen deutsche Politiker nichts weiter ausdrücken als ihre Solidarität mit der israelischen Regierung, die im Namen aller Juden zu handeln behauptet, und mit deren Schutzherrn, der Regierung der USA. Von wortreichen Zionisten wird entsprechend eine Kritik an den Verbrechen der Regierung Israels und derjenigen der USA gleichgesetzt mit Antisemitismus.

Es ist wahr: Goethe als Kind seiner Zeit war nicht frei von Vorurteilen gegen Juden, was er jedoch selbst zugab. Aber da wir von Kultur sprechen: Er hat immer wieder seine Bewunderung ausgedrückt für das jüdische Volk, das fähig war, die Bibel (Altes und Neues Testament) hervorzubringen. Und sein Lieblingsphilosoph war der Jude Spinoza. In „Dichtung und Wahrheit" gibt er seiner Verehrung Ausdruck für die altjüdischen Propheten, für Abraham, Isaak, Jakob und Esau und vor allem für Joseph. Thomas Mann hat in einem vierbändigen Werk im Detail ausgemalt, was Goethe dort vorgezeichnet hatte. Die christlichen Kirchen haben zwar auch das Alte Testament als der Bibel zugehörig anerkannt, die Juden aber, die Jesus nicht als Messias und als Gottes Sohn anerkannten, als Heiden verfolgt und niedergemetzelt. Den Talmud und die Kabbala, Produkte jüdischer Kultur, die erst nach der christlichen Zeitrechnung entstanden sind, haben sie als „gemeinsames Erbe" niemals zur Kenntnis genommen.

Wie gesagt, ein christlich-jüdisches Erbe hat es nie gegeben, das ist eine propagandistische Erfindung deutscher Politiker. Dagegen hat es eine andere Symbiose gegeben, von der man allzu selten spricht: die jüdisch-islamische. Es ist kein Zufall, dass der größte jüdische Philosoph des Mittelalters, Ibn Maimun, in der latinisierten Form Maimonides genannt, seine Hauptwerke auf Arabisch schrieb. Und die Philosophen Georg Wilhelm Friedrich Hegel und Ernst Bloch sahen zu Recht im Werk Spinozas orientalische Gedanken wieder aufleben. Spinoza (wie dann ja auch Goethe) war jedoch ein Aufklärer. Es gehört zu den weit verbreiteten Märchen, dass der Islam keine Aufklärung gekannt habe und deshalb jetzt die Schaffung eines „europäischer Islam" vonnöten sei. Umgekehrt wird ein Schuh daraus: die europäische Aufklärung, besonders aber die deutsche, wäre ohne den Islam gar nicht denkbar. Dass der Islam inzwischen unter einer erstarrten Orthodoxie zu leiden hat und deshalb von einem Teil der Rechtsgelehrten die Aufklärung als westlicher Import verdammt wird, steht auf einem anderen Blatt. Niemand käme ja auch auf die Idee, zu sagen, weil einige christliche Fundamentalisten in den USA, darunter der Präsident Bush selbst, die Lehre der Darwinschen Evolutionstheorie an den Schulen verbieten lassen wollen, die USA müssten eine Aufklärung erst noch nachholen.

Es gibt eine äußerst umfangreiche Literatur über Goethe. Trotzdem klafften in dieser zwei entscheidende Lücken, die ein merkwürdiges Licht auf die Zunft der Germanisten werfen: Goethes Beziehungen einmal zu Spinoza, zum anderen zum Islam und seinem Begründer, dem Propheten Mohammed. Dabei hatte doch Goethe selbst in seinen Memoiren „Dichtung und Wahrheit" darauf hingewiesen, wie wichtig beide für ihn waren. Aber erst Momme Mommsen hat Spinozas Einfluss auf Goethe untersucht und einen seiner Schüler, Martin Bollacher, dazu angeregt, ein Buch über die Beziehungen des jungen Goethe zu Spinoza zu schreiben. Seine Ehefrau Katharina Mommsen hat dann in einem Werk, das einer Pionierarbeit gleichkommt, Goethes Beziehungen zur arabischen Welt dargestellt, (später als Insel-Taschenbuch in Bearbeitung erschienen unter dem Titel „Goethe und der Islam"). Natürlich war Goethe philosophisch gebildet genug, um den Unterschied zwischen dem Glauben an einen Schöpfergott im Islam und dem Glauben an einen alles durchdringenden Gott Spinozas, der gewöhnlich als Pantheismus bezeichnet wird, zu kennen. Aber das war ihm nicht wichtig. Katharina Mommsen weist zu Recht darauf hin, dass Goethe in den Epochen seines Lebens, als er sich mit Spinoza beschäftigte, sich zugleich auch mit dem Islam auseinandersetzte. In der Tat fand er im Koran immer wieder Stellen, welche die Menschen auf Erscheinungen der Natur als Gottes Wunderwerke aufmerksam machen, was seinen Ansichten entsprach.

Heinrich Heines und Bettina von Arnims Hinwendung zum Islam war stark politisch motiviert. Bei aller Sympathie, die sie ihm erwiesen, kann man aus ihren Schriften jedoch keine tiefere Einsicht in seine Natur gewinnen. Das ist bei Goethe anders. Er lebte zu einer Zeit, wo die europäische Orientalistik, durch die Aufklärung befreit von den alten Fesseln der von den christlichen Kirchen ausgeübten Bekehrungswut, zu erblühen begann, und, wie der ehemalige Staatspräsident des Iran, Khatami, feststellte, noch frei war von den neuen Fesseln imperialistischer Eroberungsgelüste der europäischen Mächte. Goethe kann man jedenfalls nicht den Vorwurf machen, er habe sich „seinen" Islam nur erträumt. Er hat alle ihm darüber verfügbaren Dokumente, in allen Sprachen, die er beherrschte, in Deutsch, Englisch, Französisch, Italienisch und Lateinisch, gelesen und studiert.

Vor allem und zuerst natürlich den Koran selbst. Wer weiß schon, dass bereits der junge Goethe, angeregt durch seinen älteren Freund Herder, sich mit dem Koran befasste (und nicht nur, wie in einschlägigen Goethe-Biographien zu lesen, mit dem Straßburger Münster), wer weiß, dass er bereits in seinen Jugendwerken „Götz von Berlichingen" und den „Leiden des jungen Werthers" auf Stellen aus dem Koran anspielt, wie Katharina Mommsen herausgefunden hat? Wer weiß, der nicht Katharina Mommsens Buch gelesen hat, dass Goethe sich aus dem Koran, der von einem Frankfurter Orientalisten namens Megerlin zum ersten Mal direkt aus dem Arabischen ins Deutsche übertragen worden war, Exzerpte angefertigt hat? Von den Rechtsextremen wird der Koran in Karikaturen als Handbuch des Terrorismus dargestellt, und die bürgerliche Presse greift das mit Vergnügen auf. Also nochmals die Frage: War Goethe ein Terrorist? Absurd. Aus der Sure 2 (Die Kuh) hat er sich unter anderem Vers 172 notiert, worin es heißt, dass es nicht auf die Einhaltung bestimmter formaler Vorschriften ankommt, (wie etwa die Einhaltung der Gebetsrichtung), sondern sich wahre Gottesfurcht zeigt an den guten Werken, die einer verrichtet. Dies sollten sich besonders die orthodoxen islamischen Schriftgelehrten hinter die Ohren schreiben.

Aus dem Vers 75 ff. der 6. Sure (Das Vieh) hat er sich aus der lateinischen Übersetzung des Maraccius seine eigne Fassung erarbeitet und daraus das Eingangsgedicht eines Mohammed-Dramas gemacht, das er damals (1772) geplant, aber nicht vollendet hat. Das Gedicht beginnt mit den Worten: „Teilen kann ich euch nicht dieser Seele Gefühl …" Aber wer weiß davon schon, der nicht Katharina Mommsens Buch gelesen hat? Denn die Herausgeber von Goethes Werken haben dieses Gedicht in den Band „Fragmente" verbannt, das heißt, dass es nur Spezialisten kennen. Für Brecht war es selbstverständlich, dass die in seinen Theaterstücken verstreuten Gedichte und Lieder in die Sammlung seiner Gedichte aufgenommen wurden. Die Herausgeber von Goethes Werken dagegen taten das nicht, sodass in den gängigen Ausgaben seiner Gedichte diejenigen aus seinen Stücken, darunter auch besonders schöne, nicht erscheinen und daher dem normalen Leser unbekannt bleiben.

Ein anderes Gedicht aus diesem jugendlichen Fragment, der „Mahomets Gesang", ist bekannter, weil Goethe es später, neben dem „Prometheus" und dem „Ganymed", selbst in die Sammlung seiner Gedichte aufgenommen hat, allerdings unter Streichung der Namen von Fatima, der Tochter des Propheten, und Ali, seinem Vetter und Schwiegersohn, die im Dramenfragment diesen Hymnus im Wechselgesang bei seinem Tode vortragen. Der Philosoph Hegel, ein großer Verehrer Goethes, hat ihn zu Recht als Bild gedeutet, in dem der Prophet

Mohammed einem Strom gleichgesetzt wird, der dem Ozean, das heißt Gott, zustrebt und dabei andere Flüsse als seine Brüder mit sich reißt. Die große, verdienstvolle Orientalistin Annemarie Schimmel hat in einem Vortrag darauf hingewiesen, wie viel Intuition für den Geist des Islam Goethe mit diesem Gedicht bewiesen hat. Ein normaler Leser von heute jedoch, der die enge Beziehung nicht kennt, die Goethe mit dem Islam verband, wird das Gedicht nicht verstehen.

Wenn wir nun an das neben „Faust II" bedeutendste Alterswerk Goethes, den „West-östlichen Divan" denken, so ist dessen Beziehung zur islamischen Welt an sich nicht von der Hand zu weisen. Er ist entstanden als Produkt des Wettstreits mit dem größten persischen Dichter, mit Hafis, den Goethe seinen Zwillingsbruder nannte, obwohl er vierhundert Jahre vor ihm gelebt hat. Nach Goethe sagte Hafis von sich selbst:

>"Durch den Koran hab' ich alles,
>Was mir je gelang, gemacht."

Es kann deshalb nicht wundernehmen, dass Goethe selbst immer wieder den Koran als Inspirationsquelle für seine Gedichtsammlung wählte. In den muslimischen Schriften fand er auch die Helden seiner Kindheit wieder, nämlich die Propheten der Bibel: Abraham, Isaak, Jakob und Esau, und vor allem auch seinen Liebling Joseph. (Dessen Lebensgeschichte ist im Koran eine ganze Sure, die zwölfte, gewidmet.) Trotzdem hat man immer wieder den „Divan" nur als romantisches Produkt Goethes dargestellt, der die Orientalismusmode in Deutschland eingeläutet habe. Goethe habe sich, so heißt es bei manchen, als Orientale verkleidet, um seiner Geliebten, Marianne von Willemer, die Goethe in seinem Buch Suleika nannte, zu gefallen. Nun weiß jeder halbwegs Gebildete, wer in „Faust II" mit Helena gemeint war, nämlich die schönste Frau des klassischen Altertums. Wer aber war Suleika? Das weiß von uns kaum jemand, obwohl sie in der orientalischen Überlieferung eine mindestens ebenso große Rolle spielt wie Helena in der griechischen. Ich überlasse es den Neugierigen, selbst herauszubekommen, um wen es sich da handelt. Bei Katharina Mommsen, die viel über den „Divan" geforscht hat, ja eigentlich bei Goethe selbst, ist der Schlüssel zu finden.

Nun haben wir gesagt, dass Goethe sich öffentlich zum Islam bekannt hat, oder, in seiner vorsichtigeren Weise ausgedrückt, der Verfasser des „Divan" lehne den Verdacht nicht ab, selbst ein Muselman zu sein. Das hat ihn aber nicht daran gehindert, sich weiterhin als Christ zu betrachten, allerdings nicht als ein kirchenfrommer. Die Kirchen sahen in ihm denn auch einen „Heiden". In der Tat, er lehnte die von den christlichen Kirchen, aber auch die von den muslimischen Schriftgelehrten gepredigten Dogmen ab. Deshalb kann die Auffassung des Islam, wie Goethe ihn verstand, für heutige Muslime, vor allem solche, die in Deutschland, der deutschsprachigen Schweiz oder Österreich leben, heilsam sein, ohne dass sie sich derselben deswegen insgesamt anschließen müssen.

Es gibt ein Gedicht von ihm, beginnend mit dem Vers „Süßes Kind, die Perlenreihen", das erst nach seinem Tode veröffentlicht worden ist. Denn seinem jungen, katholische Freunde Sulpiz Boisseré hatte er versprochen, es zu seinen Lebzeiten unter Verschluss zu halten, da es sonst Anstoß erregen könnte. Schon in den ersten Zeilen gab er seinem Unmut über das christliche Kreuzeszeichen Ausdruck. Es wird ja in der Tat nur noch gedankenlos als leeres Symbol gebraucht. Goethe mit seiner lebhaften Phantasie hingegen sah darin das Marterwerkzeug eines zum Tode Verurteilten, das es zu respektieren und nicht zu missbrauchen galt.

Wenn überhaupt, dann stand Goethe einigen Dogmen des Judentums und des Islam näher als den christlichen Dogmen. So lehnte er das Dogma von der Dreifaltigkeit Gottes ab, ebenso das dazugehörige Dogma von der Gottessohnschaft Jesu. Davon steht ja auch nichts in der Bibel. Es wurde erst auf Befehl des römischen Kaisers Konstantin auf dem Konzil von Nicea 335 durch Mehrheitsbeschluss der christlichen Bischöfe zum Dogma gemacht, weil der Kaiser den erbitterten Streit der Arianer und der Athanasianer über die Natur Jesu für seine Herrschaft als schädlich ansah. Das Christentum wurde damit zur Staatsreligion.

In den „Noten und Abhandlungen zu besserem Verständnis des West-östlichen Divan" preist Goethe den Monotheismus im Kapitel über den muslimischen Herrscher "Mahmud von Gasna", der in den von ihm eroberten Teilen Indiens den Islam eingeführt und die dort herrschende Vielgötterei beseitigt hat, mit der bemerkenswerten, für Goethes Denken äußerst aufschlussreichen Begründung:

„Der Glaube an den einigen Gott wirkt immer geisterhebend, indem er den Menschen auf die Einheit seines eigenen Innern zurückweist."

Dieser Glaube gilt übrigens auch im Judentum: In dem Gebet *Shema Yisrael Adonai Eloheinu Adonai Ehad*, „Höre, Israel ..." versichert sich der Jude, dass es nur einen Gott gebe.

Mohammed hat den Christen zum Vorwurf gemacht, dass sie sich gegen die Erkenntnis von der Einheit Gottes, also gegen die Grundwahrheit des Monotheismus versündigten, indem sie Christus zum Sohn Gottes erklärten. So heißt es in der 112.Sure des *Koran*, die Goethe unter anderem aus der 1811 im zweiten Band der *Fundgruben des Orients* veröffentlichten Übersetzung Josef v. Hammers bekannt war:

Das Bekenntniß der Einheit.

1. Sag': Gott ist Einer,
2. Er ist von Ewigkeit;
3. Er hat nicht gezeugt,
4. Er ward nicht gezeugt,
5. Ihm gleich ist Keiner.

In dem schon erwähnten Gedicht Goethes „Süßes Kind, die Perlenreihen ..." heißt es dann:

Jesus fühlte rein und dachte
Nur den Einen Gott im Stillen;
Wer ihn selbst zum Gotte macht,
Kränkte seinen heilgen Willen

Und so muß das Rechte scheinen
Was auch Mahomet gelungen;
Nur durch den Begriff des Einen
Hat er alle Welt bezwungen.

Nun gibt es allerdings auch eine Islamophobie der Linken. Diese hat sich etwa beispielhaft gezeigt, als einige selbsternannte Verteidiger der Freiheit monatelang gegen die Verleihung des Friedenspreises des deutschen Buchhandels an die verdienstvolle Annemarie Schimmel protestierten, es aber stumm hinnahmen, als zu gleicher Zeit der damalige Innenminister Kanther ein teures Flugzeug charterte, um sieben sudanesische Flüchtlinge, die im Frankfurter Flughafen um politisches Asyl gebeten hatten, in ihr von einer brutalen Diktatur beherrschtes Heimatland abzuschieben.

Ich vermute, diese Islamophobie hat damit zu tun, dass die bei uns lebenden Muslime, die ja weit über 3 Millionen ausmachen, ihren Glauben an Gott deutlich kundtun. Ob die gegen sie eingenommenen Linken den Glauben an Gott nun teilen oder selbst Atheisten sind, in unserer säkularisierten Welt schickt es sich einfach nicht, seinen Überzeugungen öffentlich Ausdruck zu geben.

Marx und Engels waren überzeugte Atheisten. Aber sie ließen sich deshalb doch nicht ihre Bewunderung für Spinoza, Goethe und Hegel schmälern, obwohl bei denen der Begriff

„Gott" eine große Rolle spielt. Als der sich als „links" verstehende Eugen Dühring eine Attacke auf die Gottgläubigkeit seiner Zeit ritt, antwortete Engels in seinem berühmten „Anti-Dühring": „Herr Dühring … kann es nicht abwarten, bis die Religion dieses ihres natürlichen Todes verstirbt. Er verfährt wurzelhafter. Er überbismarckt den Bismarck; er dekretiert verschärfte Maigesetze, nicht bloß gegen den Katholizismus, sondern gegen alle Religion überhaupt; er hetzt seine Zukunftsgensdarmen auf die Religion und verhilft ihr damit zum Märtyrertum und zu einer verlängerten Lebensfrist. Wohin wir blicken, spezifisch preußischer Sozialismus."

Zum Unglück für sein Volk und die ganze Menschheit haben dann Stalin und seine Gefolgsleute, im Gegensatz zu den frühen Bolschewiki, Bismarck in seinem Kampf gegen den Einfluss der Kirchen nicht nur theoretisch, sondern auch in der Praxis „überbismarckt."

Was Goethe, Spinoza und Marx und die Muslime miteinander verbindet, ist ihr Glaube an die Determiniertheit alles Geschehens. Goethe sieht in diesem Punkt auch eine Verwandtschaft zwischen Islam und Kalvinismus. Wobei er nicht den heute in den USA herrschenden Puritanismus meinte, sondern den in England von Oliver Cromwell und seinem poetischen Mitstreiter John Milton. Die Dialektik von dem Glauben an die Willensfreiheit des Menschen und dem Determinismus zeigt Diderot sehr schön in seinem Roman „Jacques le Fataliste et son Maître" (Jakob und sein Herr). Der Herr glaubt an die Willensfreiheit des Menschen, ist aber unfähig, irgendwelche Entscheidungen zu treffen, wenn es darauf ankommt. Jakob der Diener hingegen glaubt, dass alles, was geschieht, vorherbestimmt sei, ist aber derjenige, der dann die Entscheidungen trifft. Hegel hat diese Dialektik in dem berühmten Kapitel „Herrschaft und Knechtschaft" seiner „Phänomenologie des Geistes" weiterentwickelt, und Marx wiederum stützt unter anderem seine Theorie vom Klassenkampf auf diese Gedanken.

Der russische Marxist Plechanow schreibt in „Die Rolle der Persönlichkeit in der Geschichte":

„Die Geschichte zeigt in der Tat, dass sogar der Fatalismus nicht nur nicht in allen Fällen eine energische, auf die Praxis gerichtete Tätigkeit behindert, sondern dass er im Gegenteil in gewissen Epochen die *psychologisch notwendige Grundlage dieser Tätigkeit* war. Zum Beweis wollen wir auf die Puritaner verweisen, die durch ihre Tatkraft alle anderen Parteien im England des 17. Jahrhunderts in den Schatten gestellt haben, oder auf die Nachfolger Mohammeds, die in kurzer Zeit ein gewaltigem Territorium von Indien bis Spanien erobert haben. In einem starken Irrtum sind diejenigen befangen, die da meinen, dass wir uns nur von der Unvermeidlichkeit des Eintretens einer bestimmten Folge von Ereignissen zu überzeugen brauchen, damit bei uns jede psychologische Möglichkeit, für dieses Eintreten zu wirken oder ihm entgegenzuwirken, verschwinde."

Wenn man so will, kann man ja Goethe in bestimmtem Sinne einen "Marxisten" avant la lettre nennen, aber natürlich wird erst umgekehrt ein Schuh daraus. Jedenfalls war, was Marx an der klassischen deutschen Philosophie, und eben auch an Goethe schätzte, die Betonung des aktiven Elements. Goethes nullte Feuerbachthese, wenn ich mich analog zur Zählung von Bruckners Symphonien einmal so ausdrücken darf, lautet:

"Theorie und Erfahrung/Phänomen stehen gegeneinander in beständigem Konflikt. Alle Vereinigung in der Reflexion ist eine Täuschung; nur durch Handeln können sie vereinigt werden."

Seine Erfahrung mit dem Islam aber hat er in dem Vierzeiler zusammengefasst:

> Närrisch, dass jeder in seinem Falle
> Seine besondere Meinung preist!
> Wenn *Islam* Gott ergeben heißt,
> Im Islam leben und sterben wir alle.

5.5 Die Tierwelt im Koran – von Peter Anton von Arnim

Bibel und Koran sind zwei Bücher, die Millionen und aber Millionen von Menschen auf dieser Erde als heilige Texte gelten. Aber obwohl sie im gleichen geographischen Raum und in miteinander in Berührung stehenden Kulturkreisen entstanden sind, sind sie doch in ihrer Art grundverschieden. Allerdings ist festzuhalten, dass es zwischen den beiden Texten vielfältige innere Beziehungen gibt. Auf diese werde ich noch zu sprechen kommen. Ich möchte, wie ich das schon letztes Mal getan habe, zunächst jedoch auf den Unterschied zwischen beiden hinweisen, und zwar deswegen, weil ich weiß, wie jemand, der die Bibel von Kindheit auf kennt, aber den Koran zum ersten Mal in die Hand nimmt, an letzteren möglicherweise mit einer falschen Erwartungshaltung herangeht. Mir ist es jedenfalls so ergangen. Bei meinem ersten Versuch, den Koran zu lesen und zu verstehen, war mir, als hätte ich eine falsche Brille auf: Ich erwartete Geschichten wie in der Bibel, und fand zunächst stattdessen ein Geflecht rätselvoller Reden, durchzogen von Geboten und Ermahnungen.

Das hat mit den verschiedenen Entstehungsbedingungen der beiden heiligen Schriften zu tun. Die Bibel ist ja kein geschlossenes Ganzes, sondern ist in zahlreiche einzelne Bücher unterteilt. In den Büchern des Alten Testaments wird erzählt, wie Gott sich dem jüdischen Volk in über einem Jahrtausend seiner Geschichte durch seine Propheten, und dann im Neuen Testament den Menschen allgemein durch Jesus offenbart hat. Nur die Psalmen Davids und das Buch der Apokalypse Johannis sind jeweils einem Teil der Suren des Koran vergleichbar. Der Koran enthält für die gläubigen Muslime eine unmittelbare Botschaft Gottes, die in dessen Auftrag der Erzengel Gabriel einem einzelnen Menschen, dem Propheten Mohammed offenbart hat. (Unter Prophet verstehen übrigens die Muslime nicht so sehr einen Menschen, der die Zukunft voraussagt, als vielmehr einen, der die Erkenntnis Gottes besitzt. Insofern gilt den Muslimen auch Adam als Prophet.) In diesen Reden Gottes wird, sofern sie nicht des Propheten eigenes Leben und das Leben seiner Gefährten betreffen, auf die biblischen Geschichten und andere unter den Bewohnern der arabischen Halbinsel umlaufenden prophetischen Legenden meist nur angespielt, das heißt, deren Kenntnis wird beim Leser bzw. Hörer bereits vorausgesetzt. Die muslimischen Theologen haben deshalb über die Jahrhunderte hinweg eine eigene Sparte ihrer Wissenschaft entwickelt, in der sie sich mit der Untersuchung der 'asbâb an-nuzûl' beschäftigen, der Gründe, unter welchen Umständen und weshalb jeweils ein bestimmter Vers offenbart worden ist.[38]

Aus dem, was in unserer letzten Vortragsfolge, nämlich über die Pflanzenwelt in Bibel und Koran, gesagt wurde, lässt sich Folgendes festhalten: Die Juden waren in biblischen Zeiten ein Viehzucht und Ackerbau treibendes Volk. (Die Tatsache, dass sie dann später in der Zeit des Exils, in Deutschland etwa bis zum Jahre 1812, per Gesetz vom Ackerbau völlig ausgeschlossen waren, muss von ihnen deshalb als besonders schmerzlich erfahren worden sein). So sind in den verschiedenen Büchern des Alten Testaments die Erfahrungen dieses Volkes aus Jahrhunderten des Ackerbaus, d.h. die Erfahrungen des pfleglichen Umgangs mit der Pflanzenwelt, aufbewahrt. Der Prophet Mohammed hingegen war ein Bürger der Stadt Mekka und gehörte dem Kaufmannsstande an. Der Umgang mit der Pflanzenwelt spielte deshalb in seinem Leben und dem seiner Gefährten nur am Rande eine Rolle. Darunter standen an erster Stelle die Bäume, als Schattenspender und ihrer Früchte wegen, darüberhinaus aber auch aufgrund ihrer Symbolkraft. Insbesondere ist aber der Garten ein Sinnbild und sozusagen ein Vorgeschmack des Paradieses. Das kommt schon in der Sprache zum Ausdruck: Der arabische Ausdruck für Garten: "al djenna" wird im Koran oft als Synonym gebraucht für Paradies,

---

[38] Die Fundamentalisten pflegen sich über solche Feinheiten hinwegzusetzen und interpretieren, indem sie sie aus ihrem Zusammenhang reißen, die einzelnen Verse des Koran nach ihrem Gutdünken um.

wie wir ja auch aus der Bibel die Rede kennen vom "Garten Eden". Natürlich hat sich im islamischen Schrifttum späterer Zeiten auch die Erfahrung der den Islam bekennenden Völker mit der Pflanzenwelt niedergeschlagen. Im Mittelalter stand die arabisch-islamische Medizin in höchster Blüte und war der europäischen weit überlegen, insbesondere auch im Hinblick auf die Heilpflanzenkunde. Als Richtschnur galten den Muslimen dabei die wiederholten Mahnungen des Koran, die Schöpfung der Welt und die darin lebenden Geschöpfe als Zeichen Gottes zu erkennen und zu würdigen. Dabei weisen die Zeichen der Schöpfung und die Zeichen des Buches, d.h. des Koran, in die gleiche Richtung. So heißt es in der 16. Sure mit dem Titel "Die Bienen" in den Versen 64-67:

* Wir aber gaben dir das Buch nur, damit du ihnen deutest, dasjenige, worüber sie sich streiten, so wie zur Leitung auch und Gnade für alle die da glauben. * Gott hat gesandt vom Himmel Wasser, und hat damit belebt die Erde, nachdem sie tot war; fürwahr, hierin ist ein Zeichen für Leute, die hören. * Und wahrlich, am Vieh habt ihr eine Lehre. Wir geben euch zu trinken von dem, was es in seinem Bauch hat zwischen Blut und Unrat, lautere Milch, leicht eingehend den Trinkenden. * Und von der Frucht der Palme und von den Trauben nehmet ihr ein Rauschgetränk und Nahrung schön. Darin ist fürwahr ein Zeichen für Leute die einsichtig sind.

Und dann, in den Versen 68-69, kommen die schönen Worte über die Biene, die der betreffenden Sure ja den Namen gegeben hat. Demnach verständigt sich der Herr, ganz im Sinne des Heiligen Franz von Assisi, gleichnishaft auch mit den Tieren:

* Und offenbaret hat dein Herr der Biene: Nimm in Bergklüften deine Wohnung, in Bäumen und in dem, was Menschen baun. * Dann iss von allen Früchten, und ziehe in aller Muße die Wege deines Herrn. / Aus ihrem Innern kommt ein Saft von mannigfacher Farbe, in ihm ist Heilung für die Menschen. Siehe, hierin ist fürwahr ein Zeichen für nachdenkliche Menschen.

In der Sure 24 "Das Licht", im Vers 41 wird der Mensch aufgefordert, es der Kreatur gleichzutun im Lobe Gottes:

* Hast du nicht gesehen, dass Gott preisen alle in den Himmeln und auf Erden, und die Vögel, ihre Schwingen breitend? Jeder hat sein Gebet gelernt und seinen Lobpreis, und Gott weiß, was sie tun.

Zu Anfang der Sure "Die Bienen", in den Versen 3-8, ist die Rede von der Schöpfung der Welt, des Menschen und des Viehs:

* Erschaffen hat Er die Himmel und die Erde zur Wahrheit. Erhaben ist er über alle Abgötterei. * Erschaffen hat Er den Menschen aus einem Samentropfen; und siehe, nun ist dieser ein offenkundiger Nörgler. * Und das Vieh, Er erschuf es für euch; es liefert euch warme Kleidung und bringt euch Nutzen; und ihr esset von ihm; * Und ein erfreulicher Anblick ist es euch, wenn ihr es abends eintreibt und morgens austreibt; * Und es trägt eure Lasten zu Ländern, die ihr nicht erreichen könntet ohne eigne Mühsal. Siehe, euer Herr ist wahrlich gütig und barmherzig. * Und [er erschuf] die Pferde und die Kamele und die Esel, um darauf zu reiten und zum Schmuck. Und er erschafft, was ihr nicht wisset. *

Dem soeben genannten Kamel kommt im Koran und in der Entstehung der islamischen Urgemeinde eine besondere Bedeutung zu. Im Leben eines orientalischen Kaufmanns spielte in der Zeit vor der Motorisierung das Kamel ja die Hauptrolle als Lastenträger und damit als Haupttransportmittel in den wüstenähnlichen Landstrichen. In der 88.Sure, "Die Verhüllende", in den Versen 17-22, wird dem Propheten neben Himmel und Erde das Kamel genannt als Erinnerung an die Allmacht Gottes, und an seine eigene Aufgabe als Mahner der Menschen aufgrund dieser Zeichen:

* Und haben sie nicht das Kamel angeschaut, * Und wie der Himmel ist gebaut, * Und wie gewölbt des Berges Haupt, * Und die Erde geschmückt mit Gras und Kraut? * So mahne, du bist nur ein Mahner, * bist über sie kein Gewalthaber.

Darüberhinaus hat das Kamel des Propheten Mohammed Pate gestanden bei der Entstehung des Begriffs »Moschee« (europäische Verballhornung des arabischen Worts »Mas-djid«). Die Wurzelkonsonanten s-dj-d, aus denen das Wort gebildet wird, bezeichneten nämlich ursprünglich das Niederkauern eines Kamels. Erst im Islam hat das Wort dann die Bedeutung von »sich niederwerfen zum Gebet« angenommen. Und das kam so: Als der Prophet Mekka unter Lebensgefahr verlassen mußte, fügte es sich, daß er von den Bewohnern der Stadt Yathrib zu Hilfe gerufen wurde, welche seitdem als »Medinat en-Nabi«, Stadt des Propheten, oder schlicht als »al Medina« (die Stadt) bekannt ist. Die Stämme Yathribs lagen, aufgrund der damals noch herrschenden Blutrache, untereinander in todbringendem Streit, und der Prophet, der weithin unter dem Beinamen »der Ehrliche« (el-Amîn) großes Vertrauen genoß, sollte als Vermittler die Streitigkeiten zu einem friedlichen Ende führen. Um bei der Errichtung seines Wohnhauses, an welches das Gebäude des gemeinsamen Freitagsgebetes angrenzen sollte, keinen der verfeindeten Stämme zu bevorzugen oder zu benachteiligen, schickte der Prophet sein Kamel aus, um den Wohn- und Gebetsort zu bestimmen. Dort, wo das Kamel sich niederkauerte (sadjada), wurde demzufolge das erste »Mas-dijd«, die erste »Moschee« errichtet, und zwar auf einem Platz, der zwei Waisenkindern gehörte. Diese standen von da an unter dem besonderen Schutz des Propheten.

Ein anderes Tier, das im Leben des Propheten dem Volksglauben nach eine besondere Rolle gespielt haben soll, ist die Spinne. Im Koran wird sie nur erwähnt, um mit dem Spinnennetz ein Beispiel zu geben für die Vergänglichkeit der irdischen Güter, in Vers 41 der Sure 29, welcher der Sure den Namen gegeben hat:
* Das Gleichnis derer, die sich neben Gott einen Helfer suchen, ist wie das der Spinne, die sich ein Haus baute; und siehe, das gebrechlichste der Häuser ist das der Spinne; o dass sie dies doch wüssten!
Solche Ausdrücke wie "sich neben Gott einen Helfer suchen" oder "Gott etwas beigesellen" oder ähnliche Wendungen, die vor der Vielgötterei oder dem Götzendienst warnen, finden sich recht häufig im Koran. Die sogenannte "Beigesellung" oder Vielgötterei, d.h. der Götzendienst, arabisch "Schirk", ist in der Tat die größte Sünde, die man im Islam in Glaubenssachen begehen kann. Wir kennen das Gleiche aus dem Ersten Gebot in der Bibel: "Ich bin der Herr, Dein Gott, du sollst keine anderen Götter neben mir haben." Uns Heutigen mag das etwas überholt vorkommen. Wer betreibt denn schon bei uns noch Götzendienst? Nun musste zwar der Prophet Mohammed in seiner Vaterstadt Mekka in der Tat den Vielgötterglauben seiner Landsleute bekämpfen, wollte er sie zum Islam, d.h. zum Dienst an dem einen und wahren Gott bekehren. Aber er stieß vor allem deswegen auf deren erbitterten Widerstand, weil der althergebrachte Kult der Götzen für die Angehörigen der Oberschicht von Mekka ein einträgliches Geschäft darstellte, da er Scharen von Pilgern von der gesamten arabischen Halbinsel in die Stadt zog. Dieses Geschäft sahen sie durch die Lehre von dem einen und einzigen Gott bedroht. Der Kampf für den Glauben an die Einzigkeit Gottes war für den Propheten in der Tat gleichbedeutend mit dem Kampf gegen die Vorstellung, man könne sich durch die Anhäufung von Reichtümern eine absolute Gewähr verschaffen gegen die Unsicherheiten des Lebens, es war also sozusagen ein Kampf gegen den Dienst am Götzen Mammon. Das Gleichnis von der Hinfälligkeit des Hauses der Spinne ist nur ein Hinweis unter vielen dieser Art im Koran. Nun soll es auch heute noch Menschen geben, ob sie sich nun Muslime nennen oder auch Christen oder sonstwie, welche den Besitz materieller Güter höher stellen als alles andere im Leben, also in diesem Sinne Gott etwas beigesellen bzw. Götzendienst treiben. Insofern sind die Mahnungen des Koran noch heute so aktuell wie je.
Jedenfalls versteht man, dass der Prophet Mohammed sich mit solchen Mahnungen unter den Reichen der Stadt Mekka nicht beliebt gemacht hatte, sodass sie zunächst seine Jünger, dann aber ihn selbst verfolgten. (Die Flucht oder Auswanderung des Propheten aus seiner Heimatstadt Mekka, die sogenannte Hidjra, wird von den den Muslimen als ein solch ein-

schneidendes Ereignis in der Frühgeschichte des Islam angesehen, dass sie bekanntlich damit den Beginn ihrer Zeitrechnung ansetzen.) Als die Feinde des Propheten von seiner Flucht erfahren hatten, setzten sie ihm nach. Auf diesem Wege kamen sie auch zu einer Höhle, in welcher der Prophet und seine Gefährten sich verborgen hielten. Aber eine Spinne hatte inzwischen vor dem Eingang der Höhle ihr Netz gesponnen, und als die Verfolger sahen, dass dieses noch unversehrt war, hielten sie die Höhle für leer und suchten nicht weiter. So hatte die Spinne dem Propheten und seinen Gefährten das Leben gerettet.

Wenn diese Legende auch im Koran nicht erwähnt wird, so gibt es darin doch andere Geschichten von Tieren, die im Leben des Propheten Mohammed oder früherer Propheten eine Rolle gespielt haben. Sechs der hundertvierzehn Suren des Koran tragen die Namen von Tieren in ihren Titeln: Sure 2 "Die Kuh", Sure 6 "Das Vieh", Sure 16 "Die Bienen", Sure 27 "Die Ameise", Sure 29 "Die Spinne", Sure 105 "Der Elefant". Es sind dann allerdings meist nur einzelne Verse, die der Sure den Titel geben. Deshalb darf man nicht dem Missverständnis verfallen, als bildeten die Titel eine Art Inhaltsangabe der Suren, wie wir das sonst bei Kapitelüberschriften gewohnt sind. Einem solchen Missverständnis ist einst ein frommer Hindu verfallen, der bei einem religiösen Disput am Hofe des indischen Mogulkaisers Akbar im Jahre 1578 freudig darauf hinwies, Gott müsse doch einen besonderen Gefallen an der Kuh haben, da die längste Sure des Koran, die zweite, mit dem Titel "Die Kuh", diesem den Hindus heiligen Tier gewidmet sei. Offenbar kannte er aber den Inhalt der Sure nicht so recht, denn in den Versen 67-71, die der Sure den Titel geliefert haben, ist die Rede vom Opfer, also Schlachtung einer gelben Kuh durch Moses, für einen frommen Hindu eine schreckliche Vorstellung. Die muslimischen Höflinge des Kaisers fühlten sich durch dieses Missverständnis denn auch höchlichst erheitert.

Die hundertfünfte Sure, "Der Elefant", eine der kürzesten des Koran, berichtet von der wunderbaren Rettung Mekkas im Jahr der Geburt des Propheten:

* Sahst du nicht, wie dein Herr verfuhr mit den Gefährten des Elefanten? * Machte er nicht ihre List zuschanden * Da er über sie ein Heer von Vögeln sandte, * Die sie mit Steinen bewarfen, aus Ton gebrannten? * So machte er sie gleich abgefressenen Saaten.

Nur wenn man den Hintergrund dieser Sure kennt, versteht man sie: Im Geburtsjahr des Propheten hatte der abessinische Gouverneur des Yemen, Abraha, der einen Feldzug gegen Mekka plante, sich einen enorm großen Elefanten kommen lassen. Der Elefant aber weigerte sich, nach Mekka einzudringen, und Scharen von Vögeln bewarfen Abrahas Armee mit gebrannten Steinen, und kein Söldner wurde verschont.

Die schönsten Tierlegenden finden sich jedoch in der siebenundzwanzigsten Sure des Koran mit dem Titel "Die Ameisen". Der Prophet Mohammed war von seinen Landsleuten verdächtigt worden, kein Prophet, sondern nur ein Dichter zu sein. Gegen diesen Verdacht musste er sich wehren, und so enthält die vorausgehende, sechsundzwanzigste Sure mit dem Titel "Die Dichter" warnende Beispiele von Völkern, die ihren Propheten nicht glauben wollten, unter dem Vorwand, sie seien nichts als Dichter, und die Gott dann mit dem Untergang bestraft hat. Aber die im Orient über den König Salomo (auf arabisch Suleimân) umlaufenden wunderbaren Legenden waren offenbar so mächtig, dass sie trotz ihrer Märchenhaftigkeit auch in den Koran Eingang gefunden haben. Hören Sie zunächst die Verse 16-19:

* Und Salomo beerbte David, und sprach: O all ihr Menschen! Ich ward gelehrt der Vögel Sprache, und alles hab' ich überkommen; ja, das ist Gottes offenbare Gnade. * Da ward geschart zu Salomo sein Heer vom Stamm der Dschinnen (Geister), der Menschen und der Vögel, aufziehend in geschiednem Trupp. * Bis, da sie nun gekommen waren zum Tale der Ameisen, eine Ameise sprach: O all ihr Ameisen, geht hinein in eure Wohnungen, damit euch nicht zertrete Salomo und sein Heer, ohne es zu merken! * Da lächelte er über ihre Rede und sprach: O Herr, gib Antrieb mir zu danken für Deine Gnade, mit der Du mich und meine Eltern begabt hast, zu tun das Gute, das Du liebst, und bringe mich in deiner Barmherzigkeit zu deinen frommen Knechten.

Also die Ameise ist nicht zu klein, um einen Mächtigen wie König Salomo an den Dank zu erinnern, den er Gott schuldet. So ist es auch mit der Mücke. In Vers 26 der 2. Sure "Die Kuh" (in der Übersetzung J. v. Hammers in den *Fundgruben des Orients*, der orientalistischen Zeitschrift, auf die Goethe abonniert war) heißt es:

* Es scheut sich nicht der Herr ein Gleichnis euch zu geben, von einer Mücke oder von dem was darüber ist. Die da glauben, wissen, daß es Wahrheit von ihrem Herrn ist; die es aber nicht glauben, sagen: Was will der Herr mit diesem Gleichnis.

An dieser Stelle muss ich endlich unbedingt auf Goethe zu sprechen kommen, denjenigen deutschen Dichter, der sich wie kein anderer schon von früher Jugend an nicht nur von der Bibel, sondern eben auch vom Koran hat inspirien lassen. Das Gleichnis von der Mücke, das heißt die Mahnung, "Gottes Größe im Kleinen" zu erkennen, die er aus der Übersetzung Hammers kannte, setzte er in den Nachlaßgedichten zum *West-östlichen Divan* in folgendem Vierzeiler um:

> Sollt ich nicht ein Gleichnis brauchen,
> Wie es mir beliebt?
> Da uns Gott des Lebens Gleichnis
> In der Mücke gibt.

Es sei daran erinnert, daß schon der junge Goethe seinen Werther "die Gegenwart des Allmächtigen" selbst in den "Mückchen" gewahr werden lässt, weil für ihn in allem Leben "Gottes Gegenwart" spürbar ist bis hinab zu so unscheinbaren Phänomenen wie den Grashalmen. - In der pantheistischen Entzückung des Briefs vom 10. Mai lautet das so:

Wenn das liebe Tal um mich dampft, und die hohe Sonne an der Oberfläche der undurchdringlichen Finsternis meines Waldes ruht und nur einzelne Strahlen sich in das innere Heiligtum stehlen, ich dann im hohen Grase am fallenden Bache liege, [...] wenn ich das Wimmeln der kleinen Welt zwischen Halmen, die unzähligen unergründlichen Gestalten der Würmchen, der Mückchen näher an meinem Herzen fühle, und fühle die Gegenwart des Allmächtigen, der uns nach seinem Bilde schuf, das Wehen des Allliebenden, der uns in ewiger Wonne schwebend trägt und erhält, mein Freund! Wenns dann um meine Augen dämmert und die Welt um mich her und der Himmel ganz in meiner Seele ruhn wie die Gestalt einer Geliebten - dann sehne ich mich oft und denke: ach könntest du das wieder ausdrücken; [...] daß es würde der Spiegel deiner Seele, wie deine Seele ist der Spiegel des unendlichen Gottes!

In Anlehnung an diese Gedanken greift der alte Goethe in seinem *Divan* den Anfang seines oben angeführten Vierzeilers wieder auf, preist aber statt der Mücke im dritten und vierten Vers die Augen der Geliebten, weil auch in ihnen sich Gott "im Gleichnis gibt":

> Sollt' ich nicht ein Gleichnis brauchen
> Wie es mir beliebt?
> Da mir Gott in Liebchens Augen
> Sich im Gleichnis gibt.

Bekanntlich hatte sich zwischen dem annähernd siebzigjährigen Goethe zu der Zeit, als er die Gedichte des *Divan* verfasste, und der jungen Schauspielerin Marianne von Willemer eine denkwürdige Liebesbeziehung entsponnen. Es war eine Liebe, die unerfüllt bleiben musste, da Marianne von Willemer verheiratet war und Goethe das Institut der Ehe heilig hielt. Nur in Form der Poesie und in der Symbolsprache der Heiligen Schriften konnten die beiden ihre Beziehung unterhalten. Eines dieser Symbole war Hudhud. Aber wissen Sie, wer Hudhud war? Während Goethes Gedichtsammlung des *Divan* ausgedruckt wurde, im Juli 1819, und

Marianne in Baden-Baden weilte, schrieb ihr der Dichter: "Wäre ich Hudhud, ich liefe Dir nicht über den Weg, sondern schnurstracks auf Dich zu. Nicht als Boten, um meiner selbst willen müsstest Du mich freundlich aufnehmen." Und im Dezember schickte er ihr jene drei Hudhud-Gedichte, die später in den *Divan* eingegliedert wurden. Wer also war Hudhud? Warum nennt Goethe ihn den Boten? Hudhud ist das arabische Wort für den Wiedehopf. Die Erklärung zum Goetheschen Brief und zu seinen Hudhud-Gedichten findet sich nirgend anders als im Koran, und zwar in der bereits erwähnten Sure 27 mit dem Titel "Die Ameisen", im Bericht über König Salomo und die Königin Belqis von Saba, in den Versen 20 ff, wo es von Salomo heißt:

* Und er musterte die Vögel und sprach: "Was sehe ich nicht den Wiedehopf? Ist er etwa abwesend? * Wahrlich, ich strafe ihn mit strenger Strafe oder schlachte ihn, es sei denn, er bringe mir eine offenkundige Entschuldigung." * Doch er säumte nicht lange und sprach: "Ich gewahrte, was du nicht gewahrtest, und ich bringe dir von Saba gewisse Kunde. * Siehe, ich fand eine Frau über sie herrschend, der von allen Dingen gegeben ward, und sie hat einen herrlichen Thron. * Und ich fand sie und ihr Volk sich vor der Sonne niederwerfen statt vor Gott, und ausgeschmückt hat der Satan ihre Werke und abseits geführt vom Weg, und sie sind nicht rechtgeleitet. * Wollen sie sich nicht vor Gott niederwerfen, der zum Vorschein bringt das Verborgene in den Himmeln und auf der Erde, und der weiß, was ihr verbergt, und was ihr offenkundig tut? Gott * es gibt keinen Gott außer Ihm, dem Herrn des herrlichen Thrones. * Er [Salomon] sprach: "Wir wollen sehen, ob du die Wahrheit sprachst oder einer von den Lügnern bist. * Geh mit diesem meinen Brief und wirf ihn vor sie. Dann wende dich ab von ihnen und sieh zu, was sie erwidern." * Sie sprach: "O ihr Häupter, siehe, zu mir ward ein edler Brief geworfen. * Siehe, er ist von Salomo, und siehe, er ist im Namen Gottes, des Erbarmers, des Barmherzigen: * Erhebet euch nicht wider mich, sondern kommt als Muslime zu mir."

Hier endet die Geschichte vom Wiedehopf als postillon d'amour, als Liebesbote zwischen Salomo und Belqis, der Königin von Saba. Aber die Geschichte selbst ist hier natürlich noch nicht zu Ende. Sie erscheint uns wie eine Erzählung aus 1001 Nacht in nuce. Die Königin von Saba war nicht nur schön, sondern sehr reich. Sie schickte ein prächtiges Geschenk an Salomo. Er aber antwortete: "Was mir Gott gegeben hat, ist besser, als was Er euch gab." Denn Salomo verstand nicht nur die Sprache der Tiere, er herrschte auch über die Geister. Um also die Königin von Saba von der Allmacht des einzigen Gottes zu überzeugen, schickte er einen seiner Geister aus, um sich ihren Thron bringen zu lassen, und als sie bei Salomo zu einem Besuch eintraf, musste sie ihn als den ihren erkennen. Daraufhin heißt es (in Vers 44ff) * Gesprochen ward zu ihr: "Tritt ein in die Burg." Und da sie solche sah, hielt sie diese für einen See und entblößte ihre Schenkel. Er sprach: "Siehe, es ist eine Burg, getäfelt mit Glas." Sie sprach: "Mein Herr, siehe, ich sündigte wider mich selber, und ergebe mich mit Salomo Gott, dem Herrn der Welten." Für die Äthiopier, als ihr Land noch als Kaiserreich Abessinien bekannt war, hatte diese Geschichte eine eigene Fortsetzung. Denn ihrer nationalen Legende zufolge soll aus der Vereinigung von Salomo und Belqis ein Spross hervorgegangen sein, der zum Begründer des abessinischen Kaiserhauses wurde.

Wer die biblischen Geschichten kennt, hat natürlich die Geschichte von König Salomo und der Königin des sagenhaft reichen Lands von Saba, das übrigens im Yemen lag und nicht, wie die äthiopischen Christen glauben, in Ostafrika, auch schon gehört oder gelesen, nur eben nicht so reich ausgeschmückt an wunderbaren Details wie im Koran. Aber die Geschichten der Bibel waren im Orient eben Gemeingut der Völker, weshalb die strikte Trennungslinie zwischen christlichem Abendland und islamischem Orient, die man heute ziehen will, barer Unsinn ist. Schon Goethe war sich dessen bewusst, dass auch das Christentum orientalischen Ursprungs ist. Wussten Sie zum Beispiel, dass die Legende zum 27. Juni, dem Siebenschläfer-Tag, nicht in der Bibel, dem Neuen Testament, vorkommt, jedoch im Koran? In der christlichen Welt wurde sie verbreitet in einer Sammlung von Heiligenlegenden, der "Legenda Aurea" des Jacobus de Voragine. Sieben christliche Jünglinge, Maximinianus, Malchus, Dionysius, Johannes, Serapion und Konstantinus von Ephesus (in der arabischen Tradition nach Wahb b. Munabbih hießen sie Yamlîcha, Yamlîsa, Mostalacha, Adranusch, Amidanusch, Sadranusch), die sich geweigert hatten, den alten Göttern zu opfern, flohen vor den Verfolgungen des Kaisers Decius (Regierungszeit 249-251) auf den Berg Celion (heute mit dem türkischen Namen Panayir Dagh), und verbargen sich in einer Höhle. Das Versteck wurde dem Kaiser verraten, und wütend über ihre Flucht ließ er den Eingang der Höhle zumauern. Nach zwei Jahrhunderten, im Jahr 448, wurde die Mauer von einem Hirten entdeckt und eingerissen, wovon die Siebenschläfer erwachten. Nichtsahnend schickten diese erneut ihren Gefährten Malchus nach Ephesus, wo der jedoch die gesamte Umgebung verändert vorfand. Da er mit alten Goldmünzen aus der Zeit des Kaisers Decius seine Einkäufe zahlen wollte, wurde er als Falschmünzer verhaftet. Weder ihn selbst noch seine Verwandten kannte man mehr, kaum noch den auf der Münze abgebildeten Kaiser Decius.

Malchus begab sich mit einem Priester zur Höhle, bei der seine Freunde auf ihn warteten. Hier fand sich neben den Erwachten noch ein Schriftstück, mit zwei silbernen Siegeln versiegelt, das die Maurer dereinst dort niedergelegt hatten und welches die Wahrheit über die Siebenschläfer bewies.

Das Wunder teilte man dem Kaiser Theodosius (Regierungszeit 408-450) mit, der daraufhin von Konstantinopel nach Ephesus reiste. Als er bei den Siebenschläfern angekommen war, so sollen deren Gesichter wie die Sonne gestrahlt haben. Einer von ihnen, Maximianus, sagte dem Kaiser:

"Wie das Kind im Leib der Mutter liegt, keinen Schaden empfindet und lebt, so waren auch wir am Leben; wir lagen da, schliefen und spürten nichts."

Die 18. Sure, "Al - Kahf" ("Die Höhle") erzählt die Legende so: * Glaubst du wohl, daß die Bewohner der Höhle und ar-Raqîm unter unseren Wunderzeichen etwas besonderes waren? * Da die Jünglinge in der Höhle Zuflucht suchten, sprachen sie: "O unser Herr, gewähre uns Barmherzigkeit von dir und lenke unsere Sache zum besten." Und Wir versiegelten ihre Ohren in der Höhle für viele Jahre [...] Und du hättest sie für wach gehalten, wiewohl sie schliefen; und Wir kehrten sie nach rechts und links. Und ihr Hund lag mit ausgestreckten Füßen auf der Schwelle. Wärest du auf sie gestoßen, du würdest dich vor ihnen zur Flucht gewendet haben und wärest mit Grauen vor ihnen erfüllt. Und so erweckten Wir sie.... Und sie verweilten in ihrer Höhle dreihundert Jahre und noch neun dazu" (18, 9 - 24).

Von daher sind beide oben angesprochenen, mit der Legende verbundenen Orte sowohl christliche als auch muslimische Pilgerstätten. Aber warum habe ich diese Geschichte so ausführlich erzählt? Natürlich wegen des Hundes, der darin vorkommt und in der islamischen Tradition den Namen Qitmir trägt. Im letzten Buch seines *West-östlichen Divan*, dem *Buch des Paradieses*, hat Goethe das vorletzte und letzte Gedicht den Siebenschläfern und dem sie treu bewachenden Hündlein gewidmet.

Im Koran ist keine Auskunft darüber zu finden, ob auch den Tieren ein Platz im Paradies zukommt, aber Goethe wusste bereits aus einem der Lieblingsbücher seiner Kinderzeit, aus "Dappers Reisen", dass es unter den muslimischen Schriftgelehrten eingehende Diskussionen über die Frage gegeben hat, ob die Tiere auch ins Paradies aufgenommen werden, und wenn ja, in welches, in ein für die Tiere gesondertes oder in das für die Menschen bestimmte? In den beiden vorerwähnten zauberhaften Gedichten macht Goethe klar, dass er mit den Siebenschläfern auch das Hündlein Qitmir ins Paradies eingehen sah, ja in einem anderen Gedicht wird er von einer Huri belehrt:

Die Tiere, weißt du, sind nicht ausgeschlossen,
Die sich gehorsam, die sich treu erzeigt!

Allerdings gab es unter den muslimischen Gelehrten, wie Goethe aus dem Buch "Dappers Reisen" erfuhr, nur in Bezug auf zehn besondere Tiere keinen Streit, dass ihnen ein Platz im Paradiese sicher sei. Dies waren: 1) die Kamelin des Saleh, 2) das Kalb Abrahams, 3) der Widder Ismaels, 4) die Kuh des Moses, 5) der Walfisch des Propheten Jonas, 6) der Esel des Propheten Jeremias, 7) die Ameise des Salomon, 8) der Wiedehopf der Königin Belqîs von Saba, 9) das Kamel des Propheten Mohammed, 10) der Hund der Siebenschläfer von Ephesus.

In seinem *Buch des Paradieses* des *Divan* führt Goethe allerdings nur vier Tiere an, deren Platz im Paradies er neben den "Berechtigten Männern" und den "Auserwählten Frauen" als gesichert ansieht, und von denen nur eines in der vorerwähnten Liste genannt ist, das Siebenschläferhündlein. Statt des Esels des Propheten Jeremias nimmt Goethe hier den Esel Jesu auf. Denn schließlich entstammte Goethe einem christlichen Hause, wenn er auch nicht die offizielle christliche Doktrin teilte, dass Christus der Sohn Gottes gewesen sei. Für ihn wie für die Muslime war Jesus ein Prophet. Die Aufnahme der Katze hat er aus der islamischen Überlieferung wohlbegründet. Der Name des Prophetengefährten, Abuherrira, bedeutet im Arabischen Kätzchenvater. Aber die Legende mit dem Wolf in der dritten Strophe? Die hat Goethe eigens hinzuerfunden. So hat er sich, da er unter seinen Freunden unter dem Spitznamen "Wolf" bekannt war, in der Gestalt dieses Tiers höchst selbst in das Paradies eingeschlichen. Ich wünsche Ihnen, dass es Ihnen gelingen möge, Goethes Beispiel folgend, auf die eine oder andere Art sich ebenfalls einen Platz im Paradies zu sichern.

Das Gedicht lautet:

Begünstigte Tiere

Vier Tieren auch verheißen war,
Ins Paradies zu kommen,
Dort leben sie das ew'ge Jahr
Mit Heiligen und Frommen.

Den Vortritt hier ein Esel hat,
Er kommt mit muntern Schritten:
Denn Jesus zur Prophetenstadt
Auf ihm ist eingeritten.

Halb schüchtern kommt ein Wolf sodann,
Dem Mahomet befohlen:
»Laß dieses Schaf dem armen Mann,
Dem Reichen magst du's holen!«

Nun, immer wedelnd, munter, brav,
Mit seinem Herrn, dem braven,
Das Hündlein, das den Siebenschlaf
So treulich mitgeschlafen.

Abuherriras Katze hier
Knurrt um den Herrn und schmeichelt:
Denn immer ist's ein heilig Tier,
Das der Prophet gestreichelt.

5.6 Die Pflanzenwelt im Koran – von Peter Anton von Arnim

Bekanntlich bestehen im Christentum zwei gegensätzliche Tendenzen in der Einstellung der Gläubigen zu der Welt, die uns umgibt. Und zwar sehen die einen darin nur ein Jammertal, das wir zu unserer Prüfung zu durchlaufen haben im Streben nach einem glücklichen Jenseits, das erst nach dem Tode erreicht werden kann. Die anderen hingegen erkennen in dieser Welt Zeichen Gottes, durch die wir aufgefordert werden, uns derselben zuzuwenden und für ihren Erhalt als Wohnstätte und Nahrungsquelle aller Menschen zu sorgen. Am schönsten findet diese Tendenz Ausdruck in dem bekannten Kirchenlied von Paul Gerhardt: "Geh aus mein Herz und suche Freud ... an deines Gottes Gaben." Solche gegensätzlichen Tendenzen gibt es wohl in allen Religionen, jedenfalls gibt es sie auch im Islam. Wie sind sie jedoch in den jeweiligen heiligen Schriften begründet?

Die Bibel besteht bekanntlich aus einer Sammlung der verschiedensten Dokumente aus ganz verschiedenen Jahrhunderten, sie ist uns ursprünglich auch in zwei verschiedenen Sprachen überliefert worden, das Alte Testament in Hebräisch, das Neue Testament in Griechisch. Wenn da die Auslegungen der Heiligen Schrift ganz verschieden ausfallen, ist das vielleicht nicht allzu verwunderlich.

Der Koran hingegen ist, darin sind sich alle Fachleute, ob Muslime oder Gegner des Islam einig, ein Dokument gleichsam wie aus einem Guss. Denn er besteht aus Texten, sogenannten Suren, die in einer einzigen Sprache, nämlich auf Arabisch, und nur einem einzigen Menschen, dem Propheten Mohammed offenbart, und noch zu seinen Lebzeiten aufgezeichnet und kurz nach seinem Tode zusammengestellt worden sind. Demnach, so sollte man meinen, müsste auch die Botschaft dieser Heiligen Schrift unzweideutig sein. Und in der Tat, in Bezug auf unsere Frage, wie soll sich der Mensch zu seiner Umwelt verhalten, klingen die Antworten des Koran klar und eindeutig: er enthält unzählige Verse, in denen der Mensch aufgefordert wird, in seiner Umwelt Zeichen des lebendigen Gottes zu erkennen und sein Tun und Lassen danach zu richten. So heißt es in der 22. Sure "Die Pilgerfahrt" im Vers 18: "Siehst du nicht, dass alles, was in den Himmeln und auf Erden ist, sich vor Gott niederwirft, die Sonne, der Mond, die Sterne, die Berge, die Bäume und die Tiere und viele Menschen?"

Übrigens werden die kleinsten Einheiten der Suren des Koran, die wir wie bei der Bibel mit dem deutschen Wort Vers bezeichnen, im Arabischen Ayât genannt, das heißt eben Zeichen. Insofern gilt dem verständigen Muslim der Koran als ein Wegweiser für das irdische Leben, und dessen Verse als Wegzeichen. Wegweiser ist auch der ursprüngliche Sinn des arabischen Wortes Scharía, das inzwischen, im Munde der sogenannten Fundamentalisten oder Islamisten, zu einem Schreckenswort pervertiert worden ist, weil sie darunter ein Strafsystem mit barbarischen Körperstrafen verstehen, das sie zum Zwecke der Errichtung einer religiös verbrämten Terrorherrschaft einzuführen fordern.

Ich spreche hier hingegen von den verständigen Muslimen, denn in der Tat, der Koran beschließt oftmals seine Hinweise auf die gottgeschaffene Natur mit der Schlussformel: "Hierin sind Zeichen für die Verständigen". Trotz der Eindeutigkeit des heiligen Textes in dieser Hinsicht ist jedoch, wie gesagt, auch unter den muslimischen Gläubigen eine weltabgewandte Tendenz zu finden. Und das kommt so: Wenn es im Islam auch nicht eine eigentliche Priesterschaft und Kirche in unserem Sinne gibt, so gibt es doch eine Schicht von Schriftgelehrten, die zugleich eine theologische wie auch eine juristische Funktion ausüben. Sie erklären, Gottes Wort, d.h. für sie der Koran, lasse sich nur in der arabischen Urversion verstehen, die immerhin eintausenvierhundert Jahre alt ist, so dass der Koran selbst den heutigen Arabern nicht in allen Einzelheiten unmittelbar zugänglich ist, geschweige denn den Millionen von Muslimen in der Welt, deren Muttersprache nicht Arabisch ist.

So haben die Schriftgelehrten zugleich mit dem Studium der arabischen Sprache im Laufe der Jahrhunderte den Anspruch auf die Kenntnis der wahren Bedeutung des Korans an sich gezogen, und damit den Anspruch auf die Erkenntnis von Gottes Willen. Denn das Wort Islam bedeutet ja Ergebung in den Willen Gottes. Die Erkenntnis von Gottes Willen lässt sich aber den Schriftgelehrten zufolge nicht aus der Natur gewinnen, wie dies im Koran zu wiederholten Malen betont wird, sondern ist für sie gebunden an tausenderlei Gesetzesvorschriften und Verhaltensregeln, welche sie aus dem Koran und den Aussprüchen des Propheten und seiner Weggefährten über die Jahrhunderte hinweg zum Teil auf die spitzfindigste Art und Weise abgeleitet haben. Für sie ist, um es in einer verkürzten Formel darzustellen, der Koran nicht als Wegweiser um der Welt willen da, sondern die Welt um des Koran willen, für den sie das Deutungsmonopol beanspruchen, oder, in ihrer theologischen Sprache ausgedrückt, der Koran ist nicht, wie die Welt insgesamt, von Gott geschaffen, sondern war mit Gott da von Anbeginn. So droht immer wieder die Gefahr, dass der lebendige Geist des Islam, der den Propheten Mohammed und seine Weggefährten und die frühen Muslime beseelt hatte, von solchen Spitzfindigkeiten zugeschüttet wird. Ich sage die Gefahr droht, denn noch ist der Geist des Islam unter den Millionen von Muslimen, die es heute auf der Welt gibt, als Religion der geistigen Zucht, der Friedfertigkeit und der Toleranz lebendig geblieben. Auch der Terror, der von einer verschwindend kleinen Minderheit von politischen Fanatikern im Namen des Islam gepredigt, ausgeübt und von ihnen als dessen Erneuerung ausgegeben wird, hat diesen Geist bisher nicht ersticken können.

Aber ich möchte jetzt die theologischen Probleme, welche von einigen Irrgeistern heute zu politischen Problemen hochgespielt werden, hinter mir lassen und mich dem heiligen Text der Muslime, dem Koran selbst zuwenden. Nur zweierlei möchte ich zum besseren Verständnis noch vorausschicken: Wer zum ersten Mal den Koran in die Hand nimmt (notgedrungen in einer Übersetzung natürlich), wird sich etwas irritiert fühlen, wenn er dieses Buch in gleicher Weise wie die Bibel zu lesen versucht. Denn wir sind gewohnt, in der Bibel größtenteils durchgehende Berichte und Erzählungen zu finden. Allerdings sind auch in der Bibel Stellen vorhanden, die ganz anders geartet sind, so zum Beispiel die Psalmen Davids mit ihren Lobpreisungen Gottes oder manche Reden der Propheten oder das Buch der Offenbarung. Wenn man sich diese vor Augen hält, findet man einen leichteren Zugang zur Lektüre des Korans.

Dieser gilt den Muslimen als unmittelbar dem Propheten Mohammed durch den Erzengel Gabriel offenbartes Wort Gottes. Manche Verse beginnen deshalb mit dem Befehl: "Sprich!", das bedeutet die Aufforderung des Engels Gabriel an den Propheten, ihm bestimmte Sätze nachzusprechen, bzw. zu rezitieren. Daher auch der Ausdruck Koran, was Rezitation bedeutet. Aber man muss sich den Text des Koran nicht so vorstellen, als führe der als eine Person vorgestellte Gott darin durchgehend und einstimmig das Wort. Der Koran ist zu lesen wie ein Geflecht aus verschiedenen Stimmen, und das macht seine Schwierigkeit aus für uns, die wir nicht von Kindheit an gewohnt sind, damit umzugehen. So enthält er beispielsweise vielfältige Lobpreisungen Gottes, die selbstverständlich nicht als unmittelbare Rede Gottes verstanden werden können, da Gott sich ja nicht selbst lobpreisen kann, sondern als Aufforderungen an die Gläubigen, sie dem Engel nachzusprechen.

Der Koran enthält daneben Ermahnungen an den Propheten, an die Gläubigen, aber auch an die Menschen allgemein. Und er enthält Anspielungen auf Ereignisse im Leben des Propheten, aber nicht seine Biographie, wie wir sie in den vier Evangelien im Neuen Testament von Jesus finden. Man muss also das Leben des Propheten kennen, um manche Stellen im Koran zu verstehen. Der Koran enthält darüberhinaus Anspielungen auf das Wirken verschiedener jüdischer Propheten, die uns aus dem Alten Testament bekannt sind, allen voran den Propheten Moses, oder den Propheten Elias und andere, aber auch auf arabische Propheten, die wir nicht kennen. Nur zwei Suren enthalten durchgehende Geschichten, wie sie uns aus der Bibel vertraut sind. Die eine ist die zwölfte Sure mit dem Titel "Joseph". Wer von uns noch den Kindergottesdienst besucht hat, kennt aus der Bibel die Geschichte von Joseph und seinen Brüdern. Diese Geschichte macht auch den Inhalt der zwölften Sure des Korans aus, und Gott spricht am Anfang derselben zum Propheten: "Erzählen wollen Wir dir die schönste der Geschichten durch die Offenbarung dieses Korans; siehe, zuvor warst du achtlos auf sie." Die andere Sure, in der zumindest am Anfang durchgehend eine Geschichte erzählt wird, ist die neunzehnte Sure mit dem Titel "Maria". Damit Sie aber, falls Sie einmal eine Ausgabe des Koran zur Hand nehmen sollten, um darin zu lesen, nicht durch die Titel der Suren irritiert werden und darin einen Hinweis auf den gesamten Inhalt der Sure erwarten, wie wir das sonst bei Kapitelüberschriften gewohnt sind, möchte ich Sie darauf hinweisen, dass diese Titel fast immer nur ein Wort aus einem der in der Sure enthaltenen Verse aufgreifen, ohne dass dieses Wort für den Inhalt der ganzen Sure bestimmend wäre. Eine Ausnahme bilden die soeben erwähnten Suren, "Joseph" und "Maria", in denen die im Titel genannten Personen tatsächlich die Hauptrolle in der betreffenden Sure spielen.

Um nun aber endlich, nach soviel Vorbemerkungen, zu meinem eigentlichen Thema zu kommen, "Die Pflanzen im Koran", so möchte ich Ihnen eine Passage aus der letztgenannten Sure, der Sure "Maria" vortragen, die in ihren ersten Versen mit der Geburt Johannes des Täufers beginnt und dann mit dem 16. Vers folgendermaßen fortfährt:

>>16. Und gedenke auch im Buche der Maria. Da sie sich von ihren Angehörigen an einen Ort gen Aufgang zurückzog

>>17. Und sich vor ihnen verschleierte, da sandten Wir Unsern Geist zu ihr, und er erschien ihr in menschlicher Gestalt.

>>18. Sie sprach: "Siehe, ich nehme meine Zuflucht vor dir zum Erbarmer, so du ihn fürchtest."

>>19. Er sprach: "Ich bin nur der Gesandte deines Herrn, um dir einen reinen Knaben zu bescheren."

>>20. Sie sprach: "Woher soll mir ein Knabe werden, wo mich kein Mann berührt hat und ich keine Dirne bin?"

>>21. Er sprach: "Gesprochen hat dein Herr: Das ist mir ein Leichtes; und Wir wollen ihn zu einem Zeichen für die Menschen machen und einer Barmherzigkeit von Uns. Und es ist eine beschlossene Sache."

>>22. Und so empfing sie ihn und zog sich mit ihm an einen entlegenen Ort zurück.

>>23. Und es überkamen sie die Wehen an dem Stamm einer Palme. Sie sprach: "O dass ich doch zuvor gestorben und vergessen und verschollen wäre!"

>>24. Und es rief jemand unter ihr: "Bekümmere dich nicht; dein Herr hat unter dir ein Bächlein fließen lassen;

>>25. Und schüttele nur den Stamm des Palmbaums zu dir, so werden frische reife Datteln auf dich fallen.

>>26. So iss und trink und sei getrost, und so du einen Menschen siehst,

>>27. So sprich: Siehe, ich habe dem Erbarmer ein Fasten gelobt; nimmer spreche ich deshalb heute zu irgend jemand."

So lautet der Anfang der Weihnachtsgeschichte im Koran. Da gibt es keinen Ochsen und kein Eselein, noch nicht einmal den Joseph, nur eine Palme, um Maria in ihrer Einsamkeit und Not zu trösten und zu versorgen. Die Palme spielt naturgemäß im Leben der Bewohner wüstenähnlicher Landstriche wie denen der arabischen Halbinsel eine große Rolle. Erst recht aber ist die Palme den Muslimen ein geheiligter Baum durch diese ehrenvolle Erwähnung im Koran. Und Datteln sind die erste Nahrung, die die Muslime im Fastenmonat Ramadan, dem Beispiel des Propheten folgend, nach Sonnenuntergang zu sich nehmen. So wird denn die Palme noch in einer Zahl weiterer Suren als Geschenk Gottes gepriesen.

Mit am eindringlichsten im Koran wird auf die Welt, und damit auch auf die Erde und die Pflanzen als Schöpfung und Wohltat Gottes hingewiesen in der 55. Sure mit dem Titel "Der Erbarmer". Diese Sure ist insofern besonders merkwürdig, als sie sich an zweierlei Wesen richtet, an die Menschen und die Djinn. Die Djinn sind Geister, die nach dem Verständnis des Koran als Zwischenwesen zwischen Menschen und Engeln geschaffen worden sind, und so heißt es von Gott im 15. Vers der genannten Sure: "Und erschaffen hat Er die Djinn aus rauchlosem Feuer." Wer die Erzählungen aus Tausendundeine Nacht kennt, wird sich daran erinnern, dass darin tatsächlich solche Geister vorkommen, beispielsweise in der Geschichte von dem Fischer, der einen Djinn aus einer Flasche befreit, die über Jahrtausende auf dem Grund des Meeres gelegen hat. Als der Geist in voller Riesenhaftigkeit vor dem Fischer steht und diesen umbringen will, wird er vom Fischer überlistet, der so tut, als könne er nicht glauben, dass der Geist zuvor in der kleinen Flasche Platz gefunden hat und ihn bittet, ihm das zu beweisen. Kaum ist der eitle Geist in die Flasche zurückgekehrt, verstopft der Fischer erneut den Flaschenhals und hat so den Djinn in seiner Gewalt. Wer jedoch den muslimischen Glauben an die Djinn als Märchenglauben abtut, möge bedenken, dass der christliche Glaube an die Engel Außenstehenden nicht weniger märchenhaft vorkommen mag.

Eine zweite Besonderheit besagter Sure muss ich noch erwähnen, bevor ich den Anfang daraus vortrage, und zwar eine Besonderheit stilistischer und grammatikalischer Art. Wie gesagt, richtet sie sich zugleich an die Menschen und an die Djinn, und ab Vers 12 erscheint nach jedem Vers der Refrain: "Und welche Gnade eures Herrn wollt ihr beide wohl leugnen?", wobei das Verb 'leugnen' in einem Fall steht, den es im Deutschen nicht gibt und die Zweiheit ausdrückt, im sogenannten Dual, sodass man ihn mit 'ihr beide' übersetzen muss.

Fünfundfünfzigste Sure: "Der Erbarmer". Geoffenbart zu Mekka. *Im Namen Gottes, des Erbarmers, des Barmherzigen.*

>>1. Der Erbarmer
>>2. lehrte den Koran.
>>3. Er erschuf den Menschen,
>>4. Er lehrte ihn deutliche Sprache.
>>5. Die Sonne und der Mond sind Gesetzen unterworfen,
>>6. Und die Sterne und die Bäume werfen sich anbetend nieder.
>>7. Und den Himmel hat Er erhöht und die Waage aufgestellt,
>>8. Auf dass ihr nicht frevelt an der Waage!
>>9. Sondern wäget in Gerechtigkeit und vermindert nicht das Gewicht.
>>10. Und die Erde hat er den Lebewesen hingestellt;
>>11. Darauf sind Früchte und Palmnüsse bedeckt mit Schalen
>>12. Und das Korn in Hülsen und duftende Pflanzen.
>>13. Welche Gnade eures Herrn wollt ihr beide wohl leugnen?

So setzt sich dann die Lobpreisung der Wohltaten Gottes durch die ganze Sure hin fort, und ein arabischer Muslim, der diese Sure hört, wie sie nicht einfach gelesen, sondern in dem äußerst kunstvollen Singsang der Rezitation vorgetragen wird, ist oft nahe dabei, in einen Zustand der Trance zu verfallen.

Die Pflanzen, besonders naturgemäß das Getreide und die Früchte tragenden Bäume sind im Koran also Zeichen von der Güte Gottes. Speziell aber die Gärten sind nicht nur dies, sondern darüberhinaus geben sie einerseits einen Vorgeschmack vom Jenseits, vom Paradies. (Das Paradies heißt auf Arabisch al-Djenna, der Garten im Diminutiv davon al-Djenneina, also kleines Paradies.) Zum andern sind sie ein Gleichnis für die Abhängigkeit des Menschen vom Willen Gottes. Und so bedient sich der gläubige Muslim bei den verschiedensten Gelegenheiten bestimmter formelhafter Wendungen, um sich an diese Abhängigkeit zu erinnern. Wenn er eine Arbeit beginnen oder eine Reise antreten oder zu essen anfangen will, spricht er vorher die Formel "Bismi-llah", das heißt "im Namen Gottes". Wenn er von einem Plan erzählt, von einem Vorhaben, das er auszuführen gedenkt, dann drückt er die Abhängigkeit für dessen Gelingen von Gottes Willen aus mit den Worten "Bidhni-llah", das heißt, was er tun will, kann er nur tun "mit der Erlaubnis Gottes". Die Hoffnung, Gott möge die Dinge so fügen, wie der Mensch sich das wünscht, drückt er aus mit den Worten "in scha' Allah!", "wenn Gott es so will". Wenn das Vorhaben dann tatsächlich gelingt, und er Gott dafür danken möchte, oder wenn er seine Zufriedenheit darüber ausdrücken möchte, dass er gesund ist, spricht er "Alhamdu-li-llah", Gott sei Lob und Dank. Wenn er aber seine Bewunderung für eine Sache ausdrücken will und dabei anerkennt, dass dieses Wunder Gott zu verdanken ist, ruft er aus "ma scha' Allah", "was hat Gott (doch so wunderbares) geschaffen!". Als Muslim soll man auf keinen Fall versäumen, diesen Ausruf zu tun, wenn man, etwa vom Nachbarn oder einem Familienangehörigen gebeten wird, ein neugeborenes Kind zu bewundern. Denn versäumt man dies, kann dadurch auf das arme Kind das böse Auge angezogen werden.

So ist das nun auch mit einem Garten. In der 18. Sure mit dem Titel "Die Höhle" kommt ein Gleichnis vor von zwei Gärtnern, deren Garten wohl bestellt war und grünte und blühte. Aber der eine stellte sich hin und rechnete sich das Gedeihen seines Gartens als sein eigenes Verdienst an. Und prompt kam ein Hagel und zerstörte ihm alles, was er angebaut hatte. Der andere aber sprach die Worte "ma scha' Allah", was hat Gott doch für ein Wunder geschaffen, und sein Garten blühte und grünte weiter wie zuvor.

Bei bestimmten irdischen Freuden und Genüssen, welche Goethe in seinem "West-östlichen Divan" einen Vorschmack vom Paradiese nennt, müssen wir noch auf eine besondere Pflanze bzw. deren Frucht zu sprechen kommen, nämlich auf die Rebe und die Weintraube und das, was der Mensch daraus erzeugen kann, nämlich Wein. Es gibt wohl kein Thema, das im Islam mit größerer Heftigkeit umstritten war und wird, wie das des Weingenusses. Die einen verkünden ein absolutes Weinverbot. Die anderen sagen, im Koran sei ein solches nicht enthalten, nur eine in verschiedenen Versen sich verschärfende Warnung vor der Maßlosigkeit im Alkoholgenuss, die in dem zu diesem Thema zuletzt geoffenbarten Vers bis an die Grenze eines absoluten Verbots reicht, aber als ein solches nicht ausgesprochen wird. (Für ein absolutes Verbot stehen im Arabischen die Wurzelkonsonanten h-r-m. Im Koran wird das entsprechende Verb "Verboten ist euch" unter anderem angewandt auf das Glücksspiel und Fleisch von Opfertieren, die im Götzendienst getötet wurden, aber eben nicht in Bezug auf den Wein.) Als weiteres Argument wird im innermuslimischen Streit um das Weinverbot von den Gegnern desselben angeführt, dass die Araber zur Zeit des Propheten Mohammed ein wildes, zügelloses Volk waren, das anerkanntermaßen erst unter dem Einfluss des Islam sich allmählich zu einer bestimmten disziplinierten Lebensführung durchgerungen hat. Seinerzeit musste der Prophet nach und nach erkennen, dass seine arabischen Landsleute durch sanfte Worte nicht so leicht zu zügeln waren, und so verschärften sich von Mal zu Mal in den fünf verschiedenen Versen, die zur Frage des Alkoholgenusses im Koran offenbart worden sind, die Bestimmungen. Inzwischen aber, so sagt man, hätten die Muslime gelernt, mit dem Wein maßvoll umzugehen, und seine Heilkraft, wenn er in Maßen genossen wird, war schon im islamischen Mittelalter unumstritten. Übrigens gibt es wohl keine Sprache in der Welt, in der soviel Gedichte zum Lobe des Weines entstanden sind wie in der arabischen Sprache.

Aber um noch einmal Goethes Stichwort des Vorschmacks vom Paradiese aufzugreifen: Im muslimischen Paradies fließt der Wein in Fülle. So heißt es in in Vers 15 der 47. Sure, die mit "Mohammed – der Herr segne ihn und spende ihm Heil" betitelt ist:

>>15. Das Bild des Paradieses, das den Gottesfürchtigen verheißen ward: In ihm sind Bäche von Wasser, das nicht verdirbt, und Bäche von Milch, deren Geschmack sich nicht ändert, und Bäche von Wein, köstlich den Trinkenden; und Bäche von geklärtem Honig; und sie haben in ihnen allerlei Früchte, und Verzeihung von ihrem Herrn."

Wie aber, so sagen diejenigen, die das absolute Weinverbot im Islam leugnen, kann uns Gott im Jenseits den Genuss des Weines verheißen, wenn er uns nicht erlaubt, dass wir im irdischen Leben uns eine Vorstellung davon machen, welche Freude uns damit im Paradies erwartet? Und sie verweisen auf jene zwei Verse, die als erste in der Serie der Verse zum Thema Wein im Koran offenbart worden sind, die Verse 66 und 67 der sechzehnten Sure mit dem Titel "Die Bienen":

276

>>66. Und siehe, am Vieh habt ihr wahrlich eine Lehre. Wir tränken euch mit dem, was in ihren Leibern ist in der Mitte zwischen Mist und Blut, mit lauterer Milch, leicht eingehend den Trinkenden.

>>67. Und von den Früchten der Palme und von den Trauben nehmet ihr ein Rauschgetränk und eine schöne Nahrung. Wahrlich, hierin sind Zeichen für ein verständiges Volk.

Eigentlich müsste ich noch eigens über die Bedeutung einer besonderen Pflanzenart, nämlich der Bäume, sprechen, welche ihnen im Koran und in der religiösen Praxis der Muslime zukommt. Aber das würde eine weitere Zeitspanne in Anspruch nehmen, die dann dem heute noch vorgesehenen Gespräch fehlen würde. Deshalb möchte ich hier schließen, und zwar mit derjenigen Sure, die den Namen eines Baumes trägt, der 95. Sure mit der Überschrift "Die Feige". Gott beruft sich darin zur Bekräftigung der Wahrheit dessen, was er im Koran dem Propheten offenbart hat, wie mit einer Beschwörungsformel auf verschiedene Zeugnisse seiner Schöpfung, darunter eben auch auf den Feigenbaum. An dieser Sure lässt sich übrigens zeigen, dass der Islam in seinen Ansprüchen an die Menschen bescheidener ist als das Christentum. Denn die höchste Tugend im Islam ist nicht wie im Christentum die Liebe, die zu üben den Christen im Lauf ihrer ganzen Geschichte in der Tat ach so schwer gefallen ist, sondern die Gerechtigkeit, auch diese allerdings offenbar noch immer eine hohe Forderung an die Menschen. Besagte Sure gehört zu den frühen Offenbarungen und ist deshalb recht kurz, sie hat nur acht Verse:

>>1. Bei dem Feigen- und dem Ölbaum

>>2 . Und dem Berge Sinai

>>3. Und diesem sicheren Land,

>>4. Wahrlich, Wir erschufen den Menschen in schönster Gestalt.

>>5. Alsdann machten Wir ihn wieder zum Niedrigsten der Niedrigen

>>6. Außer denen, die da glauben und das Rechte tun; Ihnen wird ein unverkürzter Lohn.

>>7. Und was lässt dich danach das Gericht leugnen?

>>8. Ist nicht Gott der gerechteste Richter?

Diese Übersetzung lässt allerdings von dem Klangwunder nichts erahnen, als das der Koran von den arabischsprachigen Gläubigen empfunden wird. Der Prophet lehnte es strikt ab, als Poet zu gelten, der Koran bedient sich auch nicht der traditionellen dichterischen Formen, sondern der Form einer Reimprosa, die, wenn man es mit einem gewagten profanen Vergleich klarmachen will, den Reimketten unserer modernen Rapper entspricht. Weil der Koran aber in der arabischen Urfassung als so unnachahmlich schön empfunden wird, gilt er als unübersetzbar. Der deutsche Dichter Friedrich Rückert hat dennoch gewagt, eine poetische Übersetzung des Koran zu schaffen, die bis zu einem gewissen Grade im Deutschen den poetischen Zauber vermittelt, den das Original ausübt. In der dichterischen Übersetzung von Friedrich Rückert lautet die erwähnte Sure:

>>1. Bei Feige und Olive,

>>2. Und bei des Berges Giebeln,

>>3. Und diesem Friedensgebiete!

>>4. Wir schufen erst den Menschen nach dem schönsten Bilde,

>>5. Dann ließen wir ihn sinken in die tiefste Tiefe,

>>6. Die ausgenommen, die das Gute tun,

Lohn, ungemessener, ist für diese.

>>7. Was zweifelst du noch am Gericht?

>>8. Ist Gott der gerechteste Richter nicht?

5.7 Peter Anton im Gespräch - Interview mit der „Islamischen Zeitung"

Islamische Zeitung, Ausgabe 70. Serie Begegnungen

Peter-Anton von Arnim, geboren 1937. Übersetzer, Schriftsteller, Privatgelehrter, arbeitete von 1980 bis 1987 als Fotograf im Sudan. Er gab 2001 Katharina Mommsens Monographie "Goethe und die arabische Welt" unter dem Titel "Goethe und der Islam" 2001 als Insel-Taschenbuch neu heraus.

IZ: Sie haben sieben Jahre, von 1980 bis 1987, in einem islamisch geprägten Land, im Nordsudan gelebt. Wie hängt Ihre Faszination durch Goethes Islam-Bild mit Ihren Erfahrungen im Sudan zusammen?

Von Arnim:
Aufgrund der Tatsache, dass der Islam sich im Sudan nicht durch Eroberung, sondern durch Heirat arabischer Kaufleute mit Frauen der afrikanischen Urbevölkerung ausgebreitet hat, waren die Sudanesen stets stolz auf ihre Traditionen der Toleranz. Ich bewunderte den zivilen Umgang, den ich bei den Sudanesen beobachten konnte, und bin ihnen noch heute dankbar für die mir damals gebotene Möglichkeit, aus ihrem Verhalten menschlichere Umgangsformen kennenlernen zu können als diejenigen, welche in unseren Breiten im Alltagsleben vorherrschen. Traditionsgemäß verstanden die muslimischen Sudanesen unter Scharia, also als Gebot Gottes, die fünf Grundpfeiler des Islam: das Glaubensbekenntnis, das fünfmalige Gebet am Tag, das Fasten im Monat Ramadan, das sich Reinigen von allen materiellen Begierden (Zakat), die Pilgerschaft nach Mekka.

Als jedoch der um seinen Machterhalt besorgte sudanesische Diktator Numeiri im religiösen Terror die letzte Rettung für sein wankendes Regime sah und 1983 unter dem Namen „Scharia" eine angeblich islamische Strafgesetzgebung einführte, war dies ein Schock für mich. Da fiel mir im Goethe-Institut von Khartoum ein Aufsatz von Katharina Mommsen in die Hände zu dem Thema *„ Goethe und der Islam"*, ein Thema, das sie später zu ihrem Buch *„ Goethe und die arabische Welt"* (1988) ausarbeitete. Durch diesen Aufsatz und dann durch die Schriften Goethes selbst fand von ich den Schlüssel zu einem Verständnis des Islam, welches der offiziellen, von den Islamisten unter Führung von Hassan Al-Turabi propagierten Version diametral entgegengesetzt war. Schließlich handelt es sich beim Islam ja um eine der drei großen monotheistischen Religionen, welcher immerhin Millionen von friedfertigen Menschen in aller Welt anhängen. Ich lernte auch einige der Opfer besagter Strafjustiz kennen, denen man die rechte Hand oder kreuzweise die rechte Hand und den linken Fuß amputiert hatte, und die in der Mehrzahl selbst gläubige Muslime waren (es befanden sich sogar auch Christen unter der Opfern!).

Nach dem Sturz des Diktators Numeiri 1985 durch das sudanesische Volk, das sich gegen den religiösen Terror wehrte, gründete ich mit Unterstützung einiger sudanesischer Rechtsanwälte eine Selbsthilfegruppe für die zu einem Leben von Aussätzigen verurteilten „Scharia"-Opfer, die „Sudanese Association for Amputees". Aber der fundamentalistische Militärputsch von 1989, der übrigens mit voller finanzieller und logistischer Unterstützung von Seiten Osama bin Ladens durchgeführt wurde, der damals die volle Unterstützung von George Bush senior hatte, warf bereits 1986 seine Schatten voraus. Wegen meines Einsatzes für die Amputierten musste ich aufgrund einer Hetzkampagne durch fundamentalistische Sensations-Blätter zwei Tage in Polizeigewahrsam verbringen, bis mich einer der sudanesischen Rechtsanwälte frei bekam. Ein Jahr darauf verließ ich das Land.

IZ:

Diese bitteren Erfahrungen scheinen Sie jedoch nicht zu einer Abkehr von der muslimischen Welt geführt, sondern scheinen Ihren Einsatz für eine gegenseitige Verständigung eher noch angespornt zu haben?

Von Arnim:

Eingedenk der Tatsache, dass wir Deutschen zwei Diktaturen erlebt haben und wir in der Mehrzahl es dennoch strikt ablehnen würden, mit dem Naziregime oder dem Stalinismus in einen Topf geworfen zu werden, werbe ich dafür, dass man auch die Muslime in aller Welt nicht für die diktatorischen Regime verantwortlich macht, unter denen sie zu leiden haben. Toleranz gegenüber den Muslimen fordert aber auch Verständnis. Den besten Wegweiser für ein angemessenes Verständnis des Islam für uns Deutsche sehe ich nun tatsächlich in Goethe, besonders in seinen *„Noten und Abhandlungen zum West-östlichen Divan"*. Dieser Aspekt des Goethe'schen Werkes, nämlich dass man daraus außerordentlich viel, uns Durchschnitts-deutschen Unbekanntes über den Islam erfahren kann, ist bisher noch nicht gebührend berücksichtigt worden. So stand nach dem 11. September 2001, als deutsche Leser plötzlich das Bedürfnis verspürten, sich näher über den Islam zu informieren, keineswegs *„Goethe und der Islam"* (2001) von Katharina Mommsen auf der Bestsellerliste, weit entfernt davon; an deren Spitze stand vielmehr Huntingtons *„Kampf der Kulturen"*. Aber auch in den wenigen Rezensionen jenes Buches, welche dazu erschienen sind, ist dieser Aspekt kaum gewürdigt worden, wenn man nicht gar, wie der Rezensent in der FAZ, die Ausrichtung der Taschenbuchausgabe auf den Islam (statt, wie in der Originalausgabe auf *„Goethe und die arabische Welt"*) aufs Schärfste verurteilt hat.

IZ:

Dieser Rezensent, Dieter Borchmeyer, hat Sie in der FAZ vom 13.10.2001 (*„Der Dichter als Muselmann"*) folgendermaßen angegriffen: *„Mit Goethe eintreten für die Integration der muslimischen Mitbürger und für islamischen Religionsunterricht an deutschen Schulen - das ist gleichsam Peter von Arnims Motto."* Borchmeyer verübelte Ihnen Ihre *„außerphilologische Absicht"* und schmähte Sie mit dem Urteil einer *„intellektuell schlichten Predigt"*.

Von Arnim:

Katharina Mommsens *„Goethe und die arabische Welt"* (1988 erstmals erschienen) war zu Recht auf ein fachwissenschaftliches Publikum und auf Goethe-Liebhaber ausgerichtet. Ich habe mir erlaubt auf Probleme hinzuweisen, die unter den Muslimen der Gegenwart heftig diskutiert werden, für die sich aber mit seinem sicheren Instinkt für das Wesen des Islam schon Goethe interessiert hat. Aus meiner unmittelbaren Erfahrung im Zusammenleben mit Muslimen konnte ich neue Gesichtspunkte in das Buch einbringen, die zeigen, dass Goethe in seinem Verständnis des Islam, obwohl er nur schriftliche Zeugnisse über diesen vorliegen hatte, den toten Buchstaben zu *lebendigem Wissen* zu erwecken verstand. Es war meine Absicht bei der Neufassung des Buches von Katharina Mommsen, dieses tiefe Verständnis und Wissen Goethes vom Islam an eine heutige Leserschaft weiter zu vermitteln, und ich hatte dabei natürlich die volle Unterstützung von Katharina Mommsen selbst.

Zu bedenken ist, dass dieser FAZ-Artikel sich nur auf den ersten Blick gegen mich richtete, in versteckter Form richtete er sich natürlich auch gegen die Autorin des Originals, Katharina Mommsen, als diejenige, die meine Eingriffe und mein Nachwort zugelassen hat. Vor allem aber ist es eine Herabsetzung Goethes selbst, der schon in der Überschrift "Der Dichter als Muselmann" ins Lächerliche gezogen wird, und ein Angriff auf den Islam, von dem nur als von der "muslimischen Religion" gesprochen wird.

IZ:

Sie ergreifen eindeutig Partei für die Minderheit der Muslime hier in Deutschland und zitieren dabei kritisch die Stammtischparole mancher Anhänger einer „deutschen Leitkultur": „Die (Ausländer) sollen sich doch anpassen!" Ist es denn für Sie nicht nachvollziehbar, wenn die deutsche Mehrheitsgesellschaft von uns Muslimen verlangt, dass wir uns anpassen?

Von Arnim:

Was steckt denn hinter dieser Forderung? Man nimmt Anstoß daran, dass jemand sich nicht genauso verhält oder genauso aussieht wie ein Durchschnittsdeutscher. Nehmen Sie aber mal einen Mitbürger in diesem Land, der zum Beispiel einen afrikanische Elternteil und damit einfach eine etwas andere Hauptfarbe hat – wie soll eine Anpassung da aussehen? Den Muslimen sieht man es allerdings nicht immer auf den ersten Blick an, dass sie der 'deutschen Norm' nicht entsprechen. Aber sie bilden insofern eine Ausnahme in der deutschen Gesellschaft, als die Religion eine viel größere Rolle in ihrem täglichen Leben spielt als bei den weitgehend säkularisierten, sich dem christlichen Abendland zurechnenden Deutschen. Viele empfinden das als störend oder sogar als bedrohlich. Man braucht doch nur daran zu denken, wieviel Protestaktionen es gibt, wenn Muslime irgendwo in Deutschland eine Moschee bauen wollen.

IZ:

Aber würden Sie Ihren ausländischen Mitbürgern nicht zumindest raten, sich vor allem auf dem Gebiet der Sprache anzupassen und ihnen sagen: Deutsch müsst ihr lernen!?

Von Arnim:

Für den Angehörigen einer Mehrheit ist es immer leicht und bequem, Forderungen an die Angehörigen einer Minderheit zu stellen. Letztendlich müssen diese aber selber sehen und entscheiden, wie sie mit den Lebensbedingungen in unserem Land am besten zurechtkommen, und die Einsichtigen unter ihnen werden von selbst erkennen, dass das Erlernen der deutschen Sprache unumgänglich ist. Aber Anpassung im recht verstandenen Sinne und die Erlernung der Landessprache ist auch eine Frage der Identifikation. Wie soll ein Ausländer ein Gefühl der Sympathie für die deutsche Sprache entwickeln, wenn er von seinen Vorgesetzten bei der Arbeit oder von deutschen Beamten unbekümmert mit 'Du' angeredet oder gar im Feldwebelton von ihnen angeherrscht wird? Ich denke eher darüber nach, welchen Forderungen wir Mehrheitsdeutschen uns stellen müssen, wenn wir unsere Kultur für fremde Einflüsse offen und damit entwicklungsfähig halten und nicht in einem Einheitssumpf versinken wollen. Den sogenannten Ausländern muss man zeigen, dass sie in der deutschen Sprache nicht ausschließlich die Sprache der überheblichen Deutschtümler sehen sollten – von denen wird sie meistens nur verhunzt - sondern die Sprache Lessings und Goethes. Es gibt allerdings heute bereits eine ganze (sogenannte „dritte") Generation von türkischstämmigen Mitbürgern deutscher Staatsangehörigkeit, die besser Deutsch sprechen als Türkisch. Manche von ihnen sprechen sogar ein besseres Deutsch als einige Deutsche!

Man hört ja immer wieder, wie über die Muslime und insbesondere die Türken, die ja die Mehrheit der Muslime in Deutschland ausmachen, gesagt wird, dass sie nicht wirklich Deutsche werden können. Heutzutage wird da nicht mehr rassistisch argumentiert, sondern man sagt, sie hängen dem Islam an, das ist eine uns so fremde Religion, dass sie einfach nicht in unsere Kultur integrierbar sind. Das gleiche Argument wird auch gegen die Aufnahme der Türkei in die EU benutzt. Ich wünschte mir, dass in einer solchen Diskussion einmal ein in Deutschland aufgewachsener und mit der deutschen Kultur vertrauter junger Türke aufsteht und sagt: Ihr kennt eure eigenen Geistesgrößen nicht! Euer größter Dichter, Goethe, hat sich mehrfach zum Islam bekannt. Er hat in seiner Ankündigung des „West-Östlichen Divan" geschrieben, er „lehne den Verdacht nicht ab, selbst ein Muselman zu sein". In Anbetracht der vorsichtigen Ausdrucksweise bei Goethe ist das ein starkes Wort!

IZ:
Sie sprachen bei einem Vortrag in Weimar jüngst von der „ängstlichen Distanz" der Deutschen gegenüber den Muslimen, die sich aufgrund des jahrhundertelangen deutschen Traumas der Religionskriege zwischen Katholiken und Protestanten, von allem fern halten wollen, was nach religiösen Auseinandersetzungen aussieht. Wo sehen Sie Ansätze, um mit diesem Trauma positiv umgehen zu können?

Von Arnim:
Darauf habe ich jetzt natürlich keine schnelle Antwort parat. Der Psychoanalytiker Tobias Brocher behauptet beispielsweise, dass die Angst vor den Fremden etwas ist, das sozusagen von Geburt an in uns steckt. Wenn ich aber in dem Stadtviertel von Dakar im Senegal, in dem ich kürzlich mehrere Monate zu Gast war, aus dem Haus trat und an Kindern vorbei kam, kamen die von überall her und streckten mir die Hand entgegen, um mich zu grüßen. Laut Brocher müssten diese Kinder dann ja wohl genetisch falsch programmiert sein. Aber auch ihre Eltern haben da nicht mit Warnungen eingegriffen, wie zum Beispiel „fasst diesen weißen Mann nicht an!" Ich halte für wichtig, festzustellen, das Fremdenfurcht nicht in den Genen, nicht in der Natur des Menschen liegt. Wichtig ist, in der Erziehung der Jugend an jene Geistesgrößen als Vorbilder anzuknüpfen, die das Fremde nicht als Bedrohung, sondern als Bereicherung menschlichen Lebens erkannt und gerade dadurch einen entscheidenden Beitrag zur Entwicklung der deutschen Kultur geleistet haben.

IZ:
Sehen Sie denn - außer in Goethe – noch weitere Vertreter der deutschen Geistesgeschichte, die als solche Identifikationsfiguren dienen könnten?

Von Arnim:
Das fängt schon an bei Wolfram von Eschenbach (1170-1220), mit seinem wunderbaren „Parsival". Später sind dann natürlich Gotthold Ephraim Lessing (1729-1781) und sein Freund, der Orientalist Johann Jacob Reiske (1716-1774) zu nennen. Dann Johann Gottfried Herder (1774-1803), der Goethe zuerst auf den Qur'an aufmerksam gemacht hat. Herder hat sich als protestantischer Pfarrer natürlich nicht so stark mit dem Islam identifiziert wie Goethe, aber ihm gebührt das geistesgeschichtliche Verdienst, daran erinnert zu haben, welche enorme Bedeutung die arabisch-islamische Kultur für Europa gehabt hat. Auch Friedrich Rückert (1788-1866) darf natürlich nicht vergessen werden.

IZ:
Gibt es da nicht vielleicht auch etwas vom Erbe des Arnimschen Dichterpaares, das Sie hier anführen könnten?

Von Arnim:
Beim Dichter Arnim nur in beschränktem Maße. Er hatte sich bekanntlich zunächst die Naturwissenschaften als Berufsziel gewählt, bevor er sich der Dichtkunst zuwandte. In einem Fragment aus seiner naturwissenschaftlichen Phase hob er die Bedeutung des Propheten Mohammed merkwürdigerweise ausgerechnet für die Entwicklung der Chemie hervor. Er stellte fest, dass in den Händen der Christen die Chemie zu einer Mystik geworden sei, wo man durch das Subjektive nach Willkür das Objektive bildete, also eine Erfahrung sammelte, die eigentlich keine war, und schreibt dann:

"Mahomet hingegen, so original wie in allem Übrigen, hob den Unterschied zwischen dem Organischen und Unorganischen auf, indem er beides einem Schicksale unterordnete; er war es, der der Erfahrung das Beständige gab... "

Arnim hat hier insofern durchaus etwas Richtiges erfasst, als der Islam in seinen Anfängen in der Tat die Entwicklung der Wissenschaften, begründet auf die Erfahrung, in entscheidendem Maße gefördert hat, im Gegensatz zum Christentum, das äußerst wissenschaftsfeindlich war, sodass die europäischen Wissenschaften sich nur im Gegensatz zur Kirche entwickeln konnten..

Lange Zeit nach Arnims Tod hat seine Ehefrau Bettina sich intensiv mit dem Islam befasst und ihr letztes Buch "Gespräche mit Dämonen. Des Königsbuches zweiter Teil" dem "Geist des Islam" gewidmet. Diesem erteilt sie in ihrem Buch sogar das letzte Wort.

IZ: Kann man sie demnach als Muslimin betrachten?

Von Arnim:

Naja, wie man's nimmt. Ich hatte beispielsweise gerade jetzt Gelegenheit, im Senegal vor einer Klasse von Schülern über „Goethe und Islam" zu sprechen. Und dann war die große Frage: War Goethe Muslim oder nicht? Es kam dann oft die Antwort, dass Goethe kein Muslim gewesen sein konnte, weil er die Schahada ja nicht gesprochen hat. Dann habe ich ihnen versucht zu erklären, warum es nicht zu erwarten war, dass Goethe die Schahada spricht, denn er war ja der einzige in seiner Umgebung, der sich für Islam interessierte. Es gab zwar Orientalisten in Jena usw. aber Arabisch zu sprechen hat er bei denen auch nicht lernen können. - Um die Schahada sprechen zu können, muss man ja wenigstens ein paar Worte Arabisch sprechen können. – Aber die Schüler wollten das einfach nicht einsehen. Dann habe ich sie gefragt: Wie war das denn damals mit dem Propheten Abraham, war er denn ein Muslim? Das mussten sie anerkennen, denn im Qur'an steht, dass er ein Muslim war, obwohl er nicht die Schahada gesagt hat. Den zweiten Teil hat er ja sowieso nicht sprechen können, denn der Prophet Muhammad war seinerzeit ja noch nicht geboren. Auch den ersten Teil konnte er so nicht sagen, denn er konnte ja kein Arabisch! Sie wollten dann noch mal darüber nachdenken.

VI. Peter Anton von Arnim über Bettine von Arnim

6.1 Zeittafel – von 1785 E. C. L. M. Brentano – bis 1859 Bettinas Tod

Zeittafel von Peter Anton

1785	4. April: Elisabeth Catharina Ludovica Magdalena Brentano in Frankfurt am Main geboren
1793	Die Mutter, Maximiliane Brentano geb. von La Roche stirbt
1794	Bettine, Gunda und Lulu kommen in das Urselinenkloster nach Fritzlar
1795	Peter Anton Brentano, der Vater, heiratet in dritter Ehe Friederike von Rottenhof
1796	Gunda kehrt auf eigenen Wunsch aus dem Kloster nach Frankfurt zurück
1797	Peter Anton Brentano stirbt
	Mai: Bettine, Lulu und Meline kommen zurück von Fritzlar
	Juli: Bettine zieht zur Großmutter Sophie von Laroche nach Offenbach
1800	Die Schwester Sophie Brentano stirbt
1801	Clemens beginnt seinen Briefwechsel mit Bettine
1802	Bettine trifft Achim von Arnim in Frankfurt
1803	Beginn der Freundschaft mit Karoline von Günderrode
	Clemens heiratet die Schriftstellerin Sophie Mereau
1804	Schwester Gunda Brentano heiratet den Juristen Friedrich Karl von Savigny. Geburt und Tod des ersten Kindes von Clemens und Sophie
	Tod von Achims Vater
1805	Geburt und Tod des zweiten Kindes von Clemens und Sophie
	Der Knaben Wunderhorn von AvA und CB erscheint
1806	Trennung von Günderrode
	Selbstmord Karoline von Günderrode in Winkel/Rhein
	Sophie Brentano geb. Mereau stirbt bei der Geburt des dritten Kindes
	Bettine kopiert Goethes Briefe an ihre Großmutter Sophie von La Roche
	Bettine sucht die Freundschaft von Goethes Mutter Frau Aja
	Schwester Lulu Brentano heiratet den Bankier Karl Jordis
1807	Sophie von Laroche stirbt in Offenbach
	Bettine trifft Goethe, Beginn des Briefwechsels mit Goethe
	Clemens heiratet Auguste Bußmann
	Achim ist in Königsberg unglücklich in Auguste Schwink verliebt.
	Achim und Bettine sehen sich wieder, die Kontakte werden enger
	Achim lernt die Gebrüder Grimm kennen.
	1808 Frau Aja Goethe stirbt
	Bettine geht mit den Savignys nach München und trifft dort F.H. Jacobi, L. Tieck, Schelling, Friedrich Graf von Stadion, Peter von Winter, Kronprinz Ludwig von Bayern
1809	Der Wintergarten von AvA erscheint und ist Bettine gewidmet
	Ludwig Grimm zeichnet Bettine mit dem Wintergarten im Arm
1810	Achims Großmutter, die Frau von Labes, stirbt. In ihrem Testament vermacht sie Wiepersdorf zu Gunsten seiner (noch nicht vorhandenen) leiblichen Kinder, Zernikow ihrem Sohn Hans Labes, durch Adoption seines Schwiegervaters Hans Graf Schlitz.

	Bettine lernt Beethoven kennen
	Bettine besucht Goethe in Teplitz
	Verlobung von Bettine und Achim
1811	Clemens und Auguste werden geschieden
	11.März Bettine und Achim heiraten
	Besuch bei Goethe in Weimar
	Streit zwischen Christiane Goethe und Bettine
1812	5. März: * Freimund
	Novellensammlung von AvA erscheint
1813	Arnim und Savigny beim Berliner Landsturm
	2.Oktober: * Siegmund
	Arnim übernimmt die Redaktion des ‚Preußischen Correspondenten'
	Gimms Kinder- und Hausmärchen erscheinen mit Widmung:
	‚Frau Bettina von Arnim für den kleinen Johannes Freimund'
1814	Achim und Bettine ziehen nach Gut Wiepersdorf
1815	9. Februar: * Friedmund
1816	Besuch von Wilhelm Grimm in Wiepersdorf
1817	Bettine und die Kinder kehren nach Berlin zurück
	Die Kronenwächter von AvA erscheint
	24.März: *Kühnemund
1818	Beginn der Freundschaft mit Amalie von Helvig
	AvA zieht nach Bärwalde
	23.Oktober: *Maximiliane
1819	Bettine verurteilt in ihren Briefen die Demagogenverfolgungen
1820	Bettine knüpft Kontakt zu Schinkel und Schleiermacher
1821	4. März: *Armgard
	Reise nach Frakfurt mit Gunda und Armgard
1823	Bettine entwirft Goethe-Denkmal
1824	Bildhauer Wichmann modelliert Bettines Entwurf
	Bettine besucht Goethe mit dem Modell des Denkmals
	Öffentliche Ausstellung des Modells in Frankfurt am Main
1826	Begeisterung für den Freiheitskampf in Griechenland
	Vertonung eines Gedichtes von Amalie von Helvig
	Aussöhnung mit Goethe
1827	Beginn der Kontakte zwischen Bettine und den Varnhagens
	30.August:* Gisela
1829	Enge Freundschaft mit Rahel Varnhagen
	Bettine bringt Maximiliane und Armgart nach Frankfurt zu ihrem Bruder Georg
1830	Bettine reist mit Gisela zu Armgart und Maximiliane, die schwer an Typhus erkrankt ist
1831	21. Januar: Achim stirbt in Wiepersdorf
	Cholera-Epidemie in Berlin, Bettine hilft im Armenviertel
	Bettine engagiert sich politisch für die Sache Polens
1832	Goethe stirbt in Weimar
1833	Rahel Varnhagen stirbt
1834	Anonyme Veröffentlichung ihres Aufsatzes in Schinkels Schrift über Landschaftsgärtnerei
1835	Goethes Briefwechsel mit einem Kind von BvA erscheint
	24.Juni: Kühnemund von Arnim verunglückt mit 18 Jahren tödlich
1837	Bettine nimmt Stellung für die Göttinger Sieben, besonders für die Gebrüder Grimm

1838	Ludwig Grimm zeichnet Bettine vor ihrem Goethe-Modell
1839	Bettine beginnt mit der Herausgabe von AvAs gesammelten Werken
1840	Bettine veröffentlicht die Günderode, mit einer Widmung für die Berliner Studenten. Bettine schickt dem Kronprinzen, nachmaligen König Friedrich Wilhelm IV., ihre Unterlagen zu den Gebrüdern Grimm
1842	Clemens stirbt Savigny wird Minister und wichtigster Mann der konservativen historischen Rechtsschule. Konflikte zwischen Bettine und Savigny
1843	Bettine veröffentlicht Dies Buch gehört dem König und Clemens Brentanos Frühlingskranz
1844	Beschlagnahmung von Clemens Brentanos Frühlingskranz
1845	Bettine setzt sich beim König für einen verhafteten Demokraten ein Bettine zieht nach Wiepersdorf
1847	Hungerunruhen in Berlin Bettine wird in einem Prozess wegen Beleidigung des Berliner Magistrats zu Gefängnis verurteilt Sie setzt sich beim König für die gefangenen Polen, darunter den Anführer des Aufstands, Ludwig Mieroslawski, ein. Ihr Briefwechsel mit Philipp Nathusius (Ilius Pamphilius und die Ambrosia) wird vor dem Erscheinen polizeilich beschlagnahmt Freimund heiratet Anna von Baumbach
1848	Bettine beschreibt die revolutionären Unruhen und die Tapferkeit des Proletariats. Briefroman Ilius Pamphilius und die Ambrosia erscheint Ihre Schwiegertochter Anna stirbt bei der Geburt ihres 1. Enkels Achim, dem späteren Maler.
1849	Die sog. Polenbroschüre erscheint anonym. Bettine setzt sich für einen Teilnehmer an der Revolution von 1848, Gottfried Kinkel, beim König ein
1850	Das Gedicht Petöfi, dem Sonnengott erscheint
1851	Bettine arbeite mit dem Bildhauer Steinhäuser am Gipsmodell ihres Goethedenkmals
1852	Bettine veröffentlicht ihr letztes Buch: Gespräche mit Dämonen Die beiden Hauptfiguren ihres Entwurfs für ein Goethedenkmal werden in Weimar in Marmor ausgeführt
1853	Bettines Sämtliche Werke erscheinen in elf Bänden In Wiepersdorf heiratet Maximiliane Graf Eduard von Oriola
1854	Maximilianes Sohn Waldemar wird geboren Bettine erleidet einen Schlaganfall
1855	Besserung, Kur in Badenweiler mit Armgard und Gisela
1856	Erneuter Schlaganfall mit linksseitiger Lähmung
1857	Erholung in Teplitz
1858	Kur in Doberan
1859	20. Januar: Bettine stirbt in Berlin und wird in Wiepersdorf beigesetzt

6.2 Bettina und der Berliner Magistrat - Vortrag von Peter Anton von Arnim

Zu dieser Tagung von Arnim-Forschern bin ich eingeladen worden, obwohl ich kein Forscher bin und insofern mit neuen Forschungsergebnissen auch nicht aufwarten kann. Ich habe die Einladung deshalb so verstanden, daß man mich, einen Dilettanten, einen Liebhaber insbesondere der Schriften der Bettina, hier sozusagen als Endverbraucher dessen, was uns von den Dichtern hinterlassen worden ist, seine Wünsche hat vortragen lassen wollen bei Ihnen, die Sie uns diese Hinterlassenschaft vermitteln. Ich bin mir natürlich bewußt, daß ich mich damit auf methodologisch gefährlichem Gelände bewege und in einem reinen Metadiskurs enden könnte. Aber im Vertrauen darauf, daß ich Sie als Fachleute und meine Kritiker vor mir habe, die mich jederzeit zur Ordnung rufen werden, wenn mein Subjektivismus mich zur Verdrehung und Verfälschung von Fakten verleiten sollte, möchte ich es wagen. Fürchten Sie jedoch nicht, ich wolle Ihnen mit Ortega y Gasset kommen, um eine Bettina von innen bittend. Da aber unser Bild von ihr überwiegend bestimmt oder gar verstellt wird durch die Legende von Bettina dem Kind, die bereits soviel Blüten getrieben hat, daß sie inzwischen sogar in Form eines Fünfmarkscheins im Umlauf ist, so möchte ich Sie darum bitten, uns doch ein wenig mehr zu geben von der alten Bettina. Vielleicht läßt sich dadurch sogar ein neues Verständnis auch vom Kind gewinnen. Gehörte nicht, wie bei vielen genialen Menschen, zur Lebensleistung der Bettina, das Kind in sich treu bewahrt zu haben bis ins hohe Alter?

Was ich mir im Besonderen wünsche, ist die Veröffentlichung ... von Texten, durch die ein Wesenszug der Bettina stärker zur Geltung käme, der nach meinem Dafürhalten bisher zu wenig Beachtung gefunden hat, sie heutigen Lesern aber besonders nahe bringen würde, nämlich ihr Humor. Ich kann mich dabei immerhin auf eine Vorgängerin berufen: meine Tante, die Malerin Bettina Encke von Arnim, hat bereits in einem Vortrag vom Jahre 1934 die Aufmerksamkeit des Publikums auf Bettinas Humor zu lenken versucht. Aber das war in der Zeit der Naziherrschaft, einer Zeit, wo sie damit auf taube Ohren stoßen mußte, oder, wären etwa die falschen Ohren hellhörig geworden, das Gegenteil der beabsichtigten Wirkung eingetreten wäre.

Denn Bettinas Humor war nicht von der in unserm Land beliebten, schulterklopfenden Sorte, wo man trotzdem lacht, sondern von einer im Sinne der Nazis "undeutschen" Art: versöhnlich zwar gegenüber denjenigen, denen sie damit entgegentrat, den Amtsträgern als Menschen, insofern also noch dem zuzurechnen, was man unter Humor versteht, aber unversöhnlich gegenüber den politischen und sozialen Verhältnissen, die diese Personen verkörperten. Ursula Püschel spricht treffend von einem aggressiven Humor.

Da ich gerade das Dritte Reich erwähnt habe, so wäre es natürlich reizvoll, näher darauf einzugehen, welche Behandlung die betreffenden Texte nach dem Kriege, in Deutschland Ost und West, erfahren haben. Das müßte jedoch im Rahmen einer umfassenden Rezeptionsgeschichte der Bettinaschen Schriften in den beiden Deutschlands geschehen, ausgehend von dem erstaunlichen, im KZ entstandenen Dokument eines Gestapo-Häftlings, des holländischen Germanisten Nico Rost: "Goethe in Dachau" (1946 erschienen). Ich stelle mir vor, daß das recht aufschlußreich sein könnte nicht nur im Hinblick auf die Bettina selbst, sondern für die deutsche Nachkriegsgeschichte insgesamt. Ich kann hier das Problem höchstens streifen.

Die Rede soll sein von den Texten, die in den Auseinandersetzungen der Bettina mit dem Berliner Magistrat entstanden sind, zum einen die um eine nicht oder geheimnisvollerweise dann doch bezahlte Hundesteuer, in der Literaturgeschichte geführt unter dem Titel "Hundesteuerprozeß", obwohl es dabei gar nicht zum Prozeß gekommen ist; zum andern die um den v. Arnimschen Verlag, die sich tatsächlich zu einem Prozeß und, in erster Instanz, zu einer Verurteilung Bettinas ausgewachsen haben, bekannt geworden unter dem Namen "Magistratsprozeß".

Bezeichnend für die editorische Lage der Bettinaschen Schriften scheint mir zu sein, wo und wie diese Texte gedruckt worden sind. Der "Hundesteuerprozeß" ist zwar schon zweimal veröffentlicht worden. Das eine Mal durch Otto Mallon in der "Rundschau für Kommunal-beamte", Jahrgang 1929. Zum zweiten Mal 1978 im Fachverlag für Steuerwesen Dr. Otto Schmidt KG in Köln, wobei hier die Bettina gar nicht als die eigentliche Autorin genannt wird, vielmehr ein Herr Alfons Pausch, der seinem literarischen Erzeugnis den Titel "Steuer-romantik" gegeben hat und erst im Untertitel "rund um Bettina von Arnims Hundesteuerpro-zeß" die Katze aus dem Sack läßt.

Die Texte zum Magistratsprozeß sind zum ersten Mal überhaupt erst 1960, und zwar, soweit ich das als Laie überblicken kann, sorgfältig und vollständig, von der damaligen Leiterin des Bettina von Arnim-Archivs in der DDR, Gertrud Meyer-Hepner, veröffentlicht worden. Al-lerdings in einer vermutlich sehr kleinen Auflage in einem jedenfalls sehr kleinen und unbe-kannten Verlag, dem Arion-Verlag in Weimar. So ist diese Veröffentlichung fast ohne Echo geblieben, bis auf eine Stelle daraus, die von dem französichen Germanisten Robert Minder und auch den westdeutschen Germanisten der 68er Generation wiederholt zitiert worden ist und auf die ich noch zurückkommen werde. DDR-Schriftsteller, die die Gelegenheit hatten, bei uns im Westen Lesungen zu halten, habe ich damals auf dieses Buch der Bettina aufmerk-sam zu machen und sie dazu anzuregen versucht, es in bearbeiteter Form einem breiteren Pub-likum zugänglich zu machen, weil es mir die glänzendste Satire in deutscher Sprache zu sein schien auf die Bürokratie, die ... in der DDR in potenzierter Form ihr Unwesen trieb, ganz in der preußisch-deutschen Tradition, die Brecht mit bitterem Spott bedacht hat in seiner Buckower Elegie: "Alte Gewohnheiten, noch immer".

Da es sich um Texte handelt von der Bettina aus der Zeit, wo sie sich dem Höhepunkt ihrer politischen Aktivitäten näherte, möchte ich einleitend darstellen, wie sie überhaupt in die Po-litik hineingeraten ist. Die Fachleute mögen mir verzeihen, wenn ich dabei etwas vergröbernd und verkürzend verfahre.
Die Politik ist bekanntlich aus dem Bild von der Bettina als dem "romantischen Kind" über ein Jahrhundert lang fast völlig herausretuschiert worden. Es ist wahr, die Bettine ist in der Epoche der Frühromantik aufgewachsen, das war eben das Zeitalter, von dem einer der An-führer der romantischen Bewegung in Deutschland, Friedrich Schlegel, in seinem "Athenäum-Fragment" von 1798 verkünden konnte, die Französische Revolution, Fichtes Wissenschafts-lehre und Goethes Meister seien dessen größte Tendenzen. Dagegen hatten im Jahre 1835, als die Bettina im Alter von fünfzig Jahren, eine Mutter von sieben Kindern, als Schriftstellerin zum ersten Mal literarisch an die Öffentlichkeit trat, die meisten Romantiker ihrer Generation, soweit sie noch lebten, diesen Tendenzen ihrer Frühzeit schon längst abgeschworen.

"Goethes Briefwechsel mit einem Kinde" (1839) mag uns Heutigen als ein schwärmerisch-poetisches, eher unpolitisches Buch erscheinen. Gerade von den politisch aktiven Menschen der damaligen Zeit wurde es jedoch begeistert aufgenommen, und dieses Echo ließ die "Ro-mantikerin" Bettina zu einer der prominentesten Schriftstellerinnen des deutschen Vormärz werden. Ich möchte stellvertretend hier nur zwei Bettina-Enthusiasten nennen: den rheini-schen Industriellen und entschiedenen Liberalen, der zeitweilig den Zeitungsredakteur Karl Marx finanziert hat, Gustav Mevissen, und den Radikaldemokraten Ludwig Börne, der die Bettina in seiner bekannten Rezension in den Himmel gehoben und dabei gegen den ver-meintlichen Fürstenknecht Goethe ausgespielt hat, obwohl doch ihr Buch "seinem Denkmal" gewidmet war. In Gegensatz zu dem von den Weimarer Klassikern, insbesondere von Schiller in seinen "Briefen über die ästhetische Erziehung des Menschen" geprägten Ideal von der allseitig gebildeten, aber apolitischen Persönlichkeit fand Börne offenbar in dem "Kind" Bet-tine des Briefwechsels das von seinem Abgott Jean Paul inspirierte Ideal des "allkräftigen Menschen" wieder, das dieser in seinem Roman "Titan" in der Figur des Albano, Erbprinzen des fiktiven Duodezfürstentums Hohenfließ, vorgezeichnet hatte.

In der Tat, als sie dann realiter die Arena des politischen Kampfes betrat mit ihrem Engagement für die Brüder Grimm, da fühlte sie sich gleich einem Fleisch und Bein gewordenen Albano zum Regieren berufen, und so schrieb sie ihren Freunden: "Eins ist gewiß, die Wahrheit hat unendliche Folgen. In mir hat Euer Tun Gedanken ausgebrütet, die scharfsinnig sind, und seitdem weiß ich, wie ich einen Staat zu regieren habe; und wie ich alle Kraft aus den Herzen der Menschen als Fürst an mich ziehen kann; und wie ich mit dieser als einer höher organisierten Natur auf sie zurückwirken kann."

Bekanntlich waren die Brüder Grimm, die als Teil einer Gruppe von Professoren, den "Göttinger Sieben", gegen den von Ernst August, König von Hannover, bei seinem Amtsantritt 1837 begangenen Verfassungsbruch protestiert hatten, ihres Postens enthoben und außer Landes gejagt worden. Bettina, die ihnen sofort und ohne Zögern zu Hilfe kam, hatte erwartet, daß ihr Schwager und gemeinsamer Jugendfreund der Grimms, Friedrich Carl von Savigny, sowie der Germanistenkollege der Grimms in Berlin, Karl Lachmann, der Historiker Leopold von Ranke u.a. sich für eine Berufung der Freunde nach Berlin einsetzen würden.

Aber nicht nur versagte Savigny den Freunden die aktive Solidarität, er zögerte sogar aus diplomatischer Rücksichtnahme (als ein "Herr von Leisetritt", wie ihn später Bettina in einem Brief an ihren Sohn Siegmund nannte), das Rechtmäßige ihres Schrittes anzuerkennen. Bettina verfaßte aus diesem Anlaß die in Bärwalde sorgfältig ausgearbeitete große Epistel an ihren Schwager, in der sie ihn an die gemeinsamen Ideale der Jugendzeit und an seine Freundespflicht erinnerte. Gegen Schluß des Briefes nennt sie dann zusammenfassend die Triebkräfte ihres Tuns:
"... Hoch über Sternen in blauen Fernen wohnt aller Meister; und dieser regiert mein Herz, das mich anweist, aller Geschicke auf mich zu nehmen, die mit heimlichem Magnet mich anziehen. Halt! - wieviel hab ich denn schon auf mich gepackt? - erstens der *Grimm* ihr Schicksal, wie Balsam auf meine Seele herabgeträufelt. - Dann zweitens die Juden, welchen ich ein für allemal ein romantisches Heldenfeuer gewidmet habe; denn zu lange schon belasten die Philister sie öffentlich mit Sünden, deren sie heimlich sich nicht weniger schuldig wissen, und jene verlassen doch nicht ihre Schriftgelehrten und weisen Männer, wie wir es tun, sondern sie teilen ihren Segen mit ihnen. - Drittens das junge Deutschland; denn weil es von den Philistern angespauzt wird wie von einer Gesellschaft alter Kater, also eine Affinität mit der *Grimm* Schicksal hat, so ists mir schon deswegen heilig."

Später sollten zu diesen Geschicken noch die der Armen hinzukommen, deren Not sie anläßlich des Ausbruchs einer Choleraepidemie in Berlin kennengelernt und dann im Königsbuch und im sogenannten Armenbuch publik zu machen versucht hat, oder, diesen Ausdruck gebraucht sie auch schon, des Proletariats, und, in der achtundvierziger Revolution, die Geschicke der Polen, nebst vielen anderen Einzelschicksalen, die ich nicht alle aufzuzählen brauche.

(Die Zitate habe ich dem von Professor Hartwig Schultz herausgegebenen Band "Der Briefwechsel Bettine von Arnims mit den Brüdern Grimm" entnommen. Ich erwähne das deswegen besonders, weil ich ja hier von meinen Wünschen spreche und ich mir mehr von Bettinaschen Büchern in der Art wie diesem, oder auch dem von Ursula Püschel herausgegebenen Briefwechsel mit Heinrich Bernhard Oppenheim, wünschen würde.[39] Allerdings zeigt die Tatsache, daß letzterer nicht mehr im Insel-Verlag, sondern in einer nur einem kleinen Kreis

---

[39] Anzumerken ist nach Ursula Püschel: Das Buch ist als Bd. 1 einer Reihe von BvA-Studien erschienen, allerdings ohne ordentliche Verlagsbezeichnung, weil der Verlag erst im Werden war. Bd. 20/21.Der Verlag gehört Uwe Lemm, der auch als Herausgeber in Erscheinung tritt

von Liebhabern zugänglichen Auflage erschienen ist, daß die Zeichen der Konjunktur für die Bettina nicht mehr so günstig zu stehen scheinen wie ehedem.)

In ihrem Kampf für die Sache der Brüder Grimm gebrauchte die Bettina zum ersten Mal die Taktik, die sie später, so auch im Verlauf des Magistratsprozesses, wiederholt anwenden soll- te: um sich für ihre Ziele eine gewisse Öffentlichkeit zu verschaffen, ließ sie Abschriften ihrer Briefe kursieren. Eine Abschrift ihrer Epistel an Savigny schickte sie, zusammen mit einem Exemplar des von ihr herausgegebenen Arnimschen Romans "Die Kronenwächter", ohne den Namen der Freunde, um die es ging, noch ihren eigenen zu nennen, an den preußischen Kron- prinzen, der kurz darauf, nach seiner Thronbesteigung als König Friedrich Wilhelm IV., die von ihr in ihn gesetzten Erwartungen erfüllte und die Brüder Grimm nach Berlin berufen ließ. Er hatte ihr umgehend geantwortet, wobei er mit seinem etwas gequälten Humor es ihr gleich zu tun versuchte: "...Mit forschendem Grimme, wies meine Art ist, nahm ich die Entzifferung vor und denken Sie sich mein Erstaunen: wie ich in den Wald gerufen, rief es zweimal zu- rück; anders gesagt: die Frucht meines forschenden Grimmes war - zwei forschende Grim- me!!..."

Auf die Episode mit den Brüdern Grimm bin ich deshalb so ausführlich eingegangen, weil sie für das Verhältnis der Bettina zum Berliner Magistrat in mehrfacher Hinsicht bedeutungsvoll werden sollte.

1) Indem sie ihre alten Freundschaftsbeziehungen zu den Brüdern wieder aufnahm, kam die Bettina auf den Gedanken, in Zusammenarbeit mit Wilhelm Grimm die Gesammelten Werke ihres verstorbenen Mannes, Ludwig Achim, herauszugeben, und dies wiederum führte sie schließlich dazu, einen eigenen Familienverlag, den v. Arnim'schen Verlag zu gründen. Damit hatte sie sich aber aus den Höhen der Literatur in die Niederungen des Geschäftslebens bege- ben, und darin erkannte der Berliner Magistrat seine Chance, endlich der ihm unliebsamen, aber berühmten Frau beizukommen. So nahmen von der Verlagsgründung die Streitigkeiten im Magistratsprozeß ihren Ausgang. Mit dieser wurde Bettina übrigens auch - das ist meines Wissens bisher noch gar nicht gebührend gewürdigt worden - zu einem der ersten weiblichen Unternehmerinnen in Deutschland (unter den christlichen Deutschen, muß ich der Genauig- keit halber hinzufügen, denn unter deutschen Juden hatte es zuvor schon einige Unternehme- rinnen gegeben, die Glickele von Hameln ist davon nur die bekannteste). Und sie argumen- tierte gegenüber dem Magistrat, nicht dem Stil, aber dem Inhalt nach, ganz wie ein heutiger Unternehmer es tun würde, als sie schrieb:

"... so habe ich gleich im Beginn der Gegenmicheingenommenheit Eines Hochlöblichen Ma- gistrats fest beschlossen, das Terrain zu wechseln und dieses dem Gemeinwohl der armen Proletarier nicht ganz unnütze Unternehmen auf einen Boden zu verpflanzen, wo keine Vor- urtheile gegen mich so fest eingewurzelt sind, daß sie gleich dem sogenannten Teufelszwirn um so üppiger wuchern, um so mehr man sie auszurotten versucht und endlich sogar hinter dem eigenen Ofen hervorkeimen, welches Natur-Phänomen ich kürzlich zu meiner eignen Warnung wahrnehmend, solchem bösen Leumund, der hier über mich ausgeht, vergleiche.
Da aber während diesem harten Winter schon 12 000 Bände des Verlages geheftet worden und 18 000 eben zum Heften vertheilt werden, was mehrere arme Buchbinder mit zahlreichen Familien vor Hunger und Frieren schützte, auch mehr wie ein armer Buchdrucker sicheres Brod dabei fand, so zage ich, diesen armen Leuten ihr Verdienst so plötzlich zu entziehen, und obschon es mir ein unangenehmes Gefühl ist, dieser von mir zum Wohl der Armuth be- rechneten Thätigkeit Einhalt zu thun, tröstet mich doch, daß nicht ich Einem Hochlöblichen Magistrat den Anlaß gab, nach 8monatlicher Untersuchungsfrist und ebenso langem Beden-

ken diesem der Armuth zu Gute kommenden Unternehmen plötzlich sturmlaufend ein Ende zu bereiten."

2) Sie wurde, wie wir schon gesehen haben, im Verlaufe des Kampfes für die Brüder Grimm sich ihrer Bestimmung als einer entschiedenen Anwältin der Oppositionellen und der Verfolgten bewußt, was natürlich sehr bald den Argwohn des Magistrats erwecken mußte.

3) Zugleich aber bildete sich bei ihr die mythische Vorstellung von einem Volkskönigtum aus, das sie, ermutigt durch ihren ersten Erfolg in der Sache der Grimms, als guter Dämon des Königs und "kühne Vorrednerin" (Gutzkow) des Volkes, zu verwirklichen hoffte, im Widerstand gegen die Minister und Berater des Königs, die sie, in Anspielung auf den frömmelnden Kultusminister Eichhorn, den "heraldischen Tierkreis" nannte und denen sie die Schuld daran gab, daß der König nicht seiner nach ihrem Verständnis eigentlichen Bestimmung gemäß handelte, denn so hatte sie das im Falle ihres Schwagers Savigny erlebt. War sie sich wirklich nicht darüber klar, daß der König selbst noch weniger als Savigny das Rechtmäßige des Handelns der Brüder Grimm anerkannte ("Mais le meilleur cheval bronche une fois" - "Auch das beste Pferd schlägt gelegentlich einmal aus", schrieb er an den Minister Altenstein), sondern nur aus Prestigegründen die Brüder Grimm an die Berliner Universität ziehen wollte? Gleichviel, bemerkenswert ist für mich jedenfalls, daß bei ihr eine solche Mythenbildung nicht dazu bestimmt war wie bei manchen Romantikern, als geistiges Vehikel zu dienen zur Flucht aus der Welt, sondern im Gegenteil als moralische Rückendeckung für ihr beherztes Eingreifen in derselben. Sie hat sich denn auch wohlweislich gehütet, den König in eigenen Angelegenheiten zu bemühen, was sie beispielsweise im Magistratsprozeß durchaus hätte tun können. Sie machte vom Mythos des Volkskönigtums nur Gebrauch, wenn es um die verletzten Rechte oder das Leben anderer ging, bis hin zur Bitte um die Begnadigung des Bürgermeisters Tschech, der auf den König ein Attentat zu verüben versucht hatte. Der Mythos war also in den Augen der Berater des Königs eine gegen diesen selbst gerichtete geistige Waffe.

4) Umgekehrt war auch des Königs Verhältnis zu ihr durchaus zwiespältig, so daß von einer Verständigung zwischen den beiden eigentlich nicht die Rede sein kann. Ihr Ideal vom Volkskönigtum teilte er keineswegs, er pochte stets auf sein Gottesgnadentum. Weniger für ihn als für das Kulturniveau der damaligen Zeit spricht, daß er sie, die doch in seinen Augen mit Hochverrätern und Verbrechern in Verbindung stand, gewähren ließ, weil er sie gleichsam als eine kulturelle Institution respektierte. (Wie das ähnlich de Gaulle mit Sartre tat, als er, gefragt, warum er gegen dessen politische Umtriebe nichts unternehme, antwortete: "Einen Voltaire verhaftet man nicht!" Welcher heutige deutsche Politiker hätte etwa gegenüber dem viel weniger militanten Heinrich Böll gleichen Respekt bewiesen?)

5) Mit dem Mythos vom Volkskönigtum ist zugleich die Rolle bezeichnet, die sie von da an Savigny als Mitglied des "heraldischen Tierkreises" in ihrem Leben zugewiesen hat. Sie hat das Bild ihrer Jugendfreundschaft in dem zu eben dieser Zeit (1840) publizierten Briefroman "Die Günderode" deshalb nicht etwa retuschiert oder gar verzerrt, aber sie ging auf Distanz zu ihm, ja sie nutzte voller Ironie die Tatsache aus, daß er, ein königlich preußischer Minister, ihr Schwager war, der ihr gegenüber als der ungebärdigen Oppositionellen seine familiären Bindungen nicht einfach verleugnen konnte. Hinter den Mitgliedern des "heraldischen Tierkreises" vermutete sie im übrigen die wahren Drahtzieher der vom Berliner Magistrat gegen sie geführten Angriffe. Das war auch der Grund, wie sie offen erklärte, weshalb sie diesen Angriffen mit Gelassenheit und Humor begegnete, das heißt, daß sie die Mitglieder des Magistrats nicht eigentlich ernst nahm, was allerdings die größte Beleidigung ist, die man einem Bürokraten zufügen kann.

In einem Entwurf zu einem Artikel über den Magistratsprozeß, Ende 1847 verfaßt, um ihn der Presse zuzuspielen (auch dieses Mittel gebrauchte sie in ihren diversen Auseinandersetzungen, um sich eine Öffentlichkeit zu verschaffen), nennt sie die verschiedenen Anlässe, die ihrer Vermutung nach den Grund für die Feindseligkeit des Magistrats gegen sie gebildet haben.

Der erste Anlaß, sich an ihr zu ärgern, war ihr beherztes Eingreifen im Cholerajahr 1830, im Verein mit anderen Frauen und mit der Unterstützung ihres Freundes Schleiermacher, in den Armenvierteln von Berlin. Ein Stadtrat P. hatte geplant, Wolldecken, die für die Armen bestimmt waren, zu horten, um sie nachmals zu Wucherpreisen zu verkaufen. Bettina entdeckte sie im Vorhof der Wollmanufaktur, kaufte sie zum Fabrikpreis auf und verteilte sie unter die Armen. Kurz danach wollte man sie wegen des Geldes belangen, das sie für die Armen gesammelt hatte, unter dem Vorwand, daß es der Armenverwaltung gehöre. Daraufhin legte sie die Verantwortung für die Verteilung der Gelder in die Hände ihres Schwagers Savigny, und damit war die Sache der Zuständigkeit des Magistrats entzogen.

Das nächste Ärgernis bereitete sie dem Berliner Magistrat mit einem Schreiben an den Bürgermeister Krausnick im Oktober 1840, worin sie sich gegen den Plan des Magistrats wandte, anläßlich der Huldigungsfeier für den neuen König "ein thurmartiges Gerüst zu errichten, auf welchem die 40 Ahnen des königlichen Hauses, sogar bis auf unseren kaum verblichenen, von seinen Nachkommen noch so tief betrauerten Herrscher transparent gemalt werden sollen!" Ihr Protest richtete sich dagegen, daß dies im Namen der Bürger geschehen solle, obwohl es "keineswegs ... den treuen Ausdruck des bürgerlichen Sinnes bezeichnet."

Schon klingt hier der Ton ihrer späteren an den Magistrat gerichteten Briefe an, wenn sie, mit Blick auf das Ausland, schreibt: " ... Wieviel Boshaftes wird der hier in Oel getünchten Ahnenreihe noch angeheftet werden? wie viel Unsinn an uns hervorgehoben, daß wir nichts besseres können, als todtes Vergangenes aufzuputzen, zu illuminieren, während doch alle Nationen stark sind, das Neuere, das Bessere zu entwickeln, und während es uns in unserem König so hoch und theuer zugesagt ist. O, warum bemalen Sie nicht lieber diesen Thurm mit allen Nationen, mit Türken, Heiden, Juden und Christen, mit Aegyptern, mit Kanadiern, Arabern, ja mit Menschen aus dem Monde, die alle unter dem Szepter eines großmüthigen Königs sich vereinend dem Lande die höchste Blüte verleihen und den Geist frei machen von Sclavenfesseln des Neides, des Aberglaubens?"

Wenn man die Bettina, wegen ihres Mythos vom Volkskönigtum, gelegentlich als Royalistin bezeichnet hat: was für eine Royalistin mag das sein, die sich derart despektierlich über eines Königs Ahnenreihe äußert? Und wenn man, wie es mir während der Arbeit an vorliegendem Vortrag geschehen ist, die Fackelzüge gegen Ausländerfeindlichkeit miterlebt, die seit dem Pogrommord an einer türkischen Familie in diesem deutschen Herbst von 1992 unsere Großstädte durchziehen, sollte man da nicht meinen, die Bettina habe mit ihren Forderungen vorweggenommen, wonach diese Menschen sich sehnen? Nein, nicht eine "Multi-kulturelle Gesellschaft", diesen Ausdruck neudeutschen Newspeaks hätte sie vermutlich abgelehnt.

" .... den Geist frei machen von Sclavenfesseln des Neides, des Aberglaubens", das bezeichnet nicht bloß ein gleichgültiges Nebeneinanderleben, sondern eine Aufgabe, eine sittliche Einstellung. Meiner Meinung nach läuft es auf den Gedanken des Internationalismus hinaus, obwohl die Bettina den Begriff noch nicht kannte, weil er sich damals erst herauszubilden begann. Halten wir uns also an den Gedanken des Weltbürgertums, einen Gedanken, den unter anderen schon Ludwig Achim von Arnim verfochten hatte.

Der oben angeführte Brief ist als Beilage zu Dokument #27 in Gertrud Meyer-Hepners Ausgabe vom Magistratsprozeß abgedruckt worden, Bettinas Entwurf für die Presse erst als #82, als letztes Dokument. Bettina hatte nämlich die Unterlagen zum Prozeß sorgfältig gesammelt und mit Nummern versehen, denn sie plante ihre Veröffentlichung "als notwendige Fortsetzung des Königsbuches". Frau Meyer-Hepner hat die Dokumente dann in der Ordnung abgedruckt, wie sie sie vorgefunden hat. Grundsätzlich halte ich das für korrekt und begrüßenswert. Denn bevor das Werk eines Autors nicht vollständig, in einer gewissenhaft erarbeiteten Edition, vorgelegt worden ist, stellen sogenannte Bearbeitungen oder gekürzte Ausgaben, wie die des Ehebriefwechsels der Arnims oder des Armenbuchs der Bettina, nichts anderes dar als eine mißliche Bevormundung des Lesers oder eine Art von Zensurausübung.

Aber es ist offensichtlich, daß die Bettina, hätte sie freie Hand gehabt, sich bei einer Herausgabe des Magistratsprozesses so wenig wie bei ihren Briefromanen mit einem bloßen Abdruck der Originale begnügt hätte. Müßig, darüber zu spekulieren, wie sie bei einer Bearbeitung der Aktenstücke vorgegangen wäre. Nur ließe sich eben eine Bearbeitung des Textkomplexes nicht umgehen, wollte man dem Buch eine Verbreitung außerhalb des Zirkels der Bettina-Spezialisten verschaffen. Beispielsweise versteht sich von selbst, daß oben genanntes Schreiben an Bürgermeister Krausnick, zusammen mit besagtem Entwurf eines Artikels für die Presse, an den Anfang der ganzen Geschichte gesetzt werden müßte, während es so, wie es jetzt erscheint, als Beilage zu Dokument #27 (Bettinas Entwurf für ihre Verteidigungsrede im Prozeß), erst nach mehrfachem Hin- und Herblättern verständllich wird. Es müßte sich also jemand finden, der den Mut hat wie Herr Alfons Pausch, ein Buch quasi eigener Produktion zu schaffen, der aber auch mit der Biografie der Bettina vertraut und bescheiden genug wäre, um ihre Texte in angemessener Form und als ein authentisch Bettinasches Buch zu präsentieren.

Die dritte Berührung mit dem Berliner Magistrat, die die Bettina in ihrem Artikelentwurf nennt, war Anfang 1844 ihr Eintreten für die Witwe Otto, "die arme Wasserträgerin, deren unschuldiger Sohn vom Gendarmen ist zusammengehauen worden". Als sie darüber Alexander von Humboldt berichtete, sagte sie: "Ach, das kommt mir alles viel trauriger vor wie der Sophokles." Ursula Püschel hat den Fall im dritten Band des "Internationalen Jahrbuchs der Bettina von Arnim-Gesellschaft" dokumentiert und eingehend dargestellt.

Als vierten Punkt erwähnt Bettina ihre Beziehung zum schlesischen Fabrikanten Friedrich Wilhem Schlöffel, den man im März 1845 wegen Hochverrats verhaftet und für den sie sich in einem Brief an den König vom 18. Juli 1845 eingesetzt hatte. Der König hatte ihr zwar geantwortet, er bedaure, daß sie, "seine Gönnerin", mehr Gewicht lege auf Mitteilungen seiner Feinde als seiner Freunde; und Schlöffel sei sein Feind, der die Königin habe ermorden und die Fahne der Empörung habe aufstecken wollen. Aber die Bettina gebrauchte, wie ihr damaliger Adlatus Rudolf Baier in seinem Tagebuch vermerkt hat, eine List: sie zeigte des Königs Brief der Frau des Kammergerichtspräsidenten von Strampff, aber nur die Unterschrift, und behauptete, der König wünsche Schlöffels Freilassung. Schlöffel wurde dann tatsächlich freigesprochen, ob aufgrund dieses Schachzugs der Bettina, wie es Gertrud Meyer-Hepner suggeriert, oder, wie Ludwig Geiger meint, weil Schlöffel einen tüchtigen Verteidiger hatte, der das ganze Gebäude der Anklagen und angeblichen Schuldbeweise gegen Schlöffel zum Einsturz brachte, kann ich nicht beurteilen.

Was die Bettina nur andeutet, ist die Tatsache, daß sie in den Augen der Berliner Behörden sich fast ebenso verdächtig gemacht hatte wie Schlöffel selbst. Nachdem sein Name durch eine Veröffentlichung über Mißstände auf dem Lande ihr bekannt geworden war, bat sie ihn anfangs 1844 um Material über die schlesischen Weber. Er schickte ihr 93 "Depositionen armer Leute", die sie in ihrem Armenbuch verwenden wollte. Diesen Briefwechsel, schreibt sie, hatte sie in ihrer politischen Unschuld für ein genügendes Zeugnis von der vollkommenen Unfähigkeit Schlöffels gehalten, Böses in seinem Sinne zu reifen, stattdessen mußte sie mit Erstaunen entdecken, daß man diese Briefe zum ersten Anlaß seiner Verdächtigung nahm. Neben dem geplanten "Armenbuch" hatte die Bettina auch vor, eine Dokumentation speziell über den Fall Schlöffel zu publizieren, was aus den gleichen Gründen unterblieb, die Varnhagen in einer Tagebucheintragung vom 19.6.1844 nennt: "Der Minister Graf von Arnim beschuldigt Bettinen von Arnim, sie sei Ursache des Aufstandes, sie habe die Leute gehetzt, ihnen Hoffnungen erweckt, durch ihre Reden und Briefe, und schon durch ihr Königsbuch!"

Neben den von ihr zu Lebzeiten veröffentlichten Werken ließe sich so eine ganze Reihe von Büchern herausbringen, die, wie der von Hartwig Schultz herausgegebene Briefwechsel mit den Brüdern Grimm, einzelne Episoden ihres politischen Wirkens beleuchten würden und nicht weniger als Teil ihres literarischen Schaffens zu gelten hätten als die im Deutschen Klassiker Verlag neu aufgelegten Briefromane.

Um nun endlich zu den Prozessen selbst zu kommen, so läßt sich der Hundesteuerprozeß betrachten als ein Vorgeplänkel im Feldzug des Magistrats gegen die Bettina, und nachstehende Mitteilung war der erste Pfeil, den dieser auf sie abgeschossen hat:

"Der Frau Baronin von Arnim wird hierdurch bekannt gemacht, daß wir die Execution auf Hundesteuerreste, im Betrage von Einem Thaler 15 Sgr. sowie auf Contraventions-Strafe im Betrage von Vier Thaler 15 Sgr. zusammen *Sechs Thaler* wider sie dergestalt verfügt haben, daß, wenn binnen drei Tagen die Bezahlung dieser Gelder und der Executions-Gebühren mit 5 Sgr. dem Executor nicht nachgewiesen werden kann, sodann mit der Abpfändung ihrer Sachen wider sie verfahren werden muß, wonach dieselbe sich zu richten hat.[40]

Fürwahr ein mustergültiges Dokument obrigkeitsstaatlicher Machtausübung! Hier wird wegen einer angeblichen Contravention verurteilt, eine Strafe verhängt, eine "Execution" verfügt und mit einer Pfändung gedroht, ehe die Beschuldigte auch nur einmal den Mund hat aufmachen können! Im wahren Sinne des Wortes ein kurzer Prozeß! Daher wohl auch der Name "Hundesteuerprozeß", obschon, wie gesagt, die Sache gar nicht vor Gericht gekommen ist. Nach einer zunächst eher sachlich gehaltenen, milde ironisch gestimmten Erwiderung gab sie dem Schalk in sich feien Lauf und ließ dem Magistrat am 8. Juli 1842 folgende "Aktennotiz" zukommen:

" ...   I. Im October 1841 erblickte eine Hundeseele das Licht der Welt zu Bärwalde oder doch in dessen Nähe. Gepflegt von zarten Händen erlangte das Thierchen eine nimmer geahnte Höhe. Am 7ten Januar erblickte nicht blos die Seele, sondern auch das Auge des Thierchens eine zweite Welt, es sah - Berlin! [...]

II. Das Schicksal ewig waltet auf und ab; auch die Freuden, die ein Hund bereitet, auch sie sind ohne Dornen nicht. Geboren auf dem Lande, fern von Heuchelei, sprang das Thierchen ungeschränkt; doch Gewinnsucht, Neid und Mißgunst lauschten, und ein Zeichen wandelt Freud in Leid. Was kein Verstand der Verständigen sah, es war den Richtern der Hundesteuer klar. Die Mutter jener zarten Pflegerinnen, sie sollte büßen, daß das Tierchen ohne Zeichen nicht dem Rath der Stadt gemeldet war. Solcher Unbill sich zu fügen, das vermag die Mutter nicht. Streiten soll ich, kämpfen soll ich für Gerechtigkeit!

---

[40] Berlin, den 1ten July 1842. „Deputation des Magistrats zur Erhebung der Hundersteuer."

III. Das Schicksal waltet ewig auf und ab! Welche Freude, kämpfen für Gerechtigkeit! Kämpfen für den Geist, der Millionen sein nennt auf dem Erdenrund! ... "

So genau wollte der Magistrat vermutlich das Ganze denn wiederum auch nicht wissen! Hier verwendet die Bettina zum ersten Mal ein literarisches Verfahren, das ich, mangels eines besseren Begriffs, Realsatire nennen möchte, d.h. zum einen geht es um eine ganz reale Auseinandersetzung, nichts ist fingiert, zum andern aber erscheinen im Kontext ihrer Antworten, in denen sie scheinbar so schreibt, wie es ihr in die Feder fließt, die steifledernen Verlautbarungen, die die Staatsdiener von sich geben, als Produkte unfreiwilliger Komik, so als hätten sie sich selbst karikieren wollen. Im Magistratsprozeß provoziert sie den Magistrat zu immer neuen Äußerungen, von denen die nächste dann jeweils noch komischer wirkt als die vorherige, vor allem, wenn sie daraus zitiert und sozusagen deren barschen Tonfall nachäfft. Ja, eine Stelle daraus faßt sie sogar in eine Art Gedichtform, so daß die Diskrepanz zwischen Form und Inhalt den Effekt der Komik aufs Höchste steigert. Ihr geht es dabei durchaus um die Verteidigung ihres Rechts in der Sache, aber zugleich hat sie die Öffentlichkeit im Auge, und das heißt, die Verbreitung ihrer Kampfeserfahrungen in Buchform. In der Tat eine eigentümliche Weise, Literatur und Leben zu verquicken und die Forderung der Frühromantik, die Welt müsse poetisiert werden, in die Tat umzusetzen.

Professor Hartwig Schultz hat mich auf die Parallele zur Studentenprotestbewegung der 68er hingewiesen, als Leute wie Fritz Teufel oder Rainer Kunzelmann durch ihr, wie man so schön sagt, unpassendes Verhalten vor Gericht, d.h. durch ihre Clownerien, die Behörden und damit der Intention nach den Staat selbst ins Lächerliche zogen. Nur daß sie, um den gewünschten Effekt zu erreichen, auf die Mitwirkung der Massenmedien angewiesen waren, wogegen die Bettina vornehmlich durchs Medium der Sprache wirkte. Insofern wäre sie eher dem Satiriker Karl Kraus zu vergleichen, mit dem Unterschied wiederum, daß sich dieser in seinem Kampf um Gerechtigkeit mit einer Ausschließlichkeit auf die Verteidigung der Sprache als der für ihn höchsten moralischen Instanz konzentrierte, wie es der Bettina noch durchaus fremd war, wie es ihr denn auch ferngelegen hätte, die Presse, die sich zu ihrer Zeit ja erst zu entwickeln begann, als Hort und Quelle aller Verderbnis zu betrachten. Verwandt ist sie Karl Kraus jedoch wiederum in dem Verständnis, daß nicht sie die Urheberin der Satire ist, sondern die Wirklichkeit selbst. In einem Brief an das Berliner Kriminalgericht vom 24. Januar 1845 "In den Untersuchungssachen gegen die Hakwitz" (laut Henrici-Katalog Nr.155, Titel 203, zugehörig zu einem Aktenkomplex von 40 Seiten, davon 28 Seiten von Bettinas Hand, also wiederum ein Desideratum der Bettina-Literatur!) schrieb sie: "Ich sage aber dem hochlöblichen Criminalgericht, daß dies eine so arge Satyre ist auf die Gerechtigkeit, daß ich demselben rathe diese Untersuchung schleunigst niederzuschlagen "

Nachdem die Bettina nun auf jene poetisch-barocke Weise alle (Steuer-)Schuld von sich gewiesen hatte, machte sie sich einen Spaß daraus, in der Hundesteuersache ihrem Schwager und Vormund ihrer Kinder, Savigny, den schwarzen Peter zuzuschieben, um die Angelegenheit aus der Welt zu schaffen. Die Pointe des Schreibens, das sie dem oben angeführten nach etwas über einer Woche folgen ließ, bestand nämlich darin, daß sie in demselben viermal den Namen seiner Exellenz (sic!) des Herrn Justiz-Ministers von Savigny als des Vormunds ihrer minorennen Töchter nannte, und plötzlich kühn behauptete (was im übrigen durchaus der Wahrheit entsprechen mochte), dieser habe die Hundesteuer bereits bezahlt.

Zwischen diesem Scharmützel um die Hundesteuer im Jahre 1842 und dem Konflikt mit dem Magistrat, der mit einem Schreiben des Magistrats vom 18.August 1846 eingeleitet wurde und im Prozeß mündete, gab es neben den oben schon genannten eine Reihe weiterer Aktivitäten der Bettina und auch Publikationen, mit denen sie das Ärgernis der Berliner Obrigkeit erregt oder deretwegen sie mit derselben Schwierigkeiten bekommen hatte. Im Jahre 1843 veröffentlichte sie "Dies Buch gehört dem König" , das sie in Konflikt brachte mit der Zensurbehörde, obwohl der König (in Unkenntnis des Inhalts) die Widmung angenommen hatte und das Buch wegen seines großen Umfangs eigentlich gar nicht der Zensur unterlag. Anstößig darin waren nicht nur die freireligiösen Passagen. Besonderes Ärgernis erregte der von einem jungen Schweizer Freund der Bettina, Heinrich Grunholzer, verfaßte Anhang: "Erfahrungen eines jungen Schweizers im Vogtlande" mit Berichten und Statistiken aus dem Vogtland genannten Berliner Armenviertel. Savigny sprach von Lug und Trug. Aus dieser ersten Beschäftigung mit den Problemen sozialer Not erwuchs ihr Plan für das "Armenbuch", dessen Veröffentlichung aus den oben erwähnten Gründen unterblieb. Wenn anläßlich der Baupläne des Königs "Bettina von Arnims schönes Wort, er solle den Dom in Tausenden von Hütten [in Schlesien] bauen", wie Varnhagen am 20.6.1844 in seinem Tagebuch notierte, "viel gehört und belobt" wurde, so letzteres gewiß nicht vom Berliner Magistrat. Ein 1845 von George Sand an sie gerichteter Dankesbrief für die Übersendung der französischen Ausgabe von "Goethes Briefwechsel mit einem Kinde" wurde von der Polizei erbrochen und die Bettina beschuldigt, sie korrespondiere mit der französischen Schriftstellerin über Sozialismus und Kommunismus, obwohl diese nur aus Goethes "Wilhelm Meisters Wanderjahre" etwas über "Besitz und Gemeingut" ("le bien commun") zitiert hatte. 1844 hatte auch bei der Veröffentlichung des Buches "Clemens Brentanos Frühlingskranz" die Zensurbehörde Steine in den Weg gelegt, nicht des Inhalts wegen, natürlich, denn der war in der Tat politisch harmlos, sondern um der Tatsache willen, daß sie es aus Gründen der Solidarität beim Verleger Egbert Bauer hatte erscheinen lassen, einem Bruder von Bruno und Edgar Bauer, den beiden Junghegelianern, die wegen ihrer religionskritischen Schriften von den Behörden verfolgt wurden. Es war vermutlich dieser Kampf der Bettine mit der Zensurbehörde um die Freigabe des "Frühlingskranzes", der den Berliner Magistrat auf den Gedanken brachte, daß, als sie kurz danach ihren eigenen Familienverlag gründete, hier der Punkt zu finden sei, wo man sie empfindlich treffen konnte.

Am 18. August 1846 erhielt Bettina ein Schreiben des Magistrats, in dem sie in dem uns nun schon vertrauten barschen Tonfall aufgefordert wurde, das Bürgerrecht der Stadt Berlin zu erwerben, da sie das Gewerbe einer Verlagsbuchhändlerin betreibe und infolgedessen eine gewerbetreibende Person sei. Auch hier wieder reagierte die Bettina zunächst gelassen und setzte dem Magistrat weitläufig, aber in einem eher sachlichen Ton auseinander, daß sie, wenn sie die Werke ihres verstorbenen Mannes und ihre eigenen im v. Arnimschen Verlag herausgebe und dann durch buchhändlerische Kommissionäre unter der Kontrolle eines eigens hierfür eingestellten Buchhändlers namens Jenatz verkaufen lasse, sie nichts anderes tue als ein Gutsbesitzer, der seine landwirtschaftlichen Erzeugnisse als sein Privateigentum verkaufe, ohne daß man diesen deshalb als eine gewerbetreibende Person betrachte und belange.

Einen Zeitzünder hatte sie allerdings in diesen ersten Antwortbrief eingebaut, er lautete:
"Was endlich die Erlangung des Bürgerrechts betrifft, zu welchem ein Hochlöblicher Magistrat speciel die Frau Baronin von Arnim als einer nothwendigen Pflicht anweißt, obschon der Arnimsche Verlag ein Gesamteigenthum der Familie ist, so steht dieselbe nicht an, insofern man ihr das Bürgerrecht als ein freiwilliges Ehrengeschenk anbieten wollte, womit man ihr seine Hochachtung zu bezeigen gedächte, dasselbe anzunehmen. Insofern man sie aber veranlassen will, das Bürgerrecht anzukaufen, so muß schon der wichtige Grund sie abhalten, daß dies den Irrthum, in welchem ein hochlöblicher Magistrat befangen ist, als sei sie eine Gewerbetreibende Person, nur bestärken und im Publicum verbreiten würde."

Immerhin ließ sich der Magistrat fünf Monate Zeit, ehe er sich zu einer weiteren Antwort bemüßigt fühlte, die dann allerdings umso schärfer, ja geradezu beleidigend ausfiel. Einem flüchtigen Leser wird dieses Intervall von fünf Monaten in der vorliegenden Edition gar nicht besonders auffallen, da man solche Daten leicht überliest. In einer neuen Ausgabe müßte es durch einen Zwischentext hervorgehoben werden, denn für Bettina war das kein Zufall, wie sie in einem Briefentwurf, vermutlich an Alexander von Humboldt, später schreibt: "Der zweite Aufsprung kam ganz unerwartet abermals auf Anstiftung, und zwar zuerst veranlaßt durch eine in der Zeitungshalle erschienene Nachricht, ich werde ein Buch herausgeben zum Besten der Bibliothek von Hofmann von Fallersleben! Diese wie es scheint absichtlich sehr prahlerisch angezeigte Nachricht erregte einen großen Aufruhr unter den Staatsbeamten...Man fragte nun, ob es denn wahr sei ... Ich antwortete ganz unbefangen, wenn es in der Zeitung gesagt sei, wolle ichs auch wahr machen, denn ich halte dies für ein Wahrzeichen meines Dämons, daß ich es thun solle! ... Ich bin ein Dorn im Auge nicht des Magistrats, sondern der Regierung, und ich konnte also unmöglich gegen den Magistrat gereizt sein, von dem ich mir ja gar keine Vorstellung als Mensch mache, aber gereizt gegen Niemand! ..."

Die Beleidigung, mit der der Magistrat die Bettina in seinem Schreiben vom 21. Januar 1847 zu provozieren versuchte, lag in dem Satz: "In Betreff der in Ihrem obigen Schreiben enthaltenen Äußerung, daß Sie bereit wären, das Bürgerrecht anzunehmen, wenn Ihnen solches als ein freiwilliges Ehrengeschenk zur Bezeigung unserer Hochachtung angeboten würde, müssen wir bemerken, daß keine Veranlassung zu einer solchen Ehrenbezeigung vorliegt ..."
Es gab einen Nachkommen aus der Familie Brentano, Außenminister Adenauers, dessen einziger Betrag zur Literaturgeschichte, wie Robert Minder schreibt, in der Gleichsetzung von Bert Brecht mit Horst Wessel besteht. Er war also offensichtlich weniger dem Erbe der Brentanos verpflichtet als vielmehr dem Geist des Bürgermeisters Krausnick. Sicher hat des Magistrats Affront gegen die Bettina die damalige liberale Öffentlichkeit ebenso empört wie der Vergleich des Außenministers die Schriftsteller der Adenauer-Zeit. In den "Berliner Pfennigblättern" vom 15.April heißt es: "Ja, wenn sie Hosen trüge, ein Bändlein, ein Sternchen, ein Kreuz - sie wäre ja sonst die *erste* Ehrenbürger*in*." (Man beachte: Schon ganz in der Schreibweise heutiger Feministinnen ist das -in von Ehrenbürgerin kursiv gesetzt!). Und einen Monat nach dem Prozeß nahm die gleiche Zeitung zur Frage der Ehrenbürgerschaft wie folgt Stellung: "Wir sind aber überzeugt, daß diese edle Frau die gerechtesten Ansprüche darauf hat, denn sie hat nicht nur in ihren Schriften viel Vortreffliches über die Ursache der Armut und des Verbrechens geschrieben und darin mit warmem Herzen für das Volk gesprochen, sondern auch Taten der reinsten Menschenliebe an tausenden von Berlins Armen geübt; freilich hat sie davon kein Geräusch gemacht. Nicht nur hat sie 400 Familien in den Familienhäusern besucht und unterstützt, sondern in dem verflossenen Winter 1100 Schuhmachern Arbeit gegeben, welche sie dann an die armen Bewohner des Voigtlandes verschenkte. Sie hat ferner zweimal an den Geldfürsten Rothschild geschrieben und Unterstützungen für die armen Juden Berlins von ihm erbeten, sodaß diesen 700 Taler zuteil wurden. - Und dennoch hat sie das Ehrenbürgerrecht noch nicht verdient?"

Die Antwort der Bettina an den Magistrat, mit Datum vom 19. Februar, also knapp einen Monat später, umfaßt in der Buchausgabe sieben Druckseiten und bildet das Kernstück der Satire. Wie oben gezeigt, dachte sie nicht daran, sich provozieren zu lassen. Aber heimgezahlt hat sie es dem Magistrat in der Tat schon, indem sie ein Füllhorn von Jean Paulschem Humor über ihm ausgoß. Nun, über Humor läßt sich nicht reden, man muß ihn genießen, soweit er einem denn zusagt. Als Antwort auf diese Epistel an den Magistrat kam von dessen Seite am 9. März die Ankündigung, er habe Bettinas Schreiben dem betreffenden Staatsanwalte mit dem Ersuchen übergeben, sie wegen in demselben enthaltenen groben Beleidigungen in den Anklagestand zu versetzen und ihre Bestrafung zu beantragen. Die komischen Stellen sind dann, angefangen bei der Anklageschrift des Staatsanwalts, die am 14. Juni 1847 vom Königlichen Kammergericht der Bettina zugestellt wurde, über die Rede des Verteidigers bis hin zu den

Prozeßberichten in der Presse, unzählige Male wiederholt worden, so daß sie das Publikum vermutlich bald auswendig kannte.

Dagegen ist eine ernste, geradezu bekenntnishafte Stelle des Briefes im Prozeß nie erwähnt worden, obwohl sie, da gebe ich Gertrud Meyer-Hepner recht, auf den Magistrat besonders provokant hat wirken müssen. Aber gerade deswegen mochte man ihr wohl durch den Prozeß keine weitere Publizität geben. Es handelt sich um die Stelle, von der ich am Anfang sagte, daß sie von den Germanisten der 68er-Generation wiederholt aufgegriffen worden ist, wobei vielen der Kontext gar nicht mehr bekannt war, dem sie entstammt.

Es ist kürzlich hier in Wiepersdorf gesagt worden, mit dem Sozialismus der Bettina sei es nicht weit hergewesen. Ich weiß nicht, ob das eine Entschuldigung für sie sein sollte, oder wie sonst das gemeint war. Gewiß, die Verbitterung in dem Teil Deutschlands, in dem wir uns hier befinden, über die fünfundvierzig durch die Stalin-Ulbricht-Honecker gestohlenen Jahre des Lebens und die im Namen des Sozialismus durch begangenen Verbrechen läßt verständlicherweise noch manchen auf den Begriff "Sozialismus" allergisch reagieren. Aber sollen wir die nunmehr allerorts herrschende Wirtschafts- und Sozialordnung, die die einstmals betrügerisch zum Volkseigentum erklärten Produktionsstätten Ostdeutschlands nach Willkür verschleudert und Millionen von Menschen in Arbeits- und Obdachlosigkeit versinken läßt, eine Ordnung, die den wirtschaftlichen Erfolg zur obersten moralischen Norm erhebt und, in Krise geraten, die längst überwunden geglaubten Gespenster des Chauvinismus und Rassismus heraufbeschwört, als der Menschenweisheit letzten Schluß akzeptieren? Sollen wir, weil die Knabenmorgenblütenträume aus Deutschlands Zeit der Dichter und Denker, bevor sie reiften, von brauner Pest und rötlicher Fäulnis vernichtet wurden, uns gegen den Stamm wenden, an dem sie gewachsen sind, und damit dem kostbarsten Anteil an unserem geistigen Erbe entsagen?

Sollen wir wegen des Mißbrauchs den Begriff Sozialismus selbst uns nehmen lassen, uns ein Denkverbot auferlegen und uns daran hindern lassen, seinen Ursprüngen nachzugehen? Denn es ist nun einmal besagte klassische Periode, d.h. die Periode zwischen der Französischen Revolution und der Revolution von 1848, die Bettinas Leben und Wirken umspannt, in der dieser Begriff seine definitive Ausprägung erhalten hat.

Ich meine, die Bettina stand nicht nur biographisch, sondern auch, man erinnere sich an den oben erwähnten Brief der George Sand, politisch zwischen Goethe und Marx. Wem das zu gewagt oder zu vage erscheint, dem empfehle ich, besagtes Bekenntnis daraufhin zu überprüfen. Denn es erlaubt eine recht genaue Bestimmung des politischen Standorts der Bettina, obwohl, wie Ursula Püschel in ihrer Dissertation darlegt, sie damit das letzte Wort zu diesem Thema noch gar nicht einmal gesprochen hatte. Ich möchte die Stelle hier im vollen Wortlaut anführen:

"Was nun Ihre letzte Bemerkung anbelangt, daß keine Veranlassung vorliege, mir das Bürgerrecht als ein Ehrengeschenk zukommen zu lassen, so gebe ich dieses zu, da ich zumal das Bürgerthum höher stelle als den Adel. Damit werden Sie einverstanden sein. [Von wegen! Im Gerichtsurteil wurde ihr hierauf die Antwort erteilt. PAvA] - Ebenso stelle ich noch höher die Klasse des Proletariats, ohne dessen ihm angeborne großartige Characterkräfte, des Ausharrens im Elend, im Entsagen und Beschränken aller Lebensbedürfnisse, wenig ersprießliches würde befördert werden. - Der Schatz des Armen besteht im angebornen Reichthum der Natur, das Verdienst des Bürgers im Anwenden und Ausbeuten dieses Naturreichthums, welchen er vermittelst seiner thätigen Gewandtheit und zum eignen Vortheil derjenigen Menschenklasse zuwendet, deren Hochmuth, Verwöhnung und geistige Verbildung Alles verschlingt, eben weil sie keine Productionskraft hat. Die Gründe also, warum ich den Proletarier am höchsten stelle, ist, weil er der Gemeinheit enthoben ist, als Wucherer dem Weltverhältniß etwas abzugewinnen, da er alles gibt und nicht mehr dafür wieder verzehrt, als er eben bedarf, um neue Kräfte zum Gewinn Anderer sammeln zu können. - Offenbar ist daher das Verhältniß des Letzteren zur Nation das edlere, durch seine Hülflosigkeit das Ehrfurcht erweckendste; ja trotz seiner Armuth für die Armuth am glücklichsten wirkende. - Und wenn ich dem Bürgerthum vor dem Adel den Vorzug gebe aus dem Grunde, weil sein praktischer Character dem eingebildeten des Adels gegenübersteht; ich daher die Bürgerkrone dem Ordenssterne vorziehe, so würde ich dem allem noch vorziehen, vom Volke anerkannt zu sein, dessen Verzichtungen heroisch und dessen Opfer die uneigennützigsten sind. - Ich muß Sie daher auch ersuchen, meine Bemerkung, daß ich das Bürgerthum nur als Ehrengeschenk annehmen will, lediglich dahin zu deuten, daß, indem ich ausschlagen muß, dasselbe auf andere Weise zu erwerben, ich hiermit zu verstehen geben wollte, daß es mir, auf eine ehrenhafte Weise erworben, einen hohen Werth habe, während es mir für 28 Rth. 18 sgr. 9 pf. gar keinen Werth hat. Nicht aber, daß ich mir ein Verdienst auch nur dem Scheine nach anmaßte, um solchen Ansprüchen das Wort zu reden."

Robert Minder spricht von brentanisch transponierten marxistischen Grundgedanken. Da stört denn aber doch besonders die Wendung bei der Bettina, es sei "das Verhältnis des Letzteren [d.h. des Proletariers, PAvA] zur Nation das edlere, durch seine Hülflosigkeit das Ehrfurcht erweckendste ..." Die Hilflosigkeit des Proletariers entsprach nun Marxens Vorstellungen ganz und gar nicht. Wenn aber Wolfgang Frühwald im Bettina-Katalog des Freien Deutschen Hochstifts schreibt, die Verfasser des "Kommunistischen Manifests" hätten sie vermutlich in ihrem Dritten Kapitel unter *Philanthropen, Humanitäre, Verbesserer der Lage der arbeitenden Klasse* eingereiht, so scheint mir das wiederum zu weit nach rechts gegriffen zu sein. Von den Exemplaren des "Kommunistischen Manifests" sind ja vielleicht inzwischen doch noch nicht alle auf dem Müll gelandet, so kann man also ruhig einmal darin nachschlagen: Die von Frühwald zitierten Begriffe stehen in dem Abschnitt unter der Überschrift "Der konservative oder Bourgeoissozialismus", der mit der Feststellung endet: "Der Sozialismus der Bourgeoisie besteht eben in der Behauptung, daß die Bourgeois Bourgeois sind - im Interesse der arbeitenden Klasse." Nun kann man beim besten Willen dies nicht aus Bettinas Worten herauslesen, geschweige denn aus ihrer Praxis. Aber ihr "Bekenntnis" gibt uns einen kleinen sprachlichen Hinweis: sie gebraucht, wie wir gesehen haben, die Ausdrücke: "Proletarier" und "Proletariat". Diese Ausdrücke sind zum ersten Mal von den Saint-Simonisten in die politische Debatte eingeführt worden.

Frühwald hätte im "Manifest" also nur eine Seite weiterzublättern brauchen, dann hätte er im 3. Abschnitt unter der Überschrift: "Der kritisch-utopistische Sozialismus und Kommunismus" zur Kennzeichnung der Systeme St. Simons, Fouriers und Owens folgenden Passus gefunden: "Die Erfinder dieser Systeme sehen zwar den Gegensatz der Klassen wie die Wirksamkeit der auflösenden Elemente in der herrschenden Gesellschaft selbst. Aber sie erblicken auf der Seite des Proletariats keine geschichtliche Selbsttätigkeit, keine ihm eigentümliche politische Bewegung ... Nur unter diesem Gesichtspunkt der leidendsten Klasse existiert das Proletariat für sie." Marx und Engels sahen als Grundlage dieser Denkweise die erste, unterentwickelte Phase des Kampfes zwischen Proletariat und Bourgeoisie, und das war ja eben die geschichtliche Stufe, in der sich das damalige Preußen gerade befand. Außerdem ist bekannt, daß die Bettina und ihr Sohn Friedmund mit dem Gedankengut speziell des utopischen Sozialismus St. Simonistischer Prägung vertraut waren.

Aber: The proof of the pudding is in eating, oder: An ihren Früchten sollt ihr sie erkennen! Da nun einerseits Frühwald das Stichwort "Philantropie" ins Spiel gebracht hat und damit den

Sozialismus der Bettina verniedlicht, andererseits aber ihre Vorstellung vom Volkskönigtum gelegentlich dagegen ins Feld geführt wird, daß man die Bettina überhaupt als Sozialistin charakterisieren könne, so möchte ich fragen: Auf wessen Seite stellte sie sich denn, als ihre Fiktion vom Volkskönigtum wie eine Seifenblase zerplatzte, nämlich als in der Revolution von 1848 Volk und König sich unversöhnlich gegenüberstanden? Im Gegensatz zu dem wegen seiner Mitleidsphilosophie, und das ist doch soviel wie Philanthropismus, gepriesenen Schopenhauer, der sich seiner damaligen Heldentaten folgendermaßen brüstete: "20 blauhosige Stockböhmen stürzen herein, um aus meinem Fenster auf die Souverainen zu schießen; besinnen sich aber bald, es gienge vom nächsten Hause aus besser. Aus dem ersten Stock rekognosziert der Officier das Pack hinter der Barrikade: sogleich schicke ich ihm den großen doppelten Operngucker", stand die Bettina in dieser Revolution keinesweg auf seiten des Souverains, geschweige denn der Souveraine, sondern entschieden auf seiten des nunmehr nicht mehr nur leidenden, sondern auch kämpfenden Proletariats, und auch auf seiten der kämpfenden Polen. Nach dieser Revolution sah die Bettina im König nichts weiter mehr als einen "schlafenden Madensack", aber sie fand für ihren Mythos vom Volkskönigtum keine Alternative, deren sie sich im politischen Kampf hätte bedienen können, und so widmete sie, resigniert, den zweiten Teil ihres Königsbuchs, die "Gespräche mit Dämonen", dem "Geist des Islam vertreten durch den großmütigen Abdul-Medschid-Khan Kaiser der Osmanen".

Der Verlauf des Prozesses ist schnell erzählt. Nachdem der Magistrat gegen die Bettina einen Strafantrag wegen Beleidigung gestellt hatte, schossen sich sogleich weitere Berliner Behörden auf sie ein.
Am 24. März sandte ihr das Königliche Polizei-Präsidium "eine Concession zum selbstständigen Betriebe des Gewerbes als Buchhändlerin" zu, die sie postwendend, da nicht verlangt, zurückschickte. Daraufhin wurde sie, für den Fall, daß sie weiterhin fremde Werke verlege (gemeint sind die Werke ihres verstorbenen Mannes), mit einer Untersuchung wegen Gewerbe-Contravention bedroht.
Gegen diese merkwürdige Ansicht, wonach sie zwar berechtigt sei, ohne besonderen Gewerbeschein ihre eigenen Werke zu verlegen (das ging in der Tat aus dem Wortlaut der geltenden Gesetze unmittelbar hervor), aber nicht die ihres verstorbenen Mannes, hatte sie bereits in ihren vorigen Schreiben protestiert. Ich möchte eine der diesbezüglichen Stellen zitieren, die für Bettinas stilistisches Verfahren charakteristisch ist. Sie eröffnet ihre Argumentation in einem religiös-pathetischem Ton und endet in einem typisch Berlinischen Lakonismus:

"...und ebenso befremdend ist
3. die in Dero geehrtem Schreiben enthaltene Bemerkung, die wörtlich so lautet:
'Euer Hochwohlgeboren verlegen nicht nur Ihre eigenen Werke, sondern auch die   Ihres verstorbenen Herrn Gemahls und lassen den Verkauf derselben unter eigener   Leitung durch einen Geschäftsführer besorgen,'
Hier erlaube ich mir, die Frage zu stellen, ob eben dieser Umstand, daß ich die Werke meines Gemahls verlege, ohne daß irgend Jemand sie als sein Eigenthum reclamirt, nicht genügend beweise, daß ich dazu berechtigt bin? - Oder stehen Ihnen Mann und Frau so weit voneinander entfernt, daß sie ein gemeinsames Eigenthum Beider gar nicht als möglich sich denken können? Da doch nach göttlichem und menschlichem Vertrag Mann und Weib ein Leib sind, so wollen Sie das ineinander verschmolzene Eigenthum des Geistes mit Gewalt trennen und durchaus nicht als Eigenthum des Einen, wie des Andern angesehen wissen?!
Mir noch nicht vorgekommen!!!"

Am 13. April bekam der von der Bettina angestellte Buchhändler Jenatz eine Aufforderung vom Königlichen Gewerbe-Steueramt, die sich nicht erhalten hat, zur Zahlung von acht Reichstalern Gewerbesteuer, offensichtlich wieder mit der Drohung, daß diese im Verweigerungsfalle auf dem Wege der Execution eingezogen werde. In einem Schreiben desselben Amtes vom 14. Juli 1847 in Antwort auf diverse Erwiderungen der Bettina und des Herrn Jenatz ist von "Höheren Orts ergangenen Bestimmungen" die Rede, was Bettina in ihrem Verdacht bestärkte, daß der ganze gegen sie angestrengte Prozeß nichts anderes als die Frucht einer höheren Orts gegen sie gesponnenen Intrige darstellte. In einem Brief an Gewerbe-Steuer-Direktor Kühne vom 28. Juli sagt sie diesem auf den Kopf zu, von wem die Bestimmungen kamen, nämlich von dem Ober-Präsidenten von Brandenburg, Herrn von Meding, der sie eigens für die Bettina ersonnen hatte, um ihr zu schaden, also gewissermaßen eine Lex Bettina geschaffen hatte. Tatsächlich wurde der Verkauf ihres neuen Buches "Ilius Pamphilius und die Ambrosia" durch vielfältige Schikanen der Polizeibehörden im Laufe des Jahres 1847 immer wieder verhindert. Übrigens: Die Schereien, denen die Bettina durch die Zensurbehörden bei fast jedem ihrer Bücher ausgesetzt war, sind zwar in der von Heinz Härtl begonnenen schönen Bettina-Gesamtausgabe sorgfältig und ausführlich dokumentiert, aber ich wünschte mir doch, sie würden einmal in einer gesonderten und zusammenfassenden Gesamtdarstellung behandelt: Bettina und die Zensur.

Für den Prozeß, der am 20. August 1847 stattfand und zu dem die Bettina nicht selbst erschienen ist, hatte sich bei ihr Justizkommissar Ferdinand Fischer, ein liberaler Demokrat, als Verteidiger angeboten. Er war in seiner Zeit als hervorragender Jurist bekannt, und auch an seinem aufrichtigen Wunsch, Bettina adäquat zu verteidigen, kann nicht gezweifelt werden. Dennoch beging er zwei Fehler, die ihm die Bettina nicht unmittelbar vorgeworfen, aber doch verübelt hat: 1) Er bestand nicht nachdrücklich genug darauf, daß als Beweismittel zu ihrer Entlastung ein Brief der Bettina vom 4. April herangezogen wurde. In diesem hatte sie dem Magistrat, der gegen sie wegen Beleidigung Anzeige erstattet hatte, erklärt, daß es ihr ganz ferngelegen habe, den Magistrat beleidigen zu wollen, weil sie ein solches Tun verachte. Falls sie sich jedoch einer unwillkürlichen Beleidigung schuldig gemacht habe, wolle sie alles zugestehen, was diese unbewußte Schuld sühnen könne. Allerdings konnte sie sich auch darin des Gegenvorwurfs an den Magistrat nicht enthalten, daß er sie durch seine mit Penetranz wiederholten Beschuldigungen zu ihren humoristischen Antwortschreiben herausgefordert habe. Der Staatsanwalt behauptete kühn, der Magistrat habe dieses Schreiben nie erhalten, und Fischer ließ es dabei bewenden. 2) Den zweiten Kritikpunkt brachte ihr Sohn Friedmund in einem Brief an sie zur Sprache: "Die Vertheidigung hat mir auch nicht gefallen, weil er Dich mit Deiner Art und Weise und Auftreten als Schriftstellerin *entschuldigen* wollte, anstatt dich lobend zu erheben. Fischer tadelte oder mißbilligte Dich also im Grunde selbst, ohne Deine Sache zu der Seinigen zu machen."

Das gegen die Bettina von der "Deputation des Criminal-Senats des Königlichen Kammergerichts für schwere Verbrechen" gefällte Urteil ist wiederum eine Perle obrigkeitsstaatlichen Bombasmus, man muß das gelesen haben, um es für möglich zu halten, eine Karikatur seiner selbst, allerdings in dem schönsten Deutsch verfaßt, dessen die Juristen damals noch fähig waren, wobei nur eben der gehobene Stil mit der Nichtigkeit des Inhalts in unfreiwilliger Komik kontrastiert. Was uns heute besonders merkwürdig berührt, ist, daß bei der Zumessung des Strafmaßes die Tatsache als strafverschärfend eine Rolle gespielt hat, daß die Angeklagte sowie einige Mitglieder des Gerichts von Adel waren. Man wollte sie also standesgemäße mores lehren (und nicht unwidersprochen lassen, was sie in ihrem satirischen Schreiben dem Magistrat unterstellt hatte: "...da ich zumal das Bürgerthum höher stelle als den Adel. Damit werden Sie einverstanden sein..."). Kurz und gut, das Urteil lautete auf zwei Monate Gefängnis sowie Bezahlung der Kosten des Verfahrens.

Bettina war an sich bereit, die Strafe anzutreten, ihr Sohn Friedmund bestärkte sie darin, indem er ihr schrieb, das Gefängnis werde den Magistrat mehr entwürdigen, als alle Briefe der

Frau Bettina an ihn wieder gutmachen können, und ihre französische Übersetzerin, die Schriftellerin Hortense Cornu, schickte ihr in gleichem Sinne ein Glückwunschschreiben zu dem Urteil. Bettina wollte die Dokumente zum Prozeß als Buch veröffentlichen lassen und legte die Angelegenheit in die Hände ihres ältesten Sohnes Freimund, dem sie die entsprechenden Instruktionen erteilte. Denn sie selbst hätte vermutlich der Versuchung nicht widerstehen können, eine Bearbeitung der Papiere vorzunehmen. Davon wollte sie aber in diesem Augenblick absehen, um einerseits mit der Zensur keine Schwierigkeiten zu bekommen, andererseits, weil die Dokumente, schmucklos aneinandergereiht, glaubwürdiger erscheinen würden. Es ist nicht bekannt, warum sie sich dann plötzlich doch dafür entschied, durch den Justizkommissar Lewald, der ihr als vortrefflicher Verteidiger für die gefangenen Polen bekannt war, Revision gegen das Urteil einlegen zu lassen.

Und da trat nun endlich auch ihr Schwager Savigny wieder auf den Plan. Er als königlich preußischer Justizminister konnte es schlecht dazu kommen lassen, daß Bettina als seine Familienangehörige ins Gefängnis ging. Er versuchte zu erreichen, daß sich beide Seiten zu einem Vergleich bereit fänden, und schickte verschiedene Familienmitglieder, insbesondere die Söhne vor, um auf die Bettina einzuwirken und sie zu einem Einlenken zu bewegen, während er selbst seinen Einfluß beim Berliner Magistrat geltend machte, damit auch dieser sich zu einem Kompromiß herabließe. Es gelang ihm, Justizkommissar Lewald dafür zu gewinnen, das Spiel auf seiner Seite mitzuspielen. Er ließ sodann seine Beamten ein juristisches Gutachten erstellen, worin dem Magistrat bescheinigt wurde, daß er keiner besonderen Genehmigung der vorgesetzten Behörde, nämlich der Königlichen Regierung bedürfe, wenn er auf eine Bestrafung des Beleidigers verzichte, da er für die Einleitung des Beleidigungsprozesses eine solche Genehmigung sich auch nicht eingeholt habe. Es kostete Savigny jedoch einige Mühe, den Präsidenten des Kammergerichts dazu zu bringen, die für den 25. November bereits anberaumte Gerichtsverhandlung in Anbetracht des in Aussicht stehenden Vergleichs wieder auszusetzen. Die in diesen Zusammenhang gehörigen Dokumente sind mehr oder weniger trocken, entbehren aber insofern nicht der Komik, als sich darin zeigt, wie geflissentlich und untertänig die Berliner Behörden den Wünschen des Herrn Ministers nachzukommen trachteten.

Es war die Bettina, die wieder Leben in die Angelegenheit brachte. Denn Savigny hatte die Kompromißbereitschaft des Magistrats mit dem Versprechen erwirkt, daß die Bettina in einer besonderen Erklärung ihr Bedauern ausdrücken werde. Da hatte er natürlich die Rechnung ohne die Wirtin gemacht. In einem Brief an ihren Sohn Siegmund vom 30. November 1847 schildert sie, wie Savigny erst den älteren Bruder Freimund vorschickte, um sie zur Unterschrift eines entsprechend vorbereiteten Entschuldigungsbriefes zu bewegen, dieser sich aber auf die Seite der Mutter geschlagen hat. Als also das nichts half, erschien er selbst mit seiner Frau, Bettinas Schwester Gunda, bei ihr. Die sich dabei entwickelnde Posse ist wieder von der umwerfend koboldischen Komik der Bettina, wie wir sie kennen, der Bettina als Kind. Der gestrenge Herr Savigny wurde fast gewalttätig und gab ihr einen Puff. Dann begannen er und Gunda, ihr seine Verdienste um sie vorzuhalten, sie fiel plötzlich in die Lobeshymnen ein und brachte ihn fast zur Rührung, nur eines, sagte sie, könne sie nicht: unterschreiben. Wütend knallten die Eheleute Savigny die Tür hinter sich zu.

Sie hatte drei Trümpfe in der Hand: Der erste war die Drohung, die Prozeßakten zu veröffentlichen. Der zweite die, an den König zu schreiben, an den zu schreiben sie, während noch der ganze Prozeß lief, tunlichst vermieden hatte. Sie wollte ihm nunmehr den Beweis liefern für ihre Theorie, daß er von der Erfüllung seiner wahren Bestimmung als Volkskönig abgehalten werde von den Schurken, die ihn als Minister umgeben und die ihr in der Magistratssache so übel mitgespielt hatten. Der dritte war die Tatsache, daß die Nachricht von einer Versöhnung zwischen dem Magistrat und ihr bereits durch die Presse gegangen war.

Vollends in die Zwickmühle geriet nun Savigny, als Bürgermeister Krausnick dem Verteidiger Lewald ein Schreiben zukommen ließ, worin der Magistrat seinen Vorwurf, daß die Frau v. Arnim sich einer straffälligen Verletzung des Magistrats schuldig gemacht habe, unbeirrt wiederholte, aber zugleich mitteilte, daß er aufgrund der ihm in Aussicht gestellten Entschuldigung der Bettina (die Savigny zwar zu liefern versprochen hatte, aber, wie wir gesehen haben, nicht erbringen konnte) die Genehmigung der vorgesetzten Regierung erbeten habe, von jeder weiteren Verfolgung in der Sache abstehen zu dürfen. Lewald, Savigny und Freimund vereinbarten, dieses, wie Freimund sich ausdrückt, höchst unpassende Schreiben der Bettina zu verheimlichen, bis von der königlichen Regierung besagte Genehmigung eingegangen sei, damit die Bettina in ihrer gereizten Stimmung nicht die ganze Sache wieder von neuem aufrühren, und, wie Freimund befürchtete, noch schlimmer machen würde. Die Genehmigung traf am 15. Dezember 1847 beim Magistrat ein.

Nachspiel, zwei Jahre später: Um der von ihnen gefürchteten Reizbarkeit der Bettina in dieser Sache nicht neue Nahrung zu geben, hatten Savigny und Freimund vereinbart, zu veranlassen, daß die Kostenrechnung für das Gerichtsverfahren, zu deren Bezahlung sie verurteilt worden war, nämlich 38 Rth. 14 Sgr, nicht an sie, sondern an ihren Anwalt Lewald geschickt werde, der sie dann seinerseits nach Wiepersdorf an Freimund zur Bezahlung weiterleiten sollte. Aus unbekanntem Grund wurde die Zahlung jedoch versäumt. So erschien im Juni 1849 bei Bettina ein Mann, der sich bei ihr für einen "Stadtgerichtsexecutor" ausgab und die Summe von 38 Rth. 14 Sg. sowie eine Geldbuße von 1 Rth. 18$^1/_2$ Sg. einforderte. Bettina konnte sich die Sache nicht erklären, aber auch Savigny hielt es für einen Versuch der Prellerei. Er schrieb deswegen an Kammergerichtspräsident von Strampff, der ihn darüber aufklärte, daß der Mann tatsächlich vom Gericht geschickt worden sei, um die noch nicht bezahlten Gerichtskosten samt Mahngebühr einzuziehen. Von einer Reaktion der Bettina darauf ist aber nichts vermerkt, sie hatte inzwischen andere Sorgen. Die Konterrevolution war im vollen Gange und am 27. Juni war Gottfried Kinkel gefangen genommen und nach Preußen gebracht worden, wo ihm der Prozeß wegen Hochverrats gemacht werden sollte.

Peter-Anton von Arnim

6.3 MAGISTRATSPROZESS

Ausgewählt und zusammengestellt aus Gertrud Meyer-Hepner Der *Magistratsprozess* der *Bettina* von Arnim. 8734   Weimar: Arion Verl., 1960 von Dr. W. H. von Arnim.

Elisabeth Wasserscheid (München) und Martin Neubauer (Brentano Theater Bamberg) trugen diesen Tex am 28. Juni 2009 in Wiepeersdorf vor.

Sprecher:

Decret

Zur Gewinnung des hiesigen Bürgerrechts sind nach § 15 der Städte-Ordnung vom 19. November 1808 verpflichtet: alle Personen, welche innerhalb der Grenzen des Weichbildes der Stadt ein selbstständiges bürgerliches Gewerbe, oder einen Handel betreiben, sowie diejenigen, die ein Grundstück besitzen.

Da Sie nun, wie uns angezeigt worden, das Gewerbe als Verlagsbuchhändlerin betreiben, so werden Sie hierdurch aufgefordert, das hierzu erforderliche hiesige Bürgerrecht zu gewinnen. Sollten Sie dieser Aufforderung innerhalb von 8 Tagen nicht nachkommen, so sind wir genötigt, Sie im Wege der Execution zur Gewinnung des Bürgerrechts anzuhalten.

Berlin, den 18. August 1846

Ober-Bürgermeister, Bürgermeister und Rath hiesiger Königlichen Residenzien.

Magistrat in Berlin

Sprecherin:

Einem Hochlöblichen Magistrat

Diene hiermit zur Erwiderung auf die sowohl der Form als auch dem Inhalt nach sehr überraschende Aufforderung desselben vom 18. August, dass die Frau Baronin von Arnim weder Buchhändlerin noch sonst eine Gewerbetreibende Person ist.

Sollte ein Hochlöblicher Magistrat genauere Auskunft über den Verlag der Arnim'schen Werke beantragen, so ist folgendes zu bemerken:

Seit Anno 1845 sind die Arnim'schen Werke, bestehend im Nachlaß und Gesamtwerken des Freiherrn Ludwig Achim von Arnim, und in den Werken, welche seine Gemalin von ihrer Seite zu veröffentlichen für gut befand, alle, sämtlich auf Arnim'sche Kosten gedruckt und den Buchhändlern zur Verbreitung der Commision gegeben worden, wobei die contracktlichen Bedingungen nach Buchhändlerischer Üblichkeit bei Commisionsartikeln von dem Buchhändler (D) im Einverständnis mit der Eigentümern festgestellt wurden.

Nachdem nun mehrere Buchhändler während einer Reihe von Jahren die Commisionsartikel übernommen hatten, die contractlich eingegangenen Bedingungen aber umgingen oder nicht erfüllten, bald Rechnungsfehler begingen; und was dergleichen Mäandrische Umwege im Irrgarten des Buchhandels mehr sind.

Wenn es fort den alten Weg des Verderbens ging, so wurde für gut befunden, den Vertrieb des Verlags der Arnim'schen Werke fortan unter Aufsicht eines Sachkundigen zu stellen, wozu der im Buchhändlerischen Rechnungsfach geübte Jenatz beauftragt wurde...

Was endlich die Erlangung des Bürgerrechts betrifft, zu welchem ein Hochlöblicher Magistrat speziell die Frau Baronin von Arnim als einer notwendigen Pflicht anweist, obschon der Arnim'sche Verlag ein Gesamteigentum der Familie ist, so steht dieselbe nicht an, insofern man ihr das Bürgerrecht als ein freiwilliges Ehrengeschenk anbieten wollte, womit man ihr seine Hochachtung zu bezeugen gedächte, dasselbe anzunehmen. Insofern man sie aber veranlassen will, das Bürgerrecht anzukaufen, so muß schon der wichtige Grund sie abhalten, daß dies den Irrtum, in welchem ein Hochlöblicher Magistrat befangen ist, als sei sie eine Gewerbetreibende Person, nur bestärken und im Publikum verbreiten würde....

Berlin, den 24ten August 1846

Sprecher:

Ew. Hochwohlgeboren benachrichtigen wir mit Bezug auf Ihr Schreiben vom 24ten August v. J., daß nach geschehener amtlicher Ermittlung das von Arnim'sche Verlagsgeschäft in solcher Weise betrieben wird, daß es die Verpflichtung zur Erwerbung des Bürgerrechts gesetzlich nach sich zieht. Ew. Hochwohlgeboren verlegen nicht nur Ihre eigenen Werke, sondern auch die Ihres verstorbenen Herrn Gemahls und lassen den Verkauf derselben unter eigener Leitung durch einen Geschäftsführer besorgen.

Ew. Hochwohlgeboren werden hierdurch nochmals veranlaßt, das hiesige Bürgerrecht entweder selbst zu gewinnen oder Ihren Geschäftsführer zur Gewinnung desselben zu veranlassen und die Bürgerrechtskosten mit 28 Rth 18 sg 9 pf., event. auch einen freiwilligen Betrag für das Nicolaus-Bürger-Hospital binnen 8 Tagen bei und einzuzahlen.

In Betreff der Ihrem obigen Schreiben enthaltenen Äußerung, daß Sie bereit wären, das Bürgerrecht anzunehmen, wenn Ihnen solches als ein freiwilliges Ehrengeschenk zur Bezeigung unserer Hochachtung angeboten würde, müssen wir bemerken, daß keine Veranlassung zu einer solchen Ehrenbezeigung vorliegt, und die Forderung wegen Gewinnung des Bürgerrechts und Bezahlung der diesfälligen Kosten gesetzlich begründet ist.

Berlin, den 21sten Januar 1847

Ober-Bürgermeister, Bürgermeister und Rath hiesiger Königlichen Residenzien.

Krausnick, Gamet, Hameiner.

Sprecherin:

An einen Hochlöblichen Magistrat der Residenzstadt Berlin

Obschon in Dero am 21ten Januar erlassenen Schreiben ausgesprochen ist, daß man mich wegen Geschäftsführung der Umgehung des Gesetzes schuldig erachte, so stehe ich zu sehr außer Betracht eines solchen Mißgriffs von Ihrer Seite, als daß dieser an sich unangenehm berührende Umstand mich verletzen könnte. Da er zudem mich in die vorteilhafte Lage versetzt, solchen Beamten, welche die Leitung und Förderung des Gesamtwohls übertragen ist, um einen prüfenden Schritt näher zu treten und die Ermittlungen, Behauptungen und Erwägungen oben erwähnten Schreibens als falsch rügen zu können, so ergreife ich mit besonderem Vergnügen die Gelegenheit, einen Hochlöblichen Magistrat von seinen Irrtümern zu überführen.-

Voraus sende ich folgende Bemerkungen, um sodann das Urteil Dero eigener Einsicht zu überlassen.-

1. Wie die einem Hochlöblichen Magistrat auch schon dargelegt ist, ist das Verhältnis des v. Arnim'schen Verlags kein handeltreibendes, sondern ein diejenigen Buchhändler controlierendes, welche die darin erscheinenden Werke als einen Zweig ihres rechtmäßigen Gewerbes verbreiten. -

2. Da ich nach Ihrem eigenen mit dem Gesetz übereinstimmenden schriftlichen Zugeständnis das Recht habe, meine Werke zu verkaufen, so kann ich nicht minder die zu verkaufen berechtigt sein, welche als Nachlaß des Ludwig Achim von Arnim durch mich veröffentlicht werden, denn wenn dies nicht wäre, so würden doch wohl Näherbeteiligte mich hierüber zur Rechenschaft fordern......

3. die in Dero geehrtem Schreiben enthaltene Bemerkung, die wörtlich so lautet: „Euer Hochwohlgeboren verlegen nicht nur Ihre eigenen Werke, sondern auch die Ihres ver-

storbenen Herrn Gemahls und lassen den Verkauf derselben unter eigener Leitung durch einen Geschäftsführer besorgen." Hier erlaube ich mir die Frage zu stellen, ob eben dieser Umstand, daß ich die Werke meines Gemahls verlege, ohne daß irgend Jemand sie als sein Eigentum reklamiert, nicht genügend beweise, daß ich dazu berechtigt bin? Oder stehen Ihnen Mann und Frau so weit voneinander entfernt, daß sie ein gemeinsames Eigentum Beider gar nicht als möglich sich denken können? Da doch nach göttlichen und menschlichem Vertrag Mann und Weib ein Leib sind, so wollen Sie das in einander verschmolzene Eigentum des Geistes mit Gewalt trennen und durchaus nicht als Eigentum des Einen, wie des Anderen angesehen wissen?! Mir noch nicht vorgekommen!!!

4. Auf die mir zum Vorwurf gemachte Äußerung, daß selbst mein sogenannter Geschäftsführer unter meiner Leitung stehe, erwidere ich:
   Leiten Sie nicht auch Ihre Untergebenen? - Leitet nicht der Weisere und Klügere immer den weniger Klugen? Und versuche ich nicht selbst in diesem Schreiben einen ganzen hochlöblichen Rath zu leiten, indem ich weiß, daß ich klüger und weiser diese Sache beurteile, wie Er? - Und würde man mir es als eine Verführung des Magistrats auslegen können, wenn ich durch meine kluge Auslegung Ihn zu einem gesunden Urteil leitete? Gewiß nicht! - Also bleibe mein Untergebener nur immer unter meiner Leitung, solange er nicht durch dieselbe zum Bösen oder zu Albernheiten verführt wird. -

...

Sollten ihre Scrupel sich weiter ausdehnen, indem Sie darauf bestehen, dies Eigentum sei ein an mich gebrachtes und nicht ein angeborenes oder angeerbtes, so diene Ihnen eine landwirtschaftliche Erläuterung als Gegenbeweis. Wenn ich z. B. eine Herde Schafe kaufe, so ist ihre Wolle auch keine mir angeborene oder angeerbte, sondern eine solche, welche auf dem Felle des Schafes gewachsen; da ich nun dieses Schaf um den Ertrag seiner Wolle nähre und pflege, so kann ich sie wie jeden anderen Ertrag meines Besitztums verkaufen, wann und wie und an wen ich will. Betrachtete man aber dieses ganze von Einem Hochlöblichen Magistrat mir bestrittene Recht als ein solches Schaf, so kann man durchaus nicht fehl gehen, denn dieser Nachlaß ist von mir als mein Eigentum.. durch Anstrengung meiner geistigen Kräfte zur Veröffentlichung bearbeitet und in einer Reihe von 10 Jahren durch keine andere Hand als die meinige zum Druck gebracht und ganz in derselben, wie heute noch, nämlich nicht von mir verkauft, sondern durch Commissionäre veröffentlicht, welche als Buchhändler für diesen Zweig ihres Geschäftes mit ihren bürgerlichen Verpflichtungen einzustehen haben.

....

Ich vernehme jedoch, daß Ein Hochlöblicher Magistrat eine Anstoß daran nehme, .. daß jener von mir zum Druck bearbeitete Nachlaß des Freiherrn von Arnim erst durch zwei fabrikmäßige Manipulationen zur Veröffentlichung tüchtig gemacht werde, nämlich durch den Druck und das Papier, welches vom Papiermüller dazu geliefert wird, und dann daß dies also dem Corpus delicti durch die vielfältigen vorbereitenden Arbeiten den Stempel des Fabrikats aufdrücke und insofern nicht als eigenes Produkt angesehen werden könne. -

Ich möchte auch diese Ansicht ohne entsprechende Erläuterung mir nicht entgehen lassen, und kann dies nicht besser, als wenn ich bei oben erwähntem Schafe, welches ich durch die gegebenen Umstände zu scheren berechtigt bin, stehen bleibe.

Jenes Schaf wird nämlich vor der Schur tüchtig gewaschen, dann schere ich dasselbe oder lasse es scheren, sodann wird die Wolle in einen Sack von ungebleichter Leinwand gesteckt, welcher vom Leinen aus der Fabrik des Herrn Kramsda oder sonst eines großen Fabrikanten in Schlesien angefertigt ist. -

In diesen Sack wird die Wolle des Schafes von einem gedungenen Fuhrmann verladen und nach Berlin auf den Markt gebracht, so würden Sie, mein Herr Bürgermeister und Hochlöblicher Magistrat, die Wolle doch nicht als ein Fabrikat zu besteuern als angemessen empfinden! -

Ebenso kann das Ordnen des Inhalts eines literarischen Werkes nicht uneben mit der Pflege der Schafzucht verglichen werden; das Waschen, Scheren und Sortieren der Wolle mit dem Setzen und Drucken des Werkes, der Sack, in welchem die Wolle versendet wird, steht ganz gleich mit dem Papier, welches der Papiermüller als sein Fabrikat dazu hergibt. - Es würde aber deswegen die in dem Sacke befindliche Wolle nicht können als Fabrikat angesehen werden, weil sie in der fabrizierten Leinwand zu Markt gefahren wird. -

Wollen wir noch ein anderes erläuterndes Beispiel aus dem selbst produzierten landwirtschaftlichen Eigentum auffassen:

Ein Weinberg wird von dem Wingertsmann mit vieler Mühe bearbeitet und in Stand der Kultur gebracht. Bis die Reben Früchte bringen, müssen sie erst durch mühselige Pflege soweit gedeihen, daß man den Wein gewinne, und obschon der Mann des Weinbergs die Gefäße vom Böttcher und die Flaschen vom Glasfabrikanten zu seiner Fassung und Füllung bedarf, so wird er doch für die Benutzung dieser Gewerke und Fabrikate keine Steuer bezahlen dürfen, welche der Böttcher und Glasfabrikant ja schon entrichten. Und obschon eine mannigfaltige Behandlung erst den Wein trinkbar macht, so wird er immer ein Produkt bleiben, so lange er der Verleumdung, als sei er Fabrikat, nicht durch Fälschung dieses edlen Produkts sich schuldig macht: so wie es einem literarischen Produkt eine ebenso schlechte Renommee als dem Wein sein würde, als Fabrikat ausgeschrieen zu sein, wogegen ich für den v. Arnimschen Verlag, als welcher auf der Höhe der deutschen Literatur stehend, die ehrenvollste Renommee genialster und ungefälschter Originalität genießt, feierlich protestiere....

Sprecher:

Daß ich, J. P. Jenatz, gebürtig aus Ehrenbreitstein, dermalen Rechnungsführer der Expedition für die von Arnim'schen Werke, contractlich die Verpflichtung übernommen habe, die Verausgabung derselben zu beaufsichtigen und ihre Verbreitung durch die Herren Buchhändler zu controlieren und durch meinen Diensteifer möglichst zu fördern, bescheinige ich hiermit, sowie ich jederzeit auch bereit bin, eidlich zu erhärten, daß keineswegs der Verkauf dieser Werke, selbst nicht ein einziges Exemplar, durch mich geschehen ist, sondern lediglich durch diejenigen Buchhändler, denen sie zu diesem Behufe anvertraut waren.-

P. J. Jenatz.

Sprecherin:

Obige Aussage, mit roter Tinte geschrieben, ist nicht zu meiner Rechtfertigung, sondern damit ihre rote Farbe der Beschämung auf den Wangen Eines Hochlöblichen Magistrats wieder erscheine, der mich so hartnäckig einer Wiederrechtlichkeit beschuldigt.-

Was nun Ihre letzte Bemerkung anbelangt, daß keine Veranlassung vorliege, mir das Bürgerrecht als Ehrengeschenk zukommen zu lassen, so gebe ich dieses zu, da ich zumal das Bürgertum höher stelle als den Adel. Damit werden Sie einverstanden sein.-

Ebenso noch höher stelle ich die Klasse des Proletariats, ohne dessen im angeborene großartige Charakterkräfte, des Ausharren im Elend, im Entsagen und Beschränken aller Lebensbedürfnisse, wenig Ersprießliches zum Wohl des Ganzen würde befördert werden. -

Der Schatz des Armen besteht im angeborenen Reichtum der Natur, das Verdienst des Bürger im Anwenden und Ausbeuten dieses Naturreichtums, welcher er vermittelst seiner tätigen Gewandtheit und zum eigenem Vorteil derjenigen Menschenklasse zuwendet, deren Hochmut, Verwöhnung und geistige Verbildung alles verschlingt, eben weil sie keine Produktionskraft hat.

Die Gründe also, warum ich den Proletarier am höchsten stelle, ist, weil er der Gemeinheit enthoben ist, als Wucherer dem Weltverhältnis etwas abzugewinnen, da er alles gibt und nicht mehr davon verzehrt, als er eben bedarf, um neue Kräfte zum Gewinn anderer sammeln zu können. -

Offenbar ist daher das Verhältnis des letzteren zur Nation das edlere, durch seine Hilflosigkeit das Ehrfurcht erweckendste; ja trotz seiner Armut für die Armut am glücklichsten wirkende. -

Und wenn ich dem Bürgertum vor dem Adel den Vorzug gebe aus dem Grunde, weil sein praktischer Charakter dem des eingebildeten des Adels gegenübersteht; ich daher die Bürgerkrone dem Ordenssterne vorziehe, so würde ich dem allen noch vorziehen, vom Volke anerkannt zu sein, dessen Verzichtungen heroisch und dessen Opfer die uneigennützigsten sind. -

Ich muß Sie daher auch ersuchen, meine Bemerkung , daß ich das Bürgertum nur als Ehrengeschenk annehmen will, lediglich dahin zu deuten, daß, indem ich ausschlagen mußte, dasselbe auf andere Weise zu erwerben, ich hiermit zu verstehen geben wollte, daß es mir, auf eine ehrenhafte Weise erworben, eine hohen Wert habe, während es mir für 28 Rth 18 sgr 9 pf gar keinen Wert hat. Nicht aber, daß ich mir ein Verdienst auch nur dem Scheine nach anmaßte, um solchen Ansprüchen das Wort zu reden....

Jedoch fühle ich aus einem besonderen Grunde den Wunsch, Ihren Ansprüchen der Bürgerrechtskosten an mich ein Genüge zu leisten. ... Ich habe daher den Ausweg getroffen, nach welchem Einem Hochlöblichen Magistrat in seinen wiederholten Forderungen an mich willfahrt werde, ich aber in meine Behauptung, keiner Überschreitung meiner Rechte mich schuldig gemacht zu haben, vollkommen gerechtfertigt vor dem Publikum stehe. -

Ich habe Ihnen daher folgendes mitzuteilen, daß die beiden Schreiben, welche ich in dieser Sache die Ehre hatte, an Einen Hochlöblichen Magistrat zu richten, für die von Ihnen requirierte Summe öffentlich ausgeboten werden. -

Hierbei bemerke ich, daß meine Handschrift so viel Geltung als ein Wechsel hat, da ich sie selten oder nie ausgebe, und man doch einen großen Wert drauf legt, daß oft ein Billett von wenig Zeilen mit zwei Dukaten bezahlt wurde. Ich glaube also ganz sicher, mich nicht zu verrechnen, wenn ich hoffe, für jedes dieser beiden Schreiben drei Friedrichsd'or zu erhalten. Auf jeden Fall wollen wir sie in den öffentlichen Blättern auszubieten einen Versuch machen:

Sprecher:

> „Zwei Autographien, Schreiben der Frau Bettina von Arnim an den Magistrat von Berlin sind für 28 Rth 18 sgr 9 pf, event. eines freiwilligen Geschenks an das Nicolaus-Bürger-Hospital zu verkaufen, für welche Summe ihr das Bürgerrecht von Berlin soll zuerkannt werden, welches sie auf keine andere Weise zu erwerben im Willen ist."

Sprecherin:

So würden Ihre Zwecke erreicht und meine doppelt, indem ich diese Verhandlung noch drucken lasse und Jeder, der glauben könnte, daß ich mit Lust hier das Gesetz umgehen wollte, bei Lesung derselben eines Besseren belehrt werde. - Sie hätten also die Zahlung von 28 Rth 18 sgr 9 pf zu erwarten, und ich hätte – obschon nicht als Ehrengeschenk, dessen Sie mich für unwürdig halten, - aber doch mit der Herstellung meiner von Ihnen angetasteten Ehre das Bürgerrecht erworben.

19. Februar 1847

Sprecher:

Aus den Berliner Pfennigblätter:

Wir sind überzeugt, daß diese edle Frau die gerechtesten Ansprüche auf das Ehrenbürgerrecht hat, denn sie hat nicht nur in ihren Schriften viel Vortreffliches über die Ursache der Armut und des Verbrechens geschrieben und darin mit warmen Herzen für das Volk gesprochen, sondern auch Taten der reinsten Menschenliebe an Berlins Armen geübt; freilich hat sie davon keinen Gebrauch gemacht. Nicht nur hat sie 400 Familien in den Familienhäusern besucht und unterstützt, sondern in dem verflossenen Winter 1100 Schuhmachern Arbeit gegeben, welche sie dann an die armen Bewohner des Vogtlandes verschenkte. Sie hat ferner zweimal an den Geldfürsten Rothschild geschrieben und um Unterstützungen für die armen Juden Berlins von ihm erbeten, so daß diesen 700 Taler zuteil wurden. Und dennoch hat sie Ehrenbürgerrecht noch nicht verdient? Was würde der Magistrat nun dazu sagen, wenn diese edle Dame unsere Stadt verließe und so ihren Beistand den hiesigen Armen entzöge? Nicht weil Frau von Arnim eine hochgestellte und berühmte Dame ist, wünschen wir ihr, daß sie von den Verbindlichkeiten befreit würde, sondern weil sie eine Frau ist, die sich stets mit Wort und Tat der Armut angenommen (hat).

Sprecher:

MAGISTRAT BERLIN an Frau Baronin von Arnim 9. März 1847

.... Was den von Ihnen gemachten Vorschlag betrifft, die Kosten für die Erwerbung des Bürgerrechts durch Veröffentlichung der mit Ihnen gepflogenen Correspondenz zu beschaffen, so liefert dies und der übrige Inhalt Ihres Schreibens vom 19.Februar den Beweis, daß Euer Hochwohlgeboren die Stellung ganz verkennen, welche Sie der Obrigkeit gegenüber einnehmen, und vergessen, daß ein jeder hiesiger Einwohner, welchen Standes er auch sei, derselben diejenige Achtung schuldig ist, die ihr das obrigkeitliche Verhältnis und die ihr obliegende Pflicht, für eine geregelte Verwaltung der Gemeinde-Angelegenheiten zu sorgen, durch Gesetz und Verfassung beigelegt ist.

Wir haben daher Ihr Schreiben vom 19. Februar dem betreffenden Staats-Anwalte mit dem Ersuchen übergeben, Sie wegen der in demselben enthaltenen groben Beleidigungen in den Anklagestand zu versetzen und Ihre Bestrafung zu beantragen.

Sprecherin:

"Ohne nur die geringste Vorsicht zu gebrauchen, warfen drei Behörden, der Magistrat, die Polizei und die Steuercommission die Frau von Arnim wie einen Spielball einander in ihre ungewaschenen Hände."
(Bettina an Graf Kalkreuth 1. September 1847)

Sprecher:

Urteil des Kriminal-Senats des Königlichen Kammergerichts gegen Bettina - 20. August 1847:

In der Untersuchungssache wider die verwitwete Frau Bettina von Arnim erkennt die Deputation des Kriminal-Senats des Königlichen Kammergerichts für schwere Verbrechen für Recht: Die angeklagte, verwitwete Frau Bettina von Arnim, der wörtlichen, teils leichten, teils schweren Beleidigung der Mitglieder des hiesigem Magistrats mit Beziehung auf ihr Amt schuldig und demgemäß mit zwei monatlicher Gefängnisstrafe zu belegen, auch die Kosten der Untersuchung zu tragen gehalten.

Berlin, den 20. August 1847 v. Wangenheim

Sprecherin:

Brief der Hortense Cornu

(französische Schriftstellerin und Übersetzerin von Bettinas und Achims Werken ins Französische)

an Bettina

Ostende, 28. Août 1847

Madame,

Permette moi de vous féliciter de votre condamnation.....

Ostende, 28. August 1847

Gnädige Frau,

erlauben Sie mir, Sie zu Ihrer Verurteilung zu beglückwünschen. Sie haben mutig gegen die Verschacherung politischer Rechte protestiert, die Anbeter des goldenen Kalbs haben Sie verurteilt, das war ihre Logik. Aber während sie Sie zu zwei Monaten Gefängnis verurteilten, haben sie sich selbst für immer zur Lächerlichkeit verurteilt, derart, daß die Sieger die Besiegten sind. Es fehlte der Regierung des Geldes zu ihrem Ruhm weiter nichts, als Bettina ins Gefängnis zu schicken, weil sie abgeschlagen hat, für 28 sous das Bürgerrecht zu kaufen. Deshalb scheint mir, daß man Ihnen nur gratulieren kann, gnädige Frau, und Ihnen danken mit all denen, die fest an die unwandelbaren Gesetze glauben, die jeder Mensch bei der Geburt auf die Welt bringt, so nackt und arm er sei.

Sprecher:

Brief: Savigny (preußischer Minister für Revision der Gesetzgebung; Schwager der Bettina, verheiratet mit Gunda Brentano) an Freimund von Arnim

Berlin 27. November 1847

Mein lieber Freund,

Nach deiner Abreise habe ich noch persönlich mit Krausnick verhandelt und diesen so gestimmt gefunden, (auch ohne Zureden von meiner Seite) wie ich es nur immer wünschen konnte. Er hat darauf die Sache dem Magistrat vorgetragen, und dieser hat beschlossen, die Denunciation zurückzunehmen, wenn nur Fr. v. A. die bereits von Lewald (durch meine Vermittlung) angegebene Erklärung unmittelbar gegen den Magistrat schriftlich wiederholen wollte.

…

Heute Morgen war ich nun bei Deiner Mutter und setzte mit großer Geduld alles auseinander. Sie geriet aber in die größte Aufregung, verweigerte jede fernere Erklärung und behauptete, sie wisse schon selbst, was sie zu tun habe, und es sei ihr jeder fernere Erfolg einerlei. Meine Bitte, wenigstens das Gefühl ihrer Kinder zu berücksichtigen, das durch die Fortsetzung des Prozesses und durch die mögliche Bestätigung des Urteils verletzt würde, und die ihr für eine ehrenvolle Beilegung äußerst dankbar sein würden, fand kein Gehör.

Meine einzige Hoffnung ist nun auf Dich gestellt. Komme auf der Stelle, damit wir noch vor Dienstag (wo der Magistrat seine Sitzung hält) einen Erfolg haben können. Steige bei mir ab, wohne hier, und sage Deiner Mutter nicht, daß Du deswegen kommst.

Tausend herzliche Grüße an Deine liebe, liebe Frau. Laß mich keine Fehlbitte getan haben.

Von Herzen Dein treuer Onkel

Sprecher:

Königliche Regierung an den Magistrat zu Berlin 15. Dezember 1847

Auf Antrag des Magistrats vom 1. Dezember genehmigen wir, daß von der Untersuchung resp. : Bestrafung der Frau Bettina von Arnim da selbst wegen der dem Magistrate zugefügten Beleidigung im Amte abgestanden werde.

Königliche Regierung Abteilung des Inneren　　　　　　v. Fock

6.4 Die Erziehung eines Herrschers. - Der Briefwechsel zwischen Bettina von Arnim und Friedrich Wilhelm IV. – von Peter Anton von Arnim

(Rezension, auszugsweise abgedruckt im ND vom 15./16. 12.2001, dann nahezu vollständig in: Blühende Landschaften. Romantik in Brandenburg. Ein Lesebuch. Hrsg. Von Petra Kabus, Andreas Keller, Knut Kiesant. be.bra-verlag berlin, brandenburg 2002. ISBN 3-930863-85-5)

Wann und wo hätte es je eine solche Konstellation gegeben: Einen Herrscher, der in borniertem Standesdünkel und in dem Glauben erzogen worden ist, zum Dasein eines Königs von Gottes Gnaden bestimmt worden zu sein, zugleich jedoch immerhin soweit liberal gesonnen ist und über genügend Kunstsinn und Bildung verfügt, um sich durch die Tatsache geschmeichelt zu fühlen, dass die berühmteste deutsche Schriftstellerin seiner Zeit mit ihm korrespondiert: Friedrich Wilhelm IV., König von Preußen. Und eine Frau, die keinen geringeren Anspruch erhebt als den, zu wissen, wie die Welt zu regieren sei, den gesellschaftlichen Verhältnissen ihrer Zeit entsprechend jedoch als Frau kein Recht hat, sich in die Politik einzumischen und deshalb die einzige Möglichkeit, ihre politischen Vorstellungen zu verwirklichen darin sieht, die Rolle einer Beraterin des Herrschers zu übernehmen, um bei diesem in aller Kühnheit des Volkes Stimme zu vertreten: Bettina von Arnim.
Der Vergleich mag weit hergeholt scheinen: Charles VII. und Jeanne d'Arc, genannt die Jungfrau von Orleans. In der Tat, dem Aktionsfeld, dem Lebenslauf und gewiss auch dem Charakter nach bestehen erhebliche Unterschiede zwischen den beiden Frauen. Aber das Sendungsbewusstsein, von dem die Jeanne d'Arc getragen wurde, weist gewisse Parallelen auf zu dem der Bettina, wobei es paradigmatisch für ein Problem steht, das nicht zufälligerweise Bertolt Brecht zeitlebens so sehr beschäftigt hat, dass er sich wiederholt mit der Gestalt der Jeanne d'Arc auseinandergesetzt hat (Die heilige Johanna der Schlachthöfe, Die Gesichte der Simone Machard, Der Prozess der Jeanne d'Arc zu Rouen): Sie wurde hineingeboren in eine Zeit des politischen Aufbruchs und fühlte sich dazu berufen, den Willen des Volkes zu vollstrecken. Und solange sie die Macht des Volks hinter sich spürte, hörte sie die Stimmen von Heiligen, die ihr konkrete Anweisungen für ihr Handeln gaben. Als jedoch die Aufbruchsstimmung abgeebbt war und ihr Rückhalt im Volke schwand, versagten plötzlich die Stimmen und Jeanne d'Arc fand sich ihren Gegnern gegenüber allein auf sich gestellt. Dennoch stand sie weiterhin zu ihrer Sendung, auch als ihr der Tod drohte.

Bettina war im Jahre 1810 fünfundzwanzig Jahre alt, hatte also im Verständnis der damaligen Zeit schon fast die Grenzen des heiratsfähigen Alters überschritten, als ihr Freund Arnim sie zu einer Heirat drängte. Und doch hätte sie seinen Antrag im letzten Moment beinahe noch ausgeschlagen, wie Arnim bitter vermerkte: „Es wurde mir zu verstehen gegeben, es hätte sich vieles verändert, ... ich könne nichts verlangen, ... von einem Hingeben zu großen Zwecken der Zeit, an Musik war die Rede." Aber die Zeit hatte sie zu ihren Zwecken noch nicht gerufen, und so schickte sich Bettina trotz allen inneren Widerstrebens dann doch in die Institution der Ehe, die bei aller Liebe zu Arnim für sie eine Bürde war, eine Verpflichtung zum Verzicht auf schöpferische Betätigung zugunsten der Familie; und sie vollbrachte die für ihre Zeit der hohen Kindersterblichkeit erstaunliche Leistung, sieben Kinder zur Welt und dann bis zum Erwachsenenalter auch gesund durch die Welt zu bringen. Erst mit fünfzig Jahren, als ihr Mann schon vier Jahre tot und ihre Kinder erwachsen waren, trat sie 1835 mit der Veröffentlichung von „Goethes Briefwechsel mit einem Kinde" zum ersten Mal als Schriftstellerin an die Öffentlichkeit und wurde auf einen Schlag berühmt, wobei gerade die politisch engagierten Vertreter der jungen Generation wie Ludwig Börne dieses Buch mit Jubel begrüßten.

Die erste politische Herausforderung trat jedoch erst über zwei Jahre später, im Dezember 1837 an sie heran, als der König von Hannover die Entlassung jener Göttinger sieben Professoren, darunter auch zwei ihrer engsten Freunde, der Brüder Grimm, verfügte, die gegen die von ihm befohlene Aufhebung der Verfassung protestierten, auf welche sie den Treueid geleistet hatten. Für uns als Bundesbürger, die wir immer wieder aufs Neue miterleben, wie das Grundgesetz von den politischen Parteien wie ein Abreißkalender behandelt wird, ohne dass sich ein nennenswerter Widerstand dagegen regt, ist vielleicht schwer nachvollziehbar, welch ungeheuren Widerhall diese mutige Tat der Göttinger Sieben in der damaligen deutschen Öffentlichkeit fand. Man kann aber dieses Ereignis als Aufbruch aus der bleiernen Zeit der Restauration, d.h. als den Beginn der Periode des Vormärz verstehen, d.h. der Periode, deren politische und geistige Auseinandersetzungen bis hin zur Revolution von 1848 führten. Nicht zufällig deckt sich jene aber auch weitgehend mit der Zeitspanne, in welcher Bettina von Arnim mit König Friedrich Wilhelm IV. von Preußen ihre Korrespondenz führte, zu der ihr entschiedenes Eintreten für eine Berufung der Brüder Grimm an die Universität von Berlin den Auftakt bildete. Bemerkenswert an dieser Korrespondenz ist, wie darin die Schriftstellerin die Grenzen höfischer Konventionen in bis dahin unerhörter Weise überschritten hat, um die Aufmerksamkeit des Königs auf die brennenden Probleme der Zeit zu lenken. Nach 1848 werden zwischen den beiden zwar noch ein paar Briefe getauscht, aber schließlich, im Jahre 1852, erteilt ihr der König eine unzweideutige Absage: „Als Sie eine Macht waren, vor 1848 war ich, durch das Interesse welches Sie mir weihten geschmeichelt. In der Fülle des Bewußseyns meiner Pflichten, ertrug ich Ihren AbsageBrief und – 1848... Ist's gut, daß wir uns treffen?"

Welches aber waren nun die Stimmen, von denen Bettinas Sendungsbewusstsein getragen wurde? Bis über ein Jahrhundert nach ihrem Tode war es üblich, Bettinas Eintreten für Verfolgte und Entrechtete ihrem „heißen, mitfühlenden Herz", also einer unpolitischen Weiblichkeit, zuzuschreiben. Das hat sich in den letzten Jahrzehnten geändert, der politische Aspekt ihres sozialen Engagements ist mehr und mehr ins Blickfeld der Forschung gerückt, was sich dann auch in den biographischen Darstellungen niedergeschlagen hat. Und dennoch fehlte diesen Darstellungen eine entscheidende Dimension, musste ihnen bisher fehlen. Denn sie wird erst jetzt erkennbar durch die Veröffentlichung des vollständigen Briefwechsels zwischen Bettina von Arnim und Friedrich Wilhelm IV. durch Ursula Püschel. Dabei hat die Herausgeberin sich nicht nur darum bemüht, dem Leser die Briefe der Bettina als literarische Dokumente höchsten Ranges zu präsentieren, was sie zweifellos auch sind, sondern ihr kommt das Verdienst zu, zugleich in ihren Anmerkungen und durch Beifügung dazugehöriger Dokumente den Briefwechsel mit dem König in den historischen Rahmen gestellt zu haben, durch den sie erst verständlich werden. Denn Bettinas Texte erschließen sich nicht sofort bei einer oberflächlichen Lektüre. Obwohl sie den Schriftstellern der Romantik zugerechnet wird, unterscheidet sich ihr Stil stark von dem viel schlichteren der Romantiker, sowohl von dem der ersten Generation wie Novalis und Tieck, als auch dem ihrer eigenen Generation, Arnim, Brentano und E.T.A. Hoffmann. Er nähert sich der Bildersprache eines Jean Paul und ist getragen vom hohen Ton der Sprache in Hölderlins „Hyperion". Und wie in Hölderlins Sprache das Pathos der Französischen Revolution nachklingt, so in dem der Bettina das Pathos der Hoffnung auf eine gerechte und menschliche Gesellschaftsordnung, von denen die Zeit des Vormärz erfüllt war, eine Hoffnung, die sich auch im „Kommunistischen Manifest" als einem der wirkungsmächtigsten Stücke deutschsprachiger Prosa niedergeschlagen hat.

Die vielen Fälle, in denen sich Bettina von Arnim beim König für politisch Verfolgte eingesetzt hat, sind im Allgemeinen bekannt und brauchen hier nicht im Einzelnen erwähnt zu werden. Aber erst durch die vorliegende Veröffentlichung des Briefwechsels tritt klar vor Augen, dass es ihr in den Briefen an den König um viel mehr ging als um den jeweilig unmittelbaren Anlass ihres Schreibens, ja dass sie ihm gelegentlich sogar ohne konkreten Anlass schrieb, um ihr Hauptanliegen voranzutreiben, nämlich diesen Fürsten zum ausführenden Organ der im Volke noch schlummernden oder bereits erwachten Kräfte zu bestimmen. So beginnt sie einen Brief vom Februar 1843 mit der Ankündigung: „Heute geht es scharf her in dem was ich zu sagen habe!" Und in der Tat, ihre darauf folgende eigenwillige Auslegung des christlichen Dogmas von der Dreifaltigkeit ist an Kühnheit kaum zu überbieten:
„Ich weiß nicht was man für Umstände macht, um die Menschwerdung des Sohns Gottes, der Menschheit plausibel zu machen. Das menschliche Herz ist die Krippe in der das Kind gebettet liegt, Ochs und Esel sind der dunkle Instinkt der bisher nur den Weg des Bedürfnißes und der Unfreiheit ging, sie werden bewegt von dem Geist, dem Erzeuger des Kindes, mit ihrem Hauch es zu wärmen und sein Gedeihen zu befördern. Gottvater aber ist die Macht die sich selbst, der Mensch sezt, so bald der Sohn das Gewissen in sein Herz die Krippe geboren ist. Da habt ihr die Dreifaltigkeit! Ja sie sind, diese Drei! – Der Sohn ist das Gewissen, der Geist ist der Genius des Selbstbewußtseins, der Vater ist das beide erzeugende Gefühl der Unsterblichkeit."
Merkwürdig zu sehen, dass der König dies ohne Erwiderung stillschweigend hingenommen hat. Denn später, in einem Brief vom Juli 1849 verweigerte er der Bettina, die ihn um Begnadigung des zum Tode verurteilten Gottfried Kinkel ersucht hatte, die Erfüllung ihrer Bitte unter anderem mit der bigotten Begründung: „Ich habe aus 1ter Hand Worte aus einer Unterredung eines Christ gewordenen Jugendfreunds des Unglücklichen mit ihm gelesen, die mir die Haare zu Berge sträuben machen. Er bekennt reuelos seinen Abfall von Christum – ach! was sag' ich – s. Abfall vom Begriffe Gottes und sein DurchBrechen zum Pantheismus ..."
Aus obigem Zitat der Bettina geht jedenfalls eines klar hervor: Im Gegensatz zur Jeanne d'Arc bedurfte sie keiner Stimmen von Heiligen mehr, um sich ihrer politischen Sendung bewusst zu werden, sie fand diese Stimmen in ihrem Innern, dies aber eben auch erst von dem Moment an, als sie sich im Einklang wusste mit den revolutionären Tendenzen ihrer Zeit.
Denn ihr „Genius des Selbstbewusstseins", das ist das revolutionäre Erbe des Ich=Ich der Fichteschen „Wissenschaftslehre", von der Friedrich Schlegel in seinem berühmten Athenäum-Fragment von 1798 verkündete, sie sei, neben Goethes „Wilhelm Meister" und der Französischen Revolution „die größte Tendenz des Zeitalters". Im Gegensatz jedoch zu der Mehrzahl der Romantiker, die unversehens das Fichtesche „Ich" zur Quelle eines grenzenlosen Subjektivismus machten und sich nach und nach in den privaten Bereich religiöser Schwärmerei zurückzogen, im Gegensatz insbesondere zu ihrem Bruder Clemens Brentano, der diesem Subjektivismus wie einem Fluch erlag, wurde das Fichtesche „Ich" von der Bettina im hegelschen Sinne „aufgehoben", indem sie diesem in der Person des Königs (auf den sie ersatzweise ihre eigenen Intentionen projizierte) die Aufgabe zuschrieb „mit festem Schritt die falschen Gesetze der Politik, und Geistesfesseln zu zertrümmern, und Herr zu sein über alle durch seinen Bund mit dem Genius der Menschheit." Und so verkündet sie denn an anderer

Stelle im oben erwähnten Brief, in welchem sie den König über die Aufgaben eines Herrschers zu instruieren sucht: „Die Welt umwälzen Denn darauf läufts hinaus...“

Aber auch ihre schriftstellerische Strategie und all die stilistischen Finessen, welche sie in ihrer Korrespondenz mit dem König immer wieder gebraucht, um ihm ihre Botschaften über die Grenzen höfischer Etikette und die Schranken politischer Rücksichtnahme hinweg zu vermitteln, sind gleich von Anfang an in ihren Briefen an Friedrich Wilhelm IV. zu finden. Ein Beispiel: „O Sire!“ redet sie den König an, „O Sire! Du bist ein Bürger in den Regionen der Schönheit und Gerechtigkeit, Du mußt dein Bürgerthum einlösen!“ Bettina ist wegen ihrer Liebe zum König gelegentlich als Royalistin bezeichnet worden. Welch merkwürdige Royalistin, die ihren König in einem Atemzug mit dem feudalen Titel „Sire“ und dann mit dem familiären „Du“ anredet und ihn dazu auffordert, sein Bürgertum einzulösen, d.h. ein revolutionärer Citoyen zu werden! Ihre schriftstellerische Strategie besteht darin, den König aufzuspalten in zwei Personen: in den realen König, für den sie sich unterzeichnet mit „In tiefster Ehrfurcht, Euer Majestät unterthanige Bettine Arnim“ und eine Traumgestalt, die sie mit dem vertraulichen „Du“ anreden und ihm die Wahrheiten sagen kann, welche in ihren Augen die ihn umgebende Kamarilla ihm vorzuenthalten bemüht ist. Ursula Püschel weist nach, dass Bettina von Arnim Teile des Briefwechsels mit dem König in ihre Königsbücher, „Dies Buch gehört dem König“ und „Gespräche mit Dämonen. Des Königsbuches zweiter Teil“ aufgenommen und damit aus der privaten Sphäre in den Bereich der öffentlichen Auseinandersetzungen versetzt hat.

Nach dem Scheitern der Revolution von 1848 war in Deutschland allgemein die sogenannte Realpolitik angesagt, und Bettina mit ihren hochgesteckten Zielen schien nunmehr unversehens einer anderen, längst vergangenen Epoche zuzugehören. Aber im Gegensatz zu manchen andern Radikalen ihrer Zeit hielt Bettina nach 1848 unbeirrt an ihren Gundsätzen fest. Der Hegelsche Satz: „Was vernünftig ist, das ist auch wirklich“, welcher, wie schon Heinrich Heine wusste und durch eine kürzlich entdeckte Vorlesungsnachschrift aus Hegels Heidelberger Zeit bestätigt wurde, in Wahrheit bedeutete: „Was vernünftig ist, das muss wirklich werden“, dieser Satz galt für Bettina auch noch nach dem Scheitern der Revolution von 1848. So schreibt sie dem König noch im Juli 1849 in einem Brief, in welchem es hauptsächlich um die Rettung des zum Tode verurteilten Gottfried Kinkel vor der Hinrichtung geht: „Aber die Zeit von Heute, ist die Zeit der Ideale; und keine andern staatlichen Ansichten sind mehr praktisch. Das Ideale allein ist thunlich und Wurzel-fassend, weil es allein nach allen Seiten hin gerecht und auch nachsichtsvoll vermittelnd ist!“

Über Jahrzehnte hinweg hat Ursula Püschel, die schon in ihrer Doktorarbeit von 1965 über „Bettina von Arnims politische Schriften“ auf die Wichtigkeit von Bettinas Briefwechsel mit dem König für das Verständnis ihres Gesamtwerks hingewiesen hat, sich darum bemüht, diesen in möglichster Vollständigkeit zu edieren. Von den Hindernissen, die ihr dabei im Wege standen, kann sich nur der eine ungefähre Vorstellung machen, der versteht, was es bedeutet, dass Bettinas brieflicher Nachlass von ihren Erben missachtet, möglicherweise in Teilen zensiert und schließlich im Zuge einer missglückten Versteigerungsaktion der Zerstreuung in aller möglichen Herren Länder preisgegeben wurde, ja dass es nicht einmal ein Verzeichnis zu den Fundorten der von Bettina hinterlassenen Briefe und Briefentwürfe gibt.

Mit der Veröffentlichung des Briefwechsels wird auch in der Biographie Friedrich Wilhelm IV. ein noch wenig beachteter Aspekt kenntlich gemacht, denn seine Korrespondenz mit Bettina von Arnim ist von seinen Biographen bisher kaum gewürdigt worden. Die von ihm als von dem eher passiven Teilhaber der Korrespondenz ausgehenden Briefe sind jedoch meist kurz, teils wohlwollend humorig, teils amüsiert, teils schroff abweisend im Ton, und sind als Äußerungen des Machthabers eben immer nur solche eines Einzelnen. Bettina hingegen, die den König von einer ihr feindlich gesonnenen Kamarilla umgeben sieht und sich der verschiedensten Listen bedienen muss und auf die Mithilfe ihrer bei Hofe tätigen Freunde wie Alexander von Humboldt oder der General Rühle von Lilienstern angewiesen ist, um ihre von eben jener Kamarilla als hochverräterisch eingestuften Ziele dem König zu übermitteln, spricht nie ausschließlich für sich allein. Sie lässt in Dokumenten, die sie ihren eigenen Briefen beifügt, auch diejenigen zu Wort kommen, für deren Sache sie eintritt, um den König davon zu überzeugen, dass ihm die Wahrheit von seinen Ministern und Beratern vorenthalten wird. Beispielsweise fügt sie ihrer Antwort auf einen Brief des Königs vom 27.12.1847, in dem dieser den zum Tode verurteilten polnischen Freiheitskämpfer Ludwik Mieroslawski und seine Gefährten, vermutlich wider besseres Wissen, als meineidige Lügner und Feiglinge geschmäht hatte, mutig die Verteidigungsrede Mieroslawskis vor Gericht bei, ein historisches Dokument ersten Ranges, worin der Kampf der Polen um ihre nationale Einheit und Unabhängigkeit in aller Klarheit dargestellt wird.

Es ist ein Verdienst der Herausgeberin, darauf bestanden zu haben, dass nicht nur Bettinas Briefe, sondern auch jene Dokumente, welche sie ihren Briefen an den König beigelegt hat, in diese Ausgabe als integraler Bestandteil des Briefwechsels mit aufgenommen wurden. Und dem Aisthesis Verlag sei Dank, dass er, was größere Verlage aus kommerziellen Gründen ablehnten, darin eingewilligt hat, diese Dokumente tatsächlich auch abzudrucken. Aber nicht nur dies. Dem eigentlichen Briefband ist ein noch umfangreicherer Ergänzungsband beigegeben mit ausführlichen Anmerkungen der Herausgeberin zur Zeitgeschichte und „Hintergrundmaterialien", d.h. „Schriftstücke zu Fakten oder Personen, um die es in den Briefen geht oder die die Überbringer betreffen". Damit wird das Geflecht von Stimmen, das sich um die politischen Aktivitäten der Bettina rankte, in seiner Vielfalt und Gegensätzlichkeit erst wirklich vernehmbar. Um eines der krassesten Beispiele herauszugreifen: Während Bettina sich seit Anfang Juli 1849 beim König für die Begnadigung Gottfried Kinkels einsetzt, dem wegen seiner Teilnahme am badischen Aufstand die Hinrichtung drohte, schreibt Ende Juli ihr zweiter Sohn Siegmund an seinen Bruder Freimund, damit ein von reaktionären Kreisen aufgebrachtes Gerücht weiterverbreitend: „Einige Haupt-Exekutionen werden übrigens noch statthaben. Der berüchtigte Dortu aus Potsdam ist wie ich höre heute morgen um 4 Uhr in Freiberg erschossen worden und die rothe Bestie Kinkel wird wohl Freitag den schwachen Lohn für seine Schandtaten empfangen. Schade daß das Saumensch seine Frau die noch schlechter gesinnt ist als der Kinkel selbst nicht bei der Gelegenheit auch expediert wird, denn sie hat es tausendfach verdient." Gemeint ist Johanna Kinkel, eine Komponistin, die Klavierlehrerin von Siegmunds Schwestern und deren Freundin war! Ausgerechnet dieser Sohn hat nach dem Tode seiner Mutter sich das Verfügungsrecht über ihren Nachlass gesichert und ihn unter Verschluss gehalten, aber seine Nachfolger in der zweiten Generation verhielten sich nicht viel besser. Nun endlich, fast anderthalb Jahrhunderte nach ihrem Tod, ist der verborgene Schatz des Briefwechsels der Bettina mit dem König gehoben worden.

„Die Welt umwälzen – denn darauf läufts hinaus". Der Briefwechsel zwischen Bettina von Arnim und Friedrich Wilhelm IV. Band I+II. 768 S.
Aisthesis Verlag, Bielefeld 2001. ISBN 3-89528-312-6 DM 128.- / EUR 65,45

6.5 Zum Judenthema – Märchen und Seminararbeiten des Sohnes – Ein Brief von Peter Anton an Frau Dr. Möhring

Peter-Anton von Arnim
Neugasse 26
65760 Eschborn   18.04.98

Sehr verehrte, liebe Frau Dr. Moering,

Vielen Dank für die Zusendung Ihres Beitrages zur Steinsdorff-Festschrift. So kurz er ist, so interessant ist er auch.

Das Unwichtige vorweg: Es geht darin ja um jenes Märchen, welches neben anderen Bagatellen für Helmut Hirschs alberne These von der Dichotomie in Bettina von Arnims Verhältnis zu Juden und Judentum herhalten muß, und zwar, weil sie geduldet habe, daß Arnim ihrem Märchen die Figur eines bösartigen Juden hinzugefügt hat. Welch schlagender Beweis für das judenfeindliche Verhalten eines Menschen: die beiden waren damals noch nicht einmal verheiratet!

Aber einmal abgesehen davon, daß es mich in dieser Hinsicht interessiert hat, genauer zu erfahren, wie das Märchen in der Einsiedlerzeitung im Einzelnen zustandegekommen ist - Sie geben einen Hinweis auf einen Aspekt in Arnims Verhältnis zum Judentum, den ich für sehr aufschlußreich halte.

Ich bin bisher dem Judenthema bei Arnim weitgehend ausgewichen. Es handelte sich für mich um ein Tabuthema. Selbst eines seiner Meisterwerke, "Die Majoratsherren", war mir dadurch verleidet. Härtls Gefühlsurteil über die Tischrede "Der schlimmste antisemitische Text der Romantik", oder bei Ihnen: "Arnims Antisemitismus berührt besonders unangenehm" konnte mir dabei natürlich nicht weiterhelfen, aber auch nicht Hirschs nichtssagende Apologie, die er in Wiepersdorf vorgetragen hat, eher schon die von Gisela Henckmann, die ich bis vor Kurzem allerdings gar nicht kannte. Wenn sie jedoch in Bezug auf Josef Körner von "Jüdischer Forschung" spricht, nur weil Josef Körner ein Jude war, so ist das eine Entgleisung, die Mißtrauen gegen die Autorin erweckt, auch wenn ihre sonstigen Argumente noch so stichhaltig sind.

Da traf es sich, daß mein Sohn Abdoulaye im vergangenen Semester ein Seminar über "Antisemitismus in der Zeit der Romantik" belegt und sich "Die Majoratsherren" zum Gegenstand seiner Seminararbeit gewählt hatte. Aus diesem Anlaß habe ich zum ersten Mal "Die Versöhnung in der Sommerfrische" in voller Länge gelesen, nicht nur das von Josef Körner in seinem Aufsatz abgedruckte "Gespräch", das er meiner Meinung nach völlig falsch interpretiert hat, obwohl ich volles Verständnis für seine Sichtweise habe.

Gewiß, der Schluß ist nicht durchgeformt und insofern schwach. Aber abgesehen von dem herrlichen Anfang, ein Gegenstück zu Albanos Ankunft auf Isola Bella im „Titan", war ich völlig überrascht und tief beeindruckt von der psychologischen Scharfsicht, mit der Arnim in dieser Erzählung die Seelenregungen eines Konvertiten, Raphael Rabuni, darstellt, der, wie das oft bei Konvertiten der Fall ist, über die Religion seiner Geburt viel härter urteilt als manche seiner neuen Glaubensgenossen. Das übersieht auch Frühwald, der ein Zitat aus Rabunis Rede schlichtweg als Arnims eigene Meinung ausgibt. Ich fühlte mich bei der Lektüre sehr stark an Friedrich Julius Stahl erinnert, der es allerdings erst lange nach Arnims Tod zu Einfluß und Prominenz im Königreich Preußen gebracht hat. Sie nennen als Vorbild für die Gestalt des Raphael Rabuni den jüdischen Rittergutsbesitzer Jakob Salomon Bartholdy, und mit all den Details der Übereinstimmungen, die Sie dazu anführen, muß das natürlich jedem völlig einleuchten. Interessant wäre zu wissen, ob es auch in Bartholdys Leben schon solche Züge von christlichem Fundamentalismus gegeben hat, wie sie Arnim an Rabuni darstellt. Es ist nicht unwahrscheinlich, denn Bartholdy stand nach seiner Konversion im preußischen Staatsdienst. Wissen Sie etwas Näheres über Bartholdys innere Biographie?

Übrigens: Wissen Sie vielleicht auch, warum Arnim in seinem Briefwechsel mit Clemens Brentano (im Brief vom Januar 1805 auf Seite 257) Bartholdy einen Judas Ischariot nennt? Das ist überhaupt ein Problem der neuen Ausgabe des Briefwechsels, daß man auf Fragen, die von Interesse sind, in den Fußnoten keine Antwort erhält. Wobei ich in diesem Fall sogar nicht einmal sicher bin, ob hier wirklich Bartholdy gemeint ist, wie in der Fußnote behauptet wird. Aber davon mehr weiter unten.

Überrascht hat mich an der "Versöhnung" vor allem, zu sehen, wie nahe Arnim offenbar die Probleme einer Konversion gegangen sind. Denn der Erzähler, der sich auf ironische Weise als Arnim selbst zu erkennen gibt, deutet ja an, daß er ebenfalls Rabunis Probleme durchlebt hat, und wenn er sich am Schluß völlig in einen Tiroler verwandelt hat und gar katholisch wird, so ist das doch wohl eine ironische Spiegelung des Endes von Rabuni. Arnim war also offenbar nicht schlichtweg der protestantische Fels im Meer der katholischen Bekehrungswut, dessen Wellen in der Metternichschen Restaurationszeit so manche seiner romantischen Weggefährten erfaßt hat, auch er kannte solche Sehnsüchte, aufzugehen in einer mystischen Volks- und Glaubensgemeinschaft. Das war mir bisher nicht so klar gewesen. Immerhin hat Heinrich Heine ihm zu Recht hoch angerechnet, daß er den Versuchungen letztlich widerstanden hat, im Gegensatz etwa zu Brentano, dessen poetische Begabung Heine deshalb unterschätzt hat.

An der Gestalt des Rabuni ist mir auch klargeworden, daß Arnim in seinem zwiespältigen Verhältnis zum Judentum nur oberflächlich der Adelsfronde gegen die Hardenbergischen Reformen zuzurechnen ist (wie Frühwald das tut). Rabuni ist ja der Typ des wurzellosen Künstlers, mit dem der Erzähler sich weitgehend identifiziert. Ob Arnim ernsthaft geglaubt hat, daß man das Gespräch über die Einbürgerung der Juden aus dem Kontext der Erzählung herauslösen und als Argumentationshilfe im Streit über die Emanzipation der Juden verwenden könne, erscheint mir zweifelhaft. (Josef Körner und Heinz Härtl haben diesen Hinweis meiner Meinung nach allzu ernst genommen). Mir ist jedenfalls aufgefallen, daß das Gespräch bruchlos aus der Erzählung hervorgeht und Rabunis Argumentation eigentlich erst so recht verständlich wird, wenn man seine Vorgeschichte kennt. Überhaupt scheint mir das Gespräch keine Perlen unvergänglicher Wahrheiten zu enthalten, wie Josef Körner sich in etwa ausdrückt (d.h. aus dem Kontext ablösbare Argumente), sondern die Funktion erfüllt, das psychologische Bild Rabunis auf eindrucksvolle Weise zu ergänzen.

Wie gesagt, Ihren Hinweis, daß Arnim in der künstlichen Nachahmung des Göttlichen (wie etwa in der Gestalt des Golem, dessen sozial-theologische Funktion im Kampf der Juden gegen ihre Unterdrücker er verkennt, aber aus der Grimmschen Fassung, in der ihm der Mythos vorlag, auch nicht erkennen konnte) das Künstliche verurteilte, das er im Judentum verkörpert sah, halte ich für sehr aufschlußreich. Es gab ja zu jener Zeit eine negative philosophisch-theologische Auffassung vom Judentum, die tragischerweise von einigen prominenten Juden selbst geteilt wurde, wobei ich es allerdings für eine Fehldeutung halten würde, wenn man das bereits jenem berüchtigten jüdischen Selbsthaß zuschreiben wollte, wie ihn später, als der Rassenantisemitismus aufkam, etwa ein Otto Weininger verkörpert hat.

Diese Auffassung bestand in der Identifizierung des Judentums mit bestimmten abstrakten Aspekten der Moderne, d.h. des Kapitalismus, und ist beispielhaft in Karl Marx' "Zur Judenfrage" zu finden. Der Unterschied zum jüdischen Selbsthaß besteht für mich darin, daß es bei den Juden der Vormärzzeit die Hoffnung auf eine allgemeine Befreiung der Menschheit vom Kapitalismus gab, und diese Befreiung dann die Befreiung der Menschen, einschließlich der Juden von dem, was jene Theoretiker als dessen negative Aspekte unter dem Begriff "Judentum" faßten, bedeuten sollte. Unter den Juden, die so dachten, befanden sich die Hegel-Schüler Eduard Gans und zeitweilig Heinrich Heine (und eben Karl Marx und sogar Moses Heß). Von jüdischem Selbsthaß könnte man zu jener Zeit nur bei solchen Juden sprechen, welche sich statt Hegels dialektischer Philosophie einer völkisch-nationalen Weltanschauung wie der des Philosophen Friedrich Jakob Fries angeschlossen hätten, ich bezweifle aber, daß es solche gegeben hat. Wieweit man bei Friedrich Julius Stahl davon sprechen kann, weiß ich nicht, dazu kenne ich ihn zu wenig.

Allerdings gibt es auch das Beispiel, daß ein Junghegelianer von der Hegelschen Position, wonach das Christentum (allerdings ein höchst aufgeklärtes und liberales, welches in der Französischen Revolution seinen Gipfelpunkt erreicht sieht) die höchste Stufe der geistigen Entwicklung der Menschheit darstellt, einer Position, welche jedoch grundsätzlich die Verteidigung der bürgerlichen Rechte der Juden gegen die antisemitischen Angriffe der Anhänger von Fries einschloß (wie das insbesondere der Hegel-Schüler Carové gegen die Völkischen auf dem Wartburg-Fest von 1817 und während der Hep-Hep-Unruhen von 1819 getan hat), nach 1848 zu einer offen antisemitischen Position übergegangen ist, und zwar der in seiner revolutionären Zeit von der Bettina so verehrte Junghegelianer Bruno Bauer.

Was ich mit alldem in Bezug auf Arnim sagen will: Man kann aus Arnims Biographie eine Reihe von Fällen aufzählen, wo er finanzielle Auseinandersetzungen mit Juden hatte und in arge Bedrängnis geraten war. Aber dennoch hat er einem ökonomisch motivierten Antijudaismus meines Wissens nie angehangen, auch in seiner abscheulichen Tischrede kann ich dergleichen nicht finden. Das eben unterscheidet ihn etwa von einem Fries, bei dem der Sozialneid auf die Juden schon Züge des eliminatorischen Antisemitismus annimmt. Es wird beispielsweise gesagt, Arnim habe unter anderem gegen Hardenberg opponiert, weil dieser den Juden das Recht zugestanden hatte, Rittergutsbesitzer zu werden. Aber Raphael Rabuni ist Rittergutsbesitzer und kommt dennoch deswegen in der "Versöhnung" nicht schlecht weg, allenfalls sein Vater, der dem Erzähler zufolge das Rittergut auf offenbar nicht allzu ehrenhafte Weise, nämlich als Kriegsgewinnler erworben haben soll. Im Großen und Ganzen bleibt "Judentum" bei Arnim jedenfalls noch ein abstrakter Begriff im ideengeschichtlichen Sinne, und somit ist Arnim für mich noch kein Antisemit.

Das ist mir wichtig, denn als Deutscher nach Auschwitz fühle ich mich verpflichtet, bei der Lektüre eines Autors zu fragen: Wie würde oder müßte ich auf dessen Texte reagieren, wenn ich sie aus der Perspektive eines Juden betrachte (ich meine hier den Standpunkt des jüdischen Universalismus etwa eines Gustav Landauer, nicht den eines bornierten Likud-Anhängers)? Müßte ich mich schämen, wenn sie mir gefallen, weil sie antijüdische Elemente enthalten? Ist es als eine Schande für Heinrich Heine zu betrachten, wenn er Arnim so hoch schätzte? (Wie steht es dann gar mit denjenigen Juden, die trotz des "Judentums in der Musik" dem Klangzauber Richard Wagners nicht widerstehen können wie Daniel Barenboim? Für mich bedeutet Wagner allerdings keine Versuchung, ich könnte auch ohne seine Musik leben). Ich habe mich jedenfalls in diesem Punkt nach der Seminararbeit meines Sohnes mit

Arnim ausgesöhnt, allerdings nicht mit seiner Tischrede natürlich. Aber die Art, wie er versucht hat, seine inneren Konflikte literarisch ehrlich auszutragen, ist faszinierend und hinsichtlich der Probleme der Zeit aufschlußreich. Damit unterscheidet er sich auch von späteren Autoren wie Gustav Freytag und Wilhelm Raabe, die sich für Judenfreunde hielten, deren Judenfiguren jedoch aufs deutsche Publikum viel schlimmer gewirkt haben als Arnims karikaturhaft böse Figur der Vasthi in den "Majoratsherren", weil sie den von ihnen gebrauchten antisemitischen Stereotypen einen realistischen Anstrich verliehen haben.

Ich schicke Ihnen eine Kopie der Seminararbeit meines Sohnes, allerdings in einer von mir stark retouchierten und erweiterten Fassung. Insbesondere gehörte die "Versöhnung" nicht unbedingt zu seinem Thema, und die daran geknüpften Überlegungen sind natürlich auf meinem Mist gewachsen. Ich habe im Übrigen einen besonderen Grund, mich mit Arnims Verhältnis zum Judentum genauer auseinanderzusetzen. Denn wie Sie wissen, beschäftige ich mich zur Zeit mit dem Verhältnis der Bettina zu Juden und Judentum. Und da werde ich gelegentlich gefragt (und ich selbst hatte mir diese Frage schon gestellt): Wie kommt es, daß es zwischen den Eheleuten über dieses Thema zu keiner Auseinandersetzung gekommen ist, wo doch ihre Ansichten darüber so weit auseinander gingen? Auch in einer neueren Arbeit über "Die Majoratsherren" von Peter Philipp Riedl (in Aurora 54) wird diese Frage gestellt. (Diese Arbeit ist übrigens so umfassend, daß ich froh bin, daß ich sie erst jetzt entdeckt habe, Monate nachdem mein Sohn seine Seminararbeit abgegeben hat. Denn sonst hätte er sie nicht so unbefangen und frei von der Leber weg schreiben können. Das klingt zwar unwissenschaftlich. Aber so lassen sich, wie mir scheint, beide Arbeiten nebeneinander mit Gewinn lesen, weil sie verschiedene Gesichtspunkte enthalten, statt daß die eine Arbeit von der anderen erdrückt worden wäre. Hervorragend ist bei Riedl der sozialgeschichtliche Hintergrund der Judenemanzipation in Preußen dargestellt. Aber die Erzählung als Kunstwerk kommt bei dieser Analyse etwas zu kurz).

Ich werde also in mein Bettina-Buch auch ein Kapitel über Arnim einfügen müssen. Auf besagte Frage habe ich zwei Antworten: Erstens kann man, wie ich meine, den Zeitpunkt, zu dem der Bettina die politische Bedeutung der Judenemanzipation klargeworden ist, recht genau datieren: mit ihrer Savigny-Epistel aus dem Jahre 1839, also Jahre nach Arnims Tod, wie sie ja auch überhaupt erst nach Arnims Tod (durch den Kampf für die Gebrüder Grimm) zu politischem Bewußtsein gelangt ist. Zweitens war eben, wie gesagt, Arnims Begriff vom Judentum so abstrakt, daß er keinen Anlaß bot zu einer Kontroverse. Ja es konnte sogar soweit kommen, daß in einem Fall Arnim sich gegenüber einem Juden als toleranter erwiesen hat als die Bettina, allerdings gegenüber einem konvertierten Juden, wobei Bettinas Aversion gegenüber Konvertiten ins Spiel kam. Ich meine natürlich den Fall des Bewerbers um eine Hauslehrerstelle für Arnims Söhne, Singer. Wenn deshalb allerdings Helmut Hirsch den Spieß herumdreht und die Bettina als Judenfeindin hinstellt und Arnim gegen den Vorwurf des Antisemitismus in Schutz nimmt, dann ist das doch geradezu grotesk und grob fahrlässig. Denn die Bettina unterscheidet sich in ihrer Beziehung zum Judentum in entschieden positiver Weise in einem grundsätzlichen Punkt von Arnim und steht darin in der Tradition des von ihr so geschätzten Jean Paul, welcher in einem Brief an seinen jüdischen Freund Emanuel Osmund geschrieben hatte:

"... über mein: 'Leider hab' ich mehr über als von den Juden gelesen.' Das kann nichts heißen, als: ich beklag' es, daß ich die Unterdrückten fast blos aus dem Munde der Unterdrücker kenne - daß Christen die Portraitmaler der Juden sind, denen nicht mehr zu glauben ist, als wenn Juden die Portraitmaler der Christen sind. Denn der feine Geist jedes Volkes - eines so unähnlichen zumal - verdampft, wie jeder Spiritus, in allen Schilderungen; und nur aus der Geschichte, dem Leben, und den Schriften des Volkes selber ist sein spiritus rector, sein Lebensgeist rein abzudunsten und zu kohibieren."

Wie Jean Paul war die Bettina im Gegensatz zu Arnim nicht nur an christlichen Schriften über die Juden, sondern auch an solchen interessiert, die von Juden selbst verfasst waren, und wie Jean Paul rechnete die Bettina die Juden zu den Unterdrückten, nicht zu den Unterdrückern in Deutschland.

Nun aber noch ein paar Anmerkungen zu der Ausgabe des Briefwechsels Arnim-Brentano. Natürlich ist es schön, daß es sie gibt. Aber war es nötig, daß, bei aller Eile, unter der diese Ausgabe zustande kommen mußte, die Kommentierung, gelinde gesagt, so unbefriedigend ausfällt? Wenn die Anmerkungen insgesamt so viele Fehler oder Unzulänglichkeiten enthalten wie in den Fällen, zu denen ich die Stichproben gemacht habe, dann wäre das in der Tat eine mittlere Katastrophe. Meine Stichproben bezogen sich naturgemäß auf die jüdischen Namen, die im Register vorkommen.

Zu Jakob Salomon Bartholdy, wie gesagt, nichts weiter als die Erwähnung des Namens und des Geburts- und Sterbedatums. "Die Versöhnung in der Sommerfrische" war dem Herausgeber offenbar unbekannt. Sollte die Kenntnis der Werke eines Autors aber nicht die allererste Voraussetzung sein, wenn man dessen Briefwechsel herausgibt? So ist zu dem Zwischenfall mit Moritz Itzig im Badehause, den Arnim in einem undatierten Brief an Brentano aus dem Jahre 1811 schildert (S.604-605), weder ein Hinweis auf die Tischrede noch auf die "Versöhnung" zu finden. Im Brief heißt es am Schluß: "Mir ist die Katastrophe das Liebste, denn die Geschichte hat mich innerlich in der Hitze durch das dumme Gerede so tief gekränkt, dass sich meine Natur endlich in einer Ruhr Luft machte, von der mich Dr.Meyer kurierte." Man sieht also, wie sehr diese Sache Arnim mitgenommen hat, und dennoch schreibt er danach an keiner verschärften Version der Tischrede, sondern an einer "Versöhnung", das ist doch bemerkenswert, was immer auch an dieser "Versöhnung" zu bemängeln sein mag.

Im Oktober 1812 schreibt Arnim an Brentano (S.666): "Der Neberich war schon wieder erschienen und zwar in Dresden. Er hat mir erzählt, daß Jean Paul an Deiner Philister Abhandlung grosse Freude gehabt und sie in seinen aesthetischen Vorlesungen aufführe. Das wird die Juden ärgern."
Bei einem halbwegs gebildeten Leser - und wer sonst wird den Briefwechsel lesen? - wird man wohl voraussetzen können, daß ihm Jean Pauls "Vorschule der Ästhetik" zumindest dem Titel nach bekannt ist und er sich, ohne eine Fußnote dazu zu benötigen, ausrechnen kann, daß diese hier mit den "aesthetischen Vorlesungen" gemeint sein muß. Falls er aber ein Exemplar der "Vorschule" in seinem Bücherschrank stehen hat, wäre es ihm vielleicht angenehm, wenn ihm der Verfasser der Anmerkungen mitteilen würde, an welcher Stelle Jean Paul auf Brentanos Satire Bezug nimmt, nämlich am Ende des § 52. Denn wenn er sich wundert, daß Arnims Brief zufolge die Juden sich angeblich über Jean Paul ärgern werden, wo dieser doch ein ausgesprochener Judenfreund war (siehe oben), dann wird er bei eingehender Überprüfung der Sache feststellen können, daß dazu für die Juden in der Tat gar kein Anlaß bestand und dies nur Arnims Privatmeinung entsprang. Denn Jean Pauls Anmerkung zu Brentanos Satire enthält nur ein allgemeines Lob über einen bestimmten Sprachwitz und hat mit den antijüdischen Ausfällen der Satire gar nichts zu tun. Solche Anmerkungen, wie sie in dieser Ausgabe zu finden sind, kann sich ein halbwegs gebildeter Leser notfalls selbst schreiben. Ein Satz darin (S.926) ist sogar eher eine Irreführung, wenn es nämlich heißt, Brentanos Satire über die Philister sei 1811 **als Buch** erschienen. Daraus würde man schließen, sie wäre ganz offiziell im Buchhandel erhältlich gewesen. In Wirklichkeit hat Brentano sie nur ganz privat für Freunde in 200 Exemplaren drucken lassen.

Schlimm wird's, wenn dem geneigten Leser ausgesprochene Bären aufgebunden werden sollen. Im Namensverzeichnis findet man den Hinweis: Levin, Rahel 391, 628. Nun kann zwar kein Zweifel daran bestehen, daß Arnim auf S.628 mit Rale Levin die Rahel Lewin meint. Aber auf S.391? Da schreibt im Juni 1806 Brentano von einer Madame Levi: "Mehr oder weniger taugliche Subjekte <als eine Gesellschafterin, die Arnim für seine Tante suchte, P.A.> wären die Louise Piautaz, Claudinens Schwester <eine Gesellschafterin im Hause Brentano, welche mit Henriette Arnstein und Lea Salomon, der Mutter Felix Mendelssohns, befreundet war, P.A.>... Sie ist in Berlin, auch besonders **Madame Levi** bekannt ..." etc., etc. Ein Herausgeber des Briefwechsels zwischen Arnim und Brentano (und Herausgeber eines Bandes über die Salons der Romantik) sollte nun doch immerhin mit den Lebensdaten der von ihm publizierten Autoren soweit vertraut sein, daß er Rahel Lewin nicht mit Sarah Levy oder Levi verwechselt, bei welcher Arnim und Brentano in jener Zeit, als sie den Plan zu "Des Knaben Wunderhorn" konzipierten, in Berlin gewohnt haben.

Der dickste Hund liegt auf Seite 849 in der Anmerkung zu Seite 321 begraben: "Die abfällige Äußerung über **Heinrich Heine** gehört zum Voß-Zitat, das bis 'Banden schlagen' reicht." Diese Anmerkung bezieht sich auf eine Briefstelle bei Brentano, worin es heißt: "Voß sagte zu mir neulich: Gestern erhielt ich ein Paquet mit Heines verhaster Hand überschrieben, ich erbreche es, und finde A.W.Schlegels Elegie *Rom*, keine Zeile dabei, eine seltsame Empfindung, ein Schlegel macht mir durch einen Heine ein Geschenk, bei dessen Durchlesung nur die Vortrefflichkeit der Hexameter mir einen kalten Fieberschauder erregten, da ist auch kein Jota zu bekrittlen, und das heist recht die Sprache in Ketten und Banden schlagen."

Man reibt sich verwundert die Augen und frägt sich, was wohl Heinrich Heine mit dem alten Voß angestellt haben könnte, daß diesem sogar seine Handschrift verhaßt war! Wenn man daraufhin aber gar auf das Datum schaut, zu dem dieser Brief geschrieben worden ist: Dezember 1805, dann kommt man aus dem Staunen nicht heraus, denn Heinrich Heine war bekanntlich zu diesem Zeitpunkt erst sage und schreibe acht Jahre alt und hat sich damals zweifellos nicht in Heidelberg herumgetrieben, sondern die Schulbank in Düsseldorf gedrückt! Da wäre es doch besser gewesen, den Briefwechsel ganz ohne Anmerkungen herauszugeben, als mit solchem haarsträubenden Unsinn!

Allerdings weiß ich selbst nicht, wer nun dieser Heine gewesen ist, über den Brentano schreibt, würde mir aber zutrauen, es herauszufinden. Da Sie aber nicht nur die Arnim-Kennerin par excellence sind, sondern sich im Augenblick gerade auch mit seiner Heidelberger Zeit näher befassen, werden Sie vermutlich auf Anhieb sagen können, um welchen Heine (oder vielleicht Heyne?) es sich hier handelt.

Ich habe außer für meinen Sohn Abdoulaye noch eine weitere Patenschaft für einen senegalesichen Studenten übernommen (er nennt mich Onkel und ich ihn Neffe), der gerade eine Arbeit über "Isabella von Ägypten" abgeschlossen hat. Ich lege Ihnen eine Kopie seines Briefes bei. Ich würde ihn so gern nach Deutschland kommen lassen, aber wie?

Freundliche Grüße und nochmals vielen Dank

Ihr
P.A.

6. 6 Was ist Antisemitismus und zu welchem Ende betreiben wir Antisemitismusforschung? – Von Peter-Anton von Arnim

Anmerkungen zu einigen neueren Publikationen über Bettina von Arnim, die aus dieser eine Antisemitin machen wollen.

Das Phänomen des Antisemitismus ist so eng mit unserer jüngsten Vergangenheit und mit unserer Gegenwart verflochten, daß es sich nicht auf scheinbar neutrale Weise wie ein rein abstraktes Problem behandeln läßt. Derjenige, der über den Antisemitismus spricht, und sei es auch nur den in der Zeit der Romantik, gibt dabei unwillkürlich immer auch ein wenig davon zu erkennen, wie er sich selbst dazu stellt, und wenn er dies auch nur auf indirektem Wege zum Ausdruck bringt.

Mit dieser Feststellung will ich keiner falschen Emotionalisierung des Themas das Wort reden, im Gegenteil. Je deutlicher wir uns dessen bewußt sind, wie stark das Thema von Emotionen und schmerzlichen Erinnerungen belastet ist, desto entschiedener müssen wir uns, meine ich, um Klarheit in der Begriffsbildung und Genauigkeit in der Erforschung der geschichtlichen Gegebenheiten bemühen. Das gilt schon für den Begriff Antisemitismus selbst. Er wird oft wie ein Passepartout über die heterogensten Phänomene und die verschiedensten Geschichtsepochen gestülpt, als sei es eine alle Zeiten überdauernde Seuche, deren Symptome schon in den leisesten Äußerungen von Kritik an Juden auszumachen sei, wogegen uns dann die eigentlich gefährlichen Phänomene, die den wirklichen Antisemitismus ausmachen, aus dem Blick geraten. So verliert sich das Gedenken an das verwerflichste Verbrechen der Menschheitsgeschichte, nämlich das von einer deutschen Regierung gegen die Juden angeordnete und in Gang gesetzte Vernichtungsprogramm, an dessen Durchführung uns die Namen von Orten wie Auschwitz, Treblinka oder Maidanek, Bergen Belsen, Ravensbrück und die vieler anderer Orte in Deutschland und Osteuropa erinnern, im Dunkel einer Begriffsverwirrung, worin alle menschlichen Maßstäbe untergehen.

Ich möchte deshalb hier nicht nur auf die Stellung eines Autors bzw. in meinem Fall einer Autorin, nämlich der Bettina von Arnim, zum Judentum und zur Frage der Judenemanzipation eingehen. Mir geht es vorwiegend darum, zu zeigen, auf welche Abwege man geraten kann, wenn man bei der Erforschung des Phänomens Antisemitismus methodisch nicht sauber vorgeht und sich ausschließlich von vorgefassten Theorien leiten läßt. Insofern, als ich dabei den Fall der Bettina von Arnim als Beispiel nehme und die Methode untersuche, nach der in jüngster Zeit verschiedene Forscher ihr Verhältnis zu Juden und Judentum behandelt haben, kann ich allerdings nicht umhin, auch davon zu sprechen, welche Prinzipien sie selbst in dieser Frage vertreten hat, gerade weil ihre Kritiker dies weitgehend unterlassen haben.

Vorab zur historischen Einordnung des Begriffs Antisemitismus. Der Jerusalemer Historiker Jakob Katz, der sich eingehend mit der Vorgeschichte und Geschichte des Antisemitismus, und zwar speziell desjenigen in Deutschland beschäftigt hat, datiert die Entstehung des modernen Antisemitismus auf das Jahr 1879, das heißt auf das Jahr, worin dieser Begriff zum ersten Mal aufgetaucht ist, nämlich in einer Schrift des Publizisten Wilhelm Marr "Der Sieg des Judentums über die Germanen". Darf man also von Antisemitismus bereits zur Zeit der Romantik sprechen? Jakob Katz schreibt: "Rückdatierungen moderner Begriffe sind nicht ungewöhnlich, doch sie bringen immer auch die Gefahr der Verwischung mit sich. Die Anwendung von Antisemitismus auf die Judengegnerschaft des Mittelalters und des Altertums erweckt die Vorstellung, daß diese Gegnerschaft mit ihrer modernen Abwandlung im Wesen identisch sei."[41]

So könnte man sich also fragen, ob es dann berechtigt ist, diesen Begriff rückwirkend auf die Zeit der Romantik anzuwenden. Aber wenn in der von einigen Romantikern vertretenen Judenfeindschaft sich auch noch nicht der im Namen moderner Wissenschaftlichkeit vertretene Antiklerikalismus und die rassebiologischen Vorstellungen ausmachen lassen, in denen Jakob Katz die Hauptmerkmale des modernen Antisemitismus sieht, so erkennt er doch in dieser Epoche bereits einige der Wesenszüge, welche die Wandlung des traditionellen Judenhasses kirchlicher Prägung zu den Positionen des modernen Antisemitismus ankündigen. "Diese <Wandlung> setzte ein", so schreibt er, "als die Lage der Juden sich in die moderne Richtung wendete, mit einem Wort: Als die Idee ihrer Aufnahme in den Staat, später Emanzipation genannt, in die Welt trat."[42] (Für diese Epoche verwendet Katz deshalb den Begriff "Frühantisemitismus"). Die Feinde der Judenemanzipation waren allerdings, um nicht als Vertreter hoffnungslos veralteter Vorurteile zu erscheinen, darum bemüht, ihre Gegenargumente in die Form von Gedanken der Aufklärung zu kleiden. "Die anti-jüdischen Argumente und Stereotype, auch wenn sie aus fernsten Zeiten stammten, mußten, um glaubwürdig zu klingen, der modernen Situation angepaßt werden und modernes Gepräge annehmen."

Hauptargument derjenigen, die sich der Gewährung voller Bürgerrechte an die Juden entgegenstellten, war im Zuge des damals aufkommenden Nationalismus die Behauptung, daß die Juden eine besondere, vom deutschen Volk nicht assimilierbare Bevölkerungsgruppe oder Nation darstellten; die Rede war immer wieder vom "Staat im Staate". Kennzeichnend für die Zeit der Romantik und insbesondere den "Romantiker auf dem Thron", den Preußenkönig Friedrich Wilhelm IV. und seine Ideologen, war darüberhinaus die Vorstellung von der Identität von Deutschtum und Christentum, und infolgedessen die fundamentalistische Vorstellung vom christlich-deutschen Staat, für welchen die Juden einen bedrohlichen Fremdkörper darstellten.

Was ist nun dieser langen Vorrede kurzer Sinn? Ich habe schon zu Anfang gesagt, daß sich unsere Untersuchungen zu vergangenen Perioden des Antisemitismus in Deutschland nicht im luftleeren Raum bewegen. Es gibt vor allem eine Frage, die immer wieder gestellt wird, und die kürzlich durch die Goldhagen-Kontroverse erneut ins Zentrum der Diskussion gerückt worden ist: Waren die Keime der Entwicklung zur Machtübernahme der Nazis in Deutschland mit ihrem Programm des elimininatorischen Antisemitismus, wie die treffende Bezeichnung Goldhagens lautet, so tief in der deutschen Geschichte oder gar im deutschen Volkscharakter verankert, daß sich die Schuldigen an den Naziverbrechen und deren Apologeten darauf hinausreden können, es habe sich dabei um die bloße Vollstreckung einer vom Schicksal über das deutsche Volk verhängten geschichtlichen oder naturgesetzlichen Notwendigkeit gehandelt.? Oder gab es Gegenstimmen und Gegenkräfte gegen diese Entwicklung, mit anderen Worten, gab es dazu erkennbare Alternativen? Wenn nicht, dann scheint mir eine Erforschung der Vorgeschichte des Antisemitismus in Deutschland von vornherein sinnlos. Denn wie sollten dann wir, als Nachfahren jener naturgesetzlich determinierten Antisemiten etwas fruchtbares über das Phänomen des Antisemitismus herausfinden oder aussagen können? Denn unsere Erbmasse hat sich ja nicht einfach auf einen Schlag mit dem Zusammenbruch der Nazidiktatur und der Befreiung von Auschwitz geändert. Gab es jedoch Alternativen, dann könnten diese, so scheint mir, auch für uns heute noch eine Herausforderung und ein Ansporn sein.

---

[41] Begegnungen von Deutschen und Juden in der Geistesgeschichte des 18.Jahrhunderts. Herausgegeben von Jakob Katz und Karl Heinrich Rengstorf. Darin der Aufsatz von Jakob Katz: Frühantisemitismus in Deutschland. S.79 ff.
[42] a.a.O. S.81

Nun hat die Bettina von Arnim über ein Jahrhundert lang als eine Schriftstellerin gegolten, die bedingungslos für die Judenemanzipation eingetreten ist, das heißt als eine Kämpferin gegen die Unterdrückung und Benachteiligung der Juden. Noch im Jahre 1934, ein Jahr nach der Machtergreifung der Nazis, erschien in der jüdischen "Central-Vereins Zeitung" in Deutschland ein Artikel von Dr. Hugo Lachmanski, welcher den Titel trug: "Bettina von Arnims jüdische Sendung". Und in "Historia Judaica", einem in New York erscheinenden Periodikum für jüdische Studien, veröffentlichte Rudolf Kayser im Jahre 1958 einen Artikel, der mit den Worten endigt: "In Bettina's loving kindness toward Jews and Judaism we must recognize the expression of a personality burning for freedom and justice."

Seit etwa zehn Jahren etwa, seit dem Erscheinen der Rowohlts Monographie von Helmut Hirsch, scheint es jedoch unter einigen Germanisten in Mode gekommen zu sein, Bettina von Arnim in die Nähe des Antisemitismus zu rücken. Wenn ich hier einigen dieser Anwürfe nachgehe, geht es mir allerdings nicht so sehr um eine Apologie der Bettina von Arnim, denn in meinen Augen hat diese eine solche nicht nötig, sondern wie oben erwähnt darum, zu zeigen, auf welch zweifelhafte Abwege man geraten kann, wenn man unterschiedslos gegen jeden, der sich je in seinem Leben auch nur die geringste kritische Äußerung über Juden erlaubt hat, die Keule des Antisemitismusverdachts schwingt. Mit anderen Worten, ich möchte vor einem inflationären Gebrauch des Begriffs Antisemitismus warnen, da man ihn dadurch für eine ernsthafte Erforschung dieses Phänomens entwertet und die wahren Ursachen für die Entstehung des Antisemitismus verfehlt.

Helmut Hirsch selbst, das muß man ihm zugute halten, spricht noch nicht von Antisemitismus bei Bettina von Arnim, weil er sich dieses Problems bewußt ist. Ja, er hat deshalb sogar Achim von Arnim, den Verfasser jener berühmt-berüchtigten, wahrhaft judenfeindlichen Tischrede von 1811, über die Sie im Seminar schon gesprochen haben, in einem Vortrag über Arnims Christlich-Deutsche Tischgesellschaft gegen den Antisemitismusvorwurf in Schutz genommen. Angesichts der Tatsache, daß Arnim getaufte Juden in seiner Tischgesellschaft hatte zulassen wollen, sich dann aber bei der Abstimmung über die Satzung der antijüdischen Mehrheitsmeinung gebeugt hat, schreibt Helmut Hirsch: "Sein Nachgeben heute mit der aggressiven rassischen Judenfeindschaft des späten 19.Jahrhunderts und deren 13jähriger Alleinherrschaft im 20.Jahrhundert als 'Antisemitismus' zu etikettieren, vermehrt angesichts blutiger Konflikte zwischen semitisch sprechenden jüdischen und moslemischen Israelis die Gefahr seiner Wiedergeburt."[43]

Helmut Hirsch hat jedoch seine in der Rowohlts Monographie geäußerte Kritik am Verhalten Bettina von Arnims gegenüber Juden in einem Aufsatz über "Jüdische Aspekte in Leben und Werk Bettina von Arnims" zu einem besonderen Problem erhoben, indem er die Frage stellt: "Wie aber verhielten sich Anspruch und Wirklichkeit, Bettines religiös und regional, sozial und ökonomisch undifferenzierte Theorie und ihre bzw. ihres Familien- und Freundeskreises Praxis?" und schließlich diese Frage in einem dritten Aufsatz, den er mit dem etwas hochtra-

---

[43] In: Die Erfahrung anderer Länder. Beiträge eines Wiepersdorfer Kolloquiums zu Achim und Bettina von Arnim. Hrsg. von Heinz Härtl und Hartwig Schultz. Berlin 1994. S.159. In Bezug auf Bettina von Arnim ist er allerdings merkwürdigerweise nicht ganz so zurückhaltend. Oder was soll in seinem Aufsatz "Jüdische Aspekte in Leben und Werk Bettine von Arnims" sein Hinweis auf einen Vortrag Hans Keilsons "Zum Problem des linken Antisemitismus", welcher Hinblick auf die Fragen, die sich im Zusammenhang von Bettina von Arnims Verhältnis zu Juden und Judentum stellen, von richtungsweisender Bedeutung sei? In der Tat kann der Leser des Aufsatzes von Helmut Hirsch den Eindruck gewinnen, er hielte Bettina von Arnim für eine "linke Antisemitin", was immer man sich darunter auch vorstellen mag.

benden Titel: "Zur Dichotomie von Theorie und Praxis in Bettines Äußerungen über Judentum und Juden" versehen hat, zu einem regelrechten Plädoyer der Anklage weiterentwickelt.

Der Vorwurf, der sich hier hinter dem Begriff Dichotomie verbirgt, besteht auf gut Deutsch darin, daß Bettina von Arnim sich gegenüber den Juden opportunistisch verhalten habe, nämlich judenfreundlich in der Theorie und judenfeindlich in der Praxis. Ich werde auf Helmut Hirschs Beweisstücke noch eingehen, möchte aber hier bereits auf einige Schwächen dieser Behauptung eingehen:

Zwar halte ich es für legitim, zu fragen, wie sich die Praxis eines Menschen zu seiner Theorie verhält, soweit im Fall der Bettina von Arnim von einer Theorie überhaupt die Rede sein kann, denn sie war keine Soziologin oder Politologin, und beanspruchte auch nicht, es zu sein. Allerdings kann auch Theorie eine Tat, das heißt eine Praxis sein, nämlich dann, wenn man mit derselben gegen den Strom der Zeit schwimmt. Und das war bei Bettina von Arnims Eintreten für die Gleichberechtigung der Juden ganz zweifellos der Fall, wenn auch Helmut Hirsch mit seiner Argumentation bei uns den Eindruck erwecken möchte, sie hätte damit ganz im Trend ihrer Zeit gelegen.[44] Aber abgesehen davon stellt sich die Frage: was hat das alles mit der Praxis ihres Familien- bzw. Freundeskreises zu tun? Wenn man jemand für das haften läßt, was andere getan haben, und wären das auch die engsten Mitglieder des Familienkreises, nennt man ein solches Vorgehen dann nicht Sippenhaft?

Aber Helmut Hirsch muß wohl selbst das Gefühl gehabt haben, daß die Beweise, welche er für eine antijüdischen Praxis der Bettina von Arnim anführen kann, so wenig hergeben, daß er sich gezwungen sah, ersatzweise das judenfeindliche Verhalten Achim von Arnims im Jahre 1808, also aus der Zeit, als dieser mit der Bettina noch nicht einmal verlobt, geschweige denn verheiratet war, sowie eine spätere Äußerung von einer ihrer Töchter aus einer Zeit, als diese Tochter bereits einunddreißig Jahre alt war, heranzuziehen. Und wenn Helmut Hirsch nun gar ausdrücklich die Bettina für die Praxis von Personen aus ihrem Freundeskreis verantwortlich machen will, wobei er keine Namen nennt, man aber durchaus an die antijüdischen Ausfälle eines ihrer jugendlichen Freunde und Verehrer, Julius Döring, denken könnte, dann schlägt das Argument auf ihn zurück. Denn es ist belegt, daß die Bettina ihre Beziehungen zu letzterem gerade wegen seiner antijüdischen Ausfälle abgebrochen hat!

Aber nicht genug damit, daß er ihr ein antijüdisches Verhalten anderer ankreidet, für das sie nicht die geringste Verantwortung trägt: In einem Fall, wo ihm ein eindeutiger Beweis für ein tatkräftiges Eingreifen der Bettina zugunsten einer jüdischen Witwe und ein weiterer zugunsten der armen Juden Berlins vorgelegen hat, verschweigt er dies entweder ganz (in seiner Monographie wie auch in seinem Dichotomie-Aufsatz), oder er setzt es (im Aufsatz: "Jüdische Aspekte") in Klammern, sodaß es als bloße Anmerkung zu einer Stelle erscheint, wo bei ihm nicht von der Praxis der Bettina von Arnim, sondern vom Chef des Hauses Rothschild die Rede ist, beziehungsweise von dem durch diesen gestifteten Erziehungsinstitut, dem Philanthropin in Frankfurt am Main. Bei Erwähnung des Herrn von Rothschild also erinnert Helmut Hirsch sich dann nebenher auch daran, daß dieser auf Bettines Bitte einer jüdischen Mutter geholfen und später nach zwei Bittbriefen von ihr für die armen Juden Berlins 700 Taler gegeben hatte.

Hiermit sind wir indes bei Problemen angelangt, die Bettina von Arnims Verhältnis zu Juden und Judentum auf viel grundsätzlichere Weise betreffen als die bisher erörterten. Es sind

---

[44] Mit dem kuriosen Satz: "Es war *wohl leichter, gedruckt und gepredigt* Erziehung und Umerziehung *zu spenden,* als körperlich oder hygienisch unterprivilegierten Mitmenschen Toleranz zu erweisen. (in der Rowohlts Monographie S.126)

Probleme, die Helmut Hirsch jedoch, irregeleitet durch seine vorgefaßte Dichotomie-These, völlig ausblendet. Überhaupt besteht bei ihm ein Mangel seiner Aufsätze über Bettina von Arnim darin, daß er zwar von einer Theorie bei derselben spricht, wenn er sie dann auch als "religiös und regional, sozial und ökonomisch undifferenziert" abtut, was immer das bedeuten mag, aber sich nicht die Mühe macht, auch nur eines der von ihr vertretenen theoretischen Prinzipien im Zusammenhang mit seinem Dichotomie-Vorwurf zu diskutieren.

Die Quellen seiner Informationen über Bettinas Briefe an Rothschild hat Helmut Hirsch selbst benannt: Es war eine Zeitungsmeldung aus den "Berliner Pfennigblättern" vom 18.September 1847, (wiedergegeben in einem Aufsatz der Bettina-Forscherin Gertrud Meyer-Hepner), und Heinrich Grunholzers Tagebuchnotiz vom 24.Februar 1842 (abgedruckt im Ausstellungskatalog des Freien Deutschen Hochstifts, Frankfurt am Main, zu der Ausstellung *Bettine von Arnim 1785-1859*, vom Jahre 1985, S.129.)

Heinrich Grunholzer war ein junger Schweizer Lehrer, dem seine Vorgesetzten im Jahre 1842 einen einjährigen Urlaub für ein Studium an der Universität von Berlin gewährt hatten. In der Zeit, als er Bettinas Bekanntschaft machte, hatte er gerade das Elend in den Armenhäusern der Berliner Vorstadt, dem sogenannten Vogtland, kennengelernt. Seine Notizen über Armenschicksale, Verbrecher und Strafen teilte er Bettina mit, welche diese dann unter dem Titel "Berichte eines jungen Schweizers aus dem Vogtlande" als Anhang zu ihrem Königsbuch abdrucken ließ.

In besagter Tagebuchnotiz Grunholzers heißt es nun: "Heftig bekämpft sie das christliche Vorurtheil gegen die Juden, und erzählt, wie sie einer Jüdin, Mutter von 8 Kindern, aufgeholfen; wie der König Wilhelm VI., nicht so großzügig wie der König von Würtemberg, die Bittende abgewiesen, und sie endlich bei Rothschild in Frankfurt Hülfe gefunden habe."

Nun erwähnt zwar Helmut Hirsch, wie gesagt, diese Hilfsaktionen der Bettina, wenn auch nur so im Nebenbei, aber er unterläßt es, den theoretischen Zusammenhang zu benennen, in dem diese Werke tätiger Nächstenliebe laut Grunholzer bei der Bettina gestanden haben: "Heftig bekämpft sie das christliche Vorurtheil gegen die Juden..." Gerade aber dieser Kampf gegen das christliche Vorurteil wie überhaupt ihr Kampf gegen die ideologische Monopolstellung der christlichen Kirchen im preußischen Staat bildete bei der Bettina, wie auch bei ihrem Freund Alexander von Humboldt, die theoretische Antriebskraft in ihrem bedingungslosen Eintreten für die Gleichstellung der Juden. Das ist durch zahlreiche andere Stellen in ihrem Werk belegt, am eindringlichsten in ihrem letzten Buch, den "Gesprächen mit Dämonen": "Die Christen haben die Seligkeit sich allein zugesichert. Dies ausschließende Recht auf das zukünftige Leben ist die Basis einer sündlichen Politik, die alles an sich reißt und auf ihrem Besitztum ruht wie ein feuerspeiender Drache!"[45]

Darüberhinaus sollte man doch wohl den Hinweis beachten, daß die Bettina mehrere Briefe an Rothschild geschrieben hat. Denn zur Aufgabe des Historikers gehört es - und die Literaturwissenschaft ist eine historische Wissenschaft - in solchen Fällen die Originaldokumente zu erforschen. Allerdings ist die Forschungslage bei den Bettina-Briefen schwierig, da es noch nicht einmal ein Verzeichnis darüber gibt, wo sich diese im Einzelnen befinden. Aber zumindest der Entwurf zu einem der Briefe an Rothschild ist bereits einmal der deutschen Öffentlichkeit zugänglich gemacht worden, wenn auch für uns Heutige an entlegener Stelle, nämlich in der Sonntagsbeilage zur Frankfurter Zeitung vom 4.Juli 1925. Für einen Forscher

---

[45] Bettina von Arnim, Werke und Briefe, Hrsg. Gustav Konrad. 3.Band, Frechen/Köln 1963, S.280 ("Gespräche mit Dämonen")

sollte dies jedoch kein Hinderungsgrund sein, einer solchen Veröffentlichung nachzugehen, spätestens dann, wenn man wie Helmut Hirsch sich anschickt, einen Aufsatz zum Thema "Jüdische Aspekte in Leben und Werk Bettina von Arnims" zu schreiben.

Denn dieser Brief der Bettina an Rothschild enthält so viele Bezüge zur jüdischen Religion und Überlieferung, daß man nur darüber staunen kann, wie viel die Bettina offenbar darüber gewußt hat. Außer Franz Josef Molitor, dem Lehrer am Frankfurter Philanthropin, den Bettina gekannt und von dem sie viel über das Judentum gelernt hat, gab es wohl kaum einen unter den bekannten nicht-jüdischen Autoren des 19.Jahrhunderts in Deutschland, der so viel über das Judentum gewußt und damit in solch souveräner Weise umzugehen verstanden hat, wie die Bettina in diesem Brief.

Übrigens: Wenn der Name Rothschild fällt, wird damit gewöhnlich das Stereotyp vom geldscheffelnden Schacher- oder Finanzjuden assoziiert. Nicht so bei der Bettina. Der Begriff Jude steht bei ihr nicht für Geldgeschäfte, welche für sie als Kaufmannstochter im Übrigen an und für sich auch nichts Anrüchiges hatten, sondern ist bei ihr synonym für ein Leben in Elend und Unterdrückung. Die Metapher vom Dornenweg, welche sie im Entwurf zu dem von ihr geplanten Armenbuch verwendet hat, um das Leben der Armen in einer von den Reichen beherrschten Gesellschaft zu kennzeichnen, wird von ihr im Buch "Die Günderode" dem Juden Ephraim aus Marburg in den Mund gelegt, der damit das Leben der Juden in einer von den Christen beherrschten Gesellschaft kennzeichnet, und auch im Dämonenbuch verwendet sie diese Metapher wiederum zur Kennzeichnung des Lebens der Juden in christlicher Umgebung.

Bleibt die Frage: Was hat nun Helmut Hirsch eigentlich als antijüdische Praxis der Bettina von Arnim ausgemacht? Einen Punkt haben Sie in ihrem Seminar, so viel ich weiß, bereits diskutiert: Sie hat sich in einem Brief an Arnim über einen zum Protestantismus konvertierten Juden namens Singer, der sich bei ihr um eine Stelle als Hauslehrer für ihre Kinder beworben hatte, und insbesondere über den "altjüdischen Geruch", welchen dieser angeblich ausgeströmt habe, lustig gemacht. Doch obwohl es hier angeblich um die Praxis der Bettina gehen soll, wird von Helmut Hirsch nicht erwähnt, daß sie trotz ihrer hygienischen Vorbehalte Singer tatsächlich als Hauslehrer eingestellt hat. Nun findet sich allerdings eine ähnliche abfällige Bemerkung, die Hirsch nicht erwähnt, über einen jüdischen Konvertiten namens Dr.Lepal, in einem anderen Brief an Arnim, und in einem frühen Brief an Goethe finden sich ein paar spöttische Bemerkungen über konvertierte junge Jüdinnen, die ihre neu erworbenen Überzeugungen und Gewohnheiten allzu aufdringlich zur Schau stellten.

Interessant ist hier nun, zu sehen, wie Helmut Hirsch einer Diskussion des dabei auftauchenden Grundsatzproblems ausweicht. Er zitiert zu besagter Briefstelle eine Passage aus der Bettina-Biographie der Ingeborg Drewitz, worin diese die Frage stellt, ob die Bettina mit ihrem Spott über das parvenuhafte Gehabe neureicher Wiener Jüdinnen sich einer Konzession an Goethes Meinung schuldig gemacht habe oder nicht. Sie verneint diese Frage, Hirsch bejaht sie. Aber den darauf folgenden Satz der Ingeborg Drewitz hat Helmut Hirsch dann weggelassen und damit das Problem umgangen, um das es hier eigentlich geht. Ingeborg Drewitz schreibt über die Bettina:

"In den 'Gesprächen mit Dämonen' wird sie ihre Ablehnung der Christianisierung der Juden noch einmal breiter ausführen."

Gerade dies ist nun aber der springende Punkt. Bettina von Arnim lehnte die Christianisierung der Juden ab, nicht weil sie eine Aversion gegen Juden als solche hatte, sondern gerade weil sie sich bedingungslos für die volle rechtliche Gleichstellung der Juden und volle Freiheitsrechte für dieselben einsetzte, und sie machte sich auch nicht immer und in jedem Fall lustig über einen konvertierten Juden, sondern nur dann, wenn das von einem solchen an den Tag gelegte neuchristliche Gebaren ihr allzu künstlich und mit der jüdischen Herkunft des Betreffenden in allzu auffälligem Kontrast zu stehen schien.

Mit dieser Haltung zur Frage der Judenemanzipation stand sie nun wiederum, mit Ausnahme Alexander von Humboldts und vielleicht einiger weniger anderer, wohl einzig unter ihren Zeitgenossen da. Dies ist ein Punkt, wo ich dem oben zitierten Jakob Katz widersprechen muß. Er schreibt: "Daß die Juden individuell oder kollektiv auch nach ihrer Eingliederung Züge ihrer ehemaligen religiösen Konstitution zurückbehalten könnten, daß sie einen kulturellen Beitrag aus ihrer eigenen Tradition zur Formung der Gemeinschaft beizusteuern imstande wären oder daß die hergebrachte Form der jüdisch-wirtschaftlichen Betätigung förderlich für die Allgemeinheit werden könnte, dergleichen ist niemandem auch nur in den Sinn gekommen... Die Geister schieden sich an der Frage der möglichen Verwischung der Charakterzüge der Juden durch ihre Emanzipierung. Die Anwälte der Emanzipation bejahten sie, ihre Gegner mochten daran nicht glauben. Die Verneinung dieses Glaubens war der Ausgangspunkt für die Judengegnerschaft dieser Zeit in allen ihren Variationen." [46]

Zumindest eine Frau hat es jedoch gegeben, der es durchaus in den Sinn gekommen ist, daß die Juden "einen kulturellen Beitrag aus ihrer eigenen Tradition zur Formung der Gemeinschaft beizusteuern imstande wären", nämlich Bettina von Arnim. Ihren Kritikern läßt sich zwar zugestehen, daß sie in ihrer Jugend das Problem der Rechtlosigkeit der Juden in der deutschen Gesellschaft nicht so ernst genommen hat wie mit zunehmendem Alter. (Die Unsauberkeit in der Methode Helmut Hirschs besteht in dieser Hinsicht darin, daß er Stellungnahmen der Bettina aus ihren letzten Lebensjahren, die er positiv bewertet, willkürlich den zum Teil etwas leichtfertigeren Äußerungen aus einer früheren Epoche gegenüberstellt und aus dieser Diskrepanz seine Dichotomie-These konstruiert). Der Zeitpunkt, zu dem sie sich der Probleme der Juden in Deutschland völlig bewußt geworden ist, läßt sich recht genau datieren. Er fällt mit dem Beginn eines neuen Abschnitts in ihrem Leben zusammen, als sie nämlich den Kampf für die Berufung der Brüder Grimm an die Universität von Berlin aufgenommen hatte, nachdem diese wegen ihres Protests gegen den Verfassungsbruch des Königs von Hannover durch diesen ihres Amtes an der Universität Göttingen enthoben und außer Landes gejagt worden waren. Damals erwachte in ihr das Bewußtsein für die politischen und sozialen Probleme ihrer Zeit, darunter auch die der Juden, und von da an mischte sie sich tatkräftig ins politische Leben in Preußen ein.

In einem inzwischen berühmt gewordenen Brief an Savigny vom 4.November 1839, worin sie ihren Schwager auffordert, sich für die Sache ihrer gemeinsamen Freunde, der Brüder Grimm, einzusetzen, nennt sie die politischen Ziele, die sie sich damals gesteckt hat. Neben ihrer Solidarität mit den Brüdern Grimm bekundet sie, obwohl das mit dem Anlaß des Briefes, der Sache der Brüder Grimm gar nichts zu tun hatte und ihr dies beim Adressaten des Briefes, ihrem konservativen Schwager Savigny, auch keineswegs weiterhelfen konnte, ihre Solidarität mit dem "Jungen Deutschland", das heißt mit den von der Polizei und der Zensur damals in Deutschland verfolgten jungen Schriftstellern. Und ungeachtet der Tatsache, daß Savigny ein Judenfeind war, bekennt sie sich hier zum ersten Mal ganz offen zu den Juden, "welchen ich", wie sie schreibt, "ein für allemal ein romantisches Heldenfeuer gewidmet habe; denn zu lange schon belasten sie die Philister öffentlich mit Sünden, deren sie heimlich sich nicht weniger

---

[46] a.a.O. S.82

schuldig wissen, und jene verlassen doch nicht ihre Schriftgelehrten und weisen Männer, wie wir es tun, sondern sie teilen ihren Segen mit ihnen."

Diesen Gedanken hat sie in der Figur des Juden Ephraim aus Marburg in ihrem Buch "Die Günderode" Gestalt werden lassen, und auch in ihrem letzten Buch, den "Gesprächen mit Dämonen" taucht er in vielfältigen Varianten wieder auf. Ich führe aus letzterem als Beispiel nur eine Stelle an, die sich an das Programm der Judenemanzipation anschließt, welches Bettina im Dämonenbuch entwickelt hat, ein Programm, für dessen Weitsichtigkeit selbst Helmut Hirsch der Bettina mit folgenden Worten seine Anerkennung zollt:
"Die Geschichte Deutschlands und der Welt hätte wohl anders ausgesehen, wären die Regierungen dem nach der Revolution von 1848/49 entstandenen Rat der genialen Frau gefolgt." [47]

Das "Dem Andenken an die Frankfurter Judengasse" gewidmete Kapitel aus dem Dämonenbuch enthält ein Gespräch zwischen der Bettina und Karl Theodor von Dalberg, Fürst-Primas des Rheinbundes, den Napoleon zum Regenten von Frankfurt eingesetzt hatte. Nachdem die Bettina dem Fürst-Primas ihr Programm zur Judenemanzipation dargelegt hat, worin für sie an höchster Stelle die Musik steht, erwidert dieser:

Primas: "Wenn ich diese musikalische Wiedergeburt auch befördere und obenein sie reiten, tanzen, fechten lernen lasse - Naturwissenschaft, Philosophie, Geschichte - alles, was Sie wollen - , was würde daraus werden? - Der Jude ließe sich doch nicht verleugnen?" -
"Was ist denn da zu verleugnen? - Auch im Juden liegt die Offenbarung seiner Eigentümlichkeiten; es ist nicht die Rede, diese auszurotten, vielmehr sie wiederzugeben in lichteren Farben. Die Bildung des Juden hängt ab davon, seine ursprüngliche Schönheit geltend zu machen, seine Seele spiegelt zum eignen Verständnis sich in der ihm eingeborenen Natur. Was unter der Sonne lebt, hat gleiche Ansprüche... - Der Jude, der bei der Heimkehr am Vorsabbat auf der Hausschwelle die Verachtung abschüttelt von den Tagen des Erwerbs und eingeht zu den Seinen als Priester, der den Segen herabfleht auf ihr Gesamtgebet, zum Gott seiner Väter aufatmend vom Druck, der auf ihm und seinem Volk lastet, dessen Gebet sollte nicht ins All der Schöpfung einklingen? und das Christentum ist so sehr verstimmt, daß es mit den Mißtönen der Verfolgung diese Harmonie mit dem Weltall stört?"

Ich kenne keinen deutschen Schriftsteller, der mit solcher Wärme, Weitsicht und Entschiedenheit für die Sache der Juden in Deutschland Partei genommen hätte wie hier die Bettina. Der oben erwähnte Dr.Hugo Lachmanski hat das auch entsprechend gewürdigt. Seinen im ersten Jahr der Naziherrschaft in Deutschland in der jüdischen "Central-Vereins Zeitung" veröffentlichten Artikel "Bettina von Arnims jüdische Sendung", hat er, nachdem er über Bettinas Kampf für die Gleichberechtigung der Juden in Preußen berichtet hat, mit den Sätzen geendigt:

"In diesen Kampfesjahren, in denen der liberale Gedanke mit der politischen Reaktion in Preußen um die Eroberung der Macht stritt, schrieb Varnhagen von Ense, der stets hellhörige Chronist:
'Sie ist in dieser Zeit der eigentliche Held, die einzige wahrhaft freie und starke Stimme.'
Wie ein leises, fernes Echo tönt ihre Stimme zu uns Gegenwartsjuden herüber."

Doch nach Erscheinen der Rowohlts Monographie von Helmut Hirsch über Bettine von Arnim hat sich bei manchen Leuten die Vorstellung festgesetzt, diese sei eine Judenfeindin gewesen. So wurde mir in Diskussionen unter Berufung auf Helmut Hirsch insbesondere wie-

---

[47] in: "Jüdische Aspekte...", a.a.O., S.70

derholt versichert, Bettina von Arnim und Rahel Varnhagen hätten sich gehaßt, und zwar wegen der Judenfeindlichkeit der Bettina. So bleibt mir nichts anderes übrig, als auch dieses Mißverständnis noch aufzuklären.

Auch hier wieder ist es die von Helmut Hirsch angewandte Technik, welche einem solchen Mißverständnis Vorschub leistet. Aus einer Tagebucheintragung der Rahel Lewin, späterer Varnhagen, vom Oktober 1810, zitiert er eine Stelle, worin Rahel davon spricht, daß die Bettina auf einem Spaziergang mit ihr "plötzlich in ihren Frankfurter Judenhaß" zurückgefallen sei, aber er zitiert die Stelle unvollständig, und zwar so, daß die ganze Angelegenheit ein Gewicht bekommt, welches sie im Zusammenhang von Rahels Tagebucheintragung nicht hat. Helmut Hirsch hat sein Zitat jedoch ganz offensichtlich auch gar nicht unmittelbar dem Tagebuch Rahels entnommen, sondern dem Ausstellungskatalog des Freien Deutschen Hochstifts in Frankfurt von 1985 zu Bettina von Arnims hundertstem Todestag, genauer gesagt dem darin enthaltenen Aufsatz von Konrad Feilchenfeldt über "Bettine, Rahel und Varnhagen". Das läßt sich daran erkennen, daß er in seinen Kürzungen des Zitats aus Rahels Tagebucheintragung genau den Kürzungen folgt, mit denen Konrad Feilchenfeldt in seinem Aufsatz die betreffende Stelle wiedergegeben hat.

So folgt in der originalen Tagebucheintragung der Rahel auf die Mitteilung, daß die Bettine auf besagtem Spaziergang plötzlich in ihren Frankfurter Judenhaß zurückgefallen sei, die Feststellung Rahels: "In einer so edlen und reinen Seele sollte so was Unklares und bloß von außen Angenommenes gar keine Stätte haben." Helmut Hirsch läßt diesen Satz unerwähnt, denn auch in seiner Quelle, dem Aufsatz von Konrad Feilchenfeldt, ist er nicht zu finden. Stattdessen fügt er dem Ganzen die Behauptung hinzu: "Bettines 'rohes, niedriges Betragen' vergaß Rahel nicht so bald." Nun ist aber nirgends ein Zeugnis Rahels für diese Behauptung zu finden, und das ist kein Zufall. Denn ein Wesenszug der Rahel war es, nicht nachtragend zu sein, das hätte der Lauterkeit ihres Wesens widersprochen. Aber Helmut Hirsch setzt seine Rede von Bettines 'rohem, niedrigem Betragen' in Anführungszeichen, als sei dies ein wörtliches Zitat. So schafft man Legenden, hier also die von der judenfeindlichen Praxis der Bettina und der Feindschaft zwischen ihr und Rahel.

Vielleicht könnte diese Geschichte jedoch jemand unter Ihnen, der oder die schriftstellerisch begabt ist, dazu anregen, einmal ein Buch über die zwar von Spannungen nicht freie, jedoch immer inniger werdende Freundschaft zu schreiben, welche sich zwischen diesen beiden ungewöhnlichen Frauen später entwickelt hat, bis hin zu den letzten Tagen der Rahel, als Bettina die tödlich erkrankte Freundin aufopferungsvoll umsorgte. Es gibt kaum schönere Worte der Anerkennung für Bettinas Wesen als die, welche Rahel über sie geäußert hat, und umgekehrt.

Nun ist aber interessant zu sehen, wie Helmut Hirschs Rede von Bettines 'rohem, niedrigen Betragen' und darüberhinaus dann von ihrer judenfeindlichen Praxis nicht nur beim allgemeinen Publikum, das heißt bei den Lesern der Rowohlts Monographie, sondern auch in der germanistischen Fachwelt die Runde gemacht hat. Keine Geringere als Frau Professor Marie-Claire Hoock-Demarle, die an der Pariser Sorbonne über Bettina von Arnim promoviert hat, gibt in einem Aufsatz im Zweiten Jahrbuch der Bettina von Arnim-Gesellschaft[48] als erwiesene Tatsache aus: "Man könnte aber ebenso gut - und die von Prof.Hirsch zitierten Passagen sprechen für sich, Momente des Antisemitismus, des 'niedrig rohen Verhaltens' bei Bettina finden." Wenn Bettina von Arnim nicht wie Minerva aus dem Haupte des Zeus als vollkommenes Wesen geboren wurde, sondern sich erst in den Jahren nach dem Tod ihres Mannes endgültig zur Position einer entschiedenen Fürsprecherin für die rechtliche Gleichstellung der

---

[48] Darin in ihrem Aufsatz: "Bettinas Umgang mit Außenseitern", S.86

Juden durchgerungen hat, so wird ihr das von Frau Hoock-Demarle keineswegs als Verdienst angerechnet, sondern vielmehr als Selbststilisierung, zu gut Deutsch als Lebenslüge angekreidet: "Nach und nach stilisiert sie ihren Umgang mit den Juden und entwirft in ihren späteren Schriften eine Kontinuität, die mit der Realität nicht immer übereinstimmt." Warum, bei Gott, sollte sie das getan haben? Selbst wenn wir annähmen, sie sei eine reine Opportunistin gewesen, so bleibt die Frage: Hatten sich in ihren späteren Jahren die Verhältnisse in Deutschland so geändert, daß sich Bettina von Arnim einen Vorteil davon hätte versprechen können, als Judenfreundin zu gelten? Oder hätte sie, in der Manier einer erst unserer Tage in Mode gekommenen Selbstfindungsliteratur, später ihren Lesern verkünden sollen: Ich bekenne mich schuldig, als Kind war ich antisemitisch eingestellt, nun aber bin ich zur wahren Erkenntnis durchgedrungen?

Und schon meldet sich eine Studentin der Germanistik aus den USA, Lisabeth M.Hock, welche 1994 zum zweiten Wiepersdorfer Kolloquium, das die Salons der Romantik zum Generalthema hatte, einen Beitrag liefert unter dem Titel "'Sonderbare', 'heißhungrige' und 'edle' Gestalten. Konstrukte von Juden und Judentum bei Bettina von Arnim", worin sie erklärt, daß die Judengestalten in Bettina von Arnims Werk Stereotype im Sinne der Theorie von Sander Gilman darstellten. Also Vorsicht! Auch hier wird eine Untersuchung nur wieder geführt um einer bestimmten Theorie willen. Bei näherem Hinsehen entpuppt sich diese Theorie als eine Variante der Dichotomie-These Helmut Hirschs, bei dem Frau Hock in der Tat so manches fleißig abgekupfert hat. Aber so harmlos sie daherzukommen scheint, diese Theorie geht weiter als diejenige Hirschs, weil sie implizit den Vorwurf enthält, Bettina von Arnim habe mit der Darstellung der Judenfiguren in ihren Werken als Stereotype zur Entstehung des Antisemitismus in Deutschland beigetragen.

Nun wissen Sie vermutlich nicht, wer Sander Gilman ist und was es mit seiner Theorie des Stereotyps auf sich hat. Ich gestehe, ich wußte es anfangs ebenfalls nicht. Frau Hock verrät uns in ihrem Aufsatz auch nicht sehr viel darüber, nur daß nach Gilman Stereotype "eine grobe Gruppierung gedanklicher Darstellungen von der Welt ... spiegeln", und daß sie aus Bildern bestehen, "durch die wir die Welt in die Kategorien von Gut und Böse einteilen".[49] Gleich zu Anfang läßt sie uns wissen, daß im Gegensatz zu anderen Figuren in den Werken Bettina von Arnims deren Judenfiguren "nicht über das Einengende dessen hinaus<kommen>, was Sander Gilman als Stereotyp bezeichnet." Einen eingehenden Vergleich der Judengestalten mit anderen Figuren der Schriftstellerin Bettina von Arnim stellt sie allerdings nicht an, einen solchen Unterschied behauptet sie einfach.

Was Frau Hock uns jedoch nicht verrät, ist die Tatsache, daß Sander Gilman seine Theorie über die Herausbildung von Stereotypen in der Absicht entwickelt hat, eine Erklärung zu finden für die Entstehung des Antisemitismus und des Rassismus. In seinem Buch "Rasse, Sexualität und Seuche. Stereotype aus der Innenwelt der westlichen Kultur" stellt er unzweideutig klar, daß Sterotype für ihn Denkmuster darstellen, "die sowohl aus als auch in Handlung resultieren. Unsere Phantasien über Andersartigkeit, unsere Ängste über unseren Status können zu medizinischen Theorien führen, welche Menschen auf den Status von Versuchstieren degradieren (in Auschwitz oder im amerikanischen Süden), in Rassetheorien, die Andere auf den Status des Exotischen reduzieren, sogar als gefährlich (wie im gegenwärtigen Südafrika) oder als harmlos ... verunglimpfen."[50]

---

[49] In: Salons der Romantik. Beiträge eines Wiepersdorfer Kolloquiums zu Theorie und Geschichte des Salons. Hrsg. von Hartwig Schultz. Berlin 1997, S.317 ff.
[50] Sander Gilman: Rasse, Sexualität und Seuche. Reinbek 1992, S.309 f.

Frau Hock ist nun bemüht, die Judenfiguren im Werk Bettina von Arnims im Sinne Sander Gilmans als Produkte ihrer Vorstellungen von der Andersartigkeit der Juden, ihrer Ängste vor ihnen und als exotische Projektionen ihrer Ängste vor dem eigenen Statusverlust darzustellen. Dennoch glaubt sie versichern zu können: "Es geht hier jedoch weder um eine biographische Analyse, noch um die Beantwortung der Frage, ob Bettina von Arnim 'anti-' oder 'philosemitisch' war. Letzteres läßt sich einerseits viel zu einfach mit 'beides' beantworten - man muß nur die zur eigenen Meinung passende Textstelle aussuchen. Andererseits ist diese Frage eine äußerst schwierige, insofern, als sie einer genauen Auseinandersetzung mit den Begriffen 'antisemitisch' und 'philosemitisch' bedarf, was nicht in den Rahmen dieser Arbeit hineinpaßt. Da ich die Aufmerksamkeit auf die Funktion von Judenfiguren innerhalb Bettina von Arnims Texte lenken möchte, geht es hier vor allem um Textanalysen."

Phantastisch! Wie betreibt man eine Textanalyse, wenn man nur auf eine angebliche Funktion, nicht aber auf den Inhalt der Texte einzugehen bereit ist? Bettina von Arnim war demnach Philosemitin und Antisemitin zugleich, wie man es eben gerade haben will? Da kann doch etwas nicht stimmen! Fragt sich nur mit wem oder was: mit dem Charakter der Bettina selbst oder mit der Methode, die Frau Hock auf ihre Texte anwendet. In Wirklichkeit läuft in der Argumentation von Frau Hock alles darauf hinaus, Bettinas Werke als antisemitisch zu kennzeichnen, wobei sie sich weitgehend an die von Helmut Hirsch vorgegebenen Stichworte hält. Im übrigen arbeitet sie mit der gleichen Methode der Verkürzung von Zitaten oder gar Fehlinterpretationen.

Den mit den Schriften Sander Gilmans nicht vertrauten Leser könnte immerhin erstaunen, daß auch Gestalten wie das freundliche Judenmädchen Veilchen oder der weise Jude Ephraim aus Marburg unter das Verdikt fallen, es seien Stereotype. Gilman spricht jedoch in der Tat sowohl von negativ besetzten wie auch von positiv besetzten Stereotypen, die für ihn die gleiche psychologische Wurzel haben: Die Projektion eigener Ängste auf den Anderen. Dennoch kann man Sander Gilman natürlich nicht für den Gebrauch verantwortlich machen, welchen Lisabeth M.Hock von seiner Theorie gemacht hat. Wenn sie erklärt, das Judenmädchen Veilchen, wie es in "Clemens Brentanos Frühlingskranz", und der Jude Ephraim aus Marburg, wie er in "Die Günderode" dargestellt wird, seien Stereotype oder Konstrukte, dann läuft das auf den Vorwurf hinaus, es handle sich hier um Schönfärberei und Verniedlichung der Wirklichkeit, kurz gesagt um Kitsch. Selbst Lessing, dessen "Nathan" das Vorbild zu Bettinas Juden Ephraim darstellt, bleibt so von dieser Kritik nicht verschont:

"Das Bild des 'heißhungrigen', 'riechenden' Juden hat sich in ein positives, aber ebenso stereotypisches Bild des edlen Juden verwandelt, eine Figur, für die es, wie bei Lessings Nathan, in der Wirklichkeit kaum eine Entsprechung geben kann."

Der 'heißhungrige' Jude, der hier erwähnt wird, soll uns weiter unten noch beschäftigen, weil es bei diesem Ausdruck, den die Bettine in einem Brief an Goethe zur Charakterisierung der sich aus der Enge des Ghettos herausdrängenden Juden gebraucht hat, darum geht, ob damit tatsächlich, wie das Frau Hock den Lesern ihres Aufsatzes suggeriert, der 'geldgierige' Jude gemeint ist, welcher bei den Judenhassern und Antisemiten das gängigste aller Judenstereotype darstellt und sich auch bis heute am hartnäckigsten hält.

In obigem Zitat aus dem Aufsatz von Frau Hock begegnet uns jedoch darüberhinaus noch ein ganz neues Stereotyp, nämlich ein 'riechender' Jude, obwohl von einem solchen im Titel ihres Aufsatzes keine Rede ist. Man wird die Gesammelten Werke der Bettina von Arnim auch vergeblich nach einem 'riechenden' Juden absuchen, man wird ihn nicht finden! Und dennoch kennen Sie ihn, denn wie ich erfahren habe, haben Sie in Ihrem Seminar über ihn gesprochen: Es handelt sich um den konvertierten Juden namens Singer, über den die Bettine in einem Brief an Arnim sich lustig gemacht hat, als er sich ihr als Anwärter für die Stelle eines Hauslehrers bei ihren Kindern vorgestellt hatte. Frau Hock zitiert in ihrem Aufsatz die entsprechende Passage aus dem Brief und behandelt diese tatsächlich so, als handle es sich um einen Text aus einem der von der Bettina von Arnim veröffentlichten Werke und setzt ihn mit der üblen Tischrede Arnims "Über die Kennzeichen des Judentums" gleich! Man könnte weinen über eine solche Verkehrung aller Maßstäbe, wenn die Sache hier nicht so komisch wäre! Denn aus einer einzigen spöttischen Entgleisung, die sich die Bettina einmal in einer relativ frühen Zeit ihres Lebens, als sie noch nicht politisch zu denken gelernt hatte, über einen Juden geleistet hat, **den** 'riechenden' Juden zu konstruieren, der als Stereotyp für ihr Lebenswerk kennzeichnend gewesen sein soll, ist immerhin ein Kunststück, das die Leistung, eine Mücke in einen Elefanten zu verwandeln, bei weitem übertrifft.

Die "sonderbaren" Gestalten, die neben den "edlen" Juden im Titel des Aufsatzes von Frau Hock als Konstrukte von Juden genannt werden, hat sie in Bettina von Arnims Darstellung der Frankfurter Judengasse, wie sie am Anfang des zweiten Teils des Günderodebuchs zu finden ist, entdeckt. Für wichtig halte ich Frau Hocks Auseinandersetzung mit dieser Stelle deshalb, weil es für sie darin um die Berührungsängste geht, die Nichtjuden gegenüber Juden gelegentlich entwickeln. Die Frage ist, ob das auch bei der Bettina der Fall war. Besagte Stelle lautet:

"Gestern wanderten wir durch die Judengasse, es liefen so viel sonderbare Gestalten herum und verschwanden wieder, daß man an Geister glauben muß, es ward schon dämmerig, und ich bat, daß wir nach Hause gehen wollten, der Clemens rief immer: seh den, seh da, seh dort, wie der aussieht, und es war, als liefen sie mir alle nach, ich war sehr froh, als wir zu Haus waren."

Und nun folgt ein Satz, den Frau Hock auffälligerweise nicht mit anführt, obwohl in ihm der Schlüssel für das Verständnis dieser Stelle liegt:

"Leb wohl, es ist mir nicht geheuer hier, daß Du nicht da bist, wo ich mich erholen kann, wo ich zu mir selbst komme; es ist mir so fremd. - "

Nicht rein zufällig steht dieser Satz jedoch am Anfang des zweiten Teils des Günderode-Buches und zeigt, wie sorgfältig Bettina von Arnim ihre Bücher komponiert hat. Es ist der erste Hinweis darauf, wie die Günderode in ihrer Entfremdung von der Gesellschaft sich auf den Selbstmord zubewegt, durch welchen, nach einer allmählichen Entfremdung auch zwischen den beiden jungen Frauen, ihre Freundschaft jäh beendet wird. Paradoxerweise spricht die Bettine an dieser Stelle von dem Gegenteil, nämlich von ihrer Hoffnung, erst bei der Freundin zu sich selbst kommen und damit ihr eignes Fremdheitsgefühl überwinden zu können. Die Frankfurter Juden lebten in einer entfremdeten Situation, und so wird ihr Anblick zum Anlaß, daß die Bettine sich ihrer eigenen Entfremdung in dieser Welt bewußt wird. Bedeutet das, daß sie damit die Juden entwürdigt und ein unmenschliches Bild von ihnen gezeichnet hätte? Anders gefragt: ist die Botin zu verurteilen für die Botschaft, die sie übermittelt, oder gibt es etwas auszusetzen an der Art, wie sie das tut?

Im Dämonenbuch schildert Bettina von Arnim die Lage, in welche die Bewohner der Frankfurter Judengasse von ihren christlichen Mitbürgern gedrängt worden sind, auf noch drastischere Weise (WB, Bd.3/4, a.a.O., S.281). Aber kein Mensch ist bisher auf die Idee gekommen, ihr dies als Ausdruck von Angst oder Gleichgültigkeit auszulegen, im Gegenteil, unter allen Schilderungen, die es von der Frankfurter Judengasse gibt, wird die ihre als besonders einfühlsam gerühmt. Bettina von Arnim hat sich zu wiederholten Malen in ihrem Leben an die Frankfurter Judengasse erinnert. Kehrt man aber gern in der Erinnerung zu etwas zurück, was geheime Ängste auslöst?

Nein, es kann nicht Gleichgültigkeit oder auch Angst sein, die sie hier zum Ausdruck gebracht hätte, als die Bettine der Günderode davon schreibt, wie sie ihren Bruder Clemens zur Umkehr drängt, als sie in dessen Begleitung in die Judengasse hineingeraten war. Ich glaube, jeder von uns ist schon einmal in eine Situation gekommen, wo der Anblick von menschlichem Elend bloßes Erschrecken in uns ausgelöst und uns kein anderer Gedanke bewegt hat als der, möglichst schnell nach Hause zu gelangen. Dem Elend gegenüber untätig bleiben zu müssen und dennoch dessen Anblick zu ertragen ist nämlich nur möglich, wenn man es für sich als "Sonderbarkeit" ästhetisch neutralisiert. Es ist aber nicht die Bettine, sondern ihr Bruder Clemens, dem das in der Judengasse gesehene Elend gleichgültig bleibt, sodaß er dableiben möchte und an den Juden, wenn nicht als an Stereotypen, so zumindest als an exotischen Charaktermasken, seinen Spaß zu haben scheint, womit er das Gefühl der Entfremdung bei der Bettine jedoch noch weiter verstärkt. Frau Hock entzieht einfach den Clemens unserem Blickfeld und kann so, indem sie den Satz, der mit der fröstelnden Feststellung: "es ist mir so fremd" endet, überhaupt erst gar nicht anführt, das ganze Erlebnis folgendermaßen als eines der Angst deuten:

"Hier beschreibt Bettine ihre Angst während eines Spaziergangs durch die Frankfurter Judengasse...Von Fremden umgeben, befindet sich Bettine in einer Situation, die sie nicht in der Hand hat. Sie fühlt sich bedroht und assoziiert daher das Bedrohliche, das 'Sonderbare', mit den Juden dieser Gasse. Es fällt ihr daher schwer, für das wirklich Andere Toleranz zu zeigen."

Mir fällt dagegen schwer, zu erkennen, was mit dieser Behauptung, es falle der Bettine schwer, für das "wirklich" Andere Toleranz zu zeigen, eigentlich gesagt werden soll. Was wäre denn von ihr zu verlangen gewesen? Hätte sie Toleranz wie eine Flagge vor sich hertragen sollen? Oder muß automatisch jedesmal, wenn von Juden die Rede ist, Toleranz gezeigt werden? Würde das nicht in diesem Fall hinauslaufen auf die Forderung, die Schilderung jener Situation mit einer Sauce von Moralin anzurühren oder mit einem Zuckerguß von Kitsch zu überziehen, also eine noch schlimmere Verfehlung zu begehen als die, welche Frau Hock der Bettina von Arnim in anderem Zusammenhang zum Vorwurf macht, nämlich, daß sie ihre Judengestalten idealisiert habe? Wenn ich mir jedenfalls vorstelle, die Bettine wäre dem Anspruch nachgekommen, den Frau Hock an ein tolerantes Verhalten stellt, wonach sie nämlich, "um mit dem wirklich Fremden Umgang zu haben, Kontakt mit einem der Gespenster in der Judengasse <hätte> aufnehmen müssen" (a.a.O., S.335), ich glaube, sie hätte sich in der von ihr beschriebenen Lage recht lächerlich gemacht.

Mir scheint, der Gedanke ist nicht von der Hand zu weisen, daß, wenn hier *das* "Sonderbare" der Gestalten, denen die Bettine in der Judengasse begegnet ist, statt mit dem Gefühl der Fremdheit, wie von der Bettine selbst, von Frau Hock mit "Angst" und *dem* "Bedrohlichen" assoziiert, und wenn der Bettine ein Mangel an Toleranz für "das wirklich Andere" bescheinigt wird, dies nur deshalb geschieht, damit die ganze Interpretation dieser Stelle unter den Hut des Begriffs vom Stereotyp paßt. Dessen erkenntnistheoretische Funktion erfüllt sich jedoch nicht, wie Sander Gilman ausdrücklich betont, in der Reduktion eines literarischen Kunstwerks auf ein System stereotyper Referenzen, sondern dient bei ihm zur Analyse eines pathologischen Befundes im sozialen Verhalten von Menschen, nämlich der Analyse von Antisemitismus und Rassismus. Von pathologischem Verhalten gegenüber Juden kann bei der Bettina jedoch keine Rede sein, und ich denke, auch wir sollten uns von solch abwegigen Moralvorschriften wie der, man müsse einem Juden gegenüber als dem wirklich Anderen in allen Lebenslagen Toleranz zeigen, nicht einschüchtern lassen. Denn hier gilt mehr denn je die Goethesche Maxime: "Toleranz sollte eigentlich nur eine vorübergehende Gesinnung sein; sie muß zur Anerkennung führen. Dulden heißt beleidigen."

Bleibt der 'heißhungrige' Jude. Auch hier handelt es sich nicht um ein 'Konstrukt' der Bettina, wie Frau Hock uns glauben machen will, das heißt eine in Bettinas Werken durchgängig zu findende, stereotyp als 'heißhungrig' gekennzeichnete Judenfigur, sondern wie beim 'riechenden' Juden, soweit sie darin ein Bettinasches Stereotyp sieht, um eine Konstruktion von Frau Hock selbst. Der Ausdruck "heißhungrig" ist einer Passage aus "Goethes Briefwechsel mit einem Kinde" entnommen, worin es am Anfang heißt: "Ich leugne auch nicht, die Juden sind ein heißhungriges, unbescheidenes Volk... "

Man kann sich fragen, was Frau Hock genau damit sagen will, wenn sie diese Passage, die ich hier nicht in ihrem ganzen Umfang zitieren kann, mit folgenden Worten kommentiert: "Bettine akzeptiert das Menschliche an den Juden, schiebt aber das Fremde, das 'Heißhungrige', 'Unbescheidene' von sich weg., indem sie es mit dem Judentum identifiziert." Jedenfalls unterläßt sie es, uns zu erklären, was in ihrer Sicht mit dem Ausdruck 'heißhungrig' von der Bettine gemeint sein könnte.
Das läßt sich jedoch leicht feststellen. Schon aus dem Kontext, in dem sich der Ausdruck findet, geht es hervor: da ist die Rede von dem Recht der Juden auf Ausbildung. Heißhungrig heißt also so viel wie wissensdurstig. Wem dazu noch Zweifel bleiben, der kann nachschlagen im Grimmschen Wörterbuch: dort werden Sätze von Goethe und E.T.A. Hoffmann angeführt, durch welche das Wort 'heißhungrig' ebenfalls im Sinne von wissensdurstig belegt ist. Und wem das als Beweis noch nicht genügt, der kann in der englischen Übersetzung von "Goethes Briefwechsel mit einem Kinde" nachsehen, die bekanntlich noch von der Bettina selbst überwacht worden ist. Dort lautet die Stelle: "...the Jews are a *sharp-set*, impudent people".

Warum ich soviel Aufhebens um die Bedeutung des Ausdrucks 'heißhungrig' mache? Fünf Seiten später schreibt Frau Hock, wohl auf die Vergeßlichkeit des Lesers bauend, der dann nicht mehr weiß, worum es vorher ging: "In der Schilderung eines Blaufärberei-Brandes taucht das Bild des geldsüchtigen Juden - wie in dem frühen Brief an Goethe - wieder auf."
Leider kann ich hier nicht darauf eingehen, welche Rolle die Mitglieder der Offenbacher Judenspritze in der Episode spielen, von der hier die Rede ist. Sie findet sich in Bettina von Arnims Buch "Clemens Brentanos Frühlingskranz". Nur mit Hilfe von sprachlichen Tricks in der Zitierweise kann Frau Hock diese Juden als geldsüchtig ausgeben, denn von der Bettine werden sie keineswegs als solche dargestellt, sondern als arme Schlucker, welche die paar Groschen, die man ihnen anbietet, bitter nötig haben. Aber Frau Hock verweist ja zugleich auf einen Brief an Goethe. Nun kann man alle Briefe der Bettine an Goethe durchsuchen, man wird keinen einzigen finden, in welchem ein geldsüchtiger Jude dargestellt wird. Auch der Brief an Goethe, den Frau Hock selbst in ihrem Aufsatz erwähnt hat, enthält diesen Ausdruck nicht, sondern dort spricht die Bettine eben wie gesagt von den Juden als 'heißhungrigem' Volk. Wäre dies gleichbedeutend mit "geldsüchtig", dann müßte die englische Übersetzung lauten: "avaricious" oder "greedy for money". Sie lautet jedoch, wie wir gesehen haben, „sharp-set", was eben unserem „wissbegierig" nahe kommt. Und das ist nun wahrlich keine Eigenschaft, die den Juden zur Unehre gereichen würde.

Was ist das nun aber für ein Judenfeind oder gar Antisemit, bei dem das zentrale Motiv der Judenfeindschaft, das Klischee von der jüdischen Geldsucht fehlt? Helmut Hirsch hat von der Dichotomie, besser würde es wohl Diskrepanz lauten, zwischen Theorie und Praxis in Bettina von Arnims Verhältnis gegenüber Juden und Judentum gesprochen. Dann sehen wir uns eben einmal ihre Praxis in dieser zentralen Frage an! In Geldsachen hört bekanntlich in der Regel alle Freundschaft auf. Nun hat die Bettina in ihrem späteren Leben als Schriftstellerin mit ihren verschiedenen Verlegern viele Auseinandersetzungen in Geldsachen gehabt und sogar Prozesse geführt, darunter auch mit jüdischen Verlegern. Zu einem dieser Prozesse haben sich die Akten erhalten, und zwar zum Prozess mit ihrem jungen jüdischen Verleger namens Wilhelm Levysohn.

Aber so erbittert sie diese Auseinandersetzung auch geführt hat, nicht ein einziges Mal kommt der Bettina von Arnim in diesem Prozeß das Wort von der jüdischen Geldsucht über die Lippen! Und das nicht von ungefähr. Denn sie hatte die Not der Menschen in der Frankfurter Judengasse kennengelernt: ... "wo man auf dunkler Wendeltreppe hier und dort in die Haushaltungslöcher guckt, bis hinauf zum Dach, wo die Falltür sich öffnet, wo die Sonne durchs Giebelfenster den erschacherten Pomp der Christenheit bestrahlt ..." Vom erschacherten Pomp der Christenheit also spricht sie geradezu provokativ, denn sie war sich bewußt, daß jede verallgemeinernde Kritik, die von den Christen an den Juden geübt wird, auf diese selbst zurückfällt, weil sie selbst verantwortlich sind für die Lebensbedingungen der Juden, durch welche diese für die Christen in den Stand von kritikwürdigen Wesen herabgedrückt werden.

Nun nur noch kurz ein letztes Beispiel dafür, wie sich in der Germanistik die Mode fortsetzt, Bettina von Arnim in die Nähe des Antisemitismus rücken zu wollen. Dr. Gerhard Lauer, Germanist in München, hat die Beweisführung seines dreißigseitigen Aufsatzes "Der 'rote Sattel der Armuth'. Talmudische Gelehrsamkeit oder die Grenzen der poetischen Technik bei Bettine von Arnim", den er für eine Festschrift zu Ehren der Mitherausgeberin der Werke Bettina von Arnims, Sibylle von Steindsdorff, geschrieben hat, in den Dienst einer These von Niklas Luhmann gestellt, die in Lauers Fassung folgendermaßen lautet:
"Das 19.Jahrhundert ist das Jahrhundert, in dem die Literatur in bisher nicht gekanntem Ausmaß auf die Darstellung von gesellschaftlichen Konflikten als gesellschaftsproblematisierende im Unterschied zu individualitätsproblematisierende umstellt. Die eingangs angeführte Stelle <nämlich die Rede vom roten Sattel der Armut, die sich in Bettinas Dämonenbuch findet, P.A.> und ihre eigenwillige Metaphorik sind für diese Umstellung, wie nachzuweisen sein wird, exemplarisch."

Ehrlich gesagt habe ich auch nach mehrmaligem Durchlesen dieses Textes nicht verstanden, um welche Umstellung von bisher nicht gekanntem Ausmaß es sich hier handelt, und mir wird die Sache auch nicht klarer, wenn Lauer an anderer Stelle schreibt: "Wenn die Selbstfeststellung der Gesellschaft nicht mehr über die gepflegte Semantik der Oberschichtenkommunikation erfolgt, sondern in Politik und Wissenschaft, kann die Literatur diese Umstellung nur um den Preis der eigenen Trivialisierung ignorieren." Bettina also eine Autorin von Trivialliteratur! Irgendwie kommt uns dieser Vorwurf bereits bekannt vor. Lauer nennt Frau Hock als Vorgängerin für seine Thesen zwar nicht, aber auch er will in den Darstellungen von Juden und Judentum bei Bettina von Arnim ebenfalls nichts weiter als Figuren der Trivialliteratur erkennen!

Im Grunde geht es Lauer jedoch gar nicht um jene ominöse Umstellung, das ist nur akademischer Jargon, mit dem er den unvorbereiteten Leser einschüchtern und die Schwächen der Zentralthese seiner Arbeit zu verschleiern hofft, welche da lautet: "Der Quellennachweis für das Rätselbild vom 'rothen Sattel der Armuth' rückt Bettines heldisches Projekt der Judenemanzipation in das Schwerefeld des entstehenden Antisemitismus."

Was ist das für ein Quellennachweis, den Lauer da geführt haben will? Bei der angeblichen Quelle für einen Satz der Bettina von Arnim in ihrem Dämonenbuch, den ich noch anführen werde, handelt es sich um das berüchtigte Kompendium des christlichen Antijudaismus, Eisenmengers "Entdecktes Judentum", worin an einer Stelle folgender Satz aus dem Talmud zitiert wird: "Die armuth stehet den Juden hübsch an/wie ein rother riemen einem weissen pferde auff seiner brust." In Bettinas Dämonenbuch heißt es dann: "Verachtung ertragen ist noch nicht ehrlos. Der Talmud sagt: 'Schmückt euch in der Verbannung mit dem roten Sattel der Armut und leuchtet drunter hervor wie die Schimmel!'"

hier weiter Mittwoch, 19.00 h

Lauer vermutet, Bettina von Arnim habe nur unzureichende Kenntnisse über den Talmud besessen und könne ihre Metapher vom 'rothen Sattel der Armuth' deshalb nur aus dem Eisenmenger bezogen haben, von dem sich eine Ausgabe tatsächlich in Arnims Bibliothek befand. Bettinas Brief an Rothschild, worin sie Kenntnisse über den Talmud offenbart, von denen sich nicht eine Spur im Eisenmenger finden läßt, ist Lauer natürlich völlig unbekannt. Aber gesetzt den Fall, Bettina habe hier tatsächlich aus dem Eisenmenger geschöpft, wobei beachtlich ist, wieviel schöner sich ihre Wiedergabe der betreffenden Stelle aus dem Talmud anhört als in der prosaischen Fassung Eisenmengers: ist denn der rote Sattel der Armut eine Metapher, die den Juden oder der Bettina selbst zur Schande gereicht? Ich denke, ganz im Gegenteil! Lauer erklärt jedoch:

"Nun ist aber Eisenmenger kein Autor, der geeignet wäre, emanzipationsfreundlichen Überlegungen als Quelle zu dienen."

Das klingt gerade so, als würde einer, der beispielsweise einen Satz aus Hitlers "Mein Kampf" zitiert, sich automatisch dem Vorwurf ausgesetzt sehen, er bewege sich im Schwerefeld des Nazismus. Kommt es nicht vielmehr darauf an, zu untersuchen, was der Betreffende aus seiner Quelle macht?

Aber dann steht bei Lauer der folgende skandalöse Satz zu lesen: "Es kann der Literaturwissenschaft freilich nicht um moralische Bewertungen gehen, nicht darum, die antisemitismusverdächtigen Stellen in den Büchern Bettines einzeln aufzuführen, um sie dann mit philanthropischen zu bilanzieren."

Warum eigentlich nicht? Man äußert also einen Antisemitismus-Verdacht, hält es aber nicht für der Mühe wert, diesen im Einzelnen auch zu belegen! Wie wir auch schon bei Frau Hock gesehen haben, steht es dann im Belieben des einzelnen Lesers, zu entscheiden, ob die Bettina von Arnim nun philosemitisch eingestellt war oder antisemitisch. Und mit Moral hat das angeblich dann schon rein gar nichts zu tun, über die ist "die Literaturwissenschaft" weit erhaben! Sollte das der Stand der Germanistik im Jahre 1998 sein, also etwas über fünfzig Jahre nach der Befreiung von Auschwitz und dem Zusammenbruch der Naziherrschaft?

Interessanterweise kommt trotz dieser von ihm zur Schau getragenen Neutralität oder scheinbar wissenschaftlichen Objektivität schließlich bei Lauer selbst ein antisemitischer Pferdefuß zum Vorschein. Hinsichtlich seiner eigenen, allerdings nie offen geäußerten Postionen zu Juden und Judentum kann man schon dann mißtrauisch werden, wenn man entdeckt, daß er auf penetrante Weise die Assimiliation der Juden mit deren Emanzipation verwechselt und es der Bettina als Antisemitismus auslegt, wenn diese die Assimilation der Juden ablehnt, wogegen sie deren volle rechtliche Gleichstellung bedingungslos unterstützt. Lauer meint hier eine Widersprüchlichkeit bei der Bettina zu entdecken, die keine ist. Über das Emanzipationsprogramm im Dämonenbuch, an dessen höchster Stelle die Musik steht, haben wir bereit gesprochen. Darüber schreibt nun Gerhard Lauer:

"So wird auch (von der Bettine, P.A.) das 'Geauer' der Juden am Jom Kippur, sonst diskriminierender Vorwurf der mangelnden sprachlichen (sic!) Assimilation, umgewertet und als Naturpoesie den gesellschaftlich etablierten Künsten entgegengesetzt. ... Statt die traditionell von der Judenfeindschaft (sic!) verhöhnten Verhaltensweisen der jüdischen Minderheit durch Erziehung an die aufgeklärte Gesellschaft zu assimilieren, werden sie zum Ausweis einer vorgeschichtlichen Naturpoesie."

Zunächst muß hier die im Gewande der Gelehrsamkeit auftretende Unkenntnis Dr. Lauers in zwei Punkten berichtigt werden: Erstens ist der Ausdruck "Geauer" bei den Antisemiten keineswegs die Bezeichnung für eine "mangelnde sprachliche Assimilation" der Juden, denn dafür gebrauchen sie bekanntlich das Schimpfwort "Gemauschel" bzw. "Judengemauschel". Das Wort "Geauer" steht bei ihnen vielmehr als Schimpfwort für den Synagogalgesang. Und der ist bekanntlich bei den Juden nicht nur am Jom Kippur zu hören, sondern bei jedem Gottesdienst.

Aber besser als durch dieses Zitat läßt sich der Unterschied zwischen der Haltung der Bettina von Arnim und der des Herrn Dr.Lauer gegenüber Juden nicht kennzeichnen: Herr Dr.Lauer möchte die Juden heranziehen an seinen musikalisch aufgeklärten Busen, während die Bettina die Musik der Juden in ihren Synagogen, so wie sie dort zu hören ist, schön findet! Der Vorwurf, daß sie damit einer "vorgeschichtlichen Naturpoesie" gehuldigt habe, fällt so auf Lauer selbst zurück. Denn die Bekanntschaft mit jüdischer Musik wurde der Bettina vermittelt durch ihr Gesangsstudium, bei dem sie sich für die keineswegs naturpoetischen sondern hochartifiziellen Marcello-Psalmen begeisterte, von denen sich noch heute eine Ausgabe in der jetzt in Weimar befindlichen Arnim-Bibliothek finden läßt. Es handelte sich um eine Psalmenvertonung, welche der venezianische Komponist Benedetto Marcello, ein Gegner der Oper, als Wiederbelebung des Synagogalgesangs der spanischen und deutschen Juden verstanden wissen wollte (über manche hat er den Anfang des Psalmentextes in hebräischen Buchstaben gesetzt).

Sein Vorwurf, Bettina huldige dem Ideal einer vorgeschichtlichen Naturpoesie, ist also ein Eigentor des Herrn Dr. Lauer, der damit ein Vorurteil gegen den jüdischen Synagogalgesang von den Antisemiten unbesehen übernimmt! Denn die Musik war für die Bettina wie für die meisten Romantiker die höchste aller Künste, welche das Göttliche auf eine ganz unmittelbare Weise vermittelt. Und so kann es für sie keinen höheren Ausdruck des Wertes geben, den sie der Befreiung der Juden aus ihrer Lage der Unterdrückung beimißt, als ihre Lobpreisung des Synagogalgesangs, den sie als zentralen Punkt ihres Programms für die Befreiung der Juden gegen Dalberg mit den Worten verteidigt:

"Vielleicht liegt im Operngesang weit mehr falsches Getön als im Seufzen und Auern am langen Tag. Die Musik bringt die Skala der Seele auf die reinste Temperatur, die durch christliches Herabspannen ganz tonlos geworden und verstimmt ist. Musik geht nicht allein aus Geist und Gemüt hervor, weit mehr noch befruchtet sie die Sinne und befähigt sie zu dem, was der Geist noch nicht faßt. Sie ist die Widergeburt für die geistige Natur."

6.7 "Ihr tiefer Sinn für alles Judenideelle". Juden und Judentum in Leben und Werk der Bettina von Arnim – von Peter Anton von Arnim

Vorbemerkung

Zeugnisse über jüdisches Leben im Deutschland des neunzehnten Jahrhunderts von bedeuten-den nicht-jüdischer Autoren gibt es nicht in allzu großer Zahl. Bettina von Arnim[51]jedoch hat nicht nur bewußt den Umgang mit Juden gesucht, sodaß sich vielfältige Spuren davon in den Dokumenten ihres Lebens und in ihren Werken wiederfinden lassen, sie hat sich wie kaum sonst jemand unter ihren Zeitgenossen mit allem Nachdruck für die Emanzipation der Juden eingesetzt. Dies ist zwar in der Vergangenheit, gerade auch von jüdischer Seite, wiederholt gewürdigt worden, so etwa, um eine Publikation aus neuerer Zeit zu nennen, in einem Aufsatz von Rudolf Kayser: "Bettina von Arnim and the Jews" (in: Historia Judaica. Hrsg. von Guido Kisch. New York, Vol.XX, April 1958. S.47-60).

Jedoch hat man in den jüdischen Aspekten der Schriften Bettina von Arnims bisher nur ein bloßes Randphänomen gesehen. Insofern, als man versäumt hatte, den Stellenwert zu bestim-men, den das Judenthema in ihrem Gesamtwerk einnimmt, und ihre Äußerungen dazu oder ihre Darstellungen von Juden für sich allein betrachtete, statt sie vergleichend denen ihrer Zeitgenossen gegenüberzustellen, blieb das Bild oberflächlich und insofern angreifbar. Neu-erdings haben sich dagegen Literaturwissenschaftler zu Wort gemeldet, die den Spieß herum-drehen und in der Bettina eine Opportunistin erkannt haben wollen, welche je nach Laune sich pro- oder antijüdisch äußern konnte und gegenüber Juden durchaus ein "rohes, niedriges Ver-halten" an den Tag zu legen imstande war, sodaß sich bei ihr demnach "Momente des Anti-semitismus" feststellen ließen, und dementsprechend dann auch in ihrem literarischen Werk antisemitische Stereotype, weshalb Bettinas letztes Werk, in dem sie sich mit besonderer Ve-hemenz gegen die Argumente der christlichen Judengegner und für die Judememanzipation ausgesprochen hat, schließlich von einem dieser Forscher sogar unter das Verdikt gestellt worden ist, es sei "verwildert" und als gescheitert anzusehen, weil sich in ihm, man beachte die Wortneuschöpfung, ein gewisser "Protoantisemitismus" manifestiere.

Grundsätzlich halte ich das Bemühen, das überlieferte Bild von Bettina von Arnims Verhält-nis zu Juden und Judentum einer Überprüfung zu unterziehen oder gar in Frage zu stellen, für durchaus legitim. In diesem Sinne stimme ich Andrea Weinmann voll und ganz zu, wenn sie schreibt (in ihrem Aufsatz: "Das Bild vom Juden in Marie von Ebner-Eschenbachs Erzählung *Der Kreisphysikus*." in: Gegenbilder und Vorurteil. Aspekte des Judentums im Werk deutsch-sprachiger Schriftstellerinnen. Hg. Renate Heuer und Ralph-Rainer Wuthenow. Frank-furt/Main 1995, S.40): "Sieht man sich die Vielzahl neuerer Veröffentlichungen zum Thema Judenbilder in der Literatur an, so fällt auf, daß es das Anliegen der neueren Kritik ist, Auto-

---

[51] Ein Leser, der es mit der Rechtschreibung genau nimmt, wird sich möglicherweise daran stoßen, daß er den Namen der Schriftstellerin, von der in dieser Abhandlung die Rede sein soll, darin in den verschiedensten For-men vorfinden wird, als Bettine oder Bettina Brentano, als Bettina von Arnim oder kurz als die Bettina oder Bettine. Fest steht, daß sie auf die Namen Elisabeth Catharina Ludovica Magdalena getauft wurde und sich als Schriftstellerin Bettina von Arnim nannte, während sie Briefe und Dokumente mit Bettine Arnim oder kurz mit Bettine zu unterzeichnen pflegte. Ihre Zeitgenossen nannten sie ebenfalls wechselweise Bettina oder Bettine. Ich denke, man braucht in dieser Angelegenheit nicht päpstlicher zu sein als der Papst. Mit ihrem Namen ging sie ebenso frei um wie mit der Rechtschreibung, und wenn es damals schon einen Duden gegeben hätte, sie hätte sich gewiß nicht dessen Regeln unterworfen. Die Bemühungen um eine strikte Festlegung auf eine einzige Na-mensform erscheinen mir deshalb künstlich.

ren, die man aufgrund der Gestaltung ihrer jüdischen Protagonisten für Antisemiten halten könnte, zu rehabilitieren. Aber auch das umgekehrte Verfahren muß erlaubt sein. Werke, die vielleicht nur auf Grund der allgemein als judenfreundlich anerkannten Einstellung ihrer Autoren als positiv gelobt wurden, müssen heute neu zur Diskussion gestellt werden." So weit, so gut, und warum sollte nicht auch eine kritische Überprüfung der jüdischen Aspekte in den Werken Bettina von Arnims uns zu neuen Erkenntnissen führen? Nur muß dann eben zugleich die folgende Bedingung eingehalten werden, deren Erfüllung Andrea Weinmann anschließend generell für Untersuchungen dieser Art einfordert: "Dabei muß versucht werden, das Vergangene aus seiner Zeit heraus zu verstehen und in der Gegenwart zu verarbeiten."

Mit aus dem Zusammenhang gerissenen, isolierten Zitaten läßt sich jedoch bekanntlich alles mögliche anstellen. Handelt es sich nun aber, wie die Thesen von Professor Helmut Hirsch und Lisabeth M.Hock zu verstehen geben wollen, bei Bettina von Arnims Darstellungen von Juden um einen judenfeindlichen, gar antisemitischen Zerrspiegel? Oder handelt es sich im Gegenteil, wie ich überzeugt bin, um Spuren jüdischen Lebens im Deutschland der Goethezeit und des Vormärz, die uns, wenn wir uns die Mühe machen wollen, ihnen nachzugehen, daran erinnern können, welch fruchtbare Möglichkeiten des Zusammenlebens von Menschen verschiedener Herkunft uns Deutschen damals noch offenstanden? Also einen Baustein bilden können zu einer "anderen Erinnerung"? Ich gebe bewußt meine diesbezüglichen Belege aus Bettina von Arnims Werken, worin sie an den verschiedensten Stellen verstreut sind, in aller Ausführlichkeit wieder, damit der Leser sie sich nicht mühsam heraussuchen muß. Vielleicht bekommt er gerade dadurch Lust, sie dort später einmal im Zusammenhang nachzulesen.

Manchem Leser mag als exzessive Pedanterie erscheinen, wenn ich mich immer wieder im Einzelnen auf die Argumente von Professor Helmut Hirsch und Lisabeth M.Hock einlasse. Ich hoffe, er wird sich durch die teils zauberhaft blumenreichen, teils erfrischend unverblümten, teils überraschend hellsichtigen Äußerungen der Bettina, die ich dazu jeweils in extenso zitiere, entschädigt fühlen. Mir geht es darum, zu zeigen, daß Bettina von Arnims Stellungnahmen zu Juden und Judentum nicht nur vielfältigen Mißdeutungen ausgesetzt sind, wenn man sie aus dem Zusammenhang herausreißt, in dem sie gefallen sind, sondern daß man überhaupt ihre Bedeutung verkennt, wenn man die Beweggründe völlig außer Acht läßt, welche die Bettina zu ihren Stellungnahmen veranlaßt haben: An der Erkenntnis, wie über die Jahrhunderte hinweg die Juden ausgegrenzt, unterdrückt und verfolgt worden sind, entzündete sich ihr Zorn über das deutsch-nationale Christentum, und weil sie die Freiheit liebte, fühlte sie sich zu denjenigen Juden hingezogen, die wie Ludwig Börne von sich sagen konnten: "Ja, weil ich als Knecht geboren, darum liebe ich die Freiheit mehr als ihr! Ja, weil ich die Sklaverei gelernt, darum verstehe ich die Freiheit besser als ihr....Nein, ich weiß das unverdiente Glück zu schätzen, zugleich ein Deutscher und ein Jude zu sein, nach allen Tugenden der Deutschen streben zu können und doch keinen ihrer Fehler zu theilen." (Brief #74 aus Paris, 7.2.1832).

Insofern geht es mir im Folgenden um mehr als um reine Bettina-Philologie. Zwischen unserer Erinnerung an die Vergangenheit, die nicht zuletzt eine deutsch-jüdische Vergangenheit war, und unserer Gegenwart steht wie ein erratischer Block das Verbrechen der Judenvernichtung. Auf die Vorurteile oder auch die Haltung der Gleichgültigkeit, die danach noch immer manche unserer Zeitgenossen aufrecht erhalten und damit jenes Verbrechen gedanklich perpetuieren, brauche ich hier nicht einzugehen. Aber die Unvergleichlichkeit des Verbrechens dient auch manchen Gutwilligen als Vorwand, um sich einer gedanklichen Auseinandersetzung mit dem, was geschehen ist, zu entziehen.

Am Anfang von Bettina von Arnims letztem, im Jahre 1852 von ihr veröffentlichtem Buch: "Gespräche mit Dämonen. Des Königsbuches zweiter Band" steht das Kapitel "Die Kloster-beere. Zum Andenken an die Frankfurter Judengasse", versehen mit dem Datum vom 28.August 1808. Gewidmet hat sie das ganze Werk "dem Geist des Islam." Nimmt man Buch-titel, Widmung, Kapitelüberschrift und Datum als Einheit, so bietet sich das Ganze dar als ein Mosaik von Symbolen, das sich aus folgenden Elementen zusammensetzt: Mit dem König, dem laut Untertitel das Buch zugeeignet ist, ist Friedrich Wilhelm IV. von Preußen gemeint. Des Königsbuches erster, im Jahre 1843, also fünf Jahre vor der Revolution von 1848 erschie-nene Band war noch an den realen Preußenkönig in seinem Wachzustand gerichtet, weshalb die Bettina demselben schlicht die Widmung "Dies Buch gehört dem König" als Titel geben konnte. Hier nun, nach den Enttäuschungen, die das Volk und an seiner Seite sie selbst mit Friedrich Wilhelm IV. in der Revolution erlebt hatte, ist nur noch vom "Schlafenden König" die Rede, als welcher er allerdings in diesem Buch am Gespräch beteiligt wird. Er figuriert somit gleichsam als die Symbolfigur der Politik in Preußen oder als Symbol der Macht über-haupt. Im Hauptteil des Buches spricht mit ihm der "Dämon", zu verstehen als des Königs guter Dämon, und das ist der Dämon der Bettina oder, wenn man so will, sie selbst. [52] Es kommen dann aber noch verschiedene, dem Dämon zu vergleichende Geister zu Wort: Der Volksgeist, das Volk oder die Völker, der Proletarier, der Lombarde, der Germane, der Geist der Magyaren, der Geist der Polen, der Polenkönig Sobieski, Ahnengeister und, bereits durch die Widmung schon einmal auf den Plan gerufen, am Schluß nochmals der Geist des Islam. All dies sind zwar partikulare Geister, sie können aber dennoch insgesamt als Vertreter eines Geists des Universalismus, von dem abstrakt als solchem nicht die Rede ist, verstanden wer-den, insofern, als durch ihr Auftreten der Absolutheitsanspruch des zu Bettinas Zeiten tonan-gebenden, an eine christlich-deutsche Staatsauffassung gebundenen engstirnigen Nationalis-mus relativiert wird und damit die verschiedenen Stimmen der Völker in der Vielfalt ihrer Religionen, ethnischen Eigenheiten und Kulturen in ihr Recht im menschlichen Zusammenle-ben eingesetzt werden.

Der Titel "Die Klosterbeere" erinnert an Bettinas Kindheit, die Zeit, die sie im Ursulinen-Kloster in Fritzlar verbracht hat, als man sie, achtjährig, nach dem Tode ihrer Mutter den dor-tigen Nonnen zur Erziehung anvertraut hatte. Zur Erklärung dieses Titels zieht sie den Ver-gleich zwischen dem, was wir gewöhnlich Stachelbeeren nennen, sie aber als Kind Kloster-beeren nannte, und dem Kloster selbst: Die Kerne darin sah sie als die Nönnchen an, und "ein Kloster dacht ich mir wie eine Frucht, die für die Gottheit reife"; "die Klosterbeere" steht also für Religion in der kindlichen Form, in der sie sie damals in sich aufgenommen hat oder für einen Teil ihrer Kindheit selbst. (Bettina von Arnim, Werke und Briefe, hrsg. Gustav Konrad. Frechen 1963, Band III/IV; im Folgenden WB). Wie sie an anderer Stelle schreibt: "Das Klos-terleben hat Knospen in mir angesetzt, Ahnungen, die zur Wahrheit müssen reifen." (Bettina

---

[52] Wie wir wissen, war "Dämon" ein Begriff, der speziell für Goethe eine große Bedeutung hatte. Wenn Bettina von ihrem Dämon spricht, so könnte dies durchaus in der Weise verstanden werden, wie Goethe (in seinem Kommentar zu den Gedichten: "Daimon" und "Tyche", "Dämon" und "Das Zufällige" aus dem Zyklus "Urworte, Orphisch") diesen Begriff gekennzeichnet hat: "Der Dämon bedeutet die notwendige, bei der Geburt unmit-telbar ausgesprochene, begrenzte Individualität der Person..." "In diesem Sinne einer notwendig aufgestellten Individualität hat man einem jeden Menschen seinen Dämon zugeschrieben, der ihm gelegentlich ins Ohr raunt, was denn eigentlich zu tun sei, und so wählte Sokrates den Giftbecher, weil ihm ziemte, zu sterben." Ursula Püschel hat jedoch in ihrem Aufsatz "Charakter hat nur der, dem das Land der Ideale keine Chimäre ist. Zum Dämonenbuch Bettina von Arnims", in: "...wider die Philister und die bleierne Zeit. Untersuchungen, Essays, Aufsätze über Bettina von Arnim." Altberliner Bücherstube O.Seifert, Berlin 1996), Äußerungen Bettinas ange-führt, die darauf schließen lassen, daß für Bettina von Arnim die unmittelbare Anregung sowohl für die Wahl des Gesprächs als literarischer Form zuerst für das Königsbuch (mit seiner "Sokratie der Frau Rath"), dann für das Dämonenbuch, als auch für den Gebrauch des Begriff des Dämons von ihrem Freund und Mentor Schleierma-cher als dem Übersetzer der platonischen Dialoge, ausgegangen ist.

von Arnim. "Clemens Brentanos Frühlingskranz", Werke Band 2, Hrsg. Heinz Härtl, Berlin 1989, S.542). Das betreffende Kapitel besteht in der Hauptsache aus einem Gespräch zwischen der Bettina und Karl Theodor von Dalberg, dem Fürst-Primas des Rheinbundes, den Napoleon 1806 zum Landesherrn der früheren Freien Reichsstadt Frankfurt am Main eingesetzt hatte, und der hier im Gespräch das Christentum als Vertreter der Kirche vorwiegend in seiner dogmatischen Form vertritt. Dalberg war es gewesen, der am 30.November 1807 die "Neue Stättigkeit und Schutzordnung der Judenschaft zu Frankfurt am Main" erlassen hatte. Obwohl sie einige Verbesserungen gegenüber ihrer früheren Rechtssituation in der Freien Reichsstadt enthielt, waren darin allerdings den Frankfurter Juden im Ganzen doch nur sehr eingeschränkte Rechte gewährt worden, die weit hinter den Hoffnungen zurückblieben, welche die Ereignisse im Gefolge der Französischen Revolution bei ihnen erweckt hatten, und sie löste innerhalb wie außerhalb Frankfurts über die Stellung der Juden in der deutschen Gesellschaft heftige Debatten aus.

Und damit kommen wir zu dem unter dem Titel vermerkten Datum des 28.August 1808, dem Datum von Goethes 59.Geburtstag. Zeit ihres Lebens hat Bettina von Arnim, angefangen bei "Goethes Briefwechsel mit einem Kinde", daran gearbeitet, Goethe ein Denkmal zu setzen. Ihre Begegnung zuerst mit den Schriften Goethes, dann mit Goethe selbst, war entscheidend gewesen für die Herausbildung ihrer religiösen Anschauungen, das, was sie im Briefwechsel mit ihrer Freundin Günderode eine "Schwebereligion" nannte, und so schrieb sie nach Goethes Tod über ihn an den weimarischen Kanzler Friedrich von Müller: "Auferstanden von den Toten, aufgefahren gegen Himmel, allwo er wiedererkennen wird die Freunde, deren Seelenspeise er bleiben wird bis zu ihrem Übergang." Aber warum das Jahr 1808? Es war das Jahr, in dem Goethe der Bettine die Aufforderung hatte zukommen lassen: "Senden Sie mir doch die jüdischen Broschüren. Ich möchte doch sehen, wie sich die modernen Israeliten gegen die neue Städtigkeit gebärden, in der man sie freilich als wahre Juden und ehemalige kaiserliche Kammerknechte traktiert. Mögen Sie etwas von den christlichen Erziehungsplänen beilegen, so soll auch das unseren Dank vermehren." (Brief vom 2.Januar 1808). Goethe gilt zwar gemeinhin nicht als ein besonderer Freund der Juden, und auf seine uns heute widersprüchlich anmutenden Positionen in Fragen der Judenemanzipation werde ich später noch einmal zurückkommen müssen. Hier möchte ich zunächst nur das eine festhalten: Für die Bettina verband sich mit dem Namen Goethes nicht nur die Erinnerung an ihre ersten Berührungen mit dem Judentum, sondern, wie wir noch sehen werden, auch der Auftrag, sich für die Judenemanzipation einzusetzen; und so verkennt man die zentrale Bedeutung, welche das Judenthema in der Entwicklung ihres Denkens einnimmt, wenn man den Umstand mißachtet, daß sie dieses Thema aufs engste mit dem Namen dessen, der der Leitstern ihres Lebens war, mit dem Namen Goethes, verknüpft sah.

In der genannten Kapitelüberschrift benennt die Bettina also die drei Grunderlebnisse ihrer Kindheit und Jugend: Das Kloster, ihre Begegnung mit Goethe und, bemerkenswert als Zeugnis einer im Augenblick der Publikation, dem Jahr 1852, scheinbar längst versunkenen Zeit, mit der Frankfurter Judengasse. Deren Spuren sind aus dem heutigen Frankfurter Stadtbild fast völlig ausgelöscht. Die wenigen Überreste erinnern uns Nachgeborene wie eine häßlich vernarbte Wunde an Vorgänge, die sich in Frankfurt ein knappes Jahrhundert nach Erscheinen dieses Buches abgespielt haben und uns von jüdischer Tradition und jüdischem Leben in Frankfurt unwiderruflich trennen. Sie verweisen uns auf den Zivilisationsbruch, der in der Geschichte der Menschheit von deutscher Hand planmäßig herbeigeführt worden ist: Die in Europa von Deutschland aus staatlich organisierte Vernichtung der Juden.

Wenn ihre Begegnung mit der Frankfurter Judengasse in ihrem erste Buch, in "Goethes Briefwechel mit einem Kinde" aus dem Jahre 1835, noch eher beiläufig hereinspielt, so finden sich in den folgenden Schriften der Bettina von Arnim immer eindringlichere Zeugnisse zu und Gedanken über Juden und Judentum, am eindringlichsten in ihrem letzten, im Jahre 1852 veröffentlichten Werk, dem eben genannten Dämonenbuch. Zu den Würdigungen, die letzteres erfahren hat, scheinen die neuerdings lautgewordenen Stimmen, durch welche Bettina von Arnim in die Nähe des Antisemitismus gerückt worden ist, in merkwürdigem Gegensatz zu stehen. Sehen wir uns aber zunächst erst einmal die Würdigungen an:

Die erste stammt von einem jugendlichen Verehrer Bettina von Arnims, dem Hegel-Schüler Moriz Carriere, der ihr zu ihrem Buch am 7.7.1852 unter anderem Folgendes schrieb: "Leider ist unsere Zeit im Katzenjammer nach dem Rausch von 1848 und so kleinmüthig, daß eine andere als die ganz realistische Auffassung der Dinge mit Gnade, wenigstens mit Einfluß kaum rechnen kann. Der König ist dem Phantasieleben zugänglich, aber mehr dem hamletinnerlichen als dem alexanderherrischen, und dies letztere wäre eigentlich erforderlich für Ihre Ideen! Die Zukunft wird die Pythiasstimme erkennen und zu deuten wissen, die der Gegenwart aus Ihrem Mund ertönt; der tiefe Sinn für alles Judenideelle, das edle reine Mitgefühl für alles echte Leid sollte aber jetzt schon jedermann bei Ihnen zu verehren wissen, die faktische Begeisterung allen verständlich sein." (Zitiert nach: "Bettine von Arnims Politische Schriften"; Werke und Briefe in vier Bänden, Band 3, hrsg. von Wolfgang Bunzel, Ulrike Landfester, Walter Schmitz und Sibylle von Steinsdorff, erschienen im Deutschen Klassiker Verlag, Frankfurt/Main 1995, S.818. Im folgenden DKV 1 usf.) "Der tiefe Sinn für alles Judenideelle" - kann es eine bedeutsamere Anerkennung geben für Bettinas Verhältnis zu Juden und Judentum? Der Ausdruck "das Judenideelle" scheint mir auch insofern bemerkenswert, als er mir in der deutschen Literatur nirgends sonst begegnet ist. Er erinnert mich an den Begriff der "Négritude", wie er von dem jungen karibischen Revolutionär und Dichter Aimé Césaire als Kampfansage gegen Unterdrückung und Rassendiskriminierung geprägt wurde, bevor sein senegalesischer Mitstreiter Leopold Sedar Senghor ihn unter dem Einfluß der Schriften von Leo Frobenius in einen kulturanthropologischen Begriff abgeschwächt hat. Ich denke, man kann zum Verständnis dieses von Carrière geprägten Ausdrucks Carrières sehr gut die Erläuterung heranziehen, die Ludwig Börne dem Titel "Für die Juden" des in seiner Zeitschrift "Zeitschwingen" veröffentlichten Aufsatzes folgen ließ: "Für Recht und Freiheit sollte ich sagen; aber verstünden das die Menschen, dann bestünde keine Not, und es bedürfte der Rede nicht."

Im Revolutionsjahr 1919 wurden Bettina von Arnims "Gespräche mit Dämonen" in München, damals Hauptstadt der Bayrischen Räterepublik, neu aufgelegt unter dem Titel: "Aufruf zur Revolution und zum Völkerbunde", wobei der Herausgeber, Curt Morek, im Vorwort schrieb: "Etwa dreiviertel Jahrhundert zu früh erschien dieses Buch. Ein Zeitirrtum gab es der Generation unserer Großväter in die Hand, das für die Heutigen geschrieben ist. Deshalb wollen wir es erneuern. Dieser Aufruf tatgewillten Geistes darf nicht verloren gehen und modern in staubigen Archiven. Es muß leben und uns gegenwärtig sein, denn in ihm kreisen Kräfte der Entflammung, die uns nottun, und den Wegen, die wir gehen, leuchten neue Ziele auf."

"Aufruf zum Völkerbunde!" Man erinnere sich: Diese Zeilen wurden geschrieben zu einer Zeit, als der Gedanke des Proletarischen Internationalismus zwar mit dem Ausbruch des Ersten Weltkriegs zum ersten Mal in weltweitem Ausmaß Schiffbruch erlitten hatte, aber noch immer die Hoffnungen von Millionen von Menschen beflügelte, zu einer Zeit, als Persönlichkeiten wie Rosa Luxemburg und Eugen Leviné, obwohl in Polen bzw. in Rußland als Juden geboren, zu führenden Gestalten der deutschen Geschichte hatten emporsteigen können, ohne daß sie die christliche Taufe über sich hätten ergehen lassen müssen: ihr Entréebillet in die deutsche Gesellschaft war die Mitgliedschaft in der Sozialdemokratischen Partei, d.h. der deutschen Sektion der Sozialistischen Internationale. Deren Abkehr von den Prinzipien, nach welchen sie angetreten war, kostete ihnen dann allerdings das Leben. Die Prinzipien des Internationalismus selbst sind in der Folgezeit durch die Etablierung der bolschewistischen Einparteiendiktatur in der Sowjetunion und Stalins "Sozialismus in einem Lande" in ihr brutales Gegenteil verkehrt worden und sind heute, nach deren kläglichem Zusammenbruch, fast völlig aus dem Bewußtsein der Menschen entschwunden. Das Pathos, von dem Bettina von Arnims Buch selbst, aber auch noch der vorstehende Kommentar getragen ist, klingt uns, die wir an der Schwelle des einundzwanzigsten Jahrhunderts stehen, wie ein Echo aus einer fernen Zeit, und so wird seine Wirkungskraft sich nur auf denjenigen übertragen, der die Gewißheit in sich bewahrt hat, daß noch nicht aller Tage Abend gekommen ist.

Da ich oben auf die Auslöschung der Frankfurter Judengasse hingewiesen habe und damit auf ein Ereignis, das wie ein Wundmal Zeugnis gibt vom Zivilisationsbruch in der deutschen Geschichte, oder, wie man ihn auch mißverständlicherweise nennt, vom deutschen Sonderweg, so scheint es mir an dieser Stelle angebracht, daran zu erinnern, daß derselbe vor allem bedingt war durch das Scheitern mehrerer deutscher Revolutionen, angefangen beim deutschen Bauernkrieg. Ihr Scheitern war auch ein Scheitern des Kampfes gegen das deutsche Dunkelmännertum, durch welches die Hoffnungen der in Deutschland lebenden Juden auf ihre Emanzipation immer wieder zunichte gemacht wurden. Bettina von Arnims noch ganz vom Geist des Vormärz und vom Geist der 48er-Revolution durchtränktes "Dämonenbuch" kam erst nach dem Scheitern der Revolution von 1848, in der Zeit tiefster Reaktion heraus und blieb fast völlig ohne Echo; die Räterepublik, in deren Verlauf die erwähnte Neuausgabe ihres Buches erschien, wurde nach kurzer Zeit liquidiert durch eben die "völkischen" Kräfte, welche zwölf Jahre später jenes Regime in den Sattel gehoben haben, das mit den Nürnberger Rassengesetzen die Juden entrechtet, dann in der Wannsee-Konferenz ihre Ausrottung beschlossen und diese danach planmäßig durchgeführt hat.

Aus diesem Zusammenhang heraus ist wohl auch die dritte Würdigung von Bettina von Arnims "Gesprächen mit Dämonen" zu verstehen, die ich hier anführen möchte. Im ersten "Internationalen Jahrbuch der Bettina-von-Arnim-Gesellschaft" (die Jahrbücher im Folgenden unter der Abkürzung BvA-G. I, II, etc) schreibt Professor Helmut Hirsch in einem Aufsatz mit dem Titel "Jüdische Aspekte im Leben und Werk Bettina von Arnims", nach dem Hinweis auf einige Punkte des Programms der Judenemanzipation, das Bettina von Arnim im "Dämonenbuch" entworfen hat:
"Die Geschichte Deutschlands und der Welt hätte wohl anders ausgesehen, wären die Regierungen dem nach der Revolution von 1848/49 entstandenen Rat der genialen Frau gefolgt."

Das "Dämonenbuch" ist jedoch nicht nur viel seltener aufgelegt worden als die meisten der anderen Werke Bettina von Arnims und gehört nicht zuletzt deshalb zu ihren am wenigsten gelesenen Schriften, auch in der inzwischen bedeutsam angewachsenen germanistischen Forschungsliteratur über Bettina von Arnim hat man es lange Zeit vernachlässigt. Ursula Püschel, die die letzte und bisher eindringlichste Untersuchung über dieses Buch vorgelegt hat, beschließt ihren Aufsatz: "Charakter hat nur der, dem das Land der Ideale keine Chimäre ist. Zum Dämonenbuch Bettina von Arnims" (in: "...wider die Philister und die bleierne Zeit. Untersuchungen, Essays, Aufsätze über Bettina von Arnim." Altberliner Bücherstube O.Seifert, Berlin 1996) mit der Mutmaßung: "Vielleicht werden wir es noch als ein Hauptwerk entdecken." Und am Anfang dieses Aufsatzes schreibt sie: "Eine gründliche eigenständige Analyse der 'Gespräche mit Dämonen', die sowohl ästhetische als auch philosophische und politischhistorische Aspekte berücksichtigt, steht noch aus."

(…)[53] aufgezeigt, daß der Schlüssel zum Verständnis dieses als schwer verständlich geltenden Buches in den politischen Kämpfen liegt, die Bettina von Arnim von der Zeit ihres politischen Erwachens im Jahre 1839, als sie sich für die Berufung der Brüder Grimm nach Berlin einsetzte, bis über die revolutionären Ereignisse um 1848 und darüber hinaus bis hin zur Zeit der Veröffentlichung des Buches geführt und darin literarisch verarbeitet hat, man also sagen kann, daß sie damit gewissermassen eine Bilanz ihres politischen Lebens zieht.

Slift:
Hast du gesehn, daß ihre Schlechtigkeit ohne Maß ist?
Johanna:
Wie aber beherrschest du
Ihre Schlechtigkeit! Wie nützt ihr sie aus!
Siehst du nicht, daß es auf ihre Schlechtigkeit regnet? ...

Ist ihre Schlechtigkeit ohne Maß, so ist's
Ihre Armut auch. Nicht der Armen Schlechtigkeit
Hast du mir gezeigt, sondern
Der Armen Armut.
Zeigtet ihr mir der Armen Schlechtigkeit
So zeig ich euch der schlechten Armen Leid.
Verkommenheit, voreiliges Gerücht!
Sei widerlegt durch ihr elend Gesicht!

Bertolt Brecht. die heilige Johanna der Schlachthöfe. 4.Auftritt (Schluß)

Im Dämonenbuch ist Bettina von Arnims Schilderung der Lage, in welche die Bewohner der Frankfurter Judengasse gedrängt worden sind, noch drastischer (WB, Bd.3/4, a.a.O., S.281):

"Selbst Christus würde schwerlich die Hunde noch auftreiben, alle die Wunden und Quetschungen heil zu lecken, die sie bloß in unserer Frankfurter Judengasse durch ihre Schacherwut bei den Christen davontragen, in dem engen Raum ihres Schwarmloches, in welchem tausend zerlumpter Männer und Weiber und nackter Kinder sich um den Platz streiten, den Fuß darauf zu setzen. Im Grab ist mehr Erdenraum. Welch Gedräng in dieser engen Gasse, welch lauwarmer Pestdampf der Unreinlichkeit dieser Gruppen magerer, halbverwester Israelskinder, wachend und schlafend auf den Stufen der Haustüre liegend! wer hat Mut, durch dies Gewimmel sich zu drängen, wo man auf dunkler Wendeltreppe hier und dort in die Haushaltungslöcher guckt, bis hinauf zum Dach, wo die Falltür sich öffnet, wo die Sonne durchs Giebelfenster den erschacherten Pomp der Christenheit bestrahlt, wo der Jude mit blitzendem Minenspiel, mit fixen Fingern und laufender Zunge um des zufälligen Gewinstes eines Kreuzers halber sich unzähligen Spottreden aussetzt; auf der Straße verhöhnt ihn der Pöbel; er klettert zwanzigmal alle Treppen hinan und wird ebenso oft wieder hinabgeworfen, elendmüde stolpert er abends ins trostlose Familiennest, wirft sich und seine Bürde hin, alt und jung umringt ihn, hat er ein paar Batzen erganft, so hat er mehr um dieser Allerweltsünde gelitten, sich zerlaufen und abgehetzt, als ein geistlicher Fürst für die Sünden der Welt je Ablaß erteilte!"

---

[53] Leider fehlt auch im Originaltext Peter Anton von Arnim dieser eine vorangehende Satz; Anmerkung der Verfasser)

"Im Grab ist mehr Erdenraum". Wenn diese Schilderung ein Grauen in uns heraufbeschwört, das die Dimensionen dieses Texts weit übersteigt, dann deswegen, weil es Bilder aus unserem Jahrhundert in uns wachruft, die wir alle zu wiederholten Malen gesehen haben, und von denen die Bettina nichts, ja im neunzehnten Jahrhundert niemand auch nur im Entferntesten etwas ahnen konnte: Fotos von auf kahlen Holzpritschen zusammengepferchten Gerippen, die uns aus leeren Augenhöhlen anblicken, von den Leichen kaum noch zu unterscheiden, als die man sie wenig später zusammengeschaufelt und verscharrt hat. Bilder, deren unerbittlicher Stummheit wir auszuweichen versuchen mit der Frage, die der ehemalige KZ-Häftling Primo Levi einem seiner Bücher als Titel vorangestellt hat: "Ist das ein Mensch?", eine Frage, die sich sofort gegen uns, die Betrachter wendet, in der Gegenfrage: "Ist denn, wer diese Bilder kaltblütig betrachten kann, um danach zu seiner Tagesordnung überzugehen, ist denn das ein Mensch?" In der Tat, welcher andere deutsche Schriftsteller des neunzehnten Jahrhunderts außer der Bettina hat den Mut besessen, durch ein solches Gewimmel sich zu drängen, ohne je eine Sekunde lang aus dem Auge zu verlieren, wo in ihrem "erschacherten Pomp" diejenigen saßen, die all dieses Elend verursacht hatten? Ja ist es nicht geradezu unerhört, daß sie von "erschachertem Pomp", also von Schacher in Bezug auf Christen spricht, wo doch die Qualifikation Schacher mit dem Judenstereotyp in der deutschen Literatur so fest verbunden ist, daß selbst noch Jahrzehnte nach den Naziverbrechen zwei deutsche Schriftsteller mit gesellschaftskritischem Anspruch, Zwerenz und Fassbinder, sich nicht entblödet haben, das Klischee eines Schacherjuden in den Mittelpunkt eines ihrer Werke zu stellen? Gibt es irgendeinen anderen Text aus Bettinas Zeit, in dem in gleich eindringlicher Weise angekündigt und zugleich denunziert zu werden scheint, was eine spätere Generation von Deutschen an Verbrechen begangen oder geduldet hat? Denn es kann doch nicht bezweifelt werden, was Wanda Kampmann festgestellt hat (in: Deutsche und Juden. Studien zur Geschichte des deutschen Judentums. Heidelberg 1961, S.129): "Das Ghetto hat nicht nur auf seine Insassen, sondern auch auf die Bürger der Stadt verhängnisvoll eingewirkt und ihr Rechtsgefühl abgestumpft."

Muß man da noch Bettina von Arnim gegen den Vorwurf in Schutz nehmen, sie habe mit diesem Text den Frankfurter Juden mangelnden Sinn für Hygiene attestieren wollen? Als einen solchen Vorwurf verstehe ich jedenfalls den Kommentar, mit dem ihn Professor Helmut Hirsch als Verfasser der Rowohlts Monographie über Bettine von Arnim in seinem Aufsatz "Jüdische Aspekte im Leben und Werk Bettine von Arnims" (a.a.O., S.71) überraschenderweise versieht: "Einen historischen Kontrast zur Verwendung des Ausdrucks 'Halbverweste Israelskinder' bildet die bei Arnsberg statistisch nachgewiesene, relativ niedrige Sterbeziffer der im Ghetto Lebenden (1808 wohnten dort 3 104, nicht, wie bei Bettine, 7 000, bei mir 6 1/2 Tsd.)". Wenn nun aber mit der "relativ niedrigen Sterbeziffer" gesagt sein soll, daß die Bewohner der Judengasse sich im Gegensatz zu Bettinas Schilderung einer blühenden Gesundheit erfreuten, dann läßt sich wohl auf gleiche Weise ein "historischer Kontrast" feststellen zwischen dem Bericht des jungen Schweizer Grunholzer über das Berliner "Vogtland", d.h. über das Armenviertel von Berlin, welchen Bettina in ihr Königsbuch als Schlußteil aufgenommen hat, und Savignys Kommentar dazu, der nichts weiter darin sah als "Lug und Trug". (Gertrud Meyer-Hepner, Der Magistratsprozeß der Bettina von Arnim. Weimar 1960, S.22).

Feststeht jedoch, daß Bettina sich keineswegs romantisch träumend über statistisch feststellbare Gegebenheiten hinwegzusetzen pflegte und sich in Elendsmalerei gefiel. Im Gegenteil, neben Friedrich Engels (mit seiner "Lage der arbeitenden Klassen in England") war sie die erste Schriftstellerin deutscher Sprache, die Sozialstatistiken gesammelt und zur Veröffentlichung vorbereitet hat (in ihrem "Armenbuch"). Arnsberg selbst hat sich denn auch mit seinen Forschungen keineswegs im Gegensatz zu Bettina Brentano gesehen, der er vielmehr in seiner "Geschichte der Frankfurter Juden seit der Französischen Revolution" (Darmstadt 1983, Band 1, S.129) attestiert: "Sie verfolgte die kulturellen und gesellschaftlichen Entwicklungen innerhalb der Frankfurter Judenschaft mit offenen Augen..." So stimmt auch der Ausdruck "halbverweste Israelskinder" völlig mit dem überein, was Arnsberg selbst über die katastrophalen sanitären Verhältnisse und die unvorstellbare Enge in der Judengasse und den erschreckenden Gesundheitszustand ihrer Bewohner schreibt, der ihnen ein entsprechend erschreckendes Aussehen verlieh, und das mit Zeugnissen von Zeitgenossen belegt. Hier sei nur der ein Jahr nach Bettina geborene Ludwig Börne angeführt, der als "Israelskind" seine ersten zehn Lebensjahre im Ghetto verbringen mußte:

"Vor uns eine lange, unabsehbare Gasse... Über uns ist nicht mehr Himmel, als was die Sonne bedarf, um ihre Scheibe daran auszubreiten. Ein übler Geruch steigt überall herauf, und das Tuch, das uns vor Verpestung sichert, dient auch dazu, eine Thräne des Mitleides aufzufangen oder ein Lächeln der Schadenfreude zu verbergen dem Blicke der lauernden Juden... Scheu und behutsam wird der Fuß aufgesetzt, damit er keine Kinder zertrete. Diese schwimmen in der Gasse herum und kreuchen im Kothe umher, unzählig wie ein Gewürm von der Sonne Kraft dem Miste ausgebrütet. Wer gönnte nicht den armen Knaben ihre kleine Lust? Haben sie doch keinen Hofraum, kein Gärtchen im Innern des Hauses, wo sie ihre kindlichen Spiele ausüben können. Wohl, wenn der Kindheit Spiel das Vorbild ist von des Lebens Ernst, dann muß die Wiege dieser Kinder das Grab seyn allen Muthes, aller Hochherzigkeit, aller Freundschaft und jeder Lebensfreude." (Zitiert nach Arnsberg, a.a.O., S.76.).
Nicht die Statistik ist also hier das Problem, als welches es bei Professor Helmut Hirsch erscheint, sondern die Datierung. Denn das hier zitierte, "dem Andenken an die Frankfurter Judengasse" gewidmete Kapitel im Dämonenbuch trägt ja das Datum vom 28.August 1808. Zu der Zeit war die Judengasse jedoch schon kein abgeschlossenes Ghetto mehr, nicht, weil Frankfurter es so gewollt hätten, sondern weil die Franzosen sie im Jahre 1796 in Brand geschossen hatten, und danach alle Versuche der christlichen Mitbürger, die alten Zustände wiederherzustellen, gescheitert waren; wie Börne schreibt:
"Nach vielen hundert Jahren war die Mauer stark demoliert und durchlöchert, und die gefangenen Tiere schlüpften jubelnd hindurch, um freye Lüfte einzuatmen." (a.a.O., S.77)
Ob nun die Bettina die Judengasse schon vor ihrem zwölften Lebensjahr kennengelernt hat, oder ob auch noch in den Jahren nach dem Brand die Zustände dort verheerend genug waren, um ihre obige Schilderung zu rechtfertigen, kann ich nicht ausmachen; mir genügt, zu wissen, daß sie nichts erfunden hat.

Im Dämonenbuch nimmt Bettina das Thema von der Waffenfähigkeit der Juden als eines mit der Emanzipation verbundenen Elements ihrer Ausbildung wieder auf. Dem Primas (Fürst-Primas Karl Theodor von Dalberg), der sich damit brüstete, den goldenen Becher voller Goldstücke zurückgewiesen zu haben, welchen die Frankfurter Juden ihm aus Dankbarkeit für die neue Städtigkeitsordnung überbracht hatten (und zwar deren offenkundigen Mängeln zum Trotz, die später Börne mit so schneidender Ironie gegeißelt hat), und dazu erklärte: "Mit Schmach würde es mich bedecken, hätte ich ihr Geschenk angenommen", erwidert sie (a.a.O., S.269):

"Die Juden emporbringen nach so langem Darben, da müssen sie auch vorsichtig und zärtlich behandelt werden wie die ausländischen Pflanzen und genährt mit dem, was die Seele groß macht, und muß ihnen keine Laufbahn verschlossen bleiben als nur, die sie erniedrigen kann. - Ich würde das Geschenk der Juden verwendet haben zum Beginn ihrer Veredlung, ich würde die Kinder zur Wissenschaft anleiten, nicht zum Schacher, ich würde ihnen die Bildung geben, die ihre Ansprüche an Geselligkeit geltend macht, ich würde sie reiten, fechten, tanzen lernen lassen, Naturwissenschaft, Philosophie, Geschichte, alles, was sie über den Stand erhebt, in dem ihre Seelen herabgewürdigt, voll Schmach, einen schlechten Eindruck uns machten, und das erste aller Erziehungselemente müßte sein die Musik!"

Dies ist die Stelle aus dem Dämonenbuch, auf die sich Professor Hirsch bezieht, wenn er, wie ich ganz zu Anfang dieses Aufsatzes sagte, in seiner Rowohlts Monographie über Bettina von Arnim die bedenkenswerte Feststellung trifft:
"Die Geschichte Deutschlands und der Welt hätte wohl anders ausgesehen, wären die Regierungen dem nach der Revolution von 1848/49 entstandenen Rat der genialen Frau gefolgt."

Und er kann als Historiker diese Feststellung mit den entsprechenden Details aus der Geschichte des Judentums in Deutschland und den Anfängen der deutschen Arbeiterbewegung veranschaulichen und untermauern:

"Bettine entwickelt ihrem Dialog-Partner ... ein Projekt für geistige, seelische und körperliche Ertüchtigung. Zeitlich und ideengeschichtlich stand es zwischen dem privaten, lokalen, intellektuellen Integrationsprogramm des "Berliner Vereins für Kultur und Wissenschaft der Juden" von 1821 bis 1823, in dem Heine eine Zeitlang frühmorgens und nachmittags jüdische Schüler in Geschichte, Deutsch und Literatur unterrichtete, und den kolonisatorischen, zionistischen Erörterungen eines Hirsch Kalischer (1861) und Moses Hess (1862). Angemessen gefördert, hätte es beiden Emanzipationsrichtungen genützt. Wer etwa 1819 ungestraft 'Jerusalem ist verloren!' bzw. die Abkürzung des lateinischen Triumphgeheuls 'HEP HEP' johlen durfte, hätte sich das wohl verkniffen, wären ihm dafür von wohltrainierten Beschimpften Hiebe sicher gewesen. Das wäre kaum anders geworden bei der Entfaltung der organisierten Judenfeindlichkeit gegen Ende des Jahrhunderts, deren Organisatoren und Anhänger im allgemeinen keine Prügel zu befürchten hatten." (in der Rowohlts-Monographie auf S.123/124).

Überraschend in diesem Zusammenhang bleibt jedoch Bettinas Forderung: "...und das erste aller Erziehungselemente müßte sein die Musik!" Damit steht sie wiederum im krassen Gegensatz zu dem, was Achim von Arnim in seiner oben erwähnten judenfeindlichen Tirade von 1811 geäußert hat:

"Schien es höchst bedenklich ... daß an die Stelle dieser christlichen Tischgesellschaft ein Synagoge versammelte, welche statt des frohen Gesanges auerte..."

Der Ausdruck "Auern" ist gleich dem "Mauscheln" ein Stereotyp aus dem Arsenal des deutschen Antijudaismus, und so wie das "Mauscheln" die Fremdartigkeit der Judensprache kennzeichnen soll, so zielt das "Auern" auf die geistlichen Gesänge der Juden. Auf Bettinas Vorschlag zur Erziehung der Juden durch Musik reagiert der Primas entsprechend mit dem Einwand:

"Finden Sie so viel musikalischen Schmelz im Auern und Seufzen am langen Tag, ließen sich vielleicht mit etwas ökonomischem Genie Opern=Arien draus machen?" Worauf sie erwidert:

"Vielleicht liegt im Operngesang weit mehr falsches Getön als im Seufzen und Auern am langen Tag. Die Musik bringt die Skala der Seele auf die reinste Temperatur, die durch christliches Herabspannen ganz tonlos geworden und verstimmt ist. Musik geht nicht allein aus Geist und Gemüt hervor, weit mehr noch befruchtet sie die Sinne und befähigt sie zu dem, was der Geist noch nicht faßt. - Sie ist die Wiedergeburt für die geistige Natur."

Für die Bettina wird die Seele also "durch christliches Herabspannen ganz tonlos und verstimmt". Ist das als Zufall zu betrachten, wenn diejenige, die das schreibt, in ihrer Jugend mit besonderer Vorliebe die Psalmenvertonungen des Benedetto Marcello (1686-1739) gesungen hat, eines dem Opernbetrieb Venedigs feindlich gesonnenen Komponisten, der in seinem Bestreben, die Musikausübung seiner Zeit zu reformieren (Vorrang des Wortes und des Ausdrucks vor der Gefälligkeit der Melodie, im Gegensatz zum "Belcanto"), sich die Gesänge der Synagogen zum Vorbild gewählt hatte ("Intonazione degli Ebrei Spagnoli", "Intonazione degli Ebrei Tedeschi" sind manche seiner Gesänge überschrieben), "ein Element, das so ganz und gar nicht in die venezianische Musik des Settecento paßte" (Sylvie Mamy im Begleitheft zu einer bei Harmonia Mundi erschienen Disc mit Marcello-Psalmen)? Renate Moering zitiert im Nachwort zu ihrer Ausgabe der Lieder und Duette der Bettina von Arnim (Kassel 1996, S.56) den Brief an Goethe vom 19.Oktober 1809 (fiktives Datum) aus "Goethes Briefwechsel mit einem Kinde":

"An Regentagen werden in meinem kleinen Zimmer die Psalmen von Marcello aufgeführt, ich will Dir gern die schönsten davon abschreiben lassen, wenn Du sie selbsten nicht hast, schreib nur ein Wort drum, denn die Musik ist einzig herrlich und nicht gar leicht zu haben. Auch die Duetten von Durante sind schön, das Gehör muß sich erst daran gewöhnen eh es ihre harmonische Disharmonie bändigen mag, eine Schar gebrochner Seufzer und Liebesklagen, die in der Luft wie ein irrendes Verhallen abbricht; drum sind sie aber auch so gewaltig, wenn sie recht gesungen werden, daß man sich immer wieder neu in diesen Schmerzen verschmachten ließe. Man hatte indes ein barbarisches Urteil über diese und Marcello gefällt, ich wurde bizarr genannt, daß ich täglich zweimal, Morgens und Abends, nur diese Musik singen ließ."

So kann man wohl entsprechend vom Judenthema sagen, daß Bettina im Zusammenhang mit demselben im Dämonenbuch eine Bilanz der Entwicklung ihrer religiösen und philosophischen Anschauungen zieht. Verschiedene Motive scheinen in neuer Form wieder aufzutauchen. In dem Urteil des Primas:
"Das jüdische Volk scheint aber von jeher, sogar bis heute, den reinen Sinn für das Höhere im Menschen nicht gehabt zu haben, der alte Rest seiner plumpen Satzungen würde sonst von selbst von ihm abgefallen sein!" -
scheint mir so das oben erwähnte Urteil Achim von Arnims aus dem Ehebriefwechsel nachzuklingen: "So lätsch und leer bei einem gewissen Verstande, so unglücklich ist aber auch kein Christenmensch wie diese Juden mit ihren Gesetzen!"

Bettina antwortet hier darauf:
"Das Anrecht freier Entwicklung seiner gesunden Anlagen kann um keiner Voraussetzung willen einem vorenthalten werden, noch weniger ist's denen abzusprechen, deren Naturanlagen nicht in heiteren Lebensbächen dahinzurauschen vergönnt ist. Gebt erst Luft, wie bald wird dann Licht leuchten! - Diese Flamme! - diese einfache himmelermessende - Natur und Welt durchgreifende Flamme, sie lodert auch im Inneren des Juden; er vermag's, in den Abgrund des Denkens und Fühlens sich zu versenken; im Bann der Erniedrigung, aus dem er sich aufschwingt, mutiger und freier durch den eigenen Geist verklärt als seine Unterdrücker, unter denen er sich durcharbeitet. - Er kennt die Menschen, er kennt die Christen und fühlt, was sie ihm antun, sie aber kennen nicht den Juden und nicht sich selber, und ihrer Religion Versöhnungsmilde ist an ihnen verloren gegangen. Von ihr haben sie nichts, als bloß die Juden anzufeinden." (WB III/IV, S.273)

VII. Schriftverkehr mit Kollegen aus Wissenschaft und Forschung. Forschungspreis für Peter Anton von Arnim

7.1 Sudan und Popper – Brief von Peter Anton von Arnim an Frau Dr. Heuer[54] (16.11.2002)

Absender: "Peter-Anton von Arnim" <Pava1@t-online.de>
Empfänger: "Renate Heuer"
Kopieempfänger: "Oswalt, Walter"
Datum: 16. Nov 2002 14:09
Betreff: Göttinnen

Liebe Frau Dr. Heuer,

bevor ich mich von hier verabschiede, habe ich noch etwas für Ihr Archiv Bibliographia Judaica, und zwar für den Buchstaben S. Als ich 1980 in den Sudan ging, hatte ich ein Büchlein dabei, das mich sehr beschäftigt hat: von Josefine Schreier "Göttinnen". Ich habe dann dazu einen ganzen Aufsatz verfasst, den ich so jetzt gar nicht mehr zu schreiben fähig wäre. Der ist mir kürzlich in die Hände gefallen, und da habe ich ihn gescannt, mitsamt dem Inhaltsverzeichnis des Buches der Josefine Schreier und dem Nachwort von Gisela Meussling. (Das ganze Buch zu scannen, wäre für mich im Augenblick zu zeitaufwendig. Wenn Sie es aber benötigen, schicke ich es Ihnen gerne zu, im Handel ist es zur Zeit nicht zu finden, auch im ZVAB nicht. In Frankfurt hat es jedoch sicher die Deutsche Bibliothek.)

[Übrigens: In meinem Aufsatz geht es auch um ein Zitat von Popper. Im Sudan hatte ich zu vielen Büchern keinen Zugang, aber im Goethe-Institut von Khartoum lag DIE ZEIT aus. Da fand ich in einem Leserbrief ein angebliches Zitat aus Poppers "Die offene Gesellschaft und ihre Feinde", bei dem es mir so unwahrscheinlich schien, dass ein ernstzunehmender Philosoph dergleichen geschrieben haben könnte, dass ich es einfach nicht glauben wollte. Bei meiner Rückkehr nach Deutschland konnte ich das Buch jedoch konsultieren, und siehe da - ich wollte meinen Augen nicht trauen, aber da stand es, wortwörtlich, wie es der ZEIT-Leser zitiert hatte. Bis heute ist seitdem Popper ein Gegenstand von Kontroversen zwischen mir und meinem Freund Walter Oswalt gewesen, der sogar bei Popper in dessen letzten Lebensjahren in Wien studiert hat und ihn sehr verehrt! Bei mir hingegen haben sich bei näherem Befassen mit Popper die Aversionen gegen ihn noch verstärkt:
1) In der "offenen Gesellschaft" findet sich, man lese und staune, eine Apologie des stalinistischen Systems in der Sowjetunion, geschrieben zu einer Zeit, als die infamen Moskauer Prozesse gerade ihren Höhepunkt erreicht hatten. Dabei war Popper ein rabiater Antikommunist. Aber das ist nicht so paradox, wie es erscheint. In seinem Hass auf aufrechte Kommunisten war sich Stalin mit den rabiaten Antikommunisten stets einig, der Hitler-Stalin-Pakt war kein Zufall. (Siehe auch in der Anlage ein Artikel von Hermann Weber, den ich beifüge, da er fürs Archiv insofern interessant sein kann, weil ja in der internationalen Arbeiterbewegung überproportional viele Juden vertreten waren.) In seinem "Prozess" gegen seinen Feind Hegel

---

[54] Renate Heuer (* 1928) ist promovierte Germanistin und war Lehrbeauftragte für deutsch-jüdische Literatur an der Johann Wolfgang Goethe-Universität in Frankfurt am Main.

wendet Popper übrigens die Methoden des Staatsanwalts Andrej Wyschinsky an: Er unterstellt ihm Dinge, die Hegel nie gesagt hat, ja vehement abgelehnt hätte, und beschuldigt ihn dann noch, ein Scharlatan zu sein, weil er nicht offen sagt, was er eigentlich gemeint hat, wobei ihm erst Popper hinter die Schliche gekommen sein will.

2) Die Verleugnung seines Judentums. Das geht sogar so weit, dass er Johann Jakob Fries, der immerhin die Vernichtung der Juden gefordert und die HEP-HEP-Jagden inspiriert hat, als redlichen Philosophen in den Himmel hebt!]

Herzliche Grüße
Ihr
Peter-Anton von Arnim

Anlagen: H Weber.doc,
              Josefine Schreier.doc

7.2 Brief von Peter Anton von Arnim an Prof. Wolfgang Bunzel, Universität Dresden (14.1.2000)

Peter-Anton von Arnim
Neugasse 26
65760 Eschborn   14.1.2000

Herrn
Dr. Wolfgang Bunzel
Technische Universität Dresden
Institut für Germanistik
Mommsenstraße 13
01062 Dresden

Sehr geehrter Herr Dr. Bunzel,

Bitte verzeihen Sie mir die beträchtliche Verspätung meiner Antwort auf Ihren freundlichen Brief vom September letzten Jahres. Ich hatte handschriftlich eine Antwort begonnen, sie aber zusammen mit Ihrem Brief verkramt und dabei vergessen und sie erst jetzt wieder unter meinen Papieren gefunden. Also eine Mordsschlamperei. Aber da die Angelegenheit nicht allzusehr drängt, können Sie mir das vielleicht doch verzeihen.

Ich habe dem Autor des Artikels (von dem das Original jetzt im Organ der amerikanischen "Beethoven Society", dem "Beethoven-Journal", erschienen ist), Herrn Edward T. Walden, von dem Inhalt Ihres Briefes Mitteilung gemacht. Er meinte, da der Artikel von Otto Fambach, zu dessen Widerlegung er den seinen geschrieben hat, in der DtVj erschienen ist, möchte er versuchen, auch seinen Artikel zunächst dort unterzubringen. Wenn es damit nicht klappt, wäre er allerdings dankbar, ihn im Jahrbuch veröffentlichen zu dürfen, auch wenn es dann erst im Jahre 2001 sein würde. Die geringfügigen Änderungen, die Sie vorschlagen, wären dann natürlich kein Problem, Ihre Einwürfe sind ja durchaus berechtigt. Wie weit Herr Walden mit der DtVj inzwischen gekommen ist, hat er mir noch nicht mitgeteilt.

Herzlichen Dank für Ihren interessanten Artikel über die Junghegelianer und Bettina von Arnim. Ich versuche zwar, den Veröffentlichungen über Bettina so weit wie möglich nachzukommen. Aber für alle reicht das Geld nicht; da ist solch ein Einzeldruck natürlich äußerst willkommen. Und wie Sie gesehen haben, interessiert mich das Thema sehr. (In der amerikanischen Fassung des besagten Artikels sind die Junghegelianer allerdings nicht erwähnt worden, weil man meinte, die amerikanischen Leser wüssten nichts über sie und bräuchten auch nicht unbedingt etwas über sie zu erfahren).

Gerade die besondere Blickrichtung Ihres Artikels, nämlich die Stellung der Junghegelianer zu Bettina, fand ich besonders aufschlussreich. In den vergangenen siebziger und achtziger Jahren haben eine Reihe von Feministinnen viel Literatur produziert über Philosophinnen oder philosophierende Frauen. (Ursula Püschel und Hanna Lauterbach rechne ich wohlgemerkt nicht zu den Feministinnen). Darunter habe ich aber keine einzige ernstzunehmende Auseinandersetzung gefunden mit dem Gedankengut, das sich in den Werken Bettina von Arnims findet. Ganz anders dagegen die Junghegelianer. Wenn auch in Edgar Bauers Artikel über die "Bettina als Religionsstifterin" der Titel spöttisch gemeint ist und ein Teil der Junghegelianer ihr eher feindlich gegenüberstanden, so haben sie sie doch, wenn nicht als (systematische) Philosophin, so doch als wenigstens (systemlose) Denkerin durchaus der Beachtung für wert gehalten.

Professor Helmut Hirsch hat mir meine Kritik an seiner Dichotomie-These verziehen und mir zur Maecenas-Ehrung meiner Mutter und meinem Artikel dazu gratuliert. Die Hoffnung allerdings, dass ich ihn noch davon überzeugen kann, dass seine Dichotomie-These abwegig ist (in der Rowohlts Monographie Bemerkungen über Arnims judenfeindlichen Zusatz zu einem für die Einsiedlerzeitung verfassten Märchen der Bettina, als diese mit Arnim noch nicht einmal verlobt, geschweige denn verheiratet war, über eine antijüdische Äußerung von Bettinas über dreißigjähriger Tochter Maximiliane, bis hin zur beispielgebenden Mundhygiene Berthold Auerbachs wird dem Leser nichts an Nebensächlichkeiten erspart, wogegen die spätere Freundschaft zwischen Rahel und Bettina, die bis zum Tode der Rahel gewährt hat, unerwähnt bleibt), werde ich wohl aufgeben müssen, obwohl ich es in meinem letzten Brief als Antwort auf sein Schreiben noch einmal versucht habe. Immerhin habe ich jetzt im Vorwort zur Festschrift für meine Mutter schriftlich die Bestätigung von Wolfgang Frühwald persönlich erhalten, dass Dr.Lauer sich mit seinem Protoantisemitismus, den er bei der Bettina gefunden haben will, auf dem Holzweg befindet. Und Dichotomie ist zwar auch falsch und sogar missverständlich, aber relativ harmlos, Protoantisemitismus ist gefährlicher Unsinn.

Nochmals herzlichen Dank und freundliche Grüße

Ihr

P.A.v.A

7.3 Brief von Peter Anton von Arnim an Frau Dr. Hoff,[55] Berlin - Einladung zur Eröffnung einer Ausstellung über Bettina von Arnim (14.3.1998)

Peter-Anton von Arnim
Neugasse 26
65760 Eschborn   14.3.1998
Tel.: 06196 - 41250
Fax: 06196 - 42241

An Frau
Dr. Marlise Hoff
Kulturamtsleiterin
Kulturamt im Tiergarten
Galerie Nord im Gebrüder Grimm-Haus
Turmstraße 75
10551 Berlin

Sehr geehrte Frau Dr. Hoff,

Auf Umwegen erreichte mich eine Einladung zu der von Ihnen veranstalteten Ausstellung über Bettina von Arnim. Leider kann ich der Entfernung wegen - ich wohne in einer Vorstadt von Frankfurt am Main- nicht zur Eröffnung kommen, aber ich wünsche Ihnen natürlich viel Erfolg.

Bei dieser Gelegenheit erlaube ich mir, Ihnen einen Vortrag über den Magistratsprozeß der Bettina von Arnim beizulegen, den ich vor Jahren anläßlich eines Wiepersdorfer Kolloquiums über Achim und Bettina von Arnim gehalten habe. Zwar wird das Thema der 48er Revolution darin naturgemäß nur am Rande gestreift, aber zumindest wird daraus klar ersichtlich, auf welcher Seite der Barrikaden die Bettina während der Revolutionstage gestanden hat und warum.

Vielleicht mag es Sie auch interessieren, daß ich zur Zeit an einem Buch arbeite, das den Titel tragen soll "Der Schutz der Unterdrückten ist ein Kleinod in des Helden Krone", und den Untertitel "Bettina von Arnims jüdische Sendung". Der Titel ist ein Zitat aus den "Gesprächen mit Dämonen", aber auch den Untertitel habe ich nicht selbst erfunden: Ich habe damit die Überschrift eines Artikels übernommen, den ein gewisser Dr. Hugo Lachmanski im zweiten Jahr der Hitler-Herrschaft in Deutschland, d.h. im Jahre 1934, in der jüdischen "Central-Vereins Zeitung" veröffentlicht hat. Es versteht sich von selbst, daß er in diesem Artikel nur Hinweise und keine ins Detail gehende Darstellung des Themas geben konnte, aber in all seiner Kürze handelt es sich hier um die schönste Würdigung, die über Bettina von Arnims Verhältnis zu Juden und Judentum bisher veröffentlicht worden ist. Dieses Thema ist von den Germanisten vom Fach bis heute ganz und gar stiefmütterlich behandelt worden. Über den Autor des Artikels weiß ich weiter nichts, außer, daß sich sein Schicksal im Jahre 1944 im Dunkel der Abtransporte von Juden aus Berlin verliert.

Im Gegensatz zu den Würdigungen, die Bettina von Arnim durch Hugo Lachmanski und andere deutschen Juden und Jüdinnen (etwa Bertha Badt-Strauß im Israelischen Familienblatt

---

[55] Frau Dr. Hoff war Kulturamtsleiterin Kulturamt im Tiergarten

von 1926) gerade auch hinsichtlich ihrer Stellung zum Judentum erfahren hat, nehmen sich die bei einigen Germanisten neuerdings in Mode gekommenen Versuche, Bettina von Arnim ins Umfeld des Antisemitismus rücken zu wollen, recht merkwürdig aus. Die Indizien, auf welche sie sich dabei stützen, sind in der Tat durchaus lächerlich bis absurd.

Dagegen ist die außergewöhnliche Stellung, welche die Bettina von Arnim in der deutschen Geistesgeschichte gerade auf diesem Gebiet einnimmt, indem sie vorbehaltlos für die bedingungslose Gleichberechtigung der Juden **als Juden** in der deutschen Gesellschaft eingetreten ist und dies ausgerechnet nach dem Scheitern der 48er Revolution, als niemand mehr etwas davon wissen wollte, zu einem der zentralen Themen ihres letzten Buches, den "Gesprächen mit Dämonen" gemacht hat, bisher in der ganzen Literatur über die Bettina von Arnim nirgends außer in den zuvor erwähnten kurzen Zeitungsartikeln gewürdigt worden.

Überhaupt sind in dem "Dämonenbuch" viele Erfahrungen der Bettina von Arnim im Zusammenhang mit den Revolutionen von 1848 in allerdings metaphorisch stark verschlüsselter Form enthalten. Ich betone Revolutionen in der Mehrzahl, denn in der Tat hat sie in diesem Buch, das übrigens dem Geist des Islam gewidmet ist, neben dem Proletarier die Geister verschiedener Völker, vor allem den der Polen und der Ungarn, zu Wort kommen lassen, wie sie denn auch ihr großartigstes Gedicht "Petöfi dem Sonnengott", d.h. dem ungarischen Revolutionär Alexander Petöfi gewidmet hat. Die "Gespräche mit Dämonen" sind von der Forschung weitgehend unbeachtet gelassen worden, mit Ausnahme von Dr. Ursula Püschel, der wohl besten Bettina-Kennerin unserer Zeit, die in ihrem Buch "...wider die Philister und die bleierne Zeit. Untersuchungen, Essays, Aufsätze über Bettina von Arnim" einen Aufsatz zum Dämonenbuch veröffentlicht hat unter dem Titel: "Charakter hat nur der, dem das Land der Ideale keine Chimäre ist. Annähreungen an eine Lebensbilanz." Ich wünschte mir, Sie könnten auch einmal mit ihr eine Lesung in der Galerie Nord veranstalten. Ihre Adresse:

Dr. Ursula Püschel, … 10119 Berlin, … .

Zum Schluß noch eine kleine Anekdote, die Sie vielleicht erheitern wird: Bei der Taufe meiner Schwester hatte meine Mutter einst der Versuchung nicht widerstehen können, dieser den Namen ihrer Ururgroßmutter mit auf den Lebensweg zu geben, sodaß sie nun auch Bettina von Arnim heißt. Sie hat sich inzwischen allerdings einigermaßen damit abgefunden, seit sie sich als Malerin einen eigenen Namen gemacht hat. Sie hatte nun kürzlich eine Ausstellung in Rheinsberg, die diesen Sonntag zu Ende gegangen ist. Als ihr nun von verschiedenen Leuten mitgeteilt wurde, daß demnächst für sie eine Ausstellung irgendwo in der Nähe des Tiergarten geplant sei, war sie sehr überrascht, das zu hören, wo sie doch wohl die erste hätte sein müssen, der das hätte bekannt sein sollen. Das Rätsel löste sich bei ihr in Heiterkeit auf, als ich ihr am Telefon etwas erzählte von der Ausstellung, welche Sie über die "alte Bettina", wie wir sie nennen, in der Galerie Nord veranstalten.

Ihr

P.A.v.A.

7.4 Brief an Frau Dr. Heuer (14.2.1997)

Peter-Anton von Arnim
Neugasse 26
65760 Eschborn

Jetzt kann ich mich mit Eifer und Zuversicht an die Arbeit machen! Ihr Brief vom 9.2. hat mir unendlich wohl getan. Welch glückbringender Weg, der mich zu Ihnen geführt hat! Es berührt mich merkwürdig, wenn ich bedenke, daß ich von dem "Archiv" bis vor Kurzem noch gar keine Ahnung hatte, wo ich jetzt sehen kann, welche gigantische Leistung darin steckt. Was doch ein einzelner Mensch an Großem zu leisten fähig ist, wenn ihn eine innere Stimme dazu antreibt! Wenn ich nun Ihre Zustimmung zu meinem Manuskript habe, weiß ich, daß es Sinn macht, daran zu weiterzuarbeiten und es zu einem Buch auszubauen, ja ich kann das jetzt sogar als eine Art Verpflichtung betrachten.[56]

Und, wie Sie sehen, hatte ich ein paar Tage vorher schon eine Ermunterung von anderer Seite bekommen (ich lege Ihnen eine Kopie des Briefes und meiner Antwort bei). Dr. Härtl hat sich in Weimar seit Jahrzehnten mit beiden Arnims befaßt. Er hatte in DDR-Zeiten im Aufbau-Verlag eine schöne Ausgabe der Werke Bettina von Arnims begonnen, zwei Bände waren schon erschienen, aber nun ist der Verlag in neuen Händen, und die Ausgabe ist "abgewickelt" worden. Dr. Härtl ist jetzt beteiligt an der Vorbereitung einer historisch-kritischen Gesamtausgabe der Werke Achim von Arnims. Trotz seiner Verehrung für Arnim hat er das Problem "Romantischer Antisemitismus" übrigens nicht stillschweigend umgangen, sondern in einem Aufsatz, von dem ich Ihnen gern auf Wunsch eine Kopie machen kann, am Beispiel Arnims abgehandelt; in seiner Dissertation "Arnim und Goethe" (maschinenschriftlich) hatte er zum ersten Mal Arnims unsäglich widerwärtige Tischrede von 1811 öffentlich bekannt gemacht (sie ist jetzt im Band 6 der Arnimschen "Schriften" im Deutschen Klassikerverlag erneut abgedruckt).

Erstaunlicherweise hat auch er sich nicht eingehend mit der Judenthematik bei der Bettina befaßt und in seiner Werkausgabe fast keine Erläuterungen dazu gegeben, wenn man einmal von seinen Versuchen absieht, etwas über die Identität des Judenmädchens Veilchen und des Juden Ephraim aus Marburg herauszufinden. Neben ihm gibt es nur noch eine Person in Deuschland, die sich in Sachen Bettina so gut auskennt wie er: Frau Dr.Ursula Püschel in Berlin. Ich bin mit ihr befreundet, aber sie hatte mich in der Sache bisher nur entmutigt, denn sie teilt die Sichtweise von Helmut Hirsch und Lisabeth Hock. Ich dachte mir immer, während ich an meiner Arbeit schrieb: gibt es bei der Bettina irgendwo eine Leiche im Keller, von der ich nur noch nichts weiß? (In der Tat gibt es ja noch viel Material von ihr, welches noch unveröffentlicht ist).

Wenn aber ein Bettina-Kenner wie Dr. Härtl in dieser Hinsicht nichts an meinem Manuskript auszusetzen hat, kann ich, glaube ich, beruhigt sein. Helmut Hirsch hat mich von der von Ihnen in Ihrem Fax vertretenen Meinung abgebracht, die ich bis zum Erscheinen seiner Rowohlts-Monographie ebenfalls teilte: "Bettina war *immer* eine große Judenfreundin." Eine Judenfeindin war sie allerdings in der Tat nie, generalisierende judenfeindliche Aussagen gibt es von ihr keine. Aber es gibt bei ihr eine Entwicklung von einer distanziert kritischen Haltung bis zu einer glühenden Parteinahme, welche ich in meiner Arbeit darstellen möchte, wo-

---

[56] Leider ist das geplante Buch nicht mehr vor seinem Tod fertig gestellt worden.

gegen Helmut Hirsch die Chronologie und die Verantwortlichkeiten (Familie und Freundeskreis!) kräftig durcheinanderwirft und die Bettine dann einer Haltung von Doppelmoral bezichtigt.

Ihrem Rat, die Beziehungen zu Rahel noch gründlicher aufzuarbeiten, will ich gern und mit Freuden nachkommen. Denn Sie schreiben: "Ich bin Feuer und Flamme für Ihr *Buch*." In der Tat, aus dem Entwurf zu einem Vortrag hatte sich mein Manuskript bereits zu einem halben Buch entwickelt (nicht nur Papier, auch Computer sind geduldig). Wenn es nun von Ihnen ganz offiziell zu einem Buch erklärt worden ist, so will ich von Herzen gern eines daraus machen und mir keine Fesseln mehr anlegen. Man soll sich beim Schreiben keiner Selbstzensur unterwerfen, kürzen läßt sich ein Manuskript später immer noch. Den Aufsatz von Ingrid Strobl, aus dem Sie zitieren, kenne ich jedoch nicht, bin aber begierig, ihn zu lesen.

Aber ich sehe, wie Sie wissen, die Sache etwas anders als Frau Strobl und auch Sie: "Mit Rahel spricht sie über ... und *wohl* auch über die Emanzipation der Juden." Dafür gibt es eben keinen sicheren Beleg, auch das Wohlwollen, das Bettina, Rahel zufolge, den "Leuten, die das Leibgericht essen" ausgedrückt hat, ist für mich noch kein ausreichender Beleg. Für mich ist, wie gesagt, erst in der Savigny-Epistel aus dem Jahre 1839, also Jahre nach Rahels Tod, ein solcher zu finden. Daß allerdings ihre Freundschaft mit Rahel sozusagen als Denkanstoß für ihr späteres Engagement für die Emanzipation der Juden eine entscheidende Bedeutung gewinnen sollte, habe ja auch ich schon darzustellen mich bemüht. Aber anfangs gab es da doch noch bei ihr eine schwankende Haltung, wie das von Ihnen angeführte Zeugnis der Rahel belegt, das ich gern in meine Argumentation integrieren werde. Ich glaube, Bettina hat aus ihrem Umgang mit Rahel wenn noch nicht im Politischen, so doch im Menschlichen Gewinn gezogen; das Gefühl, der Wahrheit verpflichtet zu sein, ist von ihr vermutlich erst unter dem Einfluß von Rahel bewußt entwickelt worden.

Ob Arnim, wie Frühwald sagt, sich in seiner Einstellung zum Judentum unter dem Einfluß der Bettina gewandelt habe, ist für mich eine spannende Frage. Genau das war nämlich meine feste Überzeugung in meiner Kindheit und Jugend, ohne daß ich die Sache im Einzelnen untersucht hätte. Ich hoffte, im Ehebriefwechsel entsprechende Zeugnisse finden zu können, fand aber nichts dergleichen. Da hat dann Helmut Hirsch den Glauben meiner Kindheit und Jugend bis aufs Tiefste erschüttert, und inzwischen bin ich noch nicht wieder soweit gekommen, daß ich mich unbesehen Frühwalds Meinung anschließen könnte. Ich glaube vielmehr, daß zu Arnims Lebzeiten die Bettina, so schlimm das klingen mag, in dieser Sache eher ihm nach dem Munde geredet hat oder versucht hat, es zu tun. Ich müßte also sehen, worauf Frühwald seine Meinung im Einzelnen stützt. Arnims Itzig-Affaire datiert zwar aus einer frühen Zeit, aber es ist nicht belegt, daß die Bettina sich dabei in irgendeiner Weise mit Sarah Levy und ihrem Neffen solidarisiert hätte. Wenn allerdings Varnhagen sagt, daß Arnim seinen Judenhaß von der Bettina übernommen hätte, so ist das dann doch eine groteske Verdrehung der Tatsachen.

Da aber Helmut Hirsch, natürlich ohne es zu ahnen, an den Grundfesten meiner Überzeugungen gerüttelt hat, war ich umso empörter, als ich feststellen mußte, auf welch unredliche Weise er vorgeht, und erst recht Lisabeth Hock, die in seine Fußstapfen getreten ist. Wie gesagt, für mich scheint soweit klar, daß Bettina sich der Lage der Juden als einem *politischen und gesellschaftlichen* Problem erst 1839 voll bewußt geworden ist, wie ja überhaupt erst ihr Kampf um die Brüder Grimm ihren aktiven Eintritt in die Politik markiert. Allerdings zeugt ihre (in die Ausgabe des Briefwechsels von 1835 interpolierte) Antwort an Goethe, daß sie schon vorher sich bis zu einem gewissen Grade des Problems bewußt war.

Auch Ihr Vorschlag, auf Bettinas Verhältnis zu Achim und Clemens näher einzugehen, reizt mich sehr. Da gibt es schon eine Reihe Vorarbeiten, ich brauche also nur das vorhandene Material in meine Arbeit zu integrieren. Ich weiß nicht, ob ich mir ein zu ehrgeiziges Ziel gesteckt habe, das meine Kräfte (bzw. meine beschränkten Kenntnisse) übersteigt, wenn ich am Beispiel Bettina exemplarisch das Verhältnis von Juden und Nichtjuden in Deutschland darzustellen versuchte, wobei mir die Bettina eines der wenigen Beispiele dafür zu geben scheint, "daß es auch anders hätte kommen können."

Ich muß damit ja nicht gleich den Anspruch auf eine umfassende und erschöpfende Darstellung des Problems erheben. Ich denke nur, wenn man die Zeugnisse über Bettinas Verhältnis zu den Juden aus ihrem historischen Kontext löst, dann kommt es zu solch törichten Mißverständnissen wie bei Lisabeth Hock, die meint, Bettina habe Levysohn den Burschenschaftlern "gleichgestellt" und damit idealisiert. Deshalb habe ich das Problem der jahrhundertelangen "Waffenunfähigkeit" der Juden ausführlich abgehandelt, es spielt ja auch in Arnims Itzig-Affäre eine zentrale Rolle. Ist dieser historische Exkurs zu weitschweifig?

Bei den germanistischen Spezialabhandlungen über Themen wie "Gutzkow und die Juden", "Wagner und die Juden" etc. wird solches Hintergrundwissen meistens stillschweigend vorausgesetzt, aber ich möchte für ein zwar interessiertes, aber doch breiteres Publikum schreiben. Ihr Hinweis auf Arnim und Brentano kommt mir da gelegen: Über die verschiedenen Wellen des politischen Antisemitismus in Deutschland, angefangen bei[57] der preußischen Adelsfronde gegen die Hardenbergschen Reformen (merkwürdig, daß Varnhagen sozusagen als Quelle dafür Bettinas Frankfurter Judenhaß ansehen kann, er war doch sonst nicht so blind für gesellschaftliche Vorgänge!) über die von den Professoren Rühs und Fries ausgehenden Hep-Hep-Pogrome bis zu Wagners Judenhaß etc. gibt es zwar gute Bücher, wie z.B. das von mir sehr geschätzte von Detlev Claussen, aber im allgemeinen Bewußtsein ist davon glaube ich noch wenig vorhanden. Aber vor diesem Hintergrund kann man dann auch, wie ich schon sagte, Bettinas Positionen erst so richtig würdigen.

Ich hatte das Schreiben an diesem Brief wegen anderer Aufgaben unterbrochen, da bekam ich einen Anruf von einem über achtzigjährigen Freund, dem ich ebenfalls mein Manuskript zu lesen gegeben hatte. Er war davon ganz begeistert, was für mich bedeutet, daß zwar Leute, denen die Probleme, von denen ich spreche, vertraut sind, den Text mit Begeisterung lesen, daß ich aber eine ganz neue Anstrengung unternehmen muß, damit ihn auch Außenstehende wie Ihre Schatzmeisterin mit Gewinn lesen können. Mein Freund ist seinerseits mit Walter Grab befreundet, der in den nächsten Tagen nach Düsseldorf zu Heine-Gedenkfeierlichkeiten kommen und danach bei ihm in Frankfurt ein paar Tage zu Gast sein wird. Er will Walter Grab fragen, ob er bereit ist, zu meinem Buch ein Vorwort zu schreiben. Ist das nicht unglaublich!? Walter Grab, den ich schon seit langem verehre! Ich will Ihnen aber auch die Identität meines Freundes nicht verschweigen: Es handelt sich um Jakob Moneta. Er blickt auf ein ungemein interessantes Leben zurück, und er hat mir versprochen, mir einige Dokumente darüber zu schicken. Wenn diese für das Archiv interessant sind, werde ich Ihnen gern Kopien davon machen.

---

[57] Im Gegensatz zu Massing sehe ich die Anfänge des politischen Antisemitismus in Deutschland nicht erst beim Hofprediger Stöcker, sondern bereits in der "Christlich-Deutschen Tischgesellschaft". Denn wie schon Rahel schrieb: "Es ist nicht Religionshaß, sie lieben die ihre nicht ..."

Jetzt mache ich aber Schluß, sonst bekommen Sie diesen Brief niemals und an dem "Buch" rührt sich auch nichts.

Aber ich möchte Ihnen nochmals herzlichen Dank sagen und verbleibe

mit freundlichen Grüßen

P.S.: Den Vortrag in Wiepersdorf habe ich mehr oder weniger frei gehalten, weil schon damals mein Manuskript zu lang war und ich mich deswegen nicht daran klammern durfte. Es ist mir trotzdem nichts schief gegangen. Professor Schultz hatte zwar geplant, von jenem Wiepersdorfer Kolloquium wie bei den ersten zwei einen Sammelband herauszubringen, aber daraus wird vermutlich nichts. Der de Gruyter-Verlag will sich nicht mehr, wie bisher, der Sache annehmen, und ob ein anderer Verlag gefunden werden kann, ist fraglich. Ich glaube jedenfalls, daß ich hinsichtlich der Veröffentlichung meines "Buchs" durch nichts gebunden bin, werde das aber in zwei Wochen definitiv klären können.

Peter-Anton von Arnim
Neugasse 26
65760 Eschborn

7.5 Brief an Professor Brumlik[58] (8.2.1997)

Es bedeutete für mich eine gewisse Beruhigung, als Sie mich neulich auf dem Bahnhof wissen ließen, daß es die Belastungen des Semesters (und der Frankfurter "Kulturkampf"?) sind, die Sie bisher daran gehindert haben, auf meinen in der Tat sehr langen Bettina-Aufsatz näher einzugehen, und nicht etwa, wie ich befürchtet hatte, möglicherweise darin enthaltene Peinlichkeiten, die Sie lieber mit Schweigen übergehen würden. Ich werde mich also gern in Geduld fassen, bis Sie die Zeit finden zu einer Diskussion.

Ich habe, wie ich Ihnen schon sagte, Ihren Rat befolgt und mich an Professor Reichert um Hilfe gewandt, der mich seinerseits an Frau Dr. Renate Heuer (vom Archiv Bibliographia Judaica, d.h. eigentlich verkörpert sie dieses Archiv selbst) weiterverwiesen hat. Sie war äußerst entgegenkommend, zeigte sich an meinem Thema interessiert und versprach, mir bei der Suche nach den Quellen, die die Bettina bei der Behandlung von jüdischen Themen verarbeitet hat, zu helfen. Aber ich habe den Eindruck gewonnen, daß sie mir auch noch in vielen anderen Punkten helfen kann, zum Teil solchen, die ich mit Ihnen zu diskutieren vorhatte. Ich meine da insbesondere das Weiterleben christlicher Judenfeindschaft, und sei es in säkularisierter Form, in unserer Zeit, als ob Auschwitz nicht geschehen wäre und es keinen Anlaß zum Umdenken gegeben hätte, und das Weiterleben von Stereotypen von Juden, die sich in der deutschen Literatur des 19.Jhdts herausgebildet haben, darüber hinaus aber auch die Frage, ob es damals auch Gegenpositionen gegeben hat, und ob die Werke der Bettina Ansätze zu einer tragfähigen Gegenposition bieten.

---

[58] Micha Brumlik (* 1947 in Davos, Schweiz) ist ein Erziehungswissenschaftler und Publizist. Er wurde als Kind jüdischer Flüchtlinge in der Schweiz geboren und lebt seit 1952 in Deutschland. Er war bis zu seiner Emeritierung im Frühjahr 2013 Professor am Fachbereich Erziehungswissenschaften an der Johann-Wolfgang-Goethe-Universität Frankfurt am Main.

Sie wissen, ausgegangen ist bei mir die Beschäftigung mit dem Thema "Bettina von Arnims Verhältnis zu Juden und Judentum" von einer Polemik u.a. gegen die Rowohlts-Monographie von Professor Hirsch, wobei ich mir darüber klar war, daß er es von seinem Alter, seinem Lebenswerk und seiner politischen Einstellung her keineswegs verdient hat, daß man gegen ihn scharf polemisiert. Soweit möglich muß ich diese Polemik noch etwas abmildern, aber in der Sache möchte ich dennoch nicht davon abgehen, denn wenn man seine Dichotomie-These in Bezug auf die Bettina akzeptiert, dann verliert sich die Antisemitismus-Forschung im Absurden. Da ist auch Frau Dr. Heuer mit mir einer Meinung: es gibt genug Antisemiten in der deutschen Literaturgeschichte, muß man da die wenigen ausgesprochen emanzipatorisch gesinnten Geister auch noch zu Antisemiten abstempeln?

Soweit handelte es sich um eine reine Verteidigung der Bettina. Aber nach Lektüre Ihres "Anti-Alt" und dem Buch "Die Gnostiker" ist mir der Gedanke gekommen, daß ich der Frage nachgehen sollte, weshalb es bei der Bettina, im Gegensatz zu dem, was Elisabeth Hock behauptet, zu keiner Herausbildung von Juden-Stereotypen gekommen ist, nicht einmal positiv-philosemitischen, und warum sie die Frage nach der Stellung der Juden in der deutschen Gesellschaft so ernst genommen hat, sogar ernster noch als manche ihrer jüdischen Zeitgenossen! Warum sie also im Jahre 1852, als fast alle meinten, soweit die Probleme der Juden in Deutschland noch nicht restlos gelöst seien, seien sie doch auf dem Wege der Lösung, glaubte vor der Gleichgültigkeit der Deutschen gegenüber dem Schicksal der Juden warnen zu müssen, zu der sie von den christlichen Kirchen über die Jahrhunderte hinweg erzogen worden sind. Wie Sie im „Anti-Alt" gezeigt haben, betrifft uns diese Frage noch heute, fünfzig Jahre nach Auschwitz!

Dazu muß ich meinem Aufsatz eine ganz neue Ausrichtung geben, weg von reiner Apologie, hin zu einer positiven Darstellung der theologischen Positionen der Bettina, die als solche bisher noch nirgends gewürdigt worden sind! Dazu fehlte mir jedoch bisher der Mut, vor allem wegen meiner großen Wissenslücken in Sachen Theologie, aber auch, weil ich in meinem Eschborner Dachzimmer niemand habe, mit dem ich über solche Probleme diskutieren kann.

Um Ihnen deutlich zu machen, womit ich mich da herumschlage: Ich bin genau zehn Jahre älter als Sie, war bei Kriegsende also siebeneinhalb Jahre alt. Ich weiß nicht, wann auf mich als Kind die Nachrichten über die Naziverbrechen hereingestürzt sind, atmosphärisch habe ich sicher schon etwas davon mitbekommen, während sie geschahen. Ich weiß jedoch eines: daß ich mich schuldig fühlte, und zwar, weil man mich mit der christlichen Lehre von der Erbsünde infiziert hatte. Das hat aber dann meinen Lebensmut stark beeinträchtigt, denn ich sagte mir: wenn man zwangsläufig als solch ein Verbrecher auf die Welt kommt, der auch zu einem Auschwitz fähig ist, warum muß man dann überhaupt geboren werden? Der Glaube an Jesu Tod für die Menschheit und das Kindergebet der Luise Hensel, das man mich gelehrt hatte: "Hab ich Unrecht heut getan, sieh es lieber Gott nicht an. Deine Gnad und Jesu Blut macht ja allen Schaden gut" hat mich offenbar nicht zu überzeugen vermocht.

Wäre das eine rein individuelle Erfahrung, dann wäre sie relativ uninteressant. Aber ich vermute so im Stillen, daß viele Deutsche, die einem christlich geprägten Milieu entstammen, Ähnliches durchgemacht haben müssen. Allerdings habe ich das noch bei niemand so gelesen. Die meisten haben ja auch wohl so reagiert, wie das von der Kirche mit der Erbsündenlehre beabsichtigt war: sie haben sich ihre Absolution von der Kirche geholt. Die kirchlichen Dokumente der ersten Nachkriegszeit reden da ja eine beredte Sprache. Vielleicht ist es ja naiv, aber so erkläre ich mir auch den damaligen Erfolg der CDU und die Herausbildung des CDU-Staates: Wenn alle erbsündig und schuldig sind, ist niemand so richtig schuldig, auch ein

Kommentator der Nürnberger Rassegesetze namens Globke nicht, aber alle sind wir erlösungsbedürftig.("einen reuigen Sünder hat Gott lieb"). Das Ressentiment gegen die Juden, die durch ihre bloße Existenz an die wahre Schuld weiterhin erinnern, bleibt damit unterschwellig erhalten.

Ich habe dann allmählich eingesehen, daß man durch ein solches Schuldgefühl gelähmt und zum Widerstand gegen geschehendes Unrecht unfähig wird, bis hin zur Gleichgültigkeit. Mich würde also interessieren, ob Ihnen in der Rückschau die Adenauer-Ulbricht-Zeit in ähnlichem Licht erscheint wie mir, nämlich als eine Zeit der Zerknirschung reuiger Sünder, in der die Auseinandersetzung mit und Befreiung von der Naziideologie und ihren Handlangern wenn nicht ganz verhindert, so doch stark beeinträchtigt wurde. Sie sind zwar zehn Jahre später als ich geboren und haben, wenn ich nach Ihrer Autobiographie urteile, das christliche-deutsche Milieu als Jude zunächst naturgemäß mehr von außen erlebt, bis Sie in die 68er-Bewegung hineingezogen und dadurch veranlaßt wurden, sich mit diesem, und sei es auch nur in seiner säkularisierten Form, stärker auseinanderzusetzen. Ihr "Anti-Alt" und "Die Gnostiker" sind für mich ein Zeugnis dafür.

Sie werden fragen, was hat nun all dies mit der Bettina zu tun? Sehen Sie selbst:
"Mancher Nachkomme, der heute nicht Christ ist, leitet seinen Ursprung aus jener idealischen Geistesnatur, die lichtdurchdrungen war, ohne von Christus zu wissen; sollte er für diese nicht Sinn gehabt haben? - sollte er sie verdammt haben, so war das nicht besiegelt von Gott noch von den Göttern. - Ei! die Kindheitsnatur menschlicher Verklärung! hätte er sie abgeleugnet, die göttlichen Größen alle, als nicht der Unsterblichkeit geweiht?"

"Und stattdessen dem gesunden Menschenverstand die Erbsünde eingeimpft, die wie Pech anklebt und losgewaschen muß werden von der Kirche!"

"Die neugeborenen Kinder vom Teufel besessen, dem doch von Christus nur zugestanden war, in die Schweine zu fahren."

"Diese unschuldige Herde, die der Teufel wie ein brüllender Löwe umschreitet und nach allem schnuppert, was nicht mit dem Wasser der Taufe sündenrein gewaschen ist!"

"Da wollte ich doch lieber jenen himmlischen Leidenschaften mich verschwören, die noch vor der Christenlehre sich rührten im Schoße der Wahrheit."

"Die Christen haben sich um ihren Heiland betrogen, während die Juden es noch vor sich haben, sich ihm anzueignen!"

Sie schreiben in "Die Gnostiker" in etwa, die Christen sähen keine Möglichkeit, daß man im Gott der Juden Erlösung finde, und verfolgten deshalb diese mit ihrem Haß (habe ich das auch nicht allzu sehr vergröbert oder verbogen?). Hier, meine ich, unterscheidet sich die Bettina grundlegend von ihrem Bruder Clemens, der Zeit seines Lebens nach Erlösung gesucht hat und eine solche zugleich dogmatisch den Juden aufdrängen wollte (insbesondere der Rahel!), während die Bettina, wenn ich mich einmal so fromm ausdrücken darf, in der Begegnung mit Gottes Schöpfung, der Natur, sich immer aufs neue erlöst fühlte und auch den Juden zubilligte, daß sie es tun (> Einsegnung des Neumondes!). Durch das Buch von Ruth Klüger "Katastrophen. Über deutsche Literatur" bin ich auf das Problem gestoßen, daß in der deutschen Literatur des 19.Jhdts. die Stereotype von Juden sich allmählich herausgebildet haben, die sich trotz Auschwitz bei so liberalen Autoren wie Günter Grass und Alfred Andersch ungebrochen wiederfinden! Ich habe nun gesehen, daß Frau Dr.Heuer in der gleichen Richtung geforscht und das Problem an der "Judenbuche" von Marie von Ebner-Eschenbach abgehandelt hat.

Wenn es, wie ich meine, keine Kollektivschuld der Deutschen gibt, gibt es dann nicht aber doch, so fragte ich mich, so etwas wie ein kollektives Unterbewußtsein - natürlich kein archetypisches à la C.G.Jung, aber ein geschichtlich gewachsenes (von dem dann auch in Deutschland aufwachsende Juden infiziert werden können, wenn ihnen das Problem nicht bewußt wird)? In gewisser Weise bin ich Lisabeth Hock dafür dankbar, daß sie die absurde These aufgestellt hat, in Bettina von Arnims Werken ließen sich Stereotype von Juden finden, weil sie mich dadurch gezwungen hat, dieser Frage im Detail nachzugehen, wie auch mir die Frage zu stellen, was die Bettina vor einer solchen Stereotypenbildung bewahrt hat. Ich glaube, es lag in ihrer souverän-kritischen Haltung gegenüber den christlichen Dogmen, und ich denke, daraus ließe sich auch noch für heute Gewinn ziehen.

Freundliche Grüße
P. A. v. A.

Peter-Anton von Arnim
Neugasse 26
65760 Eschborn   8.2.1997

7.6 Brief an Dr. Härtl (10.4.1997)

Das ist ja unglaublich! Gerade wollte ich meinen Brief an Sie für die Post fertig machen, da kommt der Postbote und bringt mir den herzstärkenden Brief von Ihnen. Nicht nur weiß ich es voll zu würdigen, wenn Sie bei Ihrer knapp bemessenen Zeit sich die Mühe nehmen, ein langes, z. T. weitschweifiges Manuskript gründlich zu lesen und mit detaillierten Anmerkungen zu versehen. Ihr Lob ist Balsam auf meine Seele.

Da muß ich Ihnen etwas sehr Persönliches anvertrauen. Sie finden beiliegend im Brief meiner Nichte Alix (Tochter von Dr. Christof v. A. in Bonn) ein erschreckendes Beispiel von Adelsfamilienideologie. Nun wurde aber auch ich selbst mit dieser in meiner Kindheit und Jugend geplagt; meine Mutter stand da mit in vorderster Linie. Sie hat ja erst begonnen, sich selbst davon zu emanzipieren, als sie ihre sechs Kinder aus dem Haus hatte, immerhin eine erstaunliche Leistung in diesem Alter; natürlich gibt es bei ihr da auch noch Rückfälle.

Aber was soll so ein heranwachsender Mensch anfangen mit dem Anspruch, einen Namen zu tragen! Das ist doch teuflisch! Das ist so teuflisch, weil ein junger Mensch gar nicht weiß, welchem Anspruch er da eigentlich genau genau genügen soll. "Familie" ist eine anonyme Macht, an der man seine Kräfte messen soll, und die alles Selbstbewußtsein im Keime erstickt. (Übrigens ist diese Ideologie natürlich dem Rassismus und Antisemitismus eng verwandt, kein Wunder, wenn die Arnimsche Familie drei Wochen vor Hitlers Machtantritt einen Arierparagraphen in die Satzung des Familienverbands aufgenommen hat!). Mich hat ein Ferienaufenthalt in Frankreich während meiner Schulzeit von dieser Ideologie befreit, aber dieser anonyme Anspruch und das daraus resultierende Gefühl eines ständigen Scheiterns ist in meinem Unterbewußtsein hängengeblieben, und ich habe ungelogen Jahrzehnte gebraucht, bis ich mich einigermaßen davon befreit hatte.

Deshalb brauche ich noch heute den Anstoß von außen, wenn ich etwas zustande bringen soll. Denn sonst habe ich mit dieser anonymen Macht in mir selbst zu kämpfen, die mir, wenn ich auf mich allein gestellt bin, ständig damit droht, ich könnte mich blamieren, falls ich mich zu weit aus dem Fenster lehne. Und hier ist der Punkt, wo Sie in die Geschichte hineinkommen. Wenn Sie zum Beispiel mich damals nicht verpflichtet hätten, in Wiepersdorf den Vortrag über den Magistratsprozeß zu halten, hätte ich manches andere, was ich in der Zwischenzeit getan habe, auch nicht getan, z.B. einen Sitz im Vorstand des Freundeskreises anzunehmen. So kommt mir auch jetzt Ihre Kritik an meinem Elaborat über das Judenthema bei der Bettina sehr gelegen (ich hatte es auch Schultzens gegeben, aber keine Reaktion darauf bekommen). Denn ich spürte ein deutliches Unbehagen an dem Umstand, den Sie ja auch kritisiert haben, daß sich das Ganze zu sehr auf eine Polemik gegen Helmut Hirsch beschränkt. Ich hatte bereits geplant, die Polemik soweit wie möglich abzumildern, in der Sache wollte ich sie allerdings beibehalten. Denn es gibt schon genug Antijudaismus in der deutschen Literatur - muß man die wenigen Ausnahmen, die es da gibt, mit Begriffen wie Dichotomie oder Stereotyp da noch künstlich hineinzerren?

Aber hier ist der dialektische Punkt, von dem aus ich die Sache neu anpacken will. Denn als Polemik gegen Hirsch und Hock ist meine Arbeit bisher nur eine bloße Apologie für die Bettina, keine Darstellung der Kernpunkte ihrer eigenen Positionen. Wenn sie aber von Antijudaismus frei war, wie ist ihr überhaupt gelungen, das zu sein? Um das zu verstehen, muß man ihre theologischen Anschauungen untersuchen, und das ist meines Wissens bisher noch nicht geschehen. Dabei ist der Dialog mit Dalberg so reich an Stellungnahmen zu Fragen der Theologie! Aber mit einer positiven Darstellung ihrer Positionen würde ich, soweit ich sehe, fast reines Neuland betreten (natürlich wäre dabei das u.a. von Ihnen veröffentlichte Material über Bettinas Beziehungen zur Philosophie ihrer Zeit, insbesondere den Junghegelianern zu berücksichtigen, Theologie und Philosophie sind da auch nicht scharf zu trennen. Aber immerhin spricht sie von Schwebe-Religion und nicht von Schwebe-Philosophie, das ist ja wohl kein Zufall). Trotzdem will ich einen ersten Vorstoß gern wagen, im Bewußtsein, daß dieser durchaus unzulänglich sein wird, was aber nicht unbedingt ein Schaden sein muß. Vorausgesetzt, mein Vorstoß geht in die richtige Richtung (der Vorstoß von Hirsch ging, wie ich an den Beispielen Hoock-Demarle und Hock nachgewiesen habe, in die falsche) können dann andere Bettinaforscher neue, genauere Erkenntnisse dazu beitragen. Aber um den Mut zu finden, das Wagnis einzugehen, mußte ich wissen, ob das, was ich bisher geschrieben habe, einigermaßen Hand und Fuß hat. Und da kam mir Ihre Kritik wie gerufen.

Nun zu Ihren Kritikpunkten bzw. Empfehlungen im Einzelnen:
1) Gliederung. Wird geschehen.
2) Polemik gegen Hirsch. Siehe oben. Sie ganz weglassen will ich aber nicht, ich brauche sie sozusagen als Folie für den zweiten Teil meiner Arbeit, d.h. für die Analyse des Judenthemas von "Goethes Briefwechsel" bis hin zum Frühlingskranz und zum Günderodebuch. Den ersten Teil will ich jetzt erst neu schreiben, er soll das Dämonenbuch behandeln.
3) Abschweifungen. Diese Schwäche bei mir kenne ich, hoffe, daß ich jemand Geduldigen finde, der mit mir die Sache im Einzelnen durchgeht und mir sagt, von was ich mich trennen muß. Vielleicht kann ich ja in Jean Paulscher Manier das als "Exkurse" ausgliedern und retten, was mir zu sehr am Herzen liegt, als daß ich es ganz der Schere zu opfern bereit wäre.
4) Antijudaismus von Clemens Brentano. Ich hatte Ihren wunderbaren Aufsatz inzwischen entdeckt, da mir meine mangelnden Kenntnisse zu diesem Punkt ein gewisses Unbehagen bereiteten. Ich bin froh, ihn nun nicht mehr in der Bibliothek suchen zu müssen, sondern ihn zu Hause an der Hand zu haben. Vielen Dank! Ich hatte mir daraus z.B. bereits den Hinweis zu eigen gemacht, wonach nur in Bezug auf die Erstfassung des Gockelmärchens die Feststellung von Ruth Klüger gilt, daß darin eine antiaufklärerische Zurücknahme und Verhöhnung

von Lessings Ringparabel zu sehen ist. Dennoch bleibt für mich ein grundlegender Unterschied zwischen Bettina und Clemens erkennbar, insofern, als er mit dem Katholizismus, und sei es später nur noch in milder Form, einem gewissen Antijudaismus verhaftet blieb. Bettina hat sich vermittelst Goethes Heidentum davon ganz befreien können, und ich weiß nicht, ob ich über Letzteres nicht auch noch ausführlich etwas sagen sollte. Heine hat ja im Gegensatz zu Börne die befreiende Wirkung von Goethes "Heidentum" (als Antidotum gegen den Monopolanspruch der christlichen Kirchen) gerade auch für die Möglichkeiten einer Emanzipation der Juden in Deutschland erkannt, ungeachtet seiner gelegentlichen antijüdischen Ausfälle, und so konnte Bettina, der doch Goethes judenfeindliche Äußerungen durchaus bekannt waren, im Dämonenbuch ihr Eintreten für die Emanzipation der Juden als ein Vermächtnis Goethes ausgeben!

5) Gewiß, Bettina stand 1810-1811 unter dem Einfluß des Judenhasses der Berliner Gruppe um Arnim und ihren Bruder Clemens in der Zeit der Hardenbergschen Reformen, und Rahels Tagebucheintragung zeigt dies ja nur allzu deutlich. Aber warum dann "Frankfurter" Judenhaß? Ich glaube, die Texte, die ich da zur Erklärung heranziehe, sind nicht überflüssig.

6) Nach Lektüre Ihres Mirabeau-Aufsatzes habe ich mir die Spekulation über eine mögliche Beeinflussung der Bettina durch dessen Schrift zur Judenemanzipation ganz aus dem Kopf geschlagen. Denn bei ihrer Verehrung für Mirabeau hätte sie es sicher nicht versäumt, ihn als Autorität in dieser Frage für sich in Anspruch zu nehmen, wenn sie davon gewußt hätte. Die Frage, ob sie Dohms Schrift kannte, muß ich offen lassen, diese befand sich ja offenbar nicht in der Arnimschen Bibliothek, oder ist sie daraus verschwunden? Oder hat sie sie bei ihrer Großmutter Laroche gelesen? Alles Spekulationen, die ich lieber für mich behalte, eine entscheidende Bedeutung haben diese Fragen ja nicht.

7) Wenn ich formulieren würde: "Das Dämonenbuch blieb ohne *nennenswertes* Echo" oder "*fast* ohne Echo", hielten Sie das für gerechtfertigt? Die Rezeptionsgeschichte habe ich in der Tat nicht erforscht, habe aber gelesen, daß das Buch sich nicht verkauft hat.

8) Der Ausdruck "Sippe" soll ironisch darauf Bezug nehmen, daß, wie ich schreibe, Helmut Hirsch über die Bettina eine Art Sippenhaft verhängt, indem er sie für die Praxis ihrer Famlie und sogar ihres Freundeskreises verantwortlich macht. Wenn das als ein zu gequälter Humor erscheint oder unverständlich ist, muß ich es natürlich weglassen; bisher hatte ich das aber nicht so gesehen.

9) "Romane" hatte ich nur der Abwechslung halber geschrieben, stillschweigend voraussetzend, daß sich der Leser das "Brief-" hinzudenkt. Aber Sie haben Recht, der Präzision halber sollte man solche Unklarheiten vermeiden.

10) Die Savigny-Epistel habe ich nach der Ausgabe von Schultz zitiert, weil diese dem Leser vermutlich leichter verfügbar ist. Kommt es denn in diesem Fall darauf an, wonach ich zitiere? Besteht ein Unterschied in der Textgenauigkeit? Mit Schellberg/Fuchs: "Die Andacht zum Menschenbild" ist das bei mir tatsächlich eine merkwürdige Sache. Zu Kriegsende war ich siebeneinhalb Jahre alt, da konnte ich das Buch also noch nicht gelesen haben. Es war sicher angeschafft worden, weil es sich darin um "Familie" handelte. Aber wußte jemand in der Familie etwas von der Geisteshaltung, aus der heraus dieses Buch entstanden ist? Vermutlich ja, und so habe ich davon als Kind wenn eben nicht bewußt, so doch möglicherweise atmosphärisch etwas mitbekommen. Wie Sie wissen, gab es in der Familie sowohl Nazis wie auch Antinazis. Ich kann mich nur erinnern, daß für mich das Buch, als ich - Jahre nach dem Krieg - zum ersten Mal darin gelesen habe, sich wohltuend von der teilweise doch noch ziemlich bräunlichen Umgebung von Büchern, die ich im Bücherschrank meiner Mutter vorfand, abhob (Rudolf G.Binding, Werner Beumelburg, Gertrud Bäumer, Ina Seidel etc.), und mich darin so etwas wie ein Hauch von Freiheit anwehte. Wer von denen, die die Naziherrschaft nicht miterlebt haben (und sei es wie ich, als Kind), würden an diesem Buch heute noch etwas Besonderes erkennen? Wie ja auch viele Westdeutsche bestimmte in der DDR entstandene Texte nicht zu lesen fähig sind.

11) Sie haben Recht: Die Romantik, gerade auch die Heidelberger, war von den Impulsen der Aufklärung und der Französischen Revolution, d.h. von freiheitlichen Impulsen gespeist; dieses "trotz ihrer Herkunft aus der Romantik" bedient also ein altes Klischee. Ich werde das ändern. Im Gegensatz zu anderen Romantikern ist die Bettina allerdings diesen Impulsen auch in den Zeiten der Restauration treu geblieben, das ist der Unterschied.

12) Wann der Varnhagen-Text über die Affaire Arnim-Itzig entstanden ist, muß ich in der Tat noch einmal nachprüfen. Zu den gefährlichsten Fußangeln des Dilettantismus gehören wohl Nachlässigkeiten in Fragen der Chronologie.

13) Ja, gewiß, die Helfer bei der englischen Übersetzung muß ich erwähnen. Der Kern des Arguments wird davon nicht berührt.

14) Der Jude Hirsch kein Stereotyp, sondern (wie ja auch die "Judenspritze" - woher dieser Ausdruck? War das Feuerlöschen früher eine Aufgabe, die speziell den Juden vorbehalten war?) ein dem "Realismus" zugehöriges Element: sehr gut, kommt also in den Haupttext.

15) Ein Ereignis aus dem Jahre 1806 dem Leser von 1840 "frisch in Erinnerung"? Tatsächlich, was ich so alles an Absurditäten unbesehen hinschreibe! Für die Argumentation als solche ist vielmehr der Umstand ausschlaggebend, daß Bettina den Tod der Günderode bereits im Goethe-Briefwechsel eindringlich dargestellt hat. Von daher konnte sie ihn wohl beim Leser des Günderode-Buches als bekannt voraussetzen und die Erinnerung daran wie ein kontrapunktisches Motiv nur im Hintergrund anklingen lassen.

16) Richtig, das Zitat ist eine Wiederholung. Das gehört so zu den Schönheitsfehlern, die ich nach und nach insgesamt noch ausrotten muß, wie auch das Technische geregelt werden muß.

17) Oh je, wie einem der Gaul der Phantasie doch manchmal durchgehen kann! Bei einem Text mit wissenschaftlichen Prätentionen kann das in der Tat manchmal recht peinlich werden! Sicher kann es sich, wie Sie sagen, um nichts anderes handeln als um eine Schmarre, also laut Wörterbuch um eine Narbe, die von einer Streifwunde zurückgelassen wurde. Ich kannte den Ausdruck bisher nicht. Aber dennoch bleibt, mit anderen Worten, die Tatsache festzuhalten: Levysohn war Burschenschaftler, quod erat demonstrandum. Mir war natürlich der Gedanke ferngelegen, daß die Bettina in einem "Schmiß" eine Manneszierde hat erblicken können, (was mir allerdings in dem Kontext, den ich selbst vielleicht allzu ausführlich dargestellt habe, inzwischen einleuchtet). Und zwar weil sich für mich mit Burschenschaft (und Korporation) natürlich ganz andere Vorstellungen verbanden als für sie. Mein Großvater mütterlicherseits hätte, wie schon meinen Bruder Christof, auch mich gern in einer schlagenden Verbindung (den Heidelberger Vandalen!) gesehen, wogegen ich von dem Gedanken angewidert war. Zwischen meiner Studienzeit und der Äußerung der Bettina lag allerdings auch über ein Jahrhundert.

Was hielten Sie davon, wenn man einmal versuchen würde, in Wiepersdorf ein Colloquium zu organisieren über "Juden und Judentum in der Literatur der deutschen Romantik?"

Peter-Anton von Arnim

Neugasse 26

65760 Eschborn   10.4.1997

7.7 Im Dienst der Bettine von Arnim – Forschungspreis für Peter Anton von Arnim (Zeitungsbericht 16.12.2008)

Peter Anton von Arnim erhält Forschungspreis der Von-Arnim-Gesellschaft

Von Petra Waschescio - GRANSEE - Gransee-Zeitung

Er hätte die Auszeichnung in feierlichem Rahmen am 9. November in Berlin erhalten sollen, aber Peter Anton von Arnims Gesundheit lässt das derzeit nicht zu.

Deswegen wurde dem aus Zernikow stammenden Wissenschaftler der Forschungspreis der Bettina-von Arnim-Gesellschaft statt in der Humboldt-Bibliothek gestern in Gransee überreicht. Es freue ihn, sagte von Arnim gestern, dem seit einer Gehirnblutung vor knapp fünf Jahren das Sprechen schwer fällt. "Es war sehr überraschend für mich."

Die Gesellschaft würdigte mit dem Preis von Arnims Forschungen über Bettina von Arnim, die der Wissenschaftler neben seinen Islamstudien betrieben hat. Eine Reihe von Aufsätzen und Vorträgen hat er zu seiner großen Vorfahrin verfasst.

Peter Anton von Arnim musste aus seiner Wahlheimat Afrika, in die er 2007 ausgewandert war, um dort seinen Lebensabend zu verbringen, jedoch aus gesundheitlich Gründen nach Gransee zurückkehren.

Die Arbeit fällt dem Wissenschaftler von Arnim schwer.
Waschescio

Seit Peter von Arnim aus seiner Wahlheimat Afrika, in die er 2007 ausgewandert war, um dort seinen Lebensabend zu verbringen, Anfang des Jahres nach nur wenigen Monaten zurückkehren musste, lebt der Wissenschaftler wieder in der Seniorenwohnstätte an der Oranienburger Straße. Eine Amputation fesselt ihn an den Rollstuhl. Forschen kann er zurzeit nicht. "Ich muss jetzt erst mit den Schmerzen fertig werden", sagte von Arnim gestern, der aber hofft, künftig wieder wissenschaftlich arbeiten zu können. Der Laptop steht zum Einsatz bereit auf dem Schreibtisch.

Ralf Heitmann und Dr. Erhard Schwandt, beide von der Bettina-von-Arnim-Gesellschaft, sowie Monika Beuerle, Leiterin der Bettina-von Arnim-Oberschule, überreichten gestern Urkunde und Medaille, aber sie brachten noch mehr mit: eine Einladung. Am 20. Januar wird der 150. Todestag der Bettine in Berlin gefeiert. Der Festakt wird im Roten Rathaus stattfinden - und Peter Anton von Arnim soll dabei sein. Der revanchierte sich: Das Archiv der Gesellschaft ist seit gestern um ein Stück kompletter. Von Arnim spendierte das Buch "Goethe und der Islam" der Germanistin Katharina Mommsen, das er herausgegeben und für das er das Nachwort verfasst hat - natürlich signiert und mit einem handgeschriebenen Koran-Vers veredelt.

Die Bettina-von Arnim-Gesellschaft wurde 1985 in Berlin gegründet. Ihr Ziel ist es, die Kenntnis über die Literatin, ihr Leben und Schaffen, durch Veröffentlichungen, Tagungen,

Kulturveranstaltungen und Exkursionen zu den Wirkungsstätten Bettinas, zu fördern. 1987 wurde das "Internationale Jahrbuch der Bettina-von-Arnim-Gesellschaft" als Forum für die Erforschung der Literatur der Romantik und des Vormärz gegründet. In dem Jahr wurde auch erstmals der Forschungspreis verliehen, mit dem seither alle drei Jahre Personen und Institutionen ausgezeichnet werden, die sich um Bettina von Arnim verdient gemacht haben. Gleichzeitig ist die Gesellschaft auch Förderverein der Bettina-von Arnim-Oberschule in Berlin.

7.7.1 Internationale von Arnim Gesellschaft über Peter Anton von Arnim

In: Neue Zeitung für Einsiedler 8./9. Jahrgang 2008/2009 Seite 138 – 139
Peter Anton von Arnim *12. August 1937 — † 19. August 2009

Nur drei Monate nach dem Tod von Clara von Arnim starb nach längerer Krankheit ihr vierter Sohn, Peter-Anton von Arnim, in Gransee (östlich von Zernikow). Wie seine Mutter hat auch er sich dafür eingesetzt, dass das Familienerbe nicht privatisiert wird und der literarische Nachlass seiner von ihm verehrten Vorfahren Ludwig Achim und Bettina von Arnim für die Forschung und die interessierte Öffentlichkeit zugänglich bleibt. Peter-Anton von Arnim hatte Buchhändler gelernt, sprach mehrere Sprachen, beherrschte nach einem Aufenthalt im Sudan in den 1980er Jahren auch das Arabische, interessierte sich für vieles. Wollte man versuchen, ihn gesellschaftlich einzuordnen, käme der Begriff Privatgelehrter in Frage. Als solcher schlug er sich mehr oder weniger mühsam durch, lebte im Frankfurter Raum, wechselte in den neunziger Jahren in die Landschaft seiner Kindheit, indem er in Kelkendorf bei Zernikow Quartier nahm. Hier widmete er sich der Erforschung seiner Familiengeschichte. Er nahm lebhaften Anteil an den seit 1996 stattfindenden Kolloquien der Internationalen Arnim-Gesellschaft und hielt einen Vortrag über *Die Arnims in Zernikow*, der im Jahr 2000 in einem Band der *Schriften* der Gesellschaft erschien. Seinem Vater widmete er 1997 ein Büchlein mit dem Titel *Zur Erinnerung an Friedmund Ernst Freiherr von Arnim 1897–1946 aus Anlaß seines 100. Geburtstages*. Das besondere Interesse Peter-Anton von Arnims galt dem politischen Engagement seiner Vorfahrin Bettina. Er schätzte die Courage, mit der sie für ihre Ideale, für Unterprivilegierte, Juden, Türken und Arme, gegen bürgerliche Zwänge
eintrat und publizierte darüber: *Bettina und der Berliner Magistrat* (1994); »*Der eigentliche Held in dieser Zeit, die einzige wahrhaft freie und starke Stimme* «*: die jüdischen Aspekte im Leben und Werk Bettina von Arnims als Herausforderung* (1999). Achim von Arnim war ihm, der sich in Goethes Farbenlehre und Alexander von Humboldts naturwissenschaftlichen Schriften auskannte, vor allem als Naturwissenschaftler interessant. Ein anderes wichtiges Thema bildete der Islam, für dessen Verständnis er sich in Gesprächen und workshops engagierte.

Darüber hatte er während seines Aufenthalts im Sudan genaue Kenntnis erworben, als er die Lebensweise von Muslimen kennenlernte und afrikanische Freunde fand, denen er zu helfen suchte. Sein religionsgeschichtliches Wissen prädestinierte ihn, sich mit Goethes Beziehung zum Islam auseinanderzusetzen. So schrieb er ein Nachwort zu dem von Katharina Mommsen verfassten Buch *Goethe und der Islam*, das er als Taschenbuch neu herausgab (2001). Im Jahr 2008 wurde Peter-Anton von Arnim mit dem Forschungspreis der Bettina-von-Arnim-Gesellschaft geehrt, überreicht durch Ralf Heitmann, den Stellvertretenden Vorsitzenden, der ihn insofern als Mäzen würdigte, als er »einen wichtigen Beitrag für die künftige öffentliche Verfügbarkeit von Zeugnissen Bettina von Arnims und ihrer Zeit« geleistet habe.

Peter-Anton von Arnim kannte sich aus, in der großen weiten Welt wie in der
kleinen von Zernikow und Umgebung, wo er Besuchern viel zeigen und erklären konnte, in seiner Familiengeschichte, über die er fundiert geschrieben und gesprochen hat, in literarischen Dingen und gewiß auch in vielen anderen, über die wir nichts von ihm erfahren haben. Er übersetzte und veröffentlichte, er konnte erzählen, vorlesen und interessante Gespräche führen. Fehlten die Gesprächspartner, pflegte er eine ausgiebige Korrespondenz, zunehmend per e-mail, und hielt Freunde und Bekannte mit Informationen auf dem Laufenden. In den letzten Jahren hat er seiner schweren Erkrankung tapferen Widerstand geleistet. Auf dem Zernikower Friedhof fand er neben seiner Mutter seine letzte Ruhe. Wir vermissen ihn.

Danksagung

Dem Jubilar Dr. med. Wolf Herman von Arnim, Peter Antons jüngstem Bruder, sei Dank gesagt. Er hat Peter Antons gesamte PC-Daten einem der Herausgeber quasi als Nachlaß geschenkt. Aus dieser Datensammlung sowie aus dem umfangreichen privaten Briefwechsel der Herausgeber mit Peter Anton und den persönlichen Verbindungen zu weiteren Personen aus seinem Freundeskreis ergab sich für sie eine solide Grundlage für dieses zunächst als Festschrift zum 70. Geburtstag des Jubilars erschienene Buch.

Beachtenswert ist es, dass die von den Herausgebern angesprochenen Personen aus dem Umfeld von Peter Anton sich spontan bereit erklärt haben, einen Beitrag zur Ehrung unseres Freundes oder zur Erinnerung an ihn und sein Schaffen zu schreiben. Erst hierdurch konnte gerade der Mensch Peter Anton in seiner Verflechtung mit seiner Welt zur Geltung kommen. Auch diesem Personenkreis sei Dank gesagt.

Rufisque / Sénégal / Bad Harzburg, Anfang August 2012